波市科学技术协会院士文化建设资助项目

宁波籍院士

文献资料目录汇编续编

（2015—2020）

NINGBOJI YUANSHI

WENXIAN ZILIAO MULU HUIBIAN

XUBIAN

◎周兴华 编

ZHEJIANG UNIVERSITY PRESS
浙江大学出版社
·杭州·

图书在版编目(CIP)数据

宁波籍院士文献资料目录汇编续编:2015—2020 /
周兴华编. —杭州:浙江大学出版社,2023.6
ISBN 978-7-308-23887-8

Ⅰ.①宁… Ⅱ.①周… Ⅲ.①院士－研究成果－目录
－汇编－宁波 Ⅳ.①Z88

中国国家版本馆 CIP 数据核字(2023)第 108833 号

宁波籍院士文献资料目录汇编续编(2015—2020)

周兴华　编

策划编辑	吴伟伟
责任编辑	陈　翩
文字编辑	刘婧雯
责任校对	丁沛岚
封面设计	雷建军
出版发行	浙江大学出版社
	(杭州市天目山路 148 号　邮政编码310007)
	(网址：http://www.zjupress.com)
排　版	浙江时代出版服务有限公司
印　刷	杭州宏雅印刷有限公司
开　本	889mm×1194mm　1/16
印　张	34.75
字　数	946 千
版 印 次	2023 年 6 月第 1 版　2023 年 6 月第 1 次印刷
书　号	ISBN 978-7-308-23887-8
定　价	168.00 元

前　言

　　《宁波籍院士文献资料目录汇编》(以下简称《汇编》)出版之后的几年间,宁波籍院士已由 2015 年时的 111 位增加到 2020 年的 118 位,与之相关的文献资料也有了较大数量的增加,在这个前提下,《宁波籍院士文献资料目录汇编续编(2015—2020)》(以下简称《续编》)便应运而生。

　　《续编》在《汇编》体例的基础上略作调整,将内容分为两院双院士文献资料目录、中国科学院院士文献资料目录、中国工程院院士文献资料目录,以及关于宁波籍院士介绍与研究的综合文献目录四部分。前三部分为主体,其分类及排列顺序按以下原则处理:

　　一、同属中国科学院与中国工程院的宁波籍双院士共有 3 位,单独列为两院双院士文献资料部分。

　　二、中国科学院院士文献资料与中国工程院院士文献资料这两个部分再按学部进行第二级分类,展示宁波籍院士的分布情况。因两院双院士的文献资料已有单独部分列出,因此在他们所属学部中只以注释说明。

　　三、各学部院士首先按院士当选年份排序,若同一年份中有多位院士则按其出生年月排序。

　　四、每位院士的文献资料按院士本人的成果资料、对院士介绍与研究资料进行归类:前者主要包括著作文献、光盘文献、期刊文献、报纸文献、专利信息等项;后者主要包括著作文献、期刊文献、报纸文献等项,具体项目视每位院士的文献资料而增减。若院士本人成果或对院士介绍与研究资料只有其中一类,则取消编号;而在《续编》时间段内没有文献的只列院士简介。

　　五、每位院士的各类文献均按时间排序。如果某类文献总数不足 5 篇,则省略时间标题。

　　六、著作文献按出版年份排序,同一年的期刊文献按期数顺序排列,报纸文献按发表日期排列。

　　七、期刊中的同题文献按发表期数顺序排列,中间用分号隔开;报纸中的同题文献按报纸级别取舍。

　　八、本汇编所列文献的格式为:篇名(或书名)、作者(无作者信息则省略)、期刊(或报纸、出版社)名称、发表(或出版)年份、期数(或报纸日期)。

　　九、本续编原计划的起止年月为 2016 年 1 月—2020 年 12 月,根据资料情况调整为 2015 年 1 月—2020 年 12 月(新增院士不受此时间限制,其成果目录将全部收入)。因文献信息的发布存在滞后情况,经核对发现 2015 年的期刊文献新增较多,早于 2015 年的著作文献也有少量增加。考虑到资料的完整性,本续编将《汇编》中未收入的著作文献进行了补充;而 2015 年期刊文献因新增情况比较普遍,故将该年期刊文献悉数列出,以方便查找。另外,以国外期刊为主要发表阵地的宁波籍院士未收入《汇编》的文献资料也在《续编》里进行了补充,同时增加了宁波籍院士综合性介绍和研究的文献目录。

　　十、《续编》增加了附录部分,收入了宁波籍院士名单、宁波籍院士各学部分布情况表、宁波籍院士信息表,用以便捷了解宁波籍院士的整体情况;《宁波籍院士与学科建设》是编者对宁波籍院士进行研究的论文成果,用以显示《汇编》对院士文化研究发挥的作用。

　　《续编》的资料来源主要是中国期刊网、浙江数字图书馆、国家图书馆、上海图书馆;国外期刊文献资料主要来源是科研之友网站、Microsoft Academic Search(微软学术搜索)、Arnetminer 学术搜索系统和 Socolar 开放获取资源一站式检索服务平台。对于有歧义的资料主要通过文献原文及不同搜索引擎的相互印证来确认。

　　在续编资料整理的过程中,发现截至 2023 年 2 月,118 位宁波籍院士中已有 42 位离开我们去了另一个世界。不由得心生感慨:如果这些为中国的科学事业做出过巨大贡献的人能更长久地留在这个世界上,又有多少奇迹会被他们创造出来呢,生命无法永在,真是令人遗憾! 面对这个无力改变的现实,我们只好换个思路说:只要被铭记,生命就能不朽。《汇编》及《续编》的编制与整理应该就有这个意义在吧,翻开它,会看到凝聚宁波籍院士心血的丰硕成果,会看到他们作为人中之杰的光荣与梦想。人们会记住他们的巨大贡献,记住他们英名,他们的生命之树也因世人的铭记而常青。不过,文献也显现了一种值得关注的情况——那就是受到瞩目之后出现的某种遗忘——有些院士自他们离开这个世界之后就再无任何资料信息,它无言地提示我们,这是不应该存在的空白,我们有责任以某种铭记方式来延续他们的不朽之名。

　　《续编》的完成得到了宁波市科协与宁波市院士中心的大力支持和王彩萍教授的无私帮助,编辑刘婧雯认真负责,体谅疫情时代的突发情况,让我倍感温暖,在此一并表示由衷感谢!

　　限于编者的能力与水平,本《续编》难免存在不妥、缺陷、错误,甚至谬误之处,敬请有关专家和读者批评指正。

周兴华

2021 年 10 月

目　录

Ⅰ　宁波籍中国科学院、中国工程院双院士文献资料目录

郑哲敏(1980 年当选中国科学院院士,1994 年当选中国工程院院士) ·············· 1
(一)郑哲敏院士的各类文献目录 ··· 1
(二)对郑哲敏院士的介绍与研究文献目录 ·· 2
陈俊亮(1991 年当选中国科学院院士,1994 年当选中国工程院院士) ·············· 4
(一)陈俊亮院士的各类文献目录 ··· 4
(二)对陈俊亮院士的介绍与研究文献目录 ·· 6
路甬祥(1991 年当选中国科学院院士,1994 年当选中国工程院院士) ·············· 7
(一)路甬祥院士的各类文献目录 ··· 7
(二)对路甬祥院士的介绍与研究文献目录 ·· 12

Ⅱ　宁波籍中国科学院院士文献资料目录

一、数学物理部(10 位) ··· 15
戴传曾(1980 年当选中国科学院院士) ·· 15
对戴传曾院士的介绍与研究文献目录 ·· 16
周毓麟(1991 年当选中国科学院院士) ·· 17
对周毓麟院士的介绍与研究文献目录 ·· 17
石钟慈(1991 年当选中国科学院院士) ·· 18
(一)石钟慈院士的各类文献目录 ··· 18
(二)对石钟慈院士的介绍与研究文献目录 ······································ 18
杨福家(1991 年当选中国科学院院士) ·· 20
(一)杨福家院士的各类文献目录 ··· 20
(二)对杨福家院士的介绍与研究文献目录 ······································ 21

白以龙(1991年当选中国科学院院士) ·· 23

    白以龙院士的各类文献目录 ·· 23

应崇福(1993年当选中国科学院院士) ·· 24

    对应崇福院士的介绍与研究文献目录 ·· 24

贺贤土(1995年当选中国科学院院士) ·· 25

    (一)贺贤土院士的各类文献目录 ·· 25

    (二)对贺贤土院士的介绍与研究文献目录 ·· 26

陈恕行(2013年当选中国科学院院士) ·· 28

    (一)陈恕行院士的各类文献目录 ·· 28

    (二)对陈恕行院士的介绍与研究文献目录 ·· 28

景益鹏(2015年当选中国科学院院士) ·· 29

    (一)景益鹏院士的各类文献目录 ·· 29

    (二)对景益鹏院士的介绍与研究文献目录 ·· 32

马余刚(2017年当选中国科学院院士) ·· 33

    (一)马余刚院士的各类文献目录 ·· 33

    (二)对马余刚院士的介绍与研究文献目录 ·· 42

二、化学部(6位) ·· 44

  纪育沣(1955年当选中国科学院院士) ·· 44

  黄量(1980年当选中国科学院院士) ·· 45

    对黄量院士的介绍与研究文献目录 ·· 45

  刘元方(1991年当选中国科学院院士) ·· 46

    刘元方院士的各类文献目录 ·· 46

  朱起鹤(1995年当选中国科学院院士) ·· 47

    (一)朱起鹤院士的各类文献目录 ·· 47

    (二)对朱起鹤院士的介绍与研究文献 ·· 47

  计亮年(2003年当选中国科学院院士) ·· 48

    计亮年院士的各类文献目录 ·· 48

  柴之芳(2007年当选中国科学院院士) ·· 50

    (一)柴之芳院士的各类文献目录 ·· 50

    (二)对柴之芳院士的介绍与研究文献目录 ·· 52

三、生命科学和医学学部(23位) ·· 53

  童第周(1955年当选中国科学院院士) ·· 53

    对童第周院士的介绍与研究文献目录 ·· 53

  贝时璋(1955年当选中国科学院院士) ·· 56

    对贝时璋院士的介绍与研究文献目录 ·· 56

李庆逵(1955 年当选中国科学院院士) ……………………………………………………… 58

谈家桢(1980 年当选中国科学院院士) ……………………………………………………… 59

　　对谈家桢院士的介绍与研究文献目录 …………………………………………………… 59

鲍文奎(1980 年当选中国科学院院士) ……………………………………………………… 61

　　对鲍文奎院士的介绍与研究文献目录 …………………………………………………… 61

朱祖祥(1980 年当选中国科学院院士) ……………………………………………………… 62

　　对朱祖祥院士的介绍与研究文献目录 …………………………………………………… 62

陈中伟(1980 年当选中国科学院院士) ……………………………………………………… 63

　　对陈中伟院士的介绍与研究文献目录 …………………………………………………… 63

陈子元(1991 年当选中国科学院院士) ……………………………………………………… 64

　　(一)陈子元院士的各类文献目录 ………………………………………………………… 64

　　(二)对陈子元院士的介绍与研究文献目录 ……………………………………………… 64

杨福愉(1991 年当选中国科学院院士) ……………………………………………………… 66

　　对杨福愉院士的介绍与研究文献目录 …………………………………………………… 66

杨雄里(1991 年当选中国科学院院士) ……………………………………………………… 67

　　(一)杨雄里院士的各类文献目录 ………………………………………………………… 67

　　(二)对杨雄里院士的介绍与研究文献目录 ……………………………………………… 68

孙儒泳(1993 年当选中国科学院院士) ……………………………………………………… 70

　　(一)孙儒泳院士的各类文献目录 ………………………………………………………… 70

　　(二)对孙儒泳院士的介绍与研究文献目录 ……………………………………………… 70

朱兆良(1993 年当选中国科学院院士) ……………………………………………………… 72

　　(一)朱兆良院士的各类文献目录 ………………………………………………………… 72

　　(二)对朱兆良院士的介绍与研究文献目录 ……………………………………………… 73

吴祖泽(1993 年当选中国科学院院士) ……………………………………………………… 74

　　(一)吴祖泽院士的各类文献目录 ………………………………………………………… 74

　　(二)对吴祖泽院士的介绍与研究文献目录 ……………………………………………… 76

陈宜张(1995 年当选中国科学院院士) ……………………………………………………… 78

　　(一)陈宜张院士的各类文献目录 ………………………………………………………… 78

　　(二)对陈宜张院士的介绍与研究文献目录 ……………………………………………… 78

吴常信(1995 年当选中国科学院院士) ……………………………………………………… 80

　　(一)吴常信院士的各类文献目录 ………………………………………………………… 80

　　(二)对吴常信院士的介绍与研究文献目录 ……………………………………………… 81

沈自尹(1997 年当选中国科学院院士) ……………………………………………………… 83

　　(一)沈自尹院士的各类文献目录 ………………………………………………………… 83

　　(二)对沈自尹院士的介绍与研究文献目录 ……………………………………………… 84

洪国藩(1997 年当选中国科学院院士) ……………………………………………………… 85

　　洪国藩院士的各类文献目录 ……………………………………………………………… 85

韩启德(1997 年当选中国科学院院士) ·· 86
　　(一)韩启德院士的各类文献目录 ·· 86
　　(二)对韩启德院士的介绍与研究文献目录 ·· 92
戚正武(1999 年当选中国科学院院士) ·· 99
　　(一)戚正武院士的各类文献目录 ·· 99
　　(二)对戚正武院士的介绍与研究文献目录 ·· 99
童坦君(2005 年当选中国科学院院士) ·· 100
　　(一)童坦君院士的各类文献目录 ·· 100
　　(二)对童坦君院士的介绍与研究文献目录 ·· 101
王正敏(2005 年当选中国科学院院士) ·· 102
　　(一)王正敏院士的各类文献目录 ·· 102
　　(二)对王正敏院士的介绍与研究文献目录 ·· 103
侯凡凡(2009 年当选中国科学院院士) ·· 105
　　(一)侯凡凡院士的各类文献目录 ·· 105
　　(二)对侯凡凡院士的介绍与研究文献目录 ·· 106
张明杰(2011 年当选中国科学院院士) ·· 108
　　(一)张明杰院士的各类文献目录 ·· 108
　　(二)对张明杰院士的介绍与研究文献目录 ·· 122

四、地学部(5 位) ·· 123
翁文波(1980 年当选中国科学院院士) ·· 123
　　对翁文波院士的介绍与研究文献目录 ·· 123
任美锷(1980 年当选中国科学院院士) ·· 124
　　(一)任美锷院士的各类文献目录 ·· 124
　　(二)对任美锷院士的介绍与研究文献目录 ·· 124
陈俊勇(1991 年当选中国科学院院士) ·· 125
　　陈俊勇院士的各类文献目录 ·· 125
於崇文(1995 年当选中国科学院院士) ·· 126
　　於崇文院士的各类文献目录 ·· 126
戎嘉余(1997 年当选中国科学院院士) ·· 127
　　(一)戎嘉余院士的各类文献目录 ·· 127
　　(二)对戎嘉余院士的介绍与研究文献目录 ·· 128

五、信息技术科学部(8 位＋1 位双院士) ·· 130
李志坚(1991 年当选中国科学院院士) ·· 130
　　(一)李志坚院士的各类文献目录 ·· 130
　　(二)对李志坚院士的介绍与研究文献 ·· 131

周兴铭(1993 年当选中国科学院院士) ··· 132
　　(一)周兴铭院士的各类文献目录 ··· 132
　　(二)对周兴铭院士的介绍与研究文献目录 ··· 132
王阳元(1995 年当选中国科学院院士) ··· 133
　　(一)王阳元院士的各类文献目录 ··· 133
　　(二)对王阳元院士的介绍与研究文献目录 ··· 134
何积丰(2005 年当选中国科学院院士) ··· 135
　　(一)何积丰院士的各类文献目录 ··· 135
　　(二)对何积丰院士的介绍与研究文献目录 ··· 146
包为民(2005 年当选中国科学院院士) ··· 150
　　(一)包为民院士的各类文献目录 ··· 150
　　(二)对包为民院士的介绍与研究文献目录 ··· 152
郑建华(2011 年当选中国科学院院士) ··· 154
　　对郑建华院士的介绍与研究文献目录 ··· 154
郑志明(2017 年当选中国科学院院士) ··· 155
　　(一)郑志明院士的各类文献目录 ··· 155
　　(二)对郑志明院士的介绍与研究文献目录 ··· 165
王建宇(2017 年当选中国科学院院士) ··· 167
　　(一)王建宇院士的各类文献目录 ··· 167
　　(二)对王建宇院士的介绍与研究文献目录 ··· 192

六、技术科学部 (9 位＋2 位双院士) ··· 194
章名涛(1955 年当选中国科学院院士) ··· 194
颜鸣皋(1991 年当选中国科学院院士) ··· 195
　　(一)颜鸣皋院士的各类文献目录 ··· 195
　　(二)对颜鸣皋院士的介绍与研究文献目录 ··· 195
徐祖耀(1995 年当选中国科学院院士) ··· 197
　　(一)徐祖耀院士的各类文献目录 ··· 197
　　(二)对徐祖耀院士的介绍与研究文献目录 ··· 197
沈珠江(1995 年当选中国科学院院士) ··· 199
　　沈珠江院士的各类文献目录 ··· 199
余梦伦(1999 年当选中国科学院院士) ··· 200
　　(一)余梦伦院士的各类文献目录 ··· 200
　　(二)对余梦伦院士的介绍与研究文献目录 ··· 201
陈创天(2003 年当选中国科学院院士) ··· 202
　　(一)陈创天院士的各类文献目录 ··· 202
　　(二)对陈创天院士的介绍与研究文献目录 ··· 204

　　章梓雄(2003 年当选中国科学院院士) ……………………………………………… 205

　　陈祖煜(2005 年当选中国科学院院士) ……………………………………………… 206

　　　　(一)陈祖煜院士的各类文献目录 ……………………………………………… 206

　　　　(二)对陈祖煜院士的介绍与研究文献目录 …………………………………… 210

　　方岱宁(2013 年当选中国科学院院士) ……………………………………………… 211

　　　　(一)方岱宁院士的各类文献目录 ……………………………………………… 211

　　　　(二)对方岱宁院士的介绍与研究文献目录 …………………………………… 216

Ⅲ　宁波籍中国工程院院士文献资料目录

一、机械与运载工程学部(9 位＋1 位双院士) ………………………………………… 217

　　朱英浩(1995 年当选中国工程院院士) ……………………………………………… 217

　　　　朱英浩院士的各类文献目录 …………………………………………………… 218

　　何友声(1995 年当选中国工程院院士) ……………………………………………… 219

　　　　(一)何友声院士的各类文献目录 ……………………………………………… 219

　　　　(二)对何友生院士的介绍与研究文献目录 …………………………………… 219

　　乐嘉陵(1995 年当选中国工程院院士) ……………………………………………… 220

　　　　(一)乐嘉陵院士的各类文献目录 ……………………………………………… 220

　　　　(二)对乐嘉陵院士的介绍与研究文献目录 …………………………………… 223

　　徐秉汉(1997 年当选中国工程院院士) ……………………………………………… 224

　　徐志磊(2001 年当选中国工程院院士) ……………………………………………… 225

　　　　(一)徐志磊院士的各类文献目录 ……………………………………………… 225

　　　　(二)对徐志磊院士的介绍与研究文献目录 …………………………………… 225

　　朱英富(2011 年当选中国工程院院士) ……………………………………………… 226

　　　　(一)朱英富院士的各类文献目录 ……………………………………………… 226

　　　　(二)对朱英富院士的介绍与研究文献目录 …………………………………… 227

　　林忠钦(2011 年当选中国工程院院士) ……………………………………………… 228

　　　　(一)林忠钦院士的各类文献目录 ……………………………………………… 228

　　　　(二)对林忠钦院士的介绍与研究文献目录 …………………………………… 231

　　徐芑南(2013 年当选中国工程院院士) ……………………………………………… 234

　　　　(一)徐芑南院士的各类文献目录 ……………………………………………… 234

　　　　(二)对徐芑南院士的介绍与研究文献目录 …………………………………… 234

　　冯煜芳(2017 年当选中国工程院院士) ……………………………………………… 236

　　　　冯煜芳院士的各类文献目录 …………………………………………………… 236

二、信息与电子工程学部(12位＋1位双院士) ·· 238

汪成为(1994年当选中国工程院院士) ·· 238

对汪成为院士的介绍与研究文献目录 ·· 238

何德全(1994年当选中国工程院院士) ·· 239

(一)何德全院士的各类文献目录 ·· 239

(二)对何德全院士的介绍与研究文献目录 ·· 239

朱高峰(1994年当选中国工程院院士) ·· 240

(一)朱高峰院士的各类文献目录 ·· 240

(二)对朱高峰院士的介绍与研究文献目录 ·· 241

倪光南(1994年当选中国工程院院士) ·· 242

(一)倪光南院士的各类文献目录 ·· 242

(二)对倪光南院士的介绍与研究文献目录 ·· 247

陈敬熊(1995年当选中国工程院院士) ·· 253

对陈敬熊院士的介绍与研究文献目录 ·· 253

林永年(1995年当选中国工程院院士) ·· 254

沈昌祥(1995年当选中国工程院院士) ·· 255

(一)沈昌祥院士的各类文献目录 ·· 255

(二)对沈昌祥院士的介绍与研究文献目录 ·· 258

童志鹏(1997年当选中国工程院院士) ·· 262

对童志鹏院士的介绍与研究文献目录 ·· 262

魏正耀(1999年当选中国工程院院士) ·· 264

对魏正耀院士的介绍与研究文献目录 ·· 264

孙忠良(2001年当选中国工程院院士) ·· 265

(一)孙忠良院士的各类文献目录 ·· 265

(二)对孙忠良院士的介绍与研究文献目录 ·· 265

陈纯(2015年当选中国工程院院士) ·· 266

(一)陈纯院士的各类文献目录 ·· 266

(二)对陈纯院士的介绍与研究文献目录 ·· 270

郑纬民(2019年当选中国工程院院士) ·· 272

(一)郑纬民院士的各类文献目录 ·· 272

(二)对郑纬民院士的介绍与研究文献目录 ·· 295

三、化工、冶金与材料工程学部(4位) ·· 297

袁渭康(1995年当选中国工程院院士) ·· 297

(一)袁渭康院士的各类文献目录 ·· 297

(二)对袁渭康院士的介绍与研究文献目录 ·· 299

周光耀(1995年当选中国工程院院士) ·· 300

　　　　(一)周光耀院士的各类文献目录 ………………………………………………… 300
　　　　(二)对周光耀院士的介绍与研究文献目录 ……………………………………… 301
　　陈建峰(2015 年当选中国工程院院士) …………………………………………………… 302
　　　　(一)陈建峰院士的各类文献目录 ………………………………………………… 302
　　　　(二)对陈建峰院士的介绍与研究文献目录 ……………………………………… 316
　　郑裕国(2017 年当选中国工程院院士) …………………………………………………… 318
　　　　(一)郑裕国院士的各类文献目录 ………………………………………………… 318
　　　　(二)对郑裕国院士的介绍与研究文献目录 ……………………………………… 358

四、能源与矿业工程学部(11 位) ……………………………………………………………… 360
　　汤德全(1995 年当选中国工程院院士) …………………………………………………… 360
　　毛用泽(1995 年当选中国工程院院士) …………………………………………………… 361
　　周永茂(1995 年当选中国工程院院士) …………………………………………………… 362
　　　　(一)周永茂院士的各类文献目录 ………………………………………………… 362
　　　　(二)对周永茂院士的介绍与研究文献目录 ……………………………………… 363
　　翁史烈(1995 年当选中国工程院院士) …………………………………………………… 364
　　　　(一)翁史烈院士的各类文献目录 ………………………………………………… 364
　　　　(二)对翁史烈院士的介绍与研究文献目录 ……………………………………… 366
　　阮可强(1995 年当选中国工程院院士) …………………………………………………… 367
　　　　(一)阮可强院士的各类文献目录 ………………………………………………… 367
　　　　(二)对阮可强院士的介绍与研究文献目录 ……………………………………… 367
　　胡思得(1995 年当选中国工程院院士) …………………………………………………… 368
　　　　(一)胡思得院士的各类文献目录 ………………………………………………… 368
　　　　(二)对胡思得院士的介绍与研究文献目录 ……………………………………… 368
　　陈毓川(1997 年当选中国工程院院士) …………………………………………………… 370
　　　　(一)陈毓川院士的各类文献目录 ………………………………………………… 370
　　　　(二)对陈毓川院士的介绍与研究文献目录 ……………………………………… 375
　　倪维斗(1999 年当选中国工程院院士) …………………………………………………… 377
　　　　(一)倪维斗院士的各类文献目录 ………………………………………………… 377
　　　　(二)对倪维斗院士的介绍与研究文献目录 ……………………………………… 379
　　闻雪友(2005 年当选中国工程院院士) …………………………………………………… 381
　　　　(一)闻雪友院士的各类文献目录 ………………………………………………… 381
　　　　(二)对闻雪友院士的介绍与研究文献目录 ……………………………………… 382
　　陈勇(2013 年当选中国工程院院士) ……………………………………………………… 383
　　　　(一)陈勇院士的各类文献目录 …………………………………………………… 383
　　　　(二)对陈勇院士的介绍与研究文献目录 ………………………………………… 387
　　黄震(2019 年当选中国工程院院士) ……………………………………………………… 389

（一）黄震院士的各类文献目录 ……………………………………………………… 389

（二）对黄震院士的介绍与研究文献目录 …………………………………………… 414

五、土木、水利与建筑工程学部（6 位＋1 位双院士） ………………………………… 417

陈肇元（1997 年当选中国工程院院士） ……………………………………………… 417

（一）陈肇元院士的各类文献目录 …………………………………………………… 417

（二）对陈肇元院士的介绍与研究文献目录 ………………………………………… 418

谢世楞（1999 年当选中国工程院院士） ……………………………………………… 419

（一）谢世楞院士的各类文献目录 …………………………………………………… 419

（二）对谢世楞院士的介绍与研究文献目录 ………………………………………… 419

魏敦山（2001 年当选中国工程院院士） ……………………………………………… 420

（一）魏敦山院士的各类文献目录 …………………………………………………… 420

（二）对魏敦山院士的介绍与研究文献目录 ………………………………………… 421

范立础（2001 年当选中国工程院院士） ……………………………………………… 422

（一）范立础院士的各类文献目录 …………………………………………………… 422

（二）对范立础院士的介绍与研究文献目录 ………………………………………… 422

郑颖人（2001 年当选中国工程院院士） ……………………………………………… 424

（一）郑颖人院士的各类文献目录 …………………………………………………… 424

（二）对郑颖人院士的介绍与研究文献目录 ………………………………………… 427

胡春宏（2013 年当选中国工程院院士） ……………………………………………… 428

（一）胡春宏院士的各类文献目录 …………………………………………………… 428

（二）对胡春宏院士的介绍与研究文献目录 ………………………………………… 430

六、环境与轻纺工程学部（3 位） …………………………………………………………… 431

郁铭芳（1995 年当选中国工程院院士） ……………………………………………… 431

对郁铭芳院士的介绍与研究文献目录 ……………………………………………… 431

徐祥德（2009 年当选中国工程院院士） ……………………………………………… 433

（一）徐祥德院士的各类文献目录 …………………………………………………… 433

（二）对徐祥德院士的介绍与研究文献目录 ………………………………………… 435

俞建勇（2013 年当选中国工程院院士） ……………………………………………… 436

（一）俞建勇院士的各类文献目录 …………………………………………………… 436

（二）对俞建勇院士的介绍与研究文献目录 ………………………………………… 456

七、农业学部（2 位） ………………………………………………………………………… 458

余松烈（1997 年当选中国工程院院士） ……………………………………………… 458

（一）余松烈院士的各类文献目录 …………………………………………………… 458

（二）对余松烈院士的介绍与研究文献目录 ………………………………………… 458

陈剑平（2011年当选中国工程院院士）…………………………………………………………… 461
    （一）陈剑平院士的各类文献目录 ………………………………………………………… 461
    （二）对陈剑平院士的介绍与研究文献目录 …………………………………………… 468

八、医药卫生学部（7位）………………………………………………………………………… 470
陆道培（1996年当选中国工程院院士）………………………………………………………… 470
    （一）陆道培院士的各类文献目录 ………………………………………………………… 470
    （二）对陆道培院士的介绍与研究文献目录 …………………………………………… 471
陈亚珠（1996年当选中国工程院院士）………………………………………………………… 474
    （一）陈亚珠院士的各类文献目录 ………………………………………………………… 474
    （二）对陈亚珠院士的介绍与研究文献目录 …………………………………………… 475
翁心植（1997年当选中国工程院院士）………………………………………………………… 476
    （一）翁心植院士的各类文献目录 ………………………………………………………… 476
    （二）对翁心植院士的介绍与研究文献目录 …………………………………………… 476
俞梦孙（1999年当选中国工程院院士）………………………………………………………… 478
    （一）俞梦孙院士的各类文献目录 ………………………………………………………… 478
    （二）对俞梦孙院士的介绍与研究文献目录 …………………………………………… 480
庄辉（2001年当选中国工程院院士）…………………………………………………………… 482
    （一）庄辉院士的各类文献目录 …………………………………………………………… 482
    （二）对庄辉院士的介绍与研究文献目录 ……………………………………………… 486
陈赛娟（2003年当选中国工程院院士）………………………………………………………… 488
    （一）陈赛娟院士的各类文献目录 ………………………………………………………… 488
    （二）对陈赛娟院士的介绍与研究文献目录 …………………………………………… 492
沈祖尧（2011年当选中国工程院院士）………………………………………………………… 495
    （一）沈祖尧院士的各类文献目录 ………………………………………………………… 495
    （二）对沈祖尧院士的介绍与研究文献目录 …………………………………………… 496

Ⅳ　关于宁波籍院士介绍与研究的综合文献目录

著作文献 ……………………………………………………………………………………………… 500
期刊文献 ……………………………………………………………………………………………… 500
报纸文献 ……………………………………………………………………………………………… 500

附录1 宁波籍院士名单（以当选时间为序）………………………………………………… 502
附录2 宁波籍院士各学部分布情况表 ……………………………………………………… 504
附录3 宁波籍院士信息表（以学部及当选时间为序）…………………………………… 506
附录4 宁波籍院士与学科建设 ……………………………………………………………… 527

I 宁波籍中国科学院、中国工程院双院士文献资料目录

截至 2020 年,宁波籍中国科学院与中国工程院院士共有 118 位,其中中国科学院院士 64 位,中国工程院院士 57 位,而同属两院的宁波籍双院士共有 3 位。郑哲敏于 1980 年当选中国科学院院士,陈俊亮与路甬祥同在 1991 年当选中国科学院院士;1994 年他们同时当选中国工程院院士。在中国科学院,郑哲敏与路甬祥属于技术科学部,陈俊亮属于信息技术科学部;在中国工程院,郑哲敏属于土木、水利与建筑工程学部,陈俊亮属于信息与电子工程学部,路甬祥属于机械与运载工程学部。

郑哲敏(1980 年当选中国科学院院士,1994 年当选中国工程院院士)

郑哲敏(1924 年 10 月 2 日—2021 年 8 月 25 日),爆炸力学、应用力学和振动专家,原籍浙江鄞县,中国科学院力学研究所研究员,曾任国际理论与应用力学联盟执委。

郑哲敏院士是中国爆炸力学的奠基人和开拓者之一,长期从事固体力学研究,提出了流体弹塑性体模型和理论,并在爆炸加工、岩土爆破、核爆炸效应、穿甲破甲、材料动态破坏、瓦斯突出等方面取得重要成果,解决了重大工程建设核心难题,开辟了力学与工艺相结合的"工艺力学"新方向;曾获国家最高科学技术奖。

1980 年当选为中国科学院院士(学部委员),1993 年当选为美国工程院外籍院士,1994 年当选为中国工程院院士。

(一)郑哲敏院士的各类文献目录

著作文献

《钱学森科学和教育思想研究文集》,李佩,郑哲敏主编,上海交通大学出版社,2014

《20 世纪中国知名科学家学术成就概览　力学卷　第 1 分册》,钱伟长总主编,郑哲敏本卷主编,科学出版

社,2014

《20世纪中国知名科学家学术成就概览　力学卷　第2分册》,钱伟长总主编,郑哲敏本卷主编,科学出版社,2015

《20世纪中国知名科学家学术成就概览　力学卷　第3分册》,钱伟长总主编,郑哲敏本卷主编,科学出版社,2015

《佩瑜怀瑾纨质蕙心李佩先生的世纪生涯》,郑哲敏主编,中国科学技术大学出版社,2016

期刊文献

2015年

人生就是不停地往前走,郑哲敏,《老同志之友》2015年第9期

学高为师德高为范,郑哲敏,郭潇,宋超,王奇,《百年潮》2015年第Z1期

2016年

关于中国页岩气持续开发工程科学研究的一点认识,郑哲敏,《科学通报》2016年第1期

《院士谈力学》序,郑哲敏,《力学与实践》2016年第3期

2018年

钱学森是一个全才,郑哲敏,《中国航天》2018年第3期

2019年

关于天然气水合物开发工程科学研究的一点认识,郑哲敏,《中国科学(物理学·力学·天文学)》2019年第3期

页岩气开采中的若干力学前沿问题,刘曰武,高大鹏,李奇,万义钊,段文杰,曾霞光,李明耀,苏业旺,范永波,李世海,鲁晓兵,周东,陈伟民,傅一钦,姜春晖,侯绍继,潘利生,魏小林,胡志明,端祥刚,高树生,沈瑞,常进,李晓雁,柳占立,魏宇杰,郑哲敏,《力学进展》2019年第1期

报纸文献

从钱学森的技术科学思想谈起,郑哲敏,《学习时报》2017-12-27

(二)对郑哲敏院士的介绍与研究文献目录

著作文献

《应用力学进展 祝贺郑哲敏先生八十华诞应用力学学术报告会文集》,洪友士主编,科学出版社,2004

期刊文献

2015年

郑哲敏:牢记老师钱学森的话,程器,《少儿科技》2015年第10期

2016年

愿得此身"力"报国——郑哲敏,《群言》2016年第6期

郑哲敏:一个赤子的强国梦,《健康必读》2016年第10期

做国家需要的事情——郑哲敏的赤子报国心,刘志远,《科技导报》2016 年第 23 期

2017 年

"爆炸力学之父"——郑哲敏,魏德勇,《科学启蒙》2017 年第 6 期

郑哲敏:科学需要耐心,本刊编辑部,《作文周刊(高考版)》2017 年第 24 期

2018 年

郑哲敏愿得此身"力"报国,梁伟,李菡丹,王碧清,《中华儿女》2018 年第 3 期

2019 年

力学家郑哲敏的归国之路,杨延霞,《今日科苑》2019 年第 9 期

郑哲敏 爱国是科学研究的唯一动机,《科学大观园》2019 年第 9 期

郑哲敏:"给力"的爆炸人生,余双,《创新世界周刊》2019 年第 12 期

2020 年

一定要干出汗的活——记著名力学家郑哲敏,李雪,《中国科技奖励》2020 年第 9 期

报纸文献

2016 年

屠呦呦谢家麟吴良镛郑哲敏张存浩获小行星永久命名,《光明日报》2016-01-06

爆炸力学专家郑哲敏,《团结报》2016-10-29

2017 年

爆炸力学之父郑哲敏:自学是一项很重要的能力,张茜,《中国青年报》2017-11-13

2019 年

郑哲敏:爆炸力学家的家国情怀,《济源日报》2019-01-25

陈俊亮(1991 年当选中国科学院院士,1994 年当选中国工程院院士)

陈俊亮(1933 年 10 月 10 日——),通信与交换系统专家,浙江鄞县人,北京邮电大学教授,曾任程控交换技术与通信网国家重点实验室学术委员会主任,第八届全国人大代表,第九届全国人大常委会委员,第十届全国政协常委。

陈俊亮院士是中国通信程控交换技术的奠基人之一,中国智能通信网的开拓者,建立了程控交换机诊断的基本理论,提出了数字交换网络的理论模型与测试诊断算法。他的网络智能化的研究实现了产业化,在我国通信网中得到实际应用;曾获国家科技进步奖一、二、三等奖等科技奖励。

1991 年当选为中国科学院院士(学部委员),1994 年当选为中国工程院院士。

(一)陈俊亮院士的各类文献目录

期刊文献

2015 年

业务网络智能化技术及应用,廖建新,徐童,王晶,王纯,沈奇威,陈俊亮,朱晓民,张乐剑,李炜,张磊,曹予飞,张成,程莉,王玉龙,樊利民,《中国科技成果》2015 年第 7 期

2016 年

物联网及其服务平台,陈俊亮,《中国传媒科技》2016 年第 4 期

世界的智能"感官",陈俊亮,《知识就是力量》2016 年第 9 期

物联网服务提供机理和方法研究,苏森,陈俊亮,程渤,乔秀全,《科技创新导报》2016 年第 9 期

2017 年

面向生产型服务业的智能服务平台及其应用,程渤,陈俊亮,《中国计算机学会通讯》2017 年第 2 期

专利信息

2015 年

一种可视化跨平台移动应用开发与生成系统,发明人:程渤,陈俊亮,王澎涛,张恺,申请号:201510038767.8,申请日期:2015-01-26

跨平台的移动应用生成服务端及系统,发明人:程渤,陈俊亮,张亚慧,李敏,申请号:201510038595.4,申请日期:2015-01-26

分布式实时数据融合系统,发明人:程渤,赵帅,黄霁崴,陈俊亮,穆化鑫,申请号:201510038575.7,申请日期:2015-01-26

2016 年

一种并行化工作流关联数据发现方法,发明人:黄霁崴,黄昱泽,程渤,陈俊亮,申请号:201610959962.9,申请日期:2016-10-27

2017 年

一种用于移动互联网协议的测试平台及测试方法,发明人:赵帅,张同光,程渤,任兵飞,陈俊亮,申请号:201710370293.6,申请日期:2017-05-23

一种在智能终端设备中实现 MPTCP 协议的方法及装置,发明人:程渤,张同光,赵帅,任兵飞,陈俊亮,申请号:201710369186.1,申请日期:2017-05-23

物联网服务的排序方法及装置,发明人:黄霁崴,黄昱泽,程渤,陈俊亮,申请号:201710632802.8,申请日期:2017-07-28

自动生成业务流程中数据操作的方法及系统,发明人:赵帅,程渤,陈俊亮,孙文萧,宋时雨,申请号:201710178713.0,申请日期:2017-03-23

2018 年

一种事件驱动的多流程协同处理系统,发明人:赵帅,程渤,刘传昌,陈俊亮,梁华,张秀蕾,申请号:201810162268.3,申请日期:2018-02-27

2019 年

轻量级的物联网服务生成系统及方法,发明人:程渤,韩庆绵,牛梦,陈俊亮,申请号:201910984501.0,申请日期:2019-10-16

物联网设备互联系统及方法,发明人:程渤,韩庆绵,牛梦,陈俊亮,申请号:201910985210.3,申请日期:2019-10-16

物联网服务聚合系统及方法,发明人:程渤,韩庆绵,牛梦,陈俊亮,申请号:201910984519.0,申请日期:2019-10-16

2020 年

一种基于物联网平台的分布式数据融合管理系统,发明人:程渤,章洋,陈俊亮,申请号:202010265594.4,申请日期:2020-04-07

一种物联网资源接入系统及资源接入方法,发明人:程渤,章洋,陈俊亮,申请号:202010271735.3,申请日期:2020-04-07

一种用于多目标 QoS 优化的服务自动组合代理系统,发明人:程渤,韩庆绵,张文凯,陈俊亮,申请号:202010270069.1,申请日期:2020-04-08

一种软件定义网络发布订阅系统和方法,发明人:程渤,章洋,张莹莹,陈俊亮,申请号:202010314160.9,申请日期:2020-04-20

一种用于服务网格的流量控制系统及方法,发明人:程渤,韩庆绵,程帅,陈俊亮,申请号:202010313396.0,申请日期:2020-04-20

云协同多任务调度方法及装置,发明人:程渤,赵帅,章洋,陈俊亮,申请号:202010313381.4,申请日期:2020-04-20

一种目标历史地理信息数据可视化回放系统及方法,发明人:程渤,赵帅,陈俊亮,申请号:202010318752.8,申请日期:2020-04-21

(二)对陈俊亮院士的介绍与研究文献目录

期刊文献

2016 年

陈俊亮:打造服务平台构建智慧城市,黎林峰,《中国建设信息化》2016 年第 5 期

中国科学院、中国工程院院士,北京邮电大学教授陈俊亮:打造服务平台构建智慧城市,黎林峰,《中国建设信息化》2016 年第 5 期

陈俊亮:让信息起飞,江泓,骆玫,《知识就是力量》2016 年第 8 期

报纸文献

2015 年

陈俊亮院士工作站成立——将重点开展工业控制系统信息安全研究,翟羽佳,《中国航天报》2015-02-03

2019 年

陈俊亮:心系国脉勇攀高峰——本报北京专访两院院士、著名通信与电子系统专家,《鄞州日报》2019-05-07

路甬祥(1991 年当选中国科学院院士,1994 年当选中国工程院院士)

　　路甬祥(1942 年 4 月 28 日—)，流体传动与控制专家，籍贯浙江慈溪，曾任浙江大学校长，中国科学院院长，第十、十一届全国人大常委会副委员长，中共第十二届、十三届中央候补委员，十四届、十五届、十六届、十七届中央委员。

　　路甬祥院士创造性地提出"系统流量检测力反馈""系统压力直接检测和反馈"等新原理，研究开发了一系列新型电液控制器件及工程系统。该技术被认为是 20 世纪 80 年代以来电液控制技术重大进展之一。他的研究成果被广泛应用于中国许多工业部门。

　　1990 年当选为第三世界科学院院士，1991 年当选为中国科学院院士(学部委员)，1994 年当选为中国工程院院士，1999 年当选为韩国科学技术院外籍名誉院士，2004 年当选为匈牙利科学院外籍名誉院士、澳大利亚科学院外籍院士，2005 年当选为德意志利奥波第那自然科学院院士，2006 年当选为俄罗斯科学院外籍院士。

(一)路甬祥院士的各类文献目录

著作文献

2013 年

《创新的启示 关于百年科技创新的若干思考》，路甬祥著，中国科学技术出版社，2013

《中国古代印刷工程技术史》，方晓阳，韩琦著，路甬祥主编，山西教育出版社，2013

2014 年

《术语学论集》，郑述谱著，路甬祥总主编，商务印书馆，2014

《人类昂首奔赴太空的 119 个伟大瞬间》，刘进军著，路甬祥主编，浙江少年儿童出版社，2014

2015 年

《中国传统工艺全集 陶瓷 续》，路甬祥总主编，大象出版社，2015

《〈自然〉百年科学经典 第 7 卷 1985—1992 英汉对照版》，(英)约翰·马多克斯，(英)菲利普·坎贝尔，路甬祥主编，外语教学与研究出版社，2015

《走进殿堂的中国古代科技史 第 1 卷 (英文)》，路甬祥主编，上海交通大学出版社，2015

《走进殿堂的中国古代科技史 第 2 卷 (英文)》，路甬祥主编，上海交通大学出版社，2015

《走进殿堂的中国古代科技史 第 3 卷 (英文)》，路甬祥主编，上海交通大学出版社，2015

《中国传统工艺全集 制砚 制墨》，方晓阳，王伟，吴丹彤著，路甬祥总主编，大象出版社，2015

《中国传统工艺全集 农畜矿产品加工》，周嘉华著，路甬祥总主编，大象出版社，2015

《中国传统工艺全集 锻铜与银饰工艺》，唐绪祥著，路甬祥总主编，大象出版社，2015

2016 年

《回眸与展望:路甬祥科技创新文集》,路甬祥著,科学出版社,2016

《〈自然〉百年科学经典　第 1 卷　1869—1930　(上、下)　英汉对照版》,(英)约翰·马多克斯,(英)菲利普·坎贝尔,路甬祥主编,外语教学与研究出版社,2016

《〈自然〉百年科学经典　第 2 卷　1931—1933　(上、下)　英汉对照版》,(英)约翰·马多克斯,(英)菲利普·坎贝尔,路甬祥主编,外语教学与研究出版社,2016

《〈自然〉百年科学经典　第 3 卷　1934—1945　(上、下)　英汉对照版》,(英)约翰·马多克斯,(英)菲利普·坎贝尔,路甬祥主编,外语教学与研究出版社,2016

《〈自然〉百年科学经典　第 4 卷　1946—1965　(上、下)　英汉对照版》,(英)约翰·马多克斯,(英)菲利普·坎贝尔,路甬祥主编,外语教学与研究出版社,2016

《〈自然〉百年科学经典　第 5 卷　1966—1972　(上、下)　英汉对照版》,(英)约翰·马多克斯,(英)菲利普·坎贝尔,路甬祥主编,外语教学与研究出版社,2016

2017 年

《世界科学家大辞典　上》,李啸虎,宣焕灿总主编,席泽宗,路甬祥,杨樨,雷啸霖学术顾问,上海交通大学出版社,2017

《世界科学家大辞典　下》,李啸虎,宣焕灿总主编,席泽宗,路甬祥,杨樨,雷啸霖学术顾问,上海交通大学出版社,2017

《名人话航模》,路甬祥著,新华出版社,2017

《论创新设计》,路甬祥著,中国科学技术出版社,2017

《〈自然〉百年科学经典　第 6 卷　1973—1984　(上、下)　英汉对照版》,(英)约翰·马多克斯,(英)菲利普·坎贝尔,路甬祥主编,外语教学与研究出版社,2017

《〈自然〉百年科学经典　第 7 卷　1985—1992　(上、下)　英汉对照版》,(英)约翰·马多克斯,(英)菲利普·坎贝尔,路甬祥主编,外语教学与研究出版社,2017

《〈自然〉百年科学经典　第 8 卷　1993—1997　英汉对照版》,(英)约翰·马多克斯,(英)菲利普·坎贝尔,路甬祥主编,外语教学与研究出版社,2017

《〈自然〉百年科学经典　第 9 卷　1998—2001　英汉对照版》,(英)约翰·马多克斯,(英)菲利普·坎贝尔,路甬祥主编,外语教学与研究出版社,2017

《认知术语学概论》,陈雪著,路甬祥主编,商务印书馆,2017

2018 年

《〈自然〉百年科学经典　第 8 卷　1993—1997　下　英汉对照版》,(英)约翰·马多克斯,(英)菲利普·坎贝尔,路甬祥主编,外语教学与研究出版社,2018

2019 年

《〈自然〉百年科学经典　第 8 卷　1993—1997　上　英汉对照版》,(英)约翰·马多克斯,(英)菲利普·坎贝尔,路甬祥主编,外语教学与研究出版社,2019

《人类阔步走向海洋的 119 个伟大瞬间》,王小波,曾江宁,杨义菊编著,路甬祥主编,浙江少年儿童出版社,2019

《呼风唤雨的世纪》，路甬祥著，长江文艺出版社，2019

《中国古代纺织印染工程技术史》，黄赞雄、赵翰生著，路甬祥总主编，山西教育出版社，2019

《〈自然〉百年科学经典　第9卷　1998—2001　英汉对照版》，（英）约翰·马多克斯，（英）菲利普·坎贝尔，路甬祥主编，外语教学与研究出版社，2019

《〈自然〉百年科学经典　第10卷　2002—2007　英汉对照版》，（英）约翰·马多克斯，（英）菲利普·坎贝尔，路甬祥主编，外语教学与研究出版社，2019

2020 年

《〈自然〉百年科学经典　第9卷　1998—2001　（上、下）　英汉对照版》，（英）约翰·马多克斯，（英）菲利普·坎贝尔，路甬祥主编，外语教学与研究出版社，2020

《〈自然〉百年科学经典　第10卷　2002—2007　（上、下）　英汉对照版》，（英）约翰·马多克斯，（英）菲利普·坎贝尔，路甬祥主编，外语教学与研究出版社，2020

《呼风唤雨的世纪》，路甬祥著，长江文艺出版社，2020

期刊文献

2015 年

设计的进化与面向未来的中国创新设计，路甬祥，《装备制造》2015 年第 1 期

加强产学研合作　促进创新驱动发展，路甬祥，《中国科技产业》2015 年第 1 期

在中国液压行业实施强基战略工程推进会上的讲话，路甬祥，《液压气动与密封》2015 年第 1 期

中国需要创新设计文化，路甬祥，《中国服饰》2015 年第 2 期

创新设计与传媒，路甬祥，《科技导报》2015 年第 2 期

"中国制造"的未来，路甬祥，《酒·饮料技术装备》2015 年第 2 期

提升创新设计，促进中国创造，路甬祥，《大飞机》2015 年第 2 期

路甬祥同志题词，路甬祥，《中国战略新兴产业》2015 年第 Z2 期

创新设计与中国创造，路甬祥，《全球化》2015 年第 4 期

绿色化如何促进文明持续繁荣？路甬祥，《环境经济》2015 年第 Z4 期

创新设计与中国创造，路甬祥，《中国科技产业》2015 年第 5 期

创新设计是生产的先导环节，路甬祥，《经贸实践》2015 年第 5 期

科学的价值，路甬祥，《神州学人》2015 年第 5 期

科学与幻想的碰撞，路甬祥，《知识就是力量》2015 年第 7 期

贺信，路甬祥，《中国科技产业》2015 年第 7 期

纪念相对论创建 110 周年暨阿尔伯特·爱因斯坦逝世 60 周年，路甬祥，《科技导报》2015 年第 8 期

路甬祥同志题词，路甬祥，《中国战略新兴产业》2015 年第 9 期

以"四个全面"为指导推进新型城镇化可持续发展，路甬祥，《杭州（党政刊 B）》2015 年第 12 期

以"创新设计"引领"中国制造"，路甬祥，《中国科技产业》2015 年第 12 期

路甬祥同志题词，路甬祥，《中国战略新兴产业》2015 年第 13 期

路甬祥同志题词，路甬祥，《中国战略新兴产业》2015 年第 15 期

路甬祥同志题词，路甬祥，《中国战略新兴产业》2015 年第 23 期

造就创新人才需要创新教育，路甬祥，《成才之路》2015 年第 17 期

2016 年

工作报告，路甬祥，《中国科技术语》2016 年第 1 期

创新设计与制造强国，路甬祥，《科学中国人》2016 年第 1 期

新设计 3.0 时代如何成为制造强国，路甬祥，《浙商》2016 年第 1 期

产学研用深度融合 创新驱动转型升级，路甬祥，《中国科技产业》2016 年第 1 期

从 2015 年国内、国际十大科技新闻说起，路甬祥，《科技导报》2016 年第 1 期

齐心协力 奋发进取 抒写产学研合作事业新篇章，路甬祥，《中国科技产业》2016 年第 1 期

网络时代工程新理念与工程研究新使命，路甬祥，《工程研究——跨学科视野中的工程》2016 年第 1 期

大力发展分布式可再生能源应用和智能微网，路甬祥，《中国科学院院刊》2016 年第 2 期

序言，路甬祥，《中国科学院院刊》2016 年第 2 期

路甬祥同志题词，路甬祥，《中国战略新兴产业》2016 年第 5 期

序言——绿色设计的三个新特征，路甬祥，《中国科学院院刊》2016 年第 5 期

设计先行实现绿色化，路甬祥，《中国名牌》2016 年第 5 期

智能制造是中国制造核心，路甬祥，《中国中小企业》2016 年第 7 期

电动汽车发展的动力与机遇，路甬祥，《科学中国人》2016 年第 7 期

以发展新理念为指导，建设中国特色智慧城市，路甬祥，《科技中国》2016 年第 8 期

20 世纪诺贝尔自然科学奖的启示，路甬祥，《科技中国》2016 年第 9 期

中国智造与中国创造，路甬祥，《全球化》2016 年第 9 期；《产业经济》2016 年第 11 期

关于创新设计竞争力的再思考，路甬祥，《中国科技产业》2016 年第 10 期

寄语《全球化》杂志创刊五周年，路甬祥，《全球化》2016 年第 10 期

为制造强国建设提供不竭精神动力和坚实的文化基础——在 2016 中国工业文化高峰论坛上的讲话，路甬祥，《智慧中国》2016 年第 11 期

把握新机遇迈上新台阶服务新需求在中国产学研合作促进会第二届理事会第四次会议上的讲话，路甬祥，《中国科技产业》2016 年第 12 期

路甬祥同志题词，路甬祥，《中国战略新兴产业》2016 年第 13 期

路甬祥同志题词，路甬祥，《中国战略新兴产业》2016 年第 14 期

路甬祥同志题词，路甬祥，《中国战略新兴产业》2016 年第 18 期

路甬祥：以新发展理念为指导将平潭建设成开放合作的绿色智慧岛，路甬祥，《中国战略新兴产业》2016 年第 21 期

路甬祥同志题词，路甬祥，《中国战略新兴产业》2016 年第 22 期

路甬祥同志题词，路甬祥，《中国战略新兴产业》2016 年第 25 期

开辟"中国创造"新纪元，路甬祥，《瞭望》2016 年第 30 期

2017 年

开拓产学研协同创新工作新局面，路甬祥，《中国科技产业》2017 年第 1 期

建设世界科技创新强国的新长征，路甬祥，《科技导报》2017 年第 1 期

设计的进化与价值，路甬祥，《中国工程科学》2017 年第 3 期

路甬祥同志题词,路甬祥,《中国战略新兴产业》2017 年第 3 期

创新设计引领中国创造,路甬祥,《中国科技奖励》2017 年第 4 期

以十九大精神为指引切实做好产学研合作工作——在 **2017 政产学研协同创新座谈会暨中国产学研合作**促进会会长会议上的讲话,路甬祥,《中国科技产业》2017 年第 10 期

路甬祥同志题词,路甬祥,《中国战略新兴产业》2017 年第 17 期

设计的价值与未来,路甬祥,《科技导报》2017 年第 22 期

路甬祥同志题词,路甬祥,《中国战略新兴产业》2017 年第 23 期

路甬祥同志题词,路甬祥,《中国战略新兴产业》2017 年第 27 期

电网建设项目风险管理探讨,路甬祥,《中国科技投资》2017 年第 27 期

路甬祥同志题词,路甬祥,《中国战略新兴产业》2017 年第 37 期

路甬祥同志题词,路甬祥,《中国战略新兴产业》2017 年第 41 期

2018 年

认知新担当 增强使命感 共创产学研合作工作新局面,路甬祥,《中国科技产业》2018 年第 1 期

中国好设计:创造更美好的未来,路甬祥,《科技创新与品牌》2018 年第 1 期

《论创新设计》,路甬祥,《科技创新与品牌》2018 年第 1 期

参与航模运动的美好回忆,路甬祥,《航空模型》2018 年第 1 期

科技创新产业变革大趋势 我国建设创新强国新担当,路甬祥,《全球化》2018 年第 6 期

路甬祥同志题词,路甬祥,《中国战略新兴产业》2018 年第 7 期

再看中国机遇与动力——创新驱动,才能真正强大,路甬祥,《经贸实践》2018 年第 8 期

推动制造业高质量发展加快建设制造强国,路甬祥,《中国科技产业》2018 年第 8 期

路甬祥同志题词,路甬祥,《中国战略新兴产业》2018 年第 9 期

路甬祥同志题词,路甬祥,《中国战略新兴产业》2018 年第 11 期

科技与产业创新的大趋势中国创新发展的新时代,路甬祥,《科技导报》2018 年第 11 期

中国制造与全球合作共赢——在第二届智能制造国际会议(**2018**)上的讲话,路甬祥,《设备管理与维修》2018 年第 11 期

科技与产业创新的大趋势中国创新发展的新时代(一),路甬祥,《中国学术期刊文摘》2018 年第 12 期

科技与产业创新的大趋势 中国创新发展的新时代(二),路甬祥,《中国学术期刊文摘》2018 年第 13 期

路甬祥同志题词,路甬祥,《中国战略新兴产业》2018 年第 13 期

路甬祥同志题词,路甬祥,《中国战略新兴产业》2018 年第 17 期

路甬祥同志题词,路甬祥,《中国战略新兴产业》2018 年第 29 期

路甬祥同志题词,路甬祥,《中国战略新兴产业》2018 年第 37 期

2019 年

创新设计竞争力研究,路甬祥,《机械设计》2019 年第 1 期

创新设计发展战略研究,路甬祥,孙守迁,张克俊,《机械设计》2019 年第 2 期

路甬祥同志题词,路甬祥,《中国战略新兴产业》2019 年第 14 期

2020 年

路甬祥同志题词,路甬祥,《中国战略新兴产业》2020 年第 1 期

路甬祥作品,路甬祥,《中国战略新兴产业》2020 年第 7 期

邹家华、曾培炎、陈锦华、路甬祥题词,邹家华,曾培炎,陈锦华,路甬祥,《中国战略新兴产业》2020 年第 8 期

报纸文献

2015 年

领悟爱因斯坦的科学精神和人生哲理——纪念相对论创建 110 周年暨阿尔伯特·爱因斯坦逝世 60 周年,路甬祥,上海《文汇报》2015-04-17

创新设计与制造强国,路甬祥,《人民政协报》2015-12-16

2016 年

汽车制造将转向绿色智能,路甬祥,《中国科学报》2016-02-23

推动我国科技与产业创新(人民观察),路甬祥,《人民日报》2016-09-25

为经济发展提供科技供给(大家之言),路甬祥,《人民日报(海外版)》2016-11-29

开放融合将成为未来创新常态,路甬祥,《联合时报》2016-12-09

开拓产学研协同创新工作新局面,路甬祥,《人民日报》2016-12-28

2017 年

创新设计引领中国创造(大家手笔),路甬祥,《人民日报》2017-03-15

2018 年

走创新驱动发展道路才能真正强大起来(大家手笔),路甬祥,《人民日报》2018-04-19

(二)对路甬祥院士的介绍与研究文献目录

著作文献

《路甬祥教育思想研究》,冯时林主编,浙江大学出版社,2014

期刊文献

2015 年

路甬祥:新时代,新常态与中国城镇化的未来,史诗,《中国科技财富》2015 年第 1 期

2016 年

路甬祥:绿色低碳是未来发展新理念,《内燃机与配件》2016 年第 1 期

路甬祥一行到贵研铂业调研,《中国有色金属》2016 年第 1 期

路甬祥:智能制造是实体经济的支柱,《装备制造》2016 年第 6 期

路甬祥:智能制造是未来中国制造的核心,《南方企业家》2016 年第 7 期

中国创造是中国制造的未来——全国人大原副委员长路甬祥院士访谈录,本刊记者,《群众》2016 年第 9 期

路甬祥到张家口调研可再生能源示范区建设工作,《中国太阳能产业资讯》2016 年第 10 期

路甬祥:将平潭建设成开放合作的绿色智慧岛,《国企》2016 年第 10 期

中国科学院院士、中国工程院院士路甬祥,《中国名牌》2016年第12期

科技兴则民族兴制造强则国家强——专访两院院士路甬祥,陈芬,《中国经济信息》2016年第24期

2017年

路甬祥:制造业要以"质"取胜,《经贸实践》2017年第8期

2018年

路甬祥:制造业全球合作是大趋势,《天津中德应用技术大学学报》2018年第4期

报纸文献

2015年

许宁邢国辉侯亮在京拜会路甬祥,王宋平,蒋雪峰,管涛,《张家口日报》2015-01-20

路甬祥来姚调研高新技术企业——陈仲朝奚明等陪同,《余姚日报》2015-04-02

路甬祥:全球知识网络时代的创新设计与中国创造,《科技日报》2015-04-03

全国人大常委会原副委员长路甬祥来长——周杰吕志良叶白云参加相关活动,陈永权,《长兴新闻》2015-05-25

把上海建成"东方创新之都"——全国人大常委会原副委员长、中科院原院长路甬祥谈上海科创中心建设,狄建荣,樊江洪,《解放日报》2015-06-01

路甬祥:把上海建成"东方创新之都",《上海科技报》2015-06-03

路甬祥一行到贵研铂业调研,杨媛媛,陈锐扬,《中国有色金属报》2015-12-17

2016年

路甬祥来我区调研——走访中亚机械指导高端制造业创新跨越发展,钱少文,《今日拱墅》2016-05-06

路甬祥回母校畅谈科技产业创新——向浙大赠送其著作《回眸与展望——路甬祥科技创新文集》,《浙江大学报》2016-05-13

路甬祥:发展智能制造还需全球合作,崔玉平,李瞧,《中国工业报》2016-05-23

路甬祥:科技与产业创新必须"跨界"——指出创新将呈现绿色低碳、网络智能、融合创新、共创分享的新时代特征,马芳,《南方日报》2016-05-26

路甬祥:培育创新创业想象力比传授知识更重要,《广东科技报》2016-05-27

路甬祥:用五大理念引领智慧城市发展,张文,《中国经济导报》2016-05-28

路甬祥调研中车戚墅堰机车有限公司,《武进日报》2016-07-01

路甬祥来我区考察,《吴江日报》2016-07-02

路甬祥到我市调研可再生能源示范区建设工作——马宇骏李建举等陪同,王宁,《张家口日报》2016-09-08

路甬祥到西航、西控走访调研,《中国航空报》2016-09-29

路甬祥:提升自主创新能力建设科技与制造强国,《中国航空报》2016-11-26

2017年

路甬祥来我市考察——莫振奎巩宪群马纯济参加活动,《济南日报》2017-11-11

高庆丰拜会路甬祥并出席市政府与深圳创新设计研究院签约仪式,陈鹏,《慈溪日报》2017-11-27

2018 年

全国人大常委会原副委员长路甬祥来陕视察——梁宏贤陪同，《民声报》2018-05-10

路甬祥：制造业全球合作成大趋势，孟凡君，《中国工业报》2018-06-07

Ⅱ 宁波籍中国科学院院士文献资料目录

截至2020年,宁波籍中国科学院院士共有64位,分属6个学部。其中数学物理部10位;化学部6位;生命科学和医学学部23位;地学部5位;信息技术科学部9位(含双院士1位);技术科学部11位(含双院士2位)。

一、数学物理部(10位)

数学物理部的宁波籍院士共有10位。其中1980年1位(戴传曾);1991年4位(周毓麟、石钟慈、杨福家、白以龙);1993年1位(应崇福);1995年1位(贺贤土);2013年1位(陈恕行);2015年1位(景益鹏);2017年1位(马余刚)。

戴传曾(1980年当选中国科学院院士)

戴传曾(1921年12月21日—1990年11月18日),核物理学家,浙江鄞县人,中国原子能科学研究院研究员,曾任中国核学会常务理事,第六、七届全国政协委员,国务院学位委员会兼原子能评议组组长。

戴传曾院士主要从事实验核物理、反应堆物理、反应堆工程和核电安全方面的分析研究。他主持研制并创造了中国的"五个第一":第一台中子晶体谱仪、第一台中子衍射仪、第一座快中子零功率反应堆、第一批中子嬗变掺磷单晶硅和第一座微反应堆。他开发的单晶硅中子嬗变掺杂技术,为建立中国核电安全研究体系做出了突出贡献;曾获国家科技进步奖一等奖。

1980年当选为中国科学院院士(学部委员)。

对戴传曾院士的介绍与研究文献目录

期刊文献

戴传曾：对新生事物始终保持敏锐，常甲辰，《中国核工业》2020年第10期

周毓麟（1991 年当选中国科学院院士）

周毓麟（1923 年 2 月 12 日—2021 年 3 月 2 日），数学家，籍贯浙江镇海，历任北京应用物理与计算数学研究所研究员、副所长、院科技委委员、顾问，曾任中国计算数学学会理事长、名誉理事长。

周毓麟院士参加我国核武器理论研究，他主管数值模拟与流体力学方面的研究，为我国第一颗原子弹的研制成功，为我国氢弹原理的突破及战略武器的理论设计做出了重大贡献。他在关于流体力学与一些物理方程数值方法方面的研究，为核武器理论研究发挥了重要作用；曾获国家自然科学奖一等奖，国家科技进步奖特等奖。

1991 年当选为中国科学院院士（学部委员）。

对周毓麟院士的介绍与研究文献目录

著作文献

《毓数麟风——周毓麟院士 90 华诞庆贺文集》，中国工程物理研究院编，世界图书北京出版公司，2013

《采数学之美为吾美 周毓麟传》，吴明静著，中国科学技术出版社，2019

期刊文献

第一届"CSIAM 苏步青应用数学奖"特别奖获得者 周毓麟，《科学新闻》2015 年第 12 期

弄堂里走出的数学家——周毓麟，吴明静，《语数外学习（高中版）（上旬）》2017 年第 12 期

周毓麟 采数学之美为吾美，吴明静，《军工文化》2017 年第 2 期

报纸文献

采数学之美为吾美，吴明静，《中国科学报》2016-09-26

当我们做采集工程时在做什么——周毓麟学术成长资料采集心得，吴明静，《中国科学报》2016-12-19

石钟慈(1991 年当选中国科学院院士)

石钟慈(1933 年 12 月 5 日—2023 年 2 月 13 日),数学家,浙江鄞县人,中国科学院数学与系统科学研究院研究员,曾任中国计算数学学会理事长。

石钟慈院士长期从事计算数学的理论与应用研究,特别是在有限元方法方面取得了独创性前沿成果,构成了有限元方法的重大进展,是我国计算数学学科的学术带头人。他建立了将变分原理和摄动理论相结合的新算法,在有限元理论研究和应用中,首创的样条有限元被广泛应用于实际计算,并引发了大量后继工作研究非协调元的收敛性,曾获中国科学院科技进步奖一等奖、华罗庚数学奖等科技奖励。

1991 年当选为中国科学院院士(学部委员)。

(一)石钟慈院士的各类文献目录

著作文献

《有限元方法 英文版》,石钟慈,王鸣主编,科学出版社,2013

《信息与计算科学丛书·典藏版》,石钟慈著,科学出版社,2016

《纯粹数学与应用数学专著典藏版第 5 号弹性结构的数学理论》,冯康,石钟慈著,科学出版社,2018

期刊文献

Reissner-Mindlin 板问题带约束非协调旋转 Q1 有限元方法,胡俊,石钟慈,《计算数学》2016 年第 3 期

(二)对石钟慈院士的介绍与研究文献目录

著作文献

《石钟慈传》,孟广武著,高等教育出版社,2020

期刊文献

第一届"CSIAM 苏步青应用数学奖"获得者石钟慈,《科学新闻》2015 年第 12 期

报纸文献

2015 年

鹤壁在未来云计算产业及大数据应用方面必将大有作为——访中国计算数学学会理事长、院士石钟慈,《鹤壁日报》2015-01-21

中国科学院院士石钟慈做客"聆听世界文化讲坛",刘柏栋,《菏泽学院报》2015-04-17

石钟慈院士:有限元方法研究,《聊城大学报》2015-04-21

中国科学院院士石钟慈应邀到我校讲学,《东莞理工学院报》2015-06-30

2016 年

石钟慈院士来校指导学科发展,《聊城大学报》2016-02-19

中国科学院院士石钟慈来校作报告,《河南城建学院报》2016-06-15

石钟慈院士做客新世纪讲坛,《山东师大报》2016-11-02

2017 年

中国科学院院士石钟慈等专家赴我市考察,李蕊丽,《蒙自》2017-01-17

石钟慈院士任名誉校长应敏教授任校长,万新,《浙江万里学院报》2017-04-17

石钟慈:数学专业的出路,《聊城大学报》2017-09-19

羡林大讲堂:石钟慈院士谈大数据与计算数学,《聊城大学报》2017-11-28

2018 年

石钟慈:于磅礴中上下求索,许清,《中国科学报》2018-04-02

这是一种心灵的修行——石钟慈院士学术成长资料采集心得,许清,《中国科学报》2018-05-28

石钟慈:国家需要什么,我就研究什么——本报专访鄞籍中科院院士、中国计算数学领军人物,《鄞州日报》2018-09-28

石钟慈:计算数学的拓荒者,《浙江大学报》2018-10-26

2019 年

石钟慈院士:为宁波打造高端教育添砖加瓦,《宁波日报》2019-10-18

杨福家(1991 年当选中国科学院院士)

杨福家(1936 年 6 月 11 日—2022 年 7 月 17 日),核物理学家,浙江镇海人,曾任中国科学院上海原子核研究所所长,复旦大学校长,英国诺丁汉大学校监(校长),宁波诺丁汉大学校长。

杨福家院士领导、组织并基本建成了"基于加速器的原子、原子核物理实验室",他概括了国内外已知的各种公式,用于放射性厂矿企业,推广至核能级寿命测量;领导实验组用 g 共振吸收法发现了国际上用此法找到的最窄的双重态;在国内开创了离子束分析研究领域。

1991 年当选为中国科学院院士(学部委员),同年当选为第三世界科学院院士。

(一)杨福家院士的各类文献目录

著作文献

2013 年

《从复旦到诺丁汉》,杨福家编,上海交通大学出版社,2013

2014 年

《博雅教育》,杨福家等著,复旦大学出版社,2014

《博雅教育》第 2 版,杨福家等著,复旦大学出版社,2014

2015 年

《父母育儿课堂》,周桂强,庄森编著,郑建国,钱伟国主编,杨福家,胡守钧顾问,上海三联书店,2015

《博雅教育》第 3 版,杨福家等著,复旦大学出版社,2015

2017 年

《博雅教育》第 4 版,杨福家等著,复旦大学出版社,2017

2018 年

《物理学名家丛书·应用核物理》,杨福家,陆福全等著,高等教育出版社,2018

2019 年

《原子物理学》,杨福家著,高等教育出版社,2019

2020 年

《中国能源研究概览》,于俊崇编,杨福家总主编,上海交通大学出版社,2020

《动力与过程装备部件的流致振动实用工作手册》,(美)迈克·欧阳著,杨福家总主编,姜乃斌,熊夫睿译,上海交通大学出版社,2020

《核火箭发动机》,(俄罗斯)科罗捷耶夫编,杨福家总主编,郑官庆,王江,黄丽华,冯浩邬译,上海交通大学

出版社,2020

报纸文献

真正的书院——访问港澳大学住宿学院有感,杨福家,上海《文汇报》2015-02-06

点燃每个人心中的"火种",杨福家,《解放日报》2018-08-24

(二)对杨福家院士的介绍与研究文献目录

著作文献

《博学笃志 切问近思——杨福家院士的科学与人文思考》,方鸿辉,陈建新选编,上海教育出版社,2016

期刊文献

2015 年

博雅教育与领导力培养——宁波诺丁汉大学校长杨福家院士访谈录,蔡连玉,苏鑫,王玉明,《高校教育管理》2015 年第 3 期

爱与"火种"——杨福家院士谈教育,叶娟,《中国核工业》2015 年第 10 期

"吾爱吾师,吾更爱真理"——中国科学院院士、复旦大学原校长杨福家口述实录,叶娟,《中国核工业》2015 年第 10 期

2017 年

探索"博雅教育"的中国范本——专访宁波诺丁汉大学杨福家校长、陆明彦执行校长及沈伟其副校长,田媛,孔惠楠,《高校招生(高考指南)》2017 年第 7 期

2018 年

杨福家:当教育打开通往世界的大门,徐蓓,《决策探索(上)》2018 年第 7 期

2019 年

科学家杨福家的学术之路,杨柳,《世纪》2019 年第 3 期

学位论文

一个中外学术交流的个案研究:杨福家与玻尔研究所,段士玉,首都师范大学硕士学位论文,2014

报纸文献

2015 年

杨福家校长与我校师生谈"博雅",万宣,《浙江万里学院报》2015-05-25

杨福家 复旦大学、英国诺丁汉大学原校长,宁波诺丁汉大学校长,《华东师范大学报》2015-06-02

中科院院士杨福家来访,《工学周报》2015-06-04

中国教育打败了英国教育吗——对话宁波诺丁汉大学校长杨福家,徐蓓,《解放日报》2015-10-23

2016 年

杨福家开讲人文大讲堂——总结博雅教育五大要素,《今日镇海》2016-04-12

老校长杨福家推荐了一本书——他希望学生们读读《博雅教育》,成为博雅之人,《宁波晚报》2016-09-10

科技大师系列讲座第二个十年 杨福家院士开启第一讲,《澳门华侨报》2016-09-12

2017 年

镇海人杨福家入选"当代教育名家"——全国仅 90 人宁波唯一,王茵,《今日镇海》2017-12-07

2018 年

杨福家院士伉俪参观宁波帮博物馆,汪晶,方馨,《今日镇海》2018-05-30

当教育打开通往世界的大门——专访复旦大学教授、宁波诺丁汉大学校长杨福家,徐蓓,《解放日报》2018-06-29

杨福家助宁诺落地宁波把优质教育资源带到家门口——博雅思想和第二课堂,帮学生探索人生更多可能,《现代金报》2018-11-15

杨福家的慨叹,《解放日报》2018-12-15

2019 年

中科院院士杨福家:阐述"教育分类"理念我给总理讲了一个故事,《成都商报》2019-03-04

杨福家接受钱报专访:发现孩子的火种,点燃它,梁建伟,戴欣怡,《钱江晚报》2019-06-23

白以龙（1991 年当选中国科学院院士）

白以龙(1940 年 12 月 22 日——　)，力学家，籍贯浙江镇海。中国科学院力学研究所研究员，曾任中国力学学会理事长、非线性力学国家重点实验室学术委员会主任、国际理论和应用力学联合会理事、国家自然科学基金委员会数理学部主任等职。

白以龙院士主要从事爆炸、固体和非线性力学研究，他建立的热塑剪切变形的控制方程及一系列创新结论，国际上称之为"白模型""白判据"；先后获得国家自然科学奖二等奖、何梁何利基金科学与技术进步奖、周培源奖和美国约翰·莱因哈特奖(John Rinehart Award)等国内外学术奖励。

1991 年当选为中国科学院院士(学部委员)；2002 年当选欧洲科学院院士。

白以龙院士的各类文献目录

期刊文献

百纳米以下压入硬度规律的科学意义和挑战，杨荣，张泰华，肖攀，王军，张群，双飞，柯孚久，白以龙，《中国科学（物理学·力学·天文学）》2018 年第 9 期

大地震的幂律奇异性前兆及预测，薛健，郝圣旺，杨荣，连尉平，张永仙，卢春生，柯孚久，白以龙，《国际地震动态》2019 年第 8 期

应崇福（1993 年当选中国科学院院士）

应崇福（1918 年 6 月 15 日—2011 年 6 月 30 日），超声学家，浙江鄞县人，中国科学院声学研究所研究员，曾任中国声学学会理事长，中国机械工程学会第四、五届副理事长。

应崇福院士是超声学研究奠基人，其固体中超声散射的论文，是国际上该领域的开拓之作。他在超声在固体中的散射、超声压电器换能器的行为，以及压电晶体中、地层中和人体软组织中的超声传播、功率超声、激光超声、声空化等方面的研究取得了重要成果，推动了中国的超声学研究和技术应用。1985 年获中国科学院科技进步奖一等奖。

1993 年当选为中国科学院院士。

对应崇福院士的介绍与研究文献目录

著作文献

《大音希声：应崇福传》，王传超著，中国科学技术出版社，2013

期刊文献

试谈应崇福院士的科研思想与方法，李明轩，《应用声学》2018 年第 5 期

上德若谷 声超穹宇 ——在纪念应崇福院士诞辰 100 周年学术交流大会上的讲话，王小民，《应用声学》2018 年第 5 期

老科学家学术成长资料采集工程所获书信选评注——海上孤鸿：超声学家应崇福写于归国途中的一封信，王传超，杨延霞，《今日科苑》2018 年第 9 期

读应崇福先生寄丘尔教授一信有感，刘水寒，《今日科苑》2019 年第 6 期

我爱我的国家，我也爱整个世界——读应崇福先生写于归国途中的信，中国科学院大学学生，《今日科苑》2019 年第 6 期

报纸文献

读"应崇福归国途中的一封信"，吴周明，陆宇豪，洪语良，赵汪洋，王雨辰，王进，《中国科学报》2019-05-10

贺贤土(1995 年当选中国科学院院士)

贺贤土(1937 年 9 月 28 日——　)，理论物理学家，浙江镇海人，北京应用物理与计算数学研究所研究员，中国科学院数学物理学部主任，国家"863"计划直属惯性约束聚变主题首席科学家。

贺贤土院士在原子弹、氢弹和中子弹的物理研究与设计以及核武器物理实验室模拟研究中做了大量开拓性工作，主要从事高能量密度物理、非平衡统计物理、激光核聚变物理和非线性科学方面的研究，在惯性约束聚变研究方面建立了中国独立自主的研究体系；曾获国家科技进步奖一等奖，国家自然科学奖二等奖。有一颗小行星被命名为"贺贤土星"。

1995 年当选为中国科学院院士，2019 年当选俄罗斯科学院外籍院士。

(一)贺贤土院士的各类文献目录

著作文献

《贺贤土论文选集》，贺贤土著，浙江大学出版社，2017

期刊文献

2015 年

氢及其同位素宽区状态方程的核量子效应，王聪，贺贤土，张平，《强激光与粒子束》2015 年第 3 期

可压缩湍流研究进展，史一蓬，王建春，杨延涛，肖左利，贺贤土，《强激光与粒子束》2015 年第 3 期

快点火中相对论电子束能量沉积的动理学研究，吴思忠，张华，周沧涛，吴俊峰，蔡洪波，曹莉华，何民卿，朱少平，贺贤土，《强激光与粒子束》2015 年第 3 期

神光Ⅱ装置上辐射驱动瑞利-泰勒不稳定性实验，缪文勇，袁永腾，丁永坤，叶文华，曹柱荣，胡昕，邓博，吴俊峰，张文海，江少恩，刘慎业，杨家敏，裴文兵，贺贤土，张维岩，《强激光与粒子束》2015 年第 3 期

激光驱动强流电子束产生和控制，蔡洪波，周沧涛，贾青，吴思忠，何民卿，曹莉华，陈默，张华，刘杰，朱少平，贺贤土，《强激光与粒子束》2015 年第 3 期

神光Ⅱ装置上间接驱动烧蚀瑞利-泰勒不稳定性实验分析，吴俊峰，缪文勇，王立锋，曹柱荣，郁晓瑾，叶文华，郑无敌，刘杰，王敏，江少恩，裴文兵，朱少平，丁永坤，张维岩，贺贤土，《强激光与粒子束》2015 年第 3 期

离子-电子非平衡机制降低中心热斑点火条件，范征锋，刘杰，刘彬，于承新，贺贤土，《强激光与粒子束》2015 年第 8 期

神光Ⅱ升级装置锥壳靶间接驱动快点火集成实验，谷渝秋，张锋，单连强，毕碧，陈家斌，魏来，李晋，宋仔峰，刘中杰，杨祖华，于明海，崔波，张镱，刘红杰，刘东晓，王为武，戴增海，杨轶蒙，杨雷，张发强，吴小军，杜凯，

周维民,曹磊峰,张保汉,吴俊峰,任国利,蔡洪波,吴思忠,曹莉华,张华,周沧涛,贺贤土,《强激光与粒子束》2015 年第 11 期

2017 年

惯性约束聚变中内爆混合的模型构建,于承新,范征锋,刘杰,贺贤土,《计算物理》2017 年第 4 期

球坐标动量空间下相对论 Vlasov 方程的数值算法,张华,吴思忠,周沧涛,何民卿,蔡洪波,曹莉华,朱少平,贺贤土,《计算物理》2017 年第 5 期

电子束能量沉积的相对论 Fokker-Planck 方程的计算方法,张华,吴思忠,周沧涛,何民卿,蔡洪波,曹莉华,朱少平,贺贤土,《计算物理》2017 年第 5 期

贺贤土:我的核盾路 我的强国梦,吴明静,贺贤土,《军工文化》2017 年第 7 期

流体中强冲击波的微观结构数值模拟研究进展,刘浩,康炜,段慧玲,张平,贺贤土,《中国科学(物理学・力学・天文学)》2017 年第 7 期

2018 年

经典瑞利-泰勒不稳定性界面变形演化的改进型薄层模型,赵凯歌,薛创,王立锋,叶文华,吴俊峰,丁永坤,张维岩,贺贤土,《物理学报》2018 年第 9 期

2020 年

Simulation of the weakly nonlinear Rayleigh-Taylor instability in spherical geometry,杨云鹏,张靖,李志远,王立锋,吴俊峰,叶文华,贺贤土,《中国物理快报(英文版)》2020 年第 5 期

Interface width effect on the weakly nonlinear Rayleigh-Taylor instability in spherical geometry,杨云鹏,张靖,李志远,王立锋,吴俊峰,叶文华,贺贤土,《中国物理快报(英文版)》2020 年第 7 期

惯性约束聚变黑腔内等离子体界面处的动理学效应及其影响,蔡洪波,张文帅,杜报,燕鑫鑫,单连强,郝亮,李志超,张锋,龚韬,杨冬,邹士阳,朱少平,贺贤土,《强激光与粒子束》2020 年第 9 期

惯性约束聚变黑腔界面处的动理学效应及其影响,蔡洪波,张文帅,杜报,燕鑫鑫,单连强,郝亮,李志超,张锋,龚韬,杨冬,邹士阳,朱少平,贺贤土,《强激光与粒子束》2020 年第 9 期

受激布里渊散射的非线性增强和饱和,郑春阳,王清,刘占军,贺贤土,《强激光与粒子束》2020 年第 9 期

Suppression of auto-resonant stimulated Brillouin scattering in supersonic flowing plasmas by different forms of incident lasers,班帅帅,王清,刘占军,郑春阳,贺贤土,《中国物理 B》2020 年第 9 期

(二)对贺贤土院士的介绍与研究文献目录

著作文献

《贺贤土的物理一甲子》,颜骊,房正浓,马玉婷编,浙江大学出版社,2017

《科学家的情怀——贺贤土院士访谈文集》,张剑波,马玉婷,应和平,盛正卯编,浙江大学出版社,2017

期刊文献

"这是我们国防科技工作者特殊的幸福"——写在贺贤土院士八十岁诞辰之际,吴明静,彭献生,《国防科技工业》2017 年第 4 期

贺贤土院士获世界聚变能源领域最高奖:我只是代表我们国家来领奖,《意林(作文素材)》2019 年第 23 期

报纸文献

2015 年

贺贤土教小记者要知其然又知其所以然,董诗梦,钱慧,张晶,王燕,顾一帆,《青年时报》2015-03-09

2016 年

贺贤土院士:中国蘑菇红云升起背后的故事,孟佩佩,《中国青年报》2016-09-07

2017 年

贺贤土院士再回镇中——回顾科研生涯分享美好回忆,梅佳燕,曾昊溟,王雍斌,《今日镇海》2017-04-19

2018 年

张咏梅拜访镇中老学长贺贤土院士——为孩子们带回一份"厚礼",梅佳燕,张文波,马旭峰,庄倩,《今日镇海》2018-03-05

贺贤土院士工作站在深技大(筹)揭牌,吴吉,刘育銮,《深圳商报》2018-09-29

深圳技术大学(筹)成立贺贤土院士工作站——建立先进材料测试技术研究和应用的高水平研发平台,《深圳特区报》2018-09-29

深圳技术大学(筹)贺贤土院士工作站揭牌,朱倩,霍健斌,《南方都市报》2018-09-29

天上有了"贺贤土小行星"以镇海籍院士命名,梅佳燕,《今日镇海》2018-10-15

2019 年

贺贤土获聚变能源领域最高奖,梅佳燕,《今日镇海》2019-07-09

贺贤土:我国惯性约束聚变领路人,陆成宽,《科技日报》2019-10-09

贺贤土院士:帮宁波,是我义不容辞的责任,《宁波日报》2019-10-18

镇中 54 届校友贺贤土院士回母校——赠予求学科研"九字真经",林晓艳,曾昊溟,《今日镇海》2019-10-21

贺贤土当选俄罗斯科学院外籍院士,《北京大学校报》2019-12-05

陈恕行（2013 年当选中国科学院院士）

陈恕行（1941 年 6 月 20 日——　），数学家，籍贯浙江镇海，复旦大学教授。

陈恕行院士长期从事偏微分方程理论与应用的研究，特别是关于高维非线性守恒律方程组与激波的数学理论研究。他给出了三维尖前缘机翼和尖头锥体的超音速绕流问题含附体激波解的局部存在性与稳定性的严格数学论证，在解决这一长期悬而未决的难题中取得突破性进展，为实验与计算结果提供了严密的数学基础；其成果为中国远程导弹型号设计与计算做出了重要贡献，曾获国家自然科学奖二等奖、国家教委科技进步奖二等奖、何梁何利基金科学与技术进步奖等。

2013 年当选为中国科学院院士。

（一）陈恕行院士的各类文献目录

著作文献

《数学物理方程学习辅导二十讲》，陈恕行编著，高等教育出版社，2015

《激波反射的数学分析》，陈恕行著，上海科学技术出版社，2018

《现代偏微分方程导论第 2 版》，陈恕行著，科学出版社，2018

（二）对陈恕行院士的介绍与研究文献目录

期刊文献

科研攻坚路漫漫志在巅峰不辞遥：中国科学院院士、复旦大学教授陈恕行，赵凡，《科技成果管理与研究》2015 年第 3 期

拟一维等熵 Euler 流的小 Mach 数极限——献给陈恕行教授 80 华诞，匡杰，张永前，《中国科学：数学》2021 年第 6 期

报纸文献

陈恕行：志在巅峰不辞遥，《今日镇海》2015-12-18

镇海籍院士陈恕行做客镇中人文科技大讲堂——称赞"同学们很活跃，知识面很广"，林晓艳，郑童，曾昊滨，《今日镇海》2020-10-30

数学家陈恕行院士受聘为温大荣誉教授，《温州都市报》2020-12-21

景益鹏（2015年当选中国科学院院士）

景益鹏（1964年1月9日—　），天体物理学家，浙江慈溪人，上海交通大学教授，曾任国家重点基础研究发展计划项目首席科学家、国家自然科学基金委创新团队负责人、中国科学院创新团队国际合作伙伴计划负责人、中国科学院星系宇宙学重点实验室主任等职。

景益鹏院士长期从事宇宙暗物质与暗能量的天文观测性质、宇宙大尺度结构的形成、星系形成、星系与黑洞的共同演化、宇宙引力透镜等宇宙学基础前沿问题的研究。其研究成果曾获国家自然科学奖、上海市自然科学奖。

2015年入选中国科学院院士。

（一）景益鹏院士的各类文献目录

期刊文献

2015 年

Modelling the redshift-space three-point correlation function in SDSS-III, H. Guo, Z. Zheng, Y. P. Jing, I. Zehavi, C. Li, D. H. Weinberg, R. A. Skibba, R. C. Nichol, G. Rossi, C. G. Sabiu, D. P. Schneider, C. K. Mcbride, Monthly Notices of the Royal Astronomical Society, 2015(1)

The stellar-to-halo mass relation of local galaxies segregates by color, A. Rodríguez-Puebla, V. Avila-Reese, X. K. Yang, S. Foucaud, N. Drory, Y. P. Jing, The Astrophysical Journal, 2015(2)

An extended view of the Pisces overdensity from the SCUSS survey, J. D. Nie, M. C. Smith, V. Belokurov, X. H. Fan, Z. Fan, M. J. Irwin, Z. J. Jiang, Y. P. Jing, S. E. Koposov, M. P. Lesser, J. W. Ma, S. Y. Shen, The Astrophysical Journal, 2015(2)

Photometric metallicity calibration with SDSS and SCUSS and its application to distant stars in the South Galactic Cap, J. Y. Gu, C. H. Du, Y. P. Jia, X. Y. Peng, Z. Y. Wu, J. Ma, X. Zhou, X. H. Fan, Z. Fan, Y. P. Jing, Z. J. Jiang, M. P. Lesser, Monthly Notices of the Royal Astronomical Society, 2015(3)

South Galactic Cap u-band Sky Survey (SCUSS): Data reduction, H. Zou, Z. J. Jiang, X. Zhou, Z. Y. Wu, J. Ma, X. H. Fan, Z. Fan, B. L. He, Y. P. Jing, M. P. Lesser, C. Li, J. D. Nie, The Astronomical Journal, 2015(4)

Kriging interpolating cosmic velocity field, Y. Yu, J. Zhang, Y. P. Jing, P. J. Zhang, Physical Review D, 2015(8)

Determination of the large scale volume weighted halo velocity bias in simulations, Y. Zheng, P. J. Zhang, Y.

P. Jing,Physical Review D,2015(12)

Capability of quasar selection by combining the SCUSS and SDSS observations,H. Zou,X. B. Wu,X. Zhou, S. Wang,L. H. Jiang,X. H. Fan,Z. Fan,Z. J. Jiang,Y. P. Jing,M. P. Lesser,C. Li,J. Ma,Publications of the Astronomical Society of the Pacific,2015(948)

2016 年

Clustering properties and halo masses for central galaxies in the local universe,L. Wang,L. X. Wang,C. Li, Y. P. Jing,The Astrophysical Journal,2016(1)

South Galactic Cap u-band Sky Survey (SCUSS)：Data release,H. Zou,X. Zhou,Z. J. Jiang,X. Y. Peng, D. W. Fan,X. H. Fan,Z. Fan,B. L. He,Y. P. Jing,M. P. Lesser,C. Li,J. Ma,The Astronomical Journal, 2016(2)

A unified model for the spatial and mass distribution of subhaloes,J. X. Han,S. Cole,C. S. Frenk,Y. P. Jing,Monthly Notices of the Royal Astronomical Society,2016(2)

ELUCID-exploring the local universe with reconstructed initial density field Ⅲ：Constrained simulation in the SDSS volume,H. Y. Wang,H. J. Mo,X. H. Yang,Y. C. Zhang,J. J. Shi,Y. P. Jing,C. Z. Liu ,S. J. Li, X. Kang,Y. Gao,The Astrophysical Journal,2016(2)

A sample of galaxy pairs identified from the LAMOST spectral survey and the sloan digital sky survey,S. Y. Shen,M. Argudofernandez,L. Chen,X. Y. Chen,S. Feng,J. L. Hou,Y. H. Hou,P. Jiang,Y. P. Jing,X. Kong,A. Luo,Z. J. Luo,Research in Astronomy and Astrophysics,2016(3)

South galactic cap u-band sky survey (SCUSS)：Project overview,X. Zhou,X. H. Fan,Z. Fan,B. L. He, L. H. Jiang,Z. J. Jiang,Y. P. Jing,M. P. Lesser,J. Ma,J. D. Nie,S. Y. Shen,J. L. Wang,Research in Astronomy and Astrophysics,2016(4)

2017 年

SCUSS u-band emission as a star-formation-rate indicator,Z. M. Zhou,X. Zhou,H. Wu,X. H. Fan,Z. Fan,Z. J. Jiang,Y. P. Jing,C. Li,M. P. Lesser,L. H. Jiang,J. Ma,The Astrophysical Journal,2017(1)

Constraining the H$_I$-Halo mass relation from galaxy clustering,H. Guo,C. Li,Z. Zheng,H. J. Mo,Y. P. Jing,Y. Zu,S. H. Lim,H. J. Xu,The Astrophysical Journal,2017(1)

Halo intrinsic alignment：Dependence on mass, formation time, and environment,Q. L. Xia,X. Kang,P. Wang,Y. Luo,X. H. Yang,Y. P. Jing,H. Y. Wang,H. J. Mo,The Astrophysical Journal,2017(1)

2018 年

ELUCID. IV. galaxy quenching and its relation to halo mass,environment,and assembly bias,H. Y. Wang, H. J. Mo,S. H. Chen,Y. Yang,X. H. Yang,E. Wang,F. C. van den Bosch,Y. P. Jing,X. Kang,W. P. Lin,S. Lim,The Astrophysical Journal,2018(1)

Full-sky ray-tracing simulation of weak lensing using ELUCID simulations：Exploring galaxy intrinsic alignment and cosmic shear correlations,C. L. Wei,G. L. Li,X. Kang,Y. Luo,Q. L. Xia,P. Wang,X. H. Yang, H. Y. Wang,Y. P. Jing,H. J. Mo,W. P. Lin,Y. Wang,The Astrophysical Journal,2018(1)

Primordial black holes as dark matter：constraints from compact ultra-faint dwarfs,Q. R. Zhu,E. Vasiliev, Y. X. Li,Y. X. Li,Y. P. Jing,Monthly Notices of the Royal Astronomical Society,2018(1)

Full-sky ray-tracing simulation of weak lensing using ELUCID simulations: exploring galaxy intrinsic alignment and cosmic shear correlations，C. L. Wei，G. L. Li，X. Kang，Y. Luo，Q. L. Xia，Q. L. Xia，P. Wang，X. H. Yang，H. Y. Wang，Y. P. Jing，The Astrophysical Journal，2018(1)

Accurate determination of halo velocity bias in simulations and its cosmological implications，J. D. Chen，P. J. Zhang，Y. Zheng，Y. Yu，Y. P. Jing，The Astrophysical Journal，2018(1)

Over a thousand new periodic orbits of a planar three-body system with unequal masses，X. M. Li，Y. P. Jing，S. J. Liao，Publications of the Astronomical Society of the Pacific，2018(4)

2019 年

CosmicGrowth Simulations——Cosmological simulations for structure growth studies，Y. P. Jing，Science China (Physics，Mechanics & Astronomy)，2019(1)

A versatile and accurate method for halo mass determination from phase-space distribution of satellite galaxies，Z. Z. Li，Y. Z. Qian，J. X. Han，W. T. Wang，Y. P. Jing，The Astrophysical Journal，2019(1)

Using the modified nearest neighbor method to correct fiber-collision effects on galaxy clustering，L. Yang，Y. P. Jing，X. H. Yang，J. X. Han，The Astrophysical Journal，2019(1)

Accurate modeling of the projected galaxy clustering in photometric surveys: Ⅰ. Tests with mock catalogs，Z. Y. Wang，H. J. Xu，X. H. Yang，Y. P. Jing，H. Guo，Z. Zheng，Y. Zu，Z. G. Li，C. Z. Liu，The Astrophysical Journal，2019(2)

The stellar halo of isolated central galaxies in the Hyper Suprime-Cam imaging survey，W. T. Wang，J. X. Han，A. Sonnenfeld，N. Yasuda，X. C. Li，Y. P. Jing，S. More，P. A. Price，R. Lupton，E. Rykoff，D. V. Stark，T. W. Lan，Monthly Notices of the Royal Astronomical Society，2019(2)

The multidimensional dependence of halo bias in the eye of a machine: a tale of halo structure, assembly and environment，J. X. Han，Y. Li，Y. P. Jing，T. Nishimichi，W. T. Wang，C. Y. Jiang，Monthly Notices of the Royal Astronomical Society，2019(2)

The galaxy luminosity function in the LAMOST complete spectroscopic survey of pointing area at the southern galactic cap，P. S. Zhao，H. Wu，C. K. Xu，M. Yang，F. Yang，Y. N. Zhu，M. I. Lam，J. J. Jin，H. L. Yuan，H. T. Zhang，S. Y. Shen，J. R. Shi，A. L. Luo，X. B. Wu，Y. H. Zhao，Y. P. Jing，Research in Astronomy and Astrophysics，2019(8)

2020 年

Constraining the milky way mass profile with phase-space distribution of satellite galaxies，Z. Z. Li，Y. Z. Qian，J. X. Han，T. S. Li，W. T. Wang，Y. P. Jing，The Astrophysical Journal，2020(1)

The next generation Virgo cluster survey. XXXIV. ultracompact dwarf galaxies in the Virgo cluster，C. Z. Liu，P. Côté，E. W. Peng，J. Roediger，H. X. Zhang，L. Ferrarese，R. Sánchez-Janssen，P. Guhathakurta，X. H. Yang，Y. P. Jing，K. Alamo-Martínez，J. P. Blakeslee，Astrophysical Journal Supplement Series，2020(1)

A large massive quiescent galaxy sample at z～1.2，H. Xu，Y. S. Dai，J. S. Huang，Z. Y. Wang，C. Cheng，X. Shao，S. M. Wu，X. H. Yang，Y. P. Jing，M. Sawicki，F. Y. Liu，The Astrophysical Journal，2020(2)

Star formation in massive galaxies at redshift z similar to 0.5，K. Xu，C. Z. Liu，Y. P. Jing，Y. C. Wang，

S. D. Lu,The Astrophysical Journal,2020(2)

Toward accurate measurement of property-dependent galaxy clustering：I. Comparison of the V max method and the "shuffled" method,L. Yang,Y. P. Jing,Z. G. Li,X. H. Yang,Research in Astronomy and Astrophysics,2020(4)

Probing primordial chirality with galaxy spins,H. R. Yu,P. Motloch,U. L. Pen,Y. Yu,H. Y. Wang,H. J. Mo,X. H. Yang,Y. P. Jing,Physical Review Letters,2020(10)

A fundamental step towards the cosmological 21cm signal,Y. P. Jing,Science China（Physics，Mechanics & Astronomy）,2020(12)

（二）对景益鹏院士的介绍与研究文献目录

报纸文献

2015 年

景益鹏：导师拒绝霍金 **3** 年毕业，师弟景益鹏 **2** 年就获学位,《东方早报》2015-12-08

上海市委统战部副部长虞丽娟慰问景益鹏院士,《上海交大报》2015-12-28

慈溪籍陈建峰景益鹏何胜洋当选为院士,俞建明,《慈溪日报》2015-12-15

区委区政府祝贺景益鹏当选中科院院士,冯洁娜,《上虞日报》2015-12-11

2016 年

景益鹏：揭开宇宙神秘面纱,黄辛,《中国科学报》2016-01-15

2018 年

写给景益鹏叔叔的一封信,金渝桐,《上虞日报》2018-11-10

2019 年

访景益鹏伯伯,《绍兴晚报》2019-07-13

马余刚(2017 年当选中国科学院院士)

马余刚(1968 年 3 月——　　),核物理学家,浙江余姚人,中国科学院上海应用物理研究所研究员,中国核物理学会理事。

马余刚院士主要从事重离子核物理实验与唯象研究,在中能重离子碰撞动力学、核反应的集体流、多重碎裂、液气相变、放射性核束物理及在核输运理论的创造性应用等核物理的前沿领域取得了重要成果。他首次提出了核的 Zipf 定律和多重性信息熵,他首次提出了用核的输运理论研究核反应总截面的新方法,首次实现了对反物质相互作用的测量;曾获国家自然科学奖、全球华人物理与天文学会"亚洲成就奖"。

2017 年当选为中国科学院院士。

(一)马余刚院士的各类文献目录

著作文献

《夸克胶子等离子体从大爆炸到小爆炸》,八木浩辅,初田哲男,三明康郎著,王群,马余刚,庄鹏飞译,中国科学技术大学出版社,2016

期刊文献

1990 年

一个用于次级束流线的多丝正比室,柳卫平,李惠玲,马余刚,詹文龙,《中国原子能科学研究院年报》1990 年

1991 年

中能重离子周边反应产物的同位素分布与中子皮、激发能的关系,冯军,沈文庆,曾跃式,马余刚,王柄,詹文龙,诸永泰,冯恩普,《高能物理与核物理》1991 年第 4 期

用于次级束流线的双栅雪崩室,柳卫平,李惠玲,马余刚,詹文龙,《核电子学与探测技术》1991 年第 5 期

1992 年

核子发射数的数学模拟:扩展 BUU 模型,马余刚,沈文庆,冯军,葛凌霄,詹文龙,王柄,诸永泰,曾耀武,周建群,张丰收,《中国物理 C》1992 年第 11 期

46.7MeV/u^{12}C$+^{58}$Ni、^{115}In、^{197}Au α粒子发射研究,赵有雄,郭忠言,诸永泰,詹文尤,胡晓庆,郗鸿飞,刘冠华,周建群,冯恩普,尹淑芝,魏志勇,范恩杰,马余刚,《高能物理与核物理》1992 年第 11 期

1993 年

中能区^{86}Kr^{197}Au 反应中的能量耗散、π介子阈下产生和流角,马余刚,沈文庆,冯军,葛凌霄,《高能物理与

核物理》1993 年第 2 期

一个在 SPEG 磁谱仪上鉴别中能重离子反应中中重产物的分析方法,冯军,沈文庆,马余刚,詹文龙,诸永泰,郭忠言,《高能物理与核物理》1993 年第 9 期

1994 年

中子分布弥散度对反应总截面的影响,冯军,沈文庆,马余刚,《高能物理与核物理》1994 年第 2 期

1995 年

一种高性能飞行的时间望远镜系统,赵有雄,郭忠言,詹文龙,冯恩普,郗鸿飞,周建群,王金川,罗永锋,雷怀宏,沈文庆,冯军,马余刚,《核技术杂志》1995 年第 7 期

1997 年

10.6MeV/u^{84}Kr＋^{27}Al 碰撞中粒子发射的方位角分布和方位角关联,叶巍,沈文庆,马余刚,冯军,T. Nakagawa,K. Yuasa-Nakagawa,K. Furutaka,K. Matsuda,Y. Futami,K. Yoshida,J. Kasagi,S. M. Lee,《高能物理与核物理》1997 年第 1 期

^{36}Ar＋Ni 和 ^{129}Xe＋Sn 反应中的准弹核的"量温"曲线,马余刚,《青岛大学学报(自然科学版)》1997 年第 2 期

Isotopic distribution in heavy ion reaction at intermediate energy,冯军,沈文庆,马余刚,蔡翔舟,王建松,叶巍,《青岛大学学报(自然科学版)》1997 年第 2 期

用动力学模型计算 10.6MeV/u^{84}Kr($_{27}$Al,准裂变)反应的裂变时间,叶巍,沈文庆,马余刚,冯军,《高能物理与核物理》1997 年第 4 期

中能核核碰撞中的转动流,马余刚,沈文庆,《青岛大学学报(自然科学版)》1997 年第 A0 期

1998 年

10.6MeV/u ^{84}Kr^{27}Al 反应中角动量对断点前粒子多重性的影响,叶巍,沈文庆,陆中道,冯军,马余刚,王建松,K. Yuasa-Nakagawa,T. Nakagawa,《高能物理与核物理》1998 年第 3 期

裂变路径对断点前粒子发射的影响,叶巍,沈文庆,冯军,马余刚,王建松,蔡翔舟,吴锡真,冯仁发,陆中道,《高能物理与核物理》1998 年第 7 期

Study of giant dipole resonance of super heavy compound system,蔡延璜,王建松,沈文庆,马余刚,冯军,叶巍,蔡翔舟,方德清,《中国物理快报(英文版)》1998 年第 9 期

介质中的核子-核子碰撞截面及其对原子核反应总截面的影响,蔡翔舟,冯军,沈文庆,马余刚,王建松,叶巍,《高能物理与核物理》1998 年第 9 期

1999 年

一个奇异核反应总截面的探测系统及其应用,蔡翔舟,冯军,沈文庆,方德清,王建松,马余刚,诸永泰,李松林,苟全补,吴和宇,靳根明,詹文龙,郭忠言,肖国青,《原子核物理评论》1999 年第 2 期

中能轻奇异核反应总截面的激发函数测量,沈文庆,冯军,马余刚,王建松,方德清,蔡翔舟,苏前敏,《原子核物理评论》1999 年第 3 期

晶格气体模型在重离子物理中的应用,苏前敏,马余刚,沈文庆,王建松,蔡翔舟,方德清,《原子核物理评论》1999 年第 4 期

裂变延迟与可能发自超重系统的 GDR γ 射线,王建松,沈文庆,叶巍,蔡延璜,马余刚,冯军,方德清,蔡翔舟,苏前敏,《原子核物理评论》1999 年第 4 期

中能重离子核反应同位素分布的统计模型计算,方德清,冯军,沈文庆,蔡翔舟,王建松,叶巍,马余刚,《高能物理与核物理》1999 年第 5 期

一个新颖的尝试,马余刚,《华东科技》1999 年第 8 期

核破裂中的粒子发射和临界涨落,马余刚,《物理学报》1999 年第 10 期

2000 年

"颈"发射过程中的中等质量碎片的研究,张虎勇,马余刚,苏前敏,蔡翔舟,方德清,胡鹏云,沈文庆,冯军,《原子核物理评论》2000 年第 2 期

微观半经典 Vlasov 框架下的巨偶极共振的系统学与同位旋效应,王建松,沈文庆,马余刚,蔡廷璜,冯军,方德清,蔡翔舟,苏前敏,《高能物理与核物理》2000 年第 3 期

轻粒子产额及其关联的同位旋效应,苏前敏,马余刚,沈文庆,王建松,蔡翔舟,方德清,《高能物理与核物理》2000 年第 3 期

原子核的同位旋对碎裂产物的影响,马余刚,《物理学报》2000 年第 4 期

核破裂中的激发能的作用,马余刚,苏前敏,沈文庆,王建松,方德清,蔡翔舟,张虎勇,《高能物理与核物理》2000 年第 6 期

原子核碎裂中可能存在的 Zipf 定律,韩定定,马余刚,《科学通报》2000 年第 9 期

中能重离子碎裂反应的同位旋效应及其消失,方德清,沈文庆,冯军,蔡翔舟,苏前敏,马余刚,《高能物理与核物理》2000 年第 10 期

2001 年

一个奇异中子分布结构存在的判据,方德清,沈文庆,冯军,蔡翔舟,苏前敏,张虎勇,胡鹏云,马余刚,《高能物理与核物理》2001 年第 1 期

同位旋效应对中能重离子反应中轻粒子产物的影响,张虎勇,马余刚,苏前敏,沈文庆,蔡翔舟,方德清,胡鹏云,韩定定,《物理学报》2001 年第 2 期

Directed and elliptic flows in ^{112}Sn+^{112}Sn collisions,张虎勇,马余刚,余礼平,沈文庆,蔡翔舟,方德清,钟晨,韩定定,《中国物理快报(英文版)》2001 年第 6 期

Production of light nuclei from ^{36}Ar and ^{40}Ar fragmentation at about 60 MeV/Nucleon,方德清,沈文庆,冯军,蔡翔舟,马余刚,张虎勇,胡鹏云,詹文龙,郭忠言,肖国清,李加兴,王猛,王建峰,宁振江,王金川,王建松,王全进,陈志强,《中国物理快报(英文版)》2001 年第 6 期

Poissonian reducibility and thermal scaling in nuclear dissociation,马余刚,朱志远,张虎勇,余礼平,蔡翔舟,方德清,钟晨,沈文庆,《中国物理快报(英文版)》2001 年第 7 期

Measurements of total reaction cross sections for exotic nuclei close to the proton drip-line at intermediate energies and observation of a proton halo in ^{27}P,方德清,冯军,蔡翔舟,马余刚,张虎勇,钟晨,詹文龙,郭忠言,肖国清,王建松,王金川,李加兴,王猛,王建峰,宁振江,王全进,陈志强,沈文庆,《中国物理快报(英文版)》2001 年第 8 期

中能重离子反应中的在平面流和椭圆流,张虎勇,马余刚,余礼平,沈文庆,蔡翔舟,方德清,胡鹏云,钟晨,韩定定,《高能物理与核物理》2001 年第 12 期

2002 年

F 同位素的反应总截面测量和 ^{17}F 可能的质子皮结构,张虎勇,沈文庆,马余刚,蔡翔舟,方德清,钟晨,余礼

平,詹文龙,郭忠言,肖国青,王建松,王金川,李加兴,王猛,王建峰,宁振江,王全进,陈志强,《高能物理与核物理》2002 年第 1 期

中能重离子核反应的碎裂、集体流和其同位旋效应,马余刚,张虎勇,沈文庆,《物理学进展》2002 年第 1 期

离子辐照与碳纳米结构体的合成,余礼平,王震遐,马余刚,张虎勇,钟晨,蔡翔舟,方德清,《原子核物理评论》2002 年第 1 期

电子辐照诱发固态相变导致的氮化硼纳米结构生长,王震遐,李学鹏,余礼平,马余刚,何国伟,胡岗,陈一,段晓峰,《物理学报》2002 年第 3 期

超声波处理高序石墨合成碳纳米结构,王震遐,余礼平,马余刚,朱志远,何国伟,胡刚,陈一,《物理学报》2002 年第 7 期

CO_2 激光辐照石墨产生的碳纳米结构,王震遐,余礼平,马余刚,朱志远,何国伟,胡岗,陈一,王绍民,黄富泉,胡来归,《化学学报》2002 年第 8 期

One-proton halo in ^{31}Cl with relativistic mean-field theory,蔡翔舟,沈文庆,任中洲,蒋维洲,方德清,张虎勇,钟晨,魏义彬,郭威,马余刚,朱志远,《中国物理快报(英文版)》2002 年第 8 期

Possible 1d$_{5/2}$ and 2s$_{1/2}$ level inversion in the proton-rich nucleus ^{23}Al,张虎勇,沈文庆,任中洲,马余刚,蔡翔舟,钟晨,魏义彬,陈金根,《中国物理快报(英文版)》2002 年第 11 期

离子辐照石墨生成的纳米尺寸 Ar 泡,王震遐,余礼平,张伟,马余刚,朱志远,何国伟,胡刚,陈一,《高能物理与核物理》2002 年第 12 期

2003 年

用修正的擦碎模型研究碎裂反应的同位素分布,钟晨,方德清,蔡翔舟,沈文庆,张虎勇,魏义彬,马余刚,《高能物理与核物理》2003 年第 1 期

Total reaction cross section in an isospin-dependent quantum molecular dynamics model,魏义彬,蔡翔舟,沈文庆,马余刚,张虎勇,钟晨,郭威,陈金根,马国亮,王鲲,《中国物理快报(英文版)》2003 年第 3 期

Calculation of total reaction cross sections induced by intermediate energy alpha-particles with the Boltzmann-Uehling-Uhlenbeck model,钟晨,蔡翔舟,沈文庆,张虎勇,魏义彬,陈金根,马余刚,郭威,方德清,《中国物理快报(英文版)》2003 年第 5 期

Thermal charmed quark contribution to dileptons in chemically equilibrating quark-gluon matter,贺泽君,龙家丽,卢朝辉,马余刚,刘波,《中国物理快报:英文版》2003 年第 6 期

Proton halo or skin in the excited states of light nuclei,陈金根,蔡翔舟,张虎勇,沈文庆,任中洲,蒋维洲,马余刚,钟晨,魏义彬,郭威,周星飞,马国亮,王鲲,《中国物理快报(英文版)》2003 年第 7 期

Δ-scaling and information entropy in ultra-relativistic nucleus-nucleus collisions,马国亮,马余刚,王鲲,萨本豪,沈文庆,黄焕中,蔡翔舟,张虎勇,卢朝辉,钟晨,陈金根,魏义彬,周星飞,《中国物理快报(英文版)》2003 年第 7 期

Nuclear radii extracted from experimental reaction cross sections,张虎勇,沈文庆,任中洲,马余刚,蒋维洲,蔡翔舟,钟晨,陈金根,郭威,魏义彬,周星飞,郭威,魏义彬,《中国物理快报(英文版)》2003 年第 8 期

利用 BUU 模型研究 ^{11}Li 的核反应总截面和双中子剥去截面,蔡翔舟,沈文庆,钟晨,马余刚,张虎勇,魏义彬,陈金根,周星飞,郭威,王鲲,马国亮,《高能物理与核物理》2003 年第 8 期

Structures of ^{17}F and ^{17}O, ^{17}Ne and ^{17}N in the ground state and the first excited state,张虎勇,沈文庆,任中

洲,马余刚,陈金根,蔡翔舟,卢照辉,钟晨,郭威,魏义彬,周星飞,马国亮,王鲲,《中国物理快报(英文版)》2003年第9期

158A GeV 的相对论重离子碰撞的强子快速分布及温度拟合,马国亮,马余刚,王鲲,沈文庆,蔡翔舟,张虎勇,卢朝辉,钟晨,陈金根,魏义彬,黄焕中,萨本豪,《高能物理与核物理》2003年第10期

化学非平衡夸克-胶子物质中等质量双轻子的产生,贺泽君,龙家丽,马国亮,马余刚,张家驹,刘波,《物理学报》2003年第11期

2004 年

Isospin effect of the pairing correlation in Al isotopes,张虎勇,沈文庆,任中洲,马余刚,蔡翔舟,钟晨,魏义彬,陈金根,周星飞,马国亮,王鲲,《中国物理快报(英文版)》2003年第1期

Chemical equilibration and dilepton production of quark-gluon plasma at RHIC energies,龙家丽,贺泽君,马国亮,马余刚,刘波,《中国物理快报(英文版)》2004年第1期

A proposed reaction channel for the synthesis of the superheavy nucleus Z=109,王鲲,马余刚,马国亮,魏义彬,蔡翔舟,陈金根,郭威,钟晨,沈文庆,《中国物理快报(英文版)》2004年第3期

A new possible probe for investigating the exotic structure of neutron-rich nuclei by using the Hanbury-Brown-Twiss method,魏义彬,马余刚,沈广庆,马国亮,王鲲,蔡翔舟,钟晨,郭威,陈金根,周星飞,《中国物理快报(英文版)》2004年第4期

化学非平衡夸克-胶子等离子体中的双轻子产生,龙家丽,贺泽君,蒋维洲,马余刚,刘波,《高能物理与核物理》2004年第4期

相对论重离子碰撞的温度涨落与热容,马国亮,马余刚,萨本豪,王鲲,蔡翔舟,魏义彬,张虎勇,卢朝辉,钟晨,陈金根,龙家丽,贺泽君,沈文庆,《高能物理与核物理》2004年第4期

PKA 原子和 SKA 原子对同位素(溅射)富集度的贡献分析,郑里平,张虎勇,王庭太,马余刚,《物理学报》2004年第5期

Strangeness production in a chemically equilibrating quark-gluon plasma,贺泽君,龙家丽,马余刚,马国亮,《中国物理快报(英文版)》2004年第5期

Scale-free download network for publications,韩定定,刘锦高,马余刚,蔡翔舟,沈文庆,《中国物理快报(英文版)》2004年第9期

Strangeness production in ultrarelativistic nucleus-nucleus collisions,龙家丽,贺泽君,马余刚,马国亮,《中国物理快报(英文版)》2004年第10期

Investigation of exotic structure of the largely deformed nucleus ^{23}Al in the relativistic-mean-field model,陈金根,蔡翔舟,王庭太,马余刚,任中洲,方德清,钟晨,魏义彬,郭威,周星飞,王鲲,马国亮,田文栋,左嘉旭,马春旺,陈金辉,颜庭志,沈文庆,《中国物理快报(英文版)》2004年第11期

2005 年

Isoscaling of the fission fragments with Langevin equation,王鲲,马余刚,魏义彬,蔡翔舟,陈金根,方德清,郭威,马国亮,沈文庆,田文栋,钟晨,周星飞,《中国物理快报(英文版)》2005年第1期。

镜像核^{13}N-^{13}C 和^{15}N-^{15}O 中的激发态晕或皮,陈金根,蔡翔舟,沈文庆,马余刚,任中洲,蒋潍舟,钟晨,魏义彬,郭威,周星飞,马国亮,王鲲,《原子核物理评论》2005年第1期

Parallel momentum distribution of ^{28}Si fragments from ^{29}P,魏义彬,马余刚,蔡翔舟,钟晨,陈金根,张虎勇,

方德清,王鲲,马国亮,郭威,田文栋,沈文庆,詹文龙,肖国青,徐瑚珊,孙志宇,李加兴,郭忠言,王猛,陈志强,胡正国,陈立新,李琛,毛瑞士,白洁,《中国物理快报（英文版）》2005 年第 1 期

Isoscaling behaviour in the isospin-dependent quantum molecular dynamics model,田文栋,马余刚,蔡翔舟,陈金根,陈金辉,方德清,郭威,马春旺,马国亮,沈文庆,王鲲,魏义彬,颜廷志,钟晨,左嘉旭,《中国物理快报（英文版）》2005 年第 2 期

One-proton halo structure in ^{23}Al,方德清,马春旺,马余刚,蔡翔舟,陈金根,陈金辉,郭威,田文栋,王鲲,魏义彬,颜廷志,钟晨,左嘉旭,沈文庆,《中国物理快报（英文版）》2005 年第 3 期

中能丰中子核反应的 **HBT** 研究,魏义彬,马余刚,王鲲,马国亮,蔡翔舟,钟晨,郭威,陈金根,方德清,田文栋,沈文庆,《中国科学院研究生院学报》2005 年第 5 期

2006 年

Photon production in a chemically equilibrating quark-gluon plasma at finite baryon density：complete leading order results,龙家丽,贺泽君,马余刚,《中国物理快报（英文版）》2006 年第 4 期

2007 年

弹核碎裂反应中同位旋效应的系统研究,方德清,马余刚,马春旺,钟晨,蔡翔舟,陈金根,郭威,苏前敏,田文栋,王鲲,颜廷志,沈文庆,《高能物理与核物理》2007 年第 1 期

原子核液-气相变的实验观察,马余刚,《复旦学报（自然科学版）》2007 年第 1 期

Differential cross sections of elastic electron scattering from CH_4，CF_4 and SF_6 in the energy range 100—700eV,马二俊,马余刚,蔡翔舟,方德清,沈文庆,田文栋,《中国物理（英文版）》2007 年第 11 期

2008 年

上海激光电子 γ 源,潘强岩,徐望,陈金根,郭威,范功涛,阎喆,徐毅,王宏伟,王呈斌,陆广成,徐加强,徐本基,马余刚,蔡翔舟,沈文庆,《原子核物理评论》2008 年第 2 期

原子核高 **K** 同质异能态的诱发 γ 辐射,石钰,田文栋,马余刚,蔡翔舟,方德清,王鲲,陈金根,王宏伟,郭威,《原子核物理评论》2008 年第 4 期

A possible experimental observable for the determination of neutron skin thickness,马春旺,傅瑶,方德清,马余刚,蔡翔舟,郭威,田文栋,王宏伟,《中国物理（英文版）》2008 年第 4 期

Transmutation of nuclear wastes using photonuclear reactions triggered by compton backscattering photons at the shanghai laser electron gamma source,陈金根,徐望,王宏伟,郭威,马余刚,蔡翔舟,陆广成,徐毅,潘强岩,袁仁勇,徐加强,阎喆,范功涛,沈文庆,《中国物理 C》2008 年第 8 期

2009 年

Impact parameter and beam energy dependence for azimuthal asymmetry of direct photons and free protons in intermediate energy heavy-ion collisions,刘桂华,马余刚,蔡翔舟,方德清,沈文庆,田文栋,王鲲,《中国物理 C（英文版）》2009 年第 A1 期

Density effect of the neutron halo nucleus induced reactions in intermediate energy heavy ion collisions,曹喜光,陈金根,马余刚,方德清,田文栋,颜廷志,蔡翔舟,《中国物理 C（英文版）》2009 年第 A1 期

Isoscaling behavior studied by HIPSE model,傅瑶,方德清,马余刚,蔡翔舟,郭威,马春旺,田文栋,王宏伟,王鲲,《中国物理 C（英文版）》2009 年第 A1 期

Temperature dependent fission fragment distribution in the Langevin equation,王鲲,马余刚,郑青山,蔡翔舟,

方德清,傅瑶,陆广成,田文栋,王宏伟,《中国物理 C(英文版)》2009 年第 A1 期

Scaling property in one-nucleon removal reactions induced by exotic nuclei,方德清,付瑶,孙小燕,蔡翔舟,郭威,田文栋,王宏伟,马余刚,《中国物理 C(英文版)》2009 年第 3 期

Determination of the stellar reaction rate for $^{12}C(\alpha,\gamma)^{16}O$: using a new expression with the reaction mechanism,徐毅,徐望,马余刚,蔡翔舟,陈金根,范功涛,樊广伟,郭威,罗文,潘强岩,沈文庆,杨利峰,《中国物理 B》2009 年第 4 期

Properties of dihadron correlations for p＋p collisions at $\sqrt{^{8}NN}=200$ GeV,辛科峰,张松,马余刚,蔡翔舟,马国亮,钟晨,《中国物理快报(英文版)》2009 年第 6 期

Effects of bulk viscosity on hadron spectra and the Hanbury-Brown Twiss radius by causal viscous hydrodynamics,李建伟,马余刚,马国亮,《中国物理(英文版)》2009 年第 11 期

2010 年

TEO_2 晶体材料的纯度和低本底 γ 测量,王宏伟,田文栋,李玉兰,张国强,周培,武红利,孙晓艳,马余刚,蔡翔舟,方德清,郭威,陈金根,曹喜光,傅瑶,石钰,《核技术杂志》2010 年第 3 期

2011 年

夸克—胶子等离子体的探测及首个反物质超核的发现,马余刚,陈金辉,《科学(上海)》2011 年第 2 期

相对论重离子对撞机上发现首个反物质超核,马余刚,陈金辉,《中国基础科学》2011 年第 2 期

A new probe of neutron skin thickness,孙小艳,方德清,马余刚,蔡翔舟,陈金银,郭威,张国强,周培,《中国物理 C》2011 年第 6 期

Hypertriton and light nuclei production at A-production subthreshold energy in heavy-ion collisions,张松,陈金辉,马余刚,许长补,蔡翔舟,马国亮,钟晨,《中国物理 C(英文版)》2011 年第 8 期

开放式复杂航空网络系统的动力学演化,钱江海,韩定定,马余刚,《物理学报》2011 年第 9 期

2012 年

Shear viscosity to entropy density ratio in Au＋Au central collisions,周铖龙,马余刚,方德清,《等离子体科学和技术(英文版)》2012 年第 7 期

2013 年

高能核物理前沿:探寻夸克-胶子等离子体,马余刚,《现代物理知识》2013 年第 5 期

轻水堆乏燃料和钍燃料在 ACR-700 利用的探索,邹春燕,陈金根,蔡翔舟,蒋大真,郭锐,陈堃,郭威,马余刚,胡碧涛,《原子能科学技术》2013 年第 6 期

2014 年

Simulation of energy scan of pion interferometry in central Au＋Au collisions at relativistic energies,张正桥,张松,马余刚,《中国物理 C(英文版)》2014 年第 1 期

中能重离子碰撞中参与者区域的粘滞系数与熵密度之比,马余刚,周铖龙,方德清,《原子核物理评论》2014 年第 3 期

Systematic study of dynam ical dipole mode via the isospin-dependent Boltzm ann-Uehling-Uhlenbeck model,叶绍强,蔡翔舟,方德清,马余刚,沈文庆,《核技术(英文版)》2014 年第 3 期

用量子分子动力学模型研究中能重离子碰撞中的核物质约化粘滞系数,周铖龙,马余刚,方德清,张国强,曹喜光,《核技术》2014 年第 10 期

1A GeV 下 Au＋Au 反应中的径向流的 Blast-wave 方法分析,吕明,马余刚,张国强,陈金辉,方德清,曹喜光,周铖龙,何万冰,代智涛,刘应都,王婷婷,《核技术》2014 年第 10 期

EQMD 模型在轻核奇异结构研究中的应用,何万兵,曹喜光,马余刚,方德清,王宏伟,张国强,周铖龙,王闪闪,吕明,代智涛,刘应都,蔡翔舟,《核技术》2014 年第 10 期

电子直线加速器驱动的光中子源装置的研制,王宏伟,陈金根,蔡翔舟,林作康,马余刚,张桂林,李琛,方德清,张松,张国强,曹喜光,钟晨,卢飞,曹云,胡瑞荣,金江,胡建辉,陈伟良,黄建平,王纳秀,韩建龙,康国国,杜龙,王玉廷,朱亮,常乐,周晨升,《核技术》2014 年第 10 期

2015 年

利用 EQMD 模型对原子核基态性质的研究,王闪闪,曹喜光,张同林,王宏伟,张国强,方德清,钟晨,马春旺,何万兵,马余刚,《原子核物理评论》2015 年第 1 期

奇异反超核和反物质,马余刚,陈金辉,《物理》2015 年第 5 期

Azimuthal asymmetry of pion-meson emission around the projectile and target sides in Au＋Au collision at 1A GeV,王婷婷,吕明,马余刚,方德清,王闪闪,张国强,《中国物理快报(英文版)》2015 年第 6 期

轻核 α 团簇结构理论和实验研究进展,曹喜光,马余刚,《科学通报》2015 年第 17 期

2016 年

Tz＝－2 的丰质子核^{20}Mg β 衰变研究,孙立杰,徐新星,林承键,王建松,方德清,王玉廷,杨磊,马南茹,李智焕,李晶,王康,臧宏亮,王宏伟,李琛,施晨钟,聂茂武,李秀芳,李贺,马军兵,马朋,金仕纶,黄美容,白真,杨峰,贾会明,张焕乔,刘祖华,王建国,包鹏飞,王东玺,杨彦云,周远杰,马维虎,陈杰,马余刚,张玉虎,周小红,徐瑚珊,肖国青,詹文龙,《中国原子能科学研究院年报》2016 年第 00 期

反物质的观测与相互作用探索,马余刚,张正桥,《科学》2016 年第 1 期

中子皮厚度测量探针对核物质状态方程的依赖性,孙小艳,方德清,马余刚,《原子核物理评论》2016 年第 1 期

光中子源上吸收片功能研究,朱亮,刘龙祥,王宏伟,马余刚,李琛,张国强,张松,钟晨,曹喜光,张桂林,陈金根,蔡翔舟,韩建龙,胡继峰,王小鹤,《原子核物理评论》2016 年第 3 期

Neutron time-of-flight spectroscopy measurement using a waveform digitizer,刘龙祥,王宏伟,马余刚,曹喜光,蔡翔舟,陈金根,张桂林,韩建龙,张国强,胡继峰,王小鹤,《中国物理 C(英文版)》2016 年第 5 期

兰州重离子储存环外靶实验终端时间投影室的动量分辨率模拟,李贺,张松,卢飞,钟晨,马余刚,《核技术》2016 年第 7 期

2017 年

反质子相互作用的测量和研究进展,马余刚,张正桥,《中国科学基金》2017 年第 2 期

反质子间相互作用的研究,张正桥,马余刚,《原子核物理评论》2017 年第 3 期

恒星氦燃烧关键反应^{12}C(α,γ)^{16}O 天体物理 S 因子及其反应率,安振东,马余刚,范功涛,陈振鹏,《原子核物理评论》2017 年第 3 期

^{20}Mg β 衰变谱学与^{15}O(α,γ)^{19}Ne 反应,孙立杰,徐新星,林承键,方德清,王建松,李智焕,王玉廷,李晶,杨磊,马南茹,王康,臧宏亮,王宏伟,李琛,施晨钟,聂茂武,李秀芳,李贺,马军兵,马朋,金仕纶,黄美容,白真,王建国,杨峰,贾会明,张焕乔,刘祖华,包鹏飞,王东玺,杨彦云,周远杰,马维虎,陈杰,马余刚,张玉虎,周小红,徐瑚珊,肖国青,《原子核物理评论》2017 年第 3 期

恒星氦燃烧关键反应 $^{12}C(\alpha,\gamma)^{16}O$ 天体物理 S 因子及其反应率，安振东，马余刚，范功涛，陈振鹏，《原子核物理评论》2017 年第 3 期

Panda X 实验的进展与展望，符长波，陈勋，陈云华，崔祥仪，方德清，K. Giboni，F. Giuliani，韩柯，季向东，巨永林，刘江来，马余刚，冒亚军，任祥祥，谈安迪，王宏伟，王萌，王秋宏，王思广，吴士勇，肖梦蛟，谢鹏伟，杨勇，张宏光，张涛，赵力，周宁，周小鹏，《原子核物理评论》2017 年第 3 期

A photonuclear reaction model based on IQMD in intermediate-energy region，黄勃松，马余刚，《中国物理快报（英文版）》2017 年第 7 期

Ω **and** φ **in Au+Au collisions at** $\sqrt{^8NN}=200$ **and 11.5 GeV from a multiphase transport model**，叶永金，陈金辉，马余刚，张松，钟晨，《中国物理 C（英文版）》2017 年第 8 期

Collective Flows of 16O+16O Collisions withα-Clustering Configurations，郭琛琛，何万兵，马余刚，《中国物理快报（英文版）》2017 年第 9 期

2018 年

^{151}Eu 中子俘获截面中 ^{152}Eu 同质异能态贡献的模型检验和分析，薛韩，马余刚，王宏伟，曹喜光，安振东，范功涛，刘龙祥，浮海娟，张岳，胡新荣，《核技术》2018 年第 11 期

2019 年

4H-SiC 探测器对强激光等离子体下反应产物的测量，浮海娟，王林军，王宏伟，曹喜光，刘龙祥，范功涛，马余刚，《核技术》2019 年第 2 期

Triple α-particle resonances in the decay of hot nuclear systems，张苏雅拉吐，王金成，A. Bonasera，黄美容，郑华，张国强，Z. Kohley，马余刚，S. J. Yennello，《中国物理 C（英文版）》2019 年第 6 期

高温高密核物质形态研究专题·编者按，马余刚，《中国科学（物理学·力学·天文学）》2019 年第 10 期

RHIC-STAR 时间投影室的升级，杨驰，陈金辉，马余刚，徐庆华，《中国科学（物理学·力学·天文学）》2019 年第 10 期

RHIC 能区反物质和奇特粒子态研究，陈金辉，马余刚，张正桥，N. Saha，《中国科学（物理学·力学·天文学）》2019 年第 10 期

Searching for neutrino-less nouble neta necay of ^{136}Xe **with PandaX-Ⅱ liquid xenon detector**，倪恺翔，赖奕辉，阿布都沙拉木·阿布都克力木，陈葳，谌勋，陈云华，崔祥仪，樊英杰，方德清，符长波，耿立升，K. Giboni，F. Giuliani，顾琳慧，郭绪元，韩柯，何昶达，黄迪，黄焱，黄彦霖，黄周，吉鹏，季向东，巨永林，梁昆，刘华萱，刘江来，马文博，马余刚，冒亚军，孟月，P. Namwongsa，宁金华，宁旭阳，任祥祥，商长松，司琳，谈安迪，王安庆，王宏伟，王萌，王秋红，王思广，王秀丽，王舟，武蒙蒙，吴世勇，夏经铠，肖梦姣，谢鹏伟，燕斌斌，杨继军，杨勇，喻纯旭，袁鞠敏，张丹，张宏光，张涛，赵力，郑其斌，周济芳，周宁，周小朋，《中国物理 C（英文版）》2019 年第 11 期

Recalibration of the binding energy of hypernuclei measured in emulsion experiments and its implications，刘鹏，陈金辉，D. Keane，许长补，马余刚，《中国物理 C（英文版）》2019 年第 12 期

基于 SXFEL 的新型 LCS 光源极化 γ 束流性质研究，王俊文，范功涛，王宏伟，马余刚，张桂林，刘龙祥，张岳，胡新荣，李鑫祥，郝子锐，《核技术》2019 年第 12 期

2020 年

中国极化电子离子对撞机计划，曹须，常雷，畅宁波，陈旭荣，陈卓俊，崔著钫，戴凌云，邓维天，丁明慧，龚畅，桂龙成，郭奉坤，韩成栋，何军，黄虹霞，黄银，L. P. Kaptari，李德民，李衡讷，李民祥，李学潜，梁羽铁，梁作

堂,刘国明,刘杰,刘柳明,刘翔,罗晓峰,吕准,马伯强,马伏,马建平,马余刚,冒立军,C. Mezrag,平加伦,秦思学,任航,C. D. Roberts,申国栋,史潮,宋勤涛,孙昊,王恩科,王凡,王倩,王荣,王睿儒,王涛峰,王伟,王晓玉,王晓云,吴佳俊,吴兴刚,肖博文,肖国青,谢聚军,谢亚平,邢宏喜,徐瑚珊,许怒,徐书生,鄢文标,闫文成,闫新虎,杨建成,杨一玻,杨智,姚德良,尹佩林,詹文龙,张建辉,张金龙,张鹏鸣,张肇西,张振宇,赵红卫,赵光达,赵强,赵宇翔,赵政国,郑亮,周剑,周详,周小蓉,邹冰松,邹丽平,《核技术》2020 年第 2 期

Emission time sequence of neutrons and protons as probes of α-clustering structure,黄勃松,马余刚,《中国物理 C（英文版）》2020 年第 9 期

强流重离子加速器及其科学研究专题·编者按,马余刚,赵红卫,《中国科学（物理学·力学·天文学）》2020 年第 11 期

Reaction rate weighted multilayer nuclear reaction network,刘焕玲,韩定定,纪鹏,马余刚,《中国物理快报（英文版）》2020 年第 11 期

基于 HIAF 集群的 QCD 相结构研究,马余刚,许怒,刘峰,《中国科学（物理学·力学·天文学）》2020 年第 11 期

Results of dark matter search using the full PandaX-Ⅱ exposure,王秋红,阿布都沙拉木·阿布都克力木,陈葳,谌勋,陈云华,程晨,崔祥仪,樊英杰,方德清,符长波,付孟婷,耿立升,K. Giboni,顾琳慧,郭绪元,韩柯,何昶达,黄迪,黄焱,黄彦霖,黄周,季向东,巨永林,李帅杰,刘华萱,刘江来,马文博,马余刚,冒亚军,孟月,倪恺翔,宁金华,宁旭阳,任祥祥,商长松,司琳,申国防,谈安迪,王安庆,王宏伟,王萌,王思广,王为,王秀丽,王舟,武蒙蒙,吴世勇,邬维浩,夏经铠,肖梦姣,谢鹏伟,燕斌斌,杨继军,杨勇,喻纯旭,袁鞠敏,袁影,曾鑫宁,张丹,张涛,赵力,郑其斌,周济芳,周宁,周小朋,《中国物理 C（英文版）》2020 年第 12 期

双质子发射实验研究进展,方德清,马余刚,《科学通报》2020 年第 35 期

报纸文献

中国"超级显微镜"能看到什么？李鹏,丁林,马余刚,《北京科技报》2018-11-26

(二)对马余刚院士的介绍与研究文献目录

期刊文献

核物理天宇中的新星——记上海原子核研究所马余刚研究员,滢子,《少年科学》1999 年第 1 期

他从这里走向世界——访中科院上海原子核所 26 岁研究员马余刚博士,黄慈振,冯福明,《华东科技》1995 年第 4 期

马余刚获 2015 年度国际华人物理与天文学会亚洲成就奖,《中国科技奖励》2015 年第 11 期

在"反物质"世界探秘的逐梦者——记中国科学院上海应用物理所副所长马余刚,吴彪,《科学中国人》2017 年第 13 期

热烈祝贺本刊主编马余刚研究员当选中国科学院院士,《核技术》2018 年第 1 期

报纸文献

1996 年

少年风流,笑登科学高峰—记青年教授马余刚、马余强兄弟,张放鸣,《宁波日报》1996-03-28

2010 年

中科院上海应用物理研究所马余刚发现首个反物质超核,梁媛媛,《北京科技报》2010-03-22

2011 年

马余刚:发现宇航燃料新成员,李鹏,《北京科技报》2011-05-09

2012 年

5000 亿粒子中寻获几十个目标——记中科院上海应用物理研究所研究员马余刚,许琦敏,上海《文汇报》2012-12-07

2015 年

马余刚:任重道远毋忘强国梦,《余姚日报》2015-04-30

2017 年

甬籍科学家王建宇、马余刚当选中科院院士——宁波籍两院院士已达 115 人,占浙江籍院士一半,《东南商报》2017-11-29

宁波人王建宇、马余刚当选中科院院士——甬籍两院院士已达 115 人,占浙江籍院士近半,《宁波晚报》2017-11-29

中科院院士马余刚的高中时代,韩宇雯,《余姚日报》2017-12-07

二、化学部(6位)

化学部的宁波籍院士共有6位。其中1955年1位(纪育沣);1980年1位(黄量);1991年1位(刘元方);1995年1位(朱起鹤);2003年1位(计亮年);2007年1位(柴之芳)。

纪育沣(1955年当选中国科学院院士)

纪育沣(1899年12月22日—1982年5月18日),药物化学家,浙江鄞县人。中国科学院化学研究所研究员,曾任中国医学科学院药物研究所药学系主任,北京化学试剂研究所副所长。纪育沣院士毕生从事药物化学及有机合成工作,在嘧啶及其他杂环的天然有机产物研究、生化试剂以及抗癌药物的合成研究方面贡献突出。其研究包括嘧啶、噻唑、喹啉等杂环化合物和中草药化学成分,维生素B1全合成,抗疟药物、抗血吸虫药物和系列氨基酸化合物的合成,维生素C的测定方法及在动植物产品中的分布等。

1955年当选为中国科学院院士(学部委员)。

黄量(1980 年当选中国科学院院士)

黄量(1920 年 5 月 22 日—2013 年 11 月 21 日),药物化学家,祖籍浙江宁波,中国医学科学院药物研究所研究员,曾任全国肿瘤防治研究领导小组顾问及全国计划生育科技专题委员会顾问,发展中国家国际化学委员会(IOCD)委员,全国政协第五、六、七届委员。

黄量院士主要从事天然产物及抗肿瘤、计划生育、抗病毒等新药研究。她研制成功了降压药萝芙木总碱及利血平,抗肿瘤新药氮甲,新药维胺酯和甲异靛,抗病毒新药肽丁安等。其中,多项成果应用于临床治疗,并获得了包括卫生部奖、国家科学大会奖、国家科技奖等多种奖项。

1980 年当选为中国科学院院士(学部委员)。

对黄量院士的介绍与研究文献目录

著作文献
《黄量院士集》,吴克美主编,人民军医出版社,2014

期刊文献
悼念恩师黄量院士,郭明,《南方人物周刊》2015 年第 8 期

报纸文献
我的恩师黄量院士(拳拳之心),郭明,《人民日报(海外版)》2015-06-05

刘元方(1991 年当选中国科学院院士)

刘元方(1931 年 2 月 7 日—)核化学与放射化学家,浙江镇海人,北京大学教授,曾任中国核化学与放射化学学会理事长,国际化学联合会(IU-PAC)放射化学和核技术委员会主席,中国科学院化学学部副主任。

刘元方院士在核化学与放射化学领域做过许多开拓性和创造性的工作,创立和建设了我国第一个放射化学专业,领导建成了我国第一台 5 万转/分的雏型气体离心机;在生物加速器质谱学研究中揭示了尼古丁是潜在的致癌物;曾获国家教委科技进步奖一等奖。

1991 年当选为中国科学院院士(学部委员)。

刘元方院士的各类文献目录

著作文献

《无机化学丛书 典藏版 第 10 卷 锕系锕系后元素》,唐任寰,刘元方,张青莲,张志尧著,科学出版社,2018

朱起鹤(1995 年当选中国科学院院士)

朱起鹤(1924 年 7 月 12 日——),分子反应动力学家,祖籍浙江鄞县,中国科学院化学研究所研究员。

朱起鹤院士参加过中国第一艘核潜艇的核动力系统的研究设计工作,激光研究及质子加速器的研制,在高精度透射率反射率测量仪、激光打孔机、激光扫描检纸机和激光测量仪器等项目上都取得显著的成绩。他创建了分子反应动力学实验室,先后研制成 6 台高水平的大型分子束实验装置,并开展了分子和团簇的激光光解、光电离和分子的超快过程等反应动力学研究,取得具有创新性的研究成果;曾获中国科学院科技进步奖一等奖。

1995 年当选为中国科学院院士。

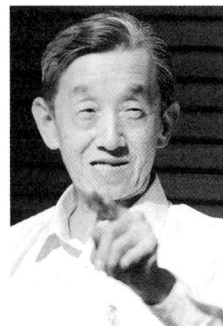

(一)朱起鹤院士的各类文献目录

期刊文献

CF_3I 在 238 nm 的光解碎片平动能谱研究:CF_3 光解碎片的振动态分布和势能曲线交叉穿越几率,林丹,程敏,杜宜奎,朱起鹤,《高等学校化学学报》2018 年第 8 期

专利信息

低电压弱场加速离子成像式小型光解碎片平动速度谱仪,发明人:朱起鹤,祁文科,程敏,蒋攀,林丹,杜宜奎,申请号:201710290581.0,申请日期:2017-04-28

(二)对朱起鹤院士的介绍与研究文献

报纸文献

朱起鹤:积微成著志高远,李丹,高振,《中国科学报》2015-12-21

计亮年(2003 年当选中国科学院院士)

计亮年(1934 年 4 月 20 日—)，生物无机化学家，祖籍浙江鄞县，曾任中山大学化学与化工学院院长。

计亮年院士长期从事配位化学和生物无机化学的研究。他在过渡金属羰基配合物领域，首次证明了"茚基效应"，为用廉价金属锰代替贵金属作为氧化均相催化剂开辟了新途径；设计和合成了 300 多个结构新颖具有核酸酶或氧化酶功能的模型化合物，提出了其中一些模型化合物的结构和功能之间的规律性，并将该规律推广到天然氧化酶中，提出了黑曲霉生物合成过氧化氢酶的规律，在酶法生产微量元素药品中取得应用效果。

2003 年当选为中国科学院院士。

计亮年院士的各类文献目录

著作文献

《生物无机化学导论 第 3 版典藏版》，计亮年，毛宗万，黄锦江等编著，科学出版社，2016

期刊文献

2015 年

水溶性阳离子型吡啶基咔咯镓配合物与人血清蛋白的相互作用，闻金燕，吕标彪，张阳，王家敏，应晓，王惠，计亮年，刘海洋，《高等学校化学学报》2015 年第 6 期

靶向抑制拓扑异构酶和端粒酶的钌配合物研究进展，陈相，巢晖，计亮年，《无机化学学报》2015 年第 9 期

β-环糊精修饰的荧光金纳米簇的合成及其在细胞成像上的应用，孙敬华，张卫，谭彩萍，计亮年，毛宗万，《无机化学学报》2015 年第 9 期

2016 年

新型羧酸卟啉锌(Ⅱ)配合物与人血清蛋白的作用，江怿雨，王湘利，汪华华，张蕾，王惠，计亮年，刘海洋，《光谱学与光谱分析》2016 年第 9 期

2017 年

磷光过渡金属配合物用于生物成像及癌症治疗的研究进展，叶瑞绒，谭彩萍，计亮年，毛宗万，《药学进展》2017 年第 1 期

肿瘤乏氧检测研究新进展，孙伶俐，计亮年，巢晖，《中国科学(化学)》2017 年第 2 期

基于金属配合物的生物小分子发光探针研究进展，张晨，关瑞麟，陈禹，计亮年，巢晖，《药学进展》2017 年第 1 期

2018 年

金属配合物用于细胞内动态实时荧光示踪研究,邱康强,朱宏翊,计亮年,巢晖,《化学进展》2018 年第 10 期

专利信息

2015 年

一种环金属铱(Ⅲ)配合物及其制备方法和在活细胞线粒体染色中的应用,发明人:巢晖,黄怀义,张平玉,计亮年,申请号:201510228445.X,申请日期:2015-05-07

一种肺癌细胞靶向化合物及其制备方法和应用,发明人:毛宗万,李毅,黄华珍,计亮年,申请号:201510816727.1,申请日期:2015-11-23

2016 年

一类诱导细胞涨亡的铱配合物及其制备方法和抗肿瘤应用,发明人:巢晖,关瑞麟,计亮年,申请号:201611219373.3,申请日期:2016-12-26

2019 年

一种槲皮素金属纳米药物及其制备方法和应用,发明人:曹乾,杨刚刚,毛宗万,黄华珍,计亮年,申请号:201910281840.2,申请日期:2019-04-09

柴之芳(2007 年当选中国科学院院士)

柴之芳(1942 年 9 月——   ),放射化学家,祖籍浙江鄞县,中国科学院高能物理研究所研究员,2018 年被聘为中国科学院宁波材料技术与工程研究所首席科学家。

柴之芳院士长期从事放射化学和核分析技术研究,建立了铂族元素放射化学中子活化方法,发现了与生物灭绝事件有关的地质界线铂族元素丰度特征及其多种化学种态,丰富和发展了地外撞击理论;将核方法应用于金属组学,环境毒理学,纳米安全性和核反应快中子谱等研究,曾获中国科学院自然科学奖一等奖、国际核化学和核分析赫维西奖(Hevesy Medal Award)等科技奖励。

2007 年当选中国科学院院士。

(一)柴之芳院士的各类文献目录

著作文献

《从宇宙大爆炸谈起　元素的起源与合成　第 2 版》,柴之芳著,湖南教育出版社,2013

《纳米毒理学　第 2 版》,赵宇亮,柴之芳著,科学出版社,2015

期刊文献

2015 年

序,柴之芳,《中华放射医学与防护杂志》2015 年第 1 期

鸡蛋中全氟化合物残留特征及其风险评估,谢刘伟,张鸿,李静,刘宝林,柴之芳,沈金灿,杨波,《食品与发酵工业》2015 年第 1 期

深圳市表层土中氟化物组成及分布,刘晓湾,赵亮,张鸿,柴之芳,沈金灿,杨波,刘国卿,《中国环境科学》2015 年第 2 期

采用 12 种密度泛函理论方法表征三种三价铀复合物,丁万见,方维海,柴之芳,王东琪,《物理化学学报》2015 年第 7 期

低浓缩铀靶辐照后溶液中铀的化学种态及主要裂变元素的影响,兰图,刘展翔,李兴亮,廖家莉,罗顺忠,杨远友,柴之芳,刘宁,王东琪,《无机化学学报》2015 年第 9 期

金属组学方法研究生物体内汞和硒相互作用,赵甲亭,李玉锋,朱娜丽,高愈希,柴之芳,《科技导报》2015 年第 12 期

2016 年

X 射线吸收谱学在锕系环境放射化学中的应用,李子杰,袁立永,王聪芝,王琳,柴之芳,石伟群,《中国科

学(化学)》2016 年第 8 期

硒对汞毒性的拮抗作用及机理,王祖光,崔丽巍,赵甲亭,李云云,徐小晗,高愈希,李柏,李玉锋,柴之芳,《中国科学(化学)》2016 年第 7 期

国家实验室应具备的主要特征,柴之芳,《科技导报》2016 年第 16 期

2017 年

科学研究是一项公益事业,柴之芳,《科技导报》2017 年第 1 期

铝合金化技术在乏燃料干法后处理中的应用研究进展,刘雅兰,叶国安,柴之芳,石伟群,《核化学与放射化学》2017 年第 1 期

锕系氮化物燃料性质的第一性原理模拟研究进展,张玉娟,周张健,蓝建慧,柴之芳,石伟群,《中国科学(化学)》2017 年第 1 期

2018 年

帕金森病中的关键金属元素,黄辉,陈俊,卢会茹,周梦雪,胡毅,柴之芳,《化学进展》2018 年第 10 期

2019 年

基于分子力场的镧系和锕系元素分子动力学研究进展,夏苗仁,刘子义,柴之芳,王东琪,《核化学与放射化学》2019 年第 1 期

MXene 材料用于放射性元素及重金属离子去除的研究进展,樊懋,王琳,张玉娟,裴承新,柴之芳,石伟群,《中国科学(化学)》2019 年第 1 期

面向核废料处理和环境去污的$^{99}TcO_4^-$分离进展,梅雷,柴之芳,石伟群,《中国科学基金》2019 年第 6 期

锕系异核双金属化合物,池晓汪,吴群燕,于吉攀,张覃,柴之芳,石伟群,《化学进展》2019 年第 10 期

2020 年

pH 调控合成 U 型配体介导的八核铀酰草酸网络,吴思,梅雷,胡孔球,柴之芳,聂长明,石伟群,《无机材料学报》2020 年第 2 期

干法后处理含盐废物陶瓷固化技术研究进展,刘雅兰,柴之芳,石伟群,《无机材料学报》2020 年第 3 期

室温下电子束辐照快速合成共价有机框架,张明星,陈俊畅,张仕通,周小琪,何林玮,M. V. Sheridan,袁梦嘉,张茂江,陈龙,代星,马付银,王敬东,胡江涛,吴国忠,孔学谦,周如鸿,T. E. Albrecht-Schmitt,柴之芳,王殳凹,《辐射研究与辐射工艺学报》2020 年第 5 期

锝(Ⅳ)、镧(Ⅲ)、锔(Ⅲ)的 AMBER 力场参数化及评估,刘子义,夏苗仁,柴之芳,王东琪,《物理化学学报》2020 年第 11 期

报纸文献

让放射化学放射新光芒,汪小琳,柴之芳,《光明日报》2016-07-22

专利信息

2015 年

基于面阵列 X 光源的血液辐照系统,发明人:郑海荣,柴之芳,洪序达,陈垚,胡战利,梁栋,桂建保,刘新,申请号:201520338205.0,申请日期:2015-05-22

2018 年

用于连接碳化硅材料的连接材料及其应用,发明人:黄庆,周小兵,刘俊文,梁佳敏,邵俊琦,常可可,黄峰,何流,黄政仁,柴之芳,申请号:201811245422.X,申请日期:2018-10-24

一种高陶瓷产率聚碳硅烷的制备方法,发明人:莫高明,陈豆,何流,黄庆,王艳菲,黄政仁,柴之芳,申请号:201811354984.8,申请日期:2018-11-14

一种具有高陶瓷产率的聚碳硅烷的制备方法,发明人:莫高明,段杨鹏,何流,黄庆,皇静,皇甫志云,黄政仁,柴之芳,申请号:201811355027.7,申请日期:2018-11-14

2019 年

一种新型五元层状磁性材料、其制备方法及应用,发明人:黄庆,李友兵,李勉,周小兵,陈科,柴之芳,黄政仁,申请号:201910068169.3,申请日期:2019-01-24

磁性元素复合磁性 MAX 相的复合材料、其制法及应用,发明人:黄庆,李友兵,李勉,周小兵,陈科,柴之芳,黄政仁,申请号:201910067712.8,申请日期:2019-01-24

一种多孔碳化硅陶瓷的制备方法,发明人:裴学良,厉旭,何流,黄庆,黄政仁,柴之芳,申请号:201910090356.1,申请日期:2019-01-30

一种含铝碳化硅纤维及其制备方法,发明人:黄庆,莫高明,王艳菲,何流,周小兵,黄政仁,柴之芳,申请号:201910160345.6,申请日期:2019-03-04

一种中空碳化硅陶瓷纤维的制备方法,发明人:罗以根,裴学良,甄霞丽,何流,黄庆,黄政仁,柴之芳,申请号:201910431060.1,申请日期:2019-05-22

一种含高活性可交联基团的聚碳硅烷及其制备方法,发明人:裴学良,陈江善,何流,黄庆,黄政仁,柴之芳,申请号:201910430199.4,申请日期:2019-05-22

2020 年

测定高氮含量的含氮多元陶瓷材料中氮元素含量的方法,发明人:皇静,胡静,宋育杰,何流,黄庆,黄政仁,柴之芳,申请号:202010235619.6,申请日期:2020-03-30

(二)对柴之芳院士的介绍与研究文献目录

报纸文献

2018 年

柴之芳:科研是一种乐趣——本报专访鄞籍中科院院士、放射化学家,《鄞州日报》2018-12-27

鄞籍院士柴之芳成宁波全职院士,《鄞州日报》2018-10-12

2019 年

柴之芳明科大开讲,《澳门华侨报》2019-03-05

共建柴之芳院士工作站,《上虞日报》2019-03-20

柴之芳院士设立"芳华奖",记者张超梁,通讯员高晓静,《今日镇海》2019-08-14

2020 年

柴之芳,《宁波日报》2020-10-28

三、生命科学和医学学部(23位)

生命科学和医学学部的宁波籍院士共有23位。其中1955年3位(童第周、贝时璋、李庆逵);1980年4位(谈家桢、鲍文奎、朱祖祥、陈中伟);1991年3位(陈子元、杨福愉、杨雄里);1993年3位(孙儒泳、朱兆良、吴祖泽);1995年2位(陈宜张、吴常信);1997年3位(沈自尹、洪国藩、韩启德);1999年1位(戚正武);2005年2位(童坦君、王正敏);2009年1位(侯凡凡);2011年1位(张明杰)。

童第周(1955年当选中国科学院院士)

童第周(1902年5月28日—1979年3月30日),实验胚胎学家,浙江鄞县人,曾任中国科学院副院长、发育生物学研究所研究员。

童第周院士是中国实验胚胎学的主要创始人,中国海洋科学研究的奠基人,生物科学研究的杰出领导者,开创了中国"克隆"技术先河,被誉为"中国克隆之父"。童第周院士通过对两栖类和鱼类的研究,揭示了胚胎发育的极性现象;1963年首次完成鱼类的核移植研究,为20世纪七八十年代国内完成鱼类异种间克隆和成年鲫鱼体细胞克隆打下基础。

1948年选聘为中央研究院院士,1955年当选为中国科学院院士(学部委员)。

对童第周院士的介绍与研究文献目录

著作文献

《童第周》,理由原著;理由,于公介改编;姜荣根绘画,连环画出版社,2019

《中国克隆先驱童第周》,李建臣主编,华中科学技术大学出版社,2020

期刊文献

2015年

童第周的故事,《少先队员(知识路)》2015年第1期

2016年

童第周:一腔爱国热情破解胚胎学密码,嵇振颉,《初中生之友(快乐号)(上)》2016年第3期

童第周,李忐,《七彩语文(画刊)》2016年第4期

1930年,童第周借1000元留学,本刊编辑部,《中外书摘》2016年第5期

童第周小传,《今日科苑》2016 年第 9 期

勤奋的童第周,《小学阅读指南(高年级版)》2016 年第 11 期

童第周智辩比利时警官,《财会月刊(上)》2016 年第 12 期

从倒数第一到顺数第——童第周的故事,欧阳军,《今日中学生》2016 年第 13 期

童第周用智慧赢尊重,陈亦权,《做人与处世》2016 年第 23 期

2017 年

为中国人争气的童第周,《实用文摘(中学版)》2017 年第 1 期

近代版"滴水穿石"的故事童第周,本刊编辑部,《小天使(四年级语数英综合)》2017 年第 3 期

童第周:科研之道在于吃苦,彭忠富,《百家讲坛(红版)》2017 年第 4 期

童第周:中国克隆第一人,方朔,《文史精华》2017 年第 15 期

童第周捉青蛙,江志强,《环球人物》2017 年第 24 期

2019 年

童第周:中国海洋科学研究奠基者,李旭,《商周刊》2019 年第 2 期

童第周的科学人生,郑瑞珍,《中国细胞生物学学报》2019 年第 4 期

中国克隆之父——童第周,《群言》2019 年第 10 期

童第周及其教育理念浅析,汤俊英,《教育界(高等教育)》2019 年第 12 期

童第周的青岛岁月:推动海洋科学研究大发展,《读报参考》2019 年第 34 期

2020 年

童第周:世界克隆技术的先驱,《今古传奇(纪实版)(双月号)》2020 年第 2 期

童第周:"中国克隆之父"的科研人生,刘洪发,《留学生》2020 年第 5 期

童第周:中国实验胚胎学的创始人,李树雪,汤俊英,《自然辩证法通讯》2020 年第 6 期

刻苦求学的童第周,韵致,《中学生数理化(七年级数学)》2020 年第 9 期

童第周用行动为民族争光,姚秦川,《作文通讯》2020 年第 17 期

童第周的第一个一百分,冯忠方,《文萃报》2020 年第 25 期

学位论文

童第周实验生物学思想研究,汤俊英,山西大学硕士学位论文,2020

报纸文献

2015 年

童第周入盟记,《联合日报》2015-02-14

童第周:引领中国克隆走向世界,《科学导报》2015-05-08

童第周:定格在显微镜前的身影——三赴青岛任教于山大,参与创建中国科学院海洋研究所,把一生奉献给了实验室,《半岛都市报》2015-06-02

愿效老牛,为国捐躯——中国克隆之父童第周,张文艳,《半岛都市报》2015-06-02

有志者,事竟成——浅谈思想品德《积极进取的童第周》一课的教学,刘昌文,《精神文明报》2015-09-25

童第周怒斥皮诺,《处州晚报》2015-10-10

2016 年

1950 年来青与童第周等筹建中国科学院水生生物——孤身一人率老部下来青创业,《青岛早报》2016-08-22

2017 年

遇见少年童第周,徐海蛟,《宁波日报》2017-02-10

勤奋好学的童第周,《南充晚报》2017-04-19

童第周,《鄞州日报》2017-05-24

纪念童第周先生诞辰 115 周年,郭爽,《中国科学报》2017-06-06

"中国克隆之父"童第周,《陕西科技报》2017-06-16

童第周的成功,《黄河晨报》2017-06-21

童第周:抓住每一秒,滴水才穿石,《科普时报》2017-08-03

童第周用"水滴石穿"精神去读书,任万杰,《咸阳日报》2017-11-29

2018 年

童第周中国克隆第一人,《聊城晚报》2018-04-02

童第周论文手稿拍卖受追捧——兼谈名人手迹的收藏价值,陈晓旻,《宁波晚报》2018-04-05

童第周故居,《宁波日报》2018-05-29

"克隆先驱"童第周,《中国组织人事报》2018-08-24

童第周为国争光,《人民政协报》2018-11-15

2019 年

童第周夫妇科学报国治学之道获网友点赞致敬,《石嘴山日报》2019-02-21

童第周李四光郭沫若等名人亲属齐聚塘溪,《鄞州日报》2019-03-30

塘溪镇中心小学有个"童第周生物研究院",《鄞州日报》2019-04-02

童第周鲜为人知的故事——童时中忆父亲,《鄞州日报》2019-04-07

童时中回塘溪童第周故居实地讲述家族往事,《鄞州日报》2019-09-28

《为了新中国·童第周》在湖南卫视播出,《鄞州日报》2019-10-15

童第周之子、颜福庆之孙讲述长辈故事——记"复旦学人的科学精神与报国情怀"专题报告会,朱嘉星,陈文婷,吴苡婷,《上海科技报》2019-11-15

2020 年

童第周的青岛岁月(上),《青岛早报》2020-01-06

童第周的青岛岁月(下),《青岛早报》2020-01-13

童第周的第一个一百分,冯忠方,《人民政协报》2020-03-26

童第周故居民盟传统教育基地揭牌——庆祝宁波民盟组织成立 70 周年书画展同时开幕,《鄞州日报》2020-10-31

童第周故居中国民盟传统教育基地揭牌仪式举行,《宁波日报》2020-10-31

贝时璋(1955 年当选中国科学院院士)

贝时璋(1903 年 10 月 10 日—2009 年 10 月 29 日),生物学家,浙江镇海人,浙江大学教授,曾任中国科学院实验生物研究所所长,中国生物物理学会理事长、名誉理事长。

贝时璋院士是中国生物物理学的奠基人。他一直从事实验生物学研究工作,创立了"细胞重建学说"。他组织开展的"核试验放射性本底自然监测""核爆试验对动物本身及其远后期辐射效应监测""生物探空火箭"等研究工作,为中国生命科学和"载人航天"事业做出了杰出贡献。有一颗小行星被命名为"贝时璋星"。

1948 年当选为中央研究院院士,1955 年被选聘为中国科学院院士(学部委员)。

对贝时璋院士的介绍与研究文献目录

期刊文献

2015 年

贝时璋母亲教他好品质,梁媛,《中华家教(上半月)》2015 年第 1 期

2016 年

贝时璋:父母的教诲是梦想的钥匙,姜少,《现代妇女》2016 年第 12 期

2017 年

贝时璋小传,《今日科苑》2017 年第 2 期

2019 年

贝时璋:真实科学家的科学人生,王谷岩,《中国细胞生物学学报》2019 年第 1 期

贝时璋:奏响生命科学交响曲,雷宇,刘振兴,《科海故事博览》2019 年第 10 期

贝时璋:用一生点亮生命科学之光,苗长青,《各界》2019 年第 11 期

贝时璋　我国生物物理学的奠基人,《健康大视野》2019 年第 19 期

2020 年

百岁科学家贝时璋的养生之道,《现代养生(上半月版)》2020 年第 1 期

百岁贝时璋长寿秘诀,《养生保健指南》2020 年第 10 期

得遇良师是人生幸甚之事——怀念贝时璋先生,阎锡蕴,《教育家》2020 年第 32 期

报纸文献

2015 年

贝时璋以步当车,《江南保健报》2015-01-29

2016 年

贝时璋:用生命探索生命,《科学导报》2016-03-25

2018 年

贝时璋的"长寿经",《人民政协报》2018-10-11

2019 年

科学家贝时璋的修为,朱国琼,《团结报》2019-01-05

"院士寿星"贝时璋:用生命研究生命,《江南游报》2019-01-17

贝时璋:生物物理学奠基人和先行者,《重庆科技报》2019-06-11

贝时璋:奏响生命科学交响曲,李晨阳,《中国科学报》2019-09-17

百岁科学家贝时璋养生秘诀,高中梅,《闽南日报》2019-10-05

李庆逵（1955 年当选中国科学院院士）

李庆逵（1912 年 2 月 12 日—2001 年 2 月 25 日），土壤农业化学家，浙江宁波人，中国科学院土壤研究所研究员、名誉所长，曾任中国土壤学会第二至第五届理事长。

李庆逵院士是中国现代土壤学和植物营养化学的奠基人之一，率先研究了中国土壤植物养分状况与合理施肥的关系，提出了提高化学氮肥肥效的造粒工艺；开创了对磷、钾、微量元素的系统研究，推动了中国科学施肥的进程；突破了天然橡胶林栽培线的禁区并推移到北纬 18—24 度，推动了中国磷矿粉的农业利用，创造了碳酸氢铵造粒及深施技术。

1955 年选聘为中国科学院院士（学部委员）。

谈家桢(1980 年当选中国科学院院士)

谈家桢(1909 年 9 月 15 日—2008 年 11 月 1 日),遗传学家,浙江宁波人,复旦大学教授,曾任民盟中央副主席、名誉主席,第三、四届全国人大代表,第三届全国政协委员,第五、六、七、八届全国政协常委。

谈家桢院士长期从事遗传学研究,发现瓢虫色斑遗传的"镶嵌显性现象",引起国际遗传学界的巨大反响。他建立了中国第一个遗传学专业、第一个遗传学研究所和第一个生命科学学院,被誉为"中国的摩尔根"。

1980 年当选为中国科学院院士(学部委员),1985 年当选为美国国家科学院外籍院士和第三世界科学院院士,1987 年当选为意大利国家科学院外籍院士,1999 年当选为纽约科学院名誉终身院士。

对谈家桢院士的介绍与研究文献目录

著作文献

《人物传记系列 毛泽东与谈家桢》,张光武著,华文出版社,2012

《谈家桢与大学科研》,谈向东著,浙江大学出版社,复旦大学出版社,2013

《我和谈家桢》,邱蕴芳著,上海科学普及出版社,2015

《我忆谈家桢》,邱蕴芳著,苏州大学出版社,2016

期刊文献

2015 年

谈家桢:从小镇走出的遗传探秘大师,张冠生,《中国政协》2015 年第 20 期

2016 年

学术史之外的谈家桢,梁玲,《书城》2016 年第 7 期

"中国的摩尔根"——谈家桢,《群言》2016 年第 9 期

2017 年

从钱学森到谈家桢:父亲朱正元的朋友圈,朱慧天,《世纪》2017 年第 2 期

谈家桢的党外布尔什维克情怀,胡新民,《党史博采》2017 年第 3 期

2018 年

中国的摩尔根——谈家桢,华辛,赵焯铨,《少儿科技》2018 年第 C1 期

科学家谈家桢的长寿之道,《老年博览》2018 年第 8 期

基于 LDA 主题模型的学术谱系内知识传承研究——以谈家桢为核心的遗传学学术谱系为例,刘俊婉,杨

波,王菲菲,徐硕,《图书情报工作》2018 年第 10 期

中国遗传学的奠基人谈家桢院士与广西大学,马庆生,《文史春秋》2018 年第 12 期

谈家桢:从帕萨迪纳到贵州湄潭,张光武,《群言》2018 年第 12 期

2019 年

谈家桢:长寿得益于"妻管严",时仲省,《家庭医学》2019 年第 5 期;《中国家庭医生(健康养生)》2019 年第 9 期;《新天地》2020 年第 7 期

纪念谈家桢先生诞辰 110 周年,金力,《科学》2019 年第 6 期

谈家桢:中国现代遗传学奠基人之一,《科学》2019 年第 6 期

纪念著名遗传学家谈家桢先生诞辰 110 周年,薛勇彪,《遗传》2019 年第 8 期

长寿之星谈家桢的养生之道,陈卫卫,《家庭医学》2019 年第 11 期

报纸文献

2015 年

民盟市委会座谈纪念谈家桢,吴向正,张冬青,《宁波日报》2015-09-17

谈家桢先生纪念座谈会在我区召开,张逸龙,《新江北》2015-09-21

谈家桢与湖州,《湖州日报》2015-10-28

2018 年

科学家谈家桢长寿之道,《今晚报》2018-05-04

上海白玉兰谈家桢生命科学发展基金会抚州分会成立,《抚州日报》2018-07-23

我与谈家桢的师生情缘————本刊科学顾问金力院士一席谈,《新华日报》2018-12-12

2019 年

谈家桢"中国的摩尔根",沈琦华,蔡瑾,《新民晚报美国版》2019-03-19

谈家桢纪念室在沪揭幕,《解放日报》2019-08-25

复旦大学谈家桢纪念室揭幕,记者姜澎,储舒婷,上海《文汇报》2019-08-25

民盟市委纪念谈家桢诞辰 110 周年,上海《文汇报》2019-09-13

纪念谈家桢诞辰 110 周年——民盟市委举行座谈会,《解放日报》2019-09-13

和谈家桢先生相处的日子,王海波,《联合时报》2019-09-17

谈家桢先生诞辰 110 周年座谈会召开,殷志敏,《联合时报》2019-09-17

2020 年

谈家桢:只有懂得调节的人,才能有一副好身板,《江南游报》2020-10-22

鲍文奎(1980 年当选中国科学院院士)

鲍文奎(1916 年 5 月 8 日—1995 年 9 月 15 日),作物遗传育种学家,浙江鄞县人,中国农业科学院作物育种栽培研究所研究员,曾任中国遗传学会、中国植物学会常务理事,第五、六届全国人大代表。

鲍文奎院士主要从事同源四倍体水稻和异源八倍体小黑麦的遗传育种研究。他采用染色体加倍技术培育新作物,改良现有作物的特征,取得了重要成就;在世界上首次将异源八倍体小黑麦应用于生产,育成的"小黑麦 2 号""小黑麦 3 号"以及中矮秆八倍体小黑麦品种"劲松 5 号"和"黔中 1 号"在贵州高寒山区和丘陵地区推广。

1980 年当选为中国科学院院士(学部委员)。

对鲍文奎院士的介绍与研究文献目录

期刊文献

中国植物多倍体遗传育种创始人——记 1979 年全国劳模、中国科学院院士鲍文奎,闫长禄,《工会博览》2019 年第 33 期

朱祖祥(1980 年当选中国科学院院士)

朱祖祥(1916 年 10 月 5 日—1996 年 11 月 18 日),土壤化学家,浙江宁波人,浙江农业大学教授、名誉校长,曾任中国科学技术协会全国委员会委员,第八届全国人大代表,第五、六届全国政协委员,九三学社中央参议委员会常务委员。

朱祖祥院士长期致力于土壤化学的研究,其关于土壤磷的吸持、解吸、固定的化学过程和物理化学过程的论述,对土壤和水稻营养障碍化学诊断的理论、方法及标准等问题的系统研究,受到国内外广泛推崇。

1980 年当选为中国科学院院士(学部委员)。

对朱祖祥院士的介绍与研究文献目录

著作文献

《土壤学进展——纪念朱祖祥院士诞辰 100 周年》,徐建明主编,科学出版社,2016

期刊文献

沉痛悼念朱祖祥教授,《心理学报》2015 年第 5 期

报纸文献

浙大纪念朱祖祥诞辰 100 周年,《浙江大学报》2016-10-14

陈中伟(1980 年当选中国科学院院士)

陈中伟(1929 年 10 月 1 日—2004 年 3 月 23 日),骨科专家,浙江鄞县人,曾任复旦大学(原上海医科大学)中山医院骨科主任、教授,国际显微重建外科学会执行委员,国际显微外科学会创始委员。

陈中伟院士在 1963 年首次为全断右手病人施行再植手术并获得成功,开创了再植外科,被国际医学界誉为断肢再植奠基人。他将显微外科技术用于再植和移植手术,使断手指再植成功率由 50％提高到 90％,在国际上首创了"断手再植和断指再植"等六项新技术。

1980 年当选为中国科学院院士(学部委员),1985 年当选为第三世界科学院院士。

对陈中伟院士的介绍与研究文献目录

期刊文献

断手再植专家——陈中伟,叶永烈,《现代阅读》2019 年第 1 期

"断肢再植术之父"陈中伟,嵇振颉,《初中生之友》2019 年第 16 期

缅怀我的国际友人陈中伟,《中华显微外科杂志》2020 年第 1 期

中国显微外科先驱——陈中伟教授,《中华显微外科杂志》2020 年第 1 期

报纸文献

陈中伟:"接起"一个新世界,王倩,《健康报》2019-08-19

陈子元(1991年当选中国科学院院士)

陈子元(1924年10月5日—   ),核农学家,浙江鄞县人,曾任浙江农业大学校长、中国原子能农学会理事长。

陈子元院士利用放射性同位素研制合成了15种同位素标记农药,提出了同位素示踪技术与动力学相结合的示踪动力学理论,首先应用示踪动力学数学模型研究农药及其他农用化学物质在生态环境中的运动规律。他主持协作完成了29种农药在19种农作物上61项农药安全使用标准,为国家制定了农药安全使用标准GB4285—84,摸清了几种取代"六六六粉"的新农药在农业生态环境系统中的运动变化规律。

1991年当选为中国科学院院士(学部委员)。

(一)陈子元院士的各类文献目录

期刊文献

富油微藻布朗葡萄藻分子生态学研究进展,马丽芳,刘俊稚,刘新颖,汪志平,陈子元,《生态学报》2015年第10期

高沥水性钝顶螺旋藻新品系的选育及超微结构与RAPD分析,李晨晨,汪凡越,汪志平,卢奇奇,陈子元,《微生物学报》2020年第2期

土壤中红霉素结合残留在菜心中生物有效性研究,顾鑫,余凯翔,胡宏华,陈子元,叶庆富,王伟,《核农学报》2020年第3期

(二)对陈子元院士的介绍与研究文献目录

著作文献

《让核技术接地气:陈子元传》,李曙白,韩天高,徐步进著,中国科学技术出版社,2014

期刊文献

2015年

陈子元在IAEA的日子,傅济熙,《中国核工业》2015年第9期

陈子元:核农人生,叶娟,《中国核工业》2015年第9期

痴心核农学70年——陈子元院士口述实录,叶娟,《中国核工业》2015年第9期

感受先生之光——记我与陈子元院士的两面之缘,叶娟,《中国核工业》2015年第9期

2016 年

陈子元院士：中国核农学科奠基人，曹小慧，《今日科苑》2016 年第 4 期

2019 年

同位素示踪技术在农药研究中应用的开拓者陈子元先生，叶庆富，王伟，《农药市场信息》2019 年第 13 期

报纸文献

陈子元回走马塘寻根访祖——他是"中国呢绒第一人"陈贤本之子、核农专家、中国科学院院士，《东南商报》2016-03-04

陈子元院士档案永久珍藏鄞州，蔡亚辉，《鄞州日报》2016-03-10

陈子元：中国核农学的开创者——本报专访中国核农学先驱、中科院院士、原浙江农业大学校长，《鄞州日报》2020-01-21

陈子元，《西湖报》2020-05-27

杨福愉(1991 年当选中国科学院院士)

杨福愉(1927 年 10 月 30 日—2023 年 1 月 5 日),生物化学家,原籍浙江镇海,中国科学院生物物理研究所研究员,曾任中国生物化学学会第二、三届副理事长。

杨福愉长期从事线粒体和生物膜的结构与功能的研究,在农业方面,用"匀浆互补法"代替"线性体互补法"来预测谷子等农作物的杂种优势获理想效果。在医学方面,他提出"克山病是一种心肌线粒体病"的观点,对克山病的防治有重要意义;曾获国家自然科学奖、中国科学院自然科学奖、卫生部科技进步奖、何梁何利基金科学与技术进步奖等多个奖项。

1991 年当选为中国科学院院士(学部委员)。

对杨福愉院士的介绍与研究文献目录

著作文献
《情系生物膜:杨福愉传》,刘夙、黄有国、龚惠玲著,中国科学技术出版社,2018

杨雄里(1991 年当选中国科学院院士)

杨雄里(1941 年 10 月 14 日——　)，生理学家，原籍浙江镇海，复旦大学教授、脑科学研究院学术委员会主任、神经生物学研究所名誉所长，曾任亚太地区生理学联合会秘书长，第十一届九三学社中央委员。

杨雄里院士长期从事视觉神经机制的研究，研究领域涉及色觉的心理物理、视网膜电图、视网膜信息处理等方面。他在水平细胞所接收的光感受器信号及其相互作用等方面有新的发现，修正了传统观念；率先发现了视锥信号在暗中受到压抑的新现象；其研究成果曾获中国科学院自然科学奖一、二等奖。

1991 年当选为中国科学院院士(学部委员)。

(一)杨雄里院士的各类文献目录

著作文献

《十万个为什么 第 6 版 大脑与认知》，杨雄里主编，韩启德总主编，少年儿童出版社，2016

《大脑奥秘知多少 脑科学初探 与中国院士对话》，杨雄里，闫蓉珊，海波，秦畅著，华东师范大学出版社，2018

期刊文献

2015 年

记录每一个神经细胞的每一次冲动意义何在？杨雄里，《医学争鸣》2015 年第 3 期

色彩：诱人的研究领域，杨雄里，《科学世界》2015 年第 7 期

创新不是"群众运动"，杨雄里，王泠一，《新民周刊》2015 年第 17 期

2016 年

历史的启示——纪念中国生理学会成立 90 周年，杨雄里，《生理学报》2016 年第 4 期

围棋"人机大战"的启示，杨雄里，《科技导报》2016 年第 7 期

为中国脑计划呐喊，杨雄里，《中国科学(生命科学)》2016 年第 2 期

谷氨酸受体在实验性青光眼视网膜细胞损伤中的作用，王中峰，杨雄里，《生理学报》2016 年第 4 期

2017 年

革故鼎新，重铸辉煌——纪念《生理学报》创刊 90 周年，杨雄里，《生理学报》2017 年第 5 期

对神经科学发展前景的思考，杨雄里，《中国学术期刊文摘》2017 年第 13 期

视网膜神经信号的调制和视网膜疾病，杨雄里，《复旦学报(医学版)》2017 年第 6 期

对神经科学发展前景的思考，杨雄里，《科学》2017 年第 1 期

2019 年

研究脑科学和教育的关系须遵循各自规律，杨雄里，《教育家》2019 年第 24 期

2020 年

把教育规律与脑科学规律融合统一推动教育事业的发展，杨雄里，《教育家》2020 年第 48 期

在"痛定"后"思痛"，杨雄里，《教育家》2020 年第 16 期

永恒的回忆——怀念冯德培先生，杨雄里，《教育家》2020 年第 32 期

从容应对迎风雨，科学谋划聚共识——抗新冠肺炎疫情有感，杨雄里，《科技导报》2020 年第 10 期

报纸文献

筹划"中国脑计划"需注意两个关键点，杨雄里，《中国教育报》2015-03-27

"中国脑计划"的下一步，杨雄里，《中国科学报》2016-06-21

中国脑计划："一体两翼"，杨雄里，上海《文汇报》2017-03-26

三磅宇宙与神奇心智，杨雄里，《文登大众》2018-04-26

铸造教育界和科技界新的辉煌，杨雄里，《长春理工大学报》2018-09-30

（二）对杨雄里院士的介绍与研究文献目录

期刊文献

2015 年

院士杨雄里：老年人走走步就挺好，本刊编辑部，《健康必读》2015 年第 6 期

2017 年

杨雄里：科学、不科学、伪科学，王欣然，王志，《新民周刊》2017 年第 34 期

2018 年

当前脑科学的发展态势和战略——访复旦大学脑科学研究院杨雄里院士，梁偲，江世亮，《世界科学》2018 年第 1 期

2019 年

杨雄里：人类大脑时刻改变着世界，王湘蓉，吕虹，《教育家》2019 年第 4 期

2020 年

向"最后的疆域"进发（连载一）——独家对话中国科学院院士杨雄里，顾学文，《大学科普》2020 年第 1 期

向"最后的疆域"进发（连载二）——独家对话中国科学院院士杨雄里，顾学文，《大学科普》2020 年第 2 期

报纸文献

2015 年

我校校友、中国科学院院士杨雄里回校做学术报告，于源华，《长春理工大学报》2015-06-15

2016 年

中科院院士杨雄里养生之道，祝天泽，《新民晚报》2016-08-07

杨雄里:每天坚持自创的"杨氏健身法",祝天泽,《东方城乡报》2016-08-19

院士杨雄里或升华至精神活动研究,《江苏科技报》2016-10-21

2017 年

杨雄里:沿着真理的大道求索,夏文珺,张纯瑜,《今日镇海》2017-11-14

杨雄里:科学、不科学、伪科学,王欣然,王志,《新民周刊》2017-08-24

2018 年

中科院院士杨雄里来金为中学生科普,《金山报》2018-04-27

杨雄里:中国发展"脑科学计划"需要只争朝夕,周裕妩,《广州日报》2018-04-24

中国科学院院士杨雄里考察张江科学城,姚古,《张江报》2018-04-15

向"最后的疆域"进发——独家对话中科院院士杨雄里,顾学文,《解放日报》2018-05-04

2019 年

中科院院士杨雄里养生之道,《今晚报》2019-10-18

杨雄里院士受聘为我校神经科学研究院名誉院长,尚睿,《郑州大学报》2019-04-13

2020 年

杨雄里院士获聘爱尔眼科首席科学顾问,肖洁,《中国科学报》2020-01-17

孙儒泳(1993 年当选中国科学院院士)

孙儒泳(1927 年 6 月 12 日—2020 年 2 月 14 日),生态学家,浙江宁波人,北京师范大学教授,曾任中国生态学会第三届理事长,国务院学位委员会和国家自然科学基金会生态学科评审组成员,教育部高等学校理科生物学教学指导委员会成员。

孙儒泳院士是中国兽类生理生态学研究的开拓者。他将脊椎动物生理生态引入中国,在理论和方法上都取得了系统的、创造性的成果,为中国兽类生理生态的开创和发展做出了重大贡献。其研究成果曾获得国家自然科学奖三等奖、农业部科技进步奖二等奖、中科院科技进步奖三等奖。

1993 年当选为中国科学院院士。

(一)孙儒泳院士的各类文献目录

著作文献

《基础生态学 第 3 版》,牛翠娟,娄安如,孙儒泳,李庆芬编著,高等教育出版社,2015

《动物生态学原理 第 4 版》,孙儒泳,王德华,牛翠娟,刘定震,张立主编,北京师范大学出版社,2019

期刊文献

马来穿山甲的种群结构、繁殖力及仔兽出生记录,杨立,张富华,吴诗宝,张莉,赵淑恋,孙儒泳,《动物学杂志》2015 年第 1 期

报纸文献

大熊猫意味着什么? ——读《大熊猫——人类共有的自然遗产》有感,孙儒泳,《中国绿色时报》2006-10-30

(二)对孙儒泳院士的介绍与研究文献目录

期刊文献

《兽类学报》名誉主编孙儒泳院士逝世,本刊编辑部,《兽类学报》2020 年第 2 期

孙儒泳:把生态学引入中国,徐姝静,《创新世界周刊》2020 年第 6 期

报纸文献

省教育厅厅长景李虎看望慰问孙儒泳院士、刘颂豪院士,莫文艺,《广东科技报》2019-02-15

孙儒泳院士逝世,《光明日报》2020-02-15
孙儒泳:丹心寄绿野白首归青山,李晨阳,刘如楠,《中国科学报》2020-02-27
孙儒泳:"生态学是我的生命",《济源日报》2020-04-24

朱兆良(1993 年当选中国科学院院士)

朱兆良(1932 年 8 月 21 日—2022 年 1 月 30 日),土壤学家,原籍浙江奉化,中国科学院南京土壤研究所研究员,曾任国际土壤学会水稻土肥力组主席,中国土壤学会理事长,中国农工民主党第十三届中央委员会副主席。

朱兆良院士一直从事土壤—植物营养化学研究,尤其是对土壤氮素的研究具有很深的造诣。他首次对土壤供氮能力进行了定量解析,开拓了我国土壤供氮能力与氮肥施用量推荐研究,为我国土壤氮素研究及氮肥的有效施用做出了重要贡献;曾获国家、中国科学院、江苏省科技进步奖和自然科学奖,陈嘉庚农业科学奖等。

1993 年当选为中国科学院院士。

(一)朱兆良院士的各类文献目录

著作文献

《朱兆良论文选》,中国植物营养与肥料学会主编,中国农业出版社,2017

期刊文献

2015 年

稻田氮素淋失测定方法的研究进展,张敏,田玉华,尹斌,朱兆良,《土壤》2015 年第 3 期

改善农学管理措施减少太湖稻麦轮作 NH_3 和 NO 排放,赵淼,田玉华,张敏,姚元林,尹斌,朱兆良,《土壤》2015 年第 5 期

2016 年

脲胺氮肥对太湖地区稻田氨挥发及氮肥利用率的影响,敖玉琴,张维,田玉华,李晓,葛仁山,尹斌,朱兆良,《土壤》2016 年第 2 期

2017 年

含氯氮肥对太湖稻麦轮作体系氨挥发及作物产量的影响,张博文,赵淼,敖玉琴,张维,田玉华,李晓,葛仁山,尹斌,朱兆良,《植物营养与肥料学报》2017 年第 3 期

2018 年

太湖地区高产高效措施下水稻氮淋溶和径流损失的研究,张敏,赵淼,田玉华,尹斌,朱兆良,《土壤》2018 年第 1 期

2020 年

热带亚热带酸性土壤硝化作用与氮淋溶特征,赵旭,蔡思源,邢光熹,朱兆良,《土壤》2020 年第 1 期

(二)对朱兆良院士的介绍与研究文献目录

著作文献

《思地虑粮六十载：朱兆良传》，穆亚芹，李群著，中国科学技术出版社，2019

期刊文献

植物营养学家朱兆良的学术风格，慕亚芹，李群，崔江浩，《农业考古》2016年第1期

朱兆良土壤—植物营养学学术谱系研究，慕亚芹，李群，崔江浩，《中国农史》2017年第1期

土壤—植物营养学家朱兆良先生的科学研究与贡献，慕亚芹，李群，崔江浩，《土壤》2017年第1期

朱兆良：躬身沃土辟新路，慕亚芹，李群，《科学家》2018年第3期

朱兆良：躬身大地六十载，蔡姝雯，《前进论坛》2020年第9期

学位论文

朱兆良与中国现代植物营养学研究，慕亚芹，南京农业大学博士学位论文，2017年

报纸文献

朱兆良：躬身沃土辟新路，慕亚芹，李群，《中国科学报》2015-06-05

杨省世赵晓江会见朱兆良院士一行，《连云港日报》2015-01-13

朱兆良：躬身大地六十载，《新华日报》2020-07-01

吴祖泽(1993 年当选中国科学院院士)

吴祖泽(1935 年 10 月 19 日—　　),实验血液学家,浙江镇海人,军事医学科学院研究员,曾任军事医学科学院院长。

吴祖泽院士是中国实验血液学研究的先驱,他首先引入并传播了造血干细胞的理论和技术,完成了世界首例胎肝造血干细胞移植,为人类医治白血病、放射病、重症肝炎等疑难病症做出了重大贡献,被誉奖为中国"干细胞移植之父";曾先后获得国家自然科学奖二等奖、国家科技进步奖一等奖等奖项,曾获得中央军委颁发的"专业技术重大贡献奖"。中国科学院将一颗小行星命名为"吴祖泽星"。

1993 年当选为中国科学院院士。

(一)吴祖泽院士的各类文献目录

著作文献

《中国医学院士文库　吴祖泽院士集》,吴祖泽主编,人民军医出版社,2013

《再生医学基础与临床》,付小兵,王正国,吴祖泽主编,人民卫生出版社,2013

《再生医学转化与应用》,付小兵,王正国,吴祖泽主编,人民卫生出版社,2016

期刊文献

2015 年

过氧化氢诱导间充质干细胞衰老模型的建立,刘洋,吴晓冰,荆永光,李艳琪,王洪一,徐潇,吴祖泽,靳继德,《军事医学》2015 年第 5 期

人脐带源和胎盘源间充质干细胞的生物学特性比较,李艳琪,王洪一,姚尧,张宇,刘洋,吴祖泽,靳继德,《军事医学》2015 年第 6 期

肝细胞生长因子对神经损伤的保护及镇痛作用研究进展,胡春生,吴祖泽,张庆林,《中国疼痛医学杂志》2015 年第 7 期

胎盘源间充质干细胞分离提取的新方法,刘洋,李艳琪,王洪一,吴晓冰,荆永光,徐潇,姚尧,张宇,吴祖泽,靳继德,《中国组织工程研究》2015 年第 10 期

2016 年

大肠杆菌表达的重组新蛭素的生产工艺,吴祖泽,郭莹莹,刘玉斌,郭彦梅,董俏言,靳继德,姚敏,于爱平,《北京工业大学学报》2016 年第 2 期

Ad5F11p-GFP 对 CIK 和 NK-92 细胞的转染效率及生物学特性的影响,徐赞美,陆颖,赵兰君,刘金,胡显文,吴祖泽,段海峰,《中国实验血液学杂志》2016 年第 3 期

再生医学研究与转化应用,吴祖泽,《领导科学论坛》2016 年第 22 期

加速肝细胞生长因子基因治疗外周动脉闭塞症的研究进程,张庆林,吴祖泽,《中华老年心脑血管病杂志》2016 年第 5 期

美国、欧盟、日本细胞治疗监管政策研究,吴曙霞,杨淑娇,吴祖泽,《中国医药生物技术》2016 年第 6 期

2017 年

我国细胞技术类再生医学创新型技术产业发展战略研究,卢世璧,吴祖泽,付小兵,郭全义,程瑾,赵师充,郭维民,《中国工程科学》2017 年第 2 期

HPLC 法定量测定酵母发酵上清液中重组新蛭素的含量,刘玉斌,于爱平,刘农乐,吴祖泽,靳继德,《中国医药生物技术》2017 年第 5 期

致细胞库质量管理规范制定和公示,吴祖泽,《中国医药生物技术》2017 年第 6 期

脚踏实地培养新人,吴祖泽,《人人健康》2017 年第 9 期

丹参酮 Ⅰ、二甲双胍和阿司匹林联合用药对黑素瘤模型小鼠的抑瘤作用,赵亚宁,薛冰华,秦亚茹,吴祖泽,段海峰,《中国药理学与毒理学杂志》2017 年第 9 期

低剂量白介素 2 对实验性自身免疫性脑脊髓炎小鼠的治疗效果研究,王震,段海峰,樊心童,许春阳,李金凤,王姗姗,王运良,吴祖泽,《军事医学》2017 年第 12 期

2018 年

精准医学时代的细胞治疗,王立生,吴祖泽,《精准医学杂志》2018 年第 2 期

牙髓干细胞来源外泌体对急性肺损伤的作用及机制研究,苏晓磊,汪坤,刘月,肖凤君,吴祖泽,张庆林,靳继德,《军事医学》2018 年第 2 期

2019 年

新蛭素和人 IgG-Fc 融合蛋白的表达纯化和功能评价,吴祖泽,汪坤,李世崇,董晓娜,窦桂芳,葛志强,靳继德,《天津大学学报(自然科学与工程技术版)》2019 年第 2 期

专利信息

2016 年

一种 TGF-β 靶向的溶瘤腺病毒在肾癌治疗中的应用,发明人:杨月峰,王立生,彭迪,王华,肖凤君,张晓燕,吴祖泽,申请号:201610961001.1,申请日期:2016-11-04

溶瘤腺病毒,用于制备该腺病毒的载体及其应用,发明人:杨月峰,王立生,刘钊,王华,肖凤君,王浩,吴祖泽,申请号:201611217328.4,申请日期:2016-12-26

2018 年

一种长效抗凝血融合蛋白及其应用,发明人:吴祖泽,于爱平,李世崇,庞玉红,汪坤,靳继德,申请号:201810723618.9,申请日期:2018-07-04

牙源干细胞及其用途,发明人:孟虹芳,王华,吴祖泽,唐仲雄,申请号:201880093954.8,申请日期:2018-11-22

2019 年

牙源性间充质干细胞的应用,发明人:杨月峰,吴祖泽,朱晓娜,夏侠,王华,孟虹芳,刘洪英,刘冬梅,申请号:201910570573.0,申请日期:2019-06-27

一种用于促进造血细胞增殖的组合物及其应用,发明人:王立生,张丹,肖凤君,吴祖泽,聂文博,王华,赵丽晶,申请号:201910763545.0,申请日期:2019-08-19

基因修饰间充质干细胞、制备方法、应用及细胞治疗产品,发明人:杨月峰,吴祖泽,李有凤,朱晓娜,王华,刘冬梅,王立生,毕建进,孙彦洵,申请号:201911011302.8,申请日期:2019-10-23

2020 年

NUDT21 基因在制备治疗肺癌药物中的应用,发明人:王立生,肖凤君,高川成,徐芹芹,吴祖泽,申请号:202010204995.9,申请日期:2020-03-23

一种外泌体水凝胶伤口敷料及其制备方法,发明人:王立生,聂文博,赵丽晶,吴祖泽,申请号:202010225566.X,申请日期:2020-03-26

基因增强型间充质干细胞在治疗慢性阻塞性肺疾病中的应用,发明人:杨月峰,吴祖泽,冉丕鑫,孙瑞婷,王华,孙成峰,夏侠,孔攀月,白鸽,申请号:202010391214.1,申请日期:2020-05-11

MTH1 抑制剂 TH588 在制备治疗多发性骨髓瘤的药物中的应用,发明人:王立生,王欣,张林,肖凤君,吴祖泽,申请号:202010466441.6,申请日期:2020-05-28

神经嵴来源的成体干细胞的应用,发明人:吴祖泽,李时悦,杨月峰,陈焕杰,孟虹芳,罗钰龙,王华,陈迪非,孙成峰,申请号:202010785201.2,申请日期:2020-08-06

一种基因修饰的牙髓干细胞及其制备方法和应用,发明人:王华,董曦文,鲁苗壮,杨月峰,吴祖泽,申请号:202011627921.2,申请日期:2020-12-31

(二)对吴祖泽院士的介绍与研究文献目录

期刊文献

中国造血干细胞开山鼻祖天上有颗"吴祖泽星"一切为了生命的吴祖泽,本刊编辑部,《北京广播电视报人物周刊》2015 年第 50 期

"吴祖泽星"正式获得国际命名,本刊编辑部,《发明与创新(大科技)》2016 年第 1 期

吴祖泽:治辐射病,从胎儿肝脏中找到办法,《康复》2016 年第 10 期

吴祖泽院士的科学星球,邵龙飞,吴志军,庄颖娜,《军营文化天地》2018 年第 10 期

卫生健康事业发展 70 年巡礼:组织工程研究领域中国两院院士杰出科技成果展示 中国科学院吴祖泽院士及其团队在干细胞研究领域的学术成果居国际领先地位,《中国组织工程研究》2019 年第 29 期

报纸文献

2015 年

中科院院士吴祖泽莅临市中心医院讲学,《华商报(今日宝鸡)》2015-04-14

吴祖泽院士工作站落户我市,《邯郸日报》2015-06-11

吴祖泽:干细胞临床应用政策还差临门一脚,宋攀,《医师报》2015-10-15

"中国造血干细胞之父"吴祖泽获小行星永久命名,《东南快报》2015-12-01

"吴祖泽星"正式获得国际命名,《解放军报》2015-12-01;《光明日报》2015-12-01

"吴祖泽星"闪耀太空,《梅州日报》2015-12-01

造血干细胞之父吴祖泽获小行星命名,香港《文汇报》2015-12-01

天上有颗"吴祖泽星",《科技日报》2015-12-03

宇宙多了颗"吴祖泽星",宋攀,《医师报》2015-12-03

甬籍院士吴祖泽获小行星命名——心系家乡医疗事业发展的他是市第二医院院士工作站建站院士,《宁波日报》2015-12-04

镇海籍院士吴祖泽获小行星国际命名,钟旭辉,柯季,《今日镇海》2015-12-04

宁波籍院士吴祖泽获小行星命名——他是中国造血干细胞之父,《现代金报》2015-12-04

"吴祖泽星"获得国际命名,彭科峰,沈基飞,《中国科学报》2015-12-07

天上多了颗"吴祖泽星",《今日镇海》2015-12-07

2017 年

名师吴祖泽,《邯郸日报》2017-04-07

2019 年

"中国造血干细胞之父"吴祖泽签约"院士谷",申红,张鹏程,《大众日报》2019-01-24

陈宜张(1995 年当选中国科学院院士)

陈宜张(1927 年 9 月 28 日——   ),神经生理学家,浙江慈溪(原余姚)人,第二军医大学生理学教授,历任中国生理学会副理事长、中国神经科学学会副理事长、全军医科会生理病理专业委员会主任委员。

陈宜张院士长期以来进行包括条件反射、外周神经、树突、下丘脑、中脑、应激和整体性的脑功能研究,在理论和实践上,推动了神经科学的发展;他创建了糖皮质激素膜受体假说,挑战传统的甾体激素基因组机制学说,丰富了内分泌学领域激素理论,被国际权威教科书和文献广泛引用;先后获国家自然科学奖、国家科技进步奖等奖项。

1995 年当选为中国科学院院士。

(一)陈宜张院士的各类文献目录

著作文献

《陈宜张院士集》,贾东梅,肖林,刘天玉编著,陈宜张主编,人民军医出版社,2014

《脑研究的前沿与展望》,陈宜张著,上海科学技术出版社,2018

期刊文献

2015 年

鉴定中草药的有效成分,陈宜张,《科技导报》2015 年第 18 期;《中国学术期刊文摘》2015 年第 22 期

脑研究进展与展望,陈宜张,《科学》2015 年第 4 期

2016 年

神经元兴奋性的细胞周围调制,陈宜张,《生理学报》2016 年第 4 期

2017 年

神经元的细胞周围调制与脑功能,陈宜张,《科学》2017 年第 2 期

机体的功能与状态,陈宜张,《生理学报》2017 年第 5 期

2020 年

下苦功夫打好基础,陈宜张,《中学生数理化(八年级物理)》2020 年第 1 期

(二)对陈宜张院士的介绍与研究文献目录

著作文献

《究脑穷源探细胞:陈宜张传》,熊家钰著,上海交通大学出版社,2016

期刊文献

2015 年

一位科学家的时代风范（一）——记中国科学院院士、第二军医大学陈宜张教授，《实验室研究与探索》2015 年第 6 期

一位科学家的时代风范（二）——记中国科学院院士、第二军医大学陈宜张教授，《实验室研究与探索》2015 年第 7 期

探究是一种精神——记中国科学院院士、第二军医大学陈宜张教授，《实验室研究与探索》2015 年第 7 期

探究是一种精神（续）——记中国科学院院士、第二军医大学陈宜张教授，《实验室研究与探索》2015 年第 8 期

一位科学家的时代风范（三）——记中国科学院院士、第二军医大学陈宜张教授，《实验室研究与探索》2015 年第 8 期

2017 年

瑶池果熟三千岁，海屋筹添九十春——庆贺陈宜张院士九十华诞有感，袁文俊，《科学》2017 年第 6 期

2018 年

陈宜张：究脑穷源探细胞，熊家钰，《科学家》2018 年第 9 期

耄耋巨笔铸华章——喜读陈宜张院士新作《脑研究的前沿与展望》，肖林，巫凌刚，《科学》2018 年第 6 期

报纸文献

姚中校友陈宜张从教 65 周年暨 90 华诞庆祝会举行，《余姚日报》2016-10-28

"抠门儿"院士陈宜张，《陕西科技报》2017-12-15

吴常信(1995 年当选中国科学院院士)

吴常信(1935 年 11 月 15 日—)，动物遗传育种学家、畜牧学家，祖籍浙江鄞县，中国农业大学教授，世界家禽学会中国分会主席，农业部科学技术委员会常务委员。

吴常信院士长期从事动物遗传理论与育种实践研究，首次提出并证实了"数量性状隐性有利基因"的假设以及多胎动物"混合家系"的概念；首次提出了"优化保种设计"，系统解决了一系列群体遗传学的理论与方法问题。其主持完成的"节粮小型蛋鸡的选育"项目，在国际上率先实现小型蛋鸡产业化生产。

1995 年当选为中国科学院院士。

(一)吴常信院士的各类文献目录

著作文献

《藏鸡高原低氧适应生理与遗传基础》，吴常信、李宁主编，中国农业大学出版社，2012

《食品安全的溯源管理与转基因食品》，吴常信口述，科学出版社有限责任公司，2014

《动物遗传学 第 2 版》，吴常信主编，高等教育出版社，2015

《动物生物学》，吴常信主编，中国农业出版社，2016

期刊文献

2015 年

持之以恒，建立科研诚信的长效机制，吴常信，《科学与社会》2015 年第 4 期

藏鸡与茶花鸡杂交种蛋低氧孵化性能测定，苟文钰、张雅文、张倩、张浩、吴常信，《畜牧兽医学报》2015 年第 7 期

配套系育种中值得关注的几个问题，吴常信，《中国禽业导刊》2015 年第 9 期

动物育种中数量性状选择方法进展，吴常信，《中国家禽》2015 年第 13 期

2016 年

我国家禽遗传资源的保护与利用，吴常信，《中国禽业导刊》2016 年第 18 期

玛丽鱼染色体核型及 Ag-NORs 研究，王琳超、鲍海港、李俊英、吴常信，《大连海洋大学学报》2016 年第 2 期

加速优秀基因传递开辟动物遗传育种新时代，方美英、刘剑锋、张勤、吴常信，《中国农村科技》2016 年第 6 期

动物遗传学课程课堂讨论的组织与实施，方美英、邓学梅、吴克亮、傅金銮、张浩、凌遥、吴常信，《高等农业

教育》2016 年第 6 期

藏鸡和白来航鸡胚胎肝脏 EGLN1 基因的差异表达分析,王翔宇,鲍海港,吴常信,《中国畜牧杂志》2016 年第 11 期

2017 年

"动物遗传学实验"教学中分子遗传实验设计举例,李荣妮,王勤,李新海,邓学梅,吴常信,《实验技术与管理》2017 年第 7 期

鸡蛋蛋壳性状功能基因的鉴定及应用,田小龙,张莹,张红亮,张浩,吴常信,《中国家禽》2017 年第 13 期

我国能自主育成速生型白羽肉鸡高产品种(配套系)吗? 吴常信,《中国禽业导刊》2017 年第 15 期

商品蛋鸡 100 周龄产 500 个蛋能实现吗? 吴常信,《中国禽业导刊》2017 年第 17 期

拉萨白鸡群体鱼腥味敏感基因多态性分析,田小龙,马雪英,张红亮,冯静,刘会杰,张浩,吴常信,《中国家禽》2017 年第 22 期

2019 年

拉萨白鸡群体催乳素和促性腺激素释放激素-1 基因多态性分析,张莹,田小龙,马雪英,张戌园,冯静,张浩,吴常信,《中国家禽》2019 年第 2 期

我国肉牛产业发展中几个问题的讨论,吴常信,《饲料与畜牧》2019 年第 4 期

转铁蛋白基因表达与低氧适应,张莹,张戌园,张浩,吴常信,《中国家禽》2019 年第 22 期

去势对白来航母鸡垂体和肾上腺的影响,邵凡,李红伟,段金琳,李俊英,吴常信,《中国畜牧杂志》2019 年第 8 期

中国畜禽育种科技 70 年回顾,吴常信,《中国禽业导刊》2019 年第 22 期

报纸文献

依法依规做好畜禽遗传资源保护与利用,吴常信,《农民日报》2020-06-02

专利信息

鸡胡须性状的基因型快速鉴定方法,发明人:张浩,张红亮,郑晓彤,赵萱,吴常信,李俊英,申请号:201610892542.3,申请日期:2016-10-12

一种从显性白羽鸡中发掘、筛选和提纯有色羽鸡的方法,发明人:邓学梅,李俊英,夏添兰,华国营,吴常信,申请号:201910880622.0,申请日期:2019-09-18

一种黄羽胡须蛋鸡的选育方法及其应用,发明人:张浩,郑晓彤,李俊英,凌遥,聂瑞雪,吴常信,申请号:202010238357.9,申请日期:2020-03-30

(二)对吴常信院士的介绍与研究文献目录

期刊文献

大午集团成立家禽研究院　吴常信、杨宁被聘为研究院名誉院长,李冬宝,《北方牧业》2016 年第 21 期

良师益友师之范——记中国科学院院士、中国农业大学动物科学学院教授吴常信,何志勇,李菁菁,《中国教工》2019 年第 12 期

报纸文献

2015 年

吴常信院士在我州作专题报告,《黔西南日报》2015-08-29

吴常信　扩大重点农畜产品为依托的体系,《贵州日报》2015-09-02

2017 年

师生祝贺吴常信院士从教 60 周年,《中国农大校报》2017-09-25

2018 年

吴常信院士:培育抗病家畜是长久课题,《科技日报》2018-08-06

吴常信荣膺"2018 年北京市师德榜样"——张宾、周志强、陈源泉当选"2018 年北京市师德先锋",《中国农大校报》2018-10-10

2019 年

吴常信:良师益友师之范,何志勇,李菁菁,《中国农大校报》2019-01-10

吴常信:学高为师,身正为范——本报北京专访中科院院士、著名动物遗传育种学家畜牧学家,《鄞州日报》2019-04-09

沈自尹(1997 年当选中国科学院院士)

沈自尹(1928 年 3 月 22 日—2019 年 3 月 7 日),中西医结合学家,浙江镇海人,上海医科大学华山医院教授,曾任复旦大学中西医结合研究所所长、国务院学位委员会医学评议委员、国家卫生部中药评审委员会主任委员。

沈自尹院士率先对中医称为命门之火的肾阳进行研究,首次用现代科学方法在国际上证实肾阳虚证有特定的物质基础,并将主要调节枢纽定位在下丘脑,为中医向现代化发展做出了重要贡献;曾获全国医学卫生科学大会重大科技成果奖、国家教委科技进步奖等奖项。

1997 年当选为中国科学院院士。

(一)沈自尹院士的各类文献目录

著作文献

《沈自尹院士集》,沈自尹主编,人民军医出版社,2013

期刊文献

2015 年

健康延寿,靠你自己,沈自尹,《幸福家庭》2015 年第 1 期

"肾的研究"通过"与时俱进"而不断进取,沈自尹,《中国中西医结合杂志》2015 年第 8 期

2017 年

中医艺术的灵感和乐趣,沈自尹,《大众医学》2017 年第 1 期

如何贯彻中医药法提到的中西医结合,沈自尹,《中国中西医结合杂志》2017 年第 2 期

学习中医药法促进中西医结合,吴咸中、黄光英、吕爱平、张敏州、李恩、陈士奎、沈自尹、陈可冀,《中国中西医结合杂志》2017 年第 2 期

2018 年

重楼皂苷 I 通过线粒体碎裂诱导人肺癌 NCI-H661 细胞凋亡,陈舒怡,沈自尹,黄建华,舒琦瑾,《中华中医药杂志》2018 年第 2 期

入海采珠献珠于民,沈自尹,《大众医学》2018 年第 11 期

(二)对沈自尹院士的介绍与研究文献目录

著作文献

《中华中医昆论 第 14 函 沈自尹卷》,当代中医药发展研究中心编,张镜源主编 ,中国中医药出版社,2011

《沈自尹学术评传大字版》,张镜源,中国盲文出版社,2015

《沈自尹全集》,蔡定芳主编,上海科学技术出版社,2018

期刊文献

2016 年

我国开创的中西医结合科研及其启示(四)——沈自尹院士与中医"肾"本质的中西医结合"探微索隐"研究,陈士奎,《中国中西医结合杂志》2016 年第 12 期

2017 年

上海中医药大学朱南孙、刘嘉湘教授荣膺"国医大师"称号　严世芸、蔡淦、沈自尹教授当选"全国名中医",《中医药文化》2017 年第 4 期

2019 年

沉痛悼念我刊学术顾问、中国科学院院士沈自尹教授,《中医药通报》2019 年第 2 期

沉痛悼念本刊副总编辑沈自尹院士,《中国中西医结合杂志》2019 年第 3 期

沉痛悼念沈自尹院士,王文健、蔡定芳,《中国中西医结合杂志》2019 年第 4 期

沈自尹中西医结合先行者,黄建华,《中国卫生人才》2019 年第 5 期

恽铁樵中西医汇通流派代表人物萃谈——沈自尹(上),蔡定芳,《上海中医药杂志》2019 年第 9 期

恽铁樵中西医汇通流派代表人物萃谈——沈自尹(下),蔡定芳,《上海中医药杂志》2019 年第 10 期

报纸文献

沈自尹院士逝世,《光明日报》2019-03-08

急支糖浆研发者沈自尹院士逝世——享年 91 岁,《巴渝都市报》2019-03-21

沈自尹院士医学发展基金成立,孙国根,《健康报》2020-08-10

沈自尹院士夫人出售房产向复旦捐赠 500 万元,吴苡婷,《上海科技报》2020-07-29

洪国藩（1997 年当选中国科学院院士）

洪国藩（1938 年 12 月 24 日—　　），分子生物学家，浙江鄞县人，中国科学院上海生命科学研究院研究员，第九届全国政协委员。

洪国藩院士长期从事 DNA 和基因组科学研究，提出了单链 DNA 双向测定方法，建立了高温 DNA 测序体系；完成固氮菌中结瘤调控基因的调控模型；提出并发表构建水稻基因组物理图的"快速、精确的 BAC—指纹—锚标战略"，完成了水稻基因组物理图；研发出了低温封闭多级聚合酶链反应（Lcn-PCR）技术，克服了普通 PCR 技术的自身缺陷，并能排除环境的交叉污染。

1993 年当选为第三世界科学院院士，1997 年当选为中国科学院院士。

洪国藩院士的各类文献目录

报纸文献

"这才是真正的科学家"，洪国藩，《健康报》2015-03-06

韩启德(1997 年当选中国科学院院士)

韩启德(1945 年 7 月 19 日—　　),病理生理学家,籍贯浙江慈溪,北京大学教授,曾任中国科学技术协会主席,中国红十字会名誉副会长,国际病理生理学会主席,九三学社中央主席,第九届全国政协常务委员,第十二届全国政协副主席,第十届、十一届全国人大常委会副委员长。

韩启德院士长期以来从事心血管基础研究,在国际上首先证实 a1 肾上腺素受体(a1-AR)包含两种亚型的假说,在心血管神经肽研究方面也有重要发现;曾获国家教委科技进步奖一等奖,国家自然科学奖三等奖,何梁何利基金科学与技术进步奖,高校自然科学奖一等奖。

1997 年当选为中国科学院院士。

(一)韩启德院士的各类文献目录

著作文献

2013 年

《心血管药理学进展 1994—1995》,陈维洲,陈修,韩启德等主编,人民卫生出版社,1995

《十万个为什么 套装 18 册》,韩启德总主编,少年儿童出版社,2013①

2014 年

《十万个为什么 化学 第 6 版》,赵东元主编,韩启德总主编,少年儿童出版社,2014

《十万个为什么 生命 第 6 版》,曾溢滔主编,韩启德总主编,少年儿童出版社,2014

《十万个为什么 动物 第 6 版》,陈宜瑜主编,韩启德总主编,少年儿童出版社,2014

《十万个为什么 天文 第 6 版》,王绶琯,方成主编,韩启德总主编,少年儿童出版社,2014

《十万个为什么 物理 第 6 版》,沈文庆主编,韩启德总主编,少年儿童出版社,2014

《十万个为什么 数学 第 6 版》,李大潜主编,韩启德总主编,少年儿童出版社,2014

《十万个为什么 医学 第 6 版》,汤钊猷主编,韩启德总主编,少年儿童出版社,2014

《十万个为什么 地球 第 6 版》,刘嘉麒主编,韩启德总主编,少年儿童出版社,2014

《十万个为什么 植物 第 6 版》,陈晓亚主编,韩启德总主编,少年儿童出版社,2014

《十万个为什么 海洋 第 6 版》,汪品先主编,韩启德总主编,少年儿童出版社,2014

《十万个为什么 武器与国防 第 6 版》,王越,黄培康,俞大光主编,韩启德总主编,少年儿童出版社,2014

《十万个为什么 古生物 第 6 版》,周忠和主编,韩启德总主编,少年儿童出版社,2014

《十万个为什么 能源与环境 第 6 版》,褚君浩主编,韩启德总主编,少年儿童出版社,2014

《十万个为什么 灾难与防护 第 6 版》,马宗晋主编,韩启德总主编,少年儿童出版社,2014

---

① 该书在 2014 年新出一版,2016 年又出新版。

《十万个为什么 电子与信息 第6版》,吴启迪主编,韩启德总主编,少年儿童出版社,2014

《十万个为什么 建筑与交通 第6版》,郑时龄主编,韩启德总主编,少年儿童出版社,2014

《十万个为什么 航空与航天 第6版》,欧阳自远主编,韩启德总主编,少年儿童出版社,2014

《十万个为什么 大脑与认知 第6版》,杨雄里主编,韩启德总主编,少年儿童出版社,2014

《人体酷探险》,韩启德主编,少年儿童出版社,2014

《生物全联盟》,韩启德主编,少年儿童出版社,2014

《生活大爆炸》,韩启德主编,少年儿童出版社,2014

《科技也疯狂》,韩启德主编,少年儿童出版社,2014

2015 年

《十万个为什么 动物》(哈萨克文版;维吾尔文版),韩启德主编,新疆科学技术出版社,2015

《十万个为什么 航空与航天》(哈萨克文版;维吾尔文版),韩启德主编,新疆科学技术出版社,2015

《十万个为什么 古生物》(哈萨克文版;维吾尔文版),韩启德主编,新疆科学技术出版社,2015

《十万个为什么 医学》(哈萨克文版;维吾尔文版),韩启德主编,新疆科学技术出版社,2015

《十万个为什么 生命》(哈萨克文版;维吾尔文版),韩启德主编,新疆人民出版社,2015

《十万个为什么 天文》(哈萨克文版;维吾尔文版),韩启德主编,新疆人民出版社,2015

《十万个为什么 武器与国防》(哈萨克文版;维吾尔文版),韩启德主编,新疆人民出版社,2015

《十万个为什么 建筑与交通》(哈萨克文版;维吾尔文版),韩启德主编,新疆青少年出版社,2015

《十万个为什么 能源与环境》(哈萨克文版;维吾尔文版),韩启德主编,新疆青少年出版社,2015

《十万个为什么 大脑与认知》(哈萨克文版;维吾尔文版),韩启德主编,新疆青少年出版社,2015

《十万个为什么 植物》(哈萨克文版;维吾尔文版),韩启德主编,新疆科学技术出版社,2015

《十万个为什么 地球》(哈萨克文版;维吾尔文版),韩启德主编,新疆科学技术出版社,2015

《十万个为什么 物理》(哈萨克文版;维吾尔文版),韩启德主编,新疆教育出版社,2015

《十万个为什么 化学》(哈萨克文版;维吾尔文版),韩启德主编,新疆教育出版社,2015

《十万个为什么 数学》(哈萨克文版;维吾尔文版),韩启德主编,新疆教育出版社,2015

《十万个为什么 海洋》(哈萨克文版;维吾尔文版),韩启德主编,新疆美术摄影出版社,新疆电子音像出版社,2015

《十万个为什么 电子》(哈萨克文版;维吾尔文版),韩启德主编,新疆美术摄影出版社,新疆电子音像出版社,2015

《十万个为什么 灾难与防护》(哈萨克文版;维吾尔文版),韩启德主编,新疆美术摄影出版社,新疆电子音像出版社,2015

2016 年

《十万个为什么 化学 第6版》,赵东元主编,韩启德总主编,少年儿童出版社,2016

《十万个为什么 生命 第6版》,曾溢滔主编,韩启德总主编,少年儿童出版社,2016

《十万个为什么 动物 第6版》,陈宜瑜主编,韩启德总主编,少年儿童出版社,2016

《十万个为什么 天文 第6版》,王绶琯,方成主编,韩启德总主编,少年儿童出版社,2016

《十万个为什么 物理 第6版》,沈文庆主编,韩启德总主编,少年儿童出版社,2016

《十万个为什么 数学 第6版》,李大潜主编,韩启德总主编,少年儿童出版社,2016

《十万个为什么 医学 第6版》,汤钊猷主编,韩启德总主编,少年儿童出版社,2016

《十万个为什么 地球 第6版》,刘嘉麒主编,韩启德总主编,少年儿童出版社,2016

《十万个为什么 植物 第6版》,陈晓亚主编,韩启德总主编,少年儿童出版社,2016

《十万个为什么 海洋 第6版》,汪品先主编,韩启德总主编,少年儿童出版社,2016

《十万个为什么 武器与国防 第6版》,王越、黄培康、俞大光主编,韩启德总主编,少年儿童出版社,2016

《十万个为什么 古生物 第6版》,周忠和主编,韩启德总主编,少年儿童出版社,2016

《十万个为什么 能源与环境 第6版》,褚君浩主编,韩启德总主编,少年儿童出版社,2016

《十万个为什么 灾难与防护 第6版》,马宗晋主编,韩启德总主编,少年儿童出版社,2016

《十万个为什么 电子与信息 第6版》,吴启迪主编,韩启德总主编,少年儿童出版社,2016

《十万个为什么 建筑与交通 第6版》,郑时龄主编,韩启德总主编,少年儿童出版社,2016

《十万个为什么 航空与航天 第6版》,欧阳自远主编,韩启德总主编,少年儿童出版社,2016

《十万个为什么 大脑与认知 第6版》,杨雄里主编,韩启德总主编,少年儿童出版社,2016

《十万个为什么 小学精选本》,韩启德主编,少年儿童出版社,2016

2018 年

《十万个为什么》,韩启德编,延边人民出版社,2018

2019 年

《科学传播自我育成方法学》,韩启德主编,中国财富出版社,2019

2020 年

《医学的温度》,韩启德著,商务印书馆,2020

期刊文献

2015 年

题词,韩启德,《基础医学教育》2015年第1期

九十载跌宕人生路 一代代厚德济世情,韩启德,《中国医学人文》2015年第1期

中国科协八届全国委员会第七次会议工作报告,韩启德,《科协论坛》2015年第1期

在中国科协会员日上的讲话,韩启德,《科技创新与品牌》2015年第1期

疾病危险因素控制、筛查与过度医疗,韩启德,《民主与科学》2015年第1期

国家治理现代化需要"理性化",韩启德,《民主与科学》2015年第2期

以改革创新精神积极进军科技创新和经济建设主战场,韩启德,《中国科技产业》2015年第2期

弘扬科学精神推动工作创新,韩启德,《民主与科学》2015年第3期

探索进城落户农民宅基地有偿退出机制,韩启德,《人民论坛》2015年第3期

韩启德:寻找宅基地有偿退出机制的切入点,韩启德,《中国房地产》2015年第4期

题词,韩启德,《生命科学》2015年第6期

新形势下统一战线的行动指南,韩启德,《中国统一战线》2015年第6期

中国老年医学发展的方向,韩启德,《中华老年医学杂志》2015年第7期

当前科普工作要充分发挥新媒体的作用,韩启德,《科技导报》2015年第13期

把脉辽宁——坚定改革驱动,韩启德,《东北之窗》2015年第19期

怀念彭书记,学习彭书记,韩启德,《中国医学人文评论》2015 年第 00 期

2016 年

努力凝聚党外知识分子共识,韩启德,《民主与科学》2016 年第 1 期

弘扬民主与科学精神,推进国家科学治理和发展,冯培恩,韩启德,《同舟共进》2016 年第 1 期

坚守传统抑或现代化——中医药学发展方向和路径探讨,韩启德,《民主与科学》2016 年第 1 期

积极参与政党协商用实际行动推动社会主义协商民主发展,韩启德,《中国统一战线》2016 年第 1 期

现代医学和中医药应该和而不同,韩启德,《民主与科学》2016 年第 1 期

韩启德:齐心协力集中发力,韩启德,《民主与科学》2016 年第 2 期

新型城镇化背景下社区治理与服务,韩启德,《民主与科学》2016 年第 3 期

在 2016 年全国学会工作会议和地方科协工作会议上的讲话,韩启德,《科协论坛》2016 年第 3 期

对当前发展中医药的几点建议,韩启德,《紫光阁》2016 年第 3 期

拥抱慕课,韩启德,《民主与科学》2016 年第 4 期

题词,韩启德,《基础医学教育》2016 年第 5 期

用更宽广的视角应对土壤问题,韩启德,《民主与科学》2016 年第 6 期

在中国科协九大上的工作报告,韩启德,《科协论坛》2016 年第 6 期

团结带领广大科技工作者为建设创新型国家、决胜全面建成小康社会创新争先、再立新功,韩启德,《科技导报》2016 年第 10 期

思想建党和制度建党的继续和深化,韩启德,《中国统一战线》2016 年第 11 期

争当医学引领者,韩启德,《中国科技奖励》2016 年第 12 期

脱贫攻坚举措要做实落地,韩启德,《人民论坛》2016 年第 33 期

2017 年

对癌症早发现、早诊断、早治疗方针的考量,韩启德,《医学与哲学(A)》2017 年第 1 期

守科学之道为生民立命——九三学社两会代表委员这样说,韩启德,《民主与科学》2017 年第 2 期

当代中国知识分子的楷模,韩启德,《民主与科学》2017 年第 2 期

吴阶平:一生追求做一名好医生,韩启德,《中国统一战线》2017 年第 2 期

不忘医学初心 发展医学哲学——在"医学与人文高峰论坛"暨《医学与哲学》杂志第四届编委会第一次会议开幕式上的讲话,韩启德,《医学与哲学》2017 年第 2 期

题词,韩启德,《基础医学教育》2017 年第 4 期

医学是什么,韩启德,《民主与科学》2017 年第 4 期

脱贫攻坚是全面解决三农问题的好抓手,韩启德,《民主与科学》2017 年第 5 期

医学的使命与困惑,韩启德,《中华骨与关节外科杂志》2017 年第 6 期

九三学社如何参与"一带一路"建设,韩启德,《中国统一战线》2017 年第 6 期

责无旁贷做好党外知识分子工作,韩启德,《中国政协》2017 年第 7 期

怎么有利于人民健康就怎么办,韩启德,《药物与人》2017 年第 9 期

中国的发展不能以牺牲生态环境为代价,韩启德,《当代县域经济》2017 年第 10 期

韩启德:中国社会对安宁疗护需求巨大,目前远未得到满足,韩启德,《健康管理》2017 年第 10 期

为建设科技强国建功立业,韩启德,《中国统一战线》2017 年第 11 期

韩启德院士祝贺《中国心理卫生杂志》创刊 **30** 周年题词,韩启德,《中国心理卫生杂志》2017 年第 12 期

民主党派参政议政"四要",韩启德,《人民论坛》2017 年第 20 期

医生既要治病,也要医心,韩启德,《新湘评论》2017 年第 24 期

2018 年

肩负起光荣使命建设好新时代中国特色社会主义参政党,韩启德,《中央社会主义学院学报》2018 年第 1 期

题词,韩启德,《中国医学人文》2018 年第 6 期

叙事医学让医学人文走向临床,韩启德,《中国医学人文》2018 年第 9 期

精准医学时代的生命伦理学,韩启德,《中国医学伦理学》2018 年第 9 期

中西方科学文化的异同,韩启德,《今日科苑》2018 年第 10 期

韩启德作品,韩启德,《基础医学教育》2018 年第 11 期

医学的温度,韩启德,《中国医学伦理学》2018 年第 11 期

中西方科学文化的同与不同,韩启德,《领导月读》2018 年第 11 期

中国医学人文的特殊张力,韩启德,《精神文明导刊》2018 年第 12 期

2019 年

对现代医学的几点反思,唐金陵,韩启德,《医学与哲学》2019 年第 1 期

出生、衰老与死亡的叙事及其意义——在北京大学医学人文国际会议开幕式上的讲话,韩启德,《中国医学伦理学》2019 年第 2 期

行胜于言,韩启德,《叙事医学》2019 年第 4 期

用行动阐释医学人文精神,韩启德,《中国医学人文》2019 年第 6 期

加强医学人文需要学术支撑,韩启德,《中国医学伦理学》2019 年第 7 期

科学与文明之问,韩启德,《发现》2019 年第 11 期

韩启德题词,韩启德,《基础医学教育》2019 年第 12 期

从中国医药卫生体制改革中可以学到什么? 孟庆跃,A. Mills,王陇德,韩启德,《英国医学杂志(中文版)》2019 年第 12 期

科学的担当,潘建伟,饶毅,韩启德,《留学生》2019 年第 17 期

科技是人类文明的一把双刃剑,韩启德,《中国战略新兴产业》2019 年第 23 期

2020 年

如何让医学变得温暖,韩启德,《中国医学人文》2021 年第 1 期

科技发展与人类文明,韩启德,《科技导报》2020 年第 1 期

实现"两个一百年"奋斗目标中的大学使命与责任,韩启德,《大学与学科》2020 年第 1 期

疫情呼唤加强科学文化建设,韩启德,《医院与医学》2020 年第 2 期

科学与文明之问,韩启德,《科学中国人》2020 年第 2 期

是什么决定学科交叉研究成败,韩启德,《中国科技奖励》2020 年第 5 期

医学的温度,韩启德,《人生与伴侣(下半月版)》2020 年第 12 期

贺词,韩启德,《基础医学教育》2020 年第 12 期

漫谈学科交叉,韩启德,《中华医学信息导报》2020 年第 18 期

报纸文献

2015 年

多党合作发展史上承前启后的里程碑,韩启德,《人民政协报》2015-05-15

迎接统一战线的新春天,韩启德,《团结报》2015-05-30

新形势下统一战线的行动指南,韩启德,《光明日报》2015-06-03

我们这代人的青春记忆,韩启德,《光明日报》2015-07-16

勤于思考　勇于创新　重在实践,韩启德,《人民政协报》2015-10-21

忠诚战士光辉典范——纪念孙承佩同志诞辰 100 周年,韩启德,《光明日报》2015-12-28

2016 年

关于当前发展中医药的几点看法和建议,韩启德,《光明日报》2016-01-11

回望复兴之路　共绘发展蓝图,韩启德,《人民政协报》2016-01-14

用实际行动推动社会主义协商民主发展,韩启德,《团结报》2016-02-02

在国际生物多样性日暨中国自然保护区发展六十周年大会上的讲话,韩启德,《中国环境报》2016-05-26

坚定不移走中国特色社会主义群团发展道路,团结带领广大科技工作者为决胜全面建成小康社会、建设世界科技强国而奋斗——在中国科协第九次全国代表大会上的工作报告(简本),韩启德,《中国科学报》2016-06-03

2017 年

敢于担当　主动作为,韩启德,《团结报》2017-05-09

医学是什么,韩启德,《健康报》2017-08-12

全国政协副主席韩启德在 2017 世界华人医师协会年会暨论坛召开之际发来贺信,韩启德,《医师报》2017-09-02

病人最需要的是关爱和照护,韩启德,《人民政协报》2017-09-27

对待肿瘤中西医应平等对话,韩启德,《中国中医药报》2017-10-26

在履职尽责中展现新气象新作为,韩启德,《团结报》2017-11-11

做实民主监督　助力脱贫攻坚,韩启德,《团结报》2017-11-30

坚实的步履,韩启德,《团结报》2017-12-02

2018 年

"说"与"画"相得益彰的一部科普佳作,韩启德,《科普时报》2018-05-25

审视医学技术的发展方向,韩启德,《健康报》2018-06-19

中国医学人文的特殊张力,韩启德,《解放日报》2018-08-31

对话韩启德:叙事医学的起点和终点,韩启德,郭莉萍,《健康报》2018-09-29

医学的温度,韩启德,《健康报》2018-10-12;《人民政协报》2018-10-17

2019 年

死亡的哲学洞悉,韩启德,《中华读书报》2019-05-15

科学文化首先要在学理上站得住,韩启德,《中国科学报》2019-05-17

书中每位医生的共同之处是用心行医,韩启德,中新社,《健康报》2019-05-31

《三代科学人》:真实的力量,韩启德,《科普时报》2019-07-05

真实的力量,韩启德,《人民日报》2019-08-23

致敬赛先生百年:科学的担当,潘建伟,饶毅,韩启德,《科普时报》2019-08-23

"共和国脊梁"的故事,韩启德,《光明日报》2019-10-09

2020 年

中国医生与医患关系,韩启德,《中国科学报》2020-04-16

是什么决定学科交叉的成败,韩启德,《中国科学报》2020-05-18

学科交叉是科学的题中应有之义,韩启德,《新华日报》2020-05-20

疫情呼唤加强科学文化建设,韩启德,《中国科学报》2020-06-05;《健康报》2020-06-12

是什么决定学科交叉的成败,韩启德,《上海科技报》2020-06-26

时时不可忘记,医学是有温度的,韩启德,《解放日报》2020-11-14

医学的温度(序与跋),韩启德,《人民日报》2020-11-17;《新华书目报》2020-12-03

医学是人学　医道重温度,中国科学院院士韩启德,《健康报》2020-11-24

(二)对韩启德院士的介绍与研究文献目录

期刊文献

2015 年

中国科协八届七次全委会在京召开李源潮与委员座谈韩启德作工作报告,蒋向利,《中国科技产业》2015年第 1 期

全国政协副主席韩启德接见郑州科技学院董事长刘文魁,李予新,《中国民办教育》2015 年第 5 期

李源潮韩启德分别参观成果展示,《科技创新与品牌》2015 年第 6 期

韩启德与大学生见面会举行,《科技创新与品牌》2015 年第 6 期

第十七届中国科协年会韩启德与大学生见面会举行,本刊编辑部,《科技创新与品牌》2015 年第 6 期

韩启德主席与广东大学生见面会举行,中国科协办公厅,中国科协信息中心,《学会》2015 年第 6 期;《科协论坛》2015 年第 6 期

第一届创新科技成果交流会李源潮韩启德分别参观成果展示,本刊编辑部,《科技创新与品牌》2015 年第 6 期

韩启德带队在豫调研——为"推动安宁疗护发展"建言献策,王行宾,《协商论坛》2015 年第 8 期

全国人大常委会副委员长、九三学社中央主席、中国科学技术协会主席、北京大学医学部主任韩启德教授题词,《基础医学教育》2015 年第 8 期

韩启德会见日本学术会议代表团并签署合作备忘录,《科协论坛》2015 年第 9 期

继往开来谱新篇——专访全国政协副主席、九三学社中央主席韩启德,成琳,《中国统一战线》2015 年第 9 期

重读"当代医学名家经典手术"——对话全国政协副主席、中国科学院院士韩启德,王丽,畅婉洁,《民生周刊》2015 年第 11 期

中国老科协有鲜明特色和独特优势——中国科协主席韩启德在中国老科协第六次全国会员代表大会开

幕式上的讲话,《今日科苑》2015 年第 10 期

全国政协副主席韩启德走访国土资源部,李响,《国土资源通讯》2015 年第 22 期

中国科学技术协会主席韩启德在 2015 世界机器人大会开幕式上的主持辞(节录),《科技导报》2015 年第 23 期

2016 年

全国政协副主席、九三学社中央主席韩启德为王选纪念陈列室"创新历程厅"揭幕并讲话等,本刊编辑部,《民主与科学》2016 年第 2 期

全国政协副主席、中华医学会名誉会长韩启德在中华医学会第 25 次全国会员代表大会上的讲话,《中华医学信息导报》2016 年第 2 期

全国政协副主席、九三学社中央主席、中国科协主席、英才计划专家咨询委员会名誉主任韩启德出席"英才计划 2015 年度工作总结会"并讲话,《民主与科学》2016 年第 2 期

重视对慢性病防治技术的反思和人文把控 韩启德院士主持的慢性病防治反思座谈会于北京召开,杨阳,于磊,《医学与哲学(A)》2016 年第 2 期

韩启德担任中国科协名誉主席 潘建伟当选副主席,《民主与科学》2016 年第 3 期

万钢当选中国科协新一届主席 韩启德担任名誉主席,《中文信息学报》2016 年第 3 期

韩启德走访民主与科学杂志社,本刊讯,《民主与科学》2016 年第 4 期

韩启德出席第三轮"九攀合作"协议签字仪式,《民主与科学》2016 年第 4 期

社中央领导出席庆祝建党 95 周年大会 韩启德寄语中国共产党成立 95 周年,《民主与科学》2016 年第 4 期

韩启德在党外人士座谈会上建言抓好中央决策部署落实,《民主与科学》2016 年第 4 期

韩启德在政协调研协商座谈会上建言加强社区治理与服务,《民主与科学》2016 年第 5 期

韩启德谈脱贫攻坚民主监督工作,《民主与科学》2016 年第 5 期

韩启德致信严俊祝贺 FAST 落成启用,《民主与科学》2016 年第 5 期

韩启德带队赴陕开展脱贫攻坚民主监督,《民主与科学》2016 年第 5 期

韩启德主席在中国科协九大上的工作报告,《学会》2016 年第 6 期

韩启德赴贵州威宁考察教育扶贫,本刊编辑部,《民主与科学》2016 年第 6 期

韩启德在京主持召开医保改革调研座谈会,《民主与科学》2016 年第 6 期

韩启德出席 2016 年吴阶平医学奖颁奖仪式,《民主与科学》2016 年第 6 期

全国人大常委会副委员长、九三学社中央主席、中国科学技术协会主席、北京大学医学部主任韩启德教授题词,《基础医学教育》2016 年第 6 期

韩启德:资源型城市可持续发展关系全面小康,卢锦根,《当代县域经济》2016 年第 8 期

韩启德率团赴香港工作访问,《科技导报》2016 年第 9 期

脱贫攻坚举措要做实落地——韩启德,《人民论坛》2016 年第 11 期

万钢当选中国科协新任主席,韩启德担任名誉主席,《科技导报》2016 年第 11 期

丝绸古道的"一带一路"新梦想——韩启德新疆考察纪实,杨琴冬子,《中国统一战线》2016 年第 12 期

全国政协第 111 期干部培训班开班韩启德出席,《中国政协》2016 年第 14 期

全国政协举行提案办理协商会韩启德出席并讲话,《中国政协》2016 年第 17 期

为"一带一路"出心出力——全国政协副主席、九三学社中央主席韩启德新疆考察纪实,杨琴冬子,《中国

政协》2016 年第 20 期

2017 年

韩启德院士、樊代明院士、李路平副局长与学者的对话:健康中国·慢性病·医学·人文,《医学与哲学(A)》2017 年第 1 期

韩启德在京调研互联网家政服务业,本刊编辑部,《民主与科学》2017 年第 2 期

韩启德在脱贫攻坚民主监督工作座谈会上建言,本刊编辑部,《民主与科学》2017 年第 2 期

韩启德赴宁夏调研"互联网+医疗"课题,本刊编辑部,《民主与科学》2017 年第 3 期

韩启德率队赴临沂调研白内障防治精准扶贫工作及创新医疗资源整合新模式,本刊编辑部,《民主与科学》2017 年第 3 期

韩启德在湖州调研"促进科技型中小微企业创新发展"课题,本刊编辑部,《民主与科学》2017 年第 3 期

九三学社中央主席韩启德:凝心聚力责无旁贷,《中国统一战线》2017 年第 4 期

首届全国老科技工作者书画摄影展开幕韩启德、陈至立同志出席,胡末,《今日科苑》2017 年第 6 期

全国政协副主席韩启德赴青海珠峰虫草药业集团调研,《紫光阁》2017 年第 8 期

全国政协副主席、九三学社中央主席、中国科学院院士韩启德:中国的发展不能以牺牲生态环境为代价,《当代县域经济》2017 年第 10 期

2018 年

韩启德出席英才计划工作总结会暨专家咨询委员会会议,《科协论坛》2018 年第 1 期

韩启德出席英才计划工作总结会暨专家咨询委员会会议、第二届英才论坛,《中国科技教育》2018 年第 2 期

韩启德主席率采集工程研究团队访谈体细胞克隆猴研究团队,王慧斌,《今日科苑》2018 年第 3 期

看病 5 分钟病人成了流水线上的零件——韩启德院士与张雁灵会长一次关于人文医学的非正式对话,张艳萍,《中国医学人文》2018 年第 6 期

全国人大常委会原副委员长、全国政协原副主席韩启德:医学首先是人学,医道首先是温度,畅婉洁,《民生周刊》2018 年第 20 期

2020 年

韩启德:科技史研究重在揭示规律指导当今,刘莉,《科技传播》2020 年第 23 期

报纸文献

2015 年

全国政协副主席韩启德到丰台新发地小学调研,杨君,《北京青年报》2015-04-09

韩启德肯定团结侨界贡献,《澳门日报》2015-04-22

全国政协副主席韩启德来校考察并肯定九三骨干培训班,《中国人民大学校报》2015-05-05

韩启德来铜调研——谢小军赖明等参加赵韩宋国权倪玉平古亚伟单向前等陪同,壹柯,汪伟,《铜陵日报》2015-05-13

全国政协副主席韩启德来我校调研,《中国科大报》2015-05-15

张宝顺王学军会见韩启德——王明方参加,《安徽日报》2015-05-15

韩启德说科普:中国科学家缺位,刘垠,操秀英,《科技日报》2015-05-24

韩启德(中国科协主席):科普应充分发挥新媒体作用,杨舒,《光明日报》2015-05-25

韩启德:科普应充分发挥新媒体作用,杨舒,《科学导报》2015-05-26

韩启德说,反对学术不端,要像反腐败一样,首先要让学者——不敢有 不能有 不想有,黄哲雯,《工人日报》2015-05-29

谈起科幻影片《星际穿越》在中国热播,并以围绕其在微信朋友圈广泛传播的科普文章为例,韩启德有点失望地说:"我们该出手时没有出手",黄哲雯,《工人日报》2015-05-29

韩启德:承认一国 依法治港,香港《文汇报》2015-06-12

全国政协副主席、中国科协主席韩启德等领导参观指导我校"挑战杯"作品——我校在"挑战杯"省赛中荣获七项特等奖并捧得"优胜杯",《暨南大学》2015-06-15

韩启德访问柬埔寨,《人民政协报》2015-06-29

韩启德访问马来西亚,《人民政协报》2015-06-30

全国政协副主席、和裁会会长韩启德访问马来西亚,《人民日报》2015-06-30

全国政协副主席、和裁会会长韩启德访问印尼,《人民日报》2015-07-04

高广滨会见韩启德,孔非,《长春日报》2015-07-29

与韩启德主席面对面——来自九三学社首届全国青年论坛的现场报道,《团结报》2015-08-04

刘云山韩启德致函祝贺,《澳门日报》2015-08-23

梁振英晤韩启德副主席,香港《文汇报》2015-08-23

韩启德郝平赞曾宪梓捐资兴教,香港《文汇报》2015-08-28

全国政协副主席韩启德率调研组一行来我市调研,《鄂尔多斯日报》2015-09-12

全国政协副主席韩启德一行在我县开展专题调研,《托克托报》2015-09-18

韩启德谈"论文被撤事件",《文摘报》2015-09-22

韩启德会见蒙古国客人,《人民政协报》2015-09-30

韩启德向陈化兰发来贺信,《黑龙江日报》2015-10-17

韩启德率全国政协提案委员会走访国土资源部,谢靓,《人民政协报》2015-11-21

我校机器人产品亮相世界机器人大会李源潮刘延东韩启德参观我校展区,《哈工大报》2015-11-30

全国政协副主席韩启德视察我县经济社会发展情况,《今日桐庐》2015-12-06

韩启德对青年工作提三点要求,《团结报》2015-12-10

韩启德:参政党要善于提建议,香港《文汇报》2015-12-17

2016 年

尤权于伟国会见全国政协副主席韩启德,胡斌,《福建日报》2016-02-17

全国政协副主席韩启德莅临我市调研医改工作,《三明日报》2016-02-19

王学军李锦斌会见韩启德——王明方参加,《安徽日报》2016-02-24

全国政协副主席韩启德来马调研医改工作——童怀伟曹国强张晓麟李群等陪同,《马鞍山日报》2016-02-26

全国政协副主席韩启德来皖调研——王明方主持召开座谈会,《安徽日报》2016-02-26

韩启德率全国政协调研组在苏调研,吕巍,《人民政协报》2016-03-19

全国政协副主席韩启德来镇调研医改工作——范燕青夏锦文朱晓明等陪同调研或参加座谈,《镇江日报》

2016-03-20

全国政协副主席韩启德一行来我县调研——范燕青王荣平李驰葛启发马成志陈平薛盛堂等陪同,《建湖日报》2016-03-21

全国政协副主席韩启德来丰调研——范燕青王荣平李驰倪峰等陪同,《大丰日报》2016-03-22

全国政协副主席韩启德考察珠海希望珠海为全国社区服务业发展提供更多先进经验,《珠海特区报》2016-03-30

香港海学联成立十周年韩启德冀更加奋发有为,《濠江日报》2016-04-11

全国政协副主席韩启德王家瑞肯定邮政服务地方经济社会发展,宋悦,蔡菡,高扬,《中国邮政报》2016-04-30

韩启德考察柯桥区旅游业,《柯桥日报》2016-05-04

韩启德来长宁调研基层社会治理,陈容超,《长宁时报》2016-05-17

韩启德访问保加利亚,《人民日报》2016-06-18

韩启德访问罗马尼亚,《人民日报》2016-06-23

韩启德说"体检无意义"? 张雨,《医师报》2016-07-21

韩启德来绍考察——参加高等教育和有关项目研讨会,张科勇,陈浩,《绍兴日报》2016-08-14

韩启德率九三学社中央调研组对陕西开展脱贫攻坚民主监督——胡和平主持座谈会韩勇前往住地看望,《陕西日报》2016-08-21

韩启德率九三学社中央调研组对陕西开展脱贫攻坚民主监督,唐冰,《各界导报》2016-08-23

韩启德出席相关活动,《团结报》2016-09-15

韩启德优化参政议政选题提高参政议政质量,香港《文汇报》2016-10-27

韩启德率全国政协提案委部分委员和提案者代表走访国家卫计委,《人民政协报》2016-11-04

韩启德:不应提倡普遍性癌症筛查——提醒医学界重视筛查的负面效应,减少治疗中的轻率举措,李阳和,孟小捷,吴卫红,胡莉莉,《健康报》2016-11-07

韩启德:健康人不宜普遍癌症筛查,武冬秋,《医师报》2016-11-10

韩启德:以提案办理推进事业发展,叶龙杰,《健康报》2016-11-10

韩启德出席会议并讲话,《团结报》2016-11-15

全国政协副主席韩启德赴我省调研教育和脱贫攻坚工作,谢朝政,《贵州日报》2016-11-17

全国政协副主席、九三学社中央主席韩启德到我市考察,韩贤普,《毕节日报》2016-11-18

启德在威宁考察调研纪录,何欢,《威宁每日新闻》2016-11-21

全国政协副主席韩启德赴我省调研教育和脱贫攻坚工作剪影,《贵州政协报》2016-11-22

韩启德脱贫要不急不躁不怠,香港《文汇报》2016-11-24

韩启德、郝平看望屠呦呦,《北京大学校报》2016-12-25

2017 年

韩启德:高血压防治有我国特色,董杰,宋箐,《医师报》2017-01-12

韩启德在九三学社十三届十八次中常委会上指出——知识分子要讲政治放宽视野,《团结报》2017-03-14

全国政协副主席、九三学社中央主席韩启德在京听取我市工作汇报——张剡作汇报,《攀枝花日报》2017-03-14

陈豪阮成发拜会韩启德——李卫红罗正富参加,《云南日报》2017-04-11

韩启德率全国政协教科文卫体委员会调研组到我州调研,魏道俊,《红河日报》2017-04-14

全国政协副主席韩启德来黄调研,《黄石日报》2017-04-15

韩启德率全国政协调研组到我州调研校园餐食管理工作——罗正富吴长昆黎家松等陪同调研,《文山日报》2017-04-17

李建华拜会韩启德,《宁夏日报》2017-04-23

全国政协副主席韩启德来固调研改进校园餐食管理工作,《固原日报》2017-04-26

韩启德院士、袁明教授出席我校建设发展座谈会,《绍兴文理学院报》2017-05-05

韩启德率组来湖州调研"促进科技型中小微企业创新发展",黄君,《湖州日报》2017-05-06

韩启德率调研组来我市考察,《嘉兴日报》2017-05-07

韩启德来德调研促企创新发展工作,何水根,程昊,《德清新闻》2017-05-08

全国政协副主席九三学社中央主席韩启德来我市考察调研——丛斌徐国权等参加王随莲赵家军林峰海徐涛等陪同,柏建波,英子,《临沂日报》2017-05-26

全国政协副主席韩启德的贺信,《华中科技大学周报》2017-05-29

全国政协副主席韩启德在青调研,《西宁晚报》2017-06-11

全国政协副主席韩启德发来贺信北大首钢医院安宁疗护中心正式启动——国家卫生计生委副主任马晓伟等领导参加安宁疗护中心启动会暨京西安宁疗护学术论坛会,乔智玮,吴憬,《首钢日报》2017-06-14

韩启德:健康产业发展要让人民有获得感,香港《文汇报》2017-06-15

全国政协副主席、九三学社中央主席韩启德到顺义调研,郑彧淼,《顺义时讯》2017-07-20

韩启德:以更加开阔视野看待能源改革,香港《文汇报》2017-07-27

韩启德致信祝贺程开甲荣获"八一勋章",《团结报》2017-08-03

九三学社中央第十三次科学座谈会在蓉召开　韩启德讲话,《四川日报》2017-09-12

韩启德感叹:三个没想到,张广有,《医师报》2017-09-14

韩启德:望华人医师积极参与"一带一路"工程,宗俊琳,熊文爽,《医师报》2017-09-28

九三学社中央主席韩启德,《团结报》2017-10-19

韩启德:原汁原味学习十九大报告,香港《文汇报》2017-11-16

韩启德会见教育部一行——就民族地区教育发展问题进行座谈,《团结报》2017-11-18

全国政协副主席韩启德到医学院视察工作,《上海交大报》2017-12-04

全国政协副主席韩启德考察中国科大,《中国科大报》2017-12-25

韩启德院士作"科学与社会"研讨课主题报告,《中国科大报》2017-12-25

2018 年

韩启德对旺苍县脱贫攻坚作出肯定性批示,《广元日报》2018-01-04

韩启德访问印度,《人民日报》2018-02-04

韩启德访问斯里兰卡,《人民日报》2018-02-07

全国政协副主席、和裁会会长韩启德访问泰国,《人民日报》2018-02-10

韩启德:死亡我准备好了,《北京晨报》2018-04-14

对话韩启德:叙事医学的起点和终点,韩启德,郭莉萍,《健康报》2018-09-29

十二届全国政协副主席中科院院士韩启德来校视察,《宁波大学报》2018-11-10

韩启德:医疗技术的发展不能忽视伦理和法律,金波,《新民晚报》2018-11-28

宁大原创音乐剧《牵手》获韩启德院士等领导、专家点赞,《宁波大学报》2018-12-20

2019 年

韩启德:从我做起,为中国科学文化建设尽一份力,李芸,胡珉琦,《中国科学报》2019-04-26

韩启德:科学如何迎来"突破期",《江苏科技报》2019-12-13

2020 年

韩启德:关于科学,需要认真思考的 12 个问题,《江苏科技报》2020-01-08

韩启德:在学科交叉中实现颠覆性创新,张雪梅,韩明月,中新社,《健康报》2020-05-16

韩启德来江北考察慈城古县城——充分利用现有资源优势推动各项事业繁荣发展,陈冰曲,《新江北》2020-05-18

韩启德:宁大要树立国家、世界的格局和视野,《宁波大学报》2020-05-20

韩启德医患矛盾是医学进步和社会发展的"必然",胡珉琦,《中国科学报》2020-08-20

全国人大常委会原副委员长、全国政协原副主席、九三学社原中央主席、中国科学院院士韩启德来我校调研,《东南大学报》2020-10-10

韩启德一行来我校调研,李嘉豪,《南京大学报》2020-10-20

科学也应注重历史——韩启德谈科学技术史研究,王菡娟,《人民政协报》2020-11-19

韩启德院士新书《医学的温度》发布,《北京大学校报》2020-11-25

韩启德:科学传播关乎人类未来,《江苏科技报》2020-12-02

韩启德:科技史研究重在揭示规律指导当今,刘莉,《科技日报》2020-11-16

中国科协名誉主席韩启德:不要为发文章而写文章,邱晨辉,《中国青年报》2020-11-17

韩启德院士:促进公众理解科学是科技工作者的责任,张盖伦,《科技日报》2020-11-27

韩启德院士做客北航大讲堂讲述科学技术与全民健康,《北航校报》2020-12-01

戚正武(1999 年当选中国科学院院士)

戚正武(1932 年 4 月 10 日——   ),生物化学家,浙江鄞县人,中国科学院上海生命科学研究院研究员。

戚正武院士长期从事蛋白质、活性多肽,尤其是蛋白酶及其抑制剂的研究。他系统研究了三种不同家族蛋白酶抑制剂的结构与功能,其中慈菇抑制剂为首先发现的新抑制剂家族,较其他抑制剂更有利于在转基因植物中用于生物虫害防治;此外,他还协作克隆了凝血因子 FVIII 及 vWF 的全 cDNA,并进行了表达。

1999 年当选为中国科学院院士;2002 年当选为第三世界科学院院士。

(一)戚正武院士的各类文献目录

著作文献

《中国南海新型芋螺毒素的克隆、纯化、结构和功能研究》,彭灿,戚正武著,伍江总主编,同济大学出版社,2019

报纸文献

先道德后文章,重创新轻浮躁,戚正武,黄海华,《解放日报》2019-07-07

专利信息

一种蚯蚓多肽、其编码序列及其应用,发明人:季军捷,徐少琼,李振,朱洪,张勇,郑翠玲,单辉,刘小龙,周海洋,周元聪,戚正武,申请号:201510039295.8,申请日期:2015-01-26

芋螺毒素 αD-GeXXA 的基因、多肽及其应用,发明人:王春光,丁建平,大卫·亚当,戚正武,徐少琼,张天龙,希瓦·康佩拉,闫梦迪,吕爱平,汪燕芳,邵晓霞,申请号:201510426788.7,申请日期:2015-07-20

一种马铃薯粉的加工方法,发明人:戚正武,申请号:201710341329.8,申请日期:2017-05-16

(二)对戚正武院士的介绍与研究文献目录

报纸文献

戚正武:蛋白酶抑制剂研究的领跑者——本报上海专访鄞籍生物化学家、中科院院士,《鄞州日报》2019-01-22

童坦君(2005 年当选中国科学院院士)

童坦君(1934 年 8 月 15 日—2022 年 12 月 25 日),生物化学家、老年基础医学家,浙江慈溪人,北京大学医学部教授,中国老年学会衰老与抗衰老科学委员会副主任委员,中国老年保健医学研究会常务理事,中国癌症研究基金会学术委员。

童坦君主要从事细胞衰老的分子机理研究,率先将细胞生物学与分子生物学理念和技术引入我国老年医学基础研究,创建了估算人类细胞"年龄"的基因水平生物学指征,建立了一套国际承认的评估细胞衰老定量指标,可用于衰老理论研究和药物抗衰效果评价;曾获国家科技进步奖二等奖。

2005 年当选为中国科学院院士。

(一)童坦君院士的各类文献目录

著作文献

《童坦君院士集》,童坦君主编,人民军医出版社,2014

期刊文献

人为什么会老,童坦君,张宗玉,《健康指南(医疗保健服务)》2015 年第 6 期

"防患于未患、治病于未病"实现健康老龄化,孙雪峰,童坦君,谭铮,白小涓,高友鹤,《科技纵览》2017 年第 7 期

Sirtuins 家族与肿瘤发生,韩丽敏,童坦君,《老年医学与保健》2018 年第 6 期

细胞衰老与肿瘤治疗,袁富文,童坦君,《生物化学与生物物理进展》2018 年第 5 期

缅怀我师刘思职院士,童坦君,《中国生物化学与分子生物学报》2019 年第 8 期

专利信息

2018

肝癌诊断的生物标志物及其试剂盒,发明人:韩丽敏,赵丽君,胡克新,童坦君,陈军,申请号:201811326444.9,申请日期:2018-11-08

4-羟基-2-亚甲基丁酸(5-甲酰基呋喃-2-甲)酯在制备肝癌治疗药物中的应用,发明人:韩丽敏,赵丽君,胡克新,童坦君,陈军,申请号:201811327401.2,申请日期:2018-11-08

2019 年

二甲基氨基含笑内酯在制备抗衰老药物上的应用,发明人:陈军,童坦君,孙兆猛,赵丽君,徐晨忠,宿元

元，梁瑶，李国栋，申请号：201910099827.5，申请日期：2019-01-31

（二）对童坦君院士的介绍与研究文献目录

著作文献

《与肿瘤相识　与衰老同行：童坦君传》，甄橙，胡云天，刘赫铮著，中国科学技术出版社，2021

期刊文献

创新细胞生物学研究揭示人类衰老奥秘——童坦君院士，张琼，《科技成果管理与研究》2016 年第 9 期

报纸文献

童坦君：君子坦荡厚积薄发　衰老世界探究引领，甄橙，《中国科学报》2017-12-18

王正敏(2005年当选中国科学院院士)

王正敏(1935年11月18日—　　),耳鼻咽喉—头颈外科专家,祖籍浙江鄞县,复旦大学教授,曾任复旦大学附属眼耳鼻喉科医院耳鼻喉科主任、卫生部听觉医学重点实验室主任等。

王正敏院士主要从事耳科、颅底外科和听觉等方面的临床、研究和教学工作,在中耳外科、耳神经外科和颅底外科以及国产人工耳蜗等方面取得了系统的重要研究成果,特别是在中耳炎鼓室成形术、耳硬化镫骨外科、周围性面瘫面神经重建手术、侧颅底肿瘤外科和恢复聋残人听力人工耳蜗等临床和科研方面取得了重要突破,开创了中国首例侧颅底手术;曾获国家科技进步奖。

2005年当选为中国科学院院士。

(一)王正敏院士的各类文献目录

著作文献

《Ballenger耳鼻咽喉头颈外科学　第17版》,(美)斯诺主编,李大庆主译,王正敏主审,人民卫生出版社,2012

期刊文献

2015年

面神经解剖和病理生理[耳显微外科2007版(四十四)],王正敏,《中国眼耳鼻喉科杂志》2015年第1期

内耳疾病诊治的不同认识,王正敏,《中国眼耳鼻喉科杂志》2015年第1期

新霉素致损小鼠听觉上皮后线粒体转录因子B1与毛细胞凋亡的关系,杨大志,王正敏,李华伟,白燕,《第三军医大学学报》2015年第2期

面神经麻痹的诊断[耳显微外科2007版(四十五)],王正敏,《中国眼耳鼻喉科杂志》2015年第2期

颅外伤面瘫[耳显微外科2007版(四十六)],王正敏,《中国眼耳鼻喉科杂志》2015年第3期

Bell面瘫[耳显微外科2007版(四十七)],王正敏,《中国眼耳鼻喉科杂志》2015年第4期

面神经近脑段失去的面瘫[耳显微外科2007版(四十八)],王正敏,《中国眼耳鼻喉科杂志》2015年第5期

长期面瘫和半面痉挛的治疗[耳显微外科2007版(四十九)],王正敏,《中国眼耳鼻喉科杂志》2015年第6期

慢性中耳炎免疫学研究和处理,王正敏,《中华医学信息导报》2015年第20期

2016年

关注聋的中枢听觉处理研究,王正敏,《中国眼耳鼻喉科杂志》2016年第1期

听神经瘤的概述与临床表现[耳显微外科 2007 版(五十)],王正敏,《中国眼耳鼻喉科杂志》2016 年第 1 期

听神经瘤的临床试验与检查[耳显微外科 2007 版(五十一)],王正敏,《中国眼耳鼻喉科杂志》2016 年第 2 期

听神经瘤的手术治疗——全迷路入路摘除术[耳显微外科 2007 版(五十二)],王正敏,《中国眼耳鼻喉科杂志》2016 年第 3 期

听神经瘤的手术治疗及并发症[耳显微外科 2007 版(五十三)],王正敏,《中国眼耳鼻喉科杂志》2016 年第 4 期

听神经瘤的立体定位放射治疗[耳显微外科 2007 版(五十四)],王正敏,《中国眼耳鼻喉科杂志》2016 年第 5 期

侧颅底肿瘤[耳显微外科 2007 版(五十五)],王正敏,《中国眼耳鼻喉科杂志》2016 年第 6 期

2017 年

耳鼻喉科与其交叉学科,王正敏,《中国眼耳鼻喉科杂志》2017 年第 1 期

侧颅底良性肿瘤手术[耳显微外科 2007 版(五十六)],王正敏,《中国眼耳鼻喉科杂志》2017 年第 1 期

侧颅底恶性肿瘤手术[耳显微外科 2007 版(五十七)],王正敏,《中国眼耳鼻喉科杂志》2017 年第 2 期

侧颅底神经血管区良性肿瘤手术[耳显微外科 2007 版(五十八)],王正敏,《中国眼耳鼻喉科杂志》2017 年第 3 期

岩尖和侧颅底外科的特殊问题及其处理(上)[耳显微外科 2007 版(五十九)],王正敏,《中国眼耳鼻喉科杂志》2017 年第 4 期

岩尖和侧颅底外科的特殊问题及其处理(下)[耳显微外科 2007 版(六十)],王正敏,《中国眼耳鼻喉科杂志》2017 年第 5 期

侧颅底外科纵览,王正敏,《复旦学报》(医学版)2017 年第 6 期

2018 年

耳鼻喉科与其临床工具,王正敏,《中国眼耳鼻喉科杂志》2018 年第 1 期

2019 年

颅底手术入路的选择和设计,王正敏,《中国眼耳鼻喉科杂志》2019 年第 1 期

专利信息

2018 年

扬声器的振动膜结构,发明人:王正敏,陈志,申请号:201821108982.6,申请日期:2018-07-12

扬声器及其声扩散器,发明人:王正敏,潘乐,金向锋,申请号:201820557129.6,申请日期:2018-04-19

2019 年

人工耳蜗植入体,发明人:李树峰,王正敏,李华伟,申请号:201910184298.9,申请日期:2019-03-12

(二)对王正敏院士的介绍与研究文献目录

期刊文献

坚持价值重要性的追求:评《文汇报》"王正敏案"深度调查报道,陈保平,《新闻记者》2015 年第 9 期

报纸文献

2015 年

王正敏院士鄞州开讲耳显微外科前沿技术,《科技金融时报》2015-05-19

2017 年

中科院院士王正敏告学生侵权部分获支持——曾被自己学生举报申请院士论文造假　法院:举报造假不侵权　发布转载含侮辱等言辞文章侵权,《法制晚报》2017-02-24

中科院院士王正敏告学生侵权部分获支持,《现代快报》2017-02-25

2018 年

王正敏院士工作站落户李惠利医院,《鄞州日报》2018-09-20

王正敏院士工作站昨揭牌,《宁波晚报》2018-09-20

王正敏院士工作站启动,《云南日报》2018-12-20

侯凡凡（2009 年当选中国科学院院士）

　　侯凡凡（1950 年 10 月—　　）女，内科学家，浙江宁波人，南方医科大学南方医院主任医师、教授，中国人民解放军肾脏病研究所所长，国际 AGE 协研会执行委员，中华肾脏病学会常委。

　　侯凡凡院士长期从事防治慢性肾脏病的研究，创建了防止或延缓慢性肾脏病进展和防治其致死、致残并发症的临床新策略。其研究结果更新了慢性肾脏病的治疗方略，改善了慢性肾脏病的预后，延缓或减少了尿毒症的发生；曾获中华医学科技奖一等奖、国家科学技术进步奖二等奖等多项奖项，荣获全国三八红旗手标兵、全国优秀科技工作者等荣誉称号。

　　2009 年当选为中国科学院院士。

（一）侯凡凡院士的各类文献目录

著作文献

《侯凡凡院士集》，侯凡凡主编，人民军医出版社，2014

期刊文献

2015 年

急性肾损伤生物标志物的研究进展，梁敏，侯凡凡，《临床肾脏病杂志》2015 年第 1 期

糖尿病肾病：隐匿的健康杀手，侯凡凡，《家庭健康》2015 年第 6 期

侯凡凡："相"来的老公很称心，泓晓，侯凡凡，《妇女生活》2015 年第 8 期

2017 年

中国急性肾损伤的流行病学，侯凡凡，《中华医学信息导报》2017 年第 18 期

2020 年

经皮肾穿刺活检术前血液透析对急性肾损伤患者术后出血并发症的影响，李佳欣，蒋建平，杨培梁，杨小兵，侯凡凡，《中华肾脏病杂志》2020 年第 1 期

507 例 2 型糖尿病合并慢性肾脏病患者肾活检的临床病理特点，朱凤娟，罗姣，陈晓琼，杨少华，杨芳，贾楠，周秋根，侯凡凡，《中华肾脏病杂志》2020 年第 3 期

报纸文献

让生物标志物助力急性肾损伤早诊，杨小兵，侯凡凡，《健康报》2018-06-07

专利信息

2016 年

尿液中 MMP-7 作为肾脏纤维化和慢性肾脏病的生物标志物的用途，发明人：侯凡凡，刘友华，申请号：201610530955.7，申请日期：2016-07-07

灵芝内酯 D 及其药物组合物与其在制药和食品中的应用，发明人：程永现，侯凡凡，晏永明，艾军，申请号：201610642479.8，申请日期：2016-08-08

灵芝呋喃 A 及其药物组合物与其在制药和食品中的应用，发明人：程永现，侯凡凡，丁维益，艾军，王心龙，申请号：201610643162.6，申请日期：2016-08-08

2018 年

口服溶解草酸钙结石的组合物，发明人：张福建，侯凡凡，樊秋霞，申请号：201810564157.5，申请日期：2018-06-04

（二）对侯凡凡院士的介绍与研究文献目录

期刊文献

白衣天使侯凡凡，肖思思，《半月选读》2015 年第 2 期

尿血管紧张素原水平可早期预测急性肾损伤——南方医科大学南方医院肾内科主任、国家肾脏病临床医学研究中心主任侯凡凡院士谈急性心肾综合征风险预测最新进展，费菲，《中国医药科学》2016 年第 21 期

侯凡凡：最富和最穷的医者，洪芝杰，黄治才，宁习源，吴剑鹏，《名医》2018 年第 1 期

侯凡凡院士团队研究发现肾脏纤维化的抑制通路，王鹏，罗卫红，李晓姗，《家庭医学（下半月）》2018 年第 12 期

侯凡凡院士团队创建儿童急性肾损伤诊断新标准，宋亚波，《中华医学信息导报》2018 年第 16 期

报纸文献

2015 年

市二院肾内科"联姻"侯凡凡院士团队，周亦楣，彭蔼莹，帅菲斐，《晶报》2015-07-19

侯凡凡院士工作室揭牌，崔晶，《鄞州日报》2015-10-20

2016 年

侯凡凡院士公益号今日派出——明日"国医大师"禤国维为您解忧，王鹤，《广州日报》2016-03-01

2017 年

侯凡凡院士最新研究：补充叶酸可延缓慢性肾脏病进展，《健康时报》2017-01-06

中国科学院院士侯凡凡：慢性肾脏病是隐蔽杀手，《医学科学报》2017-07-10

2018 年

中科院院士侯凡凡：PM2-5 影响膜性肾病，何雪华，《广州日报》2018-04-23

金域医学携手侯凡凡院士团队助力肾病防控，徐春容，《健康报》2018-04-24

儿童急性肾损伤怎诊断？侯凡凡院士团队创标准，周洁莹，《广州日报》2018-08-20

侯凡凡院士团队创建儿童急性肾损伤诊断标准——对 1 岁以下幼儿，采用新标准可使 50% 的患儿避免

"过度诊断",郭静,温裕兴,魏彩云,黎超健,李晓姗,《广东科技报健康养生周刊》2018-08-28

侯凡凡院士团队入选国家外专局引智计划项目,郭静,魏彩云,温裕兴,黎超健,李晓姗,《广东科技报健康养生周刊》2018-09-04

侯凡凡院士团队治疗尿毒症有新突破,郭静,李晓姗,王鹏,罗卫红,《广东科技报健康养生周刊》2018-10-16

2019 年

钟南山、侯凡凡分享饮食养生经验,付怡,《羊城晚报》2019-05-18

中科院侯凡凡院士访问市妇儿中心医院,《成都日报》2019-09-03

张明杰(2011 年当选中国科学院院士)

张明杰(1966 年 9 月—),结构生物学家,浙江鄞县人,香港科技大学讲座教授,兼任中国科学技术大学生命科学学院院长。

张明杰院士提出了多结构域蛋白质中各结构域相互作用形成蛋白质超结构域的概念,发现了 PDZ 结构域与细胞膜上磷脂相互作用,并阐明了这些相互作用的功能意义;其调控神经细胞信号传递的蛋白质的结构和功能的研究成果,对于治疗神经系统衰退的疾病,如中风及老年痴呆症等有着极为重要的影响;曾获何梁何利基金科学与技术进步奖、国家自然科学奖等奖励。

2011 年当选为中国科学院院士;2015 年当选为港科院创院院士。

(一)张明杰院士的各类文献目录

期刊文献

1993 年

A peptide analog of the calmodulin-binding domain of myosin light chain kinase adopts an alpha-helical structure in aqueous trifluoroethanol,M. J. Zhang,T. Yuan,H. J. Vogel,Protein Science,1993(11)

Determination of the side chain pKa values of the lysine residues in calmodulin,M. J. Zhang,H. J. Vogel,The Journal of Biological Chemistry,1993(30)

1994 年

Characterization of the calmodulin-binding domain of rat cerebellar nitric oxide synthase,M. J. Zhang,H. J. Vogel,The Journal of Biological Chemistry,1994(2)

Nuclear magnetic resonance studies of the structure of B50/neuromodulin and its interaction with calmodulin,M. J. Zhang,H. J. Vogel,H. Zwiers,Biochemistry and Cell Biology-Biochimie Et Biologie Cellulaire,1994(3-4)

Two-dimensional NMR studies of selenomethionyl calmodulin,M. J. Zhang,H. J. Vogel,Journal of Molecular Biology,1994(4)

The calmodulin-binding domain of caldesmon binds to calmodulin in an alpha-helical conformation,M. J. Zhang,H. J. Vogel,Biochemistry,1994(5)

Reductive methylation and pKa determination of the lysine side chains in calbindin D9k,M. J. Zhang,E. Thulin,H. J. Vogel,Journal of Protein Chemistry,1994(6)

Characterization of trimethyllysine 115 in calmodulin by ^{14}N and ^{13}C NMR spectroscopy,M. J. Zhang,E. Huque,H. J. Vogel,The Journal of Biological Chemistry,1994(7)

The effect of Met—>Leu mutations on calmodulin's ability to activate cyclic nucleotide phosphodiesterase, M. J. Zhang, M. Li, J. H. Wang, H. J. Vogel, The Journal of Biological Chemistry, 1994(22)

Isotope-edited Fourier transform infrared spectroscopy studies of calmodulin's interaction with its target peptides, M. J. Zhang, H. Fabian, H. H. Mantsch, H. J. Vogel, Biochemistry, 1994(36)

1995 年

Protein engineering and NMR studies of calmodulin, H. J. Vogel, M. J. Zhang, Molecular and Cellular Biochemistry, 1995(1)

NMR studies of the methionine methyl groups in calmodulin, K. Siivari, M. J. Zhang, A. G. Palmer, H. J. Vogel, FEBS Letters, 1995(2-3)

Calcium-induced conformational transition revealed by the solution structure of apo calmodulin, M. J. Zhang, T. Tanaka, M. Ikura, Nature Structural & Molecular Biology, 1995(9)

Interaction of calmodulin with its binding domain of rat cerebellar nitric oxide synthase. A multinuclear NMR study, M. J. Zhang, T. Yuan, J. M. Aramini, H. J. Vogel, The Journal of Biological Chemistry, 1995(36)

1996 年

Lead-207 NMR: A novel probe for the study of calcium-binding proteins, J. M. Aramini, T. Hiraoki, M. Yazawa, T. Yuan, M. J. Zhang, H. J. Vogel, JBIC Journal of Biological Inorganic Chemistry, 1996(1)

Spectroscopic characterization of a high-affinity calmodulin-target peptide hybrid molecule, S. R. Martin, P. M. Bayley, S. E. Brown, T. Porumb, M. J. Zhang, M. Ikura, Biochemistry, 1996(11)

1997 年

Interaction of a partial calmodulin-binding domain of caldesmon with calmodulin, M. J. Zhang, H. J. Vogel, Protein and Peptide Letters, 1997(5)

Identification of Mg^{2+}-Binding Sites and the Role of Mg^{2+} on Target Recognition by Calmodulin[+], S. Y. Ohki, M. Ikura, M. J. Zhang, Biochemistry, 1997(14)

Cyclin-dependent kinase 5(Cdk5) activation domain of neuronal Cdk5 activator. Evidence of the existence of cyclin fold in neuronal Cdk5a activator, D. Tang, A. C. S. Chun, M. J. Zhang, J. H. Wang, The Journal of Biological Chemistry, 1997(19)

1998 年

Cloning and characterization of the gene encoding beta subunit of mitochondrial processing peptidase from the basidiomycete Lentinula edodes, M. J. Zhang, W. Xie, G. S. Leung, E. E. Deane, H. S. Kwan, Gene, 1998(1)

A Peptide corresponding to residues Asp177 to Asn208 of human cyclin a forms an α-Helix, J. S. Fan, H. C. Cheng, M. J. Zhang, Biochemical and Biophysical Research Communications, 1998(3)

Solution structure of a protein inhibitor of neuronal nitric oxidesynthase, H. Tochio, S. Ohki, Q. Zhang, M. Li, M. J. Zhang, Nature Structural Biology, 1998(11)

Protein inhibitor of neuronal nitric-oxide synthase, PIN, binds to a 17-amino acid residue fragment of the enzyme, J. S. Fan, Q. Zhang, M. Li, H. Tochio, T. Yamazaki, M. Shimizu, M. J. Zhang, The Journal of Biological Chemistry, 1998(50)

1999 年

Solution structure of the extended neuronal nitric oxide synthase PDZdomain complexed with an associated peptide，H. Tochio，Q. Zhang，P. K. Mandal，M. Li，M. J. Zhang，Nature Structural & Molecular Biology，1999(5)

Identification and structure characterization of a Cdk inhibitory peptide derived from neuronal-specific Cdk5 activator，K. T. Chin，S. Ohki，D. Tang，H. C. Cheng，J. H. Wang，M. J. Zhang，The Journal of Biological Chemistry，1999(11)

Apoptosis-linked gene product ALG-2 Is a new member of the calpain small subunit subfamily of Ca^{2+}-binding proteins[+]，K. W. -H. Lo，Q. Zhang，M. Li，M. J. Zhang，Biochemistry，1999(23)

2000 年

Solution structure and backbone dynamics of the second PDZ domain of postsynaptic density-95，H. Tochio，F. Hung，M. Li，D. S. Bredt，M. J. Zhang，Journal of Molecular Biology，2000(2)

Formation of nNOS/PSD-95 PDZ dimer requires a preformed β-finger structure from the nNOS PDZ domain，H. Tochio，Y. K. Mok，Q. Zhang，H. M. Kan，D. S. Bredt，M. J. Zhang，Journal of Molecular Biology，2000(3)

Formation of a native-like beta-hairpin finger structure of a peptide from the extended PDZ domain of neuronal nitric oxide synthase in aqueous solution，P. Wang，Q. Zhang，H. Tochio，J. S. Fan，M. J. Zhang，European Journal of Biochemistry / FEBS，2000(11)

Identification of a common protein association region in the neuronal Cdk5 activator，X. J. Wang，Y. P. Ching，W. H. Lam，Z. Qi，M. J. Zhang，J. H. Wang，The Journal of Biological Chemistry，2000(41)

2001 年

Structural basis of diverse sequence-dependent target recognition by the 8 kDa dynein light chain 11，J. S. Fan，Q. Zhang，H. Tochio，M. Li，M. J. Zhang，Journal of Molecular Biology，2001(1)

Identification of a potential HIV-induced source of bystander-mediated apoptosis in T cells: upregulation of trail in primary human macrophages by HIV-1 tat，M. J. Zhang，X. X. Li，X. W. Pang，L. Ding，O. Wood，K. Clouse，I. Hewlett，A. I. Dayton，Journal of Biomedical Science，2001(3)

Crystallization and preliminary crystallographic studies of an apoptosis-linked calcium-binding protein ALG-2，F. Wu，M. J. Zhang，W. M. Gong，Acta Crystallographica Section D，2001(8)

Expression and function of the *HSD*-3. 8 gene encoding a testis-specific protein，W. Lin，X. F. Zhou，M. J. Zhang，Y. Li，S. Y. Miao，L. F. Wang，S. D. Zong，S. S. Koide，Molecular Human Reproduction，2001(9)

The 8-kDa dynein light chain binds to its targets via a conserved (K/R)XTQT motif，K. W. -H. Lo，S. Naisbitt，J. S. Fan，M. Sheng，M. J. Zhang，The Journal of Biological Chemistry，2001(17)

Structure of Tctex-1 and its interaction with cytoplasmic dynein intermediate chain，Y. K. Mok，K. W. -H. Lo，M. J. Zhang，The Journal of Biological Chemistry，2001(17)

Interdomain chaperoning between PSD-95，Dlg，and Zo-1 (PDZ) domains of glutamate receptor-interacting proteins，Q. Zhang，J. S. Fan，M. J. Zhang，The Journal of Biological Chemistry，2001(46)

An autoinhibitory mechanism for nonsyntaxin SNARE proteins revealed by the structure of Ykt6p，H. Tochio，

M. M. K. Tsui, D. K. Banfield, M. J. Zhang, Science (New York, N. Y.), 2001(5530)

2002 年

Backbone dynamics of the 8 kDa dynein light chain dimer reveals molecular basis of the protein's functional diversity, J. S. Fan, Q. Zhang, H. Tochio, M. J. Zhang, Journal of Biomolecular NMR, 2002(2)

PDZ7 of glutamate receptor interacting protein binds to its target via a novel hydrophobic surface area, W. Feng, J. S. Fan, M. Jiang, Y. W. Shi, M. J. Zhang, The Journal of Biological Chemistry, 2002(43)

Binding of hsp90-associated immunophilins to cytoplasmic dynein: Direct binding and in vivo evidence that the peptidylprolyl isomerase domain is a dynein interaction domain, M. D. Galigniana, J. M. Harrell, P. J. M. Murphy, M. Chinkers, C. Radanyi, J. M. Renoir, M. J. Zhang, W. B. Pratt, Biochemistry, 2002(46)

2003 年

Supramodular structure and synergistic target binding of the N-terminal tandem PDZ domains of PSD-95, J. F. Long, H. Tochio, P. Wang, J. S. Fan, C. Sala, M. Niethammer, M. Sheng, M. J. Zhang, Journal of Molecular Biology, 2003(1)

Macrocyclization in the design of tetra-peptide mimetics that display potent inhibition of GRB2 SH2 domain binding in whole cell systems, T. R. Burke, Z. D. Shi, C. Q. Wei, X. Wang, K. Lee, H. Liu, M. L. Zhang, J. Vasselli, W. M. Linehan, D. Yang, Biopolymers, 2003(1)

Signaling complex organization by PDZ domain proteins, J. S. Fan, M. J. Zhang, Neurosignals, 2003(6)

Organization of signaling complexes by PDZ-domain scaffold proteins, M. J. Zhang, W. N. Wang, Accounts of Chemical Research, 2003(7)

Tandem PDZ repeats in glutamate receptor-interacting proteins have a novel mode of PDZ domain-mediated target binding, W. Feng, Y. W. Shi, M. Li, M. J. Zhang, Nature Structural Biology, 2003(11)

The effect of the EAAEAE insert on the property of human metallothionein-3, Q. Zheng, W. M. Yang, W. H. Yu, B. Cai, X. C. Teng, Y. Xie, H. Z. Sun, M. J. Zhang, Z. X. Huang, Protein Engineering, 2003(12)

Synaptic PDZ domain-mediated protein interactions are disrupted by inhalational anesthetics, M. Fang, Y. X. Tao, F. H. He, M. J. Zhang, C. F. Levine, P. Z. Mao, F. Tao, C. L. Chou, S. Sadegh-Nasseri, R. A. Johns, The Journal of Biological Chemistry, 2003(38)

Structure of the monomeric 8-kDa dynein light chain and mechanism of the domain-swapped dimer assembly, W. N. Wang, K. W.-H. Lo, H. M. Kan, J. S. Fan, M. J. Zhang, The Journal of Biological Chemistry, 2003(42)

2004 年

Flavonoids from Radix Scutellariae as potential stroke therapeutic agents by targeting the second postsynaptic density 95 (PSD-95)/disc large/zonula occludens-1 (PDZ) domain of PSD-95, W. Tang, X Sun, J. S. Fang, M. J. Zhang, N. J. Sucher, Phytomedicine, 2004(4)

The tetrameric L27 domain complex as an organization platform for supramolecular assemblies, W. Feng, J. F. Long, J. S. Fan, T. Suetake, M. J. Zhang, Nature Structural & Molecular Biology, 2004(5)

NMR structure of a type Ⅳ b pilin from Salmonella typhi and its assembly into pilus, X. F. Xu, Y. W. Tan, L. Lam, J. Hackett, M. J. Zhang, Y. K. Mok, The Journal of Biological Chemistry, 2004(30)

A functional role of postsynaptic density-95-guanylate kinase-associated protein complex in regulating Shank assembly and stability to synapses,S. Romorini,G. Piccoli,M. Jiang,P. Grossano,N. Tonna,M. Passafaro,M. J. Zhang,C. Sala,Journal of Neuroscience,2004(42)

p150^{Glued}, Dynein,and microtubules are specifically required for activation of MKK3/6 and p38 MAPKs,P. Cheung,Y. Zhang,J. F. Long,S. C. Lin,M. J. Zhang,Y. Jiang,Z. G. Wu,The Journal of Biological Chemistry,2004(44)

2005 年

Distributed knowledge management for product and process variety in mass customisation,M. J. Zhang,Y. J. Chen,M. M. Tseng,International Journal of Computer Applications in Technology,2005(1)

Autoinhibition of X11/Mint scaffold proteins revealed by the closed conformation of the PDZ tandem,J. F. Long,W. Feng,R. Wang,L. N. Chan,J. Xia,M. J. Zhang,Nature Structural & Molecular Biology,2005(8)

The 8-kDa dynein light chain binds to p53-binding protein 1 and mediates DNA damage-induced p53 nuclear accumulation,K. W.-H. Lo,H. M. Kan,L. N. Chan,W. G. Xu,K. P. Wang,Z. G. Wu,M. Sheng,M. J. Zhang,The Journal of Biological Chemistry,2005(9)

An insight of S-nitrosylation of human GIF,X. C. Teng,Q. Zheng,B. Cai,F. Y. Ni,Y. Xie,H. Z. Sun,M. J. Zhang,Z. X. Huang,Chinese Journal of Chemistry,2005(11)

A unified assembly mode revealed by the structures of tetrameric L27 domain complexes formed by mLin-2/mLin-7 and Patj/Pals1 scaffold proteins,W. Feng,J. F. Long,M. J. Zhang,Proceedings of the National Academy of Sciences of the United States of America,2005(19)

Structure of the split PH domain and distinct lipid-binding properties of the PH-PDZ supramodule of α-syntrophin,J. Yan,W. Y. Wen,W. G. Xu,J. F. Long,M. E. Adams,S. C. Froehner,M. J. Zhang,EMBO Journal,2005(23)

In silico whole-genome scanning of cancer-associated nonsynonymous SNPs and molecular characterization of a dynein light chain tumour variant,A. Aouacheria,V. Navratil,W. Y. Wen,M. Jiang,D. Mouchiroud,C. Gautier,M. Gouy,M. J. Zhang,Oncogene,2005(40)

Self-assembly of small molecules affords multifunctional supramolecular hydrogels for topically treating simulated uranium wounds,Z. M. Yang,K. M. Xu,L. Wang,H. W. Gu,H. Wei,M. J. Zhang,B. Xu,Chemical Communications,2005(35)

2006 年

Organization of neuronal signalling complexes by multi-domain scaffold proteins,M. J. Zhang,Neurosignals,2006(1)

Mutation at Glu23 eliminates the neuron growth inhibitory activity of human metallothionein-3,Z. C. Ding,X. C. Teng,B. Cai,H. Wang,Q. Zheng,Y. Wang,G. M. Zhou,M. J. Zhang,H. M. Wu,H. Z. Sun,Z. X. Huang,Biochemical and Biophysical Research Communications,2006(2)

BS69,a specific adaptor in the latent membrane protein 1-mediated c-Jun N-terminal kinase pathway,J. Wan,W. Zhang,L. M. Wu,T. Bai,M. J. Zhang,K. W. Lo,Y. L. Chui,Y. Cui,Q. Tao,M. Yamamoto,S. Akira,Z. G. Wu,Molecular and Cellular Biology,2006(2)

The role of Thr5 in human neuron growth inhibitory factor，B. Cai，Q. Zheng，X. C. Teng，D. Chen，Y. Wang，K. Q. Wang，G. M. Zhou，Y. Xie，M. J. Zhang，H. Z. Sun，Z. X. Huang，Journal of Biological Inorganic Chemistry，2006(4)

Targeting PDZ domain proteins for treating NMDA receptor-mediated excitotoxicity，W. Y. Wen，W. N. Wang，M. J. Zhang，Current Topics in Medicinal Chemistry，2006(7)

Lipid binding regulates synaptic targeting of PICK1, AMPA receptor trafficking, and synaptic plasticity，W. Y. Jin，W. P. Ge，J. Y. Xu，M. Cao，L. S. Peng，W. H. Yung，D. Z. Liao，S. M. Duan，M. J. Zhang，J. Xia，Journal of Neuroscience，2006(9)

Identification of the yeast R-SNARE Nyv1p as a novel longin domain-containing protein，W. Y. Wen，L. Chen，H. Wu，X. Sun，M. J. Zhang，D. K. Banfield，Molecular Biology of the Cell，2006(10)

Structural characterization of the split pleckstrin homology domain in phospholipase C-gamma1 and its interaction with TRPC3，W. Y. Wen，J. Yan，M. J. Zhang，The Journal of Biological Chemistry，2006(17)

2007 年

Renal defects associated with improper polarization of the CRB and DLG polarity complexes in MALS-3 knockout mice，O. Olsen，L. Funke，J. F. Long，M. Fukata，T. Kazuta，J. C. Trinidad，K. A. Moore，H. Misawa，P. A. Welling，A. L. Burlingame，M. J. Zhang，D. S. Bredt，Journal of Cell Biology，2007(1)

Structural prediction of the β-domain of metallothionein-3 by molecular dynamics simulation，F. Y. Ni，B. Cai，Z. C. Ding，F. Zheng，M. J. Zhang，H. M. Wu，H. Z. Sun，Z. X. Huang，Proteins-structure Function and Bioinformatics，2007(1)

Molecular basis of Bcl-xL's target recognition versatility revealed by the structure of Bcl-xL in complex with the BH3 domain of Beclin-1，W. Feng，S. Y. Huang，H. Wu，M. J. Zhang，Journal of Molecular Biology，2007(1)

PDZ domains of Par-3 as potential phosphoinositide signaling integrators，H. Wu，W. Feng，J. Chen，L. N. Chan，S. Y. Huang，M. J. Zhang，Molecular Cell，2007(5)

Effect of α-domain substitution on the structure, property and function of human neuronal growth inhibitory factor，Z. C. Ding，Q. Zheng，B. Cai，W. H. Yu，X. C. Teng，Y. Wang，G. M. Zhou，H. M. Wu，H. Z. Sun，M. J. Zhang，Z. X. Huang，Journal of Biological Inorganic Chemistry，2007(8)

The Par-3 NTD adopts a PB1-like structure required for Par-3 oligomerization and membrane localization，W. Feng，H. Wu，L. N. Chan，M. J. Zhang，EMBO Journal，2007(11)

Scaffold proteins as dynamic switches，M. J. Zhang，Nature Chemical Biology，2007(12)

2008 年

Split pleckstrin homology domain-mediated cytoplasmic-nuclear localization of PI3-kinase enhancer GTPase，J. Yan，W. Y. Wen，L. N. Chan，M. J. Zhang，Journal of Molecular Biology，2008(2)

Supramodular nature of GRIP1 revealed by the structure of its PDZ12 tandem in complex with the carboxyl tail of Fras1，J. F. Long，Z. Y. Wei，W. Feng，C. Yu，Y. X. Zhao，M. J. Zhang，Journal of Molecular Biology，2008(5)

Serine 88 phosphorylation of the 8-kDa dynein light chain 1 is a molecular switch for its dimerization status

and functions,C. Y. Song,W. Y. Wen,S. K Rayala,M. Z. Chen,J. P. Ma,M. J. Zhang,R. Kumar,The Journal of Biological Chemistry,2008(7)

Study on structure-property-reactivity-function relationship of human neuronal growth inhibitory factor (hGIF),Z. C. Ding,Q. Zheng,B. Cai,F. Y. Ni,W. H. Yu,X. C. Teng,Y. Gao,F. Liu,D. Chen,Y. Wang, H. M. Wu,H. Z. Sun,M. J. Zhang,X. S. Tan,Z. X. Huang,Journal of Inorganic Biochemistry,2008(11)

Domain-swapped dimerization of ZO-1 PDZ2 generates specific and regulatory connexin43-binding sites, J. Chen,L. F. Pan,Z. Y. Wei,Y. X. Zhao,M. J. Zhang,EMBO Journal,2008(15)

Par-3-mediated junctional localization of the lipid phosphatase PTEN is required for cell polarity establishment,W. Feng,H. Wu,L. N. Chan,M. J. Zhang,The Journal of Biological Chemistry,2008(34)

Endophilin B1 as a novel regulator of nerve growth factor/ TrkA trafficking and neurite outgrowth,J. Wan, A. Y. Cheung,W. Y. Fu,C. B. Wu,M. J. Zhang,W. C. Mobley,Z. H. Cheung,N. Y. Ip,Journal of Neuroscience,2008(36)

Structure basis and unconventional lipid membrane binding properties of the PH-C1 tandem of rho kinases,W. Y. Wen,W. Liu,J. Yan,M. J. Zhang,The Journal of Biological Chemistry,2008(38)

2009 年

Organization and dynamics of PDZ-domain-related supramodules in the postsynaptic density,W. Feng,M. J. Zhang,Nature Reviews Neuroscience,2009(2)

Creating conformational entropy by increasing interdomain mobility in ligand regulation: A revisit to N-terminal tandem PDZ domains of PSD-95,W. N. Wang,J. W. Weng,X. Zhang,M. L. Liu,M. J. Zhang,Journal of the American Chemical Society,2009(2)

Myosin VI Undergoes Cargo-Mediated Dimerization,C. Yu,W. Feng,Z. Y. Wei,Y. Miyanoiri,W. Y. Wen,Y. X. Zhao,M. J. Zhang,Cell,2009(3)

Autoinhibition of UNC5b revealed by the cytoplasmic domain structure of the receptor,R. Wang,Z. Y. Wei, H. Jin,H. Wu,C. Yu,W. Y. Wen,L. N. Chan,Z. L. Wen,M. J. Zhang,Molecular Cell,2009(6)

Assembling stable hair cell tip link complex via multidentate interactions between harmonin and cadherin 23, L. F. Pan,J. Yan,L. Wu,M. J. Zhang,Proceedings of the National Academy of Sciences of the United States of America,2009(14)

Clustering and synaptic targeting of PICK1 requires direct interaction between the PDZ domain and lipid membranes,L. F. Pan,H. Wu,C. Shen,Y. W. Shi,W. Y. Jin,J. Xia,M. J. Zhang,EMBO Journal,2009(14)

Distinguishing between smooth and rough free energy barriers in protein folding,S. Gianni,M. Brunori,P. Jemth,M. Oliveberg,M. J. Zhang,Biochemistry,2009(49)

2010 年

A structural approach to decipher the neurexin and neuroligin splice isoform code,Z. Y. Wei,M. J. Zhang, Neuron,2010(1)

Anti-West Nile virus activity of in vitro expanded human primary natural killer cells,M. J. Zhang,S. Daniel, Y. Huang,C. Chancey,Q. S. Huang,Y. F. Lei,A. Grinev,H. Mostowski,M. Rios,A. Dayton,BMC Immunology,2010(1)

Lipid-Induced conformational switch controls fusion activity of longin domain SNARE Ykt6，W. Y. Wen，J. Yu，L. F. Pan，Z. Y. Wei，J. W. Weng，W. N. Wang，Y. S. Ong，T. H. T. Tran，W. J. Hong，M. J. Zhang，Molecular Cell，2010(3)

The dependence receptor UNC5H2/B triggers apoptosis via PP2A-mediated dephosphorylation of DAP kinase，C. Guenebeaud，D. Goldschneider，M. Castets，C. Guix，G. Chazot，C. Delloye-Bourgeois，A. Eisenberg-Lerner，G. Shohat，M. J. Zhang，V. Laudet，A. Kimchi，A. Bernet，Molecular Cell，2010(6)

Extensions of PDZ domains as important structural and functional elements，C. K. Wang，L. F. Pan，J. Chen，M. J. Zhang，Protein & Cell，2010(8)

The structure of the harmonin/sans complex reveals an unexpected interaction mode of the two Usher syndrome proteins，J. Yan，L. F. Pan，X. Y. Chen，L. Wu，M. J. Zhang，Proceedings of the National Academy of Sciences of the United States of America，2010(9)

Phosphorylation of DCC by ERK2 Is Facilitated by Direct Docking of the Receptor P1 Domain to the Kinase，W. F. Ma，Y. Shang，Z. Y. Wei，W. Y. Wen，W. N. Wang，M. J. Zhang，Structure，2010(9)

Redox-regulated lipid membrane binding of the PICK1 PDZ domain，Y. W. Shi，J. Yu，Y. Jia，L. F. Pan，C. Shen，J. Xia，M. J. Zhang，Biochemistry，2010(21)

Oxidation-induced intramolecular disulfide bond inactivates mitogen-activated protein kinase kinase 6 by inhibiting ATP binding，Y. R. Diao，W. Liu，C. C. L. Wong，X. Wang，K. Lee，P. Y. Cheung，L. F. Pan，T. Xu，J. H. Han，J. R. Yates，M. J. Zhang，Z. G. Wu，Proceedings of the National Academy of Sciences of the United States of America，2010(49)

2011 年

Combination of NMR spectroscopy and X-ray crystallography offers unique advantages for elucidation of the structural basis of protein complex assembly，W. Feng，L. F. Pan，M. J. Zhang，Science China. Life Sciences，2011(2)

Molecular mechanisms of calmodulin's functional versatility，M. J. Zhang，T. Yuan，Biochemistry and Cell Biology，2011(2-3)

LGN/mInsc and LGN/NuMA complex structures suggest distinct functions in asymmetric cell division for the Par3/mInsc/LGN and Gαi/LGN/NuMA pathways，J. W. Zhu，W. Y. Wen，Z. Zheng，Y. Shang，Z. Y. Wei，Z. N. Xiao，Z. Pan，Q. S. Du，W. N. Wang，M. J. Zhang，Molecular Cell，2011(3)

Cdc42-dependent formation of the ZO-1/MRCKβ complex at the leading edge controls cell migration，L. Huo，W. Y. Wen，R. Wang，C. Kam，J. Xia，W. Feng，M. J. Zhang，EMBO Journal，2011(4)

Liprin-mediated large signaling complex organization revealed by the liprin-α/CASK and liprin-α/liprin-β complex structures，Z. C. Wei，S. T. Zheng，S. A. Spangler，C. Yu，C. C. Hoogenraad，M. J. Zhang，Molecular Cell，2011(4)

The INAD scaffold is a dynamic, redox-regulated modulator of signaling in the Drosophila eye，W. Liu，W. Y. Wen，Z. Y. Wei，J. Yu，F. Ye，C. H. Liu，R. C. Hardie，M. J. Zhang，Cell，2011(7)

Cargo recognition mechanism of myosin X revealed by the structure of its tail MyTH4-FERM tandem in complex with the DCC P3 domain，Z. Y. Wei，J. Yan，Q. Lu，L. F. Pan，M. J. Zhang，Proceedings of the National

Academy of Sciences of the United States of America,2011(9)

Structural basis of the myosin X PH1(N)-PH2-PH1(C) tandem as a specific and acute cellular PI(3,4,5)P(3) sensor,Q. Lu,J. Yu,J. Yan,Z. Y. Wei,M. J. Zhang,Molecular Biology of the Cell,2011(22)

Guanylate kinase domains of the MAGUK family scaffold proteins as specific phospho-protein-binding modules,J. w. Zhu,Y. Shang,C. H. Xia,W. N. Wang,W. Y. Wen,M. J. Zhang,EMBO Journal,2011(24)

The structure of the PDZ3-SH3-GuK tandem of ZO-1 protein suggests a supramodular organization of the membrane-associated guanylate kinase (MAGUK) family scaffold protein core,L. F. Pan,J. Chen,J. Yu,H. Y. Yu,M. J. Zhang,The Journal of Biological Chemistry,2011(46)

Structure of MyTH4-FERM domains in myosin VIIa tail bound to cargo,L. Wu,L. F. Pan,Z. Y. Wei,M. J. Zhang,Science (New York,N. Y.),2011(6018)

2012 年

Structures of usher syndrome 1 proteins and their complexes,L. F. Pan,M. J. Zhang,Physiology,2012(1)

Substrate recognition mechanism of atypical protein kinase Cs revealed by the tructure of PKCι in complex with a substrate peptide from Par-3,C. H. Wang,Y. Shang,J. Yu,M. J. Zhang,Structure,2012(5)

Structure and function of the guanylate kinase-like domain of the MAGUK family scaffold proteins,J. W. Zhu,Y. Shang,J. Chen,M. J. Zhang,Frontiers in Biology,2012(5)

The BECN1 coiled coil domain: an "imperfect" homodimer interface that facilitates ATG14 and UVRAG binding,X. H. Li,L. Q. He,M. J. Zhang,Z. Y. Yue,Y. X. Zhao,Autophagy,2012(8)

Internally deleted human tRNA synthetase suggests evolutionary pressure for repurposing,Z. W. Xu,Z. Y. Wei,J. J. Zhou,F. Ye,W. S. Lo,F. Wang,C. F. Lau,J. J. Wu,L. A. Nangle,K. P. Chiang,X. L. Yang,M. J. Zhang,Structure,2012(9)

The CC1-FHA tandem as a central hub for controlling the dimerization and activation of kinesin-3 KIF1A,L. Huo,Y. Yue,J. Q. Ren,J. Yu,J. L. Liu,Y. Yu,F. Ye,T. Xu,M. J. Zhang,W. Feng,Structure,2012(9)

Structure of the ZU5-ZU5-UPA-DD tandem of ankyrin-B reveals interaction surfaces necessary for ankyrin function,C. Wang,C. Yu,F. Ye,Z. Y. Wei,M. J. Zhang,Proceedings of the National Academy of Sciences of the United States of America,2012(13)

Runx1 regulates embryonic myeloid fate choice in zebrafish through a negative feedback loop inhibiting Pu. 1 expression,H. Jin,L. Li,J. Xu,F. H. Zhen,L. Zhu,P. P. Liu,M. J. Zhang,W. Q. Zhang,Z. L. Wen,Blood,2012(22)

Large protein assemblies formed by multivalent interactions between cadherin23 and harmonin suggest a stable anchorage structure at the tip link of stereocilia,L. Wu,L. F. Pan,C. C. Zhang ,M. J. Zhang,The Journal of Biological Chemistry,2012(40)

Membrane-induced lever arm expansion allows myosin VI to walk with large and variable step sizes,C. Yu,J. Z. Lou,J. J. Wu,L. F. Pan,W. Feng,M. J. Zhang,The Journal of Biological Chemistry,2012(42)

Antiparallel coiled-coil-mediated dimerization of myosin X,Q. Lu,F. Ye,Z. Y. Wei,Z. L. Wen,M. J. Zhang,Proceedings of the National Academy of Sciences of the United States of America,2012(43)

Crystal structures of the scaffolding protein LGN reveal the general mechanism by which GoLoco binding mo-

tifs inhibit the release of GDP from Gαi, M. Jia, J. C. Li, J. W. Zhu, W. Y. Wen, M. J. Zhang, W. N. Wang, The Journal of Biological Chemistry, 2012(44)

2013 年

Decorating proteins with "sweets" is a flexible matter, Z. Y. Wei, M. J. Zhang, Structure, 2013(1)

Regulation of microtubule stability and organization by mammalian Par3 in specifying neuronal polarity, S. Chen, J. Chen, H. Shi, M. Wei, D. R. Castaneda-Castellanos, R. S. Bultje, X. Pei, A. R. Kriegstein, M. J. Zhang, S. H. Shi, Developmental Cell, 2013(1)

Structures and target recognition modes of PDZ domains: recurring themes and emerging pictures, F. Ye, M. J. Zhang, Biochemical Journal, 2013(1)

Bottom-Gate Thin-Film Transistors Based on GaN Active Channel Layer, R. S. Chen, W. C. Zhou, M. J. Zhang, H. S. Kwok, IEEE Electron Device Letters, 2013(4)

An autoinhibited conformation of LGN reveals a distinct interaction mode between GoLoco motifs and TPR motifs, Z. Pan, J. W. Zhu, Y. Shang, Z. Y. Wei, M. Jia, C. H. Xia, W. Y. Wen, W. N. Wang, M. J. Zhang, Structure, 2013(6)

Structural and biochemical characterization of the interaction between LGN and Frmpd1, Z. Pan, Y. Shang, M. Jia, L. Zhang, C. H. Xia, M. J. Zhang, W. N. Wang, W. Y. Wen, Journal of Molecular Biology, 2013(6)

Structural insights into the intrinsic self-assembly of Par-3 N-terminal domain, Y. Zhang, W. J. Wang, J. Chen, K. Zhang, F. Gao, B. Q. Gao, S. Zhang, M. D. Dong, F. Besenbacher, W. M. Gong, M. J. Zhang, F. Sun, Structure, 2013(6)

The Par3/Par6/aPKC complex and epithelial cell polarity, J. Chen, M. J. Zhang, Experimental Cell Research, 2013(6)

Structural basis of cargo recognitions for class V myosins, Z. Y. Wei, X. T. Liu, C. Yu, M. J. Zhang, Proceedings of the National Academy of Sciences of the United States of America, 2013(28)

Regulated capture by exosomes of mRNAs for cytoplasmic tRNA synthetases, F. Wang, Z. W. Xu, J. Zhou, W. S. Lo, C. F. Lau, L. A. Nangle, X. L. Yang, M. J. Zhang, P. Schimmel, The Journal of Biological Chemistry, 2013(41)

2014 年

Phosphorylation-dependent interaction between tumor suppressors Dlg and Lgl, J. W. Zhu, Y. Shang, Q. W. Wan, Y. T. Xia, J. Chen, Q. S. Du, M. J. Zhang, Cell Research, 2014(4)

Cargo recognition and cargo-mediated regulation of unconventional myosins, Q. Lu, J. C. Li, M. J. Zhang, Accounts of Chemical Research, 2014(10)

IL-1β and reactive oxygen species differentially regulate neutrophil directional migration and Basal random motility in a zebrafish injury-induced inflammation model, B. Yan, P. D. Han, L. F. Pan, W. Lu, J. W. Xiong, M. J. Zhang, W. Q. Zhang, L. Li, Z. L. Wen, Journal of Immunology, 2014(12)

Suppression of subtelomeric VSG switching by Trypanosoma brucei TRF requires its TTAGGG repeat-binding activity, S. E. Jehi, X. H. Li, R. Sandhu, F. Ye, I. Benmerzouga, M. J. Zhang, Y. X. Zhao, B. B. Li, Nucleic Acids Research, 2014(20)

Structural basis of the binding of Merlin FERM domain to the E3 ubiquitin ligase substrate adaptor DCAF1，Y. J. Li，Z. Y. Wei，J. Y. Zhang，Z. Yang，M. J. Zhang，The Journal of Biological Chemistry，2014(21)

Secreted histidyl-tRNA synthetase splice variants elaborate major epitopes for autoantibodies in inflammatory myositis，J. J. Zhou，F. Wang，Z. W. Xu，W. S. Lo，C. F. Lau，K. P. Chiang，L. A. Nangle，M. A. Ashlock，J. D. Mendlein，X. L. Yang，M. J. Zhang，P. Schimmel，The Journal of Biological Chemistry，2014(28)

Structure of Crumbs tail in complex with the PALS1 PDZ-SH3-GK tandem reveals a highly specific assembly mechanism for the apical Crumbs complex，Y. J. Li，Z. Y. Wei，Y. Yan，Q. W. Wan，Q. S. Du，M. J. Zhang，Proceedings of the National Academy of Sciences of the United States of America，2014(49)

Human tRNA synthetase catalytic nulls with diverse functions，W. S. Lo，E. Gardiner，Z. Xu，C. F. Lau，F. Wang，J. J. Zhou，J. D. Mendlein，L. A. Nangle，K. P. Chiang，X. L. Yang，K. F. Au，W. H. Wong，M. Guo，M. J. Zhang，P. Schimme，Science (New York, N. Y.)，2014(6194)

2015 年

Structure of myosin-1c tail bound to calmodulin provides insights into calcium-mediated conformational coupling，Q. Lu，J. C. Li，F. Ye，M. J. Zhang，Nature Structural & Molecular Biology，2015(1)

Activator of G protein signaling 3 forms a complex with resistance to inhibitors of cholinesterase-8A without promoting nucleotide exchange on Gα_{i3}，M. K. Tse，C. J. Morris，M. J. Zhang，Y. H. Wong，Molecular and Cellular Biochemistry，2015(1-2)

Rapid dispersion of SynGAP from synaptic spines triggers AMPA receptor insertion and spine enlargement during LTP，Y. Araki，M. L. Zeng，M. J. Zhang，R. L. Huganir，Neuron，2015(1)

Rigidified clicked dimeric ligands for studying the dynamics of the PDZ1-2 supramodule of PSD-95，J. N. N. Eildal，A. Bach，J. Dogan，F. Ye，M. J. Zhang，P. Jemth，K. Strømgaard，Chem Bio Chem，2015(1)

Angiomotin binding-induced activation of Merlin/NF2 in the Hippo pathway，Y. J. Li，H. Zhou，F. Z. Li，S. W. Chan，Z. J. Lin，Z. Y. Wei，Z. Yang，F. S. Guo，C. J. Lim，W. C. Xing，Y. Q. Shen，W. J. Hong，J. F. Long，M. J. Zhang，Cell Research，2015(7)

Site Selective Azo Coupling for Peptide Cyclization and Affinity Labeling of an SH3 Protein，F. Huang，Y. Y. Nie，F. Ye，M. J. Zhang，J. Xia，Bioconjugate Chemistry，2015(8)

Ankyrin-B metabolic syndrome combines age-dependent adiposity with pancreatic β cell insufficiency，D. N. Lorenzo，J. Healy，J. Hostettler，J. Q. Davis，J. Y. Yang，C. Wang，H. E. Hohmeier，M. J. Zhang，V. Bennett，Journal of Clinical Investigation，2015(8)

Structural basis for the phosphorylation-regulated interaction between the cytoplasmic tail of cell polarity protein crumbs and the actin-binding protein moesin，Z. Y. Wei，Y. J. Li，F. Ye，M. J. Zhang，The Journal of Biological Chemistry，2015(18)

Unexpected heterodivalent recruitment of NOS1AP to nNOS reveals multiple sites for pharmacological Intervention in neuronal disease models，L. L. Li，R. M. Melero-Fernandez de Mera，J. Chen，W. Ba，N. N. Kasri，M. J. Zhang，M. J. Courtney，Journal of Neuroscience，2015(19)

2016 年

Mice with Shank3 mutations associated with ASD and schizophrenia display both shared and distinct defects，

Y. Zhou,T. Kaiser,P. Monteiro,X. Y. Zhang,M. S. Van der Goes,D. Q. Wang,B. Barak,M. L. Zeng,C. C. Li,C. Y. Lu,M. Wells,A. Amaya,S. Nguyen,M. Lewis,N. Sanjana,Y. D. Zhou,M. J. Zhang,F. Zhang,Z. Y. Fu,G. P. Feng,Neuron,2016(1)

Mechanistic basis of organization of the Harmonin/USH1C-mediated brush border microvilli tip-link complex,J. C. Li,Y. Y. He,Q. Lu,M. J. Zhang,Developmental Cell,2016(2)

Alternative splicing creates two new architectures for human tyrosyl-tRNA synthetase,Z. Y. Wei,Z. W. Xu,X. T. Liu,W. S. Lo,F. Ye,C. F. Lau,F. Wang,J. J. Zhou,L. A. Nangle,X. L. Yang,M. J. Zhang,P. Schimmel,Nucleic Acids Research,2016(3)

An exquisitely specific PDZ/target recognition revealed by the structure of INAD PDZ3 in complex with TRP channel tail,F. Ye,W. Liu,Y. Shang,M. J. Zhang,Structure,2016(3)

Mechanistic basis of MAGUK-organized complexes in synaptic development and signalling,J. W. Zhu,Y. Shang,M. J. Zhang,Nature Reviews Neuroscience,2016(4)

Phase transition in postsynaptic densities underlies formation of synaptic complexes and synaptic plasticity,M. L. Zeng,Y. Shang,Y. Araki,T. F. Guo,R. L. Huganir,M. J. Zhang,Cell,2016(5)

Structural basis of cargo recognition by unconventional myosins in cellular trafficking,J. C. Li,Q. Lu,M. J. Zhang,Traffic,2016(8)

An atypical MAGUK GK target recognition mode revealed by the interaction between DLG and KIF13B,J. W. Zhu,Y. Shang,Y. T. Xia,R. G. Zhang,M. J. Zhang,Structure,2016(11)

A binding site outside the canonical PDZ domain determines the specific interaction between Shank and SAPAP and their function,M. L. Zeng,Y. Shang,T. F. Guo,Q. H. He,W. H. Yung,K. Liu,M. J. Zhang,Proceedings of the National Academy of Sciences of the United States of America,2016(22)

2017 年

Novel variant in the membrane-binding domain is associated with ankyrin-B syndrome and structural heart disease in a first nations population with a high rate of long QT syndrome,L. A. Swayne,N. P. Murphy,S. Asuri,L. Chen,X. X. Xu,S. McIntosh,C. Wang,P. J. Lancione,J. D. Roberts,C. Kerr,S. Sanatani,E. Sherwin,C. F. Kline,M. J. Zhang,P. J. Mohler,L. T. Arbour,Circulation-Cardiovascular Genetics,2017(1)

Ca^{2+}-induced rigidity change of the myosin Ⅶa IQ motif-single α helix lever arm extension,J. C. Li,Y. Y. Chen,Y. S. Deng,I. C. Unarta,Q. Lu,X. H. Huang,M. J. Zhang,Structure,2017(4)

DISC1 regulates neurogenesis via modulating kinetochore attachment of Ndel1/Nde1 during mitosis,F. Ye,E. Kang,C. Yu,X. Y. Qian,F. Jacob,C. Yu,M. Mao,R. Y. C. Poon,J. Kim,H. J. Song,G. L. Ming,M. J. Zhang,Neuron,2017(5)

SAP97 binding partner CRIPT promotes dendrite growth in vitro and in vivo,L. Zhang,A. M. Jablonski,J. Mojsilovic-Petrovic,H. Ding,S. Seeholzer,I. P. Newton,I. Nathke,R. Neve,J. B. Zhai,Y. Shang,M. J. Zhang,R. G. Kalb,Neuron,2017(6)

Versatile site-selective protein reaction guided by WW domain-peptide motif interaction,M. Liu,Z. Y. Ji,M. J. Zhang,J. Xia,Bioconjugate Chemistry,2017(8)

Site-specific phosphorylation of PSD-95 PDZ domains reveals fine-tuned regulation of protein-protein interac-

tions，S. W. Pedersen，L. Albertsen，G. E. Moran，B. Levesque，S. B. Pedersen，L. Bartels，H. Wapenaar，F. Ye，M. J. Zhang，M. E. Bowen，K. Strømgaard，ACS Chemical Biology，2017（9）

The structure of the ZMYND8/drebrin complex suggests a cytoplasmic sequestering mechanism of ZMYND8 by drebrin，N. N. Yao，J. C. Li，H. Y. Liu，J. Wan，W. Liu，M. J. Zhang，Structure，2017（11）

Synaptic targeting and function of SAPAPs mediated by phosphorylation-dependent binding to PSD-95 MAGUKs，J. W. Zhu，Q. Q. Zhou，Y. Shang，H. Li，M. J. Peng，X. Ke，Z. F. Weng，R. G. Zhang，X. H. Huang，S. S. C. Li，G. P. Feng，Y. M. Lu，M. J. Zhang，Cell Reports，2017（13）

Structure of Myo7b/USH1C complex suggests a general PDZ domain binding mode by MyTH4-FERM myosins，J. C. Li，Y. Y. He，M. L. Weck，Q. Lu，M. J. Tyska，M. J. Zhang，Proceedings of the National Academy of Sciences of the United States of America，2017（19）

Proteasome-independent polyubiquitin linkage regulates synapse scaffolding, efficacy, and plasticity，Q. Ma，H. Y. Ruan，L. S. Peng，M. J. Zhang，M. U. Gack，W. D. Yao，Proceedings of the National Academy of Sciences of the United States of America，2017（41）

2018 年

PDZ ligand binding-induced conformational coupling of the PDZ-SH3-GK tandems in PSD-95 family MAGUKs，M. L. Zeng，F. Ye，J. Xu，M. J. Zhang，Journal of Molecular Biology，2018（1）

Basal condensation of Numb and Pon complex via phase transition during Drosophila neuroblast asymmetric division，Z. L. Shan，Y. T. Tu，Y. Yang，Z. H. Liu，M. L. Zeng，H. S. Xu，J. F. Long，M. J. Zhang，Y. Cai，W. Y. Wen，Nature Communications，2018（1）

Reconstituted postsynaptic density as a molecular platform for understanding synapse formation and plasticity，M. L. Zeng，X. D. Chen，D. S. Guan，J. Xu，H. W. Wu，P. E. Tong，M. J. Zhang，Cell，2018（5）

Potent and specific Atg8-targeting autophagy inhibitory peptides from giant ankyrins，J. C. Li，R. C. Zhu，K. Y. Chen，H. Zheng，H. Y. Zhao，C. Z. Yuan，H. Zhang，C. Wang，M. J. Zhang，Nature Chemical Biology，2018（8）

Neuronal synapses: microscale signal processing machineries formed by phase separation，Z. Feng，M. L. Zeng，X. D. Chen，M. J. Zhang，Biochemistry，2018（17）

Protein complex assemblies in epithelial cell polarity and asymmetric cell division，W. Y. Wen，M. J. Zhang，Journal of Molecular Biology，2018（19）

2019 年

Homer tetramer promotes actin bundling activity of drebrin，Z. W. Li，H. Y. Liu，J. C. Li，Q. Q. Yang，Z. Feng，Y. J. Li，H. B. Yang，C. Yu，J. Wan，W. Liu，M. J. Zhang，Structure，2019（1）

Phase separation-mediated TARP/MAGUK complex condensation and AMPA receptor synaptic transmission，M. L. Zeng，J. Díaz-Alonso，F. Ye，X. D. Chen，J. Xu，Z. Y. Ji，R. A. Nicoll，M. J. Zhang，Neuron，2019（3）

Myosin VII, USH1C, and ANKS4B or USH1G together form condensed molecular assembly via liquid-liquid phase separation，Y. Y. He，J. C. Li，M. J. Zhang，Cell Reports，2019（4）

RIM and RIM-BP form presynaptic active-zone-like condensates via phase separation，X. D. Wu，Q. X. Cai，Z. Y. Shen，X. D. Chen，M. L. Zeng，S. W. Du，M. J. Zhang，Molecular Cell，2019（5）

Nlrc3-like is required for microglia maintenance in zebrafish，T. N. Wang，B. Yan，L. Lou，X. Lin，T. o Yu，S. T. Wu，Q. Lu，W. Liu，Z. B. Huang，M. J. Zhang，W. Q. Zhang，Z. L. Wen，Journal of Genetics and Genomics，2019(6)

Kibra modulates learning and memory via binding to dendrin，Z. Y. Ji，H. Li，Z. Yang，X. Huang，X. Ke，S. H. Ma，Z. J. Lin，Y. M. Lu，M. J. Zhang，Cell Reports，2019(8)

Structure of the MORN4/Myo3a tail complex reveals MORN repeats as protein binding modules，J. C. Li，H. Y. Liu，M. H. Raval，J. Wan，C. M. Yengo，W. Liu，M. J. Zhang，Structure，2019(9)

Mechanisms underlying the synaptic trafficking of the glutamate delta receptor GluD1，W. C. Tao，C. X. Ma，M. A. Bemben，K. H. Li，A. L. Burlingame，M. J. Zhang，R. A. Nicoll，Molecular Psychiatry，2019(10)

Formation of biological condensates via phase separation：Characteristics，analytical methods，and physiological implications，Z. Feng，X. D. Chen，X. D. Wu，M. J. Zhang，The Journal of Biological Chemistry，2019(40)

2020 年

Liquid-liquid phase separation in neuronal development and synaptic signaling，X. D. Wu，Q. X. Cai，Z. Feng，M. J. Zhang，Developmental Cell，2020(1)

Par complex cluster formation mediated by phase separation，Z. H. Liu，Y. Yang，A. H. Gu，J. W. Xu，Y. Mao，H. J. Lu，W. G. Hu，Q. Y. Lei，Z. H. Li，M. J. Zhang，Y. Cai，W. Y. Wen，Nature Communications，2020(1)

Mechanistic insights into the interactions of dynein regulator Ndel1 with neuronal ankyrins and implications in polarity maintenance，J. Ye，J. C. Li，F. Ye，Y. Zhang，M. J. Zhang，C. Wang，Proceedings of the National Academy of Sciences of the United States of America，2020(2)

Shank3 binds to and stabilizes the active form of Rap1 and HRas GTPases via its NTD-ANK tandem with distinct mechanisms，Q. X. Cai，T. Hosokawa，M. L. Zeng，Y. Hayashi，M. J. Zhang，Structure，2020(3)

Phase separation at the synapse，X. D. Chen，X. D. Wu，H. W. Wu，M. J. Zhang，Nature Neuroscience，2020(3)

GIT/PIX condensates are modular and ideal for distinct compartmentalized cell signaling，J. W. Zhu，Q. Q. Zhou，Y. T. Xia，L. Lin，J. C. Li，M. J. Peng，R. G. Zhang，M. J. Zhang，Molecular Cell，2020(5)

Structural basis for the high-affinity interaction between CASK and Mint1，X. D. Wu，Q. X. Cai，Y. Y. Chen，S. H. Zhu，J. Mi，J. G. Wang，M. J. Zhang，Structure，2020(6)

Liquid-liquid phase separation in biology：mechanisms，physiological functions and human diseases，H. Zhang，X. Ji，P. L. Li，C. Liu，J. Z. Lou，Z. Wang，W. Y. Wen，Y. Xiao，M. J. Zhang，X. L. Zhu，Science China Life Sciences，2020(7)

Critical roles of phosphoinositides and NF2 in Hippo pathway regulation，A. W. Hong，Z. P. Meng，S. W. Plouffe，Z. J. Lin，M. J. Zhang，K. L. Guan，Genes & Development，2020(7-8)

Giant ankyrin-B suppresses stochastic collateral axon branching through direct interaction with microtubules，K. Y. Chen，R. Yang，Y. B. Li，J. C. Zhou，M. J. Zhang，Journal of Cell Biology，2020(8)

A WW tandem-mediated dimerization mode of SAV1 essential for hippo signaling，Z. J. Lin，R. L. Xie，K. L. Guan，M. J. Zhang，Cell Reports，2020(10)

Structural basis underlying strong interactions between ankyrins and spectrins,J. C. Li,K. Y. Chen,R. C. Zhu,M. J. Zhang,Journal of Molecular Biology,2020(13)

Safety and efficacy of allogeneic natural killer cell immunotherapy on human immunodeficiency virus type 1 immunological non-responders:A brief report,H. Xia,Y. Wang,H. L. Sun,L. Y. Gao,Y. Cao,S. D. Zaongo, R. N. Zeng,H. Wu,M. J. Zhang,P. Ma,Chinese Medical Journal,2020(23)

Tripartite-motif family protein 35-28 regulates microglia development by preventing necrotic death of microglial precursors in zebrafish,T. Yu,H. Y. Kuang,J. H. Chen,X. Lin,Y. Wu,K. Y. Chen,M. J. Zhang,W. Q. Zhang,Z. L. Wen,The Journal of Biological Chemistry,2020(26)

(二)对张明杰院士的介绍与研究文献目录

报纸文献

张明杰院士兼任我校生命学院院长,《中国科大报》2015-03-15

张明杰:港政治纷争拖累科技发展,《大公报》2018-05-31

结构生物学专家张明杰:"科研如拍拖有挫折但幸福",《大公报》2018-07-31

张明杰:弃政治争拗是上策,《大公报》2018-11-22

张明杰院士受聘为宁波大学客座教授,记者缪旭峰,《宁波大学报》2018-12-20

四、地学部（5 位）

地学部的宁波籍院士共有 5 位。其中 1980 年 2 位（翁文波、任美锷）；1991 年 1 位（陈俊勇）；1995 年 1 位（於崇文）；1997 年 1 位（戎嘉余）。

翁文波（1980 年当选中国科学院院士）

翁文波（1912 年 2 月 18 日—1994 年 11 月 18 日），地球物理学、石油地质学家，浙江鄞县人，曾任石油科学研究院副院长、研究员，中国地球物理学会理事长。

翁文波院士主要从事石油地球物理勘探和天然地震、洪涝、干旱自然灾害预测预报研究，是中国石油测井、石油地球物理勘探技术、石油地球化学的创始人。他提出了东北、华北等低变质区可望找到油气田的理论，成为发现大庆油田的主要贡献者之一；致力于天然地震灾害的预测预报研究，创立"预测论"理论应用于地震、洪涝、干旱等自然灾害预测；1982 年获国家自然科学奖一等奖。

1980 年当选为中国科学院院士（学部委员）。

对翁文波院士的介绍与研究文献目录

著作文献

《翁文波〈预测论基础〉研究与实践》，赵永胜，黄伏生著，石油工业出版社，2018

期刊文献

地球物理学家翁文波，汪智敏《中国石油石化》2020 年第 21 期

报纸文献

翁文波和他的"男子汉事业"，萨苏，《中国科学报》2016-04-01

任美锷(1980 年当选中国科学院院士)

任美锷(1913 年 9 月 8 日—2008 年 11 月 4 日),自然地理学与海岸科学家,浙江鄞县人,曾任南京大学教授和中国地理学会、中国海洋学会名誉理事长。

任美锷院士长期从事自然地理学与海岸科学的研究与教学工作,在主持南水北调中线地貌考察和西南铁路沿线喀斯特的研究工作中,提出深部喀斯特的概念,并按形成机制将深部溶洞做系统的成因分类,对西南铁路隧道建设起了重要的指导作用;总结陆相油田的储油规律,提出"沉积圈闭"的观点,为油田开发带来新的希望;1992 年获国家科技进步奖一等奖。

1980 年当选为中国科学院院士(学部委员)。

(一)任美锷院士的各类文献目录

著作文献

《中国历史地理名著选读第 1 辑》,中国科学院地理研究所编辑,顾颉刚,谭其骧,黄盛璋,任美锷编著,侯仁之主编,学苑出版社,2005

(二)对任美锷院士的介绍与研究文献目录

期刊文献

任美锷先生对人文—经济地理学的贡献和启迪,佘之祥,《经济地理》2015 年第 10 期

报纸文献

任美锷:与地理结缘长相厮守,钟艳平,《重庆科技报》2019-06-20

陈俊勇(1991 年当选中国科学院院士)

陈俊勇(1933 年 5 月 16 日—　　)，大地测量学家，祖籍浙江鄞县，曾任国家测绘局总工程师，中国测绘学会理事长，全国政协第七、八、九届委员。

　　陈俊勇院士在几何大地测量、卫星大地测量、地球重力场参数计算、地球动力学等方面进行了深入研究，推导出大地测量中许多重要公式；曾主持推算和提供中国首次民用地心坐标转移参数、建立国家 GPS 网，计算中国 2000 大地水平面等重大项目，在建立和完善我国三维地心坐标基准、重力测量基准、经度基准、消除精密水准测量系统误差等测绘基准方面做出贡献；曾多次获省部级科技进步奖一等奖。

　　1991 年当选为中国科学院院士（学部委员）。

陈俊勇院士的各类文献目录

著作文献

《测绘学概论》，宁津生主编，宁津生、刘经南、李德仁、张祖勋、何宗宜、陈俊勇、姚宜斌、赵建虎、徐亚明、龚健雅编，武汉大学出版社，2016

期刊文献

《现代大地测量基准》内容简介，党亚民，章传银，陈俊勇，张鹏，薛树强，《测绘通报》2016 年第 1 期

多 GNSS 系统精密定轨 ISB/IFB 估计及特性分析，党亚民，张龙平，陈俊勇，《武汉大学学报（信息科学版）》2018 年第 12 期

於崇文(1995 年当选中国科学院院士)

於崇文(1924 年 2 月 15 日—2022 年 6 月 12 日),地球化学动力学家、矿床地球化学家,籍贯浙江宁波,中国地质大学教授,曾任中国矿物岩石地球化学学会常务理事、地质矿产部科学技术委员会委员。

於崇文院士长期从事地球化学动力学和地质系统复杂性研究,先后开辟和发展了五个创新的学术领域——地质—地球化学中的多元分析、区域地球化学、成矿作用动力学、地质系统的复杂性以及成矿系统的复杂性,促进了地球科学从唯象科学向精确科学跨越;曾获国家科技进步奖二等奖、地质矿产部科技成果奖一等奖、李四光地质科学奖。

1995 年当选为中国科学院院士。

於崇文院士的各类文献目录

著作文献

《南岭地区区域成矿分带性:复杂成矿系统中的时空同步化》,於崇文,彭年编著,地质出版社,2009

《南岭地区目标斑图式区域成矿分带:南岭花岗岩带与南岭成矿带—华南中地壳原地重熔巨型自孤子》,於崇文,刘天佑,刘永顺,徐德义,刘宁强,彭年,聂保锋,张德会,赵海玲等编著,地质出版社,2015

戎嘉余(1997 年当选中国科学院院士)

戎嘉余(1941 年 12 月 7 日——　)，地层古生物学家，祖籍浙江鄞县，中国科学院南京地质古生物研究所研究员，曾任国际志留系分会主席。

戎嘉余院士从事早、中古生代腕足动物系统分类、群落生态和生物地理及相关地层学研究，提出了晚奥陶世全球主要受温度控制的三大生物地理域，划分出晚志留世"中澳腕足动物地理区"；创立了扭月贝目的分类原则，阐明其宏演化的趋势；在中国东部奥陶纪地层中发现全球最早的石燕化石，首次揭示了其腕骨构造的演化和石燕类散布的规律，被世界权威认为是一流经典成果；曾获中国科学院自然科学奖一等奖。

1997 年当选为中国科学院院士。

(一)戎嘉余院士的各类文献目录

著作文献

2014 年

《远古的灾难生物大灭绝》，许汉奎，冯伟民，傅强编著，戎嘉余主编，江苏科学技术出版社，2014

2016 年

《远古的辉煌生物大辐射》，冯伟民，傅强，许汉奎编著，戎嘉余主编，江苏科学技术出版社，2016

2018 年

《生物演化与环境》，戎嘉余主编，中国科学技术大学出版社，2018

2020 年

《演化的力量》，戎嘉余，周忠和主编，科学普及出版社，2020

《院士给孩子的地球生命课 地球生命的演化》，戎嘉余著，戎嘉余，周忠和总主编，浙江少年儿童出版社，2020

《院士给孩子的地球生命课 马的祖先》，邓涛著，戎嘉余，周忠和总主编，浙江少年儿童出版社，2020

《院士给孩子的地球生命课 奥陶纪生物大辐射》，詹仁斌著，戎嘉余，周忠和总主编，浙江少年儿童出版社，2020

《院士给孩子的地球生命课 恐龙王国探秘》，徐星著，戎嘉余，周忠和总主编，浙江少年儿童出版社，2020

《院士给孩子的地球生命课 生物大灭绝之谜》，沈树忠，戎嘉余，周忠和著，戎嘉余，周忠和总主编，浙江少年儿童出版社，2020

期刊文献

2015 年

东秦岭淅川奥陶、志留纪地层的新观察,戎嘉余,詹仁斌,王怿,黄冰,唐鹏,栾小聪,《地层学杂志》2015 年第 1 期

2016 年

四川盐边稗子田剖面志留系新认识,王怿,戎嘉余,唐鹏,王光旭,张小乐,《地层学杂志》2016 年第 3 期

2017 年

地学泰斗闪亮一生——在王鸿祯诞辰 100 周年学术研讨会上的发言,戎嘉余,《中国地质教育》2017 年第 1 期

论上扬子区上奥陶统大渡河组,唐鹏,黄冰,吴荣昌,樊隽轩,燕夔,王光旭,刘建波,王怿,詹仁斌,戎嘉余,《地层学杂志》2017 年第 2 期

湖北西部建始地区志留系秀山组顶部地层新观察,黄冰,王怿,唐鹏,魏鑫,张小乐,王光旭,吴荣昌,张雨晨,詹仁斌,戎嘉余,《地层学杂志》2017 年第 4 期

2018 年

赣西北志留纪晚期地层的发现和西坑组的厘定,王怿,蒋青,唐鹏,张小乐,黄冰,詹仁斌,孙存礼,戎嘉余,《地层学杂志》2018 年第 3 期

志留纪晚期小溪组在湖北宜昌纱帽山的发现,王怿,唐鹏,张小乐,张雨晨,黄冰,戎嘉余,《地层学杂志》2018 年第 4 期

奥陶纪末期深水介壳动物群在湘西北的发现及其古生态意义,戎嘉余,魏鑫,詹仁斌,王怿,《中国科学(地球科学)》2018 年第 6 期

2019 年

中国地层学新进展——"中国综合地层和时间框架"专辑前言,沈树忠,戎嘉余,《中国科学(地球科学)》2019 年第 1 期

中国志留纪综合地层和时间框架,戎嘉余,王怿,詹仁斌,樊隽轩,黄冰,唐鹏,李越,张小乐,吴荣昌,王光旭,魏鑫,《中国科学(地球科学)》2019 年第 1 期

华南奥陶纪末生物大灭绝的肇端标志——腕足动物稀少贝组合(Manosia Assemblage)及其穿时分布,戎嘉余,黄冰,《地质学报》2019 年第 3 期

2020 年

华南与缅甸奥陶纪末赫南特贝动物群中的非铰合类腕足动物,陈迪,戎嘉余,《古生物学报》2020 年第 2 期

2021 年

华南古生代中期地层界面的特征与大地构造意义,王怿,戎嘉余,唐鹏,黄冰,张小乐,徐洪河,刘锋,蒋青,汪瑶,《中国科学(地球科学)》2021 年第 2 期

(二)对戎嘉余院士的介绍与研究文献目录

期刊文献

戎嘉余:科研观奠定成功路,乔晖,《科学大众》2020 年第 10 期

报纸文献

戎嘉余:科研观奠定成功路,乔晖,何佳芮,《江苏科技报》2019-10-16

五、信息技术科学部（8位＋1位双院士）

信息技术科学部的宁波籍院士共有 9 位。其中 1991 年 2 位(陈俊亮[①]、李志坚)；1993 年 1 位(周兴铭)；1995 年 1 位(王阳元)；2005 年 2 位(何积丰、包为民)；2011 年 1 位(郑建华)；2017 年 2 位(郑志明、王建宇)。

李志坚(1991年当选中国科学院院士)

李志坚(1928 年 5 月 1 日—2011 年 5 月 2 日)，微电子技术专家，浙江宁波人，清华大学教授，曾任清华大学微电子学研究所所长，中国电子学会荣誉会员，国家科学技术名词委员会委员，中国微纳米技术学会名誉副理事长。

李志坚院士开创了微电子系统集成技术研究，研究出一系列 MEMS(Micro Electro Mechanical System，微机电系统)器件，神经网络、语音处理等多种 SOC(System-on-Chip，片上系统)芯片，突破了国外对先进科技的禁运和控制，对中国集成电路技术的自主发展具有重大的战略意义；曾获得国家发明奖、国家科技进步奖、陈嘉庚信息科学奖、何梁何利基金科学与技术进步奖。

1991 年当选为中国科学院院士(学部委员)。

(一)李志坚院士的各类文献目录

著作文献

《ULSI 器件、电路与系统》，李志坚，周润德主编，科学出版社，2000

《信息科学技术概论》，李衍达，李志坚，张钹，孙家广，吴澄，冯正和，林闯，管晓宏，清华大学出版社，2005

《李志坚文集　上　中　下》，李志坚著，科学出版社，2010

---

① 陈俊亮的相关资料已在"宁波籍中国科学院、中国工程院双院士"部分列出，此处从略。

（二）对李志坚院士的介绍与研究文献

著作文献

《微纳世界中国芯：李志坚传》，杨舰，王佳楠，王公，朱晨，中国科学技术出版社，2017

期刊文献

我的"中国芯"——记 1979 年全国劳模、清华大学教授李志坚，《工会博览》2019 年第 3 期

报纸文献

李志坚：微纳世界"中国芯"，王佳楠，王公，杨舰，《中国科学报》2015-11-13

周兴铭(1993 年当选中国科学院院士)

周兴铭(1938 年 12 月 4 日—),计算机专家,原籍浙江余姚,国防科技大学计算机学院和并行与分布处理国家实验室教授。

周兴铭院士参加晶体管计算机、集成电路计算机、百万次级大型计算机的研制,先后研制了我国第一台巨型计算机银河 I,我国第一台全数字实时仿真计算机银河仿 I,我国第一台面向科学/工程计算的并行巨型计算机银河 II,在总体方案、CPU 结构、RAS 技术方案、系统接口协议等方面都做出了创新性工作,攻克了许多技术难关;曾多次获得国家科技进步奖一等奖。

1993 年当选为中国科学院院士(学部委员)。

(一)周兴铭院士的各类文献目录

著作文献

《信息化社会的基石　院士科普书系第 2 辑》,周兴铭,徐明著,清华大学出版社,2011

《无线网络的高效并发传输方法》,吕绍和,王晓东,董旋,周兴铭著,国防工业出版社,2015

期刊文献

无线网络抗干扰攻击的自适应无速率通信,吕绍和,廖林冰,李雯,张以维,王晓东,周兴铭,《计算机工程与科学》2015 年第 3 期

基于 WiFi 信号的人体行为感知技术研究综述,鲁勇,吕绍和,王晓东,周兴铭,《计算机学报》2019 年第 2 期

(二)对周兴铭院士的介绍与研究文献目录

期刊文献

倪光南周兴铭获 CCF 终身成就奖,《中国计算机学会通讯》2016 年第 2 期

倪光南、周兴铭获中国计算机学会终身成就奖,《中国科技奖励》2016 年第 2 期

周兴铭:愿为星辰耀银河,高楠,《老同志之友》2017 年第 2 期

周兴铭:我国巨型计算机系统的重要开拓者,高跃群,郝瑞佳,《湘潮(上半月)》2018 年第 1 期

王阳元（1995年当选中国科学院院士）

  王阳元(1935年1月1日—)微电子学家,浙江宁波人,北京大学微电子学研究院教授、中国电子学会副理事长。

  王阳元院士主持研究成功了我国第一块三种类型1024位MOS动态随机存储器,是我国硅栅N沟道MOS技术开拓者之一,领导研制成功了我国第一个大型集成化的ICCAD系统,创建了中芯国际集成电路制造有限公司,领导建设成功了我国第一条大型12英寸纳米级集成电路生产线;获全国科学大会奖,国家发明奖二、三等奖,国家教委科技进步奖一等奖,光华科技基金一等奖等奖励。

  1995年当选为中国科学院院士。

（一）王阳元院士的各类文献目录

著作文献

《Green Micro/Nano Electronics》,王阳元编,科学出版社,2013

《王阳元文集 第3辑》,王阳元著,科学出版社,2015

《战略——生存与发展之本》,王阳元,王永文著,科学出版社,2015

《集成电路产业全书》,王阳元主编,电子工业出版社,2018

期刊文献

发展中国集成电路产业的"中国梦",王阳元,《科技导报》2019年第3期

创新镌刻青史,探索孕育未来,王阳元,《科技导报》2019年第3期

一片赤诚育桃李,王阳元,《科技导报》2019年第17期

挺起中华民族的脊梁——忆恩师黄昆先生,王阳元,《科技导报》2019年第17期

弘扬科学精神构建人与自然和谐共处的生态环境,杨芙清,王阳元,《科技导报》2020年第10期

专利信息

2015年

超陡平均亚阈摆幅纳米线隧穿场效应晶体管及制备方法,发明人:黄如,吴春蕾,黄芊芊,樊捷闻,王阳元,申请号:201510131442.4,申请日期:2015-03-24

一种超陡平均亚阈摆幅隧穿场效应晶体管及制备方法,发明人:黄如,吴春蕾,黄芊芊,王佳鑫,王阳元,申请号:201510136845.8,申请日期:2015-03-26

一种隧穿场效应晶体管及制备方法,发明人:黄如,吴春蕾,黄芊芊,王佳鑫,王阳元,申请号:201510173189.9,申请日期:2015-04-13

一种隧穿场效应晶体管的制备方法,发明人:黄如,吴春蕾,黄芊芊,王佳鑫,王阳元,申请号:201510705660.4,申请日期:2015-10-27

2016 年

一种线性缓变忆阻器及其制备方法,发明人:杨玉超,王宗巍,殷明慧,张腾,蔡一茂,王阳元,黄如,申请号:201610425841.6,申请日期:2016-06-16

2017 年

一种用于电路中随机电报噪声的加速瞬态仿真方法,发明人:王润声,郭少锋,黄如,王阳元,申请号:201710505382.7,申请日期:2017-06-28

2019 年

面向超低功耗应用场景的半导体器件综合评估方法,发明人:叶乐,王志轩,黄芊芊,王阳元,黄如,申请号:201911225817.8,申请日期:2019-12-04

模数转换器,发明人:叶乐,王志轩,张昊,王阳元,黄如,申请号:201911243733.7,申请日期:2019-12-06

唤醒芯片及唤醒系统,发明人:叶乐,王志轩,张昊,王阳元,黄如,申请号:201911253706.8,申请日期:2019-12-09

逻辑电路的设计方法,发明人:叶乐,王志轩,黄芊芊,王阳元,黄如,申请号:201911305046.3,申请日期:2019-12-17

一种事件驱动型常开唤醒芯片,发明人:叶乐,王志轩,张昊,王阳元,黄如,申请号:201911359194.3,申请日期:2019-12-25

2020 年

一种逻辑电路的生成方法、生成装置、门电路和逻辑电路,发明人:叶乐,王志轩,黄芊芊,王阳元,黄如,申请号:202011150124.X,申请日期:2020-10-23

(二)对王阳元院士的介绍与研究文献目录

期刊文献

一位锲而不舍的战略科学家——访中国科学院院士、微电子学专家王阳元,《微纳电子与智能制造》2019年第 1 期

报纸文献

中国科学院院士王阳元:人才培养既要注意科学前沿又要满足产业当前急需,张一迪,《中国电子报》2020-09-29

何积丰(2005 年当选中国科学院院士)

何积丰(1943 年 8 月 5 日—),计算机软件专家,浙江宁波人,华东师范大学教授,联合国大学国际软件技术研究所高级研究员,英国牛津大学客座教授,牛津大学计算实验室高级研究员。

何积丰院士主要从事计算机软件理论及应用研究,他率先提出关系程序设计语言,这项工作被欧洲计算机界认为是继过程语言、函数程序、逻辑程序之后的第四类程序语言的先驱,他因而被欧洲软件界权威人士赞之为"软件设计技术上的一座里程碑"。他在安全软件设计方面的论著被国际软件界广泛引用,被国际计算机科学界誉为面向模型软件开发方法的奠基石;曾两度获英国先进科技女皇奖,并获得过国家及部委级奖励。

2005 年当选中国科学院院士。

(一)何积丰院士的各类文献目录

著作文献

《高校计算机教学与研究 第 2 辑》,何积丰主编,科学出版社,2008

《高校计算机教学与研究 第 3 辑》,何积丰主编,科学出版社,2010

期刊文献

1980 年

递归语言上的运算及其封闭性质,何积丰,《上海师范大学学报(哲学社会科学版)》1980 年第 1 期

1983 年

程序状态转换函数(Ⅰ),何积丰,《华东师范大学学报》(自然科学版)1983 年第 1 期

General predicate transformer and the semantics of a programming language with go to statement,J. F. He,Acta Informatica,1983(1)

企业信息管理系统的软件设计,何积丰,《计算机工程》1983 年第 3 期

程序状态转换函数(Ⅱ),何积丰,《华东师范大学学报(自然科学版)》1983 年第 3 期

1984 年

企业管理数据处理系统的设计和实现,何积丰,刘淦澄,《计算机应用与软件》1984 年第 1 期

汉字关系数据库管理系统 ECNIS,何积丰,黄复林,宁鲁生,庞幼仑,周建中,钱凯,徐向东,黄国兴,《小型微型计算机系统》1984 年第 4 期

1987 年

Algebraic specification and proof of a distributed recovery algorithm,J. F. He,C. A. R. Hoare,Distributed Computing,1987(1)

The weakest prespecification,C. A. R. Hoare, J. F. He,Information Processing Letters,1987(2)

Prespecification in data refinement,C. A. R. Hoare,J. F. He,J. W. Sanders,Information Processing Letters,1987(2)

Laws of programming,C. A. R. Hoare,I. J. Hayes,J. F. He,C. C. Morgan,A. W. Roscoe,J. W. Sanders,I. H. Sorensen,J. M. Spivey,B. A. Sufrin,Communications of the Association for Computing Machinery,1987(8)

1991 年

Pre-adjunctions in order enriched categories,C. E. Martin,C. A. R. Hoare, J. F. He,Mathematical Structures in Computer Science,1991(2)

1993 年

From algebra to operational semantics,J. F. He,C. A. R. Hoare,Information Processing Letters,1993(2)

Normal form approach to compiler design,C. A. R. Hoare,J. F. He ,A. Sampaio,Acta Informatica, 1993(9)

1997 年

The rely-guarantee method for verifying shared variable concurrent programs,Q. W. Xu,W. P. de Roever, J. F. He,Formal Aspects of Computing,1997(2)

2000 年

An algebraic approach to hardware/software partitioning,S. C. Qin,J. F. He,ICECS 2000. 7th IEEE International Conference on Electronics,Circuits and Systems,2000

一个可预测并行程序效率的评价模型,陈昌生,孙永强,何积丰,《软件学报》2000 年第 11 期

2001 年

An approach to the specification and verification of a hardware compilation scheme,J. P. Bowen,J. F. He, The Journal of Supercomputing,2001(1)

使用延时演算的时间化 **RSL** 的指称语义,李黎,何积丰,《软件学报》2001 年第 6 期

Verilog 语言形式化语义研究,李勇坚,孙永强,何积丰,《软件学报》2001 年第 10 期

2002 年

An algebraic hardware/software partitioning algori,秦胜潮,何积丰,裘宗燕,张乃孝,《计算机科学技术学报(英文版)》2002 年第 3 期

Verilog 操作语义研究,李勇坚,何积丰,孙永强,《软件学报》2002 年第 10 期

2003 年

An algebraic approach to the VERILOG programming,J. F. He,Lecture Notes in Computer Science,2003

Advanced features of duration calculus and their applications in sequential hybrid programs,J. F. He,Q. W. Xu,Formal Aspects of Computing,2003(1)

Verilog 代数语义研究,李勇坚,何积丰,孙永强,《软件学报》2003 年第 3 期

基于形式化方法的需求分析,塔维娜,何积丰,《计算机工程》2003 年第 18 期

2004 年

Deriving probabilistic semantics via the 'weakest completion', J. F. He, C. Morgan, A. McIver, Lecture Notes in Computer Science, 2004

An approach to hardware/software partitioning for multiple hardware devices model, G. G. Pu, X. P. Zhao, S. L. Wang, Z. Y. Qiu, J. F. He, W. Yi, Proceedings of the Second International Conference on Software Engineering and Formal Methods, 2004

Predication-based intelligence routing on telecommunications, J. Dong, J. F. He, Y. H. Pan, Chinese Journal of Electronic, 2004(2)

2005

Integrating variants of DC, J. F. He, N. Y. Jin, Lecture Notes in Computer Science, 2005

Linking theories of concurrency, J. F. He, 25 Years Communicating Sequential Processes, 2005

Linking theories of concurrency, J. F. He, C. A. R. Hoare, Birthday, 2005

rCOS: refinement of component and object systems, Z. M. Liu, J. F. He, X. S. Li, Lecture Notes in Computer Science, 2005

Component-based software engineering the need to linie methods and their theories, J. F. He, X. S. Li, Z. M. Liu, Lecture Notes in Computer Science, 2005

A framework for specification and validation of real-time systems using circus actions, A. Sherif, J. F. He, A. Cavalcanti, A. Sampaio, Lecture Notes in Computer Science, 2005

Exploring optimal solution to hardware/software partitioning for synchronous model, J. F. He, D. V. Hung, G. G. Pu, Z. Y. Qiu, W. Yi, Formal Aspects of Computing, 2005(4)

软硬件混成系统与协同设计介绍,董军,何积丰,《世界科技研究与发展》2005 年第 4 期

数字系统中高层次设计的最优调度算法比较,王晓峰,何积丰,《计算机工程》2005 年第 10 期

2006 年

An optimal lower-bound algorithm for the high-level synthesis scheduling problem, G. G. Pu, J. F. He, Z. Y. Qiu, 2006 IEEE Design and Diagnostics of Electronic Circuits and Systems, 2006

Constructing property-oriented models for verification, J. F. He, S. C. Qin, A. Sherif, Unifying Theories of Programming: First International Symposium, 2006

Towards the semantics for web service choreography description language, J. Li, J. F. He, G. G. Pu, H. B. Zhu, Formal Methods and Software Engineering: 8th International Conference on Formal Engineering Methods, 2006

用 **FPGA** 的快速进位器优化卫语句的硬件综合,金乃咏,何积丰,《微电子学与计算机》2006 年第 1 期

From statecharts to verilog: a formal approach to hardware/software co-specification, S. C. Qin, W. N. Chin, J. F. He, Z. Y. Qiu, Innovations in Systems and Software Engineering, 2006(1)

A theory of reactive components, J. F. He, X. S. Li, Z. M. Liu, Electronic Notes in Theoretical Computer Science, 2006(1)

rCOS: a refinement calculus of object systems, J. F. He, X. S. Li, Z. M. Liu, Theoretical Computer Science,2006(1)

A strategy for service realization in service-oriented design,J. Liu,J. F. He,Z. M. Liu,Science in China Series F:Information Sciences,2006(6)

模型驱动架构中模型构造与集成策略,刘静,何积丰,缪淮扣,《软件学报》2006 年第 6 期

面向服务架构中服务实现的策略,刘静,何积丰,Z. Liu,《中国科学 E 辑》2006 年第 10 期

上海软件外包五人谈,朱三元,孙嘉荣,居德华,何积丰,包叔平,《上海信息化》2006 年第 12 期

2007 年

Linking semantic models,J. F. He,International Colloquium on Theoretical Aspects of Computing,2007

Patterns with algebraic properties in BPEL0,G. G. Pu,H. B. Zhu,J. F. He,Z. Y. Qiu,H. L. Yang,X. P. Zhao,Second International Symposium on Leveraging Applications of Formal Methods,Verification and Validation,2007

An operational approach to BPEL-like programming,H. B. Zhu,J. F. He,G. G. Pu,J. Li,Annual Software Engineering Workshop,2007

A denotational approach to scope-based compensable flow language for web service,H. B. Zhu,G. G. Pu,J. F. He,Lecture Notes in Computer Science,2007(1)

UTP semantics for web services,J. F. He,Lecture Notes in Computer Science,2007(1)

A model for BPEL-like languages,J. F. He,H. B. Zhu,G. G. Pu,Frontiers of Computer Science in China,2007(1)

Internet 环境下基于构件的软件理论与方法专刊前言,何积丰,李宣东,《软件学报》2008 年第 5 期

基于事件驱动的系统级仿真器的操作语义,彭小青,何积丰,《计算机应用与软件》2007 年第 8 期

自动产生一个图书馆的快速原型,魏一宁,何积丰,《计算机应用与软件》2007 年第 9 期

面向服务的计算专刊前言,何积丰,金芝,李宣东,《软件学报》2007 年第 12 期

实施教授治学保障杰出人才培养,杨福家,沈文庆,何积丰,朱能鸿,项海帆,夏禹龙,王一飞,桂永浩,周祖翼,俞立中,钱旭红,熊思东,胡守钧,赵振堂,陈代杰,《科技导报》2007 年第 17 期

2008 年

UTP semantics for web services,J. F. He,Integrated Formal Methods,2008

Modelling coordination and compensation,J. F. He,Communications in Computer and Information Science,2008

Scalable formalization of publish/subscribe messaging scheme based on message brokers,Q. Li,H. B. Zhu,J. Li,J. F. He,Lecture Notes in Computer Science,2008(1)

"可信软件基础研究"重大研究计划综述,刘克,单志广,王戟,何积丰,张兆田,秦玉文,《中国科学基金》2008 年第 3 期

From algebraic semantics to denotational semantics for Verilog,H. B. Zhu,J. F. He,J. P. Bowen,Innovations in Systems and Software Engineering,2008(4)

Internet 环境下基于构件的软件理论与方法专刊前言,何积丰,李宣东,《软件学报》2008 年第 5 期

Service Refinement,J. F. He,Science in China Series F:Information Sciences,2008(6)

地方高校精品课程建设的探索,何阅雄,薛德黔,何积丰,王绍仁,《中国成人教育》2008 年第 11 期

2009 年

Mutation testing in UTP,B. K. Aichernig,J. F. He,Formal Aspects of Computing,2009(1-2)

PTSC：probability,time and shared-variable concurrency,H. B. Zhu,S. C. Qin,J. F. He,J. P. Bowen,Innovations in Systems and Software Engineering,2009(4)

2010 年

A probabilistic BPEL-like language,J. F. He,Lecture Notes in Computer Science,2010(1)

Transaction calculus (Invited paper),J. F. He,Lecture Notes in Computer Science,2010(1)

Denotational approach to an event-driven system-level language,H. B. Zhu,J. F. He,X. Q. Peng,N. Y. Jin,Lecture Notes in Computer Science,2010(1)

A process algebraic framework for specification and validation of real-time systems,A. Sherif,A. Cavalcanti,J. F. He,A. Sampaio,Formal Aspects of Computing,2010(2)

Linking denotational semantics with operational semantics for web services,Huibiao Zhu,Jifeng He,Jing Li,Geguang Pu,Jonathan P. Bowen,Innovations in Systems and Software Engineering,2010(4)

CSP is a retract of CCS,J. F. He,C. A. R. Hoare,Theoretical Computer Science,2010(11-13)

2011 年

A formal framework for aspect-oriented specification of cyber physical systems,L. C. Zhang,J. F. He,Convergence and Hybrid Information Technology,2011

Aspect-oriented QoS specification for cyber-physical systems,L. C. Zhang,J. F. He,Convergence and Hybrid Information Technology,2011

MDA approach for non-functional properties of dependable and distributed real-time systems,L. C. Zhang,J. F. He,Conference on Convergence and Hybrid Information Technology,2011

Algebraic approach to linking the semantics of web services,H. B. Zhu,J. F. He,J. Li,J. P. Bowen,Innovations in Systems and Software Engineering,2011(3)

Convergence and optimality of BS-type discrete hedging strategy under stochastic interest rate,J. F. He,L. Wu,Science China-Mathematics,2011(7)

2012 年

Animating the link between operational semantics and algebraic semantics for a probabilistic timed shared-variable language,H. B. Zhu,F. Yang,J. F. He,J. P. Bowen,J. W. Sanders,Journal of Logic and Algebraic Programming,2012(1)

Linking operational semantics and algebraic semantics for a probabilistic timed shared-variable language,H. B. Zhu,F. Yang,J. F. He,J. P. Bowen,J. W. Sanders,S. C. Qin,The Journal of Logic and Algebraic Programming,2012(1)

Specification,verification and prototyping of an optimized compiler,J. F. He,J. P. Bowen,Formal Aspects of Computing,2012(6)

The stochastic semantics and verification for periodic control systems,M. F. Yang,Z. Wang,G. G. Pu,S. C. Qin,B. Gu,J. F. He,Science China (Information Sciences),2012(12)

2013 年

A clock-based framework for construction of hybrid systems,J. F. He,International Colloquium on Theoretical Aspects of Computing,2013

Deadline analysis of AUTOSAR OS periodic tasks in the presence of interrupts,Y. H. Huang,J. F. Ferreira, G. H. He,S. C. Qin,J. F. He,International Colloquium on Theoretical Aspects of Computing,2013

Mechanical approach to linking operational semantics and algebraic semantics for verilog using maude,H. B. Zhu,P. Liu,J. F. He,S. C. Qin,Unifying Theories of Programming,2013

On the relationship between LTL normal forms and Büchi automata,J. W. Li,G. G. Pu,L. J. Zhang,Z. Wang,J. F. He,K. G. Larsen,Theories of Programming and Formal Methods,2013

Denotational semantics for a probabilistic timed shared-variable language,H. B. Zhu,J. W. Sanders,J. F. He,S. C. Qin,Lecture Notes in Computer Science (including subseries Lecture Notes in Artificial Intelligence and Lecture Notes in Bioinformatics),2013(1)

Hybrid MARTE statecharts,J. Liu,Z. W. Liu,J. F. He,F. Mallet,Z. H. Ding,Frontiers of Computer Science,2013(1)

A novel requirement analysis approach for periodic control systems,Z. Wang,G. G. Pu,J. W. Li,Y. X. Chen,Y. X. Zhao,M. S. Chen,B. Gu,M. F. Yang,J. F. He,Frontiers of Computer Science,2013(2)

Modeling vehicle dynamics based on modelica,S. G. Feng,J. F. He,L. C. Zhang,International Journal of Multimedia and Ubiquitous Engineering,2013(3)

Specification of Railway transportation cyber physical systems using formal approach,L. C. Zhang,J. F. He,W. S. Yu,International Journal of Multimedia and Ubiquitous Engineering,2013(4)

智慧经济时代中的 IT 技术,何积丰,《中国信息化周报》2013 年第 22 期

2014 年

A UTP semantic model for Orc language with execution status and fault handling,Q. Li,Y. X. Zhao,H. B. Zhu,J. F. He,Frontiers of Computer Science,2014(5)

Investigating system survivability from a probabilistic perspective,Y. X. Zhao,Y. H. Huang,Q. Li,H. B. Zhu,J. F. He,J. W. Li,X. Wu,IEICE Transactions on Information and Systems,2014(9)

协同创新培养高端软件人才,何积丰,姜宁康,《中国大学教学》2014 年第 10 期

2015 年

Modeling and analysis of interactive telemedicine systems,J. Liu,X. J. Xiong,Z. H. Ding,J. F. He,Innovations in Systems and Software Engineering,2015(1)

Denotational semantics and its algebraic derivation for an event-driven system-level language,H. B. Zhu,J. F. He,S. C. Qin,P. J. Brooke,Formal Aspects of Computing,2015(1)

Semantic theories of programs with nested interrupts,Y. H. Huang,J. F. He,H. B. Zhu,Y. X. Zhao,J. Q. Shi,S. C. Qin,Frontiers of Computer Science,2015(3)

2016 年

SMT-based symbolic encoding and formal analysis of HML models,H. X. Fang,H. B. Zhu,J. F. He,Mobile Networks and Applications,2016(1)

Fusing incomplete multisensor heterogeneous data to estimate urban traffic,Z. Y. Shan,Y. J. Xia,P. P. Hou,J. F. He,IEEE MultiMedia,2016(3)

Automated coverage-driven testing：combining symbolic execution and model checking,T. Su,G. G. Pu,W. K. Miao,J. F. He,Z. D. Su,Science China（Information Sciences）,2016(9)

校企互动的思考与建议,何积丰,《中国信息化周报》2016 年第 37 期

2017 年

A survey on data-flow testing,T. Su,K. Wu,W. K. Miao,G. G. Pu,J. F. He,Y. T. Chen,Z. D. Su,ACM Computing Surveys,2017(1)

智能交通会给我们带来什么,何积丰,《新能源汽车报》2017 年第 40 期

2018 年

加强和促进我国高层次科技创新人才队伍建设的政策建议,中国科学院学部"影响我国高层次科技人才培养与成长相关问题的研究"咨询课题组,何积丰,《科技中国》2018 年第 1 期

An explicit transition system construction approach to LTL satisfiability checking,J. W. Li,L. J. Zhang,S. F. Zhu,G. G. Pu,M. Y. Vardi,J. F. He,Formal Aspects of Computing,2018(2)

"可信软件基础研究"重大研究计划结题综述,何积丰,单志广,王戟,蒲戈光,房毓菲,刘克,赵瑞珍,张兆田,《中国科学基金》2018 年第 3 期

Accelerating LTL satisfiability checking by SAT solvers,J. W. Li,G. G. Pu,L. J. Zhang,M. Y. Vardi,J. F. He,Journal of Logic and Computation,2018(6)

人工智能与安全——人工智能为工控安全护驾,何积丰,《信息安全与通信保密》2018 年第 10 期

2019 年

AADL＋：a simulation-based methodology for cyber-physical systems,J. Liu,T. F. Li,Z. H. Ding,Y. Q. Qian,H. Y. Sun,J. F. He,Frontiers of Computer Science,2019(3)

Toward a unified executable formal automobile OS kernel and its applications,X. R. Zhu,M. Zhang,J. Guo,X. Li,H. B. Zhu,J. F. He,IEEE Transactions on Reliability,2019(3)

Theoretical and practical aspects of linking operational and algebraic semantics for MDESL,F. Sheng,H. B. Zhu,J. F. He,Z. Y. Yang,J. P. Bowen,ACM Transactions on Software Engineering and Methodology,2019(3)

重视人工智能发展中的安全与治理,何积丰,《信息安全与通信保密》2019 年第 6 期

安全可信人工智能,何积丰,《信息安全与通信保密》2019 年第 10 期

基础学科教学的智能化,何积丰,《科学中国人》2019 年第 17 期

工业 APP 是推动工业互联网的重要手段,何积丰,《中国信息化周报》2019 年第 20 期

2020 年

Statistical model checking-based evaluation and optimization for cloud workflow resource allocation,M. S. Chen,S. J. Huang,X. Fu,X. Liu,J. F. He,IEEE Transactions on Cloud Computing,2020(2)

Theoretical and practical approaches to the denotational semantics for MDESL based on UTP,F. Sheng,H. B. Zhu,J. F. He,Z. Y. Yang,J. P. Bowen,Formal Aspects of Computing,2020(2-3)

智能制造与安全可信人工智能,何积丰,《信息安全与通信保密》2020 年第 12 期

报纸文献

2006 年

自主创新是全社会的大事，何积丰，上海《文汇报》2006-01-05

2009 年

上海如何"嵌入"万亿产业机遇，何积丰，上海《文汇报》2009-06-16

2012 年

智慧城市要有更多"智慧"教室，何积丰，施超，应剑涛，《宁波日报》2012-09-11

2013 年

智慧经济时代中的 IT 技术，何积丰，《中国信息化周报》2013-06-17

2014 年

软件技术的昨天、今天和明天，何积丰，《上海科技报》2014-10-17

2016 年

机器人将如何颠覆未来，何积丰，《中国科学报》2016-02-02

校企互动的思考与建议，何积丰，《中国信息化周报》2016-09-26

2017 年

智能交通会给我们带来什么，何积丰，《新能源汽车报》2017-10-30

2018 年

实现价值提升 我国工业互联网 APP 发展态势良好，何积丰，《中国工业报》2018-10-10

2019 年

工业 APP 是推动工业互联网的重要手段，何积丰，《中国信息化周报》2019-06-03

专利信息

2004 年

基于程序代数的硬件编译器设计方法，发明人：何积丰，申请号：200410016504.9，申请日期：2004-02-24

2011 年

汽车电控部件的软件正确性验证系统及其验证方法，发明人：何积丰，黄滟鸿，史建琦，申请号：201110096706.9，申请日期：2011-04-18

汽车电子器件中断安全隐患检测系统及其检测方法，发明人：何积丰，朱龙飞，史建琦，申请号：201110096707.3，申请日期：2011-04-18

一种电子设备的控制方法、装置和系统，发明人：张平山，殷勇，方伟康，王传雄，蔡裕瀚，何积丰，申请号：201110418160.4，申请日期：2011-12-14

一种电梯轿厢速度测量方法、装置和系统，发明人：张平山，王晓武，方伟康，王传雄，蔡裕瀚，何积丰，申请号：201110424438.9，申请日期：2011-12-16

2014 年

基于 AADL 的创建、分析和仿真混成系统模型的方法，发明人：何积丰，刘静，钱宇清，申请号：201410037932.3，申请日期：2014-01-26

在 CORBA 中利用模型转换实现实时异步通信的方法,发明人:何积丰,钱宇清,韩嘉臻,刘静,申请号:201410074874.1,申请日期:2014-03-03

2015 年

操作系统中断安全隐患定位系统及其应用,发明人:朱龙飞,史建琦,何积丰,申请号:201510621409.X,申请日期:2015-09-25

具有传感控制功能的工业自动化系统的互联网接入装置,发明人:史建琦,黄滟鸿,何积丰,王江涛,申请号:201510670509.1,申请日期:2015-10-13

2016 年

一种基于程序演进模型的目标代码逆向工程方法,发明人:史建琦,熊家文,黄滟鸿,何积丰,李昂,方徽星,申请号:201610456943.4,申请日期:2016-06-22

一种基于程序演进模型的目标代码逆向工程系统,发明人:史建琦,熊家文,黄滟鸿,何积丰,李昂,方徽星,申请号:201610456941.5,申请日期:2016-06-22

一种基于代数演算的中间代码优化方法,发明人:黄滟鸿,卜祥兴,史建琦,何积丰,李昂,方徽星,申请号:201610456922.2,申请日期:2016-06-22

一种基于代数演算的中间代码优化系统,发明人:黄滟鸿,卜祥兴,史建琦,何积丰,李昂,方徽星,申请号:201610459128.3,申请日期:2016-06-22

一种实时协议的形式化分析及验证方法,发明人:史建琦,庞海萍,黄滟鸿,李昂,何积丰,方徽星,申请号:201610755243.5,申请日期:2016-08-29

一种空间飞行器的重构飞行控制方法及系统,发明人:黄滟鸿,李炬,史建琦,李昂,何积丰,方徽星,申请号:201610754975.2,申请日期:2016-08-29

一种空间飞行器的自适应重构方法及系统,发明人:黄滟鸿,李炬,史建琦,李昂,何积丰,方徽星,申请号:201610757031.0,申请日期:2016-08-29

一种基于进程代数的实时协议分析及验证系统,发明人:史建琦,庞海萍,黄滟鸿,李昂,何积丰,方徽星,申请号:201610755248.8,申请日期:2016-08-29

一种面向目标代码的程序静态分析系统,发明人:何积丰,卜祥兴,史建琦,黄滟鸿,李昂,方徽星,申请号:201610927633.6,申请日期:2016-10-31

一种面向目标代码的程序静态分析方法,发明人:何积丰,卜祥兴,史建琦,黄滟鸿,李昂,方徽星,申请号:201610927632.1,申请日期:2016-10-31

一种恶意程序识别方法,发明人:熊家文,史建琦,黄滟鸿,李昂,方徽星,何积丰,申请号:201611167528.3,申请日期:2016-12-16

一种恶意程序识别系统,发明人:熊家文,史建琦,黄滟鸿,李昂,方徽星,何积丰,申请号:201611169725.9,申请日期:2016-12-16

一种目标代码控制流图生成方法,发明人:何积丰,熊家文,史建琦,黄滟鸿,李昂,方徽星,申请号:201611168496.9,申请日期:2016-12-16

一种目标代码控制流图生成系统,发明人:何积丰,熊家文,史建琦,黄滟鸿,李昂,方徽星,申请号:201611169736.7,申请日期:2016-12-16

一种软件自适应决策验证系统,发明人:史建琦,胡志成,黄滟鸿,方徽星,李昂,李新,何积丰,申请号:

201611219520.7,申请日期:2016-12-26

一种软件自适应决策验证方法,发明人:史建琦,胡志成,黄滟鸿,方徽星,李昂,李新,何积丰,申请号:201611218766.2,申请日期:2016-12-26

2017 年

融合自回归预测模型的智能交通调度方法,发明人:刘静,王俊阳,韩嘉臻,何积丰,赵彪,周庭梁,孙海英,杜德慧,罗娟,陈小红,陈铭松,申请号:201710085572.8,申请日期:2017-02-17

一种工业环境实景增强式交互终端及系统,发明人:何积丰,毛侠,史建琦,黄滟鸿,李昂,方徽星,申请号:201710138192.6,申请日期:2017-03-09

基于加权下推系统的中断验证方法,发明人:黄滟鸿,郭欣,史建琦,何积丰,李昂,方徽星,申请号:201710139115.2,申请日期:2017-03-09

基于加权下推系统的中断验证系统,发明人:黄滟鸿,郭欣,史建琦,何积丰,李昂,方徽星,申请号:201710139023.4,申请日期:2017-03-09

一种线性时态逻辑规范的通用并行挖掘方法,发明人:何积丰,熊家文,史建琦,黄滟鸿,李昂,方徽星,申请号:201710139684.7,申请日期:2017-03-09

一种工业环境实景增强式交互方法,发明人:何积丰,毛侠,史建琦,黄滟鸿,李昂,方徽星,申请号:201710139083.6,申请日期:2017-03-09

一种线性时态逻辑规范的通用并行挖掘系统,发明人:何积丰,熊家文,史建琦,黄滟鸿,李昂,方徽星,申请号:201710138191.1,申请日期:2017-03-09

一种封闭环境人员活力状态检测分析预警系统及方法,发明人:陈刚,何积丰,申请号:201710243183.3,申请日期:2017-04-14

一种基于运行时验证技术的嵌入式系统软件调试方法,发明人:黄滟鸿,赵慧,史建琦,何积丰,李昂,方徽星,申请号:201710322903.5,申请日期:2017-05-09

一种基于运行时验证技术的嵌入式系统软件调试系统,发明人:黄滟鸿,赵慧,史建琦,何积丰,李昂,方徽星,申请号:201710322906.9,申请日期:2017-05-09

带过去时态的线性时态逻辑性质的有界运行时验证方法,发明人:黄滟鸿,熊家文,史建琦,何积丰,李昂,申请号:201710434656.8,申请日期:2017-06-09

带过去时态的线性时态逻辑性质的有界运行时验证系统,发明人:黄滟鸿,熊家文,史建琦,何积丰,李昂,申请号:201710434655.3,申请日期:2017-06-09

一种主页链接推荐方法,发明人:陈刚,何积丰,张新阳,申请号:201710565551.6,申请日期:2017-07-12

一种多维度数据的可视化展示方法及系统,发明人:陈刚,何积丰,申请号:201710580109.0,申请日期:2017-07-17

一种套叠柱状图的可视化系统及其显示方法,发明人:陈刚,何积丰,申请号:201710718911.1,申请日期:2017-08-21

一种多维度数据的可视化对比展示方法及其系统,发明人:陈刚,何积丰,申请号:201710720109.6,申请日期:2017-08-21

一种数据展示方法,发明人:陈刚,何积丰,申请号:201710721012.7,申请日期:2017-08-21

2018 年

一种实体名称分析识别方法,发明人:陈刚,何积丰,申请号:201810136345.8,申请日期:2018-02-09

一种机动车分时租赁系统及其控制方法,发明人:陈刚,何积丰,申请号:201810136344.3,申请日期:2018-02-09

一种多域名记录查询方法及系统,发明人:黄滟鸿,熊家文,史建琦,何积丰,李昂,申请号:201810189762.9,申请日期:2018-03-08

一种域名系统攻击检测方法、装置及系统,发明人:黄滟鸿,熊家文,史建琦,何积丰,李昂,申请号:201810189854.7,申请日期:2018-03-08

一种域名解析方法和系统,发明人:黄滟鸿,熊家文,史建琦,何积丰,李昂,申请号:201810189744.0,申请日期:2018-03-08

一种 SDNS 接口自动化测试系统和方法,发明人:黄滟鸿,熊家文,史建琦,何积丰,李昂,申请号:201810189761.4,申请日期:2018-03-08

一种提高域名系统可用性的方法及系统,发明人:黄滟鸿,熊家文,史建琦,何积丰,李昂,申请号:201810189855.1,申请日期:2018-03-08

一种 CSV 格式文件的数据提取方法及系统,发明人:黄滟鸿,熊家文,史建琦,何积丰,李昂,申请号:201810189740.2,申请日期:2018-03-08

一种基于区块链的能源网联监控方法及存储介质,发明人:毛侠,何积丰,史建琦,黄滟鸿,朱罡,申请号:201810338428.5,申请日期:2018-04-16

一种离散数据的可视化方法及系统,发明人:陈刚,何积丰,申请号:201810465968.X,申请日期:2018-05-16

可编程逻辑控制器编程语言转换系统,发明人:史建琦,黄滟鸿,何积丰,李昂,蔡方达,申请号:201810609281.9,申请日期:2018-06-13

一种可编程控制的通用总线接口转换方法,发明人:陈晶,史建琦,何积丰,黄滟鸿,申请号:201810611535.0,申请日期:2018-06-14

一种可编程控制的通用总线接口转换系统,发明人:陈晶,史建琦,何积丰,黄滟鸿,申请号:201810611556.2,申请日期:2018-06-14

一种基于中间语言的 PLC 程序验证方法,发明人:史建琦,黄滟鸿,何积丰,李昂,蔡方达,申请号:201810667508.5,申请日期:2018-06-26

一种基于中间语言的 PLC 程序验证系统,发明人:史建琦,黄滟鸿,何积丰,李昂,蔡方达,申请号:201810667143.6,申请日期:2018-06-26

2019 年

一种面向安卓平台的测试用例自动化生成方法及生成系统,发明人:李俊馨,苏亭,蒲戈光,何积丰,申请号:201911318530.X,申请日期:2019-12-19

2020 年

物联网场景下提升多分支预测单模型鲁棒性的训练方法,发明人:陈铭松,韦璠,邵明莉,何积丰,曹鹗,张健宁,夏珺,申请号:202010142625.7,申请日期:2020-03-04

基于边界模型检测技术的微内核操作系统接口的形式化验证方法,发明人:郭建,周城程,蒲戈光,何积

丰,申请号:202010315705.8,申请日期:2020-04-21

(二)对何积丰院士的介绍与研究文献目录

期刊文献

2005 年

辛勤的耕耘丰硕的成果——记华东师范大学软件学院院长何积丰,顾巍,《科学中国人》2005 年第 8 期

2006 年

何积丰中国科学院院士、华东师范大学软件学院院长,《自动化博览》2006 年第 3 期

何积丰,《中国科学:E 辑》2006 年第 10 期

2007 年

"因材施教,学以致用"——中国科学院院士、华东师范大学软件学院院长何积丰教授专访,邵娟,《上海信息化》2007 年第 2 期

2008 年

上海市劳动模范何积丰,龚慧,《工会理论研究(上海工会管理干部学院学报)》2008 年第 1 期

何友声院士访问何积丰院士,《微型电脑应用》2008 年第 10 期

2011 年

何积丰院士简介,《杭州师范大学学报(自然科学版)》2011 年第 2 期

2013 年

专访中科院院士、华东师大软件学院院长何积丰"再工业化"必须实现的三个转变,《中国信息界(E 制造)》2013 年第 10 期

2014 年

中科院院士何积丰:积科研之精微丰价值于人生,《科技风》2014 年第 4 期

何积丰:智慧经济时代的智能之路,刘丽娟,《智慧城市》2014 年第 5 期

中科院院士何积丰:积科研之精微丰价值于人生,《中国科技信息》2014 年第 8 期

2015 年

何积丰院士赴上海华谊集团技术研究院指导工作,《化学世界》2015 年第 3 期

2016 年

执着的科学精神可信的人格力量——记普陀区科协主席、华东师范大学计算机与软件工程学院院长何积丰院士,《科学生活》2016 年第 9 期

何积丰院士:工业互联网安全发展趋势与关键技术,邢黎闻,《信息化建设》2016 年第 11 期

何积丰:五十载痴狂科研梦,高阳,《中国人才》2016 年第 17 期

中国科学院院士何积丰:警惕发电行业工控安全,《中国电子报》2016 年第 76 期

2017 年

全国优秀科技工作者何积丰院士,华东师范大学工会,《工会理论研究》2017 年第 1 期

2018 年

何积丰:人工智能助力智慧城市,《华东科技》2018 年第 12 期

报纸文献

2003 年

何积丰获国家自然科学二等奖,钱君德,上海《文汇报》2003-03-04

2006 年

周国雄祝贺何积丰增选为中科院院士,《新普陀报》2006-01-04

2008 年

我校聘何积丰为双聘院士,《浙江师范大学报》2008-04-30

提高培养软件人才水平为天津经济社会发展服务何积丰院士受聘我校软件学院名誉院长兼职教授,《天津师范大学报》2008-05-19

何积丰院士来我校讲学,《天津师范大学报》2008-12-30

2009 年

陈超英会见何积丰院士:创新人才培养模式 加快软件产业发展,张策,《天津教育报》2009-04-29

何积丰院士领衔的核高基项目启动相关专家应邀参加咨询会,《华东师范大学报》2009-12-15

2010 年

中科院何积丰院士来校作学术报告,《鲁东大学报》2011-03-20

何积丰被英国约克大学授予荣誉博士学位,《华东师范大学报》2010-04-27

何积丰院士来校做"物联网"讲座王璟书记高玉葆校长亲切会见何积丰院士并座谈,《天津师范大学报》2010-05-14

中科院院士何积丰纵论物联网未来发展,张贤贞,《劳动报》2010-08-07

未来三五年物联网融入生活:何积丰院士认为,安全隐私问题值得探讨,许琦敏,上海《文汇报》2010-08-07

何积丰院士详解物联网民生应用前景:电子书包 5 年内推广 数字医疗闵行已投用,徐瑞哲,《解放日报》2010-08-12

对话中科院院士何积丰——物联网产业形成规模还需 5—10 年,张希,《南京日报》2010-09-04

何积丰院士:信息物理融合系统开创软件业新起点,夏文燕,《江苏科技报》2010-09-09

何积丰等专家认为物联网从开始就得"冷思考",杨健,《解放日报》2010-11-15

2011 年

中科院何积丰院士来校作学术报告,《鲁东大学报》2011-03-20

何积丰祝智庭受聘全国信标委专家,《华东师范大学报》2011-06-14

包起帆陈吉余褚君浩何积丰郑伟安携手探索产学研合作全新运行机制 我校揭牌沪上首家国际航运物流研究院,《华东师范大学报》2011-10-21

何积丰院士甬城论物联网,《宁波日报》2011-12-22

2012 年

数学充满着魅力———何积丰院士作客我校"三做"系列讲座,《宁波大学报》2012-04-10

问答何积丰,上海《文汇报》2012-09-04

2012 教书育人楷模 中科院院士、华东师大软件学院院长何积丰不断试验,寻找学生学习动力,上海《文汇报》2012-09-04

中科院院士何积丰明天来我县讲座,《天台报》2012-10-29

中科院院士何积丰来我县作专题讲座,《天台报》2012-11-01

2013 年

华东师范大学何积丰,《新民晚报》2013-09-08

何积丰获何梁何利基金科学与技术进步奖,《华东师范大学报》2013-11-05

2014 年

金东寒何积丰荣膺"科技功臣",马亚宁,《新民晚报》2014-04-01

金东寒何积丰获"科技功臣奖"———杨雄主持,殷一璀吴志明李希出席共授奖 298 项(人),上海《文汇报》2014-04-02

金东寒何积丰荣膺科技功臣———上海科技奖励大会举行自主创新成果明显增加,罗菁,《劳动报》2014-04-02

金东寒、何积丰获科技功臣奖,吴华,《I 时代报》2014-04-02

何积丰:以"积"累迎来"丰"收,李征,上海《文汇报》2014-04-02

程序开拓者何积丰:与盲妻 41 年爱情感天动地,《东方早报》2014-04-02

何积丰院士获上海市科技功臣奖———我校 4 项成果荣获 2013 年度上海市自然科学奖,《华东师范大学报》2014-04-08

2013 上海科技奖励大会金东寒、何积丰荣膺"科技功臣",《学生导报》2014-04-14

何积丰承诺"在家呆一天",徐瑞哲,《解放日报》2014-05-01

科技功臣何积丰院士,《太原日报》2014-05-06

何积丰院士应邀来校访问讲学,《重庆邮电大学报》2014-10-30.

2015 年

何积丰院士做客"周周讲"展望信息技术发展趋势,《东华大学报》2015-03-25

2016 年

何积丰:大爱铸就科技梦想,董生,《光明日报》2016-07-01.

中国科学院院士何积丰:警惕发电行业工控安全,徐恒,侯沁,《中国电子报》2016-10-28

2017 年

全国优秀共产党员何积丰院士作专题报告,《华东师范大学报》2017-01-10

2018 年

中国科学院院士何积丰:智能网联汽车芯片增长潜力无限,孟凡君,《中国工业报》2018-11-12

2019 年

区领导会见中科院院士何积丰一行,陈昭晖,《宝山报》2019-03-12

中国科学院院士何积丰:构建安全可信的人工智能,张宣,《新华日报》2019-12-11

2020 年

何积丰:人工智能催化意义大于产值,《中国信息化周报》2020-07-27

包为民(2005 年当选中国科学院院士)

包为民(1960 年 3 月——　),制导与控制专家,原籍浙江镇海,中国航天科技集团公司研究员、科技委主任,国家重点工程总设计师,兼任总装备部精确制导专业组副组长,第十一届、十二届全国政协委员,政协第十三届全国委员会教科卫体委员会委员。

包为民院士是我国航天运载器总体及控制系统领域的学术带头人,在我国载人航天工程、月球探测工程、北斗导航工程和新一代运载火箭工程等领域做出了突出贡献,为中国国防现代化建设解决了一系列技术难题;曾多次获得国家科技进步奖。

2005 年当选为中国科学院院士;2014 年当选为国际宇航科学院院士。

(一)包为民院士的各类文献目录

著作文献

《中国航天史》,包为民主编,中国宇航出版社,2017

期刊文献

2015 年

基于间接 RADAU 伪谱法的滑翔段轨迹跟踪制导律,廖宇新,李惠峰,包为民,《宇航学报》2015 年第 12 期

2016 年

一种多普勒域走动校正的斜视 SAR 成像算法,黎剑兵,张双喜,苏大亮,贾静,包为民,《宇航学报》2016 年第 1 期

Message from the editorial board chairman,包为民,《中国航天(英文版)》2016 年第 1 期

Influence of plasma pressure fluctuation on RF wave propagation,刘智惟,包为民,李小平,刘东林,周辉,《等离子体科学和技术(英文版)》2016 年第 2 期

升力式再入飞行器体襟翼姿态控制方法,王之,李惠峰,包为民,《北京航空航天大学学报》2016 年第 3 期

尽快制定《航天法》,包为民,《科技创新与品牌》2016 年第 4 期

高超声速滑翔飞行器变轨段自适应跟踪制导方法,何睿智,刘鲁华,汤国建,包为民,《国防科技大学学报》2016 年第 5 期

Influences of turbulent reentry plasma sheath on wave scattering and propagation,刘智惟,包为民,李小平,石磊,刘东林,《等离子体科学和技术(英文版)》2016 年第 6 期

包为民:"十三五"迈入航天强国航天经济总量翻一番,包为民,《河南科技》2016 年第 7 期

高超声速飞行器全局有限时间姿态控制方法,刘海东,包为民,李惠峰,龚春叶,廖宇新,《北京航空航天大学学报》2016年第9期

2017年

基于伺服机构饱和抑制的模糊滑模控制方法,刘海东,包为民,李惠峰,《航天控制》2017年第1期

月球可作遥感对地观测平台,包为民,《中国测绘》2017年第2期

降阶控制器性能指标权系数设计方法,刘文东,李华滨,包为民,《弹箭与制导学报》2017年第2期

参数不确定系统拓展降阶控制器设计,刘文东,李华滨,包为民,孙胜,《信息与控制》2017年第2期

平衡截断法与时间尺度法的降阶效能分析,刘文东,李华滨,包为民,《导弹与航天运载技术》2017年第2期

闭环两尺度系统复合LQR控制建模与设计方法,刘文东,范世鹏,李华滨,包为民,《控制与决策》2017年第4期

机动发射条件下助推滑翔导弹射击诸元快速解算,何睿智,刘鲁华,汤国建,包为民,《国防科技大学学报》2017年第4期

改变游戏规则、颠覆传统认知、推动变革发展——颠覆性技术革命及未来趋势展望,包为民,王凤伟,西隆,李新民,《智库理论与实践》2017年第6期

2018年

数域筛法研究综述,李翊谁,穆雨桐,迟利华,刘杰,孙扬,包为民,龚春叶,《计算机应用》2018年第A1期

无人系统,智控未来,包为民,《控制与信息技术》2018年第6期

机动目标拦截新型微分几何制导律设计,黄景帅,张洪波,汤国建,包为民,《系统工程与电子技术》2018年第10期

发展太空经济走向地月空间,包为民,《高科技与产业化》2018年第11期

2019年

拦截大气层内机动目标的自适应积分滑模制导律,黄景帅,张洪波,汤国建,包为民,《宇航学报》2019年第1期

关于"航天智能控制系统"的认识,马卫华,包为民,禹春梅,柳嘉润,李文婷,巩庆海,司文杰,《航天控制》2019年第5期

全球航天运输革命时代正在到来,包为民,《高科技与产业化》2019年第12期

2020年

智能控制技术发展的思考,包为民,祁振强,张玉,《中国科学(信息科学)》2020年第8期

高超声速滑翔目标自适应跟踪方法,黄景帅,李永远,汤国建,包为民,《航空学报》2020年第9期

基于凸优化的再入轨迹三维剖面规划方法,周祥,张洪波,何睿智,汤国建,包为民,《航空学报》2020年第11期

推进组合动力飞行器技术深入研究,开创航天运输发展新时代,包为民,《科技导报》2020年第12期

序言,包为民,《导航与控制》2020年第Z1期

报纸文献

大学育人的"家国情怀",包为民,吴华,《中国教育报》2017-06-05

航天发展面临的控制问题与挑战,包为民,《中国科学报》2019-12-05

(二)对包为民院士的介绍与研究文献目录

期刊文献

航天应主动去拥抱其他行业:中国航天科技集团公司科技委主任包为民专访,王璐汐,《卫星与网络》2015年第 5 期

包为民:拥抱星辰大海建设航天强国,《宜宾科技》2020 年第 4 期

报纸文献

2016 年

包为民委员:空间飞行器在轨项目将带动中国航天"更经济",《新疆经济报》2016-03-08

包为民:空间飞行器在轨项目将带动中国航天"更经济",《阿坝日报》2016-03-09

包为民委员:卫星运营不能靠"义务劳动",付毅飞,《科技日报》2016-03-15

镇海籍院士包为民回乡——其院士工作站启动运行,《今日镇海》2016-04-25

包为民:航天人的梦想与荣光,孙妃,《今日镇海》2016-05-10

2017 年

航天强国建设任重且道远——航天专家包为民解读《2016 中国的航天》白皮书,赵聪,《中国航天报》2017-01-18

包为民委员:北斗导航服务区域覆盖全球,白国龙,姜潇,高音子,《赣南日报》2017-03-04

中国航天科技集团科技委主任包为民院士一行来校调研,《东南大学报》2017-04-10

包为民:站在巨人肩膀上不断前行,王硕,《人民政协报》2017-04-25

区领导拜访中科院院士包为民,周唯轶,《海曙新闻》2017-12-22

2018 年

包为民:今年我国宇航发射密度将创新高,邢颖,《北京青年报》2018-03-06

全国政协委员、中国航天科技集团公司科技委主任、中国科学院院士包为民:实现中国"智造"关键在人才,朱虹,朱晨辉,《中国企业报》2018-03-06

包为民委员:加快国家重大科技项目启动速度,王旭,《中国航天报》2018-03-09

王小川、包为民委员建议:"链接"科技力量,打造"智慧检务",靳丽君,《检察日报》2018-03-10

包为民院士工作室成立,《陕西科技报》2018-04-27

包为民:用太空 3D 打印技术在外太空建电站,《重庆晨报》2018-12-07

中国科学院院士包为民:开发地月空间经济区新业态,赵利利,《中国科学报》2018-12-13

2019 年

2019 年中国航天重头戏 包为民:长五复飞,《澳门华侨报》2019-03-04

包为民委员:积极探索有效途径降低火箭发射成本,赵聪,《中国航天报》2019-03-15

"包为民院士工作站"揭牌暨广东省位置感知与探测工程技术研究中心学术委员会成立,帅俐玲,《深圳大学报》2019-06-01

郑栅洁会见包为民院士一行,朱宇,《宁波日报》2019-07-26

2020 年

包为民委员:整合经费资源支持国企兴办职业教育,赵聪,《中国航天报》2020-05-27

全国政协委员包为民、赵小津两会期间介绍"天问一号"任务——火星探测最大的难点在于"恐怖 7 分钟",赵聪,《中国航天报》2020-05-27

张海波会见杜善义、包为民院士,匙亮,《威海日报》2020-06-17

郑建华(2011年当选中国科学院院士)

郑建华(1956年9月—　)，信息分析专家，祖籍浙江鄞县，解放军保密委员会技术安全研究所研究员。

郑建华院士长期从事复杂信息系统分析和相关基础理论研究，对该领域的序列论、函数论、算法设计与分析等进行了系统研究，在复杂信息系统输出分析技术、系统模型解析理论和方法、系统参数还原技术研究中均取得创新性研究成果，这些研究成果在实际复杂系统分析中多次发挥显著作用；曾获国家科技进步奖一等奖。

2011年当选中国科学院院士。

对郑建华院士的介绍与研究文献目录

期刊文献

郑建华院士网络安全工作室揭牌，《西安电子科技大学学报》2019年第1期

报纸文献

中科院院士郑建华与热米莱爷孙情深，《新疆经济报》2018-02-27

中科院院士郑建华受聘为网络空间安全学院"名誉院长"，《成都信息工程大学报》2018-09-27

郑建华院士受聘学校特聘教授，《中国海洋大学报》2020-09-04

中国科学院院士郑建华发挥密码安全防御作用，袁斯茹，马菲，《深圳商报》2020-11-29

郑志明(2017 年当选中国科学院院士)

郑志明(1953 年 10 月—　　)，信息处理专家，浙江宁波人，北京航空航天大学教授，现任北京航空航天大学学术委员会副主任。

郑志明院士长期从事空天信息安全与复杂信息系统等数学与信息交叉领域的研究。他创立了基于代数和动力学融合的密码分析原理和方法，突破空天信息安全高速、低耗、多模式等技术瓶颈，研制成功系列空天安全新装备并列装；创立了调控系统复杂性的原理和方法，建立了信息快速传播、信息全局扩散和数据准确分析的新计算模式；曾获国家技术发明奖、何梁何利基金科学与技术进步奖、国防技术发明奖一等奖等。

2017 年当选为中国科学院院士。

(一)郑志明院士的各类文献目录

著作文献

《向量场的分岔理论基础》，张芷芬，李承治，郑志明，李伟固编，高等教育出版社，1997

《微分方程基础教程上》，郑志明，李翠萍，彭临平，郭定辉编，高等教育出版社，2017

《微分方程基础教程下》，郑志明，郭定辉，李翠萍，彭临平编，高等教育出版社，2019

《基于模块和鲁棒性的复杂网络结构和功能特性研究及协同优化》，马丽丽，郑志明，张占利，姜鑫等著，首都经济贸易大学出版社，2017

期刊文献

1985 年

Chaotic phenomena in a Lienard's equation with periodic forced oscillation，郑志明，《数学进展》1985 年第 3 期

1988 年

Qualitative analysis of a Van der Pol type equation with periodic forcing term，郑志明，《数学进展》1988 年第 1 期

1990 年

Qualitative analysis of Van der Pol type equation with periodic forcing term，郑志明，Acta Mathematica Sinica (New Series)，1990(3)

1991 年

Time dependence of the solutions of Van der Pol type equation with periodic forcing term，郑志明，Acta Mathematica Sinica(New Series),1991(1)

On the extension of Smale-Birkhoff homoclinic theorem,郑志明,《数学进展》1991 年第 2 期

1992 年

A mechanical approach to the dynamical behavior of non-autonomous Van der Pol equation,马世龙,郑志明,宁书成,王洪才,《数学进展》1992 年第 2 期

1993 年

Characterization of the Lorentz attractor by unstable periodic orbits,V. Franceschini,C. Giberti,Z. M. Zheng,Nonlinearity,1993(2)

1994 年

A cubic system with eight small-amplitude limit cycles,S. Ning,S. Ma,K. H. Kwek,Z. M. Zheng,Applied Mathematics Letters,1994(4)

1995 年

Symbolic manipulation for some non-algebraic objects and its application in computing the lce of Van der Pol equation,S. Ma,Z. M. Zheng,S. C. Ning,International Journal of Computer Mathematics,1995(3)

1996 年

On the abundance of chaotic behavior for generic one-parameter families of maps,Z. M. Zheng,Acta Mathematica Sinica (English Series),1996(4)

1998 年

映射的熵和近似数,郑志明,《中国科学(数学·物理学·天文学·技术科学)(A 辑)》1998 年第 12 期

1999 年

Some relations between entropy and approximation numbers,郑志明,《中国科学(数学英文版)》1999 年第 5 期

2003 年

Weighted Poincare inequalities on one-dimensional unbounded domains,W. Y. Wang,Z. M. Zheng,J. Sun,Applied Mathematics Letters,2003(7)

2006 年

加权 Sobolev 空间中的 Poincaré 不等式,王万义,孙炯,郑志明,《应用数学和力学》2006 年第 1 期

着眼长远争创一流,郑志明,《军工高教研究》2006 年第 3 期

Necessary and sufficient conditions for semi-uniform ergodic theorems and their applications,Z. H. Zheng,J. Xia,Z. M. Zheng,Discrete and Continuous Dynamical Systems,2006(3)

2007 年

On a cubic system with eight limit cycles,S. C. Ning,B. C. Xia,Z. M. Zheng,Bulletin of the Belgian Mathematical Society Simon Stevin,2007(4)

Digital signature systems based on smart card and fingerprint feature,L. You,M. Z. Xu,Z. M. Zheng,Journal of Systems Engineering and Electronics,2007(4)

我国数学类专业的教育改革,姜伯驹,李忠,郑志明,张顺燕,黄少云,刘亚垣,段海豹,《数学通报》2007 年第 5 期

Maiorana-McFarland bent 函数的秩,翁国标,冯荣权,丘维声,郑志明,《中国科学（A辑：数学）》2007年第12期

2008 年

The ranks of Maiorana-McFarland bent functions,G. B. Weng,R. Q. Feng,W. S. Qiu,Z. M. Zheng,Science in China Series A：Mathematics,2008(9)

软件项目管理中的挣值分析法及应用,郑志明,任爱华,《计算机工程与设计》2008年第16期

2009 年

On the algebraization of asymptotic stability analysis for differential systems,Z. K. She,R. R. Yan,B. Xue,Z. M. Zheng,Proceedings of the 11th IASTED International Conference on Control and Applications CA,2009

空间非开普勒轨道分析与控制中的数学问题,佘志坤,刘铁钢,郑志明,《宇航学报》2009年第1期

Robust stabilization and passivity of uncertain nonlinear systems,L. P. Mo,Y. M. Jia,Z. M. Zheng,Dynamics of Continuous,Discrete and Impulsive Systems Series B：Applications and Algorithms,2009(3)

"本-研一体化"实验教学模式的研讨,毛峡,舒毕磊,郑志明,《实验室研究与探索》2009年第4期

A semi-algebraic approach for asymptotic stability analysis,Z. K. She,B. C. Xia,R. Xiao,Z. M. Zheng,Nonlinear Analysis：Hybrid Systems,2009(4)

软件可信性动力学特征及其演化复杂性,郑志明,马世龙,李未,韦卫,姜鑫,张占利,郭炳晖,《中国科学（信息科学）》2009年第9期

软件可信复杂性及其动力学统计分析方法,郑志明,马世龙,李未,姜鑫,韦卫,马丽丽,唐绍婷,《中国科学（信息科学）》2009年第10期

2010 年

Algorithmic analysis on a class of Boolean equations,W. Wei,B. H. Guo,H. B. Zhou,Z. M. Zheng,ICCASM2010 International Conference,2010

Finite-time disturbance attenuation of a class of uncertain nonlinear systems,L. P. Mo,Y. M. Jia,Z. M. Zheng,Z. W. Liu,Proceedings of the 29th Chinese Control Conference,CCC10,2010

Robust H∞ synchronization of a class of uncertain nonlinear complex networks,L. P. Mo,Y. M. Jia,Z. M. Zheng,Z. W. Liu,Proceedings of the 29th Chinese Control Conference,CCC10,2010

The dynamics of a class of one-dimensional chaotic maps,S. Pei,Z. M. Zheng,MATH'10 Proceedings of the 15th WSEAS International Conference on Applied mathematics,2010(1)

最优双冲量交会问题的数学建模与数值求解,佘志坤,薛白,丛源良,刘铁钢,郑志明,《宇航学报》2010年第1期

基于混杂系统的空间飞行器悬停控制,薛白,佘志坤,余婧,刘铁钢,郑志明,《中国空间科学技术》2010年第2期

On routing strategy with finite-capacity effect on scale-free networks,S. T. Tang,X. Jiang,L. L. Ma,Z. L. Zhang,Z. M. Zheng,Canadian Journal of Physics,2010(2)

Information flow with time lag in communication networks,Z. L. Zhang,X. Jiang,L. Ma,S. T. Tang,Z. M. Zheng,Acta Physica Polonica B,2010(3)

一类布尔方程组的可满足性阈值研究,郭炳晖,韦卫,郑志明,《计算机应用研究》2010年第10期

Detecting the structure of complex networks by quantum bosonic dynamics,X. Jiang,H. L. Wang,S. T. Tang,L. L. Ma,Z. L. Zhang,G. S. Tian,Z. M. Zheng,Physica A：Statistical Mechanics and Its Applications,2010(12)

2011 年

A new approach to shortest paths on networks based on the quantum bosonic mechanism,X. Jiang,H. L. Wang,S. T. Tang,L. L. Ma,Z. L. Zhang,Z. M. Zheng,New Journal of Physics,2011(1)

建立拔尖创新人才培养的教育改革实验示范区,深入改革,重点突破,郑志明,《教育界(高等教育研究)》2011 年第 2 期

Entropy analysis in interacting diffusion systems on complex networks,S. T. Tang,X. Jiang,Z. C. Liu,L. Ma,Z. L. Zhang,Z. M. Zheng,International Journal of Mathematics and Computers in Simulation,2011(2)

A message-passing approach to random constraint satisfaction problems with growing domains,C. Y. Zhao,H. J. Zhou,Z. M. Zheng,K. Xu,Journal of Statistical Mechanics：Theory and Experiment,2011(2)

Measuring node contributions to network users in directed networks,L. L. Ma,X. Jiang,Z. L. Zhang,S. T. Tang,Z. M. Zheng,Journal of Computational Information Systems,2011(5)

Detecting communities in clustered networks based on group action on set,Z. L. Zhang,X. Jiang,L. L. Ma,S. T. Tang,Z. M. Zheng,Physica A：Statistical Mechanics and Its Applications,2011(6)

基于可变 S 盒的随机加密方案,王文华,郑志明,《北京航空航天大学学报》2011 年第 7 期

Condition number based complexity estimate for solving polynomial systems,Z. K. She,B. C. Xia,Z. M. Zheng,Journal of Computational and Applied Mathematics,2011(8)

Highly nonlinear complexity of interaction dynamics in scale-free networks,S. T. Tang,X. Jiang,S. Pei,Z. C. Liu,L. Ma,Z. L. Zhang,Z. M. Zheng,International Journal of Modern Physics C,2011(9)

2012 年

Analytical and belief-propagation studies of random constraint satisfaction problems with growing domains,C. Y. Zhao,P. Zhang,Z. M. Zheng,K. Xu,Physical Review E,2012(1)

Detecting the solution space of vertex cover by mutual determinations and backbones,W. Wei,R. Q. Zhang,B. H. Guo,Z. M. Zheng,Physical Review E,2012(1)

Surveying network community structure in the hidden metric space,L. L. Ma,X. Jiang,K. Y. Wu,Z. L. Zhang,S. T. Tang,Z. M. Zheng,Physica A：Statistical Mechanics and Its Applications,2012(1)

How to enhance the dynamic range of excitatory-inhibitory excitable networks,S. Pei,S. T. Tang,S. Yan,S. J. Jiang,X. Zhang,Z. M. Zheng,Physical Review E,2012(2)

Effects of consumption strategy on wealth distribution on scale-free networks,S. Pei,S. T. Tang,X. G. Zhang,Z. C. Liu,Z. M. Zheng,Physica A：Statistical Mechanics and its Applications,2012(5)

Formation mechanism and size features of multiple giant clusters in generic percolation processes,Y. Zhang,W. Wei,B. H. Guo,R. Q. Zhang,Z. M. Zheng,Physical Review E,2012(5)

Deriving an underlying mechanism for discontinuous percolation,W. Chen,Z. M. Zheng,R. M. D'Souza,EPL,2012(6)

一种基于变量熵求解约束满足问题的置信传播算法,赵春艳,郑志明,《中国科学(信息科学)》2012 年第 9 期

Optimized statistical analysis of software trustworthiness attributes, X. Zhang, W. Li, Z. M. Zheng, B. H. Guo, Science China Information Sciences, 2012(11)

2013 年

Multiple giant clusters in percolation of random networks, Y. Zhang, B. H. Guo, Z. M. Zheng, Applied Mechanics and Materials, 2013

Multi-state coupling entropy of interactive dynamic process on scale-free network, S. J. Jiang, S. T. Tang, S. Pei, S. Yan, W. H. Li, X. Teng, Z. M. Zheng, Applied Mechanics and Materials, 2013

Resilience to intentional attacks of complex networks, S. Yan, S. T. Tang, S. Pei, S. J. Jiang, W. H. Li, X. Teng, Z. M. Zheng, Applied Mechanics and Materials, 2013

Identify the diversity of mesoscopic structures in networks: A mixed random walk approach, Y. F. Ma, X. Jiang, M. Li, X. Shen, Q. T. Guo, Y. J. Lei, Z. M. Zheng, EPL, 2013(1)

特征 2 的有限域中一些特殊元素的存在性(Ⅱ)，张筱，王培培，曹喜望，郑志明，《中国科学（数学）》2013 年第 2 期

Unstable supercritical discontinuous percolation transitions, W. Chen, X. Q. Cheng, Z. M. Zheng, N. N. Chung, R. M. D'Souza, J. Nagler, Physical Review E, 2013(4)

Analysis on the evolution process of BFW-like model with discontinuous percolation of multiple giant components, R. Q. Zhang, W. Wei, B. H. Guo, Y. Zhang, Z. M. Zheng, Physica A: Statistical Mechanics and its Applications, 2013(5)

Effect of mixing parts of modular networks on explosive synchronization, M. Li, X. Jiang, Y. F. Ma, X. Shen, Z. M. Zheng, EPL, 2013(5)

Phase transitions in supercritical explosive percolation, W. Chen, J. Nagler, X. Q. Cheng, X. L. Jin, H. W. Shen, Z. M. Zheng, R. M. D'Souza, Physical Review E, 2013(5)

Criticality and scaling behavior of percolation with multiple giant clusters under an achlioptas process, Y. Zhang, W. Wei, B. H. Guo, R. Q. Zhang, Z. M. Zheng, Physical Review E, 2013(6)

全面提升本科拔尖创新人才培养能力的十年改革探索与实践——以北京航空航天大学为例，郑志明，冯文全，陈强，赵婷婷，马齐爽，《北京教育（高教版）》2013 年第 11 期

The spreading of opposite opinions on online social networks with authoritative nodes, S. Yan, S. T. Tang, S. Pei, S. J. Jiang, X. G. Zhang, W. R. Ding, Z. M. Zheng, Physica A: Statistical Mechanics and its Applications, 2013(17)

2014 年

Individual behavior and social wealth in the spatial public goods game, X. Teng, S. Yan, S. T. Tang, S. Pei, W. H. Li, Z. M. Zheng, Physica A: Statistical Mechanics and Its Applications, 2014

The rumor diffusion process with emerging independent spreaders in complex networks, W. H. Li, S. T. Tang, S. Pei, S. Yan, S. J. Jiang, X. Teng, Z. M. Zheng, Physica A: Statistical Mechanics and Its Applications, 2014

基于随机性测试的 SNOW 2.0 算法部件分析与改进，姚丹丹，张筱，王钊，姚望，邱望洁，郑志明，《电子与信息学报》2014 年第 1 期

Control of synchronization on community networks, M. Li, X. Jiang, L. L. Ma, Y. F. Ma, Q. T. Guo, Y. J. Lei, Z. M. Zheng, Applied Mechanics and Materials, 2014(1)

Dynamical immunization strategy for seasonal epidemics, S. Yan, S. T. Tang, S. Pei, S. J. Jiang, Z. M. Zheng, Physical Review E, 2014(2)

Characterizing the efficiency and catalytic effects of modular structures in information propagation, Y. F. Ma, X. Jiang, M. Li, Z. M. Zheng, EPL, 2014(4)

2015 年

A colour image encryption algorithm using 4-pixel Feistel structure and multiple chaotic systems, W. Yao, X. Zhang, Z. M. Zheng, W. J. Qiu, Nonlinear Dynamics, 2015(1)

Two-stage effects of awareness cascade on epidemic spreading in multiplex networks, Q. T. Guo, X. Jiang, Y. J. Lei, M. Li, Y. F. Ma, Z. M. Zheng, Physical Review E, 2015(1)

Effects of the frequency-degree correlation on local synchronization in complex networks, S. J. Jiang, W. Y. Fang, S. T. Tang, S. Pe, S. Yan, Z. M. Zheng, Journal of the Korean Physical Society, 2015(2)

Trapping on deterministic multiplex networks, Y. F. Ma, X. Jiang, M. Li, Z. M. Zheng, Acta Physica Polonica B, 2015(4)

How multiple social networks affect user awareness: The information diffusion process in multiplex networks, W. H. Li, S. T. Tang, W. Y. Fang, Q. T. Guo, X. Zhang, Z. M. Zheng, Physical Review E, 2015(4)

Organization mechanism and counting algorithm on Vertex-Cover solutions, W. Wei, R. Q. Zhang, B. L. Niu, B. H. Guo, Z. M. Zheng, Journal of Statistical Mechanics: Theory and Experiment, 2015(4)

Exploring the complex pattern of information spreading in online blog communities, S. Pei, L. Muchnik, S. T. Tang, Z. M. Zheng, H. A. Makse, PLoS One, 2015(5)

Global and local targeted immunization in networks with community structure, S. Yan, S. T. Tang, W. Y. Fang, S. Pei, Z. M. Zheng, Journal of Statistical Mechanics: Theory and Experiment. 2015(8)

Extracting principal parameters of complex networks, Y. F. Ma, Z. M. Zheng, International Journal of Modern Physics C, 2015(9)

Low dimensional behavior of explosive synchronization on star graphs, S. J. Jiang, S. T. Tang, S. Pei, W. Y. Fang, Z. M. Zheng, Journal of Statistical Mechanics: Theory and experiment, 2015(10)

Effect of externality in multiplex networks on one-layer synchronization, X. Jiang, M. Li, Z. M. Zheng, Y. F. Ma, L. L. Ma, Journal of the Korean Physical Society, 2015(11)

Evolutionary dynamics of the weighted voter model with opinion strength on complex networks, S. T. Tang, S. Yan, S. Pei, Z. M. Zheng, Journal of the Korean Physical Society, 2015(11)

2016 年

一种复杂网络上信息传播的动态竞争机制, 李薏, 马一方, 姜鑫, 马丽丽, 郑志明,《计算机与现代化》2016年第 1 期

Levy random walks on multiplex networks, Q. T. Guo, Z. Cozzo, Z. M. Zheng, Y. Moreno, Scientific Reports, 2016(1)

Explosive synchronization of combinational phases on random multiplex networks, G. Y. Huo, X. Jiang, L.

L. Ma，Q. T. Guo，Y. F. Ma，M. Li，Z. M. Zheng，International Journal for Uncertainty Quantification，2016(2)

Contagion processes on the static and activity-driven coupling networks，Y. J. Lei，X. Jiang，Q. T. Guo，Y. F. Ma，M. Li，Z. M. Zheng，Physical Review E，2016(3)

Epidemic spreading with activity-driven awareness diffusion on multiplex network，Q. T. Guo，Y. J. Lei，X. Jiang，Y. F. Ma，G. Y. Huo，Z. M. Zheng，Chaos，2016(4)

基于无证书群签名方案的电子现金系统，梁艳，张筱，郑志明，《通信学报》2016年第5期

Erratum：Low dimensional behavior of explosive synchronization on star graphs（2015 J. Stat. Mech. P10007），S. J. Jiang，S. T. Tang，S. Pei，W. Y. Fang，Z. M. Zheng，Journal of Statistical Mechanics：Theory and Experiment，2016(6)

The role of node heterogeneity in the coupled spreading of epidemics and awareness，Q. T. Guo，Y. J. Lei，C. Y. Xia，L. Guo，X. Jiang，Z. M. Zheng，PLoS One，2016(8)

DRDP：A DDoS-resilient data pricing mechanism，Y. Zhang，Z. M. Zheng，L. J. Xie，X. Zhang，IEEE Communications Letters，2016(9)

A fast color image encryption algorithm using 4-Pixel Feistel structure，W. Yao，F. G. Wu，X. Zhang，Z. M. Zheng，Z. Wang，W. H. Wang，W. J. Qiu，PLoS One，2016(11)

Collusion-resilient broadcast encryption based on dual-evolving one-way function trees，Y. Zhang，Z. M. Zheng，P. Szalachowski，Q. Wang，Security and Communication Networks，2016(16)

Tumbler，Y. Zhang，X. Y. Wang，A. Perrig，Z. M. Zheng，Computer Networks：The International Journal of Computer and Telecommunications Networking，2016(C)

2017 年

基于可延展带宽分配的卫星网络高可用性方案，张尧，郑志明，张筱，《电视技术》2017第1期

TRIP：A tussle-resistant internet Pricing mechanism，L. J. Xie，Y. Zhang，Z. M. Zheng，X. Zhang，IEEE Communications Letters，2017(2)

Promoting information diffusion through interlayer recovery processes in multiplex networks，X. Wang，W. H. Li，L. Z. Liu，S. Pei，S. T. Tang，Z. M. Zheng，Physical Review E，2017(3)

BVDT：A boosted vector decision tree algorithm for multi-class classification problems，K. Y. Wu，Z. M. Zheng，S. T. Tang，International Journal of Pattern Recognition and Artificial Intelligence，2017(5)

Efficient bloom filter for network protocols using AES instruction set，Y. Zhang，Z. M. Zheng，X. Zhang，IET Communications，2017(11)

An efficient image encryption algorithm based on a novel chaotic map，C. Q. Wang，X. Zhang，Z. M. Zheng，Multimedia Tools Applications，2017(22)

An improved biometrics based authentication scheme using extended chaotic maps for multimedia medicine information systems，C. Q. Wang，X. Zhang，Z. M. Zheng，Multimedia Tools Applications，2017(22)

2018 年

Cryptanalysis and improvement of a biometrics-based authentication and key agreement scheme for multi-server environments，L. Yang，Z. M. Zheng，PLoS One，2018(3)

互联网金融平台中高违约风险用户识别算法,阳晓慧,郭炳晖,米志龙,郑志明,《计算机应用研究》2018 年第 3 期

基于最长控制链的基因调控网络可控性研究,白雪一,郭炳晖,李佳辉,郑志明,《计算机工程》2018 年第 11 期

面向互联网金融平台的违约风险量化模型,白云歌,郭炳晖,米志龙,郑志明,《计算机工程》2018 年第 12 期

2019 年

Gene saturation: An approach to assess exploration stage of gene interaction networks,Z. Q. Yin,B. H. Guo,Z. L. Mi,J. H. Li,Z. M. Zheng,Scientific Reports,2019(1)

On the stability of multilayer Boolean networks under targeted immunization,J. N. Wang,R. Q. Zhang,W. Wei,S. Pei,Z. M. Zheng,Chaos,2019(1)

Lattice based signature with outsourced revocation for Multimedia Social Networks in cloud computing,F. G. Wu,W. Yao,X. Zhang,Z. M. Zheng,Multimedia Tools Applications,2019(3)

互联网金融平台中高违约风险用户识别算法,阳晓慧,郭炳晖,米志龙,郑志明,《计算机应用研究》2019 年第 3 期

Infectivity enhances prediction of viral cascades in twitter,W. H. Li,S. J. Cranmer,Z. M. Zheng,P. J. Mucha,PLoS One,2019(4)

基于"新工科"建设的人才培养挑战与机遇,马坤,郭炳晖,郑志明,《大连理工大学学报(社会科学版)》2019 年第 5 期

大数据和人工智能困局与突破,郑志明,《互联网经济》2019 年第 11 期

区块链技术与发展,郑志明,《中国信息化周报》2019 年第 48 期

2020 年

我国区块链发展趋势与思考,郑志明,邱望洁,《中国科学基金》2020 第 1 期

Weakly compatible and quasi-contraction results in fuzzy cone metric spaces with application to the Urysohn type integral equations,S. Jabeen,S. Ur Rehman,Z. M. Zheng,W. Wei,Advances in Difference Equations,2020(1)

A fast T-spline fitting method based on efficient region segmentation,Z. H. Lu,X. Jiang,G. Y. Huo,D. Ye,B. L. Wang,Z. M. Zheng,Computational & Applied Mathematics,2020(2)

Public Discourse and Social Network Echo Chambers Driven by Socio-Cognitive Biases,X. Wang,A. D. Sirianni,S. T. Tang,Z. M. Zheng,F. Fu,Physical Review X,2020(4)

学位论文

一类带周期外力的 Lionard 方程的浑沌现象,郑志明,北京大学硕士学位论文,1984

报纸文献

创新人才培养须打破科学与技术的壁垒,郑志明,《中国教育报》2010-02-04

高屋建瓴独具匠心,郑志明,《光明日报》2010-05-11

大学的逻辑育人为本，郑志明，《中国教育报》2010-12-03

数理融合的曲面数控加工新方法，郑志明，《中国科学报》2019-03-21

区块链技术与发展，郑志明，《中国信息化周报》2019-12-16

探索能源区块链技术未来发展，郑志明，《国家电网报》2020-10-20

专利信息

2010 年

一种实现分组密码加密的密钥扩展方法，发明人：郑志明，张筱，高莹，王钊，邱望洁，王文华，申请号：201010284552.1，申请日期：2010-09-16

一种具有语义安全的自适应加密系统及方法，发明人：郑志明，邱望洁，王文华，张筱，高莹，王钊，申请号：201010289501.8，申请日期：2010-09-23

一种分组密码软件加密方法，发明人：郑志明，王文华，张筱，高莹，王钊，邱望洁，申请号：201010289846.3，申请日期：2010-09-23

一种代换–置换网络块加密中扩散层的二元线性变换方法，发明人：郑志明，高莹，王钊，邱望洁，王文华，张筱，郭贵凤，申请号：201010292896.7，申请日期：2010-09-27

一种适用于硬件实现的 S 盒及其电路实现方法，发明人：郑志明，王钊，邱望洁，王文华，张筱，高莹，刘建伟，申请号：201010298413.4，申请日期：2010-10-01

一种基于椭圆曲线的群签名方法，发明人：魏凌波，刘建伟，郑志明，申请号：201010506282.4，申请日期：2010-10-09

对称密码加密中 S-盒的设计方法，发明人：郑志明，高莹，王钊，邱望洁，王文华，张筱，刘建伟，申请号：201010503575.7，申请日期：2010-10-12

分组密码算法中混淆层的实现方法，发明人：郑志明，张筱，高莹，王钊，邱望洁，王文华，李洪革，姜鑫，申请号：201010521246.5，申请日期：2010-10-27

一种抗谎言攻击的综合信任值评估方法，发明人：刘建伟，刘建华，郑志明，毛剑，修春娣，尚涛，申请号：201010529066.1，申请日期：2010-10-28

一种基于动态口令和数字证书的双因素认证安全令牌装置，发明人：刘建伟，刘书明，郑志明，毛剑，修春娣，尚涛，申请号：201010539105.6，申请日期：2010-11-11

一种基于 trace 文件的计算模拟无线网络性能参数的方法，发明人：刘建伟，刘哲，宋璐，郑志明，毛剑，修春娣，尚涛，申请号：201010539094.1，申请日期：2010-11-11

一种用于 B/S 网络结构的一次性口令认证系统和认证方法，发明人：刘建伟，李为宇，郑志明，毛剑，修春娣，尚涛，申请号：201010539084.8，申请日期：2010-11-11

一种联合 SPIHT 压缩与不等差错保护编码的码流传输方法，发明人：修春娣，刘建伟，朱华亮，尚涛，毛剑，郑志明，申请号：201010539111.1，申请日期：2010-11-11

Ad hoc 网络中基于多径路由和信任机制的虫洞攻击抵御方法，发明人：刘建伟，邱修峰，郑志明，毛剑，修春娣，尚涛，申请号：201010539081.4，申请日期：2010-11-11

具有检错纠错及错误定位功能的有限域乘法器的实现方法，发明人：郑志明，邱望洁，王文华，张筱，高莹，王钊，李洪革，唐绍婷，申请号：201010563733.8，申请日期：2010-11-29

基于随机变化的非线性步骤的加密方法,发明人:郑志明,王文华,张筱,高莹,王钊,邱望洁,韦卫,申请号:201010567267.0,申请日期:2010-11-30

一种对称密钥加密的非线性变换方法及其实现装置,发明人:郑志明,王钊,邱望洁,王文华,张筱,高莹,郭炳晖,申请号:201010569772.9,申请日期:2010-12-02

一种对移动自组网信任路由机制 TAODV 的改进方法,发明人:刘建伟,宋璐,郑志明,毛剑,修春娣,尚涛,申请号:201010572229.4,申请日期:2010-12-03

一种抗节点自私行为的合作增强方法,发明人:刘建伟,韩庆同,郑志明,毛剑,修春娣,尚涛,申请号:201010572226.0,申请日期:2010-12-03

一种用于抵御 P2P 网络中自私行为的多层信任方法,发明人:刘建伟,张薇,郑志明,毛剑,修春娣,尚涛,申请号:201010572217.1,申请日期:2010-12-03

一种基于时间和事件的一次性口令生成和验证方法,发明人:刘建伟,孙钰,郑志明,修春娣,毛剑,尚涛,申请号:201010572216.7,申请日期:2010-12-03

支持海量数据传输的高速光电转换数据传输方法,发明人:郑志明,李洪革,杨奇桦,盘勇军,申请号:201010587768.5,申请日期:2010-12-14

一种分组密码加解密方法,发明人:郑志明,李洪革,丁锦鹏,申请号:201010593392.9,申请日期:2010-12-17

一种基于关系声明的社交网用户身份认证方法,发明人:刘建伟,陈庆余,郑志明,毛剑,修春娣,尚涛,刘靖,申请号:201010601818.0,申请日期:2010-12-22

一种结合数字证书和动态密码的安全认证与交易方法,发明人:刘建伟,刘靖,郑志明,毛剑,修春娣,尚涛,陈建华,陈庆余,申请号:201010601784.5,申请日期:2010-12-22

2011 年

一种基于可靠性的移动 Ad Hoc 网络自适应安全路由方法,发明人:刘建伟,刘靖,郑志明,毛剑,修春娣,尚涛,陈建华,陈庆余,申请号:201110095654.3,申请日期:2011-04-15

基于 AES 加密算法的多模式可重构加密方法,发明人:郑志明,王钊,张筱,邱望洁,张尧,宋倩倩,刘昭,赵罡,申请号:201110103825.2,申请日期:2011-04-25

一种抵抗能量分析的随机混合加密系统及其实现方法,发明人:郑志明,邱望洁,张筱,王钊,张尧,李昊阳,申请号:201110418111.0,申请日期:2011-12-14

2012 年

一种基于隐写术的密钥传输与密钥更新方法,发明人:张筱,郭炳晖,唐绍婷,郑志明,姚望,王思韬,王钊,姚丹丹,申请号:201210186521.1,申请日期:2012-06-07

2013 年

一种安全性适应速度变化的加密方法及装置,发明人:张筱,王成启,郑志明,韦卫,姜鑫,姚望,申请号:201310597201.X,申请日期:2013-11-22

一种使用基于混沌的随机时钟的加密方法及装置,发明人:张筱,姚望,郑志明,唐绍婷,郭炳晖,张尧,申请号:201310596634.3,申请日期:2013-11-22

一种煤矿安全监测的装置,发明人:马长江,郑志明,韦卫,郭炳晖,任冠清,张惠君,徐鹏飞,王钊,申请号:201320797634.5,申请日期:2013-12-06

一种煤矿安全监测的可视化装置，发明人：郑志明，马长江，韦卫，郭炳晖，任冠清，张惠君，徐鹏飞，王钊，申请号：201320798994.7，申请日期：2013-12-06

2015 年

基于口令和智能卡的远程认证协议方法，发明人：张筱，单宝松，郑志明，李轩昂，申请号：201510195736.3，申请日期：2015-04-23

一种基于多混沌系统的明文相关图像加密方法，发明人：张筱，姚望，吴发国，郑志明，申请号：201510197704.7，申请日期：2015-04-23

基于生物特征的远程认证协议方法，发明人：姚望，张筱，许壮，郑志明，申请号：201510195301.9，申请日期：2015-04-23

基于椭圆曲线的前向安全的成员可撤销无证书群签名方案，发明人：张筱，姚望，谢少芬，郑志明，梁艳，申请号：201510195339.6，申请日期：2015-04-23

2016 年

一种基于流线场理论的压气机叶片吸力面建模方法，发明人：郑志明，姜鑫，董暄雨，苏澄，霍冠英，申请号：201610023746.3，申请日期：2016-01-14

基于二阶常微分方程的压气机叶片吸力面基元曲线建模方法，发明人：郑志明，姜鑫，霍冠英，董暄雨，叶丹蕾，苏澄，陆泽鸿，申请号：201610662792.8，申请日期：2016-08-12

2017 年

点云配准方法，发明人：郑志明，姜鑫，霍冠英，王博伦，苏澄，陆泽鸿，叶丹蕾，申请号：201710584041.3，申请日期：2017-07-18

极限流场的保向共轭映射方法和装置，发明人：郑志明，姜鑫，苏澄，霍冠英，王博伦，陆泽鸿，叶丹蕾，申请号：201710584904.7，申请日期：2017-07-18

基于最大带宽走刀方向场的曲面加工轨迹规划方法和装置，发明人：郑志明，姜鑫，王博伦，霍冠英，苏澄，陆泽鸿，叶丹蕾，申请号：201710596511.8，申请日期：2017-07-20

2018 年

一种基于参数化曲线几何特征和弓高误差限制的进给速率自适应插补算法，发明人：姜鑫，李禾雄，霍冠英，叶丹蕾，苏澄，陆泽鸿，王博伦，胡一飞，郑志明，申请号：201811325000.3，申请日期：2018-11-08

点云的多重轮廓生成方法、装置及系统，发明人：姜鑫，胡一飞，霍冠英，叶丹蕾，陆泽鸿，苏澄，王博伦，李禾雄，郑志明，申请号：201811348171.8，申请日期：2018-11-13

2020 年

高光谱图像的处理方法及装置，发明人：吴发国，张筱，牛子佳，姚望，郑志明，申请号：202011018797.X，申请日期：2020-09-24

（二）对郑志明院士的介绍与研究文献目录

期刊文献

认识现状明确方向推动区块链技术应用创新发展——访北京航空航天大学教授、中国科学院院士郑志明，翟健，刘欣越，郑志明，《时事报告（党委中心组学习）》2020 年第 5 期

必须重视区块链技术的原始创新——专访中国科学院院士郑志明，刘欣越，翟健，《时事报告》2020年第10期

报纸文献

2009年

郑志明副校长参加图书馆领导班子专题民主生活会，《北航校报》2009-05-21

2014年

北航知行书院院长郑志明：书院制有助大学生个性化发展，姚晓丹，张心怡，《光明日报》2014-07-17

2015年

数学擎天学科交叉获重大突破——郑志明，《北航校报》2015-02-01

数海扬帆，独树数理新峰——记第五届"感动北航"获奖人物郑志明教授，《北航校报》2015-06-21

2017年

北航郑志明教授当选中国科学院院士多名校友当选中国工程院院士，《北航校报》2017-12-01

2018年

郑志明院士：区块链将取代互联网底层基础协议，天雨，《人民邮电报》2018-10-29

2019年

郑志明院士来鞍问诊把脉建言献策——韩玉起余功斌会见，邓小彬，喻蕾，《鞍山日报》2019-04-17

郑志明：区块链技术帮助重构社会信任关系和实现价值互联，王卫斌，《吕梁日报》2019-08-26

郑志明院士：区块链研究需要"久久为功"，《中国产经新闻》2019-12-05

2020年

新文科建设吹响号角郑志明院士为我校区块链研究出谋划策，《中南财经政法大学报》2020-10-10

郑志明院士谈"人工智能技术及发展"，《湘潭大学报》2020-12-30

王建宇(2017 年当选中国科学院院士)

王建宇(1959 年 6 月 4 日——　),光电技术专家,浙江宁波人,中国科学院上海技术物理研究所研究员,第十三届全国人民代表大会代表。

王建宇院士主要从事空间光电技术和系统的研究,解决了星地量子科学实验中光束对准、偏振保持和单光子探测等多项核心技术难题,提出了超光谱成像与激光遥感相结合的探测新方法,解决了多维遥感探测中信息同步获取难题,提出了空间远距离激光高灵敏度单元和阵列探测方法,实现了我国激光遥感的首次空间应用;曾获国家技术发明奖、科技进步奖、中科院杰出成就奖等。

2017 年当选为中国科学院院士。

(一)王建宇院士的各类文献目录

著作文献

《成像光谱技术导论》,王建宇,舒嵘,刘银年,马艳华编著,科学出版社,2011

《光学卫星信号处理与增强》,(加)钱神恩著,王建宇译,科学出版社,2017

期刊文献

1989 年

光谱波段可编程多光谱扫描仪探讨,王建宇,薛永祺,《红外研究》1989 年第 4 期

1990 年

成像光谱仪图像数据特征和实时处理系统,王建宇,《遥感信息》1990 年第 1 期

新疆岩石 2.0—2.5 微米地面光谱数据的特点分析,王建宇,郭一平,《遥感学报》1990 年第 2 期

成像光谱仪光谱分辨率的分析,王建宇,《红外与毫米波学报》1990 年第 4 期

成象光谱仪性能分析及设计,王建宇,《系统工程与电子技术》1990 年第 6 期

1992 年

64 波段机载成象光谱仪,王建宇,薛永祺,《红外与毫米波学报》1992 年第 3 期

新型航空扫描仪系列及其相关的技术系统,郭一平,薛永祺,沈鸣明,杨存武,王建宇,《国土资源遥感》1992 年第 4 期

1998 年

实用机载成像光谱仪系统,沈鸣明,王建宇,《红外与毫米波学报》1998 年第 1 期

成像光谱图像实时无损压缩方法研究,朱振宇,林侃,王建宇,《红外与毫米波学报》1998 年第 1 期

机载成像光谱仪数据采集系统,王建宇,张泳,《红外与毫米波学报》1998 年第 2 期

推帚式超光谱成像仪(PHI)关键技术,邵晖,王建宇,薛永祺,《遥感学报》1998 年第 4 期

1999 年

并置压电传感/作动器的最优配置及反馈增益研究,严天宏,牟全臣,王建宇,《振动工程学报》1999 年第 4 期

高光谱遥感——给人类配上一副神眼,王建宇,《世界科学》1999 年第 12 期

2000 年

振动主动控制中传感器/作动器最优配置问题的模拟退火方法研究,严天宏,段登平,王建宇,王学孝,黄文虎,《振动与冲击》2000 年第 2 期

含弹塑性滞迟非线性结构系统的实时最优控制研究,严天宏,王学孝,段登平,王建宇,《控制理论与应用 2000 年第 4 期

基于条形码技术在车间监控系统的实时信息采集,周四军,王建宇,谭俊,《电子技术应用》2000 年第 5 期

不同材料连接铰摩擦接触面的滞迟特性,严天宏,王建宇,段登平,王学孝,《上海交通大学学报》2000 年第 8 期

2001 年

一种适合实时应用的多光谱遥感图像无损压缩算法,杨帆,汪骏发,王建宇,《量子电子学报》2001 年第 S1 期

利用磁强计数据确定卫星三轴姿态的方法,周健,朱振才,王建宇,《宇航学报》2001 年第 2 期

机载激光遥感成像的激光回波波形数字化技术,胡以华,王建宇,薛永祺,《遥感学报》2001 年第 2 期

通信小卫星的姿态与轨道控制系统技术,胡俊,朱振才,王建宇,《红外》2001 年第 6 期

卡尔曼滤波实现磁测定姿的算法研究及其 MATLAB 仿真,周健,朱振才,王建宇,《红外》2001 年第 9 期

2002 年

实用型模块化成像光谱仪,刘银年,薛永祺,王建宇,沈鸣明,《红外与毫米波学报》2002 年第 1 期

遥感图像的数据压缩技术研究,蒋青松,王建宇,《空间科学学报》2002 年第 S2 期

小卫星姿态控制系统半物理仿真关键技术研究,周健,张静,朱振才,王建宇,《空间科学学报》2002 年第 S2 期

小卫星设计中软件重注入的关键技术研究,周健,段登平,王建宇,《空间科学学报》2002 年第 3 期

2003 年

凝练发展战略目标促进重大任务完成——上海技术物理研究所知识创新工程工作巡礼,王建宇,《中国科学院院刊》2003 年第 1 期

长波红外相机细分采样迭加像元传递函数分析,张滢清,傅雨田,王建宇,《红外与激光工程》2003 年第 3 期

基于连续覆盖特性分析的星座设计,胡俊,陈博,王建宇,朱振才,《空间科学学报》2003 年第 3 期

实用型模块化成像光谱仪多光谱图像的信噪比估算及压缩方法研究,蒋青松,王建宇,《光学学报》2003 年第 11 期

2004 年

多光谱图像的信息分析及数据压缩,蒋青松,王建宇,《红外技术》2004 年第 1 期

多谱段相机的信息获取与处理技术,徐秀芳,刘银年,王建宇,《仪器仪表学报》2004 年第 A1 期

对地观测激光成像的回波阵列探测技术,陈育伟,张立,胡以华,张海洪,舒嵘,王建宇,《红外与毫米波学报》2004 年第 3 期

软件无线电宽带高中频采样的 A/D 特性分析,余超,段登平,王建宇,李国通,《电讯技术》2004 年第 5 期

A/D 转换信噪比分析及在小卫星终端中的应用,余超,段登平,王建宇,李国通,《空间科学学报》2004 年第 5 期

激光制导目标方位探测系统的光学设计,徐代升,何志平,舒嵘,王建宇,《光学与光电技术》2004 年第 5 期

微小卫星通用平台技术简介,陈志峰,王建宇,付碧红,《红外》2004 年第 5 期

空间双面镜扫描机构的研究现状,姚志雄,张宝龙,王建宇,黄健,《红外》2004 年第 5 期

2005 年

光电子对 21 世纪生活的影响,王建宇,《上海信息化》2005 年第 9 期

45°镜系统扫描轨迹分析及其对像旋校正的影响,孙德新,王建宇,《红外与毫米波学报》2005 年第 1 期

星载激光高度计综合性能分析,徐代升,黄庚华,舒嵘,王建宇,《红外》2005 年第 1 期

星载红外探测器温度控制系统的设计和应用,张彤,陈小文,刘银年,王建宇,《红外技术》2005 年第 2 期

提高室外遮蔽物透过率测量精度的一种方法,徐代升,胡以华,舒嵘,王建宇,《应用光学》2005 年第 5 期

一种实用化的机载线阵推扫成像光谱仪,徐卫明,刘军,胡培新,舒嵘,王建宇,马艳华,《红外技术》2005 年第 5 期

红外摄像机系统,陈杜,徐秀芳,刘银年,王建宇,《红外》2005 年第 7 期

2005 上海国际光电器件及显示产品博览会定于明年四月举办,马庆军,王建宇,舒嵘,《红外》2005 年第 7 期

红外光谱仪在深空探测领域的发展状况,马庆军,王建宇,舒嵘,《红外》2005 年第 7 期

空间目标红外辐射谱测量技术研究,陈杜,徐秀芳,刘银年,王建宇,《红外》2005 年第 7 期

光电子产业五人谈,朱健强,王建宇,王又良,刘木清,陈鸣波,《上海信息化》2005 年第 9 期

2006 年

激光欺骗式干扰与激光制导系统相互作用效应研究,徐代升,王建宇,《红外与毫米波学报》2006 年第 1 期

主动光学系统的计算机辅助光校方法研究,陈育伟,何志平,胡以华,王岚,舒嵘,王建宇,邢超,《激光与红外》2006 年第 1 期

激光主动遥感技术及其应用,王建宇,洪光烈,《激光与红外》2006 年第 S1 期

一种用于光谱图像的基于邻域背景检测的矢量滤波器,马艳华,王建宇,马德敏,舒嵘,《红外与毫米波学报》2006 年第 2 期

高重频激光压制干扰与激光制导系统相互作用效应研究,徐代升,王建宇,《量子电子学报》2006 年第 2 期

细分采样叠加技术在推扫式长波红外成像中的应用,张滢清,王建宇,傅雨田,《量子电子学报》2006 年第 2 期

线阵推扫成像光谱仪几何校正误差的理论分析,徐卫明,王建宇,舒嵘,何志平,方抗美,《红外与毫米波学报》2006 年第 2 期

空间探测红外光谱仪信号处理技术,陈杜,徐秀芳,刘银年,王建宇,《红外技术》2006 年第 4 期

PHI 高光谱图像的大气校正算法,李庆利,薛永祺,王建宇,白智全,《红外与毫米波学报》2006 年第 4 期

柔性结构振动主动控制器的 μ 综合设计方法,马志刚,王永,王建宇,《中国科学技术大学学报》2006

年第 5 期

太阳辐照对近红外激光高度计接收系统的影响,张海洪,王建宇,舒嵘,胡以华,《红外与毫米波学报》2006年第 6 期

高光谱成像系统在中医舌诊中的应用研究,李庆利,薛永祺,王建宇,岳小强,《红外与毫米波学报》2006 年第 6 期

装配体结构有限元分析中的螺钉连接模型,薛闯,贾建军,舒嵘,王建宇,《科学技术与工程》2006 年第 7 期

低温光学系统辐射特性研究,李春来,吴刚,刘银年,王建宇,《激光与红外》2006 年第 12 期

2007 年

基于向量相关的高光谱图像真实性检验,马德敏,王建宇,马艳华,舒嵘,《激光与红外》2007 年第 1 期

基于超光谱图像的舌体分割算法,李庆利,薛永祺,王建宇,岳小强,《红外与毫米波学报》2007 年第 1 期

伪卫星时钟同步方法的研究,吴刚,刘银年,王建宇,《光纤与电缆及其应用技术》2007 年第 2 期

卫星测控系统的信息融合技术研究,张雷,王建宇,戴宁,《航天电子对抗》2007 年第 3 期

脉冲激光测距系统中高精度时间间隔测量模块的研究,吴刚,李春来,刘银年,戴宁,王建宇,《红外与毫米波学报》2007 年第 3 期

行星地形激光测高可视化仿真系统的设计,王建宇,陈伟,李永亮,李文杰,《红外》2007 年第 4 期

红外地平仪视场保护系统,夏项团,刘学明,王建宇,龚惠兴,《光学精密工程》2007 年第 4 期

基于信息融合的 GPS 与 GLONASS 组合接收技术研究,张雷,王建宇,戴宁,《全球定位系统》2007 年第 4 期

激光诱导现场探测月壤成分的可行性分析,马德敏,马艳华,舒嵘,亓洪兴,何志平,吕刚,王建宇,《红外与激光工程》2007 年第 5 期

基于平行光管的 CCD 相机标定新方法,王志和,舒嵘,何志平,吕刚,王建宇,《红外与毫米波学报》2007 年第 6 期

空间目标红外辐射谱测量系统,李春来,王跃明,刘银年,王建宇,《红外与激光工程》2007 年第 6 期

GPS 伪卫星信号捕获的仿真分析与研究,张雷,王建宇,戴宁,舒嵘,《红外》2007 年第 8 期

基于 TDMA 技术的伪卫星远近效应分析与研究,张雷,王建宇,戴宁,《计算机技术与发展》2007 年第 11 期

GPS 信息接收模拟器的研究与开发,张雷,王建宇,戴宁,《计算机测量与控制》2007 年第 11 期

2008 年

航空遥感中 POS 与稳定平台控制组合技术,杨胜科,汪骏发,王建宇,《电光与控制》2008 年第 2 期

GPS 信号捕获跟踪的仿真分析与研究,张雷,王建宇,戴宁,《现代防御技术》2008 年第 2 期

短波红外成像光谱仪性能检测与定标装置,何志平,刘强,徐卫明,谢锋,舒嵘,王建宇,《红外与激光工程》2008 年第 A2 期

方波激磁的感应同步器驱动及信号处理技术,谢仁飚,王跃明,刘银年,王建宇,《中国惯性技术学报》2008 年第 3 期

基于卫星定位的位置服务分析及其应用研究,易炯,张雷,王建宇,舒嵘,《世界科技研究与发展》2008 年第 3 期

机载激光雷达均匀扫描的实现方法,卜弘毅,王建宇,舒嵘,《红外与激光工程》2008 年第 4 期

推扫成像中针对细分采样累加的反降晰算法,张滢清;王建宇,《量子电子学报》2008年第5期

基于视场分割方式的宽视场高光谱成像系统的辐射匹配技术,马艳华,敬忠良,王建宇,舒嵘,《红外与毫米波学报》2008年第6期

光子计数成像激光雷达时间间隔测量系统研究,朱磊,黄庚华,欧阳俊华,舒嵘,王建宇,《红外与毫米波学报》2008年第6期

短波红外超光谱成像仪前置物镜的设计,兰卫华,丁学专,王欣,刘银年,王跃明,王建宇,《红外技术》2008年第8期

TDMA在伪卫星远近效应中的分析与研究,张雷,王建宇,戴宁,《微计算机信息(测控自动化)》2008年第10期

低噪声小型化焦平面驱动与信息获取系统设计,张明涛,刘强,王跃明,刘银年,王建宇,《红外技术》2008年第11期

8192像元TDI-CCD相机信噪比的深入分析,徐茜,苗丽峰,王跃明,王建宇,《红外技术》2008年第12期

高精度脉冲式激光测速中的单周期抖动误差的研究,欧阳俊华,王建宇,朱磊,黄庚华,舒嵘,《科学技术与工程》2008年第13期

2009年

正弦波脉冲调制在空间用感应同步器驱动技术中的应用,谢仁飚,张明涛,刘银年,王建宇,《测试技术学报》2009年第1期

GPS软件接收机的模块设计与信号处理,张雷,邓江平,王建宇,《计算机工程》2009年第1期

激光雷达双轴配准度的测试,狄慧鸽,王建宇,舒嵘,《红外与激光工程》2009年第1期

基于FPGA的激光雷达恒虚警率控制技术研究,欧阳俊华,黄庚华,程鹏飞,舒嵘,王建宇,《红外与毫米波学报》2009年第1期

背景辐射功率对星载激光高度计信噪比的影响研究,黄庚华,欧阳俊华,舒嵘,王建宇,薛永祺,《红外与毫米波学报》2009年第1期

GPS L5信号体制的分析及其性能的仿真研究,张雷,王建宇,《计算机应用与软件》2009年第3期

320×256短波红外焦平面温控系统设计与应用,张明涛,谢仁飚,朱磊,刘银年,王建宇,《红外与毫米波学报》2009年第3期

Chirp强度调制与近红外激光合成孔径雷达距离向处理,洪光烈,王建宇,孟昭华,李静文,童鹏,《红外与毫米波学报》2009年第3期

关于发展我国空间激光气象雷达的建议,王建宇,洪光烈,《激光与红外》2009年第4期

激光高度计探测视场角的测试研究,狄慧鸽,王建宇,方抗美,舒嵘,《红外与毫米波学报》2009年第4期

斜程湍流大气光通信信道的单光子轨道角动量,张逸新,齐文辉,王建宇,贾建军,《激光杂志》2009年第5期

凸面光栅的衍射效率计算及其二级光谱抑制,兰卫华,王欣,刘银年,丁学专,王跃明,王建宇,《红外技术》2009年第5期

环境减灾-1B卫星红外相机的研制,刘银年,王建宇,薛永祺,《航天器工程》2009年第6期

基于GPS伪卫星的多径效应分析与研究,张雷,王建宇,舒嵘,戴宁,《微计算机信息杂志》2009年第7期

机载扫描激光雷达的研制,王建宇,洪光烈,卜弘毅,徐卫明,肖功海,何志平,林均仰,舒嵘,《光学学报》

2009 年第 9 期

空间遥感短波红外成像光谱仪的光学系统设计,王欣,杨波,丁学专,刘银年,王建宇,《红外技术》2009 年第 12 期

2010 年

方波激磁感应同步器测角系统误差分析及修正,张育,王建宇,刘银年,王跃明,《海南大学学报(自然科学版)》2010 年第 2 期

大气湍流像差散焦和像散与高斯涡旋光束焦面光强,赵贵燕,张逸新,王建宇,贾建军,《物理学报》2010 年第 2 期

单光子斜程量子信道纠缠角动量的大气湍流效应,张逸新,张建,王建宇,贾建军,《激光杂志》2010 年第 2 期

激光斜程湍流大气传输平均偏振起伏,张逸新,王建宇,贾建军,《激光杂志》2010 年第 3 期

嫦娥一号激光测距数据及全月球 DEM 模型,李春来,任鑫,刘建军,邹小端,牟伶俐,王建宇,舒嵘,邹永廖,张洪波,吕昌,刘建忠,左维,苏彦,温卫斌,边伟,汪敏,许春,孔德庆,王晓倩,王芳,耿良,张舟斌,郑磊,朱新颖,李俊铎,欧阳自远,《中国科学(地球科学)》2010 年第 3 期

绕月探测工程的初步科学成果,欧阳自远,李春来,邹永廖,张洪波,吕昌,刘建忠,刘建军,左维,苏彦,温卫斌,边伟,赵葆常,王建宇,杨建峰,常进,王焕玉,张晓辉,王世金,汪敏,任鑫,牟伶俐,孔德庆,王晓倩,王芳,耿良,张舟斌,郑磊,朱新颖,郑永春,李俊铎,邹小端,许春,施硕彪,高亦菲,高冠男,《中国科学(地球科学)》2010 年第 3 期

高光谱成像系统的噪声模型和对辐射灵敏度的影响,王建宇,王跃明,李春来,《遥感学报》2010 年第 4 期

激光轨道角动量态的湍流倾斜、像散和慧差效应,张逸新,徐建才,司丛芳,王建宇,贾建军,《激光技术》2010 年第 6 期

红外高光谱成像系统光学设计及检测,袁立银,王建宇,林颖,徐卫明,何志平,舒嵘,《红外与激光工程》2010 年第 6 期

热红外高光谱成像系统的背景抑制和性能优化,王建宇,徐卫明,袁立银,林颖,何志平,刘军,《红外与毫米波学报》2010 年第 6 期

大气湍流对单光子通信中光子态的影响,徐建才,张逸新,朱焯炜,魏柏林,王建宇,贾建军,《激光技术》2010 年第 6 期

基于载波表的 GPS 载波跟踪环路研究,邓江平,张雷,舒嵘,王建宇,《微计算机信息杂志》2010 年第 7 期

棱镜分光光谱仪的光学系统设计与光谱特性计算,王欣,丁学专,杨波,刘银年,王建宇,《光子学报》2010 年第 7 期

高带宽量子通信信标跟踪技术研究,林均仰,王建宇,张亮,贾建军,舒嵘,《光通信技术》2010 年第 7 期

嫦娥一号卫星载激光高度计,王建宇,舒嵘,陈卫标,贾建军,黄庚华,王斌永,侯霞,《中国科学(物理学·力学·天文学)》2010 年第 8 期

湍流大气信道激光透射率的研究,杨世骥,何志平,贾建军,吴金才,王建宇,《中国激光》2010 年第 11 期

热红外高光谱系统信号成分分析及处理,林颖,徐卫明,袁立银,王建宇,《激光与红外》2010 年第 12 期

感应同步器动态误差分析及修正,张育,王建宇,刘银年,王跃明,《科学技术与工程》2010 年第 17 期

2011 年

大气湍流对星地激光下行链路最大天顶角的影响,李永亮,王建宇,徐睿,林日钊,傅忠谦,《应用科学学报》2011 年第 1 期

长波红外高光谱成像系统的设计与实现,袁立银,林颖,何志平,徐卫明,张滢清,舒嵘,王建宇,《红外与激光工程》2011 年第 2 期

基于 CMOS 的量子通信精跟踪系统设计及检验,张亮,王建宇,贾建军,林俊仰,《中国激光》2011 年第 2 期

短波红外高光谱成像仪背景辐射特征研究,王跃明,祝倩,王建宇,庄晓琼,《红外与毫米波学报》2011 年第 3 期

采用压电陶瓷驱动器的高频像移补偿系统,廖胜凯,刘银年,陈小文,王建宇,《红外与激光工程》2011 年第 3 期

长波红外高光谱非均匀性校正及光谱特征提取,林颖,徐卫明,袁立银,王建宇,《红外与激光工程》2011 年第 4 期

星载激光测距系统点目标探测方程研究,狄慧鸽,黄庚华,舒嵘,王建宇,《光子学报》2011 年第 4 期

星地激光通信下行链路的最大天顶角分析,李永亮,傅忠谦,徐睿,林日钊,王建宇,《红外与激光工程》2011 年第 4 期

星地量子密钥分发中的时间同步研究,任继刚,印娟,杨彬,周飞,易震环,彭承志,舒嵘,王建宇,《红外与毫米波学报》2011 年第 4 期

短波红外棱镜-光栅-棱镜成像光谱仪光学系统设计,袁立银,何志平,舒嵘,王建宇,《光子学报》2011 年第 6 期

IIC 总线的数字式电位计设计,傅思勇,杨海马,王建宇,刘瑾,刘翠,《光学仪器》2011 年第 6 期

一种红外引导激光指向双模复合探测技术研究,张冰娜,张亮,黄庚华,舒嵘,王建宇,《中国激光》2011 年第 9 期

星载激光雷达点目标最大测程标定技术,狄慧鸽,黄庚华,舒嵘,王建宇,《红外与激光工程》2011 年第 11 期

2012 年

航天高光谱成像技术研究现状及展望,王跃明,郎均慰,王建宇,《激光与光电子学进展》2012 年第 1 期

偏振光学系统中相位延迟机理及其应用,吴金才,何志平,舒嵘,贾建军,陈爽,《光子学报》2012 年第 1 期

光束偏振的高精度实时检测技术,狄慧鸽,曾和平,何志平,吴金才,王建宇,《光电工程》2012 年第 1 期

Galileo L1F 信号载波跟踪环中鉴别器组合研究,沈悦,张雷,傅忠谦,王建宇,《宇航学报》2012 年第 3 期

基于 AOTF 分光方式的短波红外成像光谱仪背景辐射特性,祝倩,王跃明,王建宇,庄晓琼,《红外与激光工程》2012 年第 3 期

星载光机扫描仪像移模型及补偿方法,王跃明,王建宇,《红外与激光工程》2012 年第 4 期

空间量子通信粗跟踪系统设计研究,江昊,王建宇,贾建军,强佳,《光通信技术》2012 年第 6 期

高灵敏度 APS CMOS 图像传感器光谱探测技术研究,郎均慰,王跃明,王建宇,《光学学报》2012 年第 7 期

基于 PSD 的空间信标光位置检测系统的研究,杨海马,傅思勇,王建宇,胡以华,刘瑾,刘翠,《测控技术》2012 年第 7 期

基于 FPGA 的 PSD 多路光电数据采集系统设计,杨海马,傅思勇,王建宇,胡以华,刘瑾,《仪表技术与传感

器》2012 年第 8 期

星载长波红外焦平面成像系统,李春来,林春,陈小文,丁学专,王建宇,《红外与激光工程》2012 年第 9 期

2013 年

航天高光谱成像技术研究现状及展望,王跃明,郎均慰,王建宇,《激光与光电子学进展》2013 年第 1 期

激光诱导击穿光谱对污染鱼体内重金属元素分布与含量的分析,万雄,王建宇,叶健华,王鹏,张志敏,《光谱学与光谱分析》2013 年第 1 期

偏振光学系统中相位延迟机理及其应用,吴金才,何志平,舒嵘,贾建军,陈爽,王建宇,《光子学报》2013 年第 1 期

捕获、跟踪、瞄准系统中光斑探测相机的定位精度,钱锋,贾建军,张亮,王建宇,《中国激光》2013 年第 2 期

区间卡尔曼滤波算法在高动态导航的研究,沈悦,张雷,傅忠谦,王建宇,《宇航学报》2013 年第 3 期

让光子在空间起舞:星地量子通信的原理与应用,王建宇,钱锋,《科学》2013 年第 5 期

用于大动态范围厘米精度激光测距的孔径光阑自动调整技术,张冰娜,黄庚华,舒嵘,王建宇,《红外与激光工程》2013 年第 7 期

高帧频低噪声红外焦平面信息获取系统,程高超,陈小文,王湘波,李春来,王建宇,《红外技术》2013 年第 7 期

基于 AOTF 的成像光谱技术在深空探测中的应用,王建宇,何志平,徐睿,《红外》2013 年第 12 期

压电驱动 FSM 的动态性能分析,周辉,杨明冬,贾建军,王建宇,《科学技术与工程》2013 年第 18 期

2014 年

先进焦平面与光谱成像技术现状,王跃明,韦丽清,郎均慰,王建宇,《光学与光电技术》2014 年第 1 期

AOTF 短波红外光谱仪的空间温度特性及其数据预处理模型,徐睿,何志平,陈凯,张虎,傅忠谦,王建宇,《红外与毫米波学报》2014 年第 3 期

嫦娥三号巡视器有效载荷,代树武,吴季,孙辉先,张宝明,杨建峰,方广有,王建宇,王焕玉,安军社,《空间科学学报》2014 年第 3 期

嫦娥三号有效载荷在轨测试初步结果,代树武,贾瑛卓,张宝明,吴季,孙辉先,刘恩海,魏建彦,陈波,黄长宁,薛长斌,杨建峰,方广有,王建宇,王焕玉,安军社,《中国科学(技术科学)》2014 年第 4 期

制冷型热红外焦平面成像系统数据处理的关键技术,王湘波,陈小文,李春来,姬弘桢,王建宇,《红外》2014 年第 5 期

星地激光通信 ATP 系统探测相机的坏点校正,钱锋,贾建军,张亮,王建宇,《中国激光》2014 年第 5 期

一种星地激光通信载荷预对准算法研究,梁延鹏,贾建军,张亮,傅忠谦,王建宇,《电子技术》2014 年第 6 期

飞机红外光谱辐射特性的多光谱测量,肖喜中,王跃明,马骏,王建宇,《光学学报》2014 年第 10 期

应用于深空探测的成像光谱仪,田咪,徐睿,何志平,王建宇,《光电产品与资讯》2014 年第 10 期

2015 年

热红外高光谱成像技术的研究现状与展望,王建宇,李春来,姬弘桢,袁立银,王跃明,吕刚,刘恩光,《红外与毫米波学报》2015 年第 1 期

DAC 分辨率对 ATP 系统跟踪精度影响的研究,杨明冬,贾建军,张亮,王建宇,《光通信技术》2015 年第 1 期

基于超声电机的轻型指向机构及其指向误差分析,田咪,何志平,陈凯,吕刚,王建宇,《红外与激光工程》2015 年第 7 期

空间光通信发展历程及趋势,白帅,王建宇,张亮,杨明冬,《激光与光电子学进展》2015 年第 7 期

基于高斯过程回归的多姿态人脸识别,应竞舟,傅忠谦,王建宇,《计算机应用与软件》2015 年第 8 期

光电位置传感器中形态学滤波方法的研究,杨海马,马彩文,王建宇,刘瑾,张亮,《激光与红外》2015 年第 9 期

量子光通信中偏振光空间姿态传递,杨海马,马彩文,王建宇,张亮,刘瑾,黄元申,《光子学报》2015 年第 12 期

2016 年

基于 SWAD 算法的空间面目标高精度跟踪技术研究,杨明冬,王建宇,贾建军,张亮,强佳,《红外与激光工程》2016 年第 2 期

基于导模共振效应的宽带宽透射型滤波器的设计与优化,李业,王琦,王建宇,张大伟,《光子学报》2016 年第 4 期

若干高光谱成像新技术及其应用研究,王跃明,贾建鑫,何志平,王建宇,《遥感学报》2016 年第 5 期

星载热红外高光谱成像仪工程样机研制,王建宇,李春来,《科技成果管理与研究》2016 年第 7 期

一种降低高灵敏度热红外成像条纹噪声的方法,姬弘桢,李春来,金健,曹嘉豪,王建宇,《红外技术》2016 年第 9 期

AOTF 测量光谱分辨率提升算法的仿真,苏歌,徐睿,王建宇,《红外》2016 年第 10 期

Short-wave infrared signature and detection of aicraft in flight based on space-borne hyperspectral imagery,王跃明,谢峰,王建宇,《中国光学快报(英文版)》2016 年第 12 期

热红外高光谱图像非均匀性校正方法研究,姬弘桢,李春来,金健,吕刚,袁立银,王建宇,《科学技术与工程》2016 年第 21 期

2017 年

基于场景的热红外高光谱数据光谱定标,谢锋,刘成玉,邵红兰,张长兴,杨贵,王建宇,《红外与激光工程》2017 年第 1 期

红外高光谱成像仪的系统测试标定与飞行验证,王建宇,李春来,吕刚,袁立银,王跃明,金健,陈小文,谢峰,《红外与毫米波学报》2017 年第 1 期

热红外高光谱成像仪的灵敏度模型与系统研制,王建宇,李春来,王跃明,吕刚,袁立银,金健,陈小文,谢峰,《红外与激光工程》2017 年第 1 期

月球资源人机联合多尺度红外光谱成像探测概念研究,何志平,王建宇,舒嵘,《载人航天》2017 年第 5 期

多帧图像编码孔径光谱成像技术,刘世界,张旭东,张月,李春来,王建宇,《红外与毫米波学报》2017 年第 6 期

数模转换器分辨率对捕获、跟踪、瞄准系统跟踪精度的影响,陈少杰,张亮,王建宇,《中国激光》2017 年第 8 期

基于透射变换和二维指向镜的大视场光谱成像研究,徐映宇,秦侠格,徐睿,何志平,王建宇,《红外》2017 年第 8 期

探测器条状噪声对精跟踪系统光斑定位的影响,陈少杰,张亮,王建宇,《中国激光》2017 年第 9 期

基于面阵凝视扫描成像的声光光谱成像系统及其图像拼接验证试验,徐映宇,秦侠格,姬忠鹏,何志平,王建宇,《红外》2017 年第 9 期

Space-to-ground quantum key distribution using a small-sized payload on Tiangong-2 space lab,廖胜凯,林金,任继刚,刘尉悦,强佳,印娟,李杨,沈奇,张亮,梁学锋,雍海林,李凤芝,印亚云,曹原,蔡文奇,张文卓,贾建军,吴金才,陈小文,张善从,姜晓军,王建峰,黄永梅,王强,马路,李力,潘阁生,张强,陈宇翱,陆朝阳,刘乃乐,马雄峰,舒嵘,彭承志,王建宇,潘建伟,《中国光学快报(英文版)》2017 年第 9 期

2018 年

空间激光通信中精跟踪系统的实现与优化,陈少杰,张亮,吴金才,李长昆,王建宇,《红外与毫米波学报》2018 年第 1 期

空间差分吸收激光雷达探测地表大气压力的波长选择,洪光烈,王钦,孔伟,王建宇,《红外与毫米波学报》2018 年第 2 期

基于快速软阈值迭代的高光谱图像异常检测算法,王杰超,张长兴,谢锋,王建宇,《工业控制计算机》2018 年第 6 期

星地量子通信光链路的建立与在轨验证,张亮,贾建军,廖胜凯,闻冠华,舒嵘,王建宇,《中国科学(信息科学)》2018 年第 9 期

基于 InGaAs 探测器的日光条件光子计数实验,丁宇星,李永富,刘鸿彬,黄庚华,王建宇,《中国激光》2018 年第 11 期

实施协同大战略提升创新硬实力,王建宇,《浦东开发》2018 年第 11 期

拉普拉斯约束低秩表示的高光谱图像异常检测,王杰超,孙大鹏,张长兴,谢锋,王建宇,《光谱学与光谱分析》2018 年第 11 期

在线固相萃取-超高效液相色谱法检测水中 15 种多环芳烃类污染物,王建宇,李丽,王蕴平,王桂芳,袁汉成,洪云鹤,孙颖,《环境化学》2018 年第 12 期

2019 年

实施协同大战略,提升创新硬实力——助力长三角更高质量一体化发展,王建宇,《张江科技评论》2019 年第 1 期

塑造创新策源力,打造科学新高地,杨晗之,王建宇,《张江科技评论》2019 年第 2 期

探测大气压力的差分吸收激光雷达的一种光发射机,洪光烈,王钦,肖春雷,孔伟,王建宇,《红外与毫米波学报》2019 年第 4 期

成像狭缝对热红外高光谱成像仪接收能量的影响,孟庆鹏,刘世界,李春来,王建宇,《半导体光电》2019 年第 5 期

基于热红外高光谱图像的差值均衡校正技术,孙羽,李春来,陈小文,金健,王建宇,《红外技术》2019 年第 8 期

0.94μm 差分吸收激光雷达地基工作的进展,洪光烈,李嘉唐,王建宇,李虎,王一楠,孔伟,《红外与激光工程》2019 年第 12 期

2020 年

电子式多狭缝组合编码高光谱成像系统,刘世界,李春来,徐睿,唐国良,王建宇,《光学学报》2020 年第 1 期

地基差分吸收激光雷达垂直探测大气压力初步实验,洪光烈,王钦,王建宇,梁新栋,孔伟,李虎,《中国激光》2020年第3期

卫星光通信精确跟踪控制系统的参数化综合优化设计,段广仁,王建宇,赵天一,张亮,《控制理论与应用》2020年第3期

激光掩星探测大气水汽的阿贝尔变换,洪光烈,李虎,王建宇,王一楠,孔伟,《大气与环境光学学报》2020年第3期

借助卫星优势全覆盖自由空间量子通信大有可为,彭承志,王建宇,《前沿科学》2020年第4期

机载热红外高光谱成像仪的光谱性能测试与初步应用,李春来,吕刚,袁立银,王跃明,金健,徐艳,刘成玉,何志平,王建宇,《红外与激光工程》2020年第5期

月球表面原位光谱探测技术研究与应用(特约),何志平,李春来,吕刚,袁立银,徐睿,王建宇,《红外与激光工程》2020年第5期

热红外高光谱成像仪(ATHIS)对矿物和气体的实验室光谱测量,李春来,刘成玉,金健,徐睿,谢佳楠,《红外与毫米波学报》2020年第6期

基于卡尔曼滤波的高精度相干激光测距方法,赵潇,杨海马,强佳,刘瑾,王建宇,《光学学报》2020年第14期

转动/振动拉曼激光雷达探测大气压力廓线的方法研究,狄慧鸽,王建宇,赵煊,韩堓,文晓难,《光学学报》2020年第15期

学位论文

光谱波段可编程多光谱扫描仪信号处理的研究,王建宇,中国科学院上海技术物理研究所硕士学位论文,1987

机载成象光谱仪的系统设计和数据实时处理的研究,王建宇,中国科学院上海技术物理研究所博士学位论文,1990

报纸文献

以国家战略需求为己任——中国科学院上海技术物理研究所在航天工程中加强技术创新与集成,王建宇,龚惠兴,匡定波,翁垂骏,郑亲波,冯旗,危峻,《科学时报》2002-10-23

构建创新文化提升创新能力,王建宇,《上海科技报》2003-04-15

积二十年探索创新之力 理论成果终成实用技术,王建宇,上海《文汇报》2006-09-17

强化"联动互动"助力"率先行动",王建宇,聂嫄媛,朱熊,《中国科学报》2017-04-24

满江红·竞逐江山,王建宇,《中国航天报》2019-06-25

专利信息

1993年

机载成象光谱仪,发明人:薛永祺,王建宇,沈鸣明,杨存武,薛魁武,耿瑞珍,张泳,钱鸿麟,杨一德,赵淑华,朱国英,余伟国,朱福清,王斌永,徐疾,申请号:93112404.2,申请日期:1993-04-13

2002年

折反射式宽波段成像望远镜光学系统,发明人:沈蓓军,刘宝丽,刘银年,王建宇,薛永祺,申请号:

02111811.6,申请日期:2002-05-23

折反射式凸面光栅成像光学系统,发明人:沈蓓军,刘宝丽,刘银年,王建宇,薛永祺,申请号:02136154.1,申请日期:2002-07-23

自适应变速扫描激光成像装置,发明人:胡以华,舒嵘,方抗美,赵淑华,王建宇,薛永祺,申请号:02157696.3,申请日期:2002-12-24

2003 年

机载推帚式宽视场高光谱遥感成像系统,发明人:王建宇,舒嵘,薛永祺,卢绮闽,贾建军,方抗美,胡培新,庞立昀,申请号:200310108723.5,申请日期:2003-11-20

机载推帚式多维成像装置,发明人:王建宇,舒嵘,薛永祺,贾建军,胡以华,方抗美,卢绮闽,徐卫明,胡培新,陈育伟,张立,何志平,申请号:200310122944.8,申请日期:2003-12-30

2004 年

激光测距仪脉冲回波处理方法及装置,发明人:张立,胡以华,舒嵘,陈育伟,薛永祺,王建宇,张海洪,申请号:200410018491.9,申请日期:2004-05-20

智能自适应激光扫描测距成像装置,发明人:陈育伟,黄庚华,胡以华,张立,舒嵘,何志平,王建宇,薛永祺,申请号:200410025258.3,申请日期:2004-06-18

空间用的双面镜光学扫描头,发明人:姚志雄,张宝龙,刘银年,王建宇,申请号:200410025344.4,申请日期:2004-06-22

空间用的轻量化椭圆双面扫描镜,发明人:姚志雄,张宝龙,刘银年,王建宇,申请号:200420036628.9,申请日期:2004-06-22

激光测距系统光学校准装置及方法,发明人:陈育伟,王建宇,王岚,何志平,胡以华,张立,方抗美,舒嵘,申请号:200410025632.X,申请日期:2004-06-30

基于噪声分解压缩算法的超光谱图像实时压缩系统,发明人:王建宇,蒋青松,舒嵘,薛永祺,申请号:200410025674.3,申请日期:2004-07-01

基于噪声掩蔽的超光谱图像实时压缩系统,发明人:王建宇,蒋青松,舒嵘,薛永祺,申请号:200410025691.7,申请日期:2004-07-01

成像光谱仪的像面检校结构,发明人:何志平,方抗美,胡培新,舒嵘,王建宇,薛永祺,申请号:200410066228.7,申请日期:2004-09-09

无人机载用于监测的轻小型多光谱成像仪,发明人:舒嵘,王斌永,贾建军,戴方兴,方抗美,王建宇,薛永祺,何志平,过于成,申请号:200410066549.7,申请日期:2004-09-21

一种用于星载多光谱成像仪的双筒折反射式光学系统,发明人:刘银年,陈建新,王欣,王建宇,王跃明,黄健,黄立峰,姚志雄,申请号:200410066548.2,申请日期:2004-09-21

2005 年

推帚式光谱成像仪的宽视场及高分辨率的成像结构,发明人:王建宇,何志平,舒嵘,薛永祺,方抗美,申请号:200510024481.0,申请日期:2005-03-18

提高面阵帧转移结构 CCD 工作帧频的方法,发明人:王跃明,薛永祺,王建宇,刘银年,黄健,王欣,申请号:200510024883.0,申请日期:2005-04-05

高速数字化 CCD 摄像系统,发明人:王跃明,薛永祺,王建宇,刘银年,王欣,黄健,胡培新,申请号:

200510024983.3,申请日期:2005-04-08

遥感多传感器成像时间对准装置,发明人:徐卫明,王建宇,舒嵘,申请号:200510026169.5,申请日期:2005-05-25

机载推帚式数字成像系统数据完整性控制方法,发明人:马艳华,王建宇,舒嵘,马德敏,徐卫明,申请号:200510026251.8,申请日期:2005-05-27

基于邻域背景检测的高光谱图像矢量滤波方法,发明人:马艳华,王建宇,舒嵘,金星,马德敏,徐卫明,申请号:200510026318.8,申请日期:2005-05-31

一种航空线阵CCD影像几何粗纠正算法,发明人:徐卫明,王建宇,舒嵘,马艳华,马德敏,胡培新,金星,张冰娜,申请号:200510026551.6,申请日期:2005-06-08

机载多角度多源数据的实时采集装置及方法,发明人:钱志坚,汪骏发,王建宇,肖金才,沈琼颖,杨胜科,李宁,申请号:200510029252.8,申请日期:2005-08-31

多用途激光高度计测试装置,发明人:张海洪,舒嵘,王建宇,胡以华,黄庚华,吕刚,申请号:200510029959.9,申请日期:2005-09-23

多用途无穷远目标模拟装置,发明人:何志平,吕刚,方抗美,舒嵘,王建宇,薛永祺,申请号:200510029960.1,申请日期:2005-09-23

红外静止型高光通量傅立叶变换成像光谱仪,发明人:孙德新,杨存武,刘宝丽,肖金才,刘银年,王建宇,薛永祺,申请号:200510110243.1,申请日期:2005-11-10

2006 年

一种用于测量指向扫描镜角速度的装置及方法,发明人:李春来,王跃明,刘银年,王建宇,王欣,张明,谢仁飚,张明涛,朱磊,吴刚,陈小文,申请号:200610031015.X,申请日期:2006-09-11

一种大脚印激光脉冲回波波形的仿真算法,发明人:王建宇,陈伟,马艳华,舒嵘,申请号:200610118739.8,申请日期:2006-11-24

一种中低轨卫星的精密定轨系统及其实现方法,发明人:张雷,王建宇,舒嵘,戴宁,马艳华,申请号:200610118736.4,申请日期:2006-11-24

2007 年

一种测量激光测距系统收发轴配准度的测试装置和方法,发明人:狄慧鸽,方抗美,舒嵘,王建宇,申请号:200710040397.7,申请日期:2007-05-08

基于多元面阵拼接的高空红外成像方法,发明人:于龙,王建宇,舒嵘,毛闵军,毛洁娜,申请号:200710040399.6,申请日期:2007-05-08

时间分辨的激光诱导原子发射光谱探测系统及方法,发明人:王建宇,马德敏,舒嵘,何志平,亓洪兴,吕刚,忻松筠,申请号:200710043529.1,申请日期:2007-07-06

基于北斗卫星的伪卫星定位系统及其测量方法,发明人:张雷,王建宇,戴宁,申请号:200710047620.0,申请日期:2007-10-31

线型宽视场像面空间分割光学组件,发明人:何志平,舒嵘,王建宇,薛永祺,申请号:200710172696.6,申请日期:2007-12-21

2008 年

凝视型成像光谱仪全视场光谱定标装置,发明人:何志平,舒嵘,王建宇,薛永祺,龚玉梅,申请号:

200810035328.1,申请日期:2008-03-28

轻小型机上集成光谱及辐射定标装置,发明人:王建宇,何志平,舒嵘,薛永祺,龚玉梅,申请号:200810035327.7,申请日期:2008-03-28

标准二向色性偏振度光源,发明人:龚玉梅,王建宇,薛永祺,舒嵘,何志平,林颖,申请号:200810035326.2,申请日期:2008-03-28

声光可调谐滤波器成像光谱仪,发明人:王建宇,舒嵘,何志平,龚玉梅,林颖,申请号:200810036258.1,申请日期:2008-04-18

地空天一体化自主导航系统设计方法,发明人:张雷,王建宇,戴宁,舒嵘,申请号:200810038313.0,申请日期:2008-05-30

卫星定位信号的实时处理方法,发明人:邓江平,张雷,王建宇,舒嵘,易炯,申请号:200810039501.5,申请日期:2008-06-25

伽利略式多波长可变倍激光扩束准直系统,发明人:袁立银,王建宇,申请号:200810203386.0,申请日期:2008-11-26

星基增强卫星定位和GPS兼容的软件接收机系统,发明人:张雷,邓江平,王建宇,戴宁,申请号:200810203388.X,申请日期:2008-11-26

多模式定位信号源系统,发明人:张雷,王建宇,戴宁,申请号:200810203387.5,申请日期:2008-11-26

一种高背景抑制型热红外高光谱实验装置,发明人:王建宇,徐卫明,林颖,袁立银,董德平,童鹏,刘军,申请号:200810204563.7,申请日期:2008-12-15

利用金属平面反射镜对光学系统消偏振的方法,发明人:何志平,王建宇,舒嵘,吴金才,贾建军,杨世骥,江昊,申请号:200810204567.5,申请日期:2008-12-15

一种机载多传感器集成装置,发明人:王建宇,舒嵘,徐卫明,何志平,肖功海,杨一德,姚波,洪光烈,申请号:200810204562.2,申请日期:2008-12-15

2009 年

平像场离轴三反射镜无焦光学系统,发明人:袁立银,王建宇,申请号:200910048170.6,申请日期:2009-03-25

一种模拟小角度运动激光目标的装置,发明人:廖胜凯,贾建军,王建宇,苏周华,强佳,吴金才,张亮,吕刚,申请号:200910048172.5,申请日期:2009-03-25

热红外光谱成像系统装校装置及装校方法,发明人:袁立银,林颖,王建宇,徐卫明,舒嵘,申请号:200910048171.0,申请日期:2009-03-25

一种宽波段消色差波片结构及设计方法,发明人:吴金才,何志平,王建宇,舒嵘,杨世骥,申请号:200910049107.4,申请日期:2009-04-10

一种高精度自动测量目标对传输光束偏振态影响的系统,发明人:王建宇,杨世骥,舒嵘,何志平,贾建军,吴金才,强佳,申请号:200910049106.X,申请日期:2009-04-10

嵌入式光谱及辐射实时定标装置,发明人:何志平,王建宇,舒嵘,吴金才,贾建军,沈渊婷,申请号:200910049108.9,申请日期:2009-04-10

多层温湿度传感终端及其林区布设方法,发明人:张雷,王建宇,申请号:200910050314.1,申请日期:2009-04-30

一种放大倍率可变的凸面光栅成像光学系统,发明人:兰卫华,丁学专,刘银年,王建宇,薛永祺,申请号:200910050858.8,申请日期:2009-05-08

一种多狭缝凸面光栅成像光谱仪,发明人:刘银年,兰卫华,王跃明,丁学专,王建宇,薛永祺,申请号:200910050857.3,申请日期:2009-05-08

激光测距定位快速探测森林火灾系统,发明人:刘济帆,张雷,王建宇,申请号:200910051790.5,申请日期:2009-05-22

森林火灾快速测定信息处理系统,发明人:徐贵州,张雷,王建宇,申请号:200910052479.2,申请日期:2009-06-04

一种星地量子通信链路方向跟踪系统,发明人:王建宇,林均仰,舒嵘,贾建军,申请号:200910195163.9,申请日期:2009-09-04

基于动态开窗方法的量子通信捕获跟踪相机,发明人:林均仰,王建宇,舒嵘,贾建军,申请号:200910195162.4,申请日期:2009-09-04

量子通信系统跟踪相机视轴现场自校准方法,发明人:林均仰,王建宇,舒嵘,贾建军,何志平,申请号:200910195161.X,申请日期:2009-09-04

一种棱镜分光成像光谱仪的光学系统,发明人:王欣,刘银年,丁学专,杨波,王跃明,于茂华,刘成林,王建宇,申请号:200910197304.0,申请日期:2009-10-16

声光可调谐滤光器衍射效率测试系统及测试方法,发明人:沈渊婷,杨世骥,何志平,王建宇,舒嵘,申请号:200910226497.8,申请日期:2009-11-18

基于二维转镜的星载目标跟踪系统及方法,发明人:廖胜凯,贾建军,王建宇,苏周华,强佳,吴金才,张亮,申请号:200910226500.6,申请日期:2009-11-18

2010 年

大气中发动机羽流场对激光传输影响测试系统及方法,发明人:万雄,王建宇,黄庚华,舒嵘,申请号:201010142923.2,申请日期:2010-04-09

大气中大推力发动机羽流场对激光传输影响测试装置,发明人:万雄,王建宇,黄庚华,舒嵘,申请号:201020154290.2,申请日期:2010-04-09

真空羽流场对红外激光特性影响的测试系统及方法,发明人:万雄,舒嵘,黄庚华,王建宇,申请号:201010142915.8,申请日期:2010-04-09

真空羽流场对红外激光特性影响的测试装置,发明人:万雄,舒嵘,黄庚华,王建宇,申请号:201020154299.3,申请日期:2010-04-09

一种基于感应同步器或旋转变压器的位置及速度测量装置,发明人:张育,王跃明,刘银年,王建宇,王晟伟,庄晓琼,申请号:201010198871.0,申请日期:2010-06-11

一种用于永磁电机低速运转的控制系统,发明人:张育,王跃明,刘银年,王建宇,王晟伟,庄晓琼,申请号:201010198877.8,申请日期:2010-06-11

声光可调谐滤光器衍射性能弱光测试装置,发明人:沈渊婷,杨世骥,何志平,袁立银,王建宇,舒嵘,申请号:201020269873.X,申请日期:2010-07-23

声光可调谐滤光器衍射性能弱光测试系统和方法,发明人:沈渊婷,杨世骥,何志平,袁立银,王建宇,舒嵘,申请号:201010234906.1,申请日期:2010-07-23

一种成像光谱仪定标装置,发明人:吕刚,何志平,贾建军,沈渊婷,舒嵘,王建宇,申请号:201010284500.4,申请日期:2010-09-17

一种光束方位和偏振角度共光路检测装置及方法,发明人:杨海马,王建宇,胡以华,贾建军,刘瑾,强佳,张亮,吴金才,申请号:201010564303.8,申请日期:2010-11-26

一种实时检测单光子偏振量子态的装置与方法,发明人:狄慧鸽,王建宇,舒嵘,何志平,申请号:201010565062.9,申请日期:2010-11-26

2011 年

一种标定偏振片透光轴的装置,发明人:王建宇,吴金才,何志平,舒嵘,贾建军,杨世骥,强佳,周辉,姜紫庆,吴永红,申请号:201120069752.5,申请日期:2011-03-16

一种标定偏振片透光轴的装置及方法,发明人:王建宇,吴金才,何志平,舒嵘,贾建军,杨世骥,强佳,周辉,姜紫庆,吴永红,申请号:201110063565.0,申请日期:2011-03-16

一种深空光通信跟踪瞄准系统,发明人:张亮,王建宇,贾建军,杨海马,强佳,吴金才,申请号:201120069718.8,申请日期:2011-03-16

一种深空光通信跟踪瞄准系统及方法,发明人:张亮,王建宇,贾建军,杨海马,强佳,吴金才,申请号:201110063544.9,申请日期:2011-03-16

具有光轴自校准的量子通信 ATP 精跟踪系统及校准方法,发明人:贾建军,钱锋,王建宇,张亮,强佳,吴金才,申请号:201110071279.9,申请日期:2011-03-23

具有光轴自校准的空间量子通信 ATP 精跟踪系统,发明人:贾建军,钱锋,王建宇,张亮,强佳,吴金才,申请号:201120079090.X,申请日期:2011-03-23

一种兼容激光通信的量子通信系统,发明人:王建宇,江昊,贾建军,张亮,强佳,吴金才,张明,钱锋,申请号:201110135625.5,申请日期:2011-05-24

激光通信中跟踪相机兼容实现链路效率的检测方法,发明人:钱锋,王建宇,贾建军,强佳,张亮,吴金才,申请号:201110161213.9,申请日期:2011-06-15

一种实时测量偏振光特性的装置,发明人:吴金才,王建宇,贾建军,何志平,舒嵘,杨世骥,张明,申请号:201110165179.2,申请日期:2011-06-17

一种实时测量偏振光特性的方法,发明人:王建宇,吴金才,贾建军,何志平,舒嵘,杨世骥,张明,申请号:201110167153.1,申请日期:2011-06-21

用于量子通信系统的基矢自动调节装置及调节方法,发明人:张明,王建宇,贾建军,吴金才,张亮,杨世骥,周辉,江昊,强佳,申请号:201110166173.7,申请日期:2011-06-21

用于量子通信系统的基矢自动调节装置,发明人:张明,王建宇,贾建军,吴金才,张亮,杨世骥,周辉,江昊,强佳,申请号:201120208690.1,申请日期:2011-06-21

一种基于单光子探测的超远距离光通信系统及方法,发明人:王建宇,杨世骥,舒嵘,贾建军,何志平,吴今才,张亮,申请号:201110166120.5,申请日期:2011-06-21

小型物联网激光诱导击穿光谱医学传感系统及方法,发明人:万雄,舒嵘,王建宇,申请号:201110187552.4,申请日期:2011-07-06

小型物联网激光诱导击穿光谱医学传感系统,发明人:万雄,舒嵘,王建宇,申请号:201120235568.3,申请日期:2011-07-06

星球表面几何特征及其物质成份的同步测试系统及方法,发明人:万雄,王建宇,舒嵘,申请号:201110187550.5,申请日期:2011-07-06

空间量子通信单光子远场分布检测装置,发明人:江昊,王建宇,贾建军,舒嵘,张亮,吴金才,杨世骥,申请号:201110204767.2,申请日期:2011-07-21

基于棱镜-光栅-棱镜分光的折反式成像光谱仪光学系统,发明人:袁立银,何志平,舒嵘,王建宇,申请号:201110316117.7,申请日期:2011-10-18

棱镜-光栅-棱镜分光的成像光谱仪光学系统,发明人:袁立银,何志平,舒嵘,王建宇,申请号:201120397578.7,申请日期:2011-10-18

一种折反式光栅棱镜组合色散组件及设计方法,发明人:何志平,袁立银,吴金才,舒嵘,王建宇,申请号:201110317226.0,申请日期:2011-10-18

一种折反式光栅棱镜组合色散组件,发明人:何志平,袁立银,吴金才,舒嵘,王建宇,申请号:201120396570.9,申请日期:2011-10-18

2012 年

一种自动测量目标对单光子偏振态影响的系统,发明人:杨世骥,王建宇,贾建军,舒嵘,何志平,吴金才,江昊,申请号:201220104025.2,申请日期:2012-03-19

一种测量光学器件相位延迟角度的方法,发明人:王建宇,吴金才,何志平,贾建军,舒嵘,杨海马,袁立银,申请号:201210073614.3,申请日期:2012-03-19

一种自动测量目标对单光子偏振态影响的系统及测量方法,发明人:王建宇,杨世骥,贾建军,舒嵘,何志平,吴金才,江昊,申请号:201210073961.6,申请日期:2012-03-19

一种兼容接收与发射的量子通信系统,发明人:王建宇,何志平,吴金才,贾建军,舒嵘,杨海马,袁立银,申请号:201210072962.9,申请日期:2012-03-19

一种空地激光通信中的超前瞄准方法,发明人:周辉,张亮,吴金才,贾建军,王建宇,申请号:201210275832.5,申请日期:2012-08-03

基于格兰棱镜极化分束的小型化高保偏量子接收模块光路,发明人:王建宇,何志平,陈爽,吴金才,舒嵘,袁立银,申请号:201210273995.X,申请日期:2012-08-03

基于格兰棱镜的高保偏量子接收模块光学系统,发明人:王建宇,何志平,陈爽,吴金才,舒嵘,袁立银,申请号:201220384459.2,申请日期:2012-08-03

一种星载激光通信 ATP 系统光斑探测相机及探测方法,发明人:钱锋,王建宇,贾建军,张亮,杨攀,杨明冬,白帅,张婷婷,申请号:201210506164.2,申请日期:2012-11-30

一种星载激光通信 ATP 系统光斑探测相机,发明人:钱锋,王建宇,贾建军,张亮,杨攀,杨明冬,白帅,张婷婷,申请号:201220652514.1,申请日期:2012-11-30

基于四路分光模块的偏振光特性实时测量装置及方法,发明人:张明,王建宇,贾建军,吴金才,张亮,陈爽,刘军,申请号:201210506923.5,申请日期:2012-11-30

2013 年

一种实时在轨光谱定标装置及方法,发明人:郎均慰,王跃明,陈杨,肖喜中,鲍智康,王晟玮,庄晓琼,王建宇,申请号:201310039534.0,申请日期:2013-01-31

一种实时在轨光谱定标装置,发明人:郎均慰,王跃明,陈杨,肖喜中,鲍智康,王晟玮,庄晓琼,王建宇,申

请号:201320057207.3,申请日期:2013-01-31

基于远程变焦光路复用的 LIBS 测试系统及测试方法,发明人:万雄,舒嵘,王建宇,亓洪兴,申请号:201310327057.8,申请日期:2013-07-30

基于加权多谱线标定的远程 LIBS 元素定量分析方法,发明人:万雄,舒嵘,王建宇,亓洪兴,申请号:201310326465.1,申请日期:2013-07-30

一种光谱电调可选的紧凑型地物图谱探测仪,发明人:王建宇,何志平,王斌永,李春来,吕刚,袁立银,陈凯,舒嵘,申请号:201310326031.1,申请日期:2013-07-30

基于远程变焦光路复用的 LIBS 测试系统,发明人:万雄,舒嵘,王建宇,亓洪兴,申请号:201320461535.X,申请日期:2013-07-30

一种双级次光谱凸面光栅光谱仪,发明人:王跃明,郎均慰,王建宇,肖喜中,陈杨,鲍智康,王晟玮,庄晓琼,黄文俊,申请号:201310590962.2,申请日期:2013-11-21

2014 年

一种偏轴球面蓝宝石棱镜中波红外成像光谱仪,发明人:王跃明,王建宇,肖喜中,马骏,黄文俊,鲍智康,王晟玮,申请号:201410020893.6,申请日期:2014-01-17

一种具有高效冷屏的长线阵推扫红外热成像系统,发明人:王跃明,肖喜中,王建宇,郎均慰,陈杨,鲍智康,王晟玮,庄晓琼,黄文俊,申请号:201410121153.1,申请日期:2014-03-28

具有高效冷屏的长线阵推扫红外热成像系统,发明人:王跃明,肖喜中,王建宇,郎均慰,陈杨,鲍智康,王晟玮,庄晓琼,黄文俊,申请号:201420144841.5,申请日期:2014-03-28

声光调制型宽谱段多通道偏振单色光源,发明人:何志平,杨秋杰,刘经纬,徐映宇,张小卫,王建宇,舒嵘,申请号:201410120994.0,申请日期:2014-03-28

自参考声光可调谐滤光器衍射性能测试装置,发明人:何志平,刘经纬,杨秋杰,陈爽,王建宇,舒嵘,申请号:201420145250.X,申请日期:2014-03-28

自参考声光可调谐滤光器衍射性能测试方法及装置,发明人:何志平,刘经纬,杨秋杰,陈爽,王建宇,舒嵘,申请号:201410120593.5,申请日期:2014-03-28

一种声光调制型宽谱段多通道偏振单色光源,发明人:何志平,杨秋杰,刘经纬,徐映宇,张小卫,王建宇,舒嵘,申请号:201420145047.2,申请日期:2014-03-28

改进的高信噪比低检出限的 LIBS 物质成分探测系统,发明人:万雄,刘鹏希,章婷婷,王建宇,舒嵘,申请号:201420310526.5,申请日期:2014-06-12

改进的高信噪比低检出限的 LIBS 物质成分探测系统及方法,发明人:万雄,刘鹏希,章婷婷,王建宇,舒嵘,申请号:201410258840.8,申请日期:2014-06-12

结合预烧蚀和再加热的三脉冲 LIBS 探测系统,发明人:万雄,章婷婷,刘鹏希,舒嵘,王建宇,申请号:201410403469.X,申请日期:2014-08-15

一种结合预烧蚀和再加热的三脉冲 LIBS 探测系统,发明人:万雄,章婷婷,刘鹏希,舒嵘,王建宇,申请号:201420462557.2,申请日期:2014-08-15

用于行星表面就位精细光谱分析系统,发明人:王建宇,何志平,王斌永,李春来,吕刚,袁立银,陈凯,申请号:201420462938.0,申请日期:2014-08-15

一种用于行星表面就位精细光谱分析系统,发明人:王建宇,何志平,王斌永,李春来,吕刚,袁立银,陈凯,

申请号:201410401841.3,申请日期:2014-08-15

提升凝视型红外光谱仪工作效率的变增益控制系统及方法,发明人:李春来,李飞飞,陈凯,徐睿,何志平,王建宇,徐晟,金健,申请号:201410403309.5,申请日期:2014-08-15

一种非接触式基于超连续衰荡光谱的全血分类系统,发明人:万雄,王建,刘鹏希,章婷婷,王建宇,申请号:201420597052.7,申请日期:2014-10-16

一种基于流式超连续谱衰荡光谱的血细胞分类系统,发明人:万雄,王建,刘鹏希,章婷婷,王建宇,申请号:201420597289.5,申请日期:2014-10-16

偏轴球面蓝宝石棱镜中波红外成像光谱仪,发明人:王跃明,王建宇,肖喜中,马骏,黄文俊,鲍智康,王晟玮,申请号:201420597160.4,申请日期:2014-10-16

一种非接触式基于超连续衰荡光谱的全血分类系统及方法,发明人:万雄,王建,刘鹏希,章婷婷,王建宇,申请号:201410546826.8,申请日期:2014-10-16

一种基于流式超连续谱衰荡光谱的血细胞分类系统及方法,发明人:万雄,王建,刘鹏希,章婷婷,王建宇,申请号:201410546748.1,申请日期:2014-10-16

一种偏轴球面蓝宝石棱镜中波红外成像光谱仪,发明人:王跃明,王建宇,肖喜中,马骏,黄文俊,鲍智康,王晟玮,申请号:201410546699.1,申请日期:2014-10-16

一种适用于热红外高光谱成像仪光谱定标系统,发明人:刘成玉,谢锋,王建宇,邵红兰,申请号:201410748416.1,申请日期:2014-12-09

适用于热红外高光谱成像仪光谱定标系统,发明人:刘成玉,谢锋,王建宇,邵红兰,申请号:201420770208.7,申请日期:2014-12-09

一种多孔径近距大视区光学系统及扫描镜的设计方法,发明人:袁立银,何志平,舒嵘,王建宇,申请号:201410748489.0,申请日期:2014-12-09

一种物方视场拼接红外高光谱成像系统,发明人:王跃明,周世尧,王建宇,舒嵘,郎均慰,肖喜中,袁立银,黄文俊,鲍智康,申请号:201410748313.5,申请日期:2014-12-09

物方视场拼接红外高光谱成像系统,发明人:王跃明,周世尧,王建宇,舒嵘,郎均慰,肖喜中,袁立银,黄文俊,鲍智康,申请号:201420770529.7,申请日期:2014-12-09

2015 年

一种红外成像系统条纹噪声去除方法,发明人:姬弘桢,王建宇,李春来,金健,周潘伟,申请号:201510029313.4,申请日期:2015-01-21

一种大口径红外系统定标等效光学系统,发明人:王跃明,王建宇,郎均慰,舒嵘,周世尧,袁立银,黄文俊,申请号:201510029322.3,申请日期:2015-01-21

双光路切换互参考高精度 AOTF 性能测试方法及装置,发明人:何志平,秦侠格,舒嵘,王建宇,杨秋杰,吴钰,白蕊霞,刘经纬,申请号:201510028960.3,申请日期:2015-01-21

双光路切换互参考高精度 AOTF 性能测试装置,发明人:何志平,秦侠格,舒嵘,王建宇,杨秋杰,吴钰,白蕊霞,刘经纬,申请号:201520040027.3,申请日期:2015-01-21

提升凝视型红外光谱仪工作效率的变增益控制系统及方法,发明人:李春来,李飞飞,陈凯,徐睿,何志平,王建宇,徐晟,金健,申请号:201510145520.6,申请日期:2015-03-31

一种帧转移 CCD 高帧频开窗成像区域数据读出方法,发明人:郎均慰,祝昊泽,王跃明,黄文俊,王晟玮,韦

丽清,马骏,王建宇,申请号:201510145528.2,申请日期:2015-03-31

提升凝视型红外光谱仪工作效率的变增益控制系统,发明人:李春来,李飞飞,陈凯,徐睿,何志平,王建宇,徐晟,金健,申请号:201520186780.3,申请日期:2015-03-31

一种多孔径近距大视区光学系统及扫描镜的设计方法,发明人:袁立银,何志平,舒嵘,王建宇,申请号:201510146192.1,申请日期:2015-03-31

一种多孔径近距大视区光学系统,发明人:袁立银,何志平,舒嵘,王建宇,申请号:201520185744.5,申请日期:2015-03-31

长波红外成像光谱仪光学系统,发明人:袁立银,何志平,李春来,王跃明,舒嵘,王建宇,申请号:201520371870.X,申请日期:2015-06-02

一种大口径红外系统定标等效光学系统,发明人:王跃明,王建宇,郎均慰,舒嵘,周世尧,袁立银,黄文俊,申请号:201510295592.9,申请日期:2015-06-02

一种长波红外成像光谱仪光学系统,发明人:袁立银,何志平,李春来,王跃明,舒嵘,王建宇,申请号:201510295835.9,申请日期:2015-06-02

大口径红外系统定标等效光学系统,发明人:王跃明,王建宇,郎均慰,舒嵘,周世尧,袁立银,黄文俊,申请号:201520372218.X,申请日期:2015-06-02

一种实用型热红外高光谱成像仪载荷系统,发明人:王建宇,李春来,吕刚,袁立银,金健,陈小文,刘恩光,曾智江,季鹏,姬宏桢,曹嘉豪,申请号:201510295754.9,申请日期:2015-06-02

实用型热红外高光谱成像仪载荷系统,发明人:王建宇,李春来,吕刚,袁立银,金健,陈小文,刘恩光,曾智江,季鹏,姬宏桢,曹嘉豪,申请号:201520372014.6,申请日期:2015-06-02

带有冷光阑的红外高光谱成像系统,发明人:王跃明,周世尧,王建宇,舒嵘,袁立银,郎均慰,黄文俊,鲍智康,申请号:201520371936.5,申请日期:2015-06-02

一种带有冷光阑的红外高光谱成像系统,发明人:王跃明,周世尧,王建宇,舒嵘,袁立银,郎均慰,黄文俊,鲍智康,申请号:201510295753.4,申请日期:2015-06-02

超薄小巧型安装调整不易变形机械狭缝的制备方法,发明人:周潘伟,吕刚,李春来,王建宇,申请号:201510607413.0,申请日期:2015-09-22

一种基于航空遥感的近海工业温排水提取方法,发明人:邵红兰,刘成玉,谢锋,王建宇,舒嵘,申请号:201510607456.9,申请日期:2015-09-22

一种长波成像光谱仪低温模型及其装调方法,发明人:袁立银,王建宇,何志平,李春来,吕刚,王跃明,申请号:201510607674.2,申请日期:2015-09-22

一种长波成像光谱仪低温模型,发明人:袁立银,王建宇,何志平,李春来,吕刚,王跃明,申请号:201520736223.4,申请日期:2015-09-22

基于可变OSK射频调制的增益程控声光光谱探测系统,发明人:李飞飞,何志平,李春来,徐睿,陈凯,陈爽,王建宇,申请号:201510607569.9,申请日期:2015-09-22

一种基于可变OSK射频调制的增益程控声光光谱探测系统,发明人:李飞飞,何志平,李春来,徐睿,陈凯,陈爽,王建宇,申请号:201520736441.8,申请日期:2015-09-22

热红外高光谱成像仪真空温控自锁实时定标装置,发明人:周潘伟,李春来,吕刚,王晟玮,潘巍,金健,王建宇,申请号:201510618273.7,申请日期:2015-09-25

一种用于超光谱成像系统的阶越滤光片,发明人:陈小文,李春来,王建宇,申请号:201510864345.6,申请日期:2015-12-01

一种基于阶跃滤光片的超光谱成像仪,发明人:陈小文,李春来,王建宇,申请号:201510864342.2,申请日期:2015-12-01

一种具备实时偏振补偿的自由空间量子通信装置,发明人:吴金才,何志平,王天洪,舒嵘,王建宇,申请号:201520979100.3,申请日期:2015-12-01

一种多光谱影像气溶胶像元气溶胶厚度的检测与提取方法,发明人:杨贵,邱振戈,谢锋,舒嵘,王建宇,申请号:201510868944.5,申请日期:2015-12-01

一种具备实时偏振补偿的自由空间量子通信装置及方法,发明人:吴金才,何志平,王天洪,舒嵘,王建宇,申请号:201510864439.3,申请日期:2015-12-01

一种卫星激光高度计足印相机影像精确分类的方法,发明人:刘智慧,邱振戈,谢锋,刘成玉,舒嵘,王建宇,张长兴,邵红兰,杨贵,申请号:201510868974.6,申请日期:2015-12-01

2016 年

一种卫星激光高度计足印相机姿态的测定方法,发明人:舒嵘,杨贵,邱振戈,谢锋,王建宇,申请号:201610019732.4,申请日期:2016-01-13

一种气溶胶厚度与激光雷达测距延迟的自动标定方法,发明人:黄庚华,杨贵,谢锋,舒嵘,王建宇,申请号:201610019709.5,申请日期:2016-01-13

一种结合立体像对的激光高度计高程控制点生成方法,发明人:王建宇,杨贵,邱振戈,谢锋,舒嵘,申请号:201610019708.0,申请日期:2016-01-13

一种热红外高光谱成像仪真空温控自锁实时定标装置,发明人:周潘伟,李春来,吕刚,王晟玮,潘巍,金健,王建宇,申请号:201620028539.2,申请日期:2016-01-13

基于小波包分析神经网络的全波形激光雷达数据去噪方法,发明人:刘成玉,谢锋,舒嵘,王建宇,申请号:201610020654.X,申请日期:2016-01-13

一种基于航空影像的激光光斑与足印相机相对定位方法,发明人:杨贵,谢锋,舒嵘,王建宇,申请号:201610019733.9,申请日期:2016-01-13

一种小面阵星载 TDICCD 相机的快速几何精校正方法,发明人:杨贵,谢锋,舒嵘,王建宇,申请号:201610020618.3,申请日期:2016-01-13

基于地物类型卫星激光雷达出射激光波长反射率估算方法,发明人:刘成玉,谢锋,舒嵘,王建宇,申请号:201610019741.3,申请日期:2016-01-13

热红外高光谱成像仪真空温控自锁实时定标装置,发明人:周潘伟,李春来,吕刚,王晟玮,潘巍,金健,王建宇,申请号:201610020782.4,申请日期:2016-01-13

一种星载激光高度计外场检校方法,发明人:舒嵘,杨贵,谢锋,王海伟,王建宇,黄庚华,申请号:201610019734.3,申请日期:2016-01-13

一种基于数字表面模型的卫星激光高度计波形分解的方法,发明人:舒嵘,刘智慧,邱振戈,谢锋,刘成玉,王建宇,张长兴,邵红兰,杨贵,申请号:201610019742.8,申请日期:2016-01-13

一种主动光电系统的收发同轴辅助光校装置及方法,发明人:吴金才,何志平,舒嵘,王建宇,申请号:201610236579.0,申请日期:2016-04-15

一种主动光电系统的收发同轴辅助光校装置,发明人:吴金才,何志平,舒嵘,王建宇,申请号:201620318443.X,申请日期:2016-04-15

一种标定基准镜法线方向的辅助光校装置及方法,发明人:吴金才,何志平,舒嵘,王建宇,申请号:201610236246.8,申请日期:2016-04-15

一种多源数据集成的星载激光测高仪粗差剔除方法,发明人:谢锋,杨贵,舒嵘,王建宇,申请号:201610236455.2,申请日期:2016-04-15

一种小面阵星载 TDICCD 相机的快速几何精校正方法,发明人:杨贵,谢锋,舒嵘,王建宇,申请号:201610235711.6,申请日期:2016-04-15

一种直角屋脊棱镜脊的宽度测量装置,发明人:陈少杰,王建宇,张亮,舒嵘,贾建军,申请号:201620319355.1,申请日期:2016-04-15

一种直角屋脊棱镜脊的宽度测量装置及方法,发明人:陈少杰,王建宇,张亮,舒嵘,贾建军,申请号:201610236140.8,申请日期:2016-04-15

一种卫星激光高度计全波形激光雷达数据去噪方法,发明人:黄庚华,刘成玉,谢锋,舒嵘,王建宇,申请号:201610236447.8,申请日期:2016-04-15

针对非均匀校正后的热红外图像剩余非均匀噪声去除方法,发明人:姬弘桢,王建宇,李春来,孙羽,金健,陈小文,申请号:201610235714.X,申请日期:2016-04-15

一种 LIBS 光谱探测及显微成像的多功能系统,发明人:姜守望,王欣,万金龙,何志平,舒嵘,王建宇,申请号:201610236252.3,申请日期:2016-04-15

LIBS 光谱探测及显微成像的多功能系统,发明人:姜守望,王欣,万金龙,何志平,舒嵘,王建宇,申请号:201620319450.1,申请日期:2016-04-15

一种国产卫星激光高度计在轨几何标定方法及系统,发明人:蔡银桥,邱振戈,谢锋,舒嵘,王建宇,申请号:201610255083.8,申请日期:2016-04-22

一种宽谱平坦的中红外超连续谱光源,发明人:万雄,刘鹏希,章婷婷,舒嵘,王建宇,申请号:201610308103.3,申请日期:2016-05-11

宽谱平坦的中红外超连续谱光源,发明人:万雄,刘鹏希,章婷婷,舒嵘,王建宇,申请号:201620421918.8,申请日期:2016-05-11

一种基于棱镜分割的光斑中心提取的装置,发明人:陈少杰,王建宇,张亮,吴金才,秦侠格,申请号:201620558419.3,申请日期:2016-06-12

一种热红外高光谱遥感数据在轨光谱定标方法,发明人:谢锋,刘成玉,邵红兰,王建宇,舒嵘,申请号:201610405821.2,申请日期:2016-06-12

一种基于棱镜分割的光斑中心提取的装置及方法,发明人:陈少杰,王建宇,张亮,吴金才,秦侠格,申请号:201610405794.9,申请日期:2016-06-12

一种大相对孔径制冷型红外光学镜头,发明人:王跃明,王建宇,舒嵘,袁立银,王晟玮,何道刚,郁亚男,申请号:201610406766.9,申请日期:2016-06-12

一种声光调制双光路双探测器型近红外光谱仪,发明人:何志平,姬忠鹏,刘经纬,李飞飞,徐睿,王建宇,申请号:201620721527.8,申请日期:2016-07-11

一种提高热红外图像温度灵敏度的时空交替叠加方法,发明人:王建宇,李春来,姬弘桢,金健,陈小文,吕

刚,申请号:201610538953.2,申请日期:2016-07-11

一种声光调制双光路双探测器型近红外光谱仪及测试方法,发明人:何志平,姬忠鹏,刘经纬,李飞飞,徐睿,王建宇,申请号:201610538739.7,申请日期:2016-07-11

一种光斑质心提取精度的测量装置,发明人:陈少杰,王建宇,张亮,舒嵘,贾建军,申请号:201620751500.3,申请日期:2016-07-18

一种光斑质心提取精度的测量装置及测量方法,发明人:陈少杰,王建宇,张亮,舒嵘,贾建军,申请号:201610561943.0,申请日期:2016-07-18

一种跟瞄系统对信标光斑位移灵敏度的测量装置,发明人:陈少杰,王建宇,张亮,强佳,吴金才,申请号:201621119747.X,申请日期:2016-10-13

一种跟瞄系统对信标光斑位移灵敏度的测量装置及方法,发明人:陈少杰,王建宇,张亮,强佳,吴金才,申请号:201610893910.6,申请日期:2016-10-13

一种大相对孔径制冷型红外光学镜头,发明人:王跃明,王建宇,舒嵘,袁立银,王晟玮,何道刚,郁亚男,申请号:201610894151.5,申请日期:2016-10-13

一种双层同心球面结构高能效光源,发明人:王跃明,舒嵘,王建宇,姚祎,何道刚,王晟玮,郁亚男,申请号:201610893691.1,申请日期:2016-10-13

双层同心球面结构高能效光源,发明人:王跃明,舒嵘,王建宇,姚祎,何道刚,王晟玮,郁亚男,申请号:201621119946.0,申请日期:2016-10-13

大相对孔径制冷型红外光学镜头,发明人:王跃明,王建宇,舒嵘,袁立银,王晟玮,何道刚,郁亚男,申请号:201621120185.0,申请日期:2016-10-13

一种基于倾斜异形冷屏的长线阵推扫红外热成像系统,发明人:王跃明,袁立银,何道刚,舒嵘,王建宇,王晟玮,姚祎,庄晓琼,赵顶,申请号:201610893707.9,申请日期:2016-10-13

基于倾斜异形冷屏的长线阵推扫红外热成像系统,发明人:王跃明,袁立银,何道刚,舒嵘,王建宇,王晟玮,姚祎,庄晓琼,赵顶,申请号:201621120116.X,申请日期:2016-10-13

一种用于超光谱成像系统的阶越滤光片,发明人:陈小文,李春来,王建宇,申请号:201611059140.1,申请日期:2016-11-25

用于超光谱成像系统的阶跃滤光片,发明人:陈小文,李春来,王建宇,申请号:201621279816.3,申请日期:2016-11-25

一种成像光谱仪的杂光抑制方法,发明人:袁立银,王跃明,何志平,王建宇,申请号:201611061344.9,申请日期:2016-11-25

一种基于阶跃滤光片的超光谱成像仪,发明人:陈小文,李春来,王建宇,申请号:201611059248.0,申请日期:2016-11-25

基于阶跃滤光片的超光谱成像仪,发明人:陈小文,李春来,王建宇,申请号:201621281619.5,申请日期:2016-11-25

2017 年

一种用于大宗及贵重货品进出口检测的联合光谱检测仪,发明人:万雄,王建宇,王泓鹏,袁汝俊,张铭,申请号:201710010024.9,申请日期:2017-01-06

用于大宗及贵重货品进出口检测的联合光谱检测仪,发明人:万雄,王建宇,王泓鹏,袁汝俊,张铭,申请

号:201720015108.7,申请日期:2017-01-06

用于大宗及贵重货品进出口检测的联合光谱检测方法,发明人:万雄,王建宇,王泓鹏,袁汝俊,张铭,申请号:201710010261.5,申请日期:2017-01-06

一种双波长激光拉曼光谱检测方法,发明人:万雄,万嘉杰,章炜毅,王建宇,殷海玮,王泓鹏,申请号:201710010264.9,申请日期:2017-01-06

一种双波长激光拉曼光谱仪,发明人:万雄,万嘉杰,章炜毅,王建宇,殷海玮,王泓鹏,申请号:201710009827.2,申请日期:2017-01-06

一种推扫式热红外高光谱遥感图像非均匀性校正方法,发明人:谢锋,刘成玉,李忠原,王建宇,舒嵘,申请号:201710037359.X,申请日期:2017-01-19

基于声光调制激光波长跟随滤光的智能型窄带滤光系统,发明人:何志平,秦侠格,舒嵘,王建宇,姬忠鹏,杨秋杰,徐映宇,陈少杰,申请号:201720170383.6,申请日期:2017-02-24

基于声光调制激光波长跟随滤光的智能型窄带滤光系统,发明人:何志平,秦侠格,舒嵘,王建宇,姬忠鹏,杨秋杰,徐映宇,陈少杰,申请号:201710102518.X,申请日期:2017-02-24

四路同轴的自由空间量子通信编码装置,发明人:吴金才,何志平,王天洪,舒嵘,王建宇,申请号:201720603913.1,申请日期:2017-05-27

一种四路同轴的自由空间量子通信编码装置,发明人:吴金才,何志平,王天洪,舒嵘,王建宇,申请号:201710395474.4,申请日期:2017-05-27

一种高精度轴系旋转精度的光学测量装置及方法,发明人:吴金才,王天洪,何志平,舒嵘,王建宇,申请号:201710388019.1,申请日期:2017-05-27

一种双波长激光拉曼光谱仪,发明人:万雄,万嘉杰,王建宇,殷海玮,王泓鹏,申请号:201710544662.9,申请日期:2017-07-06

一种双波长激光拉曼光谱检测方法,发明人:万雄,万嘉杰,章炜毅,王建宇,殷海玮,王泓鹏,申请号:201710544661.4,申请日期:2017-07-06

双波长激光拉曼光谱仪,发明人:万雄,万嘉杰,章炜毅,王建宇,殷海玮,王泓鹏,申请号:201720809001.X,申请日期:2017-07-06

基于三面阵相机的机载高光谱图像几何校正方法与装置,发明人:王跃明,金伟东,刘敏,舒嵘,王建宇,申请号:201710563627.1,申请日期:2017-07-12

基于三面阵相机的机载高光谱图像几何校正装置,发明人:王跃明,金伟东,刘敏,舒嵘,王建宇,申请号:201720838133.5,申请日期:2017-07-12

一种测量跟瞄系统干扰抑制带宽的装置及方法,发明人:张亮,陈少杰,贾建军,王建宇,舒嵘,申请号:201710563680.1,申请日期:2017-07-12

一种测量跟瞄系统干扰抑制带宽的装置,发明人:张亮,陈少杰,贾建军,王建宇,舒嵘,申请号:201720838187.1,申请日期:2017-07-12

一种三狭缝高光谱运动目标探测方法及装置,发明人:王跃明,温茂星,王建宇,姚祎,袁立银,王晟玮,申请号:201710760264.0,申请日期:2017-08-30

一种三狭缝高光谱运动目标探测装置,发明人:王跃明,温茂星,王建宇,姚祎,袁立银,王晟玮,申请号:201721095151.5,申请日期:2017-08-30

一种适用于机载热红外成像光谱仪大气校正系统和方法，发明人：谢锋，邵红兰，刘成玉，王建宇，舒嵘，申请号：201710778389.6，申请日期：2017-09-01

一种适用于机载热红外成像光谱仪大气校正系统，发明人：谢锋，邵红兰，刘成玉，王建宇，舒嵘，申请号：201721113894.0，申请日期：2017-09-01

一种测量主动光电系统收发同轴的装置，发明人：吴金才，何志平，王天洪，张亮，舒嵘，王建宇，申请号：201721316727.6，申请日期：2017-10-13

一种测量主动光电系统收发同轴的装置及方法，发明人：吴金才，何志平，王天洪，张亮，舒嵘，王建宇，申请号：201710950060.3，申请日期：2017-10-13

一种适用于 M 阶 PPM 调制的单光子通信的同步方法，发明人：戴箭胜，张亮，贾建军，王建宇，舒嵘，申请号：201711000333.4，申请日期：2017-10-24

激光通信中兼容偏振解调和光子数分辨的探测装置，发明人：张亮，闻冠华，王建宇，舒嵘，黎靖，吴金才，申请号：201721683418.2，申请日期：2017-12-06

激光通信中兼容偏振解调和光子数分辨的探测装置及方法，发明人：张亮，闻冠华，王建宇，舒嵘，黎靖，吴金才，申请号：201711275324.6，申请日期：2017-12-06

2018 年

一种高精度轴系旋转精度的光学测量装置及方法，发明人：吴金才，王天洪，何志平，舒嵘，王建宇，申请号：201810092945.9，申请日期：2018-01-31

一种主动照明的光谱探测仪及其光谱探测方法，发明人：何志平，陈小文，徐睿，姬忠鹏，刘军，李春来，袁立银，吕刚，舒嵘，王建宇，申请号：201810945355.6，申请日期：2018-08-20

一种主动照明的光谱探测仪，发明人：何志平，陈小文，徐睿，姬忠鹏，刘军，李春来，袁立银，吕刚，舒嵘，王建宇，申请号：201821335524.6，申请日期：2018-08-20

2019 年

一种基于液晶光阀的电子扫描视频高光谱成像仪，发明人：刘世界，李春来，唐国良，徐睿，张旭东，张月，王建宇，申请号：201910021564.6，申请日期：2019-01-10

基于液晶光阀的电子扫描视频高光谱成像仪，发明人：刘世界，李春来，唐国良，徐睿，张旭东，张月，王建宇，申请号：201920037015.3，申请日期：2019-01-10

基于双波段差分红外成像系统的工业气体排放探测方法，发明人：李春来，刘成玉，金健，陈小文，徐睿，袁立银，吕刚，谢嘉楠，何志平，王建宇，申请号：201910021592.8，申请日期：2019-01-10

一种快速测量空间激光载荷光轴变化的装置及方法，发明人：何志平，王天洪，吴金才，张亮，郭胤初，舒嵘，王建宇，申请号：201910411854.1，申请日期：2019-05-17

基于 U 型光路的保偏大范围指向型量子通信光装置及方法，发明人：吴金才，王天洪，何志平，张亮，闫志欣，贾建军，舒嵘，王建宇，申请号：201910414317.2，申请日期：2019-05-17

2020 年

一种基于阵列狭缝扫描的视频高光谱成像仪，发明人：李春来，刘世界，袁立银，谢嘉楠，徐睿，唐国良，徐艳，吴兵，王建宇，申请号：202010126503.9，申请日期：2020-02-28

一种基于 S 矩阵狭缝阵列的推扫式高光谱成像系统，发明人：李春来，唐国良，刘世界，徐睿，陈厚瑞，谢佳楠，徐艳，吴兵，王建宇，申请号：202021264186.9，申请日期：2020-07-01

一种基于 S 矩阵狭缝阵列的短波红外高光谱视频成像系统,发明人:李春来,唐国良,刘世界,徐睿,陈厚瑞,谢佳楠,徐艳,吴兵,王建宇,申请号:202010625006.3,申请日期:2020-07-01

一种用于气体探测的热红外视频高光谱成像系统,发明人:李春来,刘世界,唐国良,金健,袁立银,徐睿,谢佳楠,陈厚瑞,吕刚,何志平,王建宇,申请号:202010624990.1,申请日期:2020-07-01

用于气体探测的热红外视频高光谱成像系统,发明人:李春来,刘世界,唐国良,金健,袁立银,徐睿,谢佳楠,陈厚瑞,吕刚,何志平,王建宇,申请号:202021263464.9,申请日期:2020-07-01

一种基于 S 矩阵狭缝阵列的推扫式高光谱成像系统及方法,发明人:李春来,唐国良,刘世界,徐睿,陈厚瑞,谢佳楠,徐艳,吴兵,王建宇,申请号:202010623576.9,申请日期:2020-07-01

一种基于最优权重因子的激光烧蚀高精度数值模拟方法,发明人:李鲁宁,徐卫明,舒嵘,王建宇,申请号:202010965518.4,申请日期:2020-09-15

基于阵列狭缝扫描的视频高光谱成像仪,发明人:李春来,刘世界,袁立银,谢嘉楠,徐睿,唐国良,徐艳,吴兵,王建宇,申请号:202022010107.8,申请日期:2020-09-15

(二)对王建宇院士的介绍与研究文献目录

期刊文献

1996 年

奋力攀上遥感的国际星座——记上海首届青年英才报告团成员王建宇,阮莉珠,《行政与人事》1996 年第 2 期

1999 年

朴实之中见功力——访优秀启明星王建宇博士,江世亮,《世界科学》1999 年第 12 期

2012 年

志存高远筑梦航天:记中国科学院上海分院副院长王建宇,何音璇,周海粟,《中国科技奖励》2012 年第 10 期

在探索中前行:访中科院上海分院党组书记、副院长王建宇,黄晓艳,《高科技与产业化》2012 年第 11 期

2013 年

上天观海谈笑凯歌还——记中国科学院上海技术物理研究所王建宇研究员,李琳,李备,《中国科技成果》2013 年第 9 期

2018 年

王建宇院士,《中国科学(信息科学)》2018 年第 9 期

2019 年

王建宇留在国内发展是对的,陈抒怡,《科学大观园》2019 年第 19 期

报纸文献

2011 年

从"抓激光"到"抓光子"——访本届上海科技精英、中科院上海技术物理研究所王建宇,许琦敏,上海《文汇报》2011-11-24

2013 年

努力开创遥感技术新时代——记中国科学院上海技术物理研究所王建宇博士,郭乐红,《科技日报》2013-03-15

王建宇——从激光高度计到量子卫星,耿挺,《上海科技报》2013-07-10

2016 年

"墨子号"发射总指挥王建宇是宁波人,《宁波晚报》2016-08-17

本报记者连线卫星总指挥王建宇——他是阿拉宁波人,当年就是个学霸,朱尹莹,章萍,《现代金报》2016-08-17

王建宇回甬参加智博会——记者随其探馆 1 小时,《宁波晚报》2016-09-10

王建宇昨日回家了 与宁大学生对话,《现代金报》2016-11-03

王建宇讲述"墨子号"背后故事,《宁波晚报》2016-11-04

2017 年

王建宇:科学原创十中国合作领跑量子通信,袁婧,丁怡,张师楷,上海《文汇报》2017-03-22

甬籍科学家王建宇、马余刚当选中科院院士——宁波籍两院院士已达 115 人,占浙江籍院士一半,《东南商报》2017-11-29

宁波人王建宇、马余刚当选中科院院士——甬籍两院院士已达 115 人,占浙江籍院士近半,《宁波晚报》2017-11-29

校友王建宇当选中国科学院院士,《宁波大学报》2017-11-30

2018 年

王建宇代表:本土人才期待"千人计划",杨雪,《科技日报》2018-03-07

王建宇代表:拉大量子科学等领域领跑距离,王琳琳,陈聪,《经济参考报》2018-03-09

推动国家实验室挂牌 王建宇成奔走的科学"赶路人",《中国新闻》2018-03-12

全国人大代表、中国科学院上海分院院长、中国科学院院士王建宇,《人民法院报》2018-03-13

王建宇代表:上海建设国家实验室建设应有作为,《中国经济导报》2018-03-23

2020 年

王建宇:全球首颗量子卫星发射总指挥————本报专访中科院院士、中科院上海分院院长,俞珠飞,《鄞州日报》2020-04-07

全国人大代表王建宇:长三角一体化示范区科技创新需要顶层设计,金叶子,《第一财经日报》2020-05-26

全国人大代表、中国科学院院士王建宇:长三角示范区建设应以"绿色"为先,何静,《中国科学报》2020-05-26

中国科学院院士王建宇:探测引力波中国有"太极",刘娥,《深圳商报》2020-11-13

六、技术科学部 (9位＋2位双院士)

技术科学部的宁波籍院士共有11位。其中1955年1位(章名涛);1980年1位(郑哲敏[①]);1991年2位(路甬祥[②]、颜鸣皋);1995年2位(徐祖耀、沈珠江);1999年1位(余梦伦);2003年2位(陈创天、章梓雄);2005年1位(陈祖煜);2013年1位(方岱宁)。

章名涛(1955年当选中国科学院院士)

章名涛(1907年7月23日—1985年1月9日),电机工程学家,浙江鄞县人,曾任清华大学电机工程系教授。

章名涛院士一直从事电机工程方面的教学与科研,主要论著有磁场线图略论、凝电器电机、同期感应电动机、同步机在周期性振荡中的阻尼系数、评兰司道夫所著直流电机、单项感应电动机之理论及"张量"分析等,主持编写了中国第一部"电机学",出版专著《电机的电磁场》等。他把毕生精力奉献于电机科学事业,为培养中国的电工科技人才,发展科学事业做出了突出贡献。

1955年当选为中国科学院院士(学部委员)。

---

① 郑哲敏的相关资料已在"宁波籍中国科学院、中国工程院双院士"部分列出,此处从略。

② 路甬祥的相关资料已在"宁波籍中国科学院、中国工程院双院士"部分列出,此处从略。

颜鸣皋（1991 年当选中国科学院院士）

颜鸣皋（1920 年 6 月 12 日—2014 年 12 月 24 日），材料科学家，原籍浙江慈溪，中国航空工业总公司航空材料研究所研究员、高级技术顾问，曾任中国航空学会常务理事，材料工程专业委员会主任委员。

颜鸣皋院士开创了中国钛合金研究，组建了中国第一个钛合金实验室，在微观结构分析、合金强化机理、金属超塑性理论等方面取得了一系列创造性成果，为飞机安全设计、合理选材提供了大量的试验数据和理论依据；曾获全国机械装备失效分析及预防工作"特殊贡献奖"、航空航天工业部"航空金奖"、何梁何利基金科学与技术进步奖等。

1991 年当选为中国科学院院士（学部委员）。

（一）颜鸣皋院士的各类文献目录

期刊文献

中国科学院院士颜鸣皋为《航空材料学报》创刊 30 周年题词，颜鸣皋，《航空材料学报》2020 年第 3 期

（二）对颜鸣皋院士的介绍与研究文献目录

期刊文献

2015 年

一代材料宗师颜鸣皋先生，《航空材料学报》2015 年第 1 期

材料专家系列人物（七） 颜鸣皋，《材料工程》2015 年第 1 期

2017 年

颜鸣皋：我国钛合金和航空材料之父，张蕾，《新材料产业》2017 年第 3 期

2018 年

全国侨界十杰：颜鸣皋，《中国侨联工作》2018 年第 1 期

颜鸣皋：鹤鸣九皋鹰击长空，张志国，郎小兵，朱知寿，《科学家》2018 年第 5 期

"鹤鸣于九皋，声闻于天"——颜鸣皋，《群言》2018 年第 4 期

2020 年

颜鸣皋先生生科简介，《航空材料学报》2020 年第 3 期

纪念颜鸣皋先生诞辰 100 周年，《材料工程》2020 年第 6 期

百年鸣皋国士无双——纪念颜鸣皋院士诞辰 100 周年，李政，刘媛媛，《军工文化》2020 年第 6 期

报纸文献

颜鸣皋:鹤鸣九皋 鹰击长空,张志国,郎小兵,朱知寿,《中国科学报》2015-05-08

曹建国参加航材院敬业主题日活动为颜鸣皋院士铜像揭幕,寄语青年职工为中国自主研发先进可靠的航空发动机贡献青春力量,《中国航空报》2016-05-05

航材院举办"颜鸣皋科技创新先锋"颁奖活动,《中国航空报》2017-06-15

徐祖耀(1995 年当选中国科学院院士)

徐祖耀(1921 年 3 月 21 日—2017 年 3 月 7 日),材料科学家,浙江鄞县人,上海交通大学教授,曾任马氏体相变国际顾问委员会委员,国际贝氏体相变委员会委员。

徐祖耀院士长期从事材料科学、相变理论和材料热力学的教学与科研,推动在中国国内开展相变热力学教学与科研;在马氏体相变及形状记忆材料、贝氏体相变和纳米材料中相变等领域颇有建树;倡导先进高强度钢的研究,提出淬火—分配—回火(Q—P—T)新工艺,Q—P—T 钢已成为国际上新一类超高强度钢;曾荣获国家自然科学奖三等奖,被选入"中国基础研究百例"。

1995 年当选为中国科学院院士。

(一)徐祖耀院士的各类文献目录

著作文献

《材料相变》,徐祖耀主编,高等教育出版社,2013

《相变与热处理》,徐祖耀著,上海交通大学出版社,2014

《相变导论》,徐祖耀著,上海交通大学出版社,2014

(二)对徐祖耀院士的介绍与研究文献目录

期刊文献

材料科学家徐祖耀慈善探访记,骆林森,《至爱》2015 年第 C1 期

精勤不倦怀大爱——徐祖耀,《群言》2017 年第 4 期

冶金专家:徐祖耀,戎咏华,《科学家》2018 年第 5 期

报纸文献

2016 年

"耄耋院士"徐祖耀——起居室不足十平方米却捐资数百万元助困济贫,《东营日报》2016-11-23;《南国都市报》2016-11-24;《郴州日报》2016-11-23;《鲁中晨刊》2016-11-23;《包头日报》2016-11-23;《信阳晚报》2016-11-23;《嘉峪关日报》2016-12-28

"耄耋院士"徐祖耀,《芜湖日报》2016-11-23;《通辽日报》2016-12-19

"耄耋院士"徐祖耀:捐资数百万元助困济贫,《铜都晨刊》2016-11-23;《都市晨报》2016-11-23

耄耋院士徐祖耀心怀大爱扶危济困，《湄洲日报》2016-11-23

耄耋院士徐祖耀安居陋室却心怀大爱　助困济贫捐资数百万，《延安日报》2016-11-24

徐祖耀：数百万巨资建造的是心的"豪宅"，《乌蒙新报》2016-11-30

徐祖耀：院士学高品更高，《乌蒙新报》2016-12-13

2017 年

著名材料科学家徐祖耀逝世，张炯强，《新民晚报》2017-03-10

鄞籍中科院院士徐祖耀逝世——为我国著名材料科学家、教育家，**11 年前曾到邱隘回龙寻根**，《鄞州日报》2017-03-10

95 岁院士徐祖耀在宁波逝世，《每日商报》2017-03-10

徐祖耀遗体告别会昨举行，《宁波晚报》2017-03-11

徐祖耀，《燕赵都市报》2017-03-12

中国科学院院士徐祖耀逝世，《上海交大报》2017-03-13

徐祖耀院士遗体告别仪式举行，《上海交大报》2017-03-13

传承先贤之志砥砺后辈之行我校将材料学院主楼命名为"徐祖耀楼"并举行纪念徐祖耀院士座谈会，《上海交大报》2017-03-27

徐祖耀：心怀大爱的行者，章中林，《通辽日报》2017-11-30

沈珠江(1995年当选中国科学院院士)

沈珠江(1933年1月25日—2006年10月2日),岩土工程专家,浙江慈溪人,南京水利科学研究院高级工程师,清华大学水利水电工程系教授,曾任中国水利学会岩土力学专业委员会主任委员、水利部科技委员会委员、第九届全国人民代表大会代表。

沈珠江院士主要从事土石坝研究和地基基础工程研究,他建立了土体极限分析理论,并就建立现代土力学的基本框架提出了构想;参加过长江三峡深水围堰、黄河小浪底大坝、天津新港、上海港等国家多个重大工程关键技术问题的研究和咨询工作,为中国水利水电和水运事业做出了重要贡献。

1995年当选为中国科学院院士。

沈珠江院士的各类文献目录

著作文献

《计算土力学》,朱百里,沈珠江,上海科学技术出版社,1990

《大型储罐基础设计与地基处理》,徐至钧,许朝铨,沈珠江,中国石化出版社,1999

《岩土塑性力学原理》,郑颖人,沈珠江,龚晓南,中国建筑工业出版社,2002

余梦伦(1999 年当选中国科学院院士)

余梦伦(1936 年 11 月 8 日—　　),航天飞行力学、火箭弹道设计专家,原籍浙江余姚,中国运载火箭研究院北京宇航系统工程研究所研究员,中国第一个以院士名字命名的高科技创新班组"余梦伦班组"终身名誉班组长。

余梦伦院士长期从事航天领域技术研究工作,承担了国内多种运载火箭的弹道设计和发射工作,系统提出了运载火箭的弹道设计理论和方法,参加包括长征二号、长征三号、"长二捆"和神舟载人飞船等发射工作;曾获国家级一等奖、三等奖,省部级奖等;是全国劳动模范、享受政府特殊津贴专家。

1999 年当选为中国科学院院士。

(一)余梦伦院士的各类文献目录

著作文献

《余梦伦院士文集》,余梦伦著,中国宇航出版社,2019

期刊文献

2016 年

垂直返回重复使用运载火箭技术分析,高朝辉,张普卓,刘宇,余梦伦,《宇航学报》2016 年第 2 期

基于解析法最优轨迹的在线实时制导律研究,张志国,余梦伦,《导弹与航天运载技术》2016 年第 5 期

2017 年

火箭垂直回收着陆段在线制导凸优化方法,张志国,马英,耿光有,余梦伦,《弹道学报》2017 年第 1 期

应用伪谱法的运载火箭在线制导方法研究,张志国,余梦伦,耿光有,宋强,《宇航学报》2017 年第 3 期

北半球高空大气参数波动对临近空间飞行热环境的影响,陈闽慷,杜涛,胡雄,肖存英,余梦伦,田继超,汤国建,《科学通报》2017 年第 13 期

2018 年

20 世纪 90 年代大运载总体方案论证的一些回顾,余梦伦,《宇航总体技术》2018 年第 2 期

带有入轨姿态约束的迭代制导算法及应用研究,韩雪颖,马英,张志国,余梦伦,《宇航学报》2018 年第 5 期

2020 年

长征运载火箭发射地火直接转移轨道研究,耿光有,王珏,侯锡云,余梦伦,王建明,张志国,《北京航空航天大学学报》2020 年第 1 期

报纸文献

"屠老总"和"长二捆"的故事，余梦伦，《中国科学报》2018-11-27

（二）对余梦伦院士的介绍与研究文献目录

著作文献

《余梦伦班组管理法》，夏晓凌编著，中国工人出版社，2014

《余梦伦院士传记》，宋瑶著，《中国航天院士传记丛书》总编委会组织编写，宇航出版社，2017

期刊文献

2019 年

余梦伦：转入计算数学专业，宋瑶，《太空探索》2019 年第 5 期

2020 年

余梦伦院士为中国火箭搭"天梯"，《文萃报(周二版)》2020 年第 1 期

余梦伦：开辟最优太空航线，幻棠，《太空探索》2020 年第 5 期

余梦伦、孟执中获 2020 年"国际宇航联合会名人堂"奖，宇文，《太空探索》2020 年第 7 期

余梦伦院士：献身祖国航天事业的火箭弹道设计专家，沈黎明，《中关村》2020 年第 10 期

余梦伦院士：弹道有痕进取无疆，沈黎明，《新青年》2020 年第 11 期

余梦伦：设计运载火箭最优弹道，沈黎明，《莫愁(时代人物)》2020 年第 12 期

余梦伦院士：献身祖国航天事业的弹道设计专家，沈黎明，《劳动保障世界》2020 年第 34 期

报纸文献

2015 年

余梦伦：严和实流淌在血液里，张娟娟，《中国航天报》2015-08-05

2016 年

余梦伦：谢老总教会我谦虚谨慎，侯卫娜，《中国航天报》2016-03-02

2018 年

余梦伦：用完美"轨迹"铺设"通天之路"，张成成，《中国航天报》2018-12-19

2019 年

余梦伦：航天路上的追梦人，《慈溪日报》2019-01-07

2020 年

余梦伦：摇肿胳膊算弹道，壹轩，《中国航天报》2020-05-13

余梦伦、孟执中获国际宇航联合会"名人堂"奖项，《中国航天报》2020-06-17

慈溪籍院士余梦伦获"国际宇航联合会名人堂"奖，《慈溪日报》2020-06-18

陈创天(2003 年当选中国科学院院士)

陈创天(1927 年 2 月 18 日—2018 年 10 月 31 日),材料科学专家,浙江奉化人,中国科学院理化技术研究所研究员、北京人工晶体研究发展中心主任,第三世界科学院院士。

陈创天院士主要从事新型非线性光学晶体的研究和发展,提出了晶体非线性光学效应的阴离子基团理论,解释了各种主要类型非线性光学晶体的结构与性能相互关系,并对探索新型非线性光学晶体起到了一定的积极作用;曾获中国科学院科技进步奖特等奖,中国科学院发明奖一等奖,国家发明奖一等奖,第三世界科学院化学奖、国际晶体生长协会最高奖之一——劳迪斯奖(Laudise Award)等奖项。

2003 年当选为中国科学院院士。

(一)陈创天院士的各类文献目录

期刊文献

2015 年

Electronic structure, irreversibility line and magnetoresistance of $Cu_{0.3}Bi_2Se_3$ superconductor,伊合绵,陈朝宇,孙璇,谢卓晋,冯娅,梁爱基,彭莹莹,何少龙,赵林,刘国东,董晓莉,张君,陈创天,许祖彦,顾根大,周兴江,《中国物理快报(英文版)》2015 年第 6 期

Identification of topological surface state in $PdTe_2$ superconductor by angle-resolved photoemission spectroscopy,刘艳,赵建洲,俞理,林成天,梁爱基,胡成,丁颖,徐煜,何少龙,赵林,刘国东,董晓莉,张君,陈创天,许祖彦,翁红明,戴希,方忠,周兴江,《中国物理快报(英文版)》2015 年第 6 期

Electronic structure of transition metal dichalcogenides $PdTe_2$ and $Cu_{0.05}PdTe_2$ superconductors obtained by angle-resolved photoemission spectroscopy,刘艳,赵建洲,俞理,林成天,胡成,刘德发,彭莹莹,谢卓晋,阿俊峰,陈朝宇,冯娅,伊合绵,刘旭,赵林,何少龙,刘国东,董晓莉,张君,陈创天,许祖彦,翁虹明,戴希,方忠,周兴江,《中国物理 B(英文版)》2015 年第 6 期

Two isostructural multi-metal borates:syntheses, crystal structures and characterizations of $M_3LiNa_4Be4B_{10}O_{24}F(M=Sr, Cd)$,王小珊,刘丽娟,夏明军,王晓洋,陈创天,《结构化学》2015 年第 10 期

2016 年

Common electronic features and electronic nematicity in parent compounds of iron-based superconductors and $FeSe/SrTiO_3$ films revealed by angle-resolved photoemission spectroscopy,刘德发,赵林,何少龙,胡勇,沈兵,黄建伟,梁爱基,徐煜,刘旭,何俊峰,牟代翔,刘单于,刘海云,刘国东,张文号,李坊森,马旭村,薛其坤,陈仙辉,陈

根富,俞理,张君,许祖彦,陈创天,周兴江,《中国物理快报(英文版)》2016年第7期

Electronic structure, Dirac points and Fermi arc surface states in three-dimensional Dirac semimetal Na_3Bi from angle-resolved photoemission spectroscopy,梁爱基,陈朝宇,王志俊,石友国,冯娅,伊合绵,谢卓晋,何少龙,何俊峰,彭莹莹,刘艳,刘德发,胡成,赵林,刘国东,董晓莉,张君,M. Nakatake,H. Iwasawa,K. Shimad,M. Arita,H. Namatame,M. Taniguchi,许祖彦,陈创天,翁红明,戴希,方忠,周兴江,《中国物理B(英文版)》2016年第7期

2017年

Electronic structure of heavy fermion system $CePt_2In_7$ from angle-resolved photoemission spectroscopy,沈兵,俞理,刘凯,吕守鹏,贾小文,《中国物理B(英文版)》2017年第7期

Evidence of electron-hole imbalance in WTe_2 from high-resolution angle-resolved photoemission spectroscopy,王晨露,张艳黄,黄建伟,刘国东,梁爱基,张玉晓,沈兵,刘静,胡成,丁颖,刘德发,胡勇,何少龙,赵林,俞理,胡津,魏江,毛志强,石友国,贾小文,张丰丰,张申金,杨峰,王志敏,彭钦军,许祖彦,陈创天,周兴江,《中国物理快报(英文版)》2017年第9期

2018年

Temperature evolution of energy gap and band structure in the superconducting and pseudogap states of $Bi_2Sr_2CaCu_2O_{8+\delta}$ superconductor revealed by laser-based angle-resolved photoemission spectroscopy,孙璇,张文涛,赵林,刘国东,顾根大,彭钦军,王志敏,张申金,杨峰,陈创天,许祖彦,周兴江,《中国物理快报(英文版)》2018年第1期

Evidence for multiple underlying fermi surface and isotropic energy gap in the cuprate parent compound $Ca_2CuO_2Cl_2$,胡成,赵建发,丁颖,刘静,高强,赵林,刘国东,俞理,靳常青,陈创天,许祖彦,周兴江,《中国物理快报(英文版)》2018年第6期

Detailed electronic structure of three-dimensional Fermi surface and its sensitivity to charge density wave transition in $ZrTe_3$ revealed by high resolution laser-based angle-resolved photoemission spectroscopy,吕守鹏,俞理,黄建伟,林成天,高强,《中国物理B(英文版)》2018年第8期

2019年

Disappearance of superconductivity and a concomitant lifshitz transition in heavily overdoped Bi_2Sr_2CuO6 superconductor revealed by angle-resolved photoemission spectroscopy,丁颖,赵林,闫宏涛,高强,刘静,胡成,黄建伟,李聪,徐煜,蔡永青,戎洪涛,吴定松,宋春尧,周花雪,董晓莉,刘国东,王庆艳,张申金,王志敏,张丰丰,杨峰,彭钦军,许祖彦,陈创天,周兴江,《中国物理快报(英文版)》2019年第1期

专利信息

2015年

一种压力检测方法、装置,发明人:林哲帅,姜兴兴,罗思扬,李伟,陈创天,申请号:201510015440.9,申请日期:2015-01-13

一种氟代硼铍酸钾族晶体材料的用途及声光器件,发明人:林哲帅,姜兴兴,罗思扬,李伟,吴以成,陈创天,申请号:201510425255.7,申请日期:2015-07-17

一种提高短波深紫外激光输出效率的倍频晶体耦合器,发明人:李如康,王晓洋,刘丽娟,夏明军,陈创天,申请号:201510573902.9,申请日期:2015-09-10

一种 $Li_6Cd_5Sn_4Se_{16}$ 非线性光学晶体及其制法和用途,发明人:姚吉勇、李小双、李超、周墨林、吴以成、陈创天,申请号:201511020624.0,申请日期:2015-12-29

$Li_7Cd_{4.5}Ge_4Se_{16}$ 非线性光学晶体及制法和用途,发明人:姚吉勇、李小双、李超、周墨林、吴以成、陈创天,申请号:201511017636.8,申请日期:2015-12-29

2016 年

一种生长非线性光学晶体 LiB_3O_5、CsB_3O_5 和 $CsLiB_6O_{10}$ 的方法,发明人:林哲帅、公丕富、罗思扬、吴以成、陈创天,申请号:201610842272.5,申请日期:2016-09-22

一种 $RbZn_2BO_3Cl_2$ 非线性光学晶体及制备方法和用途,发明人:陈创天、黄倩、李如康、刘丽娟、王晓洋,申请号:201610965409.6,申请日期:2016-11-04

一种氟代硼铍酸钾非线性光学晶体的水热生长制备方法,发明人:陈创天、吴若飞、王晓洋、刘丽娟,申请号:201611005366.3,申请日期:2016-11-11

2018 年

用于 CsB_4O_6F 晶体生长的双层坩埚及 CsB_4O_6F 晶体生长方法,发明人:王晓洋、刘丽娟、陈创天,申请号:201810555037.9,申请日期:2018-06-01

2019 年

基于第一性原理的新型非线性光学材料虚拟筛选系统,发明人:林哲帅、姜兴兴、康雷、吴以成、陈创天,申请号:201910120527.0,申请日期:2019-02-18

(二)对陈创天院士的介绍与研究文献目录

期刊文献

2018 年

陈创天和他的"中国牌晶体",唐琳,《科学新闻》2018 年第 10 期

让美国"憋屈"15 年的老院士走了！记住这个名字:陈创天,李辉,《意林(作文素材)》2018 年第 24 期

2019 年

陈创天让美国"憋屈"15 年的晶体大师,刘驰,《乐活老年》2019 年第 2 期

纪念陈创天,叶恒强,《人工晶体学报》2019 年第 10 期

序言——写在陈创天院士纪念特辑出版之际,李如康,《人工晶体学报》2019 年第 10 期

晶体要发展设备是关键——记陈创天院士对人工晶体生长设备的关心与重视,李留臣,《人工晶体学报》2019 年第 10 期

报纸文献

陈创天院士逝世,《光明日报》2018-11-02

家乡人民深切缅怀奉籍院士陈创天,《奉化日报》2018-11-02

陈创天院士逝世　他和物理缘起沈阳二中课堂　十年前回到母校他还在书桌前追忆青春,《沈阳晚报》2018-11-06

伴故乡青山绿水　陈创天院士归葬,《现代金报》2019-10-14

章梓雄（2003 年当选中国科学院院士）

　　章梓雄（1944 年 11 月 7 日—2007 年 6 月 13 日），流体力学、水动力学专家，祖籍浙江鄞县，曾任香港大学机械工程系讲座教授、非线性力学中心主任。

　　章梓雄院士主要从事黏性流动、水动力学问题的研究工作，为解决斯托克斯内流问题创立了一系列新的基本奇点，求得不同类型流动的精确解，其系数被称为章吴常数；在处理非平面边界附近的黏性流动时建立了多调和函数球面反演理论，被称为章氏定理；在研究血球运动时得到椭球体在二阶流动中的运动轨迹，被称为章氏轨迹；在研究波动与透水介质相互作用时发现了波陷现象，提出波浪影响系数，被称为章氏参数。这些理论被广泛应用于相关领域中。

　　2003 年当选为中国科学院院士。

陈祖煜(2005 年当选中国科学院院士)

陈祖煜(1943 年 2 月 13 日—)水利水电、土木工程专家,浙江镇海人,中国水利水电科学研究院教授级高工,中国土木工程学会土力学及岩土工程分会副理事长。

陈祖煜院士长期从事边坡稳定理论和数值分析的研究工作,发展完善了以极限平衡为基础的边坡稳定分析理论,使边坡三维稳定分析成为现实可行;提出了小湾、天生桥、漫湾、二滩、天荒坪等大型工程滑坡险情的工程措施并成功实施;曾获国家科技进步奖二、三等奖、电力部科技进步奖一等奖、水利部科技进步奖二等奖、"茅以升土力学与基础工程大奖"等。

2005 年当选为中国科学院院士。

(一)陈祖煜院士的各类文献目录

著作文献

《拱坝设计与研究》,朱伯芳,高季章,陈祖煜,厉易生著,中国水利水电出版社,2002

《土质边坡稳定分析 原理·方法·程序》,陈祖煜著,中国水利水电出版社,2003

《云南务坪水库软基筑坝技术》,陈祖煜,周晓光,张天明等著,中国水利水电出版社,2004

《中国典型工程边坡》,陈祖煜,风懋润主编,中国三峡出版社,2008

《水工设计手册 第 1 卷 基础理论》,刘志明,王德信,汪德爟主编;张楚汉,陈祖煜,陈德基主审,中国水利水电出版社,2011

《堰塞湖风险处置》,刘宁,杨启贵,陈祖煜主编,长江出版社,2016

《机场高填方工程》,姚仰平主编,陈祖煜主审,人民交通出版社股份有限公司,2018

《防淤堵自振式水工闸门成套技术及工程应用》,陈祖煜,赵剑明,杨正权,中国水利水电出版社,2020

期刊文献

2015 年

高风险等级堰塞湖应急处置洪水重现期标准,周兴波,陈祖煜,李守义,王琳,《水利学报》2015 年第 4 期

特高坝及其梯级水库群设计安全标准研究 Ⅰ:理论基础和等级标准,周建平,王浩,陈祖煜,周兴波,李斌,《水利学报》2015 年第 5 期

特高坝及其梯级水库群设计安全标准研究 Ⅱ:高土石坝坝坡稳定安全系数标准,杜效鹄,李斌,陈祖煜,王玉杰,孙平,《水利学报》2015 年第 6 期

考虑岩体抗剪强度各向异性特征的边坡稳定分析方法,陈祖煜,徐昱,孙平,《兰州大学学报(自然科学

版)》2015 年第 6 期

不同推移质输沙模型在溃坝洪水模拟中的对比分析,周兴波,陈祖煜,李守义,王琳,《应用基础与工程科学学报》2015 年第 6 期

特高坝及梯级水库群设计安全标准研究Ⅲ:梯级土石坝连溃风险分析,周兴波,陈祖煜,黄跃飞,王琳,李相南,《水利学报》2015 年第 7 期

2016 年

水工建筑物防渗墙技术 60 年Ⅰ:成墙技术和工艺,宗敦峰,刘建发,肖恩尚,陈祖煜,《水利学报》2016 年第 3 期

关于我国重大基础设施工程安全相关科研工作的思考,陈祖煜,程耿东,杨春和,《土木工程学报》2016 年第 3 期

水工建筑物防渗墙技术 60 年Ⅱ:创新技术和工程应用,宗敦峰,刘建发,肖恩尚,陈祖煜,《水利学报》2016 年第 4 期

加筋土坡的可能滑移模式和基于库仑理论的稳定分析方法,陈祖煜,宗露丹,孙平,蔡红,《土木工程学报》2016 年第 6 期

重力式挡土墙抗滑稳定分析安全判据和标准,陈祖煜,詹成明,姚海林,陈立宏,李旭,《岩土力学》2016 年第 8 期

加筋土边坡稳定分析安全判据和标准研究,陈祖煜,章吟秋,宗露丹,韩黎明,詹成明,《中国公路学报》2016 年第 9 期

2017 年

水利工程建设管理云平台建设与工程应用,陈祖煜,杨峰,赵宇飞,金雅芬,《水利水电技术》2017 年第 1 期

水工建筑物防渗墙技术 60 年(上):成墙技术和工艺,宗敦峰,刘建发,肖恩尚,陈祖煜,《水利水电施工》2017 年第 1 期

两种溃坝模型在唐家山堰塞湖溃决模拟中的对比,李相南,陈祖煜,《水利水电科技进展》2017 年第 2 期

水工建筑物防渗墙技术 60 年(下):创新技术和工程应用,宗敦峰,刘建发,肖恩尚,陈祖煜,《水利水电施工》2017 年第 3 期

超重力场下球形炸药水下爆炸实验及数值模拟,娄浩然,胡晶,梁向前,张雪东,陈祖煜,王秋生,《工程爆破》2017 年第 3 期

三峡大坝 3 坝段深层抗滑稳定分析,陈祖煜,王玉杰,孙平,《中国科学(技术科学)》2017 年第 8 期

挡水结构水下爆炸作用的离心模型试验,胡晶,陈祖煜,魏迎奇,张雪东,梁建辉,黄志杰,《水利学报》2017 年第 9 期

2018 年

重力式挡土墙抗滑稳定容许安全系数取值标准初探,陈祖煜,黎康平,李旭,詹成明,《岩土力学》2018 年第 1 期

上海地区深基坑支挡结构稳定安全标准研究,陈祖煜,向远鸿,《中国水利水电科学研究院学报》2018 年第 2 期

边坡倾倒稳定分析 Goodman-Bray 法:改进、测试与应用,陈祖煜,蔡云鹏,王玉杰,孙平,冯上鑫,白兴平,《中国公路学报》2018 年第 2 期

建立在相对安全率准则基础上的岩土工程可靠度分析与安全判据,陈祖煜,《岩石力学与工程学报》2018年第3期

基于现场数据的 TBM 掘进速率研究,罗华,陈祖煜,龚国芳,赵宇,荆留杰,王超,《浙江大学学报(工学版)》2018年第8期

考虑球面波效应的水下爆炸冲击因子,胡晶,陈祖煜,魏迎奇,张雪东,梁建辉,张紫涛,《水利学报》2018年第10期

2019 年

特高土石坝坝坡抗滑稳定安全判据和标准研究,陈祖煜,姚栓喜,陆希,袁友仁,黎康平,《水利学报》2019年第1期

土石坝溃坝洪水分析:原理和计算程序,陈祖煜,陈淑婧,王琳,张强,《水利科学与寒区工程》2019年第2期

金沙江白格堰塞湖溃坝洪水演进高性能数值模拟,侯精明,马利平,陈祖煜,齐文超,王琳,《人民长江》2019年第4期

抗剪强度参数统计特征的精确估计方法,陈立宏,李旭,徐耀,陈祖煜,邓刚,《中南大学学报(英文版)》2019年第4期

淤地坝柔性溢洪道泄流模型试验研究,于沐,陈祖煜,杨小川,苏安双,李炎隆,周嘉伟,《水利学报》2019年第5期

土石坝和堰塞坝溃决机理与溃坝数学模型研究进展,陈生水,陈祖煜,钟启明,《水利水电技术》2019年第8期

大坝填筑碾压施工无人驾驶技术的研究与应用,陈祖煜,赵宇飞,邹斌,姜龙,赵慧敏,《水利水电技术》2019年第8期

金沙江"10·10"白格堰塞湖溃坝洪水反演分析,陈祖煜,张强,侯精明,王琳,马利平,《人民长江》2019年第5期;《水利水电快报》2019年第7期

小流域淤地坝系的溃决洪水分析,张幸幸,陈祖煜,《岩土工程学报》2019年第10期

2020 年

白格堰塞体风险后评估——再次堵江洪水分析和应对措施,陈祖煜,雷盼,张强,吴帅峰,周兴波,《水利规划与设计》2020年第1期

工程边坡应用 Hoek-Brown 强度准则时的扰动因子取值探讨,陈祖煜,周嘉伟,蔡云鹏,孙平,邓成进,《长江科学院院报》2020年第2期

岩石类材料动态强度准则,胡晶,姚仰平,张雪东,魏迎奇,张紫涛,陈祖煜,《岩土工程学报》2020年第3期

不同水深水下爆炸数值及离心试验研究,王思,胡晶,张雪东,任晓丹,陈祖煜,张紫涛,《哈尔滨工业大学学报》2020年第6期

金沙江上游"11.03"白格堰塞湖溃决洪水反演分析,陈祖煜,陈生水,王琳,钟启明,张强,金松丽,《中国科学(技术科学)》2020年第6期

金沙江梯级水电站在"11.03"白格堰塞湖应急处置中的减灾分析,陈祖煜,胡贵良,张强,吴帅峰,《水力发电》2020年第8期

对黄土高原淤地坝建设战略定位的几点思考,陈祖煜,李占斌,王兆印,《中国水土保持》2020年第9期

基于区块链的水利工程施工管理平台架构,胡晶,陈祖煜,王玉杰,赵宇飞,雷雨萌,《水力发电学报》2020年第11期

关于饱和软土地基堤坝边坡稳定分析总应力法的讨论,陈祖煜,孙平,张幸幸,《水利水电技术》2020年第12期

专利信息

2015年

一种在离心机平台上开展水下爆炸研究的模型试验装置,发明人:陈祖煜,龙源,吴建宇,宋歌,钟明寿,梁向前,张雪东,周辉,胡晶,范一锴,申请号:201510844847.2,申请日期:2015-11-27

2016年

用于海上风电软基加固的振冲系泊桩及其施工工艺和设备,发明人:陈祖煜,王玉杰,于洪治,赵宇飞,朱晓勇,赵剑明,申请号:201610186486.1,申请日期:2016-03-29

用于海上风电软基加固的振冲系泊桩及其施工设备,发明人:陈祖煜,王玉杰,于洪治,赵宇飞,朱晓勇,赵剑明,申请号:201620249360.X,申请日期:2016-03-29

2017年

一种用于离心机水下爆炸模型试验的测控系统,发明人:陈祖煜,黄志杰,胡晶,梁建辉,魏迎奇,宋建正,张雪东,梁向前,张紫涛,宋歌,娄浩然,王秋生,申请号:201720537873.5,申请日期:2017-05-16

一种用于离心机水下爆炸模型试验的测控系统,发明人:陈祖煜,黄志杰,胡晶,梁建辉,魏迎奇,张雪东,梁向前,张紫涛,宋歌,娄浩然,王秋生,申请号:201710342050.1,申请日期:2017-05-16

土样侵蚀率冲刷试验装置,发明人:陈祖煜,刘启旺,于沭,马立秋,王秋生,徐泽平,郑大同,陈淑婧,李相南,王琳,沙培骏,周兴波,申请号:201720546100.3,申请日期:2017-05-16

土样侵蚀率冲刷试验装置,发明人:陈祖煜,刘启旺,于沭,马立秋,王秋生,徐泽平,郑大同,陈淑婧,李相南,王琳,沙培骏,周兴波,申请号:201710346844.5,申请日期:2017-05-16

一种基于水下爆炸试验量测结果的坝体破坏药量估算方法,发明人:王敏,龙源,钟明寿,陈祖煜,纪冲,谢兴博,李兴华,范磊,程良玉,张雪东,申请号:201711473102.5,申请日期:2017-12-29

2018年

一种圆筒型冲刷试验设备,发明人:李炎隆,王琳,陈祖煜,刘云贺,申请号:201811223403.7,申请日期:2018-10-19

坝系的溃坝洪水分析系统,发明人:张幸幸,陈祖煜,温彦锋,邓刚,于沭,申请号:201811324871.3,申请日期:2018-11-08

2019年

溢洪道及其施工方法,发明人:于沭,陈祖煜,李炎隆,温彦锋,李鹏,杨小川,司政,高武刚,岳凡,张延亿,边京红,申请号:201910037373.9,申请日期:2019-01-15

一种复合聚酯热熔胶、制备方法及抗冲刷土工布的制备方法,发明人:于沭,陈祖煜,张茂省,薛强,李炎隆,司政,李鹏,边京红,郝建伟,周嘉伟,岳凡,张茵琪,晁华怡,申请号:201910611143.9,申请日期:2019-07-08

2020年

用于测定炸药相对能量的水下爆炸离心模型试验方法,发明人:胡晶,陈祖煜,王思,张雪东,魏迎奇,梁建

辉,张紫涛,宋献慧,吴俊鸣,申请号:202010006801.4,申请日期:2020-01-03

一种防渗柔性台阶溢洪道及其施工方法,发明人:于沐,陈祖煜,岳凡,曹炜,温彦锋,周嘉伟,郝鲁东,李占斌,高建瓴,张来章,张茂省,郭玉梅,王英顺,党维勤,司政,艾绍周,李炎隆,李鹏,高武刚,刘鹏义,田晋华,钟少华,薛强,李尧,郝建伟,申请号:202010119784.5,申请日期:2020-02-26

(二)对陈祖煜院士的介绍与研究文献目录

期刊文献

2017 年

陈祖煜:白鹤滩工程已无重大技术问题,喻清卿,《中国三峡》2017 年第 7 期

中国科学陈祖煜院士一行到省水科院调研,王宇,《黑龙江水利》2017 年第 11 期

2018 年

减灾排险除害兴利——陈祖煜院士著作《堰塞湖风险与处置》介绍,《科技成果管理与研究》编辑部,《科技成果管理与研究》2018 年第 4 期

2020 年

陈祖煜:期刊面前人人平等《中国科学》《科学通报》**70** 周年访谈,于世美,《科学通报》2020 年第 12 期

陈祖煜院士一行在临汾市考察淤地坝坝系建设,本刊,《山西水土保持科技》2020 年第 4 期

报纸文献

陈祖煜院士工作室在我校成立,《西安理工大报》2017-05-04

中科院院士陈祖煜为德厚水库灌浆工程把脉,《文山日报》2017-07-03

院士陈祖煜:难忘乡井未归田,陈饰,《今日镇海》2017-08-15

陈祖煜:百折不挠永远向前,《中国水利报》2019-12-05

方岱宁（2013 年当选中国科学院院士）

　　方岱宁（1958 年 4 月 3 日— ）材料力学领域专家，浙江宁波人，曾为清华大学教授、北京大学工学院教授、副院长，现为北京理工大学教授、副校长；军委科技委前沿创新委员会委员、国家航天科技战略发展规划研究组成员、国际应用力学学会主席。

　　方岱宁院士长期从事力电磁热多场耦合作用下先进材料与结构的力学理论、计算与实验方法研究，拓展了铁电/铁磁材料宏微观变形与断裂理论，发展了相并方法，并将成果转化为科学仪器推广应用；曾获国家科技进步奖，国家自然科学奖二等奖，高等学校自然科学奖一等奖、技术发明奖一等奖，何梁何利基金科学与技术进步奖和徐芝纶力学奖等多项奖励。

　　2013 年当选中国科学院院士。

（一）方岱宁院士的各类文献目录

著作文献

《压电与铁电体的断裂力学》，方岱宁，刘金喜著，清华大学出版社，2008

《轻质点阵材料力学与多功能设计》，方岱宁，张一慧，崔晓东著，科学出版社，2009

期刊文献

2015 年

Homogenization theory for designing graded viscoelastic sonic crystals，曲兆亮，任春雨，裴永茂，方岱宁，《中国物理 B（英文版）》2015 年第 2 期

梯度蜂窝面外动态压缩力学行为与吸能特性研究，樊喜刚，尹西岳，陶勇，陈明继，方岱宁，《固体力学学报》2015 年第 2 期

大型薄壁贮箱焊接区等应力优化设计，章凌，黄诚，方岱宁，王斌，张希，艾士刚，《应用力学学报》2015 年第 4 期

层状电磁复合材料的界面结构与力学行为——国家自然科学基金重大项目成果综述，詹世革，方岱宁，李法新，张攀峰，《中国科学基金》2015 年第 5 期

超磁致伸缩材料的擦除特性和同余特性实验研究，张宏龙，张晓语，裴永茂，方岱宁，《实验力学》2015 年第 6 期

2016 年

芯材拼接对天线罩夹芯板力学性能的影响，姚熊亮，王伟，杨娜娜，方岱宁，《华中科技大学学报（自然科学

版)》2016 年第 1 期

金字塔型碳纤维点阵-钢混合连接结构力学性能,王伟,杨娜娜,姚熊亮,方岱宁,《华中科技大学学报(自然科学版)》2016 年第 2 期

高温下 C/SiC 复合材料弯曲断裂性能实时测试和微观结构表征分析,陈俊,佀明森,张人发,彭樟保,毛卫国,马青松,方岱宁,《实验力学》2016 年第 2 期

2017 年

基于鼓包法的 $PbZr_{0.52}Ti_{0.48}O_3/Ni$ 薄膜材料力电磁耦合特性测试分析,刘奇,孙长振,何元东,徐浩,于泽军,毛卫国,裴永茂,方岱宁,《现代应用物理》2017 年第 1 期

"近空间飞行器的关键基础科学问题"重大研究计划结题综述,杜善义,方岱宁,孟松鹤,谢惠民,詹世革,张攀峰,孟庆国,《中国科学基金》2017 年第 2 期

陶瓷材料与结构增材制造技术研究现状,梁栋,何汝杰,方岱宁,《现代技术陶瓷》2017 年第 4 期

大型风洞设计建设中的关键科学问题,郭东明,雒建斌,方岱宁,张幸红,韩杰才,唐志共,赖一楠,詹世革,陈振华,孟庆峰,叶鑫,牛斌,陈新春,罗俊荣,《中国科学基金》2017 年第 5 期

基于新型鼓包法测试 $NiFe_2O_4$ 薄膜的力磁性能,孙长振,何元东,毛卫国,顾阳,毛贻齐,张宏龙,陈彦飞,裴永茂,方岱宁,《材料导报》2017 年第 15 期

力电多场鼓包法测定 PZT 铁电薄膜的横向压电系数,何元东,孙长振,毛卫国,毛贻齐,张宏龙,陈彦飞,裴永茂,方岱宁,《材料导报》2017 年第 15 期

2018 年

球形弹体打击作用下宽距水间隔铝板的动态响应特性,李营,张玮,杜志鹏,张磊,赵鹏铎,方岱宁,《振动与冲击》2018 年第 1 期

空气夹层对含液结构在球形弹体侵彻作用下动态响应的影响,李营,赵鹏铎,张春辉,张磊,杜志鹏,方岱宁,《振动与冲击》2018 年第 3 期

反舰导弹舱内爆炸作用下舰船结构毁伤机理研究进展,李营,张磊,杜志鹏,赵鹏铎,周心桃,刘建湖,方岱宁,《中国造船》2018 年第 3 期

"双一流"背景下研究生教育改革的创新探索,方岱宁,《北京教育(高教版)》2018 年第 1 期;《国内高等教育教学研究动态》2018 年第 7 期

舱室结构在战斗部舱内爆炸作用下毁伤特性的实验研究,李营,张磊,杜志鹏,赵鹏铎,任宪奔,方岱宁,《船舶力学》2018 年第 8 期

2019 年

夹芯强度对新型液舱防护效能的影响,李营,张磊,杜志鹏,赵鹏铎,周心桃,方岱宁,《船舶力学》2019 年第 1 期

多点式高速红外测温系统研制,陈浩森,郭亚洲,朱盛鑫,李玉龙,方岱宁,《实验力学》2019 年第 2 期

舱内爆炸作用下舰船舱壁失效机理与抗破损设计,李营,张磊,杜志鹏,周心桃,肖登宝,任宪奔,方岱宁,《中国造船》2019 年第 3 期

锂离子电池内部力学与温度参量在位表征方法,冯小龙,杨乐,张明亮,陶然,韩雨,温家伟,王潘丁,宋维力,艾士刚,陈浩森,方岱宁,《储能科学与技术》2019 年第 6 期

2020 年

舱内爆炸准静态压力形成机理的研究,李营,张磊,杜志鹏,任宪奔,张小强,方岱宁,《中国造船》2020 年第 2 期

复杂应力状态下船用低碳钢断裂应变的"断崖现象",张朴,赵明艳,李营,张玮,任宪奔,方岱宁,《船舶力学》2020 年第 2 期

改变应力状态的抗内爆炸舱壁,李营,张磊,杜志鹏,周心桃,肖登宝,方岱宁,《船舶力学》2020 年第 9 期

专利信息

2015 年

深蓝色电致发光化合物及其制备方法和应用,发明人:陈硕,方岱宁,裴永茂,申请号:201510607568.4,申请日期:2015-09-22

一种金字塔型复合材料三维点阵夹芯结构的制备方法,发明人:姚凯,雷红帅,温伟斌,王长显,方岱宁,申请号:201510639359.8,申请日期:2015-09-30

2016 年

一种用于超高温压痕仪器压头的陶瓷材料及其制备方法,发明人:何汝杰,陈明继,陈浩森,方岱宁,申请号:201610403258.5,申请日期:2016-06-08

一种基于铝金属的承载储能一体化系统,发明人:陈浩森,张新意,方岱宁,张兴玉,杨猛,申请号:201610804091.3,申请日期:2016-09-06

一种电化热氛围下储能材料的原位纳米压痕测试平台,发明人:陈浩森,杨乐,方岱宁,柳占立,艾士刚,张兴玉,申请号:201610820106.5,申请日期:2016-09-13

一种纤维增强复合材料抗侧滚梁,发明人:李会民,雷红帅,杨颖,方岱宁,刘晓波,蒋忠城,范华林,申请号:201610868384.8,申请日期:2016-09-29

一种纤维增强复合材料抗侧滚梁,发明人:李会民,雷红帅,杨颖,方岱宁,刘晓波,蒋忠城,范华林,申请号:201621096148.0,申请日期:2016-09-29

一种铝离子电池负极材料及其制备方法和应用,发明人:焦树强,王帅,陈浩森,方岱宁,申请号:201610931123.6,申请日期:2016-10-31

一种红外摄像光学增强系统,发明人:陈浩森,郭亚洲,朱盛鑫,裴永茂,方岱宁,陈琳,申请号:201611044470.3,申请日期:2016-11-22

一种微秒红外实时测温系统,发明人:陈浩森,朱盛鑫,郭亚洲,裴永茂,方岱宁,陈琳,申请号:201611046037.3,申请日期:2016-11-22

2017 年

一种负载石墨烯超材料单元的 Miura Ori 折纸结构电磁隐身板,发明人:宋维力,陈浩森,陈明继,方岱宁,申请号:201710108086.3,申请日期:2017-02-27

基于 CT 扫描的叶片寿命评价方法,发明人:王潘丁,朱晓磊,陈浩森,方岱宁,申请号:201711420453.X,申请日期:2017-12-25

2018 年

一种基于智能折纸结构的跨波段变频天线,发明人:张亚静,宋维力,王莅辰,陈明继,方岱宁,申请号:

201810242828.6,申请日期:2018-03-23

一种具有可连续调频性能的折纸结构偶极子天线,发明人:刘存玺,陈明继,宋维力,王莅辰,方岱宁,申请号:201810268680.3,申请日期:2018-03-29

一种线阵高速红外测温系统,发明人:陈浩森,朱盛鑫,方岱宁,申请号:201810376729.7,申请日期:2018-04-25

一种冲击载荷下同步温度测量与变形观测的实验平台,发明人:朱盛鑫,陈浩森,郭亚洲,方岱宁,申请号:201810376620.3,申请日期:2018-04-25

基于多级多孔微结构电极集成的高性能电池及其制备方法,发明人:陈浩森,宋维力,方岱宁,李娜,宋严杰,洪广琦,申请号:201811010756.9,申请日期:2018-08-31

基于硼化钴/石墨烯复合材料为正极的宽温度铝离子电池,发明人:宋维力,陈丽丽,陈浩森,焦树强,方岱宁,申请号:201811060206.8,申请日期:2018-09-12

一种双向波纹点阵增强型复合材料夹层结构,发明人:李会民,周磊,雷红帅,陈明继,方岱宁,申请号:201811070397.6,申请日期:2018-09-13

力-磁-热多场耦合环境下磁致材料的动态响应测试平台,发明人:雷红帅,董文,曲兆亮,陈浩森,方岱宁,申请号:201811123489.6,申请日期:2018-09-26

一种纤维增强复合材料连接件的加工方法,发明人:雷红帅,喻博,董文,杨海洋,苏真,李会民,白影春,方岱宁,申请号:201811394723.9,申请日期:2018-11-22

一种双向交叉波纹夹层结构,发明人:李会民,葛磊,刘宝生,周磊,苏浩然,冯天怡,方岱宁,申请号:201811444482.4,申请日期:2018-11-29

一种正交波纹夹层结构的等效弹性模量预测方法,发明人:李会民,葛磊,刘宝生,苏浩然,冯天怡,周磊,方岱宁,申请号:201811444469.9,申请日期:2018-11-29

一种具有保护层的铝离子电池集流体,发明人:宋维力,陈浩森,陈丽丽,焦树强,方岱宁,申请号:201811526751.1,申请日期:2018-12-13

适于3D打印的全介质多波束扫描龙勃透镜结构及打印方法,发明人:陈明继,陈锦,林艺跃,宋维力,方岱宁,申请号:201811615162.0,申请日期:2018-12-27

2019 年

一种高固含量/低粘度光固化氧化锆陶瓷浆料及其制备方法,何汝杰;张可强;丁国骄;张路;王敏;刘蕾;方岱宁,申请号:201910020004.9,申请日期:2019-01-09

一种基于聚硅氮烷先驱体的氮化硅陶瓷材料及其制备方法,何汝杰;王敏;张可强;张路;冯成威;刘蕾;方岱宁,申请号:201910019660.7,申请日期:2019-01-09

一种碳化硅陶瓷光固化成型方法,发明人:何汝杰,丁国骄,张可强,张路,白雪建,冯成威,方岱宁,申请号:201910022309.3,申请日期:2019-01-09

一种用于铝离子电池的导电金属氧化物集流体涂层,发明人:宋维力,陈浩森,陈丽丽,焦树强,方岱宁,申请号:201910034436.5,申请日期:2019-01-15

一种用于锂离子电池结构内部变形场的快速测试技术,发明人:陈浩森,席立,宋维力,王潘丁,方岱宁,申请号:201910173833.0,申请日期:2019-03-08

一种书本结构柔性电池,发明人:宋维力,陈浩森,方岱宁,李娜,宋严杰,洪广琦,杨乐,韩金栋,申请号:

201910299206.1,申请日期:2019-04-15

一种基于点阵结构的电池外壳,发明人:陈浩森,何杰,宋维力,方岱宁,杨乐,王琳,陈健,申请号:201910967782.9,申请日期:2019-10-12

用于软包电池模组的轻量化多功能结构,发明人:陈浩森,何杰,宋维力,方岱宁,杨乐,王琳,陈健,申请号:201910967898.2,申请日期:2019-10-12

一种基于超声波的远距离高功率水下无线充电系统,发明人:宋维力,陈浩森,任志文,方岱宁,张凯伦,杨乐,李娜,申请号:201911005057.X,申请日期:2019-10-22

一种钛合金单晶叶片的丝材增材制造方法,发明人:刘长猛,王嘉琛,方岱宁,李晶杰,王一安,申请号:201911093304.6,申请日期:2019-11-11

一种电池电芯外加力学约束参数可调的模组结构,发明人:陈浩森,何杰,宋维力,方岱宁,陈健,王琳,杨乐,李娜,申请号:201911114322.8,申请日期:2019-11-14

一种低温离子液体中制备三氯化钛粉体的装置及方法,发明人:焦汉东,焦树强,宋维力,陈浩森,方岱宁,申请号:201911120547.4,申请日期:2019-11-15

可溶阳极在熔盐中制备金属铝和四氯化钛的装置及方法,发明人:焦汉东,焦树强,宋维力,陈浩森,方岱宁,申请号:201911119676.1,申请日期:2019-11-15

一种低温离子液体中制备三氯化钛粉体的装置及方法,发明人:焦汉东,焦树强,宋维力,陈浩森,方岱宁,申请号:201911120547.4,申请日期:2019-11-15

隔热耐烧蚀可维护修补剂及涂层两用浆料、制备方法及应用,发明人:徐宝升,周宁,方岱宁,钟政祥,王一光,杨亚政,申请号:201911206403.0,申请日期:2019-11-29

一种碳化硅陶瓷空间反射镜的数字光处理增材制造方法,发明人:何汝杰,丁国骄,张可强,张路,白雪建,冯成威,方岱宁,申请号:201911278226.7,申请日期:2019-12-12

一种能够提高电池性能的电池极片的制备方法,发明人:陈浩森,宋维力,方岱宁,杨乐,李娜,何杰,申请号:201911331795.3,申请日期:2019-12-21

2020 年

一种钴酸钾颗粒的制备方法,发明人:于琪瑶,王伟,胡俊,锁国权,方岱宁,申请号:202010016417.2,申请日期:2020-01-08

一种克服电磁屏蔽的电池内部温度监控与传输方法,发明人:陈浩森,宋维力,杜虓,孙磊,方岱宁,王娅娜,申请号:202010188606.8,申请日期:2020-03-17

一种非晶硫化钴纳米线及其制备方法,发明人:于琪瑶,王伟,胡俊,锁国权,方岱宁,申请号:202010197337.1,申请日期:2020-03-19

一种钼基结构件的电弧增材制造方法,发明人:刘长猛,乔一桉,崔一南,王嘉琛,方岱宁,申请号:202010742395.8,申请日期:2020-07-29

一种电弧增材制造高强钛合金的热处理方法和一种增强的高强钛合金,发明人:刘长猛,崔一南,沙昊,方岱宁,申请号:202010749196.X,申请日期:2020-07-30

一种热膨胀可调的陶瓷材料构件的制备方法及其产品,发明人:何汝杰,张可强,方岱宁,张路,张学勤,申请号:202010788090.0,申请日期:2020-08-07

一种具有多次防护功能的吸能结构及吸能方法,发明人:元旭津,洪广富,周振康,陈明继,何镇宏,李营,

方岱宁,申请号:202010822518.9,申请日期:2020-08-13

　　一种核壳结构非晶硫化钴颗粒的制备方法,发明人:于琪瑶,胡俊,王伟,李营,方岱宁,申请号:202010838765.8,申请日期:2020-08-19

　　基于实验室 X 射线源的高温在位加载 CT 测试系统及其方法,发明人:方岱宁,曲兆亮,朱容岐,杨硕,申请号:202010919262.3,申请日期:2020-09-04

　　一种基于实验室 X 射线源的高温在位加载 CT 测试系统,发明人:方岱宁,曲兆亮,朱容岐,杨硕,申请号:202021908764.8,申请日期:2020-09-04

　　一种超高温水氧环境下原位微纳米压痕测试系统及其方法,发明人:曲兆亮,白浩然,吕伯文,王一光,方岱宁,申请号:202011156254.4,申请日期:2020-10-26

(二)对方岱宁院士的介绍与研究文献目录

期刊文献

方岱宁理事长在中国力学学会学术期刊指导委员会第一次会议上的讲话,《力学与实践》2020 年第 4 期

方岱宁(中国科学院院士、北京理工大学先进结构技术研究院名誉院长),《科学中国人(上半月)》2019 年第 5 期

报纸文献

中国科学院院士方岱宁,《新华日报》2015-09-18

Ⅲ　宁波籍中国工程院院士文献资料目录

截至 2020 年,宁波籍中国工程院院士共有 57 位,分属 9 个学部。其中机械与运载工程学部 10 位(含双院士 1 位);信息与电子工程学部 13 位(含双院士 1 位);化工、冶金与材料工程学部 4 位;能源与矿业工程学部 11 位;土木、水利与建筑工程学部 7 位(含双院士 1 位);环境与轻纺工程学部 3 位;农业学部 2 位;医药卫生学部 7 位;工程管理学部 1 位[①]。

一、机械与运载工程学部(9 位＋1 位双院士)

机械与运载工程学部的宁波籍院士共有 10 位。其中 1994 年 1 位(路甬祥[②]);1995 年 3 位(朱英浩、何友声、乐嘉陵);1997 年 1 位(徐秉汉);2001 年 1 位(徐志磊);2011 年 2 位(朱英富、林忠钦);2013 年 1 位(徐芑南);2017 年 1 位(冯煜芳)。

朱英浩(1995 年当选中国工程院院士)

朱英浩(1929 年 5 月 24 日—2022 年 9 月 1 日),变压器制造专家,祖籍浙江鄞县,沈阳工业大学教授,曾任沈阳变压器有限责任公司、沈阳变压器研究所总工程师。

朱英浩院士长期从事变压器、互感器新技术、新产品的研制与开发,多次主持和组织开发变压器、互感器、调压器和电抗器等新产品;多次主持起草与制定、修订多项变压器国家标准工作;作为国家电网公司特邀专家参与了国内首条 1000 千伏变压器的研制并获得成功;曾获国家科技进步奖一、二等

---

① 中国工程院朱高峰院士既属于工程管理学部,又属于信息与电子工程学部。

② 路甬祥的相关资料已在"宁波籍中国科学院、中国工程院双院士"部分列出,此处从略。

奖,机械委科技进步奖特等奖等科技奖励。

1995 年当选中国工程院院士。

朱英浩院士的各类文献目录

著作文献

《电力变压器计算》,路长柏,朱英浩,黑龙江科学技术出版社,1986

《电力变压器理论与计算》,路长柏,朱英浩编著,辽宁科学技术出版社,2007

《换流变压器用有载分接开关》,朱英浩,沈大中,中国电力出版社,2016

期刊文献

2015 年

新型饱和铁心高温超导限流器的实验研究,张晚英,周辉,胡雪峰,佘旺,刘东辉,聂舟,赵硕,刘伯鑫,朱英浩,《中国电机工程学报》2015 年第 2 期

贺词,朱英浩,《大众用电》2015 年第 9 期

2017 年

有限公式温度场计算技术及其在永磁电机分析中的应用,朱高嘉,朱英浩,佟文明,韩雪岩,朱建国,《中国电机工程学报》2017 年第 A1 期

基于有限公式法和流固耦合的永磁牵引电动机冷却系统设计与分析,朱高嘉,朱英浩,朱建国,佟文明,韩雪岩,《电工技术学报》2017 年第 5 期

基于流固耦合的高速永磁电机冷却结构分析与改进,朱高嘉,朱英浩,佟文明,韩雪岩,朱建国,《电工电能新技术》2017 年第 12 期

永磁电机温度场的改进有限公式迭代算法,朱高嘉,朱英浩,朱建国,佟文明,韩雪岩,《电工技术学报》2017 年第 16 期

何友声（1995 年当选中国工程院院士）

何友声（1931 年 7 月 28 日—2018 年 1 月 17 日），流体力学与船舶流体力学专家，浙江省宁波人，上海交通大学教授，曾任中国力学学会第三、四届副理事长，国际理论与应用力学联合会理事。

何友声院士长期从事船舶原理、高速水动力学、飞行力学和出入水理论研究，是水翼及其兴波的水动力设计的奠基人，开拓了螺旋桨激振研究领域，使我国船舶的减振水平跃上新台阶；在空泡流和水中兵器出入水的研究中取得了突破性进展，对水下发射导弹和新型鱼雷的开发研究做出了贡献；曾先后 10 余次获得国家和省部级科技进步奖。

1995 年当选为中国工程院院士；2002 年被遴选为欧洲科学院院士。

（一）何友声院士的各类文献目录

著作文献

《力学与工程 21 世纪工程技术的发展对力学的挑战》，李国豪，何友声主编，上海交通大学出版社，1999

期刊文献

钱学森：服从真理而非权威——何友声院士访谈录，何友声，徐娜，《钱学森研究》2018 年第 1 期

（二）对何友生院士的介绍与研究文献目录

期刊文献

沉痛悼念何友声先生，《水动力学研究与进展（A 辑）》2018 年第 1 期

何友声：无问西东心向大海，徐小喜，赵焯铨，《少儿科技》2018 年第 11 期

报纸文献

甬籍院士何友声逝世，《现代金报》2018-01-20

泪别甬籍院士何友声 家乡代表昨赴沪送行，《宁波晚报》2018-01-21

何友声院士生平，《上海交大报》2018-01-22

乐嘉陵(1995 年当选中国工程院院士)

乐嘉陵(1936 年 3 月 21 日—),空气动力学专家,浙江省镇海人,中国空气重力研究与发展中心研究员,中国空气动力学协会副理事长,国际实验流体力学指导委员会委员。

乐嘉陵院士长期从事超声速气动地面试验设备的研制及战略武器、运载火箭的气动理论和实验研究。他所主持研制的多种实验装置,解决了我国大型运载火箭气动设计等多项的重要工程问题;在国内首次开展了有高温气体影响的数值仿真的实验验证,为解决卫星、运载火箭等的关键气动问题奠定了基础;曾获国家科技进步奖、何梁何利基金科学与技术进步奖。

1995 年当选为中国工程院院士。

(一)乐嘉陵院士的各类文献目录

期刊文献

2015 年

吸气式高超声速飞行器机体推进一体化技术研究进展,吴颖川,贺元元,贺伟,乐嘉陵,《航空学报》2015 年第 1 期

空气节流对乙烯燃料超燃冲压发动机流场结构影响研究,田野,乐嘉陵,杨顺华,邓维鑫,张弯洲,《推进技术》2015 年第 4 期

乙烯燃料超燃冲压发动机流场振荡及其控制研究,田野,乐嘉陵,杨顺华,肖保国,《推进技术》2015 年第 7 期

空气节流对煤油燃料超燃燃烧室燃烧性能影响,田野,杨顺华,肖保国,乐嘉陵,《宇航学报》2015 年第 12 期

2016 年

Ma4 下超燃发动机乙烯点火及火焰传播过程试验研究,张弯洲,乐嘉陵,杨顺华,程文明,邓维鑫,《实验流体力学》2016 年第 3 期

直流喷射首次破碎的形变过程研究,刘日超,乐嘉陵,杨顺华,郑忠华,宋文艳,黄渊,《推进技术》2016 年第 7 期

密切曲内锥乘波前体进气道低马赫数性能试验研究,周正,贺旭照,卫锋,乐嘉陵,《推进技术》2016 年第 8 期

强制转捩对高超声速进气道性能影响,易淼荣,赵慧勇,乐嘉陵,《航空动力学报》2016 年第 8 期

亚声速横向气流中液体射流破碎过程的直接模拟,刘日超,乐嘉陵,杨顺华,郑忠华,宋文艳,黄渊,《推进

技术》2016 年第 11 期

采用火焰面/反应进度变量方法模拟湍流燃烧,熊模友,乐嘉陵,黄渊,宋文艳,杨顺华,郑忠华,《航空动力学报》2016 年第 11 期

2017 年

旋转爆轰发动机燃烧室的燃烧与流动特性研究,王宇辉,乐嘉陵,杨样,谭宇,《实验流体力学》2017 年第 1 期

比热比和压比对高超飞行器尾喷流影响的实验研究,贺旭照,秦思,周凯,乐嘉陵,《实验流体力学》2017 年第 1 期

基于 LES 的非稳态火焰面/反应进度变量方法模拟部分预混抬举火焰,熊模友,乐嘉陵,黄渊,宋文艳,杨顺华,郑忠华,《推进技术》2017 年第 1 期

燃烧场波系显示及燃烧区域诊断研究,岳茂雄,苏铁,杨顺华,袁强,乐嘉陵,《红外与激光工程》2017 年第 2 期

电加热圆管内流动的自然转捩过程研究,张若凌,乐嘉陵,《实验流体力学》2017 年第 2 期

吸气式高超声速飞行器非均匀尾喷流试验,贺旭照,秦思,卫锋,乐嘉陵,《航空学报》2017 年第 3 期

高超声速流动的气体吹除控制方法研究,邓维鑫,杨顺华,张弯洲,王西耀,田野,乐嘉陵,《推进技术》2017 年第 4 期

径向双旋流燃烧室流场结构大涡模拟研究,周瑜,乐嘉陵,陈柳君,黄渊,《推进技术》2017 年第 4 期

脉冲燃烧风洞测力系统动态标定方法,武龙,王锋,乐嘉陵,《实验流体力学》2017 年第 4 期

轴向三级旋流燃烧室流场结构大涡模拟,周瑜,乐嘉陵,陈柳君,黄渊,《航空动力学报》2017 年第 4 期

采用 CARS 试验技术与 UFPV 数值方法研究航空发动机燃烧室,熊模友,乐嘉陵,黄渊,宋文艳,杨顺华,郑忠华,《实验流体力学》2017 年第 5 期

双旋流燃烧室两相喷雾试验和数值研究,刘日超,乐嘉陵,陈柳君,杨顺华,宋文艳,《实验流体力学》2017 年第 5 期

曲外锥乘波体进气道实用构型设计和性能分析,贺旭照,乐嘉陵,《航空学报》2017 年第 6 期

微修形异型转圆内转式进气道的设计与试验研究,卫锋,贺旭照,陈军,吴颖川,乐嘉陵,《推进技术》2017 年第 6 期

KH-RT 模型在横向来流作用下射流雾化过程的应用,刘日超,乐嘉陵,杨顺华,郑忠华,宋文艳,黄渊,《推进技术》2017 年第 7 期

同轴射流燃烧室非预混湍流燃烧流场特性大涡模拟研究,周瑜,乐嘉陵,黄渊,《推进技术》2017 年第 7 期

空气/煤油火炬点火器设计及试验,邓维鑫,乐嘉陵,杨顺华,田野,王西耀,《航空动力学报》2017 年第 7 期

采用基于火焰面的燃烧模型研究部分预混燃烧,熊模友,乐嘉陵,黄渊,宋文艳,杨顺华,郑忠华,《推进技术》2017 年第 7 期

喷流落压比对高超飞行器尾喷管内外流干扰的实验,秦思,贺旭照,曾学军,乐嘉陵,《航空动力学报》2017 年第 10 期

2018 年

脉冲燃烧风洞与连续燃烧风洞数据相关性研究,吴颖川,贺元元,张小庆,林其,乐嘉陵,《实验流体力学》2018 年第 3 期

基于 γ-Re_θ 转捩模型的高超声速复杂构型转捩模拟,易淼荣,赵慧勇,乐嘉陵,《实验流体力学》2018 年第 4 期

基于乙烯或氢气的吸气式旋转爆轰发动机实验,王宇辉,王超,郑榆山,乐嘉陵,黄思源,《气体物理》2018 年第 6 期

航空发动机两级反向旋流燃烧室燃烧流场大涡模拟研究,周瑜,乐嘉陵,黄渊,《推进技术》2018 年第 7 期

脉冲风洞天平短时振荡测力数据稳态值提取的优化识别方法,王锋,武龙,吴东升,乐嘉陵,《振动与冲击》2018 年第 8 期

三级轴向旋流燃烧室流场结构研究,陈柳君,乐嘉陵,张俊,黄渊,周瑜,《推进技术》2018 年第 8 期

曲外锥乘波体进气道的一体化设计和性能分析,贺旭照,乐嘉陵,《推进技术》2018 年第 10 期

基于前体激波的内转式进气道一体化设计,乔文友,余安远,杨大伟,乐嘉陵,《航空学报》2018 年第 10 期

脉冲燃烧风洞中空气节流对煤油燃料超燃冲压发动机火焰稳定影响研究,乐嘉陵,田野,杨顺华,岳茂雄,苏铁,钟富宇,田晓强,《推进技术》2018 年第 10 期

2019 年

超燃冲压发动机推力性能评估方法,吴颖川,贺元元,张小庆,任虎,刘伟雄,乐嘉陵,《推进技术》2019 年第 1 期

氢燃料超燃燃烧室流场结构和火焰传播规律试验研究,田野,乐嘉陵,杨顺华,钟富宇,《实验流体力学》2019 年第 1 期

当量比对氢燃料超燃燃烧室流场结构和燃烧模态影响研究,钟富宇,乐嘉陵,韩亦宇,岳茂雄,苏铁,田野,《推进技术》2019 年第 2 期

旋转爆震三维非预混混合特性及流场结构研究,郑榆山,王超,王宇辉,乐嘉陵,《推进技术》2019 年第 2 期

轴对称层流到湍流转捩区间速度和温度的振荡统计特性研究,张若凌,乐嘉陵,《实验流体力学》2019 年第 2 期

TBCC 发动机涡轮进气道喷水冷却特性数值研究,罗佳茂,乐嘉陵,杨顺华,张建强,张弯洲,李季,刘彧,《推进技术》2019 年第 6 期

基于 IDDES 框架的 γ-Re_θ 转捩模型,易淼荣,赵慧勇,乐嘉陵,肖保国,郑忠华,《航空学报》2019 年第 8 期

基于非结构网格空间推进的高超声速飞行器背脊线优化,高昌,张小庆,贺元元,吴颖川,乐嘉陵,《航空动力学报》2019 年第 8 期

2020 年

连续伴随方法在二维高超声速进气道优化中的应用,高昌,张小庆,贺元元,吴颖川,乐嘉陵,《空气动力学学报》2020 年第 1 期

乙烯燃料超燃冲压发动机燃烧过程研究,钟富宇,乐嘉陵,田野,岳茂雄,《实验流体力学》2021 年第 1 期

基于 IDDES 方法和 γ-Re_θ 转捩模型的粗糙颗粒诱导高速边界层强制转捩模拟,易淼荣,赵慧勇,乐嘉陵,《推进技术》2020 年第 4 期

专利信息

一种乘波体和进气道一体化构型的设计方法,发明人:贺旭照,乐嘉陵,倪鸿礼,刘伟雄,贺元元,吴颖川,秦思,周正,申请号:201610349707.2,申请日期:2016-05-24

带动力飞行器推阻特性天地换算方法,发明人:乐嘉陵,贺元元,吴颖川,倪鸿礼,张小庆,贺伟,王琪,孙良,丁国昊,申请号:201610364767.1,申请日期:2016-05-26

旋转爆震反压的非定常数值模拟方法,发明人:王超,蔡建华,郑榆山,刘彧,肖保国,邢建文,白菡尘,郑忠华,乐嘉陵,晏至辉,申请号:201910699291.0,申请日期:2019-07-31

高超声速机械传动式调频脉冲喷射装置及方法,发明人:钟富宇,田野,时文,乐嘉陵,李季,李世豪,孙光焱,张娜,鲁玲,申请号:201911175408.1,申请日期:2019-11-26

(二)对乐嘉陵院士的介绍与研究文献目录

著作文献

《乐嘉陵院士研究论文选集》,曾学军编,科学出版社,2018

徐秉汉(**1997 年当选中国工程院院士**)

徐秉汉(1933 年 8 月 21 日—2007 年 6 月 14 日),船舶结构力学专家,浙江鄞县人,中国船舶科学研究中心研究员。

徐秉汉院士长期从事舰艇结构的研究,其在大量理论与试验研究基础上完成的专著《壳体开孔的理论与实践》达到了当时国际水平。他主持建立了我国最大的船舶结构试验室群体,发展船舶结构的模型与实艇试验,并在我国潜艇结构史上若干次重大试验中做出开创性贡献;在"七五""八五"期间主持了新一代的舰艇等结构研究项目;曾获国家科技进步奖二、三等奖,部委科技进步奖二、三等奖等科技奖励。

1997 年当选为中国工程院院士。

徐志磊(2001 年当选中国工程院院士)

徐志磊(1930 年 8 月 2 日—　　），核武器工程设计专家，祖籍浙江鄞县，中国工程物理研究院专家委员会委员、型号副总设计师。

徐志磊院士对我国第一代核武器和新一代核武器的设计和制造做出了重要贡献，在新型核武器研制中，对核装置初级的关键部件，从工程设计、材料、结构到制造工艺的研究都起了关键作用，使核装置新型初级的研究得以顺利成功，特殊性能氢弹技术得以迅速突破，显著提高了我国自卫核威慑能力的有效性；曾多次获得国家科技进步奖。

2001 年当选为中国工程院院士。

(一)徐志磊院士的各类文献目录

期刊文献

设计工作的智能化，徐志磊，《科技导报》2016 年第 9 期；《中国学术期刊文摘》2016 年第 12 期

谈智能系统与创新设计的概念问题，徐志磊，《装饰》2016 年第 11 期

创新设计再思考，徐志磊，《科技创新与品牌》2018 年第 2 期

(二)对徐志磊院士的介绍与研究文献目录

报纸文献

徐志磊的核盾情缘，范宗喜，《中国科学报》2016-12-05

徐志磊：舍小家，为的是国家——本报专访鄞籍中国工程院院士、核武研制专家，《鄞州日报》2018-10-11

徐志磊：智能制造和创新设计，《玉溪日报》2019-09-20

徐志磊院士为玉溪农职院师生作报告，《玉溪日报》2019-09-23

"徐志磊班"——一位老院士与西南科大的深情，《西南科技大学报》2020-10-15

朱英富(2011 年当选中国工程院院士)

朱英富(1941 年 7 月 12 日——),舰船工程专家,浙江鄞县人,中国船舶重工集团公司第七〇一研究所研究员,国家重大专项工程总设计师。

朱英富院士长期从事舰船工程科研工作,在全舰综合集成、隐身性和舰机适配性等领域有较深造诣,为我国水面战斗舰艇系列化发展做出了重要贡献;作为工程型号总设计师,成功主持研制了出口型导弹护卫舰和第三代驱逐舰,实现了舰船技术跨越发展,在国内外产生了重大影响;曾获国家科技进步奖一、二等奖,何梁何利基金科学与技术进步奖等科技奖励。

2011 年当选为中国工程院院士。

(一)朱英富院士的各类文献目录

著作文献

《现代船舶设计》,朱英富主编,哈尔滨工程大学出版社,2012

《舰船隐身技术》,朱英富,张国良编著,哈尔滨工程大学出版社,2012

《水面舰船设计新技术》,朱英富主编,哈尔滨工程大学出版社,2015

《舰船隐身技术》,朱英富,张国良编著,哈尔滨工程大学出版社,2015

《水面舰船设计新技术》,朱英富主编,哈尔滨工程大学出版社,2019

期刊文献

2015 年

极地船舶核心关键基础技术现状及我国发展对策,朱英富,刘祖源,解德,李万红,《中国科学基金》2015 年第 3 期

2016 年

航空母舰发展的思考,朱英富,熊治国,胡玉龙,《中国舰船研究》2016 年第 1 期

2017 年

船用夹芯复合材料典型节点疲劳性能试验研究,罗白璐,朱英富,严仁军,杨龙,谌伟,《中国造船》2017 年第 1 期

2018 年

结构噪声核心价值与理论逻辑解读第二部分:阻振质量与复杂巨系统,吴崇建,蔡大明,朱英富,《中国舰船研究》2018 年第 4 期

2019 年

船用夹芯复合材料接头疲劳裂纹扩展研究,罗白璐,朱英富,《华中科技大学学报(自然科学版)》2019 年第 4 期

提高期刊学术质量,促进舰船行业科技创新,朱英富,易基圣,《科技与出版》2019 年第 1 期

夹芯结构的疲劳裂纹损伤扩展研究,罗白璐,朱英富,李之达,郑绍文,《船舶力学》2019 年第 8 期

2020 年

船用钢/复合材料接头疲劳损伤与承载性能试验研究,罗白璐,朱英富,《中国造船》2020 年第 4 期

(二)对朱英富院士的介绍与研究文献目录

期刊文献

朱英富:保卫蓝色国土的坚实后盾,雅商,《晚晴》2017 年第 6 期

朱英富:舰船大师的航母情怀,本刊编辑部,《华声》2017 年第 9 期

朱英富院士受聘担任《中国水运》杂志终身顾问,张涛,胡逢,《中国水运》2018 年第 3 期

报纸文献

杨槱院士育人思想及学术成就分享会在我校举行,徐芑南、曾恒一、朱英富三位"中国脊梁"讲述"蓝色报国"故事,《上海交大报》2017-10-23

林忠钦(2011年当选中国工程院院士)

林忠钦(1957年12月6日—)机械工程专家,原籍浙江镇海,上海交通大学教授,校长、党委副书记,"973计划"首席科学家。

林忠钦院士主要从事薄板产品制造与质量控制研究,在汽车板精益成形技术、轿车车身制造质量控制、薄板产品数字化封样技术、复杂产品数字化设计等方面取得重要的理论和技术突破,为我国汽车车身设计与制造技术进步做出了重要贡献;曾获国家科技进步奖、何梁何利基金科学与技术创新奖、蒋氏科技成就奖、上海市十大科技精英、通用汽车中国科技成就奖。

2011年当选中国工程院院士。

(一)林忠钦院士的各类文献目录

著作文献

《车身覆盖件冲压成形仿真》,林忠钦、李淑慧、于忠奇、朱亚群著,机械工业出版社,2005

《智能制造装备产业培育与发展研究报告》,卢秉恒、林忠钦、张俊等编著,科学出版社,2015

《航天航空能制造技术与装备发展战略研究》,孟光、郭立杰、林忠钦编著,上海科学技术出版社,2017

《民用飞机复合材料结构制造技术大飞机出版工程》,刘卫平、林忠钦,上海交通大学出版社,2017

期刊文献

2015年

中国制造品牌发展的问题、原因与提升研究,郭政、林忠钦、邓绩、王金玉,《中国工程科学》2015年第7期

2016年

中国制造2025与提升制造业质量品牌战略,林忠钦,《国家行政学院学报》2016年第4期

航天结构广品精确局效制造工程展望,王国庆、林忠钦,《工业工程与管理》2016年第4期

铝锂合金薄板自动钻铆残余应力特性,郑斌、余海东、林忠钦、邹成,《上海交通大学学报》2016年第4期

海洋工程装备建造设备发展浅探,彭涛、林忠钦、杨建民、柳存根,《中国工程科学》2016年第4期

航天结构产品精确高效制造工程展望,王国庆、林忠钦,《工业工程与管理》2016年第4期

操作机构尺寸与变形误差传递的统一建模方法研究,陈根良、林忠钦、王皓,《机械工程学报》2016年第6期

操作机构尺寸与变形误差传递的统一建模方法研究,陈根良、林忠钦、王皓,《金属加工(冷加工)》2016年第15期

轻量化多材料汽车车身连接技术进展,李永兵、马运五、楼铭、雷海洋、林忠钦,《机械工程学报》2016年第24期

2017 年

"中国制造"质量提升面临的困境,林忠钦,《政策》2017 年第 1 期

中国制造业质量与品牌发展战略研究,林忠钦,奚立峰,蒋家东,郭政,刘颖,潘尔顺,赵亦希,李艳婷,《中国工程科学》2017 年第 3 期

Investigation of springback behavior and process control for stamping of ring-shaped workpiece,何俊艺,王贺,彭林法,易培云,来新民,林忠钦,《上海交通大学学报(英文版)》2017 年第 4 期

优质制造的现状与行动对策,林忠钦,《中国工业评论》2017 年第 7 期

聚焦优质制造助推质量强国,林忠钦,《上海质量》2017 年第 12 期

以优质制造破解质量困局,林忠钦,《瞭望》2017 年第 33 期

2018 年

对我国工科教育的认识与思考,林忠钦,《中国科技产业》2018 年第 1 期

中国汽车制造质量提升战略研究,林忠钦,赵亦希,潘尔顺,《中国工程科学》2018 年第 1 期

早日占据智能船舶领域制高点,林忠钦,《中国船检》2018 年第 3 期

TOPIC 2 智能制造,梁永岑,林忠钦,胡可一,《船舶工程》2018 年第 3 期

政府职能与市场功能在推动质量发展中的定位与作用,赵亦希,潘尔顺,李艳婷,奚立峰,林忠钦,《中国市场监管研究》2018 年第 8 期

2019 年

金属板料各向异性断裂模型及断裂实验研究进展,顾彬,何霁,李淑慧,林忠钦,《塑性工程学报》2019 年第 1 期

加强在职专业学位硕士学位论文过程管理保证论文质量,王海丽,夏天娟,郑虹,李新,蒋祖华,林忠钦,《高教学刊》2019 年第 4 期

聚合物微结构成形的介观尺度效应及其本构建模,邓宇君,林忠钦,傅铭旺,《机械工程学报》2019 年第 4 期;《金属加工(冷加工)》2019 年第 5 期

我国工程硕士培养和专业发展的调查分析,蒋祖华,林忠钦,王海丽,夏天娟,郑虹,裴海燕,《高教学刊》2019 年第 5 期

2020 年

航天大型薄壁结构装配制造尺寸精度预测与控制方法,余海东,来新民,林忠钦,《上海航天》2020 年第 3 期

卷首语,林忠钦,柴洪峰,《中国工程科学》2020 年第 6 期

我国深海矿产资源开发装备研发现状与展望,杨建民,刘磊,吕海宁,林忠钦,《中国工程科学》2020 年第 6 期

绿色船舶低碳发展趋势与应对策略,郑洁,柳存根,林忠钦,《中国工程科学》2020 年第 6 期

加快推进大学人才培养体系改革,林忠钦,《中国科技奖励》2020 年第 9 期;《成才之路》2020 年第 26 期

报纸文献

2016 年

智能制造不是简单"机器换人",林忠钦,《新华日报》2016-11-01

2017 年

一代人有一代人的际遇,个人最大的际遇是国家的发展,林忠钦,上海《文汇报》2017-03-31

把内控建设作为提升学校治理水平的关键,林忠钦,《中国教育报》2017-06-29

坚定自信　立德树人,姜斯宪,林忠钦,《光明日报》2017-08-25

建设现代化经济体系　必须坚持质量第一,林忠钦,上海《文汇报》2017-12-01

2018 年

进一步巩固和加强高等教育优势地位,林忠钦,徐瑞哲,《解放日报》2018-05-03

2019 年

人生无捷径　坚守成大器,林忠钦,《上海交大报》2019-04-01

弘扬钱学森精神建功立业新时代,林忠钦,《光明日报》2019-10-21;《上海交大报》2019-10-28

2020 年

把科研成果应用到战胜疫情中,林忠钦,《光明日报》2020-04-09

加快推进大学人才培养体系改革(大家手笔),林忠钦,《人民日报》2020-08-17

学界加快推进大学人才培养体系改革,林忠钦,《齐齐哈尔日报》2020-08-21

在综合评价基础上突出重点评价,上海交通大学校长、中国工程院院士林忠钦,《中国教育报》2020-11-04

"从 1 到 10"的瓶颈,林忠钦,《中国新闻出版广电报》2020-11-04

专利信息

2015 年

异种金属电弧胶焊连接系统及方法,发明人:李永兵,雷海洋,布莱尔,来新民,林忠钦,申请号:201510126204.4,申请日期:2015-03-23

位置可调的电阻点焊磁控装置,发明人:李永兵,李定泷,楼铭,林忠钦,申请号:201510583440.9,申请日期:2015-09-15

金属板无压痕胶焊连接方法,发明人:李永兵,朱晓博,武韬略,张超群,楼铭,来新民,林忠钦,申请号:201510603208.7,申请日期:2015-09-21

机翼长桁制造过程残余应力释放工艺装置及应力释放方法,发明人:王华,林忠钦,刘军,申请号:201510947456.3,申请日期:2015-12-16

飞机机翼长桁制造过程残余应力释放工艺装置,发明人:王华,林忠钦,刘军,申请号:201521062932.5,申请日期:2015-12-16

大型薄壁零件制造过程残余应力释放工艺装置及释放方法,发明人:王华,林忠钦,刘军,申请号:201510947457.8,申请日期:2015-12-16

大型薄壁零件制造过程残余应力释放工艺装置,发明人:王华,林忠钦,刘军,申请号:201521062935.9,申请日期:2015-12-16

2016 年

用于自冲摩擦铆焊的铆钉及其自冲摩擦铆焊连接系统,发明人:李永兵,马运五,楼铭,林忠钦,申请号:201610566456.3,申请日期:2016-07-19

2017 年

一种飞机气动铆接过程验证装置和验证方法,发明人:王华,张帅,林忠钦,申请号:201710121429.X,申请日期:2017-03-02

一种飞机铆装工离线培训装置和培训方法,发明人:王华,张帅,林忠钦,申请号:201710121707.1,申请日期:2017-03-02

飞机铆装工离线培训装置,发明人:王华,张帅,林忠钦,申请号:201720198741.4,申请日期:2017-03-02

一种飞机铆装工在线培训装置和培训方法,发明人:王华,张帅,林忠钦,申请号:201710121706.7,申请日期:2017-03-02

飞机气动铆接质量在线检测装置,发明人:王华,张帅,林忠钦,申请号:201720198358.9,申请日期:2017-03-02

一种飞机气动铆接操作合格判定装置和判定方法,发明人:王华,张帅,林忠钦,申请号:201710121248.7,申请日期:2017-03-02

一种飞机气动铆接质量在线检测装置及检测方法,发明人:王华,张帅,林忠钦,申请号:201710122247.4,申请日期:2017-03-02

飞机气动铆接装配中的智能顶铁,发明人:王华,张帅,林忠钦,申请号:201720199697.9,申请日期:2017-03-02

一种飞机气动铆接过程验证装置,发明人:王华,张帅,林忠钦,申请号:201720198742.9,申请日期:2017-03-02

一种飞机铆装工在线培训装置,发明人:王华,张帅,林忠钦,申请号:201720198168.7,申请日期:2017-03-02

2018 年

摩擦搅拌盲孔铆钉接合系统和方法,发明人:卡尔森,马运五,李永兵,林忠钦,申请号:201810769090.9,申请日期:2018-07-13

2019 年

一种碟簧式主轴微进给机构,发明人:金隼,林忠钦,田昂,张继昌,郑开元,陈坤,申请号:201910604473.5,申请日期:2019-07-05

(二)对林忠钦院士的介绍与研究文献目录

期刊文献

上海交通大学校长林忠钦院士:聚焦优质制造助推质量强国,《中国品牌》2017 年第 10 期

林忠钦:心里装着国家强盛的使命,董少校,《平安校园》2018 年第 3 期

全国政协委员、上海交大校长林忠钦:重点船企应尽快完成自动化补课,《船舶与配套》2018 年第 3 期

上海交通大学校长、中国工程院院士林忠钦——深海资源开发需要更先进装备,本刊记者,《船舶物资与市场》2018 年第 6 期

科技创新、中华文明与大学人才培养——访谈林忠钦院士,彭青龙,吴攸,《上海交通大学学报(哲学社会科学版)》2020 年第 1 期

报纸文献

2016 年

林忠钦带队赴市环保局和环科院交流,《上海交大报》2016-09-12

2017 年

张杰卸任林忠钦接棒,易蓉,《新民晚报》2017-02-23

林忠钦任上海交大校长——林蕙青尹弘等出席会议并讲话,《解放日报》2017-02-24

上海交大校长"换帅" 张杰卸任林忠钦接棒,刘昕璐,《青年报》2017-02-24

中共中央国务院任命林忠钦为上海交通大学校长,《上海交大报》2017-02-27

林忠钦同志简介,《上海交大报》2017-02-27

林忠钦任上海交大校长,《无锡日报》2017-03-01

林忠钦任上海交通大学校长,《海南日报》2017-03-01

林忠钦丁文江庄松林三院士受聘临港——上海市院士专家工作站科技成果转化基地揭牌,产学研协同新模式助力智能制造发展,俞陶然,《解放日报》2017-03-04

上海市院士专家工作站科技成果转化基地启动 林忠钦丁文江受聘临港助力智能制造发展,《上海交大报》2017-03-06

纪念三八国际劳动妇女节 107 周年暨先进表彰大会举行,林忠钦希望交大女同胞聪慧时尚自信坚韧创新进取,《上海交大报》2017-03-13

中共上海交大环境科学与工程学院第一次代表大会召开,林忠钦勉励全体党员奋发进取加快建设世界知名环境学院,《上海交大报》2017-03-20

上海交通大学校长林忠钦一行访问清华,刘蔚如,《新清华》2017-06-02

林忠钦与聂海胜参观李政道基金作品展,《上海交大报》2017-06-05

林忠钦带队赴国家海洋局洽谈合作共促海洋事业发展,《上海交大报》2017-06-19

范锐平会见上海交大校长林忠钦,钟文,《成都日报》2017-07-16

林忠钦:在优质制造上下功夫打造"中国制造"西部高地,《人力资源报》2017-07-24

李锦斌李国英会见上海交通大学校长林忠钦,《安徽日报》2017-08-04

上海交大校长林忠钦带队来我院调研并高温慰问——林校长充分肯定上海九院作为综合医院整体发展取得的成绩;同时指出,医院协调发展的重要性,既要整体推进,又要突出重点,《九院报》2017-09-10

林忠钦在二〇一七级新生开学典礼上做主题演讲——立一等志向,成一等人才,《上海交大报》2017-09-11

林忠钦在中国产学研合作创新大会上提出建立中国特色工科教育新范式,《上海交大报》2017-11-20

林忠钦应邀访问新加坡 商谈推进交大与新多所高校合作,《上海交大报》2017-12-18

2018 年

林忠钦访问欧洲多所高校及研究机构,《上海交大报》2018-01-08

林忠钦委员:让中国孩子不出国门也能念世界一流大学,《京江晚报》2018-03-11

第二场"委员通道"举行 林忠钦、王励勤委员亮相,《新闻晨报》2018-03-11

林忠钦委员:让孩子不出国门就能念世界一流大学,《上海交大报》2018-03-12

林忠钦率团访问香港澳门多所高校——与香港特区政府行政长官林郑月娥亲切交流,《上海交大报》2018-

04-23

林忠钦在 **2018** 级新生开学典礼上作主题讲演：志存高远，惜时如金，《上海交大报》2018-09-10

林忠钦访问俄罗斯两所大学，《上海交大报》2018-09-17

林忠钦出席沪港大学联盟成立仪式，《上海交大报》2018-11-12

林忠钦为青马学校第 **21** 期预备党员培训班授课——把握时代潮流成就栋梁之才，《上海交大报》2018-12-24

陈豪阮成发会见上海交通大学校长林忠钦，《云南日报》2018-12-28

上海交通大学校长林忠钦带队到我州调研对口帮扶工作，《大理日报》2018-12-29

林忠钦赴滇开展省校战略合作、定点帮扶工作，《上海交大报》2018-12-31

2019 年

《人民网·强国论坛》林忠钦：高校如何推进"双一流"建设，《上海交大报》2019-03-11

推动战略合作快出成果多出成效 裘东耀林忠钦出席，《宁波日报》2019-04-27

周连华于海田会见上海交通大学校长林忠钦，通讯员宗禾报道，《淄博日报》2019-05-24

林忠钦黄震为新进教职工作校情报告，《上海交大报》2019-07-15

林忠钦鼓励选调生不忘初心思源致远，《上海交大报》2019-07-15

读林忠钦院士的开学寄语，柯文，《上海科技报》2019-09-11

林忠钦校长率团访欧推进与欧洲高校交流合作，《上海交大报》2019-12-23

2020 年

王伟中会见上海交通大学校长林忠钦，《深圳特区报》2020-01-04

林忠钦带队访问深圳市委市政府与深圳市委书记王伟中座谈，推动地校务实合作，《上海交大报》2020-01-06

科技创新、中华文明与大学人才培养——访上海交通大学校长林忠钦，《中国社会科学报》2020-07-20

林忠钦：聚焦人才交流合作助推西部科学城建设，《重庆晨报》2020-11-22

徐芑南(2013 年当选中国工程院院士)

　　徐芑南(1936 年 3 月 4 日—)，深潜器技术专家，浙江宁波人，中国船舶重工集团公司第七〇二研究所研究员、副总工程师，我国自行设计、自主集成研制的 7000 米载人潜水器"蛟龙号"的总设计师。

　　徐芑南院士担任五项水下潜器的总设计师，创造性地研制了多型载人深潜器和水下机器人，为我国深潜技术、载人、无人多种潜水器设计、建造、应用以及海洋和深潜器工程的发展做出了突出的贡献；先后获国家科技进步奖、中国科学院科技进步奖、上海市科技进步奖、船舶总公司科技进步奖、光华奖、何梁何利基金科学与技术进步奖。

　　2013 年当选中国工程院院士。

(一)徐芑南院士的各类文献目录

期刊文献

见证"中国深度"——中国载人深潜技术这样崛起，徐芑南、于洋，《纵横》2017 年第 12 期

蛟龙号——中国载人深潜技术这样崛起，徐芑南，《纵横》2019 年第 10 期

报纸文献

标准化体系建设推动潜水器发展，徐芑南，《中国海洋报》2015-05-14

蛟龙探海——浅谈我国深潜装备发展的大好形势(节选)，徐芑南，《江南大学报》2017-06-15

载人深潜逐梦深海(走向我们的小康生活)，徐芑南，《人民日报》2020-10-23

(二)对徐芑南院士的介绍与研究文献目录

期刊文献

徐芑南："蛟龙号"总设计师的"深潜"人生，《银潮》2017 年第 7 期

徐芑南心向深潜的"海洋老人"，倪伟波，《科学新闻》2018 年第 1 期

徐芑南一生情系深蓝梦，刘诗瑶，《科学大观园》2019 年第 19 期

徐芑南："蛟龙号"之父，《学苑创造(B 版)》2020 年第 2 期

徐芑南：海底深潜"领航人"，吴章科，《科学大众(中学生)》2020 年第 Z2 期

报纸文献

镇海籍院士徐芑南获"终身奉献海洋"纪念奖章,陈巍,《今日镇海》2016-12-22,

杨槱院士育人思想及学术成就分享会在我校举行,徐芑南、曾恒一、朱英富三位"中国脊梁"讲述"蓝色报国"故事,《上海交大报》2017-10-23

冯煜芳(2017年当选中国工程院院士)

冯煜芳(1963年6月29日—),导弹弹头与战斗部技术专家,浙江余姚人,火箭军研究院研究员,兼任国务院、中央军委军工产品定型委员会专家咨询委员会委员,第五届全军武器装备科学技术奖专家评审委员会委员,中央军委科学技术委员会核与军控领域专家委员会委员。

冯煜芳院士长期从事地地弹道导弹核弹头、常规弹头装备论证与使用技术研究工作,自主创新完成了多种新型导弹武器系统的发展研究,取得多项创新性成果,为火箭军导弹武器系统建设做出了重大贡献;先后获国家科技进步奖、国家技术发明奖。

2017年当选为中国工程院院士。

冯煜芳院士的各类文献目录

期刊文献

2001年

高聚物去污膜剥离机理研究分析,王天运,冯煜芳,《防护工程》2001年第3期

2003年

SMDW剥离型压制去污剂成膜机理分析,王天运,冯煜芳,刘国强,《防护工程》2003年第3期

2004年

复杂背景可见光图像中弱小目标探测的新算法,范宏深,倪国强,冯煜芳,《光电工程》2004年第6期

2006年

微机集群的并行蒙特卡罗模拟,王同权,于万瑞,冯煜芳,《微电子学与计算机》2006年第A1期

钚材料的老化,王同权,于万瑞,冯煜芳,《原子核物理评论》2006年第3期

2007年

钚材料的α能谱以及氦气累积的蒙特卡罗计算,王同权,于万瑞,冯煜芳,《核技术杂志》2007年第6期

报纸文献

当好科研的"先行官",冯煜芳,《解放军报》2004-08-18

科研创新需要实干担当,冯煜芳,《中国纪检监察报》2017-12-15

专利信息

辐射环境用低噪声高屏蔽 fA 级电流信号电缆及制造工艺,程金星,冯煜芳,王庆波,于艾,温伟伟,唐忠锋,高福刚,吴友朋,申请号:202011627860.X,申请日期:2020-12-31

二、信息与电子工程学部(12位＋1位双院士)

　　机械与运载工程学部的宁波籍院士共有13位。其中1994年5位(汪成为、何德全、陈俊亮、①朱高峰、倪光南);1995年3位(陈敬熊、林永年、沈昌祥);1997年1位(童志鹏);1999年1位(魏正耀);2001年1位(孙忠良);2015年1位(陈纯);2019年1位(郑纬民)。

汪成为(1994年当选中国工程院院士)

　　汪成为(1933年7月1日—　　),计算机专家,浙江奉化人,曾任第七机械工业部七〇六所副所长,国防科工委及总装备部系统工程研究所所长,国家"863计划"信息领域专家委员会委员、国家信息化专家咨询委员会委员。

　　汪成为院士长期从事电子计算机及人工智能研究工作,是中国军用计算机及软件、仿真、建模和军用信息应用系统的早期研制者和组织者之一,在国防科技、国家高技术"863计划"和国家重大基础研究"973计划"等任务的研究中做出了重要贡献;曾获国家科技进步奖、何梁何利基金科学与技术进步奖。

　　1994年当选为中国工程院院士。

对汪成为院士的介绍与研究文献目录

期刊文献

钱学森送诗汪成为,宋倩,《文存阅刊》2020年第5期

报纸文献

汪成为:心系民族发展的院士老师,吴绍芬,康丽,《中国教师报》2017-06-21

---

　　①　陈俊亮的相关资料已在"宁波籍中国科学院、中国工程院双院士"部分列出,此处从略。

何德全(1994 年当选中国工程院院士)

何德全(1933 年 7 月 31 日—　　),信息技术专家,浙江宁波人,国家信息化专家咨询委员会副主任,国家"863 计划"监委会委员、国务院信息办网络与信息安全专家组组长、国家信息安全测评认证管委会主任,上海交通大学网络空间安全学院首任院长。

何德全院士在主持大型信息系统工程的建设中做出创造性贡献,在信息防护与安全技术、新型显示与处理技术、信息光学与化学等多个领域,有较高的学术造诣;取得了 20 余项高难度、高水平的科技成果,其中 10 项获国家发明奖、国家科技进步奖及部级科技进步奖。

1994 年当选为中国工程院院士。

(一)何德全院士的各类文献目录

期刊文献

网络安全审查制度研究及建议,陈晓桦,何德全,王海龙,尚燕敏,徐克付,《中国工程科学》2016 年第 6 期

(二)对何德全院士的介绍与研究文献目录

期刊文献

何德全院士:评价指标使灾备应急工作有章可循,《卫星与网络》2015 年第 1 期

报纸文献

何德全院士肯定国家工程实验室工作,陈文,上海《文汇报》2016-06-21

朱高峰(1994 年当选中国工程院院士)

朱高峰(1935 年 5 月 27 日—   ),通信技术与管理专家,原籍浙江宁波,曾任邮电部副部长、主任高级工程师,中国工程院副院长。

朱高峰院士长期从事电信科研工作,负责中国第一套中同轴电缆 1800 路载波通信系统和中同轴电缆 4380 路载波通信系统的总体设计;倡议并组织建设全国长途自动电话网和全国邮政中心局体制网络,将通信网络理论与具体实际相结合;研究邮电经济的运行规律,推动和发展了邮电经济学,为中国邮电事业的发展做出了重大贡献;曾获全国科学大会奖、国家科技进步奖、光华工程科技奖工程奖。

1994 年当选为中国工程院院士。

(一)朱高峰院士的各类文献目录

著作文献

《中国特色新型城镇化发展战略研究第 2 卷 城镇化进程中的综合交通运输问题研究城镇化与产业发展互动研究》,傅志寰,朱高峰主编,中国建筑工业出版社,2013

《中国工程院院士文集论教育与现代化》,朱高峰著,高等教育出版社,2015

《现代服务业培育与发展研究报告》,朱高峰主编,唐守廉副主编,科学出版社,2015

《微机原理与接口技术》,谢四连,董辉,许岳兵主编,刘伟群,邝劲松,朱高峰,赵志刚,龙祖强,解志坚副主编,成运,张宁丹主审,中南大学出版社,2015

期刊文献

2015 年

中国工程教育的现状和展望,朱高峰,《清华大学教育研究》2015 年第 1 期

教育中的几个基本问题,朱高峰,《高等工程教育研究》2015 年第 1 期;《国内高等教育教学研究动态》2015 年第 15 期

成才之路,朱高峰,《上海工程技术大学教育研究》2015 年第 2 期

对工程伦理的几点思考,朱高峰,《高等工程教育研究》2015 年第 4 期

卷首语,朱高峰,《中国工程科学》2015 年第 7 期

2016 年

为培养高层次应用型人才作出贡献,朱高峰,《应用型高等教育研究》2016 年第 2 期

关于中国工程教育发展前景问题,朱高峰,《高等工程教育研究》2016 年第 3 期

主持人语——对工匠精神的理解和思考,朱高峰,《苏州市职业大学学报》2016 年第 4 期

我国工程教育的改革发展趋势,朱高峰,《高等工程教育研究》2016 年第 5 期

2017 年

关于我国当前几大热点问题的思考与回应——在上海工程技术大学专家咨询会上的讲话,朱高峰,《上海工程技术大学教育研究》2017 年第 2 期

让创新真正驱动经济发展,朱高峰,王迪,《高等工程教育研究》2017 年第 2 期

制造业服务化发展战略研究,朱高峰,唐守廉,惠明,李燕,唐一薇,《中国工程科学》2017 年第 3 期

卷首语,朱高峰,《中国工程科学》2017 年第 3 期

当前中国制造业发展情况分析与展望:基于制造强国评价指标体系,朱高峰,王迪,《管理工程学报》2017 年第 4 期;《复印报刊资料(产业经济)》2018 年第 2 期

2018 年

中国工程教育发展改革的成效和问题,朱高峰,《高等工程教育研究》2018 年第 1 期

对高技术产业化的几点思考,朱高峰,《高科技与产业化》2018 年第 11 期

2020 年

从制造大国到制造强国,朱高峰,《清华管理评论》2020 年第 3 期

(二)对朱高峰院士的介绍与研究文献目录

报纸文献

京津冀高等工程教育研讨会举行朱高峰刘吉臻作专题报告张瑞书等出席研讨会,《秦皇岛日报》2016-08-24

朱高峰:立足实际发展中国工程技术,卜叶,《中国科学报》2019-06-06

一位老艺术家对邮票事业的关切——从华君武给朱高峰副部长的一封来信说起,刘建辉,《中国集邮报》2019-07-05

倪光南(1994年当选中国工程院院士)

倪光南(1939年8月1日—　　),计算机专家,浙江镇海人,中国科学院计算所研究员,联想集团首任总工程师,曾任中国中文信息学会理事长,北京市人民政府参事,第八届全国人大代表,第八、九届全国政协委员,第五届全国青联特邀委员。

倪光南院士是我国最早从事汉字信息处理和模式识别研究的学者之一,提出并实现了在汉字输入中应用联想功能,主持开发了联想式汉字系统、联想系列微型机,创造了重大的经济效益和社会效益;曾获国家科技进步奖一等奖,中国中文信息学会和中国计算机学会终身成就奖。

1994年当选为中国工程院院士。

(一)倪光南院士的各类文献目录

著作文献

《信息技术与学科整合中小学教师信息技术高级培训》,安宝生,孟月萍主编;倪光南顾问,北京师范大学音像出版社,2002

《Android 程序设计实用教程:Android Studio 版》,冯贺,许研,李天峰主编;张阳,郭洪涛副主编;倪光南丛书主编,中国铁道出版社,2017

《巨龙飞腾》,倪光南总主编,戴荣里著,人民邮电出版社,2019

期刊文献

2015 年

开源开放引领北京文化创新,倪光南,王东宾,《北京观察》2015 年第 1 期

eID 是保障网络主权、安全和发展的需要,倪光南,《国家治理》2015 年第 C1 期

新形势下需重新定义信息安全产业,倪光南,《中国信息安全》2015 年第 3 期

大力发展中国智能终端操作系统,倪光南,《中国信息化周报》2015 年第 4 期

加强和完善网络安全高级别测评认证,倪光南,《中国信息化》2015 年第 7 期

一种分层次 B 帧双向预测直接模式,郑嘉利,倪光南,覃团发,《计算机应用研究》2015 年第 7 期

应以举国之力发展自主可控操作系统,倪光南,《中国信息化》2015 年第 8 期

发展自主可控的信息技术和产业,倪光南,《电子产品世界》2015 年第 10 期

考量信息化自主可控的五大"标尺",倪光南,《信息安全与通信保密》2015 年第 9 期

核心技术不能受制于人,倪光南,《信息安全与通信保密》2015 年第 11 期;《中国信息化》2015 年第 11 期;

《信息安全与通信保密》2015 年第 12 期；《求是》2015 年第 20 期

受制于人的信息安全如同沙滩上的建筑，倪光南，《中国战略新兴产业》2015 年第 23 期

移动互联网大潮下 APP 开发注重安全，倪光南，《中国信息化周报》2015 年第 26 期

网络安全相关的测评认证探讨，倪光南，《中国信息化周报》2015 年第 35 期

自主智能终端操作系统从生态破局，倪光南，《通信产业报》2015 年第 40 期

2016 年

促进网络安全和信息化的协调发展，倪光南，《软件和集成电路》2016 年第 1 期

网络身份识别(eID)是什么，胡传平，严则明，倪光南，《人民论坛》2016 年第 4 期

发展信息技术应立足自主创新，倪光南，《中国信息化》2016 年第 5 期

中国信息产业发展与创新，倪光南，《集成电路应用》2016 年第 5 期

发展安全可控的大数据产业，倪光南，《中国信息安全》2016 年第 5 期

中国发展关键核心技术的指导方针——解读习近平主席 **2013 年 12 月 20 日**的指示，倪光南，《汕头大学学报(人文社会科学版)》2016 年第 6 期

国外 ICT 供应链安全管理研究及建议，倪光南，陈晓桦，尚燕敏，王海龙，徐克付，《中国工程科学》2016 年第 6 期

中国网络安全必须自主可控，倪光南，《信息安全与通信保密》2016 年第 6 期

倾举国之力发展智能终端操作系统，倪光南，《中国战略新兴产业》2016 年第 7 期

发展信息技术有利于中国"弯道超车"，倪光南，《中国中小企业》2016 年第 7 期

圆桌谈：互联网＋软件测试技术的创新与破局，曾彬彬，倪光南，叶东升，刘彦宾，葛丰亮，蒋华荣，赵国亮，《质量与认证》2016 年第 7 期

互联网技术与实体经济的深度融合与发展，倪光南，《互联网天地》2016 年第 8 期

实现网络安全和发展的同步推进，倪光南，《网络传播》2016 年第 10 期

倪光南：国内专利维持年限短成果转化率低，倪光南，《河南科技》2016 年第 14 期

核心技术受制于人是最大隐患，倪光南，《当代党员》2016 年第 16 期

2017 年

构建军民融合、安全可控的信息技术体系，倪光南，《网信军民融合》2017 年第 2 期

核心技术是买不来的，倪光南，《世界社会主义研究》2017 年第 2 期

市场化导向助力发展核心技术，倪光南，《信息安全与通信保密》2017 年第 3 期

刊首语，倪光南，《大数据时代》2017 年第 3 期

掌握网络空间安全的主动权，倪光南，《汕头大学学报(人文社会科学版)》2017 年第 5 期

网络强国的前提是掌握网络空间斗争主动权，倪光南，《网信军民融合》2017 年第 7 期

高度重视 Windows 10(政府版)问题自主创新发展国产操作系统，倪光南，《信息安全研究》2017 年第 8 期

用好开源技术保障信息安全，倪光南，《软件和集成电路》2017 年第 11 期

重视安全隐患政府操作系统应确保自主可控，倪光南，《中国信息化周报》2017 年第 23 期

中国网信核心技术发展之路——学习习近平总书记关于网络安全和信息化工作的重要论述精神，倪光南，《人民论坛》2017 年第 28 期

2018 年

自主可控是保障网络安全的一个必要条件,倪光南,《信息安全研究》2018 年第 1 期

构建安全可控的信息技术体系,倪光南,《网络传播》2018 年第 1 期;《中国信息安全》2018 年第 5 期

工业物联网安全与核心技术国产化,倪光南,《物联网学报》2018 年第 2 期

构建安全可控的信息技术体系 努力建设网络强国,倪光南,《网信军民融合》2018 年第 2 期

实兵对抗促进大数据可持续发展——对贵阳大数据与网络安全攻防演练的点评,倪光南,《信息安全研究》2018 年第 5 期

核心技术必须掌握在自己手中 将举国体制和市场机制相结合,可以大大加速突破核心技术的进程,倪光南,《网络传播》2018 年第 6 期

把关键核心技术掌握在自己手中,倪光南,《保密科学技术》2018 年第 7 期

掌握自主核心技术,争取网络空间斗争主动权,倪光南,《信息安全与通信保密》2018 年第 7 期

大数据安全和大数据发展要同步推进,倪光南,《中国战略新兴产业》2018 年第 9 期

我国网信领域的若干创新,倪光南,《网络安全和信息化》2018 年第 10 期

业界共话能源物联网,林楚,倪光南,周孝信,陈学义,秦海岩,《电力系统装备》2018 年第 10 期

核心科技乃国之重器网信产业发展离不开自主可控,倪光南,《信息安全与通信保密》2018 年第 11 期

倪光南院士致《互联网周刊》成立 **20** 周年活动的贺信,倪光南,《互联网周刊》2018 年第 12 期

倪光南网信领域将出现各种"国产化替代",并且是"先进替代落后",倪光南,史亚娟,《中外管理》2018 年第 12 期

城市智慧卡连接你我他——抓住机遇构建智慧未来,倪光南,《中国建设信息化》2018 年第 17 期

大数据安全和大数据发展要同步推进,倪光南,《中国战略新兴产业》2018 年第 17 期

网络安全的核心是技术安全,倪光南,《通信产业报》2018 年第 33 期

2019 年

语录,厉以宁,龙永图,张勇,曹远征,倪光南,任正非,《支点》2019 年第 1 期

创新引领未来,倪光南,《小康》2019 年第 1 期

创新需要重视经验教训的积累与总结,倪光南,《新阅读》2019 年第 2 期

迎接开源芯片新潮流,倪光南,《信息安全与通信保密》2019 年第 2 期

贯彻落实"4·19 讲话"精神,建设网络强国,倪光南,《信息安全研究》2019 年第 4 期

倪光南:突破工业互联网核心技术,倪光南,《互联网经济》2019 年第 4 期

自主可控方得网络安全,倪光南,《网信军民融合》2019 年第 4 期

博客,倪光南,马化腾,裘新,刘保全,毛建国,高健钧,《传媒评论》2019 年第 4 期

专家观点,倪光南,《中国新时代》2019 年第 5 期

用软件创新发展数字经济,倪光南,《软件和集成电路》2019 年第 5 期

直面打压放弃幻想 加快推进国产自主可控可替代计划,倪光南,《信息安全研究》2019 年第 6 期

人才是第一资源创新是第一动力,倪光南,《互联网经济》2019 年第 11 期

大力发展工业软件,倪光南,《网信军民融合》2019 年第 6 期

期待三分天下开源芯片有其一,倪光南,《中国科技奖励》2019 年第 8 期

人才是第一资源,创新是第一动力,倪光南,《软件和集成电路》2019 年第 9 期

生逢其时,创"芯"育人,任重道远——专访中国研究生创"芯"大赛组委会名誉主席倪光南院士,倪光南,《中国研究生》2019 年第 9 期

自主可控携人工智能打造网络强国,倪光南,《信息安全与通信保密》2019 年第 10 期

创新是第一动力,倪光南,《徽商》2019 年第 10 期

加快构建本质安全、自主可控的工业互联网,倪光南,《网信军民融合》2019 年第 10 期

开源芯片论坛探讨前沿技术规划未来方向,刘烈宏,高兴夫,李树深,倪光南,陈岚,《网络传播》2019 年第 11 期

中外部长高峰论坛建设智慧社会增添发展动能,王钦敏,庄荣文,李宝善,阿利莫夫,倪光南,斯塔夫罗斯·迈克尔,张振山,阿里·萨利赫,任荣发,周江勇,熊群力,《网络传播》2019 年第 11 期

工业互联网安全保障体系三维度:技术、市场和制度——《加强工业互联网安全工作的指导意见》解读,倪光南,《网络安全和信息化》2019 年第 12 期

2020 年

ICT 产业中国世界第二,但我们存在短板,倪光南,《中国企业家》2020 年第 1 期

关键核心技术是要不来、买不来、讨不来的,倪光南,《环球人物》2020 年第 1 期

倪光南院士:中国科技支撑本土经济"内循环",倪光南,《装备制造与教育》2020 年第 3 期

从信息产业看创新的困境与出路,倪光南,《中国经济评论》2020 年第 4 期

贯彻落实"4·19"讲话精神,为建设网络强国努力奋斗,倪光南,《中国信息安全》2020 年第 5 期

工业互联网的攻坚目标,倪光南,《卫星与网络》2020 年第 5 期

如何实现新基建信息技术体系的安全可控,倪光南,《网络传播》2020 年第 7 期

自主可控是网络安全的"基石",倪光南,《中国科技奖励》2020 年第 7 期

迎接开源芯片新潮流,倪光南,《软件和集成电路》2020 年第 8 期

构筑安全可控信息技术体系牢固"中国式"数字基建底座,倪光南,《软件和集成电路》2020 年第 9 期

如何实现新基建信息技术体系的安全可控,倪光南,《信息化建设》2020 年第 10 期

发展工业软件,建设制造强国,倪光南,《信息化建设》2020 年第 12 期

自主可控给产业链新机会,倪光南,《通信产业报》2020 年第 17 期

自主可控是新基建安全的前提,倪光南,《科学中国人》2020 年第 17 期

加快基础软件创新实现从"可用"到"好用"突破,倪光南,《中国电子报》2020 年第 25 期

四个方向着手大力发展软件产业,倪光南,《中国信息化周报》2020 年第 33 期

报纸文献

2015 年

大力发展中国智能终端操作系统,倪光南,《中国信息化周报》2015-01-26

移动互联网大潮下 APP 开发注重安全,倪光南,《中国信息化周报》2015-07-13

网络安全相关的测评认证探讨,倪光南,《中国信息化周报》2015-09-14

中国需发展自主可控的信息产业安全——在中国—阿拉伯国家网上丝绸之路论坛上的演讲,倪光南,《中国经济时报》2015-09-15

重视网络安全和信息化协调发展,倪光南,《中国电子报》2015-12-01

倪光南：激发中小企业的创新活力，责任在政策制定者，倪光南，《中国经营报》2015-12-21

2016 年

为中国信息网络安全打造"民族工程"，倪光南，《中国航天报》2016-01-06

需借力新技术深度融合互联网与实体经济，倪光南，《中国科学报》2016-06-28

集中力量办大事尽快掌握信息核心技术，倪光南，《人民日报》2016-08-02

电商平台应掌握在实体经济手里，栾润峰，倪光南，《四川日报》2016-08-03

发展网信技术要做顶层设计，倪光南，《中国电子报》2016-08-05；《中国航天报》2016-10-12

借力新技术融合互联网与实体经济，倪光南，《中国石化报》2016-09-26

安全可控信息技术体系亟待构建，倪光南，《中国电子报》2016-10-25

要紧紧抓住核心技术自主创新，倪光南，《新华日报》2016-11-01

自主可控评估应成为推进网信事业的例行程序，倪光南，《中国科学报》2016-11-03

大数据安全重要性远超过去，倪光南，《中国科学报》2016-11-10

我国亟待建立国家信息安全审查机制，倪光南，《中国航天报》2016-12-07

网信核心技术不能受制于人，倪光南，《中国科学报》2016-12-08

核心技术不能受制于人，倪光南，《中国技术市场报》2016-12-13

2017 年

网络安全和信息化要同步推进，倪光南，《中国科学报》2017-05-11

建议政府停止采购和使用"Win10 政府版"，倪光南，《南方都市报》2017-06-08

政府操作系统应确保自主可控，倪光南，《环球时报》2017-06-13

坚定不移地发展国产操作系统，倪光南，《环球时报》2017-06-29

我国安全可控的信息技术体系雏形出现，倪光南，《中国电子报》2017-08-08

中国应掌握网信核心技术的知识产权，倪光南，《中国知识产权报》2017-08-11

虹膜识别的安全隐患不容忽视，倪光南，《环球时报》2017-08-18

我国物联网发展具备一定优势，倪光南，《中国科学报》2017-09-21

2018 年

构建安全可控的信息技术体系，倪光南，《经济参考报》2018-01-02

多角度展示的一幅大数据技术图谱，倪光南，《黑龙江日报》2018-03-19

信息核心技术：网络安全重要砝码，倪光南，《光明日报》2018-04-09

大力构建安全可控的信息技术体系，倪光南，《经济参考报》2018-04-12

有件事，比芯片被人卡脖子更危险，倪光南，《环球时报》2018-04-26

"棱镜门"仍在不断警示着我们，倪光南，《环球时报》2018-06-06

工业互联网安全和发展核心技术，倪光南，《中国企业报》2018-07-01

核心技术一定要掌握在自己手里，倪光南，《北京科技报》2018-07-02

美国的垄断壁垒无道理可讲，倪光南，《环球时报》2018-07-25

发展网信核心技术须研发市场"两手抓"，倪光南，《中国科学报》2018-08-27

网络安全的核心是技术安全，倪光南，党博文，《通信产业报》2018-09-10

我们离智慧城市还有多远？倪光南，《建筑时报》2018-09-27

迎接开源芯片新潮流,倪光南,《中国信息化周报》2018-12-31

2019 年

新一代信息技术,中国的突破口,倪光南,《环球时报》2019-01-16

建设网络强国的"四大目标",倪光南,《中国科学报》2019-01-18

自主可控方得网络安全(大家手笔),倪光南,《人民日报》2019-03-19

网络安全需要新增自主可控测评,倪光南,《经济参考报》2019-03-21

期待三分天下开源芯片有其一(科教大家谈),倪光南,《人民日报(海外版)》2019-04-10

工业软件产业期待"工程师红利",倪光南,《人民日报(海外版)》2019-08-22

观点集萃,罗世礼,洪曜庄,倪光南,柯睿杰,丁磊,《光明日报》2019-10-22

工业互联网安全保障体系三维度:技术、市场和制度——《加强工业互联网安全工作的指导意见》解读,倪光南,《中国电子报》2019-11-19

2020 年

如何防止"穿马甲"式伪创新,倪光南,《环球时报》2020-01-20

美若升级芯片制裁,中国有反制牌,倪光南,《环球时报》2020-04-03

构建安全可控的国产信息技术体系,倪光南,《河北日报》2020-04-10

加快基础软件创新 实现从"可用"到"好用"突破,倪光南,《中国电子报》2020-04-17

基础软件创新,不要指望有捷径,倪光南,《江苏科技报》2020-04-24

自主可控给产业链新机会,倪光南,党博文,《通信产业报》2020-05-25

自主可控是网络安全的"基石",倪光南,《中国科学报》2020-06-18

四个方向着手大力发展软件产业,倪光南,《中国信息化周报》2020-08-31

推进"自主可控"要抓住主要矛盾,倪光南,《北京日报》2020-10-12

更高水平自力更生是时代需要,倪光南,《环球时报》2020-10-17

没有网络安全就没有新基建安全,倪光南,《河北日报》2020-12-18

(二)对倪光南院士的介绍与研究文献目录

著作文献

《倪光南大国匠"芯"》,李永新,华文出版社,2020

期刊文献

2015 年

中国工程院院士倪光南:我国信息技术需迎头赶上,赵广立,《科学新闻》2015 年第 2 期

网络新技术领域期待自主可控强音:访中国工程院院士倪光南,朱瑞,《信息安全与通信保密》2015 年第 2 期

软件大师倪光南及其联想式汉字输入系统,焦健,《现代交际》2015 年第 4 期

倪光南院士呼吁:建立公平市场竞争环境,陈翔,《中国计算机报》2015 年第 9 期

中国工程院院士倪光南:操作系统是信息技术制高点,李秀远,《通信产业报》2015 年第 18 期

中国工程院院士倪光南:发扬载人航天精神打造第四大操作系统,高超,《通信产业报》2015 年第 34 期

2016 年

倪光南周兴铭获 CCF 终身成就奖,《中国计算机学会通讯》2016 年第 2 期

倪光南、周兴铭获中国计算机学会终身成就奖,《中国科技奖励》2016 年第 2 期

倪光南:国家操作系统的机遇期来了,陈振华,《瞭望东方周刊》2016 年第 6 期

倪光南:借力新技术深度融合互联网和实体经济,本刊编辑部,《信息化建设》2016 年第 8 期

倪光南:中国信息产业必须走自主创新的路,《河南科技》2016 年第 9 期

倪光南:国内专利维持年限短成果转化率低,倪光南,《河南科技》2016 年第 14 期

中国工程院院士倪光南:不解决"受制于人",信息产业化就没意义,宋雪莲,《中国经济周刊》2016 年第 15 期

倪光南:信息产业发展,应更快一些,《中国电子报》2016 年第 21 期

中国工程院院士倪光南:在引进高新技术上不能抱任何幻想,张璐晶、张燕、宋雪莲,《中国经济周刊》2016 年第 24 期

倪光南:自主创新是建设网络强国的必由之路,《通信世界》2016 年第 29 期

倪光南:发展网信核心技术的四条路径,本刊编辑部,《通信产业报》2016 年第 33 期

中国工程院院士倪光南:真正网信核心技术"有价无市",康嘉林,《通信产业报》2016 年第 33 期

中国工程院院士倪光南:手机安全可控没有讨价余地,康嘉林,《通信产业报》2016 年第 38 期

2017 年

倪光南:中国亟待打破操作系统行业垄断,《通信世界》2017 年第 2 期

倪光南:网络安全防护需多层次多维度进行,李刚,《卫星与网络》2017 年第 6 期

声音·中国工程院院士倪光南,《中国传媒科技》2017 年第 9 期

网络信息:实现从跟跑并跑到并跑领跑的转变——专访中国工程院院士倪光南,王圣媛,《中国战略新兴产业》2017 年第 9 期

倪光南:大数据已成为新的生产力,本刊编辑部,《决策探索》2017 年第 11 期

倪光南:创新是中关村发展的源动力,明星,《中关村》2017 年第 12 期

倪光南:网络强国的前提是掌握网络空间斗争主动权,《网信军民融合》2017 年第 12 期

自主可控的"软件定义"时代——访中国工程院院士倪光南,李越、马珉,《高科技与产业化》2017 年第 12 期

倪光南谈论"中兴被罚"强调核心技术买不来,《中国电子报》2017 年第 20 期

中国工程院院士倪光南:应构建安全可控信息技术体系,《中国电子报》2017 年第 21 期

中国工程院院士倪光南:自主可控智能终端操作系统关乎网络强国,谭伦,《通信产业报》2017 年第 33 期

2018 年

2018 新年献词 陈佳洱、周立伟、倪光南、张钟华、陆首群——**OA 大会名誉主席**,《办公自动化》2018 年第 1 期

中国工程院院士倪光南——"互联网十"环境下的"工程师红利",张倪,《中国发展观察》2018 年第 1 期

不忘初心合力攻坚——中国工程院倪光南院士谈中国芯片产业,李满意,《保密科学技术》2018 年第 4 期

倪光南院士:"北斗"都能突破何况芯片,科学网,《吉林日报》,中国工程院,《科学家》2018 年第 5 期

热烈祝贺倪光南院士获得全国"最美科技工作者"称号,《中文信息学报》2018 年第 6 期

倪光南:一生逐梦中国良芯,绿萝,《莫愁(时代人物)》2018 年第 7 期

倪光南:"中国芯"有"两座大山"要跨越,《经贸实践》2018 年第 7 期

倪光南院士:人工智能应该更好地为人类服务,《传媒》2018 年第 7A 期

院士倪光南:执守"核心技术",杜悦英,《中国发展观察》2018 年第 9 期

倪光南 看好格力入局"芯片设计" 华为"战略备份"是承担安全责任,史亚娟,《中外管理》2018 年第 10 期

倪光南院士谈我国网信领域的现状及若干创新,王莹,《电子产品世界》2018 年第 11 期

倪光南:中国芯片设计企业数量世界第一,《信息化建设》2018 年第 11 期

倪光南院士致《互联网周刊》成立 20 周年活动的贺信,倪光南,《互联网周刊》2018 年第 12 期

倪光南的造芯梦,王一雁,《南方人物周刊》2018 年第 12 期

倪光南院士致《互联网周刊》成立 20 周年活动的贺信,《互联网周刊》2018 年第 12 期

倪光南往事,孔令娟,《商业文化》2018 年第 16 期

倪光南:耄耋之年只为"中国芯",许雯,《决策探索》2018 年第 23 期

2019 年

倪光南:我国网信领域要加强"自主可控",马红丽,戈晶晶,《中国信息界》2019 年第 1 期

倪光南:中国网信领域的创新机遇,明星,《中关村》2019 年第 3 期

倪光南:自主可控方得网络安全,《信息化建设》2019 年第 3 期

技术不受制于人,才能有更多话语权——访中国工程院院士倪光南,张军红,王德民,《经济》2019 年第 6 期

倪光南:半个世纪守望国内信息产业发展,嵇振颉,《初中生之友》2019 年第 7 期

信息化和网络安全同步推进——访中国工程院院士中国科学院计算技术研究所研究员倪光南,张广泉,《中国应急管理》2019 年第 7 期

八旬倪光南,仍为"中国芯"奔走,崔隽,《华声》2019 年第 8 期;《环球人物》2019 年第 12 期;《新华月报》2019 年第 19 期

倪光南　市场、人才、政策、开源"四驱"发展软件产业,《信息化建设》2019 年第 8 期

中美芯片产业差距多大? 中国工程院院士倪光南给出答案,《信息系统工程》2019 年第 8 期

倪光南:唐吉诃德式的科学家,《世纪人物》2019 年第 9 期

中国工程院院士、中国开放指令生态(RISC-V)联盟理事长倪光南谈 未来 RISC-V 有望成为世界主流 CPU 之一,王莹,《电子产品世界》2019 年第 9 期

生逢其时,创"芯"育人,任重道远——专访中国研究生创"芯"大赛组委会名誉主席倪光南院士,倪光南,《中国研究生》2019 年第 9 期

倪光南:技术不受制于人,才能有更多话语权,《中国经贸》2019 年第 12 期

倪光南:华为事件将加速中国补齐芯片和技术短板,刘婷宜,《通信世界》2019 年第 15 期

倪光南:建网络强国,中国还需哪些硬核技术,《读报参考》2019 年第 26 期

2020 年

倪光南:突破工业互联网核心技术,《中国学术期刊文摘》2020 年第 3 期

倪光南院士:中国科技支撑本土经济"内循环",倪光南,《装备制造与教育》2020 年第 3 期

网信的常态化:自主、可靠、可控——访中国工程院院士倪光南,王超,《信息安全与通信保密》2020年第3期

倪光南:"新基建"时代的新智造与自主可控,曾卉洁,《高科技与产业化》2020年第6期

专访倪光南院士及部委、央企专家:若微软"断供",我们的"备胎"能顶上吗?孙冰,《中国经济周刊》2020年第16期

中国工程院院士倪光南:通信产业自主创新自主可控尤为重要,周腾,《通信产业报》2020年第35期

中国工程院院士倪光南:构建良性产业生态关系终端产业下一程,高超,《通信产业报》2020年第41期

报纸文献

2015年

倪光南院士呼吁:建立公平市场竞争环境,陈翔,《中国计算机报》2015-03-16

倪光南:国产智能手机系统应自主化——在互联网实验室举办的"中国智能手机如何实现'弯道超车'研讨会"上,互联网实验室高级分析师邬克对全球智能手机市场,《法治周末》2015-03-24

操作系统是信息技术制高点,李秀远,《通信产业报》2015-05-18

组建中国智能终端操作系统产业联盟,付丽丽,《科技日报》2015-05-26

倪光南:自主可控不等于安全可靠,《中国高新技术产业导报》2015-06-08

筑牢围墙 防止信息泄露,沈佳,《山西日报》2015-07-30

中国工程院院士倪光南:发扬载人航天精神打造第四大操作系统,高超,《通信产业报》2015-09-14

中国应该研发自主品牌智能操作系统,戴建,《惠州日报》2015-11-02

2016年

倪光南:信息产业发展应更快一些,《中国电子报》2016-03-29

倪光南院士:现有电子商务体系有待升级,《武汉科技报》2016-06-27

倪光南:国内专利维持年限短成果转化率低,《科技日报》2016-07-04

中科院院士倪光南:信息核心技术受制于人是最大隐患,《东方卫报》2016-07-07

倪光南:应发展自主可控信息安全技术,《科技日报》2016-08-06

真正网信核心技术"有价无市",康嘉林,《通信产业报》2016-09-05

倪光南一辈子为"中国芯"奔波的技术控,《新京报》2016-10-28

中国"跟跑"到"领跑"完全有可能 倪光南中国工程院院士,《无锡商报》2016-11-01

中国工程院院士倪光南:国产操作系统为何难普及,《人民邮电》2016-11-03

倪光南寄语首届协同管理高峰论坛:国产软件身担重任,《齐鲁晚报》2016-11-07

倪光南 自主创新才能掌握网信领域核心技术,《新京报》2016-11-17

倪光南:Win10捆绑杀毒软件属滥用市场支配地位,窦新颖,《中国知识产权报》2016-12-02

2017年

倪光南院士:中国为何做不出像样的操作系统,《上海科技报》2017-01-06

倪光南谈论"中兴被罚"强调核心技术买不来,《中国电子报》2017-03-28

倪光南:建议政府停止采购和使用"Win10政府版",《中国政府采购报》2017-06-13;《江苏科技报》2017-06-19

中国工程院院士倪光南:我们正进入智能辅助驾驶阶段,孟含琪,罗羽,《经济参考报》2017-06-15

倪光南院士:发展人工智能"钱"途无量,陈竹,《重庆商报》2017-06-23

倪光南:人工智能暂不可能取代人类,《现代快报》2017-07-06

倪光南:关键技术领域要"自主可控",《江苏科技报》2017-07-07

中国工程院院士倪光南:发展信息安全产业,四川有先发优势,《四川日报》2017-07-15

倪光南:发展物联网无锡有先发优势,《江南晚报》2017-08-21

倪光南 网信领域核心技术不能受制于人,《新京报》2017-12-03

2018 年

我区与中国工程院院士倪光南座谈,《京西时报》2018-03-28

倪光南院士作计算机技术体系专题报告,《芜湖日报》2018-04-21

倪光南:芯片难度远达不到北斗量级,《通信信息报》2018-05-02

倪光南:为国奋斗,永远在路上,《新华日报》2018-05-30

中国工程院院士倪光南,《中国知识产权报》2018-06-06

倪光南:国产不等于落后,《科普时报》2018-07-03

倪光南:"中国芯"切勿重硬轻软,吴雨欣,《IT 时报》2018-07-27

工程院院士倪光南受聘为《新华日报·科技周刊》科学顾问,《江苏金融报道》2018-08-13

倪光南院士:网络安全自主可控亟待补齐两大短板,王聪聪,孔媛媛,黄畅,《中国青年报》2018-08-23

中国工程院院士倪光南:我国网安产业具有很强的创新力,李小兵,《上海证券报》2018-09-07

工程院院士倪光南分析我国网信领域优势和短板,《现代金报》2018-09-08

倪光南院士直言,《四川日报》2018-09-18

中国工程院院士倪光南:应对网络安全风险核心技术要握在自己手里,谢孟欢,杨欢,《每日经济新闻》2018-09-18

倪光南:大国重器要掌握在自己手里,孔韬,上海《文汇报》2018-09-21

倪光南院士:网络空间安全需人才支撑,《江苏科技报》2018-09-27

倪光南 5G 时代中国有望"领跑",《新京报》2018-11-07

中国工程院院士倪光南耄耋之年只为中国"芯",《新京报》2018-11-08

倪光南——从一颗"赤子心"到一片"中国芯",《IT 时报》2018-11-16

褚银良会见倪光南院士一行,《鄞州日报》2018-11-22

倪光南受聘首席科学技术顾问,张超梁,刘云,乐巧琼,《今日镇海》2018-11-22

倪光南:未来国产开源芯片将成为主流芯片,张汉青,《经济参考报》2018-12-06

国信安全甘肃中心成功签约倪光南院士,《兰州晚报》2018-12-20

2019 年

倪光南,《新华日报》2019-01-30

倪光南院士:利用开源模式促进芯片创新,王晓涛,《中国经济导报》2019-03-26

中国工程院院士倪光南入驻,颜晨,《兰州日报》2019-05-26

倪光南:软件产业是发展新型信息消费的驱动力,苏德悦,《人民邮电报》2019-05-27

吸引倪光南院士工作站落户这家企业靠的是"接地气"——费用低、部署周期短、覆盖行业广,能给中小企业提供工业互联网服务让允升科技得到了关注,韩政,《重庆晨报》2019-06-08

倪光南院士工作站落户我区——中国工程院院士倪光南为重庆允升科技有限公司院士专家工作站揭牌，双方将围绕"区域工业图谱研究"和"工业互联网雾计算应用"等方面开展全方位合作，李润梅，《大渡口报》2019-06-10

倪光南：将开展雾计算应用研究，《重庆科技报》2019-06-11

倪光南：应加强互联网领域战略性政策性研究，徐蔚冰，《中国经济时报》2019-06-21

"幸福开发区"工程技术论证会举行 倪光南李国勇等出席，储学敏，《秦皇岛日报》2019-06-24

倪光南：希望鹰潭做出亮点示范，张俊娟、朱烈闯，《鹰潭日报》2019-07-20

倪光南院士专家工作站进驻九龙滨江——周勇刘小强倪光南出席，高晓燕、陈钰桦，《九龙报》2019-07-22

倪光南：建网络强国，中国还需哪些硬核技术，上海《文汇报》2019-08-16

倪光南院士认为：阿里 AI 打假技术对行业推动有作用，《消费日报》2019-08-20

倪光南院士：大力发展工业软件，杨赞，《人民邮电报》2019-08-22

倪光南 樊纲 董明珠等将来济开讲，范俐鑫，《济南日报》2019-09-04

倪光南董明珠等云集青企峰会——2019 青年企业家创新发展国际峰会 8 日在济开幕，杜亚慧，《生活日报》2019-09-04

倪光南：工业软件"短板"掣肘工业互联网发展，《无锡日报》2019-09-09

倪光南：我最大的目标，钱玉娟，《经济观察报》2019-09-30

倪光南 实现网络安全需掌握关键核心技术，《新京报》2019-10-21

中国工程院院士倪光南：软件产业是中国增长最快的产业之一，《新产经》2019-11-01

2020 年

倪光南院士寄语武汉建好开源芯片生态，高萌、黄征、赵睿，《长江日报》2020-01-14

广州市举行全面加快广州人工智能与数字经济试验区建设动员活动 张硕辅覃伟中温国辉等出席 倪光南高松徐宗本李彦宏谢尔盖·奇日科等致辞，《信息时报》2020-04-01

倪光南院士：除了效率，工业 APP 还须重视产业基础高级化，王晓涛，《中国经济导报》2020-05-05

中国工程院院士倪光南：自主可控是新基建安全前提，王欣，《人民邮电报》2020-08-13

中国工程院院士倪光南：依靠产业生态体系有效应对"卡脖子"，姚春鸽，《人民邮电报》2020-08-18，

倪光南：在双循环新发展格局下推进新基建，穆佳妮，《吕梁日报》2020-08-19

专访倪光南院士及部委、央企专家：若微软"断供"，我们的"备胎"能顶上吗？孙冰，《中国经济周刊》2020-08-30

倪光南：新基建应强调自主可控，曹雅丽，《中国工业报》2020-09-03

倪光南院士点赞南京企业技术创新，陈彦、雨轩，《南京晨报》2020-09-08

倪光南称中国不会被"卡脖子"，陶力，《21 世纪经济报道》2020-09-18

中国工程院院士倪光南：通信产业自主创新自主可控尤为重要，周腾，《通信产业报》2020-09-28

倪光南院士为甘肃信息化建设和网络安全支招，孙理，《兰州日报》2020-10-28

倪光南：迎接开源芯片新潮流，李治、刘永涛，《湖南日报》2020-11-05

中国工程院院士倪光南：构建良性产业生态关系终端产业下一程，高超，《通信产业报》2020-11-16

倪光南院士呼吁加强网络安全技术原始创新，陈景秋，《中国知识产权报》2020-12-16

倪光南院士：科技自立自强须增强原始创新能力，《科技日报》2020-12-29

陈敬熊(1995 年当选中国工程院院士)

陈敬熊(1921 年 10 月 16 日—2022 年 3 月 16 日),电磁场与微波技术专家,浙江镇海人,航天工业总公司第二研究院研究员,曾任北京大学、清华大学、北京航空航天大学兼职教授,中国电子学会理事。

陈敬熊院士长期从事国防科研、天线工程设计与研究工作,是中国制导雷达天线设计早期开拓者之一,解决了大量微波技术和天线工程中的理论问题,为我国国防通信建设做出了突出贡献。他结合工程实践提出麦克斯韦尔方程的直接解法理论,解决了地空导弹制导雷达设计的天线系统误差关键技术,曾获国防科工委重大科研成果奖。

1995 年当选为中国工程院院士。

对陈敬熊院士的介绍与研究文献目录

著作文献

《中国航天院士传记丛书陈敬熊院士传记》,张姚俊,苏恩惠,吕成冬著,中国宇航出版社,2015

期刊文献

心态·读书·运动——中国工程院院士陈敬熊的长寿经,王明洪,《现代养生》2019 年第 1 期

陈敬熊院士:好心态·爱数学·好运动,秦文军,《老同志之友》2019 年第 1 期

"老人越不动越不想动"——中国工程院院士陈敬熊的长寿经,王明洪,《保健医苑》2019 年第 8 期

报纸文献

陈敬熊:鲐背之年的不老传奇,张姚俊,苏恩惠,吕成冬,《中国航天报》2017-07-19

陈敬熊:解决导弹制导雷达难题,苏恩惠,《中国航天报》2020-04-15

林永年(1995 年当选中国工程院院士)

　　林永年(1932 年 2 月 13 日—　　),信息处理技术专家,浙江宁波人,中国人民解放军总参谋部第 51 研究所研究员,中国人民解放军信息工程大学电子技术学院客座教授。

　　林永年院士长期从事国防科研工作,创立了军事信息安全领域新的理论体系和技术思想,为军队信息化保密保障开辟了一条新路;完成了国家和军队重大专项工程总体设计和系统开发研制,对保障军队作战指挥顺畅和国家网络信息安全发挥了重要作用;先后荣获国家科技进步奖、国家发明奖、军队科技进步奖、国防科工委科技进步奖。

1995 年当选为中国工程院院士。

沈昌祥（1995 年当选中国工程院院士）

沈昌祥（1940 年 8 月 22 日—　 ），信息系统工程专家，浙江奉化人，海军计算技术研究所总工程师，国家密码管理委员会办公室顾问，国家保密局专家顾问，公安部"金盾工程"特邀顾问，中国人民银行信息安全顾问，中国计算机学会信息保密专业委员会主任。

沈昌祥院士长期从事计算机信息系统、密码工程、信息安全体系结构、系统软件安全、网络安全等方面的研究工作，研制成功海陆兼容的信息处理系统、保密通信电报网络系统，并在计算机安全操作系统研究中取得突破性进展；曾多次获国家科技进步奖。

1995 年当选为中国工程院院士。

（一）沈昌祥院士的各类文献目录

著作文献

《可信计算 3.0 工程初步》，胡俊，沈昌祥，公备著，人民邮电出版社，2017

《信息系统安全等级化保护原理与实践》，沈昌祥，张鹏，李挥，刘敦伟，赵林欣，刘京京，刘冶，人民邮电出版社，2017

《网络空间安全导论》，沈昌祥，佐晓栋编著，电子工业出版社，2018

《国之重器出版工程　可信计算 3.0 工程初步　第 2 版》，胡俊，沈昌祥，公备著，人民邮电出版社，2018

期刊文献

2015 年

关于我国构建主动防御技术保障体系的思考，沈昌祥，《中国金融电脑》2015 年第 1 期

基于国产密码体系的可信计算体系框架，沈昌祥，公备，《密码学报》2015 年第 5 期

可信计算与嵌入式系统，沈昌祥，《电子产品世界》2015 年第 11 期

用可信计算构筑网络安全，沈昌祥，《中国信息化》2015 年第 11 期；《求是》2015 年第 20 期；《中国信息化周报》2015 年第 48 期

2016 年

密码在网络空间安全中的作用和地位，沈昌祥，《中国金融电脑》2016 年第 1 期

我国信息安全等级保护制度的创新与发展，沈昌祥，《网络空间安全》2016 年第 Z2 期

即时通信类社交网络系统的安全研究，沈昌祥，《信息安全研究》2016 年第 3 期

创新和发展我国信息安全等级保护制度，沈昌祥，《网络安全技术与应用》2016 年第 4 期

院士寄语，沈昌祥，《高科技与产业化》2016 年第 6 期

可信计算构筑主动防御的安全体系，沈昌祥，《信息安全与通信保密》2016 年第 6 期

可信 3.0 战略：可信计算的革命性演变，沈昌祥，张大伟，刘吉强，叶珩，邱硕，《中国工程科学》2016 年第 6 期

基于主动防御的网络安全基础设施可信技术保障体系，张大伟，沈昌祥，刘吉强，张飞飞，李论，程丽辰，《中国工程科学》2016 年第 6 期

建好网络空间一级学科加快安全可信体系建设，沈昌祥，《中国信息安全》2016 年第 12 期

没有网络安全我们将生活在黑暗之中，沈昌祥，《新华月报》2016 年第 20 期

解决区块链安全是新可信技术的出路，沈昌祥，《中国信息化周报》2016 年第 47 期

2017 年

用可信计算 3.0 筑牢网络安全防线，沈昌祥，《信息通信技术》2017 年第 3 期；《信息安全研究》2017 年第 4 期

依靠自主创新捍卫国家主权，沈昌祥，《信息安全与通信保密》2017 年第 3 期

用可信计算构筑智能城市安全生态圈，沈昌祥，《网信军民融合》2017 年第 4 期

可信计算 3.0 工程初步，胡俊，沈昌祥，公备，《网络与信息安全学报》2017 年第 8 期

基于双层非平衡散列树的云平台远程验证方案，荣星，沈昌祥，江荣，赵勇，《通信学报》2017 年第 9 期

用可信计算构筑云计算安全，沈昌祥，《中国经贸导刊》2017 年第 16 期

2018 年

TPCM 三阶三路安全可信平台防护架构，黄坚会，沈昌祥，谢文录，《武汉大学学报（理学版）》2018 年第 2 期

可信计算与可信云安全框架，沈昌祥，石磊，张辉，刘春，商子豪，《科学与管理》2018 年第 2 期

用主动免疫可信计算 3.0 筑牢网络安全防线营造清朗的网络空间，沈昌祥，《信息安全研究》2018 年第 4 期

科学的网络安全观，沈昌祥，《网信军民融合》2018 年第 10 期

离开"封堵查杀"，怎样确保网络安全？沈昌祥，《信息安全与通信保密》2018 年第 11 期

以科学的网络安全观加快网络空间安全学科建设与人才培养，沈昌祥，《信息安全研究》2018 年第 12 期

筑牢网络安全防线，沈昌祥，《中国信息化周报》2018 年第 50 期

2019 年

用可信计算筑牢网络安全防线，沈昌祥，《杭州》2019 年第 Z1 期

TPCM 主动防御可信服务器平台设计，黄坚会，沈昌祥，《郑州大学学报（理学版）》2019 年第 3 期

用科学的网络安全观指导关键信息基础设施安全保护，李旸照，沈昌祥，田楠，《物联网学报》2019 年第 3 期

数字经济时代下新机遇与网络安全，沈昌祥，《互联网经济》2019 年第 4 期

用可信计算 3.0 筑牢网络安全防线，沈昌祥，《互联网经济》2019 年第 8 期

推广安全可信产业夯实网络安全基础，沈昌祥，《中国工业和信息化》2019 年第 11 期

浅谈可信计算的发展态势及知识产权保护，沈昌祥，《中国发明与专利》2019 年第 12 期

信息安全综述，沈昌祥，张焕国，冯登国，曹珍富，黄继武，《中国学术期刊文摘》2019 年第 19 期

2020 年

用主动免疫可信计算筑牢"新基建"网络安全防线,沈昌祥,《保密科学技术》2020 年第 3 期

用主动免疫可信计算构筑新型基础设施网络安全保障体系,沈昌祥,《网信军民融合》2020 年第 4 期

用主动免疫可信计算构筑新基建网络安全保障体系,沈昌祥,《网络传播》2020 年第 6 期

按"等保 2.0"用主动免疫可信计算筑牢"新基建"网络安全防线,沈昌祥,田楠,《信息安全与通信保密》2020 年第 10 期

开创新基建网络安全主动免疫新生态,沈昌祥,《软件和集成电路》2020 年第 11 期

用主动免疫可信计算筑牢"新基建"网络安全防线,沈昌祥,《科学中国人》2020 年第 14 期

报纸文献

2015 年

用可信计算构筑网络安全,沈昌祥,《中国信息化周报》2015-12-14

2016 年

用可信计算构筑网络安全防护体系,沈昌祥,彭科峰,《中国科学报》2016-05-17

打工往事,沈昌祥,《明光报》2016-06-04,

发展自主可信产业确保国家网络安全,沈昌祥,赵广立,《中国科学报》2016-08-09

解决区块链安全是新可信技术的出路,沈昌祥,《中国信息化周报》2016-12-05

2018 年

科学的网络安全观与可信计算 3.0,沈昌祥,《中国信息化周报》2018-03-12

筑牢网络安全防线,沈昌祥,《中国信息化周报》2018-12-24

2019 年

创新发展安全可信产业保护好知识产权,沈昌祥,《中国社会科学报》2019-12-23

2020 年

筑牢"新基建"网络安全防线,沈昌祥,《河北日报》2020-03-27

提升网络安全"主动免疫力",沈昌祥,《中国科学报》2020-04-30

开创"新基建"主动免疫网络安全新局面,沈昌祥,《经济参考报》2020-06-11

专利信息

2015 年

一种基于电子法定身份证件实体证生成的网络映射证件,发明人:仇保利,沈昌祥,于锐,郭小波,张治安,邱旭华,蒋才平,邓蔚,王开林,吴国英,欧阳晖,孙玉龙,田强,张莹,田青,赵艳,国伟,陈曦,李萌,李景华,孙曦,胡光俊,陈桂芳,刘伯驹,李英,李雪松,颜挺,牟岳泰,朱可宁,欧阳程硕,王旭,陈珊,申请号:201510627695.0,申请日期:2015-09-28

一种基于电子法定身份证件实体证生成网络映射证件的方法,发明人:仇保利,沈昌祥,于锐,郭小波,张治安,邱旭华,蒋才平,邓蔚,王开林,吴国英,欧阳晖,孙玉龙,田强,张莹,田青,赵艳,国伟,陈曦,李萌,李景华,孙曦,胡光俊,陈桂芳,刘伯驹,李英,李雪松,颜挺,牟岳泰,朱可宁,欧阳程硕,王旭,陈珊,申请号:201510629110.9,申请日期:2015-09-28

一种基于电子法定身份证件网络映射证件的网络法定身份管理系统,发明人:仇保利,沈昌祥,于锐,郭小波,张治安,邱旭华,蒋才平,邓蔚,王开林,吴国英,欧阳晖,孙玉龙,田强,张莹,田青,赵艳,国伟,陈曦,李萌,李景华,孙曦,胡光俊,陈桂芳,刘伯驹,李英,李雪松,颜挺,牟岳泰,朱可宁,欧阳程硕,王旭,陈珊,申请号:201510626896.9,申请日期:2015-09-28

2019 年

一种基于双体系结构可信计算平台的系统交互方法,发明人:沈昌祥,孙瑜,夏攀,洪宇,申请号:201910195837.9,申请日期:2019-03-14

一种双体系可信计算系统及方法,发明人:沈昌祥,孙瑜,杨秩,洪宇,申请号:201910196414.9,申请日期:2019-03-14

一种计算与防护并行双体系结构的可信计算平台,发明人:沈昌祥,孙瑜,洪宇,王涛,申请号:201910195870.1,申请日期:2019-03-14

一种基于双体系结构可信计算平台的动态度量方法,发明人:沈昌祥,孙瑜,王涛,杨成刚,申请号:201910195867.X,申请日期:2019-03-14

一种基于双体系结构可信计算平台的静态度量方法,发明人:沈昌祥,孙瑜,王强,王大海,申请号:201910195868.4,申请日期:2019-03-14

基于双体系结构可信计算平台的静态度量方法,发明人:沈昌祥,孙瑜,王强,洪宇,申请号:201910610048.7,申请日期:2019-07-08

基于双体系结构可信计算平台的动态度量方法,发明人:沈昌祥,孙瑜,洪宇,王涛,申请号:201910610589.X,申请日期:2019-07-08

双体系结构的可信计算平台的构建方法及可信计算平台,发明人:沈昌祥,孙瑜,王涛,王强,申请号:201910610041.5,申请日期:2019-07-08

一种基于双体系结构的可信计算平台的动态度量方法,发明人:沈昌祥,孙瑜,王强,洪宇,申请号:201910610628.6,申请日期:2019-07-08

一种双体系结构的可信计算平台的构建方法,发明人:沈昌祥,孙瑜,王强,王涛,申请号:201910610045.3,申请日期:2019-07-08

(二)对沈昌祥院士的介绍与研究文献目录

期刊文献

2015 年

建立自主可控、安全可信的国家网络安全体系访信息系统工程专家、中国工程院院士沈昌祥,王甬平,《宁波通讯》2015 年第 1 期

创新驱动构筑网络强国安全保障——沈昌祥院士谈技术可信计算的创新与发展,李刚,《中国信息安全》2015 年第 2 期

构建可信计算环境下的大数据安全保障体系——访中国工程院院士沈昌祥,李满意,沈昌祥,《保密科学技术》2015 年第 9 期

强力推进网络空间安全一级学科建设——访沈昌祥院士,崔光耀,冯雪竹,《中国信息安全》2015 年第

11 期

2016 年

沈昌祥：大数据时代应加强信息安全保护工作，本刊记者，《中国信息界》2016 年第 1 期

身份证为根网络身份可信——专访第二代居民身份证首席安全专家、居民身份证网上应用首席科学家沈昌祥院士，谭晃，《警察技术》2016 年第 1 期

沈昌祥：可信计算让信息系统国产化真正落地，杨侠，王楚天，《中国名牌》2016 年第 1 期

国家信息化专家咨询委员会委员、中国工程院院士沈昌祥：网络空间安全战略思考与启示，《中国教育网络》2016 年第 5 期

用可信计算构建网络空间安全——专访中国工程院院士沈昌祥，黄晓艳，马珉，《高科技与产业化》2016 年第 6 期

沈昌祥：建好网络空间一级学科加快安全可信体系建设，本刊编辑部，《中国信息安全》2016 年第 12 期

沈昌祥：致力"中国保密"，本刊综合，《人民周刊》2016 年第 19 期

2017 年

浙江警察学院特聘教授沈昌祥院士，《公安学刊(浙江警察学院学报)》2017 年第 4 期

沈昌祥——以标准为抓手，全面推进等级保护的落地实施，陈晓芳，《警察技术》2017 年第 5 期

2018 年

沈昌祥院士：可信计算迈入新时代，《信息技术与网络安全》2018 年第 1 期

沈昌祥院士：树立科学的网络安全观，贺鑫，《信息安全与通信保密》2018 年第 5 期

用可信计算 3.0 构筑国家重要信息系统高安全等级防护体系——访中国工程院院士沈昌祥，《网络安全技术与应用》2018 年第 6 期

沈昌祥院士：主动免疫可信计算是网络安全防御的唯一出路，史诗，《中国科技财富》2018 年第 10 期

中国工程院院士沈昌祥：只有可信计算才能解决区块链安全，《中国电子报》2018 年第 36 期

2019 年

发展可信计算技术筑牢网络安全屏障——专访中国工程院院士沈昌祥，潘树琼，李天楠，《网络传播》2019 年第 4 期

用可信计算开启网络安全主动防御时代——访中国工程院院士沈昌祥，刘骄剑，《网信军民融合》2019 年第 5 期

沈昌祥：网络空间安全于无声处听惊雷，王楠，《教育家》2019 年第 8 期

用法制化推进密码智能化实现主动免疫的可信——专访中国工程院院士、密码学家沈昌祥，向继志，《中国信息安全》2019 年第 11 期

沈昌祥：可信计算保障车联网安全，温昕，《新能源汽车报》2019 年第 37 期

中国工程院院士沈昌祥：可信计算助力构建网络安全最牢防线，《中国电子报》2019 年第 88 期

2020 年

基于法律证件开展可信身份管理共同营造风朗气清的网络空间环境——专访第二代居民身份证首席安全专家、居民身份证网上应用首席科学家沈昌祥院士，李瑾，《警察技术》2020 年第 3 期

令公桃李满天下，何用堂前更种花——记沈昌祥院士"三做"，左晓栋，《教育家》2020 年第 32 期

报纸文献

2015 年

省公安厅举行齐鲁公安英才特聘专家沈昌祥院士聘用签字仪式,《山东法制报》2015-08-11

2016 年

中国工程院院士沈昌祥受聘我校名誉教授,杨丽可,《电子科大报》2016-04-11

沈昌祥院士:用可信计算构筑网络安全防护体系,《广东科技报》2016-05-20

沈昌祥 Win10 绑定可信计算威胁中国网络安全,《科技日报》2016-08-15

沈昌祥院士工作站将在贵阳大数据交易所建分站——系我国大数据领域首个院士工作站,《贵阳日报》2016-09-04

院士沈昌祥获奖 100 万元,《武汉晚报》2016-09-20

沈昌祥院士:为实现网络强国梦而努力,《武汉晨报》2016-09-20

院士沈昌祥获评网络安全杰出人才奖金 100 万,《北方新报》2016-09-20

维护网络安全院士沈昌祥获奖 100 万——拿到这唯一最高奖项的是位奉化籍乡友,《宁波晚报》2016-09-21

沈昌祥:让微软在中国市场守法,冯群星,《南方都市报》2016-09-21

奉化乡友沈昌祥获得唯一百万奖励,《奉化日报》2016-09-21

沈昌祥院士等 19 名网安典型受表彰——网络安全杰出人才奖金 100 万元,《中国青年报》2016-09-20

甬籍院士沈昌祥获唯一百万奖励,《宁波日报》2016-09-21

2017 年

沈昌祥加强网络空间安全学科建设,《江苏科技报》2017-01-09

沈昌祥院士受聘我校"双聘院士",《中国传媒大学校报》2017-03-28

中国工程院院士沈昌祥做客"山海风流",《贵州师范大学报》2017-06-12

奉籍院士沈昌祥作为全军英模代表参加大会,陈培芳,《奉化日报》2017-08-02

沈昌祥院士到泰安校区作报告,《山东科大报》2017-12-22

2018 年

沈昌祥院士的网络"安全梦",张汉青,《经济参考报》2018-01-04

沈昌祥院士希望山东政法学院发挥法学学科优势中国工程院院士沈昌祥助力蓝盾股份,《新快报》2018-01-12

沈昌祥院士将在粤建立院士企业工作站——携手蓝盾股份开展云计算及大数据安全研究,刘雷,马晓云,《广东科技报》2018-01-12

蓝盾股份携手沈昌祥共建院士工作站,《经济参考报》2018-01-18

沈昌祥:加强知识产权保护建设网络强国,《中国经济导报》2018-04-11

中国工程院院士沈昌祥教授来校指导网络安全与信息化工作,《福建师范大学报》2018-04-16

贵州要在全世界"爬数据"——访中国工程院院士沈昌祥,徐荣锋,《贵州日报》2018-05-26

沈昌祥院士工作站落户高新区,黄琼,《合肥晚报高新新闻》2018-08-30

沈昌祥院士工作站落户我校智能院,《合肥工大报》2018-08-31

山西百信与沈昌祥院士签署院士工作站协议,记者何宝国,《太原晚报》2018-08-31

沈昌祥院士：网络和人体一样要建立免疫系统，《天府早报》2018-09-18

中国工程院院士沈昌祥：成都是我国网络安全产业引领者，每经记者，吴林静；每经编辑，刘艳美，《每日经济新闻》2018-09-18

中国工程院院士沈昌祥一行来我区调研，《通州日报》2018-12-10

我校聘请沈昌祥院士为特聘教授，《山政时光》2018-12-28

2019 年

李静会见中国工程院院士沈昌祥一行，《重庆日报》2019-04-11

沈昌祥院士工作站落户——为我市智能化产业注入可信安全元素，《沙坪坝报》2019-04-18

中国工程院院士沈昌祥访问我校，丁龙，《贵州大学报》2019-07-13

中国工程院院士沈昌祥：鸿蒙开源很明智，系统开发要面向市场，《新京报》2019-08-15

沈昌祥院士受聘网安学院，范千，《华中科技大学周报》2019-09-09

沈昌祥：可信计算保障车联网安全，温昕，《新能源汽车报》2019-09-30

沈昌祥：发挥后发优势发展云计算产业，杨雪，《中卫日报》2019-10-17

中国工程院院士沈昌祥：可信计算助力构建网络安全最牢防线，齐旭，《中国电子报》2019-12-10

2020 年

沈昌祥魏道政获 **2019 年 CCF 终身成就奖**，《重庆科技报》2020-01-14

中国工程院院士沈昌祥：可信计算为新基建构筑安全防线，欣文，《人民邮电报》2020-08-13

沈昌祥院士等专家纵论智慧城市与网络安全，江南，《江苏金融报道》2020-08-25

中国工程院院士沈昌祥来访，《曲阜师大报》2020-11-13

中国工程院院士沈昌祥 用可信计算构筑安全保障体系，肖晗，《深圳商报》2020-11-30

中国工程院院士沈昌祥：用可信计算 3.0 筑牢区块链，比特，《江苏科技报》2020-12-11

童志鹏(1997 年当选中国工程院院士)

童志鹏(1924 年 8 月 12 日—2017 年 12 月 19 日),电子信息工程专家,浙江慈溪人,中国电子科技集团电子科学研究院研究员、信息产业部科技委顾问,兼任中国通信学会常务理事。

童志鹏院士主持多种通信电台、接力机和机载雷达的研制,以及新一代卫星无线电测控系统、数据交换网等研究工作,均处于国内领先地位,获得国家多种奖励。他领导研究与国际开放系统互联标准一致的中国研究网,是我国与国际联网最成功、最早的系统之一,为促进电子信息技术和产业发展做出了重要贡献;曾多次获国防科工委科技进步奖一等奖。

1997 年当选为中国工程院院士。

对童志鹏院士的介绍与研究文献目录

著作文献

《中国工程院院士传记 童志鹏传》,曹黄强,张雅丽著,航空工业出版社,2018

期刊文献

童志鹏 中国综合电子信息系统的开拓者和奠基人,何玉玲,《国防科技工业》2018 年第 2 期;《军工文化》2018 年第 4 期

电子信息工程专家童志鹏离世曾为"两弹一星"装上"电子心",《北广人物》2018 年第 4 期

童志鹏:为"两弹一星"装上"电子心",本刊编辑部,《妇女生活》2018 年第 5 期

童志鹏:志存高远,鹏程万里,王淼,赵焯铨,《少儿科技》2018 年第 9 期

报纸文献

2015 年

童志鹏:志存高远鹏程万里,郭乃晨,《中国科学报》2015-01-23;《科学导报》2015-01-27

2017 年

宁波籍院士童志鹏走了——家乡代表前去北京八宝山送行他主持研制了新中国第一代军用电台,《宁波晚报》2017-12-27

"宁波骄傲"童志鹏院士逝世——他是新中国电子工业的领军人曾主持设计我国第一代机载雷达,《现代金报》2017-12-27

童志鹏:为"两弹一星"装上"电子心",《扬州时报》2017-12-28

扬中校友童志鹏院士走了他研制出第一代军用电台——**2011 年访问扬中，并为母校题词**，《扬州晚报》2017-12-28

江北籍工程院院士童志鹏逝世——**我国综合性电子信息系统研制的带头人 一生献身科学事业**，朱圆，沈琪芳，《新江北》2017-12-29

2018 年

为"两弹一星"装上"电子心"的大师走了 追忆江北籍中国工程院院士童志鹏，朱圆，《新江北》2018-01-05

魏正耀(1999 年当选中国工程院院士)

魏正耀(1936 年 3 月 30 日——)信息技术专家,浙江慈溪人,电子科技大学教授,中国人民解放军总参第 58 所研究员。

魏正耀院士长期从事信息技术研究工作,经验丰富,技术精湛,学术造诣深,主持完成多个研究项目,发挥了关键作用,取得了一批具有国际国内先进水平的研究成果,曾多次获得国家科技进步奖。

1999 年当选为中国工程院院士。

对魏正耀院士的介绍与研究文献目录

报纸文献
中国工程院院士魏正耀等一行来校,《山东科大报》2015-09-20

孙忠良（2001 年当选中国工程院院士）

孙忠良(1936 年 8 月 26 日—2019 年 6 月 29 日)，微波毫米波技术专家，祖籍浙江鄞县，东南大学教授，曾任毫米波国家重点实验室主任。

孙忠良院士长期从事微波、毫米波技术的研究和人才培养工作，首先提出体效应谐波振荡器原理，研制出 94GHz 体效应谐波模振荡器；在国际上首先提出介质谐振器基波稳频谐波输出毫米波微带振荡器、毫米波分谐波注入锁定等多项理论和技术；研制出毫米波集成前端，解决了三种集成前端在使用环境下的高性能指标、低成本及抗振动、冲击、温度变化等难题；曾获国家科技进步奖一等奖。

2001 年当选为中国工程院院士。

（一）孙忠良院士的各类文献目录

著作文献

《电磁波伪脉冲成象与波动理论》，沈飚、何继善、孙忠良著，东南大学出版社，1993

《毫米波铁氧体器件理论与技术》，窦文斌、孙忠良、吴鸿超等著，国防工业出版社，2013

专利信息

一种全波段太赫兹三倍频模块，发明人：杨非，王宗新，孟洪福，孙忠良，申请号：201510443954.4，申请日期：2015-07-24

一种太赫兹基波混频模块，发明人：杨非，王宗新，孟洪福，窦文斌，孙忠良，申请号：201510443633.4，申请日期：2015-07-24

一种应用于成像系统的 Vivaldi 天线装置，发明人：崔铁军，潘柏操，孙忠良，申请号：201620320337.5，申请日期：2016-04-15

一种毫米波主动式近场成像装置，发明人：崔铁军，孙忠良，李廉林，潘柏操，程强，王拾玖，张圣清，徐欧，申请号：201710110407.3，申请日期：2017-02-27

（二）对孙忠良院士的介绍与研究文献目录

报纸文献

孙忠良院士逝世，《光明日报》2019-06-30

东南大学孙忠良院士逝世，《新华日报》2019-06-30

陈纯(2015 年当选中国工程院院士)

陈纯(1955 年 12 月 11 日—)计算机应用专家,浙江象山人,浙江大学计算机科学与技术学院教授,国家列车智能化工程技术研究中心主任,国务院学位委员会学科评议组成员。

陈纯院士长期从事计算机应用领域的前沿研究工作,致力于将高水平的研究成果应用于轻工和纺织业的改造和提升,先后主持研制完成"计算机丝绸印染花样设计分色处理及制版自动化系统""纺织品数码喷印系统",总体技术达到国际领先水平,得到了全面推广应用,为产业的发展做出了重大的贡献;曾获国家技术发明奖、国家科技进步奖。

2015 年当选中国工程院院士。

(一)陈纯院士的各类文献目录

期刊文献

2015 年

超大数据库研发动向,陈纯,寿黎但,《国际学术动态》2015 年第 5 期

2016 年

iPath:Path inference in wireless sensor networks,Y. Gao,W. Dong,C. Chen,J. J. Bu,We. B. Wu,X. Liu,IEEE/ACM Transactions on Networking,2016(1)

Towards reconstructing routing paths in large scale sensor networks,Y. Gao,W. Dong,C. Chen,J. J. Bu,X. Liu,IEEE Transactions on Computers,2016(1)

Accurate and robust time reconstruction for deployed sensor networks,W. Dong,X. F. Zhang,J. L. Wang,Y. Gao,C. Chen,J. J. Bu,IEEE/ACM Transactions on Networking,2016(4)

Improving collaborative recommendation via user-item subgroups,J. J. Bu,X. Shen,B. Xu,C. Chen,X. F. He,D. Cai,IEEE Transactions on Knowledge and Data Engineering,2016(9)

"流立方"流式大数据实时智能处理技术、平台及应用,陈纯,《中国计算机学会通讯》2016 年第 12 期

基于@推荐的微博信息推广研究,王北斗,王灿,卜佳俊,陈纯,蔡登,《科技创新导报》2016 年第 12 期

Post-deployment anomaly detection and diagnosis in networked embedded systems by program profiling and symptom mining,W. Dong,L. Y. Luo,C. Chen,J. J. Bu,X. Liu,Y. H. Liu,IEEE Transactions on Parallel and Distributed Systems,2016(12)

2017 年

Accurate per-packet delay tomography in wireless ad hoc networks,Y. Gao,W. Dong,C. Chen,X. Y.

Zhang, J. J. Bu, X. Liu, IEEE/ACM Transactions on Networking, 2017(1)

Challenges and opportunities：from big data to knowledge in AI 2.0, Y. T. Zhuang, F. Wu, C. Chen, Y. H. Pan, Frontiers of Information Technology and Electronic Engineering, 2017(1)

Optimal monitor assignment for preferential link tomography in communication networks, W. Dong, Y. Gao, W. B. Wu, J. J. Bu, C. Chen, X. Y. Li, IEEE/ACM Transactions on Networking, 2017(1)

Metric similarity joins using MapReduce, G. Chen, K. Y. Yang, L. Chen, Y. J. Gao, B. H. Zheng, C. Chen, IEEE Transactions on Knowledge and Data Engineering, 2017(3)

Scalable image retrieval by sparse product quantization, Q. Q. Ning, J. K. Zhu, Z. Y. Zhong, S. C. H. Hoi, C. Chen, IEEE Transactions on Multimedia, 2017(3)

流式大数据实时处理技术、平台及应用, 陈纯, 《大数据》2017 年第 4 期

Whom to blame? Automatic diagnosis of performance bottlenecks on smartphones, Y. Gao, W. Dong, H. C. Huang, J. J. Bu, C. Chen, M. Y. Xia, X. Liu, IEEE Transactions on Mobile Computing, 2017(6)

Robust, efficient depth reconstruction with hierarchical confidence-based matching, L. Sun, K. Chen, M. L. Song, D. C. Tao, G. Chen, C. Chen, IEEE Transactions on Image Processing, 2017(7)

大数据智能：从数据到知识与决策, 陈纯, 庄越挺, 《中国科技财富》2017 年第 8 期

2018 年

EMR：A scalable graph-based ranking model for content-based image retrieval, B. Xu, J. J. Bu, C. Chen, C. Wang, D. Cai, X. F. He, IEEE Transactions on Knowledge and Data Engineering, 2018(1)

Very fast semantic image segmentation using hierarchical dilation and feature refining, Q. Q. Ning, J. K. Zhu, C. Chen, Cognitive Computation, 2018(1)

A virtual synchronous generator control strategy for VSC-MTDC systems, Y. J. Cao, W. Y. Wang, Y. Li, Y. Tan, C. Chen, Li He, U. Häger, C. Rehtanz, IEEE Transactions on Energy Conversion, 2018(2)

Taming both predictable and unpredictable link failures for network tomography, H. K. Li, Y. Gao, W. Dong, C. Chen, IEEE/ACM Transactions on Networking, 2018(3)

2019 年

Maximizing network resilience against malicious attacks, W. G. Li, Y. Li, Y. Tan, Y. J. Cao, C. Chen, Y. Cai, K. Y. Lee, M. Pecht, Scientific Reports, 2019(1)

智能化应用场景如何实现——谈小数据机器学习开发路径, 刘继明, 陈纯, 刘军徽, 《前沿科学》2019 年第 2 期

Service restoration model with mixed-integer second-order cone programming for distribution network with distributed generations, Y. Li, J. X. Xiao, C. Chen, Y. Tan, Y. J. Cao, IEEE Transactions on Smart Grid, 2019(4)

Preferential link tomography in dynamic networks, H. K. Li, Y. Gao, W. Dong, C. Chen, IEEE/ACM Transactions on Networking, 2019(5)

Real-time intelligent big data processing：technology, platform, and applications, T. Y. Zheng, G. Chen, X. Y. Wang, C. Chen, X. G. Wang, S. H. Luo, Science China Information Sciences, 2019(8)

联盟区块链关键技术与区块链的监管挑战, 陈纯, 《电力设备管理》2019 年第 11 期；《中国计算机学会通讯》2019 年第 12 期

科普"区块链"——技术革新和产业变革新动能,陈纯,《中国科技财富》2019 年第 12 期

院士科普"区块链",陈纯,《中国中小企业》2019 年第 12 期

联盟区块链关键技术与区块链的监管挑战,陈纯,《科学中国人》2019 年第 22 期

2020 年

对抗样本生成技术综述,潘文雯,王新宇,宋明黎,陈纯,《软件学报》2020 年第 1 期

A full decentralized multi-agent service restoration for distribution network with DGs,W. G. Li,Y. Li,C. Chen,Y. Tan,Y. J. Cao,M. M. Zhang,Y. J. Peng,S. Chen,IEEE Transactions on Smart Grid,2020(2)

Enhancing the performance of 802. 15. 4-based wireless sensor networks with NB-IoT,H. K. Li,W. Dong,Y H. Wang,Y. Gao,C. Chen,IEEE Internet of Things Journal,2020(4)

Two designs of automatic embedded system energy consumption measuring platforms using GPIO,H. J. Wu, C. Chen,K. Weng,Applied Sciences-Basel,2020(14)

Fast diffraction calculation for spherical computer-generated hologram using phase compensation method in visible range,R. X. Yang,J. Wang,C. Chen,Y. Wu,B. Y. Li,Y. J. Li,N. Chen,B. J. Jackin,Applied Sciences-Basel,2020(17)

Novel deletion mutation in Bruton's tyrosine kinase results in X-linked agammaglobulinemia: A case report,X. M. Hu,K. Yuan,H. Chen,C. Chen,Y. L. Fang,J. F. Zhu,L. Liang,C. L. Wang,World Journal of clinical Cases,2020(17)

报纸文献

2017 年

自主可控联盟链的技术难点和案例,陈纯,《中国信息化周报》2017-10-23

2019 年

联盟区块链关键技术,陈纯,《中国信息化周报》2019-11-04

技术革新和产业变革新动能(开卷知新),陈纯,《人民日报》2019-11-26

区块链:助力数字经济发展和社会信用体系建设,陈纯,《亮报》2019-11-27

区块链产业生态初具强监管方能行稳致远——谈区块链技术、应用与监管挑战,陈纯,《中国经济导报》2019-12-27

2020 年

区块链技术、应用与监管挑战,陈纯,王皖杰,《无锡日报》2020-01-21

专利信息

2015 年

一种基于近邻保持重构的视频关键帧摘要提取方法,发明人:陈纯,何占盈,卜佳俊,高珊,申请号:201510058003. 5,申请日期:2015-02-04

一种适应多表情多姿态的人脸识别方法,发明人:宋明黎,唐斌斌,宋新慧,陈纯,卜佳俊,申请号:201510063018. 0,申请日期:2015-02-08

一种无线传感网络中动态拓扑的测量方法,发明人:董玮,卜佳俊,陈纯,张啸宇,高艺,申请号:

201510064775.X,申请日期:2015-02-08

一种基于多视图多标签的图片标注方法,发明人:陈纯,何占盈,卜佳俊,高珊,申请号:201510169472.4,申请日期:2015-04-10

一种基于精粒度卷积神经网络的衣物推荐方法,发明人:陈纯,卜佳俊,刘钊,朱建科,宋明黎,申请号:201510354947.7,申请日期:2015-06-23

降低4-甲基咪唑含量的焦糖色素的制备方法,发明人:张英,庞美蓉,陈纯,申请号:201510812769.8,申请日期:2015-11-21

2016 年

一种跨维度人脸地标点定位的方法,发明人:宋明黎,高珊,孙立,周星辰,陈纯,申请号:201610149949.7,申请日期:2016-03-16

一种无线传输中抗干扰的自适应编解码方法,发明人:董玮,陈纯,卜佳俊,俞杰,傅凯博,申请号:201610157656.3,申请日期:2016-03-21

一种用于纺织品自动色彩采集及校准的方法,发明人:陈刚,宋明黎,宋新慧,冯尊磊,陈纯,申请号:201610157732.0,申请日期:2016-03-21

一种无线传感网络中细粒度延迟测量方法,发明人:卜佳俊,董玮,陈纯,高艺,曹晨红,申请号:201610398129.1,申请日期:2016-06-06

一种基于导航对象提取的无障碍网页导航方法,发明人:王灿,钊魁,卜佳俊,陈纯,申请号:201610635259.2,申请日期:2016-08-02

一种根据音频输出的实时字幕生成方法,发明人:卜佳俊,于智,陈静,王灿,王炜,陈纯,申请号:201610863894.6,申请日期:2016-09-29

基于电子商务商品标题的商品搭配方法,发明人:王灿,钊魁,卜佳俊,陈纯,申请号:201610969734.X,申请日期:2016-10-28

一种传感网中基于前缀包编码的低功耗数据收集方法,发明人:高艺,董玮,卜佳俊,陈纯,陈元瀛,邓立志,申请号:201610966293.8,申请日期:2016-10-28

一种低成本PM2.5监测节点的校准方法,发明人:董玮,高艺,陈远,卜佳俊,陈纯,申请号:201610997001.7,申请日期:2016-11-11

一种基于临界时间的网络污染抑制方法,发明人:王灿,陈纯,陈佳伟,史麒豪,卜佳俊,申请号:201611095301.2,申请日期:2016-12-02

一种基于MapReduce的度量空间相似连接处理方法,发明人:高云君,杨克宇,陈璐,陈刚,陈纯,申请号:201611173516.1,申请日期:2016-12-16

一种基于无障碍检测系统的数据分析方法,发明人:卜佳俊,王灿,周芬琴,王炜,于智,陈纯,申请号:201611120308.5,申请日期:2016-12-08

一种基于无障碍检测系统的用户评价方法,发明人:卜佳俊,于智,陈静,王炜,王灿,陈纯,申请号:201611120283.9,申请日期:2016-12-08

一种基于分类的自适应网站无障碍检测任务分配方法,发明人:卜佳俊,王炜,谢景发,王灿,于智,陈纯,申请号:201611120307.0,申请日期:2016-12-08

2017 年

一种传感器数据校准特征的提取和评估方法,发明人:董玮,陈纯,高艺,卜佳俊,陈远,申请号:201710013933.8,申请日期:2017-01-09

一种传感器数据校准模型的学习方法,发明人:董玮,卜佳俊,高艺,陈纯,陈远,申请号:201710014247.2,申请日期:2017-01-09

基于空间网络用于纺织品喷墨印染的颜色色域映射方法,发明人:宋明黎,冯尊磊,张程易,静永程,许睿,陈纯,申请号:201710022484.3,申请日期:2017-01-12

基于 RBF 神经网络用于纺织品喷墨印染的色彩映射方法,发明人:宋明黎,冯尊磊,静永程,张程易,许睿,陈纯,申请号:201710022650.X,申请日期:2017-01-12

一种控制社交网络中影响力爆发的规划方法,发明人:王灿,史麒豪,卜佳俊,陈纯,申请号:201710045529.9,申请日期:2017-01-20

一种 Android 程序的执行路径的还原方法,发明人:董玮,卜佳俊,陈纯,陈共龙,赵志为,申请号:201710062753.9,申请日期:2017-01-23

一种基于发布/订阅模式的分布式度量相似查询处理方法,发明人:高云君,陈璐,杨克宇,李信晗,陈刚,陈纯,申请号:201710408855.1,申请日期:2017-06-02

一种软件定义网络中数据包路径重构方法,发明人:高艺,董玮,卜佳俊,陈纯,靖远,申请号:201711348079.7,申请日期:2017-12-15

2018 年

基于双路神经网络的纺织面料中纤维种类及混纺比例识别方法,发明人:宋明黎,盛楠,冯尊磊,静永程,叶静雯,陈纯,申请号:201810413037.5,申请日期:2018-05-03

一种基于多数据版本的混合数据清洗方法,发明人:高云君,陈刚,陈纯,葛丛丛,申请号:201811628044.3,申请日期:2018-12-28

(二)对陈纯院士的介绍与研究文献目录

期刊文献

2017 年

陈纯:大数据需要实时智能分析,邢黎闻,《信息化建设》2017 年第 4 期

区块链创建信任——访中国工程院院士陈纯,黄晓艳,《高科技与产业化》2017 年第 7 期

2019 年

中国工程院院士陈纯:区块链与工业互联网可深度融合,《当代县域经济》2019 年第 12 期

2020 年

陈纯:网络安全将进入实时智能攻防新时代,王世新,《中国教育网络》2020 年第 1 期

中国工程学院院士陈纯:区块链赋能各行业亟须突破四项核心技术,柯溢能,吴雅兰,《服务外包》2020 年第 2 期

陈纯院士妙说"区块链",《演讲与口才》2020 年第 3 期

报纸文献

2015 年

象山籍科学家陈纯晋升中国工程院院士,方子龙,林慧琴,《今日象山》2015-12-09

陈纯,《浙江大学报》2015-12-11

浙大教授罗民兴杨树锋陈云敏陈纯当选两院院士,《浙江大学报》2015-12-11

2016 年

陈纯院士报告会举行,郑丽敏,《今日象山》2016-05-09

2019 年

陈纯院士孜孜追求软件强国梦,《都市快报》2019-10-03

森科智能公司携手陈纯院士开展区块链项目合作,《石狮日报》2019-10-29

院士陈纯:正确使用技术才能发挥最大价值,《城报》2019-11-01

院士陈纯:正确使用技术,发挥最大价值,吴静,黄宇翔,《杭州日报》2019-11-01

陈纯院士:中国区块链发展亟待突破四项核心技术,《科技日报》2019-11-01

中央政治局学习会上讲区块链的浙大陈纯院士昨天来给杭州领导干部上课了,《都市快报》2019-11-23

郑纬民(2019年当选中国工程院院士)

郑纬民(1946年3月4日—　　），网络存储领域专家，浙江宁波人，清华大学计算机科学与技术系教授，曾任中国计算机学会理事长。

郑纬民院士长期从事网络存储系统科学研究、工程建设和人才培养，是我国网络存储领域的领军人，在存储系统扩展性、可靠性和集约性等科学问题和工程技术方面，取得了国内外同行认可的创新性成果，推动了存储领域的科技进步；研制的网络存储系统、容灾系统和自维护存储系统在多个重大工程中发挥了重要作用；核心技术和方法转化到国内骨干企业的存储产品中，为推动我国自主存储产业的发展做出了突出贡献；曾国家科技进步奖一等奖、二等奖，国家技术发明奖二等奖，何梁何利基金科学与技术进步奖。

2019年当选中国工程院院士。

(一)郑纬民院士的各类文献目录

著作文献

1992年

《计算机系统结构》，郑纬民等编，清华大学出版社，1992

1996年

《电脑提示信息英汉对照》，郑纬民，吕思飞，沈美明编，清华大学出版社，1996

1997年

《函数程序设计语言计算模型、编译技术、系统结构》，郑纬民，周光明，田新民，清华大学出版社，1997

1998年

《计算机系统结构》，郑纬民，汤志忠编著，清华大学出版社，1998

2001年

《计算机系统结构》，郑纬民，汤志忠编著，清华大学出版社，2001

《计算机系统结构复习与考试指导》，郑纬民，汪东升编，高等教育出版社，2001

《高性能集群计算　结构与系统　第1卷》，(美)布亚编；郑纬民等译，电子工业出版社，2001

《高性能集群计算　编程与应用　第2卷》，(美)布亚编；郑纬民，汪东升等译，电子工业出版社，2001

2002年

《计算机系统结构一种定量的方法　第2版》，(美)亨尼斯，(美)帕特森著；郑纬民等译，清华大学出版社，2002

2003 年

《计算机系统结构　第 2 版》,郑纬民,汤志忠,清华大学出版社,2003

《计算机应用基础 Excel 2003 电子表格系统》,郑纬民,赵红梅主编,中央广播电视大学出版社,2003

《计算机应用基础 FrontPage 2003 网页制作系统》,郑纬民,何晓新主编,中央广播电视大学出版社,2003

《计算机应用基础 PowerPoint 2003 电子演示文稿系统》,郑纬民,姜增如主编,中央广播电视大学出版社,2003

《计算机应用基础 Windows XP 操作系统》,郑纬民,刘小星编著,中央广播电视大学出版社,2003

《计算机应用基础 Word 2003 文字处理系统》,郑纬民主编;刘小星编写,中央广播电视大学出版社,2003

《世界著名计算机教材精选 计算机组成和设计硬件软件接口》,(美)帕特森,(美)亨尼斯,郑纬民,清华大学出版社,2003

《计算机组成和设计:硬件/软件接口　第 2 版》,(美)帕特森,(美)亨尼斯著;郑纬民等译,清华大学出版社,2003

2004 年

《计算机系统结构:量化研究方法　第 3 版》,(美)亨尼斯,(美)帕特森著;郑纬民等译,电子工业出版社,2004

2005 年

《计算机应用基础本科》,郑纬民主编,中央广播电视大学出版社,2005

2006 年

《Word 2003 文字处理系统》,郑纬民主编,中央广播电视大学出版社,2006

《Excel 2003 操作系统》,郑纬民主编,中央广播电视大学出版社,2006

2007 年

《计算机组成与设计硬件/软件接口》,(美)帕特森,(美)亨尼斯著;郑纬民等译,机械工业出版社,2007

《计算机应用基础修订版专科起点本科》,郑纬民主编,中央广播电视大学出版社,2007

2009 年

《MPI 并行程序设计实例教程》,张武生,薛巍,李建江,郑纬民编著,清华大学出版社,2009

2010 年

《2008 中国计算机大会论文集》,郑纬民,周兴社,樊晓桠编,清华大学出版社,2010

2012 年

《计算机应用基础 PowerPoint 2010 电子演示文稿系统》,郑纬民主编,中央广播电视大学出版社,2012

《计算机应用基础 Access 2010 数据库应用系统》,郑纬民主编,中央广播电视大学出版社,2012

2013 年

《计算机应用基础:WINDOWS 7 操作系统》,郑纬民主编,中央广播电视大学出版社,2013

《计算机应用基础:EXCEL 2010 电子表格系统》,郑纬民主编,中央广播电视大学出版社,2013

《计算机应用基础:WORD 2010 文字处理系统》,郑纬民主编,中央广播电视大学出版社,2013

《计算机应用基础专科起点升本科》,郑纬民主编,中央广播电视大学出版社,2013

2014 年

《计算机应用基础 Word 2010 文字处理系统高职版》,郑纬民,刘小星主编,中央广播电视大学出版

社,2014

2018 年

《计算机应用基础》,郑纬民主编,国家开放大学出版社,2018

期刊文献

1982 年

C_m^*、**X-TREE** 多处理机系统寻址机构和路径算法的分析,郑纬民,沈美明,王鼎兴,《计算机研究与发展》1982 年第 4 期

1984 年

一种分割总线分布式多处理机结构的分析和性能研究,金兰,郑纬民,王鼎兴,沈美明,《计算机学报》1984 年第 2 期

一种分布式多处理机系统的随机模拟,金兰,郑纬民,《计算机学报》1984 年第 2 期

高速并行系统的性能度量,郑纬民,《计算机研究与发展》1984 年第 6 期

1985 年

EGPA 处理器阵列的模型分析与性能度量,郑纬民,《计算机研究与发展》1985 年第 5 期

实现不同系列机程序兼容的仿真系统的设计,王鼎兴,沈美明,郑纬民,李家瑛,《计算机研究与发展》1985 年第 10 期

1990 年

并行图归约机中智能存储系统的设计与研究,张蓓楠,沈美明,郑纬民,《计算机研究与发展》1990 年第 3 期

On the execution mechanisms of parallel graph reduction,王鼎兴,郑纬民,杜晓黎,郭毅可,Journal of Computer Science&Technology,1990(4)

1991 年

PARLOG 顺序编译实现技术,郑纬民,杨和平,《软件学报》1991 年第 4 期

1992 年

优化并行图重写计算粒度的编译时部分调度策略,田新民,王鼎兴,沈美明,郑纬民,温冬婵,《计算机学报》1992 年第 11 期

1993 年

并行粗粒度任务的动态分布算法(**PTDD**)及其鲁棒性,沈美明,田新民,王鼎兴,郑纬民,《计算机学报》1993 年第 1 期

Optimized parallel execution of declarative program on distributed memory multiprocessors,沈美明,田新民,王鼎兴,郑纬民,温冬婵,Journal of Computer Science&Technology,1993(3)

Parallel execution of prolog on shared-memory multiprocessors,高耀清,王鼎兴,郑纬民,沈美明,黄志毅,胡守仁,G. Levi,Journal of Computer Science&Technology,1993(4)

日本第 **5** 代计算机研究计划及其成就,郑纬民,《国际学术动态》1993 年第 5 期

面向对象的计算模型:从顺序到并发,李经纬,王鼎兴,郑纬民,沈美明,《计算机技术》1993 年第 6 期

面向对象语言 **Smalltalk-80** 的并行与分布实现技术的研究,高耀清,郑纬民,沈美明,王鼎兴,《计算机研究

与发展》1993 年第 7 期

Transputer 阵列上的并行抽象机 **PAM/TGR** 性能评价,田新民,王鼎兴,沈美明,郑纬民,《电子学报》1993 年第 11 期

面向对象的计算模型:从顺序到并发,李经纬,王鼎兴,郑纬民,沈美明,《计算机工程与应用》1993 年第 11 期

多计算机系统中的处理结点通信分析,刘德才,王鼎兴,郑纬民,沈美明,《小型微型计算机系统》1993 年第 12 期

1994 年

PGR 机中多处理机调度的研究,刘德才,郑纬民,沈美明,《计算机学报》增刊 1994 年第 S1 期

并行任务动态派生的积极惰性化控制方法,田新民,王鼎兴,沈美明,郑纬民,《软件学报》1994 年第 2 期

Granularity analysis for exploiting adaptive parallelism of declarative programs on multiprocessors,田新民,王鼎兴,沈美明,郑纬民,温冬婵,Journal of Computer Science&Technology,1994(2)

行列式求值在多处理机系统性能评价中的应用,刘德才,王鼎兴,沈美明,郑纬民,《计算机学报》1994 年第 3 期

一个全互连可伸缩并行加速系统的体系结构设计,董迎飞,王鼎兴,郑纬民,汤志忠,鞠大鹏,《计算机学报》1994 年第 3 期

Compiling CIL rewriting language for multiprocessors,田新民,王鼎兴,郑纬民,沈美明,李程,Journal of Computer Science&Technology,1994(4)

数据并行的性能分析,刘德才,王鼎兴,沈美明,郑纬民,《软件学报》1994 年第 5 期

SCALTASK:一种可伸缩的并行任务控制机制,熊建新,王鼎兴,郑纬民,沈美明,《小型微型计算机系统》1994 年第 6 期

分布存储多机系统中的消息传递技术,董迎飞,王鼎兴,郑纬民,《计算机研究与发展》1994 年第 7 期

计算机性能指标 MIPS 的适用性分析,刘德才,王鼎兴,沈美明,郑纬民,《小型微型计算机系统》1994 年第 11 期

一种基于 PGRM 结构的负载分布策略,符晓东,田新民,郑纬民,王鼎兴,沈美明,《小型微型计算机系统》1994 年第 12 期

1995 年

FLOPS 指标的适用性分析,刘德才,王鼎兴,郑纬民,沈美明,《计算机工程与应用》1995 年第 1 期

SPEEDUP 指标的适用性分析,刘德才,王鼎兴,沈美明,郑纬民,《计算机研究与发展》1995 年第 5 期

一种基于 Message Passing 的并行程序设计技术,温钰洪,王鼎兴,沈美明,郑纬民,《小型微型计算机系统》1995 年第 5 期

稀疏三角矩阵线性系统的基于树结构并行求解,李程,田新民,王鼎兴,郑纬民,《软件学报》1995 年第 8 期

一种基于 Message Passing 的并行程序设计环境,温钰洪,沈美明,王鼎兴,郑纬民,《软件学报》1995 年第 11 期

1996 年

并行程序环境及其系统移植实现,温钰洪,沈美明,郑纬民,王鼎兴,《小型微型计算机系统》1996 年第 1 期

异构机群系统中的最优处理机分配算法,温钰洪,王鼎兴,郑纬民,《计算机学报》1996 年第 3 期

一种基于 Message Passing 的通信技术和并行程序设计方法,温钰洪,王鼎兴,沈美明,郑纬民,《计算机研究与发展》1996 年第 3 期

基于事件模型的可视化并行调试技术,熊建新,王鼎兴,郑纬民,沈美明,《软件学报》1996 年第 5 期

模块级可重构计算机 HIT-FTC2 的冗余管理,汪东升,郑纬民,杨孝宗,《电子学报》1996 年第 11 期

工作站机群系统,郑纬民,李晨,《中国计算机用户》1996 年第 22 期

1997 年

三模冗余计算机 FT-HIT 系统设计与实现,汪东升,郑纬民,杨孝宗,《计算机研究与发展》1997 年第 S1 期

TMR 计算机系统 FT-HIT 的冗余管理技术,汪东升,郑纬民,杨孝宗,王春露,《计算机工程与设计》1997 年第 2 期

TMR 计算机系统冗余单元间的恢复技术,汪东升,郑纬民,杨孝宗,《小型微型计算机系统》1997 年第 3 期

精确计算 n 维 Mesh 网络和 n 维 Torus 网络的平均最短路径长度,董迎飞,王鼎兴,郑纬民,《计算机学报》1997 年第 4 期

对 Pertel 关于可适应寻径的批评的讨论,董迎飞,王鼎兴,郑纬民,《计算机学报》1997 年第 5 期

提高工作站机群系统通信性能方法的研究,申俊,郑纬民,王鼎兴,沈美明,《小型微型计算机系统》1997 年第 6 期

国际化版 Mosaic 2.5 的设计与实现,陈文光,许开新,郑纬民,吕思飞,《小型微型计算机系统》1997 年第 6 期系

TMR 计算机系统升级/降级重构技术,汪东升,郑纬民,王春露,《电子学报》1997 年第 8 期

TurboSPARC 处理器,郑纬民,田范江,《中国计算机用户》1997 年第 36 期

1998 年

分布式容错计算机系统的一个冗余结点配置,汪东升,郑纬民,杨孝宗,《小型微型计算机系统》1998 年第 1 期

并行机群的若干关键技术,王鼎兴,郑纬民,沈美明,《清华大学学报(自然科学版)》1998 年第 A1 期

异构并行工作站机群系统的性能评价指标,申俊,郑纬民,《计算机研究与发展》1998 年第 3 期

工作站机群及应用,董春雷,郑纬民,《电子与信息化》1998 年第 3 期

一种基于 Ethernet 新的可靠多播算法,申俊,郑纬民,王鼎兴,沈美明,《软件学报》1998 年第 6 期

基于 NOW 的检查点设置与卷回恢复,汪东升,郑纬民,王鼎兴,沈美明,《中国科学(E 辑:技术科学)》1998 年第 6 期

FMP:一种适用于机群系统的快速消息传递机制,申俊,郑纬民,鞠大鹏,《计算机学报》1998 年第 7 期

确定性退火技术,杨广文,李晓明,王义和,郑纬民,王鼎兴,《计算机学报》1998 年第 8 期

LBS-基于 PVM 的动态任务负载平衡系统,傅强,郑纬民,《小型微型计算机系统》1998 年第 10 期

Myrinet:一种适用于机群系统的新型高速网络,申俊,郑纬民,鞠大鹏,《计算机工程与应用》1998 年第 11 期

一种基于 Myrinet 的快速消息传递机制实现技术,申俊,郑纬民,王鼎兴,鞠大鹏,《软件学报》1998 年增刊

1999 年

一种适用于机群系统的任务动态调度方法,傅强,郑纬民,《软件学报》1999 年第 1 期

底层通信协议中内存映射机制的设计与实现,刘炜,郑纬民,申俊,鞠大鹏,《软件学报》1999 年第 1 期

按自然法则计算的一个新分支:确定性退火技术,杨广文,李晓明,郑纬民,王鼎兴,《计算机科学》1999 年第 1 期

一种基于检查点的卷回恢复与进程迁移系统,汪东升,沈美明,郑纬民,裴丹,《软件学报》1999 年第 1 期

一种有效的启发式聚类算法,杨广文,郑纬民,王鼎兴,李晓明,《电子学报》1999 年第 2 期

Checkpointing and rollback recovery for network of workstations,汪东升,郑纬民,王鼎兴,沈美明,《中国科学(技术科学英文版)》1999 年第 2 期

基于 **Myrinet** 的用户空间精简协议,董春雷,郑纬民,《软件学报》1999 年第 3 期

Request dispatching algorithms for web server clusters based on load balancing,邸烁,郑纬民,《清华大学学报(自然科学英文版)》1999 年第 4 期

一种基于 **Web** 浏览器的分布式应用系统的构造方法,吕纪竹,王鼎兴,郑纬民,沈美明,《软件学报》1999 年第 5 期

一种利用确定性退火技术的聚类模型与算法研究,杨广文,王鼎兴,郑纬民,李晓明,《软件学报》1999 年第 6 期

并行 **WWW** 服务器集群请求分配算法的研究,邸烁,郑纬民,王鼎兴,沈美明,《软件学报》1999 年第 7 期

一种基于结点的分布式合作缓存管理算法 **DCC**,郑晓薇,郑纬民,沈美明,《计算机研究与发展》1999 年第 9 期

WEB 或 **Intranet** 环境下激发应用的机制与安全,吕纪竹,王鼎兴,郑纬民,沈美明,《计算机工程与应用》1999 年第 9 期

可扩展并行 **Web Server** 集群技术,邸烁,郑纬民,王鼎兴,沈美明,《小型微型计算机系统》1999 年第 10 期

静态性能分析的训练集自动生成工具,杨博,王文军,陈文光,郑纬民,《小型微型计算机系统》1999 年第 11 期

在分析用户访问行为基础上实现代理缓存,庄伟强,李昶,王鼎兴,郑纬民,沈美明,《计算机研究与发展》1999 年第 11 期

一个交互式的 **Fortran77** 并行化系统,陈文光,杨博,王紫瑶,郑丰宙,郑纬民,《软件学报》1999 年第 12 期

2000 年

基于 **Range Test** 的交互式数据相关性分析技术,郑丰宙,陈文光,杨博,郑纬民,《清华大学学报(自然科学版)》2000 年第 1 期

可扩展并行 **Web** 服务器群技术的研究,庄伟强,王鼎兴,沈美明,郑纬民,《小型微型计算机系统》2000 年第 1 期

分布式合作缓存中的全局向量时钟模型,郑晓薇,沈美明,郑纬民,《小型微型计算机系统》2000 年第 2 期

一种基于进程迁移的自适应双阈值动态负载平衡系统,周佳祥,郑纬民,杨广文,《清华大学学报(自然科学版)》2000 年第 3 期

一种基于进程迁移的自适应双阈值动态负载平衡系统,周佳祥,郑纬民,杨广文,《清华大学学报》2000 年第 3 期

WOB:一种新的文件检查点设置策略,裴丹,汪东升,沈美明,郑纬民,《电子学报》2000 年第 5 期

一种面向结点的加速比模型,刘炜,郑纬民,郑晓薇,《计算机工程与设计》2000 年第 5 期

大规模问题数据并行性能的分析,舒继武,郑纬民,沈美明,汪东升,《软件学报》2000 年第 5 期

工作站机群系统自动重构机制，张悠慧，汪东升，郑纬民，《电子学报》2000 年第 5 期

MPP 中区域分解法的临界子区域数的确定方法，舒继武，郑纬民，汪东升，杨广文，《清华大学学报》2000 年第 7 期

Solaris 系统多线检查点设置与卷回恢复，张悠慧，汪东升，郑纬民，《计算机工程与应用》2000 年第 8 期

基于 DAG 图解-重构的机群系统静态调度算法，周佳祥，郑纬民，《软件学报》2000 年第 8 期

高可用集群计算，汪东升，郑纬民，《小型微型计算机系统》2000 年第 11 期

服务器进入群集时代，郑纬民，《微电脑世界》2000 年第 32 期

网络性能攀升"群集"显山露水，郑纬民，汪东升，《微电脑世界》2000 年第 49 期

服务不间断"容错"奠基石，汪东升，郑纬民，《微电脑世界》2000 年第 49 期

2001 年

利用模拟退火技术求解多 Hoist 调度问题，杨广文，鞠大鹏，郑纬民，林国健，《软件学报》2001 年第 1 期

Communication optimization for SMP clusters，林伟坚，陈文光，李志光，郑纬民，《清华大学学报（英文版）》2001 年第 1 期

基于快速消息传递的高性能 PVM，夏华夏，郑纬民，《软件学报》2001 年第 1 期

Web 信息的分布式在线评测技术，毛昀，汪东升，郑纬民，邓小铁，《电子学报》2001 年第 C1 期

计算机系统结构复习指导，郑纬民，《当代电大》2001 年第 2 期

WWW 集群服务器的数据副本分布方式研究，沈海华，陈世敏，沈美明，郑纬民，《软件学报》2001 年第 3 期

基于机群系统的薄膜淀积并行计算，舒继武，郑纬民，沈美明，黄汉臣，《计算物理》2001 年第 3 期

Task scheduling of parallel programs to optimize communications for cluster of SMPs，郑纬民，杨博，林伟坚，李志光，《中国科学（F 辑）（英文版）》2001 年第 3 期

适用于工作站机群系统高性能计算的快速消息传递协议（英文），欧新明，申俊，郑纬民，《软件学报》2001 年第 3 期

Replacement policy for caching World-Wide Web documents based on Site-Graph model，庄伟强，胡敏，王鼎兴，郑纬民，沈美明，《清华大学学报（英文版）》2001 年第 4 期

并行程序设计环境关键技术，张兆庆，乔香珍，乔如良，李晓明，郑纬民，蒋昌俊，《中国学术期刊文摘》2001 年第 4 期

SMP 机群系统上优化通信的并行任务调度，郑纬民，杨博，林伟坚，李志光，《中国科学（E 辑：技术科学）》2001 年第 5 期

构造并行化系统交互环境的若干关键技术，杨博，王鼎兴，郑纬民，《软件学报》2001 年第 5 期

相关任务图的均衡动态关键路径调度算法，石威，郑纬民，《计算机学报》2001 年第 9 期

BUSTER：一个可移植的并行调试器，杜术，陈晓鹏，汪东升，郑纬民，《小型微型计算机系统》2001 年第 10 期

一个并行程序集成开发环境的功能框架及实现中的关键技术，赵刚，沈美明，郑纬民，《小型微型计算机系统》2001 年第 11 期

2002 年

基于 B/S 模式和 JSP 技术的网络流量动态监控系统，黄美莹，郑纬民，汪东升，杨广文，《计算机工程与应用》2002 年第 1 期

Interactive and symbolic data dependence analysis,杨博,王鼎兴,郑丰宙,郑纬民,Journal of Computer Science& Technology,2002(2)

计算机系统结构复习指导 **1—4**,郑纬民,《当代电大》2002 年第 2 期

基于机群系统的通信协议性能比较、分析与研究,魏英霞,舒继武,王鼎兴,郑纬民,《计算机科学》2002 年第 2 期

调试器对并行程序干扰特性的研究,刘建,沈美明,郑纬民,《计算机学报》2002 年第 2 期

电力系统暂态稳定仿真并行算法的研究进展,薛巍,舒继武,王心丰,郑纬民,《系统仿真学报》2002 年第 2 期

Parallel computing for lattice Monte Carlo simulation of large-scale thin film growth,舒继武,郑纬民,陆勤,黄汉臣,黄伟安,《中国科学(F 辑)(英文版)》2002 年第 2 期

A new numerical method on American option pricing,顾永耕,舒继武,邓小铁,郑纬民,《中国科学(F 辑)(英文版)》2002 年第 3 期

有限延时消息通信模型及在并行程序调试器设计中的应用,刘建,沈美明,郑纬民,《计算机科学》2002 年第 3 期

大规模薄膜生长的格子 **MC** 模拟并行计算,舒继武,郑纬民,H. C. Huang,W. O. Wong,《中国科学(E 辑)》2002 年第 3 期

Linux 机群系统并行程序调试器的设计与实现,刘建,余宏亮,沈美明,郑纬民,《计算机工程》2002 年第 4 期

多级负载平衡系统的设计和实现,张辉,田金兰,郑纬民,《南京理工大学学报(自然科学版)》2002 年第 5 期

利用机群邮件服务器构建的 **Web** 邮件系统,陈薇,汪东升,杨广文,郑纬民,《计算机工程与应用》2002 年第 6 期

Myrinet 网络中的用户态通信协议设计与实现,张继超,常迪,郑纬民,沈美明,《计算机应用》2002 年第 6 期

单一系统映象在机群管理中的实现,朱璇,郑纬民,汪东升,杨广文,《计算机工程与应用》2002 年第 7 期

一个基于混合并发模型的 **Java** 虚拟机,杨博,王鼎兴,郑纬民,《软件学报》2002 年第 7 期

一种实用、高效的虚拟远程超级计算环境,谢非,杨广文,鞠大鹏,王鼎兴,郑纬民,《软件学报》2002 年第 8 期

电力系统潮流并行算法的研究进展,薛巍,舒继武,王心丰,郑纬民,《清华大学学报(自然科学版)》2002 年第 9 期

Advance of parallel algorithms for powerflow simulation,薛巍,舒继武,王心丰,郑纬民,《清华大学学报》2002 年第 9 期

一种基于检查点的并行程序调试器的设计与实现,刘建,汪东升,沈美明,郑纬民,《计算机研究与发展》2002 年第 12 期

一种基于共享存储的叠前深度偏移并行算法,李建江,舒继武,王鼎兴,郑纬民,王有新,《软件学报》2002 年第 12 期

2003 年

TH-MNSS：一个新的海量网络存储系统体系结构，付长冬，舒继武，郑纬民，《大连理工大学学报》2003 年第 A1 期

计算机系统结构期末复习 1—3，郑纬民，《当代电大》2003 年第 2 期

基于区域图数据流分析的通信优化算法，钟洪涛，舒继武，温冬婵，郑纬民，《软件学报》2003 年第 2 期

基于网络附属对象设备的集群存储体系结构，张悠慧，郑纬民，《软件学报》2003 年第 2 期

基于 Myrinet/GM 的多通道通信，张继超，舒继武，郑纬民，常迪，《软件学报》2003 年第 2 期

并行处理可视化监测环境，徐杰锋，舒继武，郑纬民，《清华大学学报（自然科学版）》2003 年第 4 期

并行集群系统的 Linpack 性能测试分析，罗水华，杨广文，张林波，石威，郑纬民，《数值计算与计算机应用》2003 年第 4 期

一种新的网络对象存储设备研究，张悠慧，郑纬民，《电子学报》2003 年第 5 期

Class-based garbage collection in object-oriented programming environments，张武生，黄启峰，沈美明，郑纬民，《清华大学学报（英文版）》2003 年第 6 期

NAS 和 SAN 的融合方案与研究，刘福明，付长东，郑纬民，《小型微型计算机系统》2003 年第 6 期

基于数据属性与服务的叠前深度偏移并行算法，李建江，舒继武，王有新，王鼎兴，郑纬民，《清华大学学报（自然科学版）》2003 年第 7 期

基于 IP 的全局网络存储解决方法，刘福明，郑纬民，《计算机科学》2003 年第 7 期

统一缓存：基于用户层通信的合作缓存技术，张悠慧，汪东升，郑纬民，《计算机研究与发展》2003 年第 7 期

基于 XML 实现应用网关可配置服务的方法，唐志宇，郑纬民，《计算机工程》2003 年第 8 期

一个集群系统上的网络信息采集器，高垾，齐继国，沈美明，郑纬民，《小型微型计算机系统》2003 年第 8 期

分布式文件系统低耦合度高可用性支持模块的实现，史树明，温冬婵，沈美明，郑纬民，《计算机研究与发展》2003 年第 8 期

基于 VSM 的中文文本分类系统的设计与实现，张东礼，汪东升，郑纬民，《清华大学学报（自然科学版）》2003 年第 9 期

基于 Cluster 的大型油藏数值模拟的并行计算，杨耀忠，舒继武，郑纬民，《清华大学学报（自然科学版）》2003 年第 9 期

一种机群文件系统的缓存模型，黄启峰，郑纬民，沈美明，《小型微型计算机系统》2003 年第 10 期

一个高性能的 FC-SAN 存储系统的设计与实现，付长冬，舒继武，沈美明，郑纬民，《高技术通讯》2003 年第 10 期

一种具有快速条件断点的并行程序调试器，刘建，王皓，沈美明，郑纬民，《软件学报》2003 年第 11 期

一种可扩展机群文件系统的设计与实现，黄启峰，郑纬民，沈美明，《小型微型计算机系统》2003 年第 11 期

机群计算多通道通信技术研究与设计，张继超，郑纬民，常迪，沈美明，《小型微型计算机系统》2003 年第 12 期

一种电力系统暂态稳定并行计算的优化分区策略，舒继武，薛巍，郑纬民，《电力系统自动化》2003 年第 19 期

一种多机协同工作支撑环境的设计与实现，彭靖龙，郑纬民，毛希平，《计算机工程与应用》2003 年第 21 期

ChangeSpider：一个自适应的网页信息跟踪系统，刘凡，陈康，郑纬民，《计算机工程与应用》2003 年第 34 期

2004 年

Challenge and methods of synchronous disk I/O,靳超,郑纬民,汪东升,毛昀,《清华大学学报(英文版)》2004 年第 1 期

数据传输模式对用户态通信的性能影响分析,张继超,常迪,郑纬民,沈美明,《小型微型计算机系统》2004 年第 1 期

DENNET 中降低调试器干扰的机制,王皓,刘建,沈美明,郑纬民,余宏亮,《小型微型计算机系统》2004 年第 2 期

Stability analysis of Runge-Kutta methods for delay integro-differential equations,甘四清,郑纬民,《清华大学学报(英文版)》2004 年第 2 期

基于 RAM/Disk 混合设备模型的 FC-SAN 存储系统,付长冬,舒继武,沈美明,郑纬民,《计算机研究与发展》2004 年第 3 期

基于自主运算的自管理的 IP-SAN 存储系统的体系结构与性能策略,付长冬,舒继武,郑纬民,沈美明,《高技术通讯》2004 年第 3 期

网络存储体系结构的发展和研究,付长冬,舒继武,沈美明,郑纬民,《小型微型计算机系统》2004 年第 4 期

机群文件系统中一种文件迁移的客户端决策,邓宜堰,舒继武,沈美明,郑纬民,《清华大学学报(自然科学版)》2004 年第 4 期

基于 LVS 系统的负载动态平衡设计与实现,郭全生,舒继武,毛希平,温冬蝉,郑纬民,《计算机研究与发展》2004 年第 6 期

集群系统的现状与挑战,郑纬民,《计算机教育》2004 年第 6 期

基于自主运算的自适应存储区域网络系统,付长冬,舒继武,郑纬民,沈美明,《软件学报》2004 年第 7 期

文件分配问题的一种动态解决算法,陈俊杰,张武生,沈美明,郑纬民,《小型微型计算机系统》2004 年第 7 期

下一代分布式智能网络存储系统的发展趋势,郑纬民,舒继武,《世界电信》2004 年第 8 期

基于海量存储网络系统的管理软件的设计与实现,王恒,舒继武,温冬蝉,郑纬民,《小型微型计算机系统》2004 年第 11 期

网络存储系统性能基准的研究、评价与发展,付长冬,舒继武,沈美明,郑纬民,《小型微型计算机系统》2004 年第 12 期

2005 年

基于 ORC 的 OpenMP 编译器设计与实现,陈永健,李建江,王生原,郑纬民,《清华大学学报(自然科学版)》2005 年第 1 期

Design and implementation of a storage virtualization system based on SCSI target simulator in SAN,李必刚,舒继武,郑纬民,《清华大学学报(英文版)》2005 年第 1 期

Building a Portable File System for Heterogeneous Clusters,黄启峰,杨广文,郑纬民,沈美明,邓宜堰,《清华大学学报(英文版)》2005 年第 1 期

基于内存功能划分的并行程序检查点策略研究,薛瑞尼,陈文光,郑纬民,《华中科技大学学报(自然科学版)》2005 年第 A1 期

数值模拟应用中科学数据的组织与管理,陈虹,夏芳,宋磊,郑纬民,《华中科技大学学报(自然科学版)》

2005 年第 A1 期

SAN 中的分布式锁机制,姚念民,舒继武,郑纬民,《计算机研究与发展》2005 年第 2 期

对等计算研究概论,郑纬民,胡进锋,代亚非,袁泉,马永泉,宁宁,董海涛,洪春辉,张桦楠,《中国计算机学会通讯》2005 年第 2 期

Hybrid decomposition method in parallel molecular dynamics simulation based on SMP cluster architecture,王冰,舒继武,郑纬民,王金照,陈民,《清华大学学报(英文版)》2005 年第 2 期

随机测试程序生成器研究,刘志强,汪东升,郑纬民,《计算机工程与设计》2005 年第 2 期

一种高可扩展存储网络系统 TH-MSNS 的研究与实现,舒继武,薛巍,李必刚,郑纬民,《计算机学报》2005 年第 3 期

一种分布式吴方法计算模型,武永卫,杨广文,杨宏,郑纬民,林东岱,《软件学报》2005 年第 3 期

相异性容错软件故障模型,姚文斌,李炯亮,汪东升,郑纬民,《清华大学学报(自然科学版)》2005 年第 4 期

带宽自适应的 P2P 网络路由协议,胡进锋,黎明,郑纬民,汪东升,《软件学报》2005 年第 5 期

主动存储系统结构,靳超,郑纬民,张悠慧,《计算机学报》2005 年第 6 期

P2P 系统发展历史及应用,郑纬民,胡进锋,《中国教育网络》2005 年第 7 期

P2P:未来社会不可避免的计算模式,郑纬民,胡进锋,《中国教育网络》2005 年第 7 期

一种 P2P 环境下的 B$^{\pm}$ 树索引管理算法,鞠大鹏,黎明,胡进锋,汪东升,郑纬民,马永泉,《计算机研究与发展》2005 年第 8 期

基于角色与组织的访问控制模型,李帆,郑纬民,《计算机工程与设计》2005 年第 8 期

基于类型的运行时环境存储管理算法,张武生,杨广文,郑纬民,《软件学报》2005 年第 8 期

RSDictionary——一种用于分布式计算环境的全局名字空间,张武生,杨广文,沈美明,郑纬民,《计算机研究与发展》2005 年第 8 期

Web 页面跟踪系统的设计与实现,刘凡,陈康,郑纬民,《小型微型计算机系统》2005 年第 9 期

分布式网络信息跟踪,陈康,沈美明,郑纬民,《小型微型计算机系统》2005 年第 9 期

基于异步时钟机群监测系统的设计与实现,刘广涛,舒继武,郑纬民,《小型微型计算机系统》2005 年第 9 期

基于区域分解和 MPI 的线性带状方程组归并迭代解法器,刘朝辉,舒继武,郑纬民,《清华大学学报(自然科学版)》2005 年第 10 期

可扩展的分布式邮件系统的研究与实现,刘广涛,舒继武,郑纬民,《小型微型计算机系统》2005 年第 12 期

TH-MSNS 系统中基于 IP 协议的缓存机制设计与实现,李必刚,舒继武,郑纬民,《高技术通讯》2005 年第 12 期

大才要大用——关于网格应用的讨论,郑纬民,朱明,凌巍才,李颖聪,闫冬,《每周电脑报》2005 年第 34 期

2006 年

DNA 序列拼接中欧拉超路算法的新并行策略,郑纬民,林皎,罗水华,《计算机学报》2006 年第 1 期

面向集群的消息传递并行程序容错系统,薛瑞尼,张悠慧,陈文光,郑纬民,《清华大学学报(自然科学版)》2006 年第 1 期

基于报备池和模版的网格记账溯源服务,胡美枝,郑纬民,杨广文,《华中科技大学学报(自然科学版)》2006 年第 A1 期

一种与 **Bittorrent** 兼容的流媒体服务系统,严彦,武永卫,杨广文,郑纬民,《华中科技大学学报(自然科学版)》2006 年第 A1 期

一种 **DNA** 测序纠错算法,郑纬民,张华,王小川,《软件学报》2006 年第 2 期

一种基于动态并行区的 **OpenMP** 程序开发模式,李建江,舒继武,陈永健,王鼎兴,郑纬民,《计算机研究与发展》2006 年第 3 期

郑纬民:立用是关键存储不可缺,郑纬民,《中国教育网络》2006 年第 4 期

一种 **IA-64** 架构下的大规模流媒体服务器缓存调度算法,余宏亮,陈婧,李毅,郑纬民,《计算机研究与发展》2006 年第 4 期

PScript:基于 J2ME 平台的高效可扩展脚本语言,何佳,余宏亮,郑纬民,《清华大学学报(自然科学版)》2006 年第 4 期

联网审计系统中海量数据的存储与管理策略,武海平,余宏亮,郑纬民,周德铭,《计算机学报》2006 年第 4 期

SCSI target simulator based on FC and IP protocols in TH-MSNS,李必刚,舒继武,郑纬民,《清华大学学报(自然科学版)(英文版)》2006 年第 5 期

一种基于集群环境的虚拟存储系统研究与实现,李必刚,舒继武,穆飞,郑纬民,《小型微型计算机系统》2006 年第 6 期

通用海量数据库性能测试系统的设计与实现,武海平,余宏亮,郑纬民,《清华大学学报(自然科学版)》2006 年第 7 期

用于并行调试环境的改进的物理时钟算法,林贻珀,钱希,陈文光,沈美明,郑纬民,《清华大学学报》2006 年第 7 期

基于图划分的全基因组并行拼接算法,林皎,陈文光,栗强,郑纬民,张益民,《计算机研究与发展》2006 年第 8 期

一致持久的带外虚拟化系统,张广艳,舒继武,薛巍,郑纬民,《计算机研究与发展》2006 年第 10 期

网格计算专刊前言,金海,郑纬民,《软件学报》2006 年第 11 期

2007 年

一种高可用性存储系统 **TH-iSCSI** 的设计与实现,舒继武,于冰,薛巍,郑纬民,《计算机研究与发展》2007 年第 Z1 期

基于资源监控的网格调度系统,陈刚,武永卫,柳佳,杨广文,郑纬民,《华中科技大学学报(自然科学版)》2007 年第 S2 期

面向 **P2P** 搜索的可定制聚焦网络爬虫,方启明,杨广文,武永卫,朱安平,郑纬民,《华中科技大学学报(自然科学版)》2007 年第 S2 期

一种基于 **DHT** 混合型对等发现服务的算法设计,杨峰,郑纬民,余宏亮,《计算机应用研究》2007 年第 3 期

一种基于分布式哈希表的混合对等发现算法,杨峰,李凤霞,余宏亮,战守义,郑纬民,《软件学报》2007 年第 3 期

大规模流媒体服务间隔缓存策略的性能预测模型,余宏亮,陈婧,郑纬民,《清华大学学报(自然科学版)》2007 年第 4 期

SmartTree:异构网络环境下的应用层组播协议,曾明,余宏亮,郑纬民,《清华大学学报(自然科学版)》2007

年第 4 期

一种面向对象的 Internet 存储服务系统 Granary,胡进锋,洪春辉,郑纬民,《计算机研究与发展》2007 年第 6 期

TNet:基于树型结构的集群工具软件通信协议,陈晨,陈文光,郑纬民,《中国科技论文在线》2007 年第 6 期

带外架构下的存储性能虚拟化,黄荣荣,薛巍,舒继武,郑纬民,《小型微型计算机系统》2007 年第 6 期

基于分段的适应性流媒体缓存管理算法,郑冬冬,余宏亮,郑纬民,《清华大学学报(自然科学版)》2007 年第 7 期

基于网格的内容传输技术研究,方程,刘学铮,郑纬民,《计算机应用与软件》2007 年第 10 期

基于 P2P 的应用层组播结构研究,杨峰,郑纬民,余宏亮,曾明,《计算机工程》2007 年第 15 期

Distributed storage cluster design for remote mirroring based on storage area network,姚骏,舒继武,郑纬民,Journal of Computer Science&Technology,2007(4)

2008 年

基于语义关联的网格监控元数据管理,胡美枝,郑纬民,武永卫,杨广文,《清华大学学报(自然科学版)》2008 年第 1 期

教育部—Intel 精品课程"高等计算机系统结构"内容介绍,郑纬民,《计算机教育》2008 年第 3 期

一种高效的网格监控数据收集方法,胡美枝,郑纬民,武永卫,杨广文,《高技术通讯》2008 年第 4 期

基于组密钥服务器的加密文件系统的设计和实现,肖达,舒继武,薛巍,刘志才,郑纬民,《计算机学报》2008 年第 4 期

网格环境下的信任机制研究综述,马礼,郑纬民,《小型微型计算机系统》2008 年第 5 期

Reducing the TLB context switching miss ratio with banked and prefetching mechanism,陈昌居,郑纬民,Journal of Information Science and Engineering,2008(6)

2007 年中国计算机大会推荐优秀论文介绍,郑纬民,《软件学报》2008 年第 10 期

基于 P2P 的 Web 搜索技术,方启明,杨广文,武永卫,郑纬民,《软件学报》2008 年第 10 期

一种可扩展的气象水文网格模型,蔡军,钱越英,胡美枝,郑纬民,《计算机工程与应用》2008 年第 15 期

2009 年

采用数据流图的故障模型生成算法及其应用,王胜文,张凤斌,郑纬民,《哈尔滨工业大学学报》2009 年第 1 期

基于虚拟机的 OpenSSH 秘钥数据隔离方法,陈康,余宏亮,郑纬民,《通信学报》2009 年第 2 期

A quasi-delay-insensitive microprocessor core implementation for microcontrollers,陈昌居,郑纬民,蔡宏岳,巫仁杰,Journal of Information Science and Engineering,2009(2)

一种面向大规模存储系统的数据副本映射算法,穆飞,薛巍,舒继武,郑纬民,《计算机研究与发展》2009 年第 3 期

一种细粒度高效多版本文件系统,向小佳,舒继武,郑纬民,《软件学报》2009 年第 3 期

信息网格环境下的综合信任度评价模型,马礼,郑纬民,《清华大学学报(自然科学版)》2009 年第 4 期

云计算:系统实例与研究现状,陈康,郑纬民,《软件学报》2009 年第 5 期

一种面向大规模副本存储系统的可靠性模型,穆飞,薛巍,舒继武,郑纬民,《计算机研究与发展》2009 年第 5 期

基于 Linux 的混合实时操作系统,王继刚,郑纬民,钟卫东,李翌,《清华大学学报(自然科学版)》2009 年第 7 期

KLinux:基于开源 Linux 的混合实时操作系统,王继刚,郑纬民,钟卫东,李翌,《清华大学学报(自然科学版)》2009 年第 7 期

基于定位目录的元数据管理方法,穆飞,薛巍,舒继武,郑纬民,《清华大学学报(自然科学版)》2009 年第 8 期

面向全系统毁坏后的服务即时恢复技术,郑纬民,《中国工程科学》2009 年第 10 期

2009 年中国计算机大会优秀论文专辑前言,郑纬民,《计算机学报》2009 年第 10 期

2008 年中国计算机大会推荐优秀论文介绍,郑纬民,《软件学报》2009 年第 10 期

一个网络归档存储中实用的数据持有性检查方案,肖达,舒继武,陈康,郑纬民,《计算机研究与发展》2009 年第 10 期

电信级操作系统 CGEL 中的高可用性设计,王继刚,郑纬民,谢世波,钟卫东,《计算机科学》2009 年第 12 期

2010 年

一种自动推断复杂系统层次结构任务模型的方法,高崇南,余宏亮,郑纬民,《计算机学报》2010 年第 1 期

时移地震数据处理中基于 mobile agent 的并行相位校正,刘其成,郑纬民,薛巍,孙立民,《计算机应用研究》2010 年第 1 期

多 Agent 并行遗传算法在地震勘探属性优化中的应用,刘其成,郑纬民,《计算机科学》2010 年第 4 期

可自管理的分布式应用管理覆盖网络,高崇南,余宏亮,郑纬民,《清华大学学报(自然科学版)》2010 年第 4 期

虚拟化的集群资源管理技术研究,辛军,陈康,郑纬民,《计算机科学与探索》2010 年第 4 期

基于日志的系统任务模型推理工具及其应用,高崇南,余宏亮,郑纬民,《计算机研究与发展》2010 年第 8 期

基于并行离散事件模拟的大规模 P2P 系统行为预测,郑纬民,余宏亮,施广宇,陈坚,《中国科学(信息科学)》2010 年第 10 期

虚拟化技术在容灾系统中的应用,刘其成,郑纬民,陈康,《小型微型计算机系统》2010 年第 10 期

CCF CNCC2010 分论坛专题 4:数据中心规划下一代数据中心,郑纬民,《中国计算机学会通讯》2010 年第 11 期

程序脆弱性发现中的测试数据生成方法研究,赵刚,赵金晶,陈华,郑纬民,《计算机工程与设计》2010 年第 13 期

2011 年

面向结构体数据布局优化的高效内存管理,闫家年,陈文光,郑纬民,《清华大学学报(自然科学版)》2011 年第 1 期

PMU guided structure data-layout optimization,闫家年,陈文光,郑纬民,《清华大学学报(英文版)》2011 年第 2 期

清华大学 EMC 讲席教授组,郑纬民,陈文光,《中国计算机学会通讯》2011 年第 3 期

虚拟化环境下的 USB 设备访问方法,王继刚,郑纬民,滕志猛,钟卫东,《计算机应用》2011 年第 5 期

一种基于权值的大规模分布式系统结构脆弱性分析算法，赵刚，况晓辉，李津，郑纬民，《计算机研究与发展》2011 年第 5 期

前言，郑纬民，《计算机研究与发展》2011 年第 7 期

一种保护云存储平台上用户数据私密性的方法，侯清铧，武永卫，郑纬民，杨广文，《计算机研究与发展》2011 年第 7 期

改进的 MID 在检验检疫移动电子全申报中的应用，包先雨，陆清，郑纬民，王洋，《电子技术应用》2011 年第 10 期

LDS 脆弱性分析实验环境体系结构研究与实现，赵刚，况晓辉，郑纬民，《清华大学学报（自然科学版）》2011 年第 12 期

大规模分布式系统实体交互脆弱性分析方法，赵刚，赵金晶，况晓辉，郑纬民，《计算机工程与应用》2011 年第 18 期

2012 年

Providing source code level portability between CPU and GPU with MapCG，洪春涛，陈德颢，陈羽北，陈文光，郑纬民，林海波，《计算机科学技术学报（英文版）》2012 年第 1 期

Cloudow：一种基于用户层虚拟化的软件即服务模式运行系统，张悠慧，李艳华，郑纬民，《中国科学（信息科学）》2012 年第 3 期

多核体系下的并行任务构建，王博，尚世锋，武永卫，郑纬民，《计算机研究与发展》2012 年第 4 期

出口食品追溯嵌入式移动监管系统，包先雨，郑纬民，陆清，《清华大学学报（自然科学版）》2012 年第 5 期

面向"计算机使用者"的计算机体系结构课程，郑纬民，张悠慧，《计算机教育》2012 年第 11 期

一种基于代数映射的相变内存矩阵磨损均衡方法，杜雨阳，余宏亮，郑纬民，《计算机研究与发展》2012 年第 12 期

加权复杂网络社团的评价指标及其发现算法分析，吕天阳，谢文艳，郑纬民，朴秀峰，《物理学报》2012 年第 21 期

2013 年

支持分布式存储删冗的相似文件元数据集合索引，孙竞，余宏亮，郑纬民，《计算机研究与发展》2013 年第 1 期

基于虚拟机的多个安全级别的日志生成方法，赵斯琴，付勇，陈康，郑纬民，《清华大学学报（自然科学版）》2013 年第 2 期

CWFlow：支持资源自适应使用的云工作流框架，尚世锋，姜进磊，郑纬民，《清华大学学报（自然科学版）》2013 年第 3 期

TDDS：基于虚拟集群系统的任务部署与调度，冯琳，付勇，陈康，郑纬民，《计算机研究与发展》2013 年第 5 期

基于线性阵列处理器的 GRAPES 核心代码优化，王为，张悠慧，姚骏，李艳华，郑纬民，《计算机学报》2013 年第 10 期

延时敏感的推测多线程调度策略，李艳华，张悠慧，王为，郑纬民，《计算机工程与科学》2013 年第 11 期

2014 年

IOmark：一种精确的存储系统性能测试工具，宋丽丽，张广艳，蔡涛，郑纬民，《高技术通讯》2014 年第 1 期

高性能计算向云平台迁移面临的机遇和挑战,郑纬民,翟季冬,余宏亮,陈康,陈文光,《高性能计算技术》2014 年第 1 期

OpenMDSP:Extending OpenMP to program multi-core DSPs,何江舟,陈文光,陈光日,郑纬民,汤志忠,叶寒栋,《计算机科学技术学报(英文版)》2014 年第 2 期

大数据流式计算:关键技术及系统实例,孙大为,张广艳,郑纬民,《软件学报》2014 年第 4 期

2015 年

一个时代的开启,郑纬民,《大数据》2015 年第 1 期

从系统角度审视大数据计算,郑纬民,《大数据》2015 年第 1 期

从系统角度审视大图计算,吴城文,张广艳,郑纬民,《大数据》2015 年第 3 期

大数据处理模式:系统结构,方法以及发展趋势,李贞强,陈康,武永卫,郑纬民,《小型微型计算机系统》2015 年第 4 期

Redbud 并行文件系统的可扩展存储管理机制,易乐天,舒继武,郑纬民,《计算机学报》2015 年第 5 期

基于理想点的星型高阶联合聚类一致融合策略,黄少滨,杨欣欣,吕天阳,郑纬民,《计算机学报》2015 年第 7 期

回忆张先生二三事,郑纬民,《中国计算机学会通讯》2015 年第 12 期

2016 年

Modelling spiking neural network from the architecture evaluation perspective,Y. Ji,Y. H. Zhang,W. M. Zheng,Journal of Computer Science & Technology,2016(1)

A comparative analysis on Weibo and Twitter,W. T. Han,X. W. Zhu,Z. Y. Zhu,W. G. Chen,W. M. Zheng,J. G. Lu,Tsinghua Science and Technology,2016(1)

导读,郑纬民,李涛,《中兴通讯技术》2016 年第 2 期

大数据分析平台——从扩展性优先到性能优先,郑纬民,陈文光,《中兴通讯技术》2016 年第 2 期

CaCo:An efficient cauchy coding approach for cloud storage systems,G. Y. Zhang,G. Y. Wu,S. P. Wang,J. W. Shu,W. M. Zheng,K. Q. Li,Computers,IEEE Transactions on Computers,2016(2)

MARS:Mobile application relaunching speed-up through flash-aware page swapping,W. C. Guo,K. Chen,H. Feng,Y. W. Wu,R. Zhang,W. M. Zheng,IEEE Transactions on Computers,2016(3)

A cloud gaming system based on user-level virtualization and its resource scheduling,Y. H. Zhang,P. Qu,J. Cihang,W. M. Zheng,IEEE Transactions on Parallel and Distributed Systems,2016(5)

高等计算机系统结构课程研究型教学探讨,张广艳,郑纬民,《计算机教育》2016 年第 5 期

中国在大数据领域有极大的发展空间,郑纬民,《信息安全与通信保密》2016 年第 6 期

Performance prediction for large-scale parallel applications using representative replay,J. D. Zhai,W. G. Chen,W. M. Zheng,K. Q. Li,IEEE Transactions on Computers,2016(7)

Building semi-elastic virtual clusters for cost-effective HPC cloud resource provisioning,S. C. Niu,J. D. Zhai,X. S. Ma,X. C. Tang,W. G. Chen,W. M. Zheng,IEEE Transactions on Parallel and Distributed Systems,2016(7)

从"足够好"到卓越,郑纬民,《中国计算机学会通讯》2016 年第 8 期

固态盘阵列构建方法研究综述,李祥楠,张广艳,李强,郑纬民,《计算机研究与发展》2016 年第 9 期

A survey on the approaches of building solid state disk arrays，X. N. Li ，G. Y. Zhang，Q. Li，W. M. Zheng，Journal of Computer Research and Development，2016(9)

Characterizing and optimizing TPC-C workloads on large-scale systems using SSD arrays，J. D. Zhai，F. Zhang，Q. W. Li，W. G. Chen，W. M. Zheng，Science China Information Sciences，2016(9)

A lightweight system for detecting and tolerating concurrency bugs，M. X. Zhang，Y. W. Wu，S. Lu，S. X. Qi，J. L. Ren，W. M. Zheng，IEEE Transactions on Software Engineering，2016(10)

Measuring and optimizing distributed array programs，M. X. Zhang，Y. W. Wu，K. Chen，T. Ma，W. M. Zheng，Proceedings of the VLDB Endowment，2016(12)

Xscale：Online X-code RAID-6 scaling using lightweight data reorganization，G. Y. Zhang，G. Y. Wu，Y. Lu，J. Wu，W. M. Zheng，IEEE Transactions on Parallel and Distributed Systems，2016(12)

基于非易失性存储器的存储系统技术研究进展，舒继武，陆游游，张佳程，郑纬民，《科技导报》2016 年第 14 期

蓬勃发展的中国计算机事业，郑纬民，李国杰，《科技导报》2016 年第 14 期;《中国学术期刊文摘》2016 年第 16 期

2017 年

大数据背景下动态共乘的研究进展，沈弼龙，赵颖，黄艳，郑纬民，《计算机研究与发展》2017 年第 1 期

DudeTM：Building durable transactions with decoupling for persistent memory，M. X. Liu，M. X. Zhang，K. Chen，X. H. Qian，Y. W. Wu，W. M. Zheng，J. L. Ren，Special Interest Group on Computer Architecture，2017(1)

面向 MPI 集合操作的定制化片上网络，陆思羽，王宏伟，张悠慧，杨广文，郑纬民，《计算机工程》2017 年第 6 期

High performance graph processing with locality oriented design，P. Gao，M. X. Zhang，K. Chen，Y. W. Wu，W. M. Zheng，IEEE Transactions on Computers，2017(7)

Precision analysis of Chinese VLBI network software correlator for geodetic applications，L. Liu，W. M. Zheng ，J. Zhang，F. C. Shu，F. X. Tong，L. Tong，Acta Geodaetica et Cartographica Sinicas，2017(7)

Self-checkpoint：An in-memory checkpoint method using less space and its practice on fault-tolerant HPL，X. C. Tang，J. D. Zhai，B. W. Yu，W. G. Chen，W. M. Zheng，ACM Sigplan Notices，2017(8)

An unambiguous acquisition algorithm based on unit correlation for Boc(n, n) signal，Y. F. Ji，Y. Liu，W. M. Zheng，X. Y. Sun，B. G. Yu，IEICE Transactions on Communications，2017(8)

2018 年

DudeTx：Durable transactions made decoupled，M. X. Liu，M. X. Zhang，K. Chen，X. H. Qian，Y. W. Wu，W. M. Zheng，J. L. Ren，ACM Transactions on Storage，2018(1)

Security analysis of Rhee et al.′s public encryption with keyword search schemes：A review，T. Y. Wu，C. M. Chen，K. H. Wang，J. S. Pan，W. M. Zheng，S. C. Chu，J. F. Roddick，Journal of Network Intelligence，2018(1)

Urban activity mining framework for ride sharing systems based on vehicular social networks，B. L. Shen，W M. Zheng，K. M. Carley，Networks and Spatial Economics，2018(3)

An identity-based ring signcryption scheme in ideal lattice, Y. R. Sun, W. M. Zheng, Journal of Network Intelligence, 2018(3)

Miac: A mobility intention auto-completion model for location prediction, F. Yi, Z. Li, H. T. Wang, W. M. Zheng, L. M. Sun, Intelligent Systems in Accounting Finance & Management, 2018(4)

2019 年

Clip: A disk I/O focused parallel out-of-core graph processing system, Z. Y. Ai, M. M. Zhang, Y. W. Wu, X. H. Qian, K. Chen, W. M. Zheng, IEEE Transactions on Parallel and Distributed Systems, 2019(1)

HyConv: Accelerating multi-phase CNN computation by fine-grained policy selection, X. Q. Li, G. Y. Zhang, Z. F. Wang, W. M. Zheng, IEEE Transactions on Parallel and Distributed Systems, 2019(2)

Redio: Accelerating disk-based graph processing by reducing disk I/Os, C. W. Wu, G. Y. Zhang, Y. Wang, X. Y. Jiang, W. M. Zheng, IEEE Transactions on Computers, 2019(3)

专题:边缘计算技术及其应用,郑纬民,潘毅,施巍松,《中兴通讯技术》2019 年第 3 期

Paxos-like consensus algorithms: A review, J. Wang, M. X. Zhang, Y. W. Wu, K. Chen, W. M. Zhen, Journal of Computer Research and Development, 2019(4)

基于 RDMA 和 NVM 的大数据系统一致性协议研究,吴昊,陈康,武永卫,郑纬民,《大数据》2019 年第 4 期

类 Paxos 共识算法研究进展,王江,章明星,武永卫,陈康,郑纬民,《计算机研究与发展》2019 年第 4 期

面向阻变存储器的长短期记忆网络加速器的训练和软件仿真,刘鹤,季宇,韩建辉,张悠慧,郑纬民,《计算机研究与发展》2019 年第 6 期

Optimal sensor-target geometries for 3-D static target localization using received-signal-strength measurements, S. Xu, Y. S. Ou, W. M. Zheng, IEEE Signal Processing Letters, 2019(7)

2020 年

A parallel WOA with two communication strategies applied in DV-Hop localization method, Q. W. Chai, S. C. Chu, J. S. Pan, P. Hu, W. N. Zheng, EURASIP Journal on Wireless Communications and Networking, 2020(1)

APMT: An automatic hardware counter-based performance modeling tool for HPC applications, N. Ding, V. W. Lee, W. Xue, W. M. Zheng, IEEE International Conference on High Performance Computing Data and Analytics, 2020(2)

Applying adaptive and self assessment fish migration optimization on localization of wireless sensor network on 3-D terrain, Q. W. Chai, S. C. Chu, J. S. Pan, W. M. Zheng, Journal of Information Hiding and Multimedia Signal Processing, 2020(2)

High-capacity ride-sharing via shortest path clustering on large road networks, H. J. Zuo, B. Cao, Y. Zhao, B. L. Shen, W. M. Zheng, Y. Huang, The Journal of Supercomputing, 2020(4)

Determining data distribution for large disk enclosures with 3-D data templates, G. Y. Zhang, Z. F. Wang, X. S. Ma, S. L. Yang, Z. C. Huang, W. M. Zheng, ACM Transactions on Storage, 2020(4)

新基建中的高性能人工智能算力基础设施的架构与测评,郑纬民,《机器人产业》2020 年第 6 期

Research trend of large-scale supercomputers and applications from the TOP500 and Gordon Bell Prize, W. M. Zheng, Science China Information Sciences, 2020(7)

大数据存储研究"大有可为",郑纬民,《中国科技财富》2020 年第 10 期

信息,是这个时代每个人的必修课,郑纬民,《商界评论》2020 年第 10 期

High performance simulation of spiking neural network on GPGPUs,P. Qu,. Y. H. Zhang,X. Fei,W. M. Zheng,IEEE Transactions on Parallel and Distributed Systems,2020(11)

A system hierarchy for brain-inspired computing,Y. H. Zhang,P. Qu,Y. Ji,W. H. Zhang,G. G. Gao,G. R. Wang,S. Song,G. Q. Li,W. G. Chen,W. M. Zheng,F. Chen,J. Pei,Nature,2020(7829)

学位论文

一种分布式多处理机系统结构的分析与模拟研究,郑纬民,清华大学硕士学位论文,1982

报纸文献

2003 年

开发环境—搭建应用的基础,郑纬民,陈文光,《计算机世界》2003-03-24

2004 年

虚拟化—网络存储的基础,李必刚,舒继武,郑纬民,《计算机世界》2004-03-15

存储进入网络时代,郑纬民,舒继武,王秀亭,《计算机世界》2004-03-15

一种新的 NC 应用架构,余宏亮,沈美明,郑纬民,《中国计算机报》2004-07-05

2006 年

高性能计算机的性能评测,郑纬民,《计算机世界》2006-09-25

高性能计算的三大研究领域,陈文光,郑纬民,《计算机世界》2006-09-25

2007 年

"多核"成为关键词,郑纬民,《计算机世界》2007-01-01

2008 年

云计算:构建基于互联网的应用,陈康,郑纬民,《计算机世界》2008-05-12

透明计算:走在云计算之前,陈康,郑纬民,《计算机世界》2008-05-12

云计算的三驾马车:Google、亚马逊和 IBM,陈康,郑纬民,《计算机世界》2008-05-12

2020 年

大数据存储研究"大有可为",郑纬民,《科普时报》2020-10-20

专利信息

2003 年

海量网络存储器设备及其实现方法,发明人:舒继武,郑纬民,付长冬,胡长军,申请号:03109133.4,申请日期:2003-04-04

用普通 SCSI 磁盘代替存储光纤网络中光纤磁盘的方法,发明人:舒继武,郑纬民,李必刚,付长冬,申请号:03136186.2,申请日期:2003-05-19

基于 FCP 协议的 SAN 的双节点镜像集群的方法及系统,发明人:舒继武,郑纬民,姚骏,严瑞,申请号:200310100205.9,申请日期:2003-10-10

存储区域网络中分布式虚拟化存储的方法,发明人:舒继武,郑纬民,李必刚,潘家铭,章宏灿,申请号:200310103044.9,申请日期:2003-10-31

基于 FC-SAN 存储设备的 SCSI 命令优化方法,发明人:舒继武,郑纬民,付长冬,徐渐,申请号:200310103196.9,申请日期:2003-11-07

SAN 系统中基于负载自适应的异步远程镜像方法,发明人:舒继武,郑纬民,严瑞,姚骏,申请号:200310103194.X,申请日期:2003-11-07

FC-SAN 存储子系统的 LUN CACHE 方法,发明人:舒继武,郑纬民,刘天淼,胡长军,申请号:200310113532.8,申请日期:2003-11-14

基于磁盘特征的数据分布动态映射的方法,发明人:舒继武,郑纬民,吴昊,付长冬,温冬婵,申请号:200310113529.6,申请日期:2003-11-14

2004 年

内存—网络内存—磁盘高速可靠存储系统及其读写方法,发明人:郑纬民,张悠慧,毛昀,申请号:200410003461.0,申请日期:2004-03-26

快速同步高性能日志设备及其同步写操作方法,发明人:郑纬民,张悠慧,靳超,周枫,申请号:200410003464.4,申请日期:2004-03-26

2005 年

一种 **iSCSI 存储系统的实现方法**,发明人:舒继武,薛巍,潘家铭,罗骏,于冰,郑纬民,申请号:200510011179.1,申请日期:2005-01-14

SAN 环境中基于网络的海量存储资源管理方法,发明人:舒继武,薛巍,王迪,章宏灿,李必刚,郑纬民,申请号:200510011231.3,申请日期:2005-01-21

Windows 平台下动态管理存储资源的通用方法,发明人:舒继武,薛巍,孟冉,张广艳,郑纬民,申请号:200510011354.7,申请日期:2005-02-25

基于元数据服务器的存储虚拟化管理方法,发明人:舒继武,薛巍,肖达,郑纬民,申请号:200510011409.4,申请日期:2005-03-11

SAN 系统中虚拟化智能控制器的实现方法,发明人:舒继武,薛巍,章宏灿,王迪,郑纬民,申请号:200510011825.4,申请日期:2005-05-31

一种用于计算机网络的物理开关隔离设备,发明人:武海平,周德铭,郑纬民,鞠大鹏,申请号:200510086341.6,申请日期:2005-09-02

并行计算集群电源的能耗控制方法,发明人:陈文光,蒋飞云,郑纬民,申请号:200510115772.0,申请日期:2005-11-11

2006 年

基于存储区域网络的高速固态存储设备的实现方法,发明人:舒继武,薛巍,于冰,郑纬民,申请号:200610088932.1,申请日期:2006-07-27

海量存储系统中的资源分配方法,发明人:舒继武,薛巍,郑纬民,刘坤,申请号:200610113706.4,申请日期:2006-10-13

基于虚拟内存盘的备份与恢复方法,发明人:舒继武,薛巍,于冰,刘坤,郑纬民,申请号:200610113704.5,申请日期:2006-10-13

2007 年

模型化的网格资源定位方法,发明人:武永卫,胡美枝,郑纬民,申请号:200710100325.7,申请日期:2007-06-08

2008 年

文件系统访问记录的动态采集方法,发明人:郑纬民,舒继武,汪旸,薛矛,申请号:200810055895.3,申请日期:2008-01-11

用于多副本数据网格系统中的写/读文件操作的方法,发明人:郑纬民,武永卫,徐鹏志,杨广文,申请号:200810056393.2,申请日期:2008-01-18

高速缓存替换策略的动态选择方法,发明人:郑纬民,舒继武,薛巍,汪旸,申请号:200810057172.7,申请日期:2008-01-30

基于组件的网格中间件互交互方法,发明人:郑纬民,武永卫,黄炜元,申请号:200810057410.4,申请日期:2008-02-01

检查点容错技术中文件状态一致性维护的实现方法,发明人:郑纬民,陈文光,薛瑞尼,申请号:200810101595.4,申请日期:2008-03-10

廉价磁盘冗余阵列 RAID5 卷快速扩容方法,发明人:郑纬民,舒继武,张广艳,薛巍,申请号:200810102893.5,申请日期:2008-03-28

基于存储区域网络 SAN 的集群分布式锁管理方法,发明人:郑纬民,舒继武,向小佳,薛巍,陈康,申请号:200810103809.1,申请日期:2008-04-11

基于配置文件的并行程序自动映射实现方法,发明人:郑纬民,陈文光,翟季冬,张瑾,申请号:200810112081.9,申请日期:2008-05-21

一种基于虚拟机的按需增量恢复容灾系统及方法,发明人:郑纬民,余宏亮,向小佳,申请号:200810225919.5,申请日期:2008-11-06

一种用于容灾备份的系统和方法,发明人:郑纬民,余宏亮,申请号:200810227117.8,申请日期:2008-11-21

2009 年

一种大规模并行程序性能预测实现方法,发明人:郑纬民,陈文光,翟季冬,申请号:200910092644.7,申请日期:2009-09-14

并行程序通信模式的提取方法及系统,发明人:郑纬民,陈文光,翟季冬,盛田维,何江舟,申请号:200910093067.3,申请日期:2009-09-22

2010 年

一种面向移动设备的网络化个人数据管理方法,发明人:张尧学,郑纬民,薛瑞尼,赵杨阳,韩文弢,张宏,陈文光,申请号:201010171573.2,申请日期:2010-05-06

一种操作系统网络安装的方法,发明人:张尧学,郑纬民,薛瑞尼,韩文弢,周悦芝,陈文光,申请号:201010212282.3,申请日期:2010-06-21

分布式文件系统及利用其存储数据和提供服务的方法,发明人:郑纬民,张尧学,薛瑞尼,韩文弢,陈康,陈文光,申请号:201010570126.4,申请日期:2010-12-02

基于 MetaOS 技术的操作系统安全性检查方法,发明人:郑纬民,张尧学,赵杨阳,薛瑞尼,韩文弢,张宏,陈

文光,申请号:201010571085.0,申请日期:2010-12-02

基于 ServiceOS 的多平台应用程序服务管理方法及系统,发明人:郑纬民,张尧学,赵杨阳,薛瑞尼,韩文弢,张宏,陈文光,申请号:201010571140.6,申请日期:2010-12-02

基于时分复用实现多核处理器内核模拟的方法,发明人:郑纬民,张悠慧,钱自强,苏格林,申请号:201010622510.4,申请日期:2010-12-28

基于 FPGA 开发板的全系统模拟加速方法,发明人:郑纬民,张悠慧,钱自强,苏格林,申请号:201010624028.4,申请日期:2010-12-31

2011 年

一种访问 Web 资源的方法及装置,发明人:张悠慧,郑纬民,钱自强,苏格林,申请号:201110042130.8,申请日期:2011-02-21

基于模拟器的处理器故障注入及跟踪方法及模拟器,发明人:张悠慧,郑纬民,李艳华,申请号:201110043744.8,申请日期:2011-02-22

基于 CPU 硬件性能监控计数器的 CPI 精确测量方法,发明人:郑纬民,陈德颢,陈文光,申请号:201110102079.5,申请日期:2011-04-22

基于静态共享变量识别的动态数据竞争检测方法,发明人:郑纬民,盛田维,陈文光,蒋运韫,申请号:201110103794.0,申请日期:2011-04-25

基于化身的隐私保护方法,发明人:闫家年,郑纬民,陈文光,申请号:201110161248.2,申请日期:2011-06-15

2012 年

骚扰电话防护方法、系统及装置,发明人:闫家年,郑纬民,陈文光,申请号:201210150120.0,申请日期:2012-05-07

一种浏览器安全自调适方法及装置,发明人:闫家年,郑纬民,陈文光,申请号:201210160832.0,申请日期:2012-05-22

移动终端的联系人排序方法、系统和移动终端,发明人:袁雨来,周佳祥,郑纬民,申请号:201210546465.8,申请日期:2012-12-14

2013 年

一种用于移动终端的信息共享方法,发明人:周佳祥,袁雨来,陈文光,郑纬民,申请号:201310029835.5,申请日期:2013-01-25

云存储系统数据高效编码方法,发明人:张广艳,舒继武,郑纬民,申请号:201310278650.8,申请日期:2013-07-04

计算密集型并行任务的异常检测方法及系统,发明人:武永卫,郑纬民,陈康,郭维超,申请号:201310590574.4,申请日期:2013-11-20

基于应用虚拟化的网络实时音频传输方法,发明人:张悠慧,渠鹏,周佳祥,郑纬民,申请号:201310629091.0,申请日期:2013-11-29

基于纠删码和选择因子的最优存储云构建方法,发明人:陈康,武永卫,郑纬民,苏茂萌,申请号:201310641864.7,申请日期:2013-12-03

远程调用方法及系统,发明人:武永卫,郑纬民,陈康,任晶磊,申请号:201310646738.0,申请日期:2013-

12-04

基于 Virtio 驱动进行虚拟机内存在线迁移的方法,发明人:武永卫,陈康,郑纬民,吴之豪,申请号:201310647925.0,申请日期:2013-12-04

并行程序共享数据类漏洞的检测方法及系统,发明人:武永卫,陈康,郑纬民,章明星,申请号:201310659010.1,申请日期:2013-12-06

虚拟机实时任务的调度方法、装置和虚拟机,发明人:郑纬民,武永卫,姜进磊,赵勋,申请号:201310684535.0,申请日期:2013-12-13

2014 年

一种作业调度方法和计算装置,发明人:牛双诚,翟季冬,陈文光,郑纬民,刘明亮,申请号:201410012660.1,申请日期:2014-01-10

分布式文件系统的数据备份方法,发明人:武永卫,陈康,郑纬民,李贞强,申请号:201410013486.2,申请日期:2014-01-11

一种云平台中计算实例的管理方法及系统,发明人:牛双诚,翟季冬,陈文光,郑纬民,汤雄超,申请号:201410018237.2,申请日期:2014-01-15

在存储器中进行多访问的方法、装置和存储系统,发明人:陈文光,郑纬民,申请号:201410201149.6,申请日期:2014-05-14

云环境下用户数据的保护方法及系统,发明人:武永卫,姜进磊,陈康,郑纬民,侯清铧,申请号:201410302629.1,申请日期:2014-06-27

混合网络系统、通信方法和网络节点,发明人:郑纬民,陈文光,薛巍,翟季冬,陈康,申请号:201410455171.3,申请日期:2014-09-09

分布式文件系统的数据存储方法及系统,发明人:陈康,郑纬民,王振钊,黄剑,申请号:201410645370.0,申请日期:2014-11-11

数据存储系统和数据存储方法,发明人:张广艳,郑纬民,申请号:201480083890.5,申请日期:2014-12-09

2015 年

时序图的图数据管理方法及其装置,发明人:韩文弢,李恺威,陈世敏,陈文光,郑纬民,申请号:201510370342.7,申请日期:2015-06-29

基于虚拟容器的大数据存储与管理方法,发明人:武永卫,陈康,马道宽,郑纬民,申请号:201510371873.8,申请日期:2015-06-30

云计算平台中使用竞价节点部署分布式服务的方法,发明人:武永卫,陈康,郭维超,郑纬民,申请号:201510372967.7,申请日期:2015-06-30

以矩阵为中心的分布式计算框架,发明人:武永卫,陈康,张磊,郑纬民,申请号:201510372041.8,申请日期:2015-06-30

面向并行数据采集的分布式文件系统写访问方法,发明人:舒继武,陆游游,张广艳,郑纬民,申请号:201510420189.4,申请日期:2015-07-16

面向并行数据采集的分布式文件系统数据 I/O 优化方法,发明人:舒继武,陆游游,张广艳,郑纬民,申请号:201510437855.5,申请日期:2015-07-23

针对云存储系统中重复冗余数据的高效去重方法,发明人:张广艳,杨松霖,舒继武,郑纬民,申请号:

201510848801.8，申请日期：2015-11-27

2016 年

保证在线联机服务可用性的方法及装置，发明人：郑纬民，郭维超，武永卫，陈康，申请号：201610060344.0，申请日期：2016-01-28

基于 SSD 的 mpCache 混合存储系统，发明人：姜进磊，王博，武永卫，郑纬民，申请号：201610102562.6，申请日期：2016-02-24

对基于矩阵的分布式编程语言进行自动优化的方法，发明人：武永卫，章明星，陈康，郑纬民，申请号：201610101123.3，申请日期：2016-02-24

图数据划分方法及装置，发明人：武永卫，章明星，陈康，郑纬民，申请号：201610101409.1，申请日期：2016-02-24

一种基于 LSM-Tree 结构的日志文件系统的构建方法，发明人：陈康，武永卫，郑纬民，王振钊，申请号：201610152908.3，申请日期：2016-03-17

2017 年

云环境中模型驱动的 Hadoop 部署方法，发明人：武永卫，陈康，郑纬民，陈哲毅，申请号：201710094086.2，申请日期：2017-02-21

资源全局共享的基于 RAID 机制的数据存储系统，发明人：张广艳，郑纬民，申请号：201780091514.4，申请日期：2017-11-13

2018 年

一种卷积神经网络的计算方法及系统，发明人：张广艳，李夏青，郑纬民，申请号：201810646058.1，申请日期：2018-06-21

一种大图计算中数据访问方法及系统，发明人：张广艳，郑纬民，申请号：201810725214.3，申请日期：2018-07-04

2019 年

固态硬盘阵列构建方法、电子设备及存储介质，发明人：张广艳，黄梓灿，郑纬民，申请号：201910492195.9，申请日期：2019-06-06

（二）对郑纬民院士的介绍与研究文献目录

期刊文献

郑纬民：China Grid 建设意义重大，《中国教育网络》2011 年第 10 期

突破存储系统关键技术——访 2016 年度何梁何利基金科学与技术进步奖获得者郑纬民，王慧，《中国科技奖励》2016 年第 11 期

报纸文献

2007 年

清华大学郑纬民倪军教授主讲"名师讲堂"，《烟台大学报》2007-06-01

2016 年

鄞州人郑纬民成绩卓著,《鄞州日报》2016-01-14

宁波人郑纬民荣获国家科技发明奖二等奖,《东南商报》2016-01-14

郑纬民教授返乡记,俞珠飞,《鄞州日报》2016-01-26

施一公获何梁何利科学与技术成就奖,张希、郑纬民获科学与技术进步奖,《新清华》2016-11-04

2019 年

郑纬民:不怕吃苦永争第一——本报北京专访清华大学教授、我国存储领域带头人,《鄞州日报》2019-04-02

郑纬民黄震当选院士引发热烈反响——两院士感谢家乡关心,表示将继续在科学研究的道路上不懈探索,《鄞州日报》2019-11-23

新晋院士郑纬民不忘母校情——每次回宁波,总会去看看正始中学,樊莹,钟婷婷,《现代金报》2019-11-24

2020 年

中国工程院院士郑纬民考察我区历史文化,《綦江日报》2020-09-15

三、化工、冶金与材料工程学部(4位)

化工、冶金与材料工程学部的宁波籍院士共有4位,1995年2位(袁渭康、周光耀);2015年1位(陈建峰);2017年1位(郑裕国)。

袁渭康(1995年当选中国工程院院士)

袁渭康(1935年7月1日—),化学工程专家,祖籍浙江鄞县,华东理工大学教授。

袁渭康院士长期从事化学工程研究,工业反应器的研究与开发,发展了移动床煤气化器模型的近似解析解和通用的相平面分析法,反应器多态的全局分析法;在生物反应器的状态估计和控制、固定床电极反应器、超临界流体反应和化学气相沉积(CVD)反应器的模型化方面获得了创新成果;发展了一种全新的动力学模型筛选及状态估计方法、过程在线辨识方法;创导了"工业反应过程的开发方法论",成功实现了反应器开发工作的高质量、短周期;多次获得国家及省部级奖励,曾获何梁何利基金科学与技术进步奖。

1995年当选为中国工程院院士。

(一)袁渭康院士的各类文献目录

著作文献

1990年

《基础化学工程上》,江体乾,袁渭康,黄颂安,孙象兴编,上海科学技术出版社,1990

2016年

《袁渭康文集》,袁渭康著,冶金工业出版社,2016

2017年

《袁渭康自传一路行思》,袁渭康著,冶金工业出版社,2017

《我国高耗能工业高温热工装备节能科技发展战略研究》,江东亮,袁渭康,钱锋,刘茜编著,科学出版社,2017

2019年

《化学工程手册 第1—5卷 第3版》,袁渭康,王静康,费维扬,欧阳平凯主编,化学工业出版社,2019

2020 年

《高等反应工程》,程振民,朱开宏,袁渭康编著,化学工业出版社,2020

期刊文献

2015 年

纳米至亚微米级钴颗粒的合成与表征,张传主,任冲,袁佩青,程振民,袁渭康,《华东理工大学学报(自然科学版)》2015 年第 5 期

溶液结晶中晶体形态与结构调控,张相洋,钱刚,周兴贵,袁渭康,《化学反应工程与工艺》2015 年第 6 期

二氧化碳协助强化对二甲苯氧化的连续过程实验与模拟,尚建平,吴承洋,赵玲,孙伟振,袁渭康,《化工学报》2015 年第 8 期

预处理温度对甘油氢解双金属 Ir-Re 催化剂性能的影响,邓澄浩,冷莉,周静红,周兴贵,袁渭康,《催化学报》2015 年第 10 期

2016 年

甘油氢解双金属 Ir-Re 催化剂的结构调控:焙烧温度的影响,邓澄浩,任鑫,张宏,周静红,周兴贵,袁渭康,《高校化学工程学报》2016 年第 2 期

"复杂化工过程物质转化机理与能效分析"立项报告,周兴贵,袁希刚,李平,许志美,袁渭康,《科技资讯》2016 年第 17 期

2017 年

硫改性镍催化剂丁烯-1 双键临氢异构性能,赵多,王建强,刘仲能,周兴贵,袁渭康,《化学反应工程与工艺》2017 年第 4 期

碳二加氢失活 Pd-Ag 催化剂的表征,张健,黄邦印,隋志军,周兴贵,袁渭康,《石油化工》2017 年第 7 期

Ag 改性 Pd 基催化剂的 C_4 烃选择加氢性能,赵多,刘仲能,周兴贵,袁渭康,《石油化工》2017 年第 11 期

2018 年

不同 Pd/Ag 配比 Pd-Ag/Al_2O_3 催化乙炔加氢微观反应动力学分析,张健,黄邦印,隋志军,周兴贵,袁渭康,《化工学报》2018 年第 2 期

化学产品工程再认识,周兴贵,李伯耿,袁希钢,骆广生,袁渭康,《化工学报》2018 年第 11 期

2019 年

Ni-B/Al_2O_3 催化 1-辛炔选择性加氢反应,赵多,曹约强,刘仲能,周兴贵,袁渭康,《化学反应工程与工艺》2019 年第 4 期

二甲基二硫醚对 Pt/Al_2O_3 催化丙烷脱氢反应性能的影响,王海之,姜嘉伟,隋志军,朱贻安,周兴贵,袁渭康,《石油化工》2019 年第 5 期

始自流态化研究,袁渭康,《化工学报》2019 年第 10 期

催化剂微尺度结构与反应动力学,段学志,陈文尧,周兴贵,袁渭康,《化工学报》2019 年第 10 期

2020 年

甲基氯硅烷精馏流程的模拟与优化,曾雄伟,彭金鑫,奚桢浩,赵玲,袁渭康,聂长虹,赵晓辉,《过程工程学报》2020 年第 1 期

乙炔选择性加氢:催化剂结构敏感性分析及调控,李雨柔,葛小虎,曹约强,段学志,周兴贵,袁渭康,《化工

进展》2020 年第 12 期

专利信息

2016 年

基于亚/超临界水中重芳烃自组装效应的重质油预处理的方法及应用,发明人:袁佩青,袁渭康,刘庆坤,王凯,陈益,申请号:201610831172.2,申请日期:2016-09-19

2017 年

基于超临界水的重质油减黏的处理方法,发明人:袁佩青,李艳,刘军,袁渭康,申请号:201710229072.7,申请日期:2017-04-10

(二)对袁渭康院士的介绍与研究文献目录

报纸文献

袁渭康:叩开国际学术界核心之门——本报上海专访鄞籍中国工程院院士、化学工程学家,《鄞州日报》2019-02-12

周光耀(1995 年当选中国工程院院士)

周光耀(1935 年 12 月 13 日—　　),无机化工专家,浙江鄞县人,中国成达工程公司高级工程师。

周光耀院士长期从事纯碱工程技术等方面的研究工作,设计成功我国第一套完全独立的联碱装置,解决了水平衡问题;组织制定新都氮肥厂联碱装置的工艺设计方案;在完全由我国自行设计的年产 60 万吨大型纯碱装置设计工作中,采用了多项新工艺、新型和大型设备;研究开发成功了自然循环外冷式碳化塔、新型变换气制碱技术,并广泛推广;曾获国家科技进步奖二等奖等科技奖励。

1995 年当选为中国工程院院士。

(一)周光耀院士的各类文献目录

期刊文献

2015 年

大型碳化塔设计方案推介,周光耀,《纯碱工业》2015 年第 1 期

2017 年

对碳化塔更新换代的思考及建议,周光耀,《纯碱工业》2017 年第 1 期

2019 年

我对碳酸化塔设计的研究与实践(上),周光耀,《纯碱工业》2019 年第 1 期

我对碳酸化塔设计的研究与实践(下),周光耀,《纯碱工业》2019 年第 2 期

新型高效小苏打筛板碳化塔技术开发与应用,李瑞峰,周光耀,周永华,金亚男,孔祥明,《纯碱工业》2019 年第 3 期

专利信息

一种以三胺尾气为制碱原料的母液吸氨工艺及装置,发明人:周光耀,李瑞峰,孔祥明,申请号:201810009963.6,申请日期:2018-01-05

液氨蒸发外冷器清洗装置,发明人:王璋元,周光耀,李瑞峰,金红,徐秀海,申请号:201820344467.1,申请日期:2018-03-14

一种用于小苏打生产的碳化结晶冷却装置,发明人:李瑞峰,周光耀,孔祥明,倪慧,申请号:201821215467.8,申请日期:2018-07-30

一种延长纯碱生产母液蒸馏塔作业周期的装置及方法,发明人:周光耀,李瑞峰,孔祥明,倪慧,申请号:201810853135.0,申请日期:2018-07-30

(二)对周光耀院士的介绍与研究文献目录

期刊文献

青海省人民政府关于聘请周光耀等同志为青海省特邀科技顾问的决定,《青海政报》2015 年第 17 期

陈建峰(2015 年当选中国工程院院士)

陈建峰(1965 年 8 月 29 日—　)化学工程领域专家,浙江宁波人,北京化工大学有机无机复合材料国家重点实验室主任,教育部超重力工程中心主任,中国颗粒学会副理事长,中国化工学会常务理事。

陈建峰院士在国际上率先提出超重力反应器工程思想并实现了产业化。他提出了跨尺度分子混合反应工程理论模型,创建超重力反应器技术及其反应与分离强化新工艺,在化工、纳米材料、环境、海洋能源等领域实现了大规模工业应用,成效显著;曾获国家技术发明奖和国家科技进步奖,美国 DOW 化学基金奖、何梁何利基金科学与技术创新奖。

2015 年当选中国工程院院士。

(一)陈建峰院士的各类文献目录

著作文献

《超细粉体表面修饰》,毋伟,陈建峰,卢寿慈编著,化学工业出版社,2004

《超重力反应工程》,中国化工学会组织编写,陈建峰,初广文,邹海魁等著,化学工业出版社,2020

期刊文献

2015 年

超重力场内气液传质强化研究进展,桑乐,罗勇,初广文,邹海魁,向阳,陈建峰,《化工学报》2015 年第 1 期

高热稳定性低电阻率钴钡掺杂氧化锰薄膜电极材料制备,窦晓亮,刘晓林,陈建峰,柳银增,《稀有金属材料与工程》2015 年第 S1 期

SiO_2 气凝胶制备及其在织物保温涂层中的应用,张明明,刘晓林,马天,陈建峰,《稀有金属材料与工程》2015 年第 A1 期

助剂对煤基合成气甲烷化反应用镍基催化剂的促进作用,张旭,王子宗,陈建峰,《化工进展》2015 年第 2 期

多巴胺改性 $BaTiO_3$ 对 $BaTiO_3/PVDF$ 复合材料击穿场强的影响,冯晓军,刘晓林,赵坤,陈建峰,《复合材料学报》2015 年第 3 期

二氧化碳甲烷化用镍基催化剂助剂改性研究进展,张旭,王子宗,陈建峰,《天然气化工(C1 化学与化工)》2015 年第 4 期

甲醇精馏系统的模拟与优化研究,王绍云,向阳,初广文,邹海魁,陈建峰,《计算机与应用化学》2015 年第 4 期

超重力药剂循环脱除海洋平台天然气中硫化氢中试研究,刘杰,梁作中,侯瑞,王伟,黄熙,何海,韩翔龙,陈建峰,赵宏,《能源化工》2015年第5期

铁基脱硫剂超重力法脱除硫化氢,梁作中,王伟,韩翔龙,刘杰,陈建峰,初广文,邹海魁,赵宏,《化工进展》2015年第7期

超重力反应强化技术最新进展,邹海魁,初广文,向阳,罗勇,孙宝昌,陈建峰,《化工学报》2015年第8期

超重力法纳米材料的可控制备与应用,王淼,曾晓飞,王洁欣,邹海魁,初广文,陈建峰,《新材料产业》2015年第8期

不同氧化锰载体对费托钴基催化剂合成低碳烯烃的影响,刘意,刘勇,陈建峰,张燚,《化工学报》2015年第9期

溶胶–凝胶柠檬酸燃烧法制备 $SR_2FEMOO_{6-\delta}$ 粉体,盖文超,刘晓林,马景陶,陈建峰,《人工晶体学报》2015年第10期

多孔 $BATIO_3$ 的制备及多孔 $BATIO_3/PVDF$ 复合材料性能研究,赵勇,刘晓林,窦晓亮,陈建峰,《人工晶体学报》2015年第11期

$BA_{0.6}SR_{0.4}TIO_3/PVDF$ 复合材料电性能研究,戴明飞,刘晓林,窦晓亮,陈建峰,《人工晶体学报》2015年第11期

2016 年

旋转填充床中 $O_3/Fenton$ 工艺处理聚丙烯酰胺污水的研究,田力剑,邢天辰,陈建峰,邵磊,《化学反应工程与工艺》2016年第1期

超重力药剂循环脱除海洋平台天然气中硫化氢中试研究,刘杰,梁作中,侯瑞,王伟,黄熙,何海,韩翔龙,陈建峰,赵宏,《气体净化》2016年第1期

球形氯化镁载体制备技术进展,崔伟松,李应文,义建军,李振昊,陈建峰,邵磊,《化工进展》2016年第S1期

旋转填充床中 $O_3/Fenton$ 工艺处理酸性黄23印染废水的研究,邢天辰,田力剑,崔伟松,陈建峰,邵磊,《北京化工大学学报(自然科学版)》2016年第3期

煤基合成气甲烷化用镍基催化剂失活热力学和抗失活预测,张旭,王子宗,陈建峰,《化工进展》2016年第11期

定–转子反应器内液体停留时间的研究,赵泽盟,王思文,初广文,陈建峰,邵磊,《中国科技论文》2016年第18期

2017 年

定–转子反应器在水脱氧工艺中的应用研究,赵泽盟,宋云华,陈建铭,初广文,陈建峰,邵磊,《北京化工大学学报(自然科学版)》2017年第1期

荧光纳米材料及其生物成像应用,蒲源,王丹,钱骏,陈建峰,《中国材料进展》2017年第2期

绿色化工让生活更美好,陈建峰,《Engineering》2017年第3期

绿色化工,陈建峰,《Engineering》2017年第3期

超重力法锅炉烟气同时除尘脱硫脱硝,王计伟,董坤,初广文,罗勇,孙宝昌,邹海魁,陈建峰,《环境工程学报》2017年第10期

2018 年

金属受体辅助 S-O 耦合作用改善六方相三氧化钨光解水性能的研究,杨晨熹,陈建峰,曾晓飞,程道建,《中国科学:材料科学(英文版)》2018 年第 1 期

平板式内构件管式换热器传热性能研究,任国瑜,刘晓菊,李晶,闫龙,亢玉红,李健,初广文,陈建峰,谢海燕,《北京化工大学学报(自然科学版)》2018 年第 2 期

旋转填充床基础研究及工业应用进展,郭正东,苏梦军,刘含笑,李亚军,庆轶朝,罗勇,初广文,陈建峰,《化工进展》2018 年第 4 期

超重力反应强化技术及工业应用,初广文,邹海魁,曾晓飞,王洁欣,陈建峰,《北京化工大学学报(自然科学版)》2018 年第 5 期

应用 CFD 方法分析球填料旋转床内气相流动特征,王辰宇,刘玉杰,高雪颖,初广文,陈建峰,向阳,《高校化学工程学报》2018 年第 5 期

非金属碳基纳米催化材料研究进展,王志勇,蒲源,王丹,陈建峰,《科学通报》2018 年第 34 期

2019 年

半导体照明用有机无机纳米复合封装胶材料研究进展,何相磊,蒲源,王丹,陈建峰,《中国材料进展》2019 年第 10 期

气液冷等离子体多相反应器基础研究与应用进展,蔡勇,梁闯,罗勇,初广文,苏梦军,孙宝昌,陈建峰,《化工学报》2019 年第 10 期

旋转填充床反应器流体流动可视化研究进展,刘易,武威,罗勇,初广文,邹海魁,陈建峰,《化工学报》2019 年第 10 期

2020 年

面向海洋工程的超重力过程强化技术及应用,张亮亮,付纪文,罗勇,孙宝昌,邹海魁,初广文,陈建峰,《化工学报》2020 年第 1 期

超重力环境下非金属氮掺杂石墨烯泡沫催化还原反应性能研究,王志勇,赵志建,J. Baucom,王丹,L. M. Dai,陈建峰,《Engineering》2020 年第 6 期

新冠病毒肺炎疫情期间口罩能否经热水泡灭毒后重复使用?王丹,孙宝昌,王洁欣,周芸芸,方彦,陈建峰,《Engineering》2020 年第 10 期

"超重力十"法可控制备透明纳米分散体及应用,孙倩,曾晓飞,王丹,王洁欣,陈建峰,《化工进展》2020 年第 12 期

专利信息

2015 年

一种星形聚氨基酸和星形聚氨基酸载药纳米胶束及制备方法,发明人:乐园,张亮,王文龙,杨小兰,刘孟涛,王洁欣,陈建峰,申请号:201510012534.0,申请日期:2015-01-09

一种亲疏水端同时具有 pH 响应的聚合物胶束及其制备和应用,发明人:乐园,杨小兰,王文龙,张亮,刘孟涛,周遨,王洁欣,陈建峰,申请号:201510012544.4,申请日期:2015-01-09

一种白藜芦醇高分子键合药及其制备方法,发明人:乐园,王文龙,张亮,杨小兰,刘孟涛,张德涛,王洁欣,陈建峰,申请号:201510015102.5,申请日期:2015-01-12

一种光催化水制氢反应装置及应用,发明人:罗勇,陈建峰,刘易,初广文,邹海魁,申请号:201510116629.7,申请日期:2015-03-17

一种陶瓷聚合物复合隔膜的制备方法、该陶瓷聚合物复合隔膜及其应用,发明人:乐园,黄思达,陈建峰,申请号:201510172322.9,申请日期:2015-04-13

一种高透明硫酸钡纳米分散体及其制备方法和应用,发明人:陈建峰,王江,王洁欣,曾晓飞,申请号:201510254380.6,申请日期:2015-05-18

一种制备 Ni-Co-O 超级电容器复合材料的装置和方法,发明人:文利雄,程丹,陈建峰,申请号:201510258964.0,申请日期:2015-05-20

一种超重力天然气除汞净化系统装置,发明人:陈建峰,孙宝昌,初广文,邹海魁,罗勇,张丽丽,申请号:201510259437.1,申请日期:2015-05-20

一种利用硫酸为催化剂制备烷基化油的系统装置及生产方法,发明人:邹海魁,初广文,陈建峰,罗勇,孙宝昌,向阳,申请号:201510262784.X,申请日期:2015-05-21

一种同步脱除二氧化碳和硫化氢气体的系统装置及方法,发明人:邹海魁,张丽丽,初广文,陈建峰,罗勇,向阳,孙宝昌,申请号:201510274955.0,申请日期:2015-05-26

一种通过调控液膜实现选择性催化反应的方法、装置及应用,发明人:初广文,罗勇,陈建峰,邹海魁,刘亚朝,申请号:201510303219.3,申请日期:2015-06-04

一种反应与分离耦合的超重力旋转床装置及其应用,发明人:初广文,罗勇,陈建峰,邹海魁,骆江洲,申请号:201510303222.5,申请日期:2015-06-04

一种集束式对流微反应器,发明人:文利雄,方轲,陈建峰,申请号:201510301227.4,申请日期:2015-06-05

一种透明纳米氧化锆液相分散体及其制备方法与应用,发明人:陈建峰,张聪,王洁欣,曾晓飞,刘皓天,申请号:201510309304.0,申请日期:2015-06-08

一种头孢克肟纳米分散体及其制备方法,发明人:陈建峰,张志兵,谢妙玲,乐园,王洁欣,黄河,耿玉先,申请号:201510384452.9,申请日期:2015-06-30

一种卤化反应方法,发明人:陈建峰,何海,赵宏,高立东,初广文,申请号:201510412457.8,申请日期:2015-07-14

一种芳香族化合物的硝化方法,发明人:陈建峰,黄熙,赵宏,高立东,初广文,申请号:201510412001.1,申请日期:2015-07-14

适用于海洋平台的撬装式吸收二氧化碳气体的装置,发明人:高立东,陈建峰,赵宏,向良玉,吴菲,张大锴,申请号:201520508738.9,申请日期:2015-07-14

适用于海洋平台的撬装式吸收二氧化碳气体的方法和装置,发明人:高立东,陈建峰,赵宏,向良玉,吴菲,张大锴,申请号:201510412002.6,申请日期:2015-07-14

一种防堵型超重力旋转床及含有该防堵型超重力旋转床的系统装置及应用,发明人:初广文,罗勇,陈建峰,方晨,邹海魁,赵宏,申请号:201510433978.1,申请日期:2015-07-22

一种纳米银/氧化石墨烯复合材料分散液及其制备方法和应用,发明人:陈建峰,韩兴威,曾晓飞,申请号:201510467711.4,申请日期:2015-08-03

一种氢氧化镁/氧化石墨烯复合材料及其制备方法与应用,发明人:陈建峰,韩兴威,曾晓飞,王淼,刘龙,申请号:201510484769.X,申请日期:2015-08-07

一种双金属掺杂 VIB 族金属氧化物纳米材料及其制备方法与应用,发明人:陈建峰,杨晨熹,曾晓飞,申请号:201510552772.0,申请日期:2015-09-01

一种多功能高效产生羟基自由基的装置及应用,发明人:初广文,马锐军,陈建峰,罗勇,邹海魁,张丽丽,申请号:201510572090.6,申请日期:2015-09-09

一种钙钛矿太阳能电池,发明人:孟祥悦,周军帅,郑言贞,陶霞,陈建峰,申请号:201510580639.6,申请日期:2015-09-13

一种高盐水预处理方法及装置,发明人:单明军,邵磊,王伟,陈建峰,李志刚,王丹,申请号:201510583340.6,申请日期:2015-09-14

一种高盐水预处理装置,发明人:单明军,邵磊,王伟,陈建峰,李志刚,王丹,申请号:201520711267.1,申请日期:2015-09-14

一种高催化活性的多级孔甲烷无氧芳构化和芳烃烷基化耦合催化剂及其制备方法和应用,发明人:张燚,李德付,王天云,陈建峰,申请号:201510599728.5,申请日期:2015-09-18

一种高性能的三维有序多级孔 Ni 微球阵列电催化剂及制备方法,发明人:徐联宾,孙婷婷,陈建峰,李盛毓,曹佳,申请号:201510634685.X,申请日期:2015-09-29

一种使用超重力法制备多孔共价有机材料的方法,发明人:向中华,谢呈鹏,郭佳宁,陈建峰,罗勇,王洁欣,万刚,李阳,申请号:201510674580.7,申请日期:2015-10-16

一种超重力磺化法制备磺酸盐表面活性剂的系统装置及应用,发明人:孙宝昌,陈建峰,初广文,赵宏,邹海魁,罗勇,申请号:201510708592.7,申请日期:2015-10-27

一种超重力舰船烟气净化系统装置及其应用,发明人:陈建峰,初广文,孙宝昌,罗勇,邹海魁,赵宏,申请号:201510708396.X,申请日期:2015-10-27

彩涂废水处理装置及彩涂废水处理方法,发明人:单明军,邵磊,王伟,陈建峰,李志刚,王丹,刘陶然,申请号:201510811419.X,申请日期:2015-11-20

彩涂废水处理装置,发明人:单明军,邵磊,王伟,陈建峰,李志刚,王丹,刘陶然,申请号:201520934409.0,申请日期:2015-11-20

聚甲醛生产污水处理装置及其方法,发明人:单明军,邵磊,王伟,陈建峰,李慧娟,王丹,申请号:201510812602.1,申请日期:2015-11-20

聚甲醛生产污水处理装置,发明人:单明军,邵磊,王伟,陈建峰,李慧娟,王丹,申请号:201520935652.4,申请日期:2015-11-20

一种无金属加氢催化剂及应用,发明人:陈建峰,刘江永,申请号:201510856701.X,申请日期:2015-11-30

一种超重力克劳斯尾气脱硫系统装置及应用,发明人:初广文,孙宝昌,罗勇,邹海魁,陈建峰,申请号:201510977310.3,申请日期:2015-12-23

一种超重力旋转床填料对液体流动影响的评价装置及方法,发明人:罗勇,仉景鹏,初广文,陈建峰,邹海魁,申请号:201511020741.7,申请日期:2015-12-30

一种 Fe、N 共掺杂二氧化钛介孔微球阵列可见光光催化剂及制备方法,发明人:徐联宾,柴文霞,陈建峰,熊瑛瑛,申请号:201511030931.7,申请日期:2015-12-31

一种三维有序介孔 Au-TiO$_2$/IO-SiO$_2$ 薄膜可见光光催化剂及制备方法,发明人:徐联宾,熊瑛瑛,陈建峰,柴文霞,申请号:201511030733.0,申请日期:2015-12-31

一种高催化活性的多孔级碳网阵列负载 Ag 催化剂及制备方法,发明人:徐联宾,李盛毓,陈建峰,孙婷婷,曹佳,申请号:201511031241.3,申请日期:2015-12-31

2016 年

一种不同镍钴比例的介孔镍钴合金材料的制备方法,发明人:徐联宾,曹佳,陈建峰,申请号:201610002299.3,申请日期:2016-01-06

一种应用超重力技术制备纳米脂质体的方法,发明人:乐园,刘亚萍,王文龙,吴凯,樊蓉蓉,张德涛,王洁欣,陈建峰,申请号:201610009174.3,申请日期:2016-01-07

一种纳米羟基磷灰石-蛋白人工仿骨材料的制备方法,发明人:吕珊珊,王洁欣,孙宝昌,罗勇,陈建峰,彭晗,申请号:201610041539.0,申请日期:2016-01-21

一种剥离制备二维材料的方法,发明人:毋伟,尹翔鹭,郭丽,张毅,初广文,罗勇,陈建峰,申请号:201610154564.X,申请日期:2016-03-18

一种微波耦合超重力旋转床装置及其应用,发明人:初广文,罗勇,仇景鹏,陈建峰,邹海魁,孙宝昌,张丽丽,张亮亮,申请号:201610168653.X,申请日期:2016-03-23

一种超重力场组合电场的烟气净化装置,发明人:孙宝昌,张强,初广文,邹海魁,陈建峰,申请号:201610343686.3,申请日期:2016-05-23

一种制备透明氢氧化铝液相分散体的方法,发明人:陈建峰,陈博,王洁欣,曾晓飞,夏怡,朱楠,申请号:201610491558.3,申请日期:2016-06-29

一种纳米羟基磷灰石分散体及其制备工艺,发明人:王洁欣,吕博杨,曾晓飞,陈建峰,张亮亮,申请号:201610515008.0,申请日期:2016-07-01

一种长径比及钙磷比可控的磷酸钙纳米粉体的制备方法,发明人:王洁欣,吕博杨,乐园,曾晓飞,陈建峰,申请号:201610509956.3,申请日期:2016-07-01

含硫气体的脱硫化氢-高效氧化再生集成化方法及系统,发明人:赵宏,陈建峰,高立东,申请号:201610518205.8,申请日期:2016-07-05

VOC 有机废气的吸收处理方法及系统,发明人:赵宏,高立东,陈建峰,申请号:201610518726.3,申请日期:2016-07-05

基于牺牲型脱硫剂的超重力脱硫方法及成撬装置,发明人:赵宏,高立东,陈建峰,申请号:201610532627.0,申请日期:2016-07-07

一种内循环超重力多相催化加氢装置及其应用,发明人:孙宝昌,董坤,初广文,邵磊,邹海魁,罗勇,陈建峰,杨勇,申请号:201610557107.5,申请日期:2016-07-15

一种液体脱氧的系统装置与应用,发明人:初广文,罗勇,陈秋韵,陈建峰,孙宝昌,邹海魁,申请号:201610608953.5,申请日期:2016-07-28

一种生物质氮掺杂荧光碳点的制备方法,发明人:王丹,蒲源,陈建峰,申请号:201610696284.1,申请日期:2016-08-19

一种高效低成本制备二维纳米材料的方法,发明人:毋伟,尹翔鹭,田杰,郭丽,初广文,陈建峰,申请号:201610783098.1,申请日期:2016-08-30

一种立方形纳米碳酸钙的生产方法,发明人:陈建峰,邹海魁,初广文,罗勇,孙宝昌,张亮亮,申请号:201610821344.8,申请日期:2016-09-13

一种旋转电极管式电化学反应器及其应用，发明人：初广文，罗勇，马锐军，陈建峰，邹海魁，孙宝昌，张亮亮，申请号：201610836992.0，申请日期：2016-09-21

一种阿霉素纳米药物颗粒的制备方法，发明人：张建军，宋晓庆，王洁欣，陈建峰，申请号：201610844735.1，申请日期：2016-09-22

一种红光硫化银量子点的水相制备方法，发明人：王丹，何相磊，蒲源，陈建峰，申请号：201610844739.X，申请日期：2016-09-22

一种钨青铜纳米分散体的制备方法及其应用，发明人：陈建峰，吴杰玉，曾晓飞，王洁欣，申请号：201610887245.X，申请日期：2016-10-11

一种短棱柱状 α-半水硫酸钙粉体的制备方法，发明人：陈建峰，张咏青，王洁欣，乐园，曾晓飞，申请号：201610933256.7，申请日期：2016-10-25

一种等离子体耦合超重力反应器装置及应用，发明人：初广文，蔡勇，罗勇，陈建峰，孙宝昌，申请号：201611022412.0，申请日期：2016-11-17

一种通过超重力技术制备丙交酯的方法，发明人：曹飞，初广文，张丽丽，罗勇，陈建峰，欧阳平凯，申请号：201611035858.7，申请日期：2016-11-23

一种表面正电荷的 pH 响应性阿霉素纳米药物胶囊的制备方法，发明人：张建军，宋晓庆，王洁欣，乐园，陈建峰，申请号：201611066506.8，申请日期：2016-11-28

一种使用定转子旋转床制备金属氢氧化物的方法，发明人：邵磊，李亚玲，初广文，宋云华，陈建铭，陈建峰，申请号：201611122798.2，申请日期：2016-12-08

一种环境友好高效率可规模化制备石墨烯的方法，发明人：毋伟，田杰，尹翔鹭，郭丽，初广文，陈建峰，申请号：201611153179.X，申请日期：2016-12-14

一种用于飞机应急动力系统肼废气处理的装置及其应用，发明人：张亮亮，陈建峰，孙宝昌，邹海魁，罗勇，初广文，申请号：201611176716.2，申请日期：2016-12-19

一种脱除气相中硫化氢的系统装置及应用，发明人：初广文，陈建峰，孙宝昌，邹海魁，张亮亮，罗勇，赵宏，董坤，申请号：201611188036.2，申请日期：2016-12-21

一种甲苯磺酸索拉非尼口服纳米制剂的制备方法，发明人：乐园，吴凯，武浩然，刘亚萍，陈建峰，申请号：201611195980.0，申请日期：2016-12-22

2017 年

一种索拉非尼纳米脂质体制剂及其制备方法，发明人：乐园，刘亚萍，吴凯，王洁欣，陈建峰，申请号：201710016815.2，申请日期：2017-01-10

一种纳米氧化钌的制备方法，发明人：陈建峰，杨辉煌，王洁欣，曾晓飞，张亮亮，申请号：201710126661.2，申请日期：2017-03-03

一种纳米二氧化钌液相分散体及其制备方法，发明人：陈建峰，杨辉煌，王洁欣，魏雁，曾晓飞，张亮亮，申请号：201710181531.9，申请日期：2017-03-24

一种氮掺杂碳纳米管-二氧化钌复合材料的制备方法及应用，发明人：王洁欣，杨辉煌，陈建峰，孙向楠，崔易凡，曾晓飞，张亮亮，申请号：201710207214.X，申请日期：2017-03-31

一种超重力旋转床用填料及其制备方法和用途，发明人：罗勇，仇景鹏，初广文，陈建峰，邹海魁，孙宝昌，张亮亮，申请号：201710221754.3，申请日期：2017-04-06

一种稀土掺杂氧化物纳米上转换发光材料的制备方法,发明人:王丹,冷静柠,蒲源,陈建峰,申请号:201710226508.7,申请日期:2017-04-09

气相氧化/分解和吸收一体化装置及其应用,发明人:初广文,蔡勇,陈建峰,罗勇,邹海魁,孙宝昌,申请号:201710254280.2,申请日期:2017-04-18

一种适用于高粘度快速反应体系的反应器,发明人:初广文,孙宝昌,姚远,邹海魁,张亮亮,罗勇,陈建峰,申请号:201710272362.X,申请日期:2017-04-24

一种超重力反应器中合成双酚S的方法,发明人:孙宝昌,姚远,初广文,邹海魁,罗勇,张亮亮,陈建峰,申请号:201710271862.1,申请日期:2017-04-24

一种超重力反应器中绿色合成三次采油用石油磺酸盐的方法,发明人:孙宝昌,初广文,姚远,邹海魁,张亮亮,罗勇,陈建峰,申请号:201710271353.9,申请日期:2017-04-24

一种适用于高粘度快速反应体系的反应器,发明人:初广文,孙宝昌,姚远,邹海魁,张亮亮,罗勇,陈建峰,申请号:201710272362.X,申请日期:2017-04-24

一种制备透明氧化锌液相分散体的方法,发明人:陈建峰,黄谢君,曾晓飞,申请号:201710303695.4,申请日期:2017-05-03

一种超重力技术制备透明氧化锌液相分散体的方法,陈建峰;黄谢君;曾晓飞,申请号:201710303695.4,申请日期:2017-05-03

烟气脱硫系统和方法、以及硫磺回收尾气焚烧炉的应用,发明人:赵宏,陈建峰,高立东,初广文,张银海,杨燕霞,申请号:201710371551.2,申请日期:2017-05-24

烟气脱硫系统,发明人:赵宏,陈建峰,高立东,初广文,张银海,杨燕霞,申请号:201720581928.2,申请日期:2017-05-24

一种纳米锌铝层状双氢氧化物的制备方法,发明人:王洁欣,肖喜军,陈博,陈建峰,申请号:201710492123.5,申请日期:2017-06-26

一种用于齿科修复树脂的无机纳米粒子团簇体及其制备方法,发明人:王洁欣,杨丹蕾,乐园,曾晓飞,陈建峰,申请号:201710546800.7,申请日期:2017-07-06

一种单分散纳米二氧化硅透明分散体的制备方法,发明人:王洁欣,杨丹蕾,乐园,曾晓飞,陈建峰,申请号:201710546478.8,申请日期:2017-07-06

一种制备超细WO_3的装置和方法,发明人:文利雄,刘春晓,陈建峰,申请号:201710578168.4,申请日期:2017-07-16

含有多层结构纳米复合颗粒的液相分散体及其制备方法,发明人:曾晓飞,李静,王洁欣,陈建峰,申请号:201710623040.5,申请日期:2017-07-27

一种纳米零价铁基双金属/三金属材料的制备方法,发明人:王洁欣,汪正猛,张亮亮,陈建峰,申请号:201710743407.7,申请日期:2017-08-25

一种具紫外屏蔽功能的纳米金属氧化物油品透明分散体及其制备方法,发明人:陈建峰,黄谢君,曾晓飞,申请号:201710794562.1,申请日期:2017-09-06

一种稀土掺杂氟化物上转换发光纳米分散体的制备方法,发明人:王丹,冷静柠,蒲源,王洁欣,陈建峰,申请号:201710808638.1,申请日期:2017-09-09

一种齿科修复用纳米复合树脂及其制备方法,发明人:王洁欣,杨丹蕾,王丹,陈建峰,申请号:

201710813675.1,申请日期:2017-09-11

具有光选择性吸收和耐老化功能的有机无机复合膜片及其制备方法,发明人:曾晓飞,韩玥,王洁欣,陈建峰,申请号:201710851495.2,申请日期:2017-09-19

在超重力反应器中进行 α-甲基苯乙烯加氢反应的方法,发明人:孙宝昌,罗勇,刘亚朝,初广文,陈建峰,邹海魁,张亮亮,申请号:201710854228.0,申请日期:2017-09-20

一种在超重力反应器内进行稠环芳烃加氢裂化的方法,发明人:初广文,马驰,罗勇,陈建峰,邹海魁,孙宝昌,张亮亮,申请号:201710854947.2,申请日期:2017-09-20

一种多级超重力反应器重油加氢方法,发明人:罗勇,岳旭佳,初广文,陈建峰,邹海魁,孙宝昌,张亮亮,申请号:201710853235.9,申请日期:2017-09-20

通过气液高效预混合从而强化反应的超重力装置及应用方法,发明人:陈建峰,罗勇,刘亚朝,初广文,邹海魁,孙宝昌,张亮亮,申请号:201710861297.4,申请日期:2017-09-20

一种混合碳四中炔烃选择性加氢回收 1,3-丁二烯的方法,发明人:邹海魁,罗勇,詹媛媛,初广文,陈建峰,孙宝昌,张亮亮,申请号:201710853806.9,申请日期:2017-09-20

一种高温高压超重力加氢反应器及应用,发明人:罗勇,刘亚朝,初广文,陈建峰,邹海魁,孙宝昌,张亮亮,申请号:201710852317.1,申请日期:2017-09-20

一种超重力柴油和汽油加氢精制的方法,发明人:罗勇,蔡勇,初广文,陈建峰,邹海魁,孙宝昌,张亮亮,申请号:201710865181.8,申请日期:2017-09-22

一种使用蒽醌法制备过氧化氢的生产工艺,发明人:罗勇,王帝淞,初广文,陈建峰,邹海魁,孙宝昌,张亮亮,申请号:201710872590.0,申请日期:2017-09-25

一种纳米 α-Fe$_2$O$_3$ 的制备方法,发明人:张亮亮,朱楠,陈建峰,初广文,邹海魁,孙宝昌,罗勇,申请号:201710888205.1,申请日期:2017-09-25

一种在超重力反应器内进行渣油加氢反应的方法,发明人:罗勇,刘威,初广文,陈建峰,邹海魁,孙宝昌,张亮亮,申请号:201710888857.5,申请日期:2017-09-27

一种在超重力反应器内将硝基加氢还原为氨基的方法,发明人:罗勇,苏梦军,初广文,陈建峰,邹海魁,孙宝昌,张亮亮,申请号:201710886564.3,申请日期:2017-09-27

一种天然气深度脱水系统装置及脱水方法,发明人:张亮亮,曹少博,刘平,陈建峰,初广文,邹海魁,孙宝昌,罗勇,申请号:201710904837.2,申请日期:2017-09-29

一种烟气净化的系统装置及其应用,发明人:孙宝昌,王计伟,初广文,邹海魁,罗勇,张亮亮,陈建峰,申请号:201710960100.2,申请日期:2017-10-16

适用于海上平台液化用天然气脱水处理的系统装置及工艺,发明人:张亮亮,刘平,曹少博,陈建峰,初广文,邹海魁,孙宝昌,罗勇,申请号:201710978585.8,申请日期:2017-10-19

一种调控碳材料形貌的方法,发明人:孙宝昌,施琴,初广文,罗勇,邹海魁,张亮亮,陈建峰,申请号:201711087218.5,申请日期:2017-11-07

一种合成多级有序孔道材料的普适方法,发明人:徐联宾,孙婷婷,陈建峰,黄燕,董静,苑瑞雪,申请号:201711435564.8,申请日期:2017-12-26

一种炼厂气体中硫化氢的脱除工艺,发明人:吴双清,陈建峰,叶凌,邹海魁,王瑜,初广文,吴小琪,罗勇,施晓萌,孙宝昌,张宝珍,张亮亮,邢宪宁,申请号:201711455730.0,申请日期:2017-12-28

中国工程院院士·陈建峰

一种通过超重力反应器制备水性聚氨酯纳米乳液的方法，发明人：王丹，李彦江，蒲源，陈建峰，申请号：201711492249.9，申请日期：2017-12-30

2018 年

一种制备硅铝分子筛的超重力方法，发明人：孙宝昌，康英英，初广文，邹海魁，张亮亮，罗勇，陈建峰，申请号：201810015545.8，申请日期：2018-01-08

一种高长径比银纳米线的制备方法，发明人：陈建峰，鲍俊，曾晓飞，申请号：201810186114.8，申请日期：2018-03-07

一种小型高信噪比手持式光谱检测系统，发明人：王丹，施杰，蒲源，王洁欣，陈建峰，申请号：201810293793.9，申请日期：2018-03-30

一种白藜芦醇纳米复合粉体及其制备方法，发明人：陈建峰，周警键，乐园，张志兵，王洁欣，唐辉，申请号：201810285983.6，申请日期：2018-04-03

一种聚氰基丙烯酸酯的制备方法，发明人：乐园，刘兴政，陈建峰，申请号：201810319164.9，申请日期：2018-04-11

一种银纳米线的低温制备方法，发明人：曾晓飞，孟祥祯，鲍俊，王洁欣，陈建峰，申请号：201810325843.7，申请日期：2018-04-12

一种纳米分散染料的制备方法，发明人：王洁欣，尹雄，王丹，曾晓飞，陈建峰，申请号：201810471552.9，申请日期：2018-05-17

一种高分散纳米氢氧化镧的制备方法，发明人：王洁欣，谢瑜，陈博，曾晓飞，陈建峰，申请号：201810569618.8，申请日期：2018-06-05

一种形貌可控的透明单分散纳米氧化锆液相分散体的制备方法，发明人：王洁欣，夏怡，王丹，曾晓飞，蒲源，陈建峰，申请号：201810580182.2，申请日期：2018-06-07

一种从工业烟气或尾气中脱除及回收 SO_2 的装置及工艺，发明人：张亮亮，董宇宁，陈建峰，初广文，邹海魁，孙宝昌，罗勇，申请号：201810633364.1，申请日期：2018-06-20

一种高分散纳米氧化锆颗粒及其透明分散体的制备方法，发明人：蒲源，何相磊，唐睿婕，王丹，王洁欣，曾晓飞，陈建峰，申请号：201810704465.3，申请日期：2018-07-01

一种高折射率纳米复合有机硅封装胶材的制备方法，发明人：蒲源，何相磊，唐睿婕，王丹，王洁欣，曾晓飞，陈建峰，申请号：201810718596.7，申请日期：2018-07-01

一种基于丝网转子的超重力雾化装置及应用，发明人：初广文，费佳，罗勇，蔡勇，孙宝昌，邹海魁，陈建峰，申请号：201810739041.0，申请日期：2018-07-06

一种深紫外激发型纳米荧光粉的制备方法，发明人：王丹，林立峰，王洁欣，蒲源，曾晓飞，陈建峰，申请号：201810772532.5，申请日期：2018-07-13

一种纳米荧光染料的制备方法，发明人：王洁欣，尹雄，王丹，陈建峰，申请号：201810770070.3，申请日期：2018-07-13

一种水相纳米氧化锆颗粒分散体的制备方法，发明人：王丹，唐睿婕，何相磊，王植，蒲源，曾晓飞，王洁欣，陈建峰，申请号：201810836953.X，申请日期：2018-07-26

一种应用超重力提纯工业级碳酸锂系统及方法，发明人：孙宝昌，裴笑康，初广文，邹海魁，罗勇，张亮亮，陈建峰，申请号：201811010704.1，申请日期：2018-08-31

一种采用离子液体进行烟气中 CO_2 捕集的装置及工艺,发明人:张亮亮,董宇宁,曾晓飞,陈建峰,初广文,邹海魁,孙宝昌,罗勇,申请号:201811023173.X,申请日期:2018-09-04

一种制备透明氧化锌液相分散体的方法,发明人:陈建峰,黄谢君,曾晓飞,王洁欣,申请号:201811148029.9,申请日期:2018-09-29

船舶尾气一体化净化装置及其应用,发明人:初广文,刘志浩,罗勇,蔡勇,孙宝昌,邹海魁,陈建峰,申请号:201811196200.3,申请日期:2018-10-15

用于多工况含硫气体排放的超重力脱硫系统,发明人:孙宝昌,罗勇,初广文,邹海魁,张亮亮,陈建峰,申请号:201811306778.X,申请日期:2018-11-05

一种瑞戈非尼纳米分散体、片剂及其制备方法,发明人:乐园,吴凯,陈建峰,申请号:201811333376.9,申请日期:2018-11-09

一种艾拉莫德纳米药物颗粒的制备方法,发明人:张建军,陶成,乐园,陈建峰,申请号:201811339896.0,申请日期:2018-11-12

一种硫化铅量子点的超重力制备方法,发明人:曾晓飞,颜哲,谌日葵,陈建峰,申请号:201811518255.1,申请日期:2018-12-12

2019 年

含铬革屑的水性聚氨酯复合材料及其制备方法,发明人:陈建峰,张建,乐园,燕子翩,庄君新,刘贤军,申请号:201910011491.2,申请日期:2019-01-07

一种多相反应装置及系统,发明人:孙宝昌,董坤,初广文,邹海魁,罗勇,张亮亮,陈建峰,申请号:201910016190.9,申请日期:2019-01-08

超重力氧化反应器装置及应用,发明人:罗勇,王悦岩,蔡勇,裴丹钰,初广文,孙宝昌,邹海魁,张亮亮,陈建峰,申请号:201910016213.6,申请日期:2019-01-08

能量充分利用的超重力装置、氧化方法及系统,发明人:初广文,邵彦云,蔡勇,罗勇,邹海魁,张亮亮,孙宝昌,陈建峰,申请号:201910016216.X,申请日期:2019-01-08

一种皮纤维革及其制备方法,发明人:陈建峰,燕子翩,乐园,张建,庄君新,刘贤军,申请号:201910022730.4,申请日期:2019-01-10

一种油溶性单分散纳米二氧化铈催化剂、制备方法及应用,发明人:王洁欣,夏怡,陈建峰,杜金涛,申请号:201910028281.4,申请日期:2019-01-11

油溶性单分散金属氧化物纳米催化剂制备方法及应用,发明人:王洁欣,夏怡,陈建峰,杜金涛,申请号:201910028284.8,申请日期:2019-01-11

一种烷基化废酸再利用的装置及方法,发明人:张亮亮,董宇宁,陈建峰,初广文,邹海魁,孙宝昌,罗勇,申请号:201910045649.8,申请日期:2019-01-17

一种利用含 SO_2 烟气制稀硫酸的装置及方法,发明人:张亮亮,董宇宁,陈建峰,初广文,邹海魁,孙宝昌,罗勇,申请号:201910045641.1,申请日期:2019-01-17

一种烷基化废酸再利用的短流程工艺,发明人:张亮亮,董宇宁,陈建峰,初广文,邹海魁,孙宝昌,罗勇,申请号:201910044975.7,申请日期:2019-01-17

一种适用于表面纳米阵列填料的反应器及其应用,发明人:罗勇,王帝淞,杨帆,蔡勇,初广文,张亮亮,孙宝昌,邹海魁,陈建峰,申请号:201910047991.1,申请日期:2019-01-18

应用超重力的偶氮活性染料的连续化生产方法,发明人:陈建峰,郭璇,邹海魁,孙宝昌,初广文,罗勇,张亮亮,申请号:201910053047.7,申请日期:2019-01-21

应用超重力的偶氮活性染料的连续化生产系统,发明人:陈建峰,李闯,邹海魁,孙宝昌,初广文,罗勇,申请号:201910053415.8,申请日期:2019-01-21

一种面向大相比体系的高能效分散-混合方法及其应用,发明人:初广文,贾向碧,罗勇,蔡勇,孙宝昌,邹海魁,陈建峰,申请号:201910057634.3,申请日期:2019-01-22

一种提高难溶性有机小分子材料溶解性的墨水制备方法,发明人:王丹,邹源佐,蒲源,王洁欣,陈建峰,申请号:201910143054.6,申请日期:2019-02-26

一种高折射率 LED 封装胶材料的制备方法,发明人:蒲源,唐睿婕,何相磊,王丹,王洁欣,陈建峰,申请号:201910143460.2,申请日期:2019-02-26

一种超重力纳微气泡产生装置及反应系统,发明人:罗勇,王迪,初广文,刘亚朝,李志浩,蔡勇,邹海魁,孙宝昌,陈建峰,申请号:201910163989.0,申请日期:2019-03-05

一种超重力萃取分离耦合装置及应用,发明人:初广文,贾向碧,罗勇,蔡勇,邹海魁,孙宝昌,陈建峰,申请号:201910165321.X,申请日期:2019-03-05

一种基于超重力高效分离的油烟机及其应用,发明人:初广文,蔡勇,罗勇,苏梦军,张亮亮,孙宝昌,邹海魁,陈建峰,申请号:201910203981.2,申请日期:2019-03-18

超声微波耦合超重力反应装置及系统,发明人:孙宝昌,董坤,初广文,罗勇,邹海魁,张亮亮,陈建峰,申请号:201910285109.7,申请日期:2019-04-10

超声微波耦合超重力及木质素降解的反应系统、方法,发明人:孙宝昌,钟舒琦,初广文,罗勇,邹海魁,张亮亮,陈建峰,申请号:201910285126.0,申请日期:2019-04-10

一种粒径可控的有序介孔 Ni 纳米颗粒的制备方法,发明人:徐联宾,米雪琴,孙婷婷,董静,陈建峰,申请号:201910351516.3,申请日期:2019-04-28

一种基于亲疏水组合填料的旋转填充床及系统,发明人:罗勇,鹿艳祯,蔡勇,初广文,刘威,邹海魁,孙宝昌,陈建峰,申请号:201910355051.9,申请日期:2019-04-29

一种 γ-氧化铝纳米分散体的制备方法,发明人:曾晓飞,张新,任梦琴,王洁欣,陈建峰,申请号:201910483274.3,申请日期:2019-06-04

一种脱除低压气体中硫化氢的装置,发明人:吴双清,陈建峰,王瑜,邹海魁,吴小琪,初广文,施晓萌,罗勇,张宝珍,孙宝昌,邢宪宁,张亮亮,申请号:201920839687.6,申请日期:2019-06-04

一种小尺寸红光荧光粉的制备方法,发明人:王丹,崔思敏,何相磊,蒲源,王洁欣,陈建峰,申请号:201910498833.8,申请日期:2019-06-11

一种纳米单质硫颗粒的制备方法,发明人:王洁欣,徐鹏飞,乐园,陈建峰,申请号:201910506936.4,申请日期:2019-06-12

一种单分散纳米铁氧化物分散体的制备方法,发明人:王洁欣,郑媛媛,钟杰,曾晓飞,陈建峰,申请号:201910554085.0,申请日期:2019-06-25

一种小尺寸空心二氧化硅的制备方法,发明人:曾晓飞,任梦琴,张新,陈建峰,申请号:201910609414.7,申请日期:2019-07-08

一种用于推进剂废气处理的一体化装置、系统及应用,发明人:张亮亮,陈建峰,陈文聪,初广文,邹海魁,

罗勇,孙宝昌,申请号:201910676971.0,申请日期:2019-07-25

一种单分散油相纳米硫酸钡分散体的制备方法,发明人:王洁欣,方乐,曹靖,曾晓飞,陈建峰,申请号:201910699902.1,申请日期:2019-07-31

一种水基纳米磁流体的制备方法,发明人:王洁欣,郑媛媛,钟杰,曾晓飞,陈建峰,申请号:201910702444.2,申请日期:2019-07-31

应用超重力的偶氮活性染料的连续化生产系统,发明人:邹海魁,肖振根,陈建峰,初广文,孙宝昌,罗勇,张亮亮,申请号:201910711393.X,申请日期:2019-08-02

使用内循环旋转填充床制备纳米金属-有机框架材料的方法,发明人:王洁欣,魏雁,陈建峰,申请号:201910725195.9,申请日期:2019-08-07

使用超重力技术连续制备纳米金属-有机框架材料的方法,发明人:王洁欣,魏雁,陈建峰,申请号:201910725512.7,申请日期:2019-08-07

一种纳米氧化锆发光材料的制备方法,发明人:王洁欣,齐聪颖,王丹,曾晓飞,陈建峰,申请号:201910735184.9,申请日期:2019-08-09

一种原位补热的超重力脱挥装置及应用,发明人:罗勇,陈建峰,初广文,邹海魁,孙宝昌,张亮亮,申请号:201910734595.6,申请日期:2019-08-09

原位补充热能的超重力脱除聚合物中挥发分的方法,发明人:罗勇,陈建峰,初广文,邹海魁,孙宝昌,张亮亮,申请号:201910734604.1,申请日期:2019-08-09

一种用于聚合物脱挥造粒的超重力旋转床及其应用方法,发明人:初广文,李燕斌,罗勇,陈建峰,邹海魁,孙宝昌,申请号:201910735150.X,申请日期:2019-08-09

一种强化微观混合与反应的纳米薄片钒磷氧催化剂制备方法及应用,发明人:刘瑞霞,张锁江,罗勇,李自航,张瑞锐,陈建峰,王保举,江澜,申请号:201910733678.3,申请日期:2019-08-09

螺旋管式进料的超重力微波耦合反应器及系统,发明人:陈建峰,陈儒佳,孙宝昌,初广文,邹海魁,罗勇,张亮亮,申请号:201910734346.7,申请日期:2019-08-09

多孔材料连续化生产的微波耦合超重力反应系统,发明人:孙宝昌,齐婷婷,罗勇,初广文,邹海魁,张亮亮,陈建峰,申请号:201910830709.7,申请日期:2019-09-04

一种调控晶面的钒磷氧催化剂制备方法及丁烷氧化应用,发明人:罗勇,陈建峰,刘瑞霞,王保举,江澜,李自航,张瑞锐,申请号:201910864323.8,申请日期:2019-09-12

一种干气密封的超重力装置,发明人:初广文,王保举,陈建峰,罗勇,申请号:201921624173.5,申请日期:2019-09-26

一种革屑为原料的胶原纤维基电磁屏蔽材料及其制备方法,发明人:陈建峰,张建,乐园,庄君新,申请号:201910963955.X,申请日期:2019-10-11

填料可加热的超重力微波耦合反应器及系统,发明人:孙宝昌,陈儒佳,初广文,邹海魁,罗勇,张亮亮,陈建峰,申请号:201910966724.4,申请日期:2019-10-12

耦合反应分离和吸收的超重力磺酸盐连续生产系统及方法,发明人:孙宝昌,马天祥,初广文,陈建峰,罗勇,张亮亮,邹海魁,常松涛,袁勇,张健,申请号:201910968932.8,申请日期:2019-10-12

亚硫酸法制糖工艺系统及方法,发明人:张亮亮,董宇宁,陈文聪,陈建峰,初广文,邹海魁,罗勇,孙宝昌,申请号:201911100141.X,申请日期:2019-11-12

一种醋酸甲地孕酮纳米干混悬剂及其制备方法，发明人：乐园，卫宏靓，王传琦，靳俊升，王洁欣，陈建峰，申请号：201911133859.9，申请日期：2019-11-19

同时吸收多种酸性气体的反应系统、吸收液及方法，发明人：邹海魁，战俊磊，孙宝昌，陈建峰，初广文，罗勇，张亮亮，申请号：201911163072.7，申请日期：2019-11-25

高效利用活性物质的等离子体耦合超重力装置及其应用，发明人：初广文，梁闯，陈建峰，蔡勇，罗勇，孙宝昌，申请号：201911292591.3，申请日期：2019-12-12

一种温敏不可逆智能荧光防伪复合涂层材料制备及应用方法，发明人：王丹，刘皓天，蒲源，王洁欣，陈建峰，申请号：201911317700.2，申请日期：2019-12-19

一种柔性可穿戴黄疸病光疗器件制备方法，发明人：王丹，蒲源，王洁欣，陈建峰，申请号：201911333412.6，申请日期：2019-12-23

2020 年

一种仿骨羟基磷灰石-胶原复合支架及其制备方法，发明人：乐园，陈月亮，王洁欣，陈建峰，申请号：202010042032.3，申请日期：2020-01-15

一种生产 N-氰乙基-N-苄基苯胺的方法和系统，发明人：徐万福，罗勇，唐智勇，孙宝昌，徐斌，初广文，陈晓栋，邹海魁，周海斌，陈建峰，张亮亮，申请号：202010075026.8，申请日期：2020-01-22

一种非均相体系偶氮分散染料的连续化生产方法和系统，发明人：徐万福，邹海魁，唐智勇，张亮亮，李勇，陈建峰，周海斌，罗勇，徐斌，初广文，孙宝昌，申请号：202010075301.6，申请日期：2020-01-22

一种连续化生产亚硝酰硫酸的方法和系统，发明人：张亮亮，徐万福，陈建峰，唐智勇，邹海魁，周贤宝，初广文，冯彦博，罗勇，徐斌，孙宝昌，申请号：202010075303.5，申请日期：2020-01-22

一种 3-（N,N-二烯丙基）氨基-4-甲氧基乙酰苯胺的连续化生产方法和系统，发明人：孙宝昌，徐万福，罗勇，唐智勇，陈建峰，冯彦博，初广文，陈晓栋，张亮亮，徐斌，邹海魁，申请号：202010075016.4，申请日期：2020-01-22

一种 3-N,N-二羟乙基氨基乙酰苯胺的生产方法和系统，发明人：徐万福，孙宝昌，唐智勇，罗勇，周海斌，初广文，徐斌，邹海魁，陈晓栋，陈建峰，张亮亮，申请号：202010075017.9，申请日期：2020-01-22

气液反应及旋转除沫一体化超重力装置、气液反应系统，发明人：孙宝昌，初广文，邹海魁，罗勇，张亮亮，陈建峰，申请号：202010253860.1，申请日期：2020-04-02

一种纳米钨粉的超重力制备方法，发明人：曾晓飞，王琰诏，陈建峰，鲍俊，崔翔宇，纪月琪，申请号：202010412613.1，申请日期：2020-05-15

一种在超重力场下丝素蛋白纳米颗粒的制备方法和系统，发明人：吕珊珊，孙宝昌，王洁欣，李娜，陈建峰，申请号：202010447714.2，申请日期：2020-05-25

一种具有杀灭冠状病毒功能的空气净化组件及其应用，发明人：王丹，丁浩旻，王洁欣，孙敏，孙宝昌，曾晓飞，初广文，陈建峰，申请号：202010483682.1，申请日期：2020-06-01

具有杀灭冠状病毒功能的空气净化组件及空气净化器件，发明人：王丹，丁浩旻，王洁欣，孙敏，孙宝昌，曾晓飞，初广文，陈建峰，申请号：202020974032.2，申请日期：2020-06-01

一种丁基橡胶的合成方法及合成系统，发明人：张亮亮，陈建峰，陈文聪，邹海魁，初广文，孙宝昌，罗勇，申请号：202010579097.1，申请日期：2020-06-23

纳米分散染料的连续化生产系统，发明人：邹海魁；薛云龙；孙宝昌；初广文；陈建峰；罗勇；张亮亮，申请号：

202011214572.1,申请日期:2020-11-04

一种染料中间体酯化液的连续化生产系统和方法,发明人:张亮亮,陈晓栋,初广文,吴建兰,陈建峰,唐智勇,邹海魁,徐万福,罗勇,徐斌,孙宝昌,申请号:202011223011.8,申请日期:2020-11-05

一种带酯基的偶氮分散料的连续化生产工艺,发明人:徐万福,孙宝昌,李勇,罗勇,唐智勇,初广文,陈晓栋,陈建峰,徐斌,邹海魁,周海斌,张亮亮,申请号:202011223002.9,申请日期:2020-11-05

一种连续化生产重氮盐溶液的系统和工艺,发明人:陈晓栋,邹海魁,周海斌,初广文,唐智勇,陈建峰,徐万福,罗勇,徐斌,孙宝昌,张亮亮,申请号:202011222979.9,申请日期:2020-11-05

高温带压连续化生产间氨基乙酰苯胺盐酸盐的工艺和系统,发明人:陈晓栋,孙宝昌,刘泊良,唐智勇,罗勇,陈建峰,徐万福,邹海魁,初广文,张亮亮,徐斌,申请号:202011279772.5,申请日期:2020-11-16

纳米偶氮染料的连续化生产系统,发明人:邹海魁,张振坤,孙宝昌,初广文,陈建峰,罗勇,张亮亮,申请号:202011345494.9,申请日期:2020-11-26

用于连续反应制备三氟乙烷工艺的系统、方法及反应装置,张亮亮,周黎旸,初广文,洪江永,张一栋,陈建峰,杨波,孙宝昌,邱正毅,邹海魁,申请号:202011359017.8,申请日期:2020-11-27

一种环氧氯丙烷的制备系统及方法,发明人:张亮亮,周黎旸,初广文,夏碧波,陈建峰,张一栋,姜雨土,孙宝昌,毛伟,邹海魁,罗勇,申请号:202011564263.7,申请日期:2020-12-25

一种偏氯乙烯的连续化制备系统及方法,发明人:张亮亮,周黎旸,初广文,林金元,孙宝昌,陈建峰,张一栋,邹海魁,吴志刚,余云飞,罗勇,李天娇,申请号:202011563992.0,申请日期:2020-12-25

一种二硫化钼基纳米催化材料的制备方法,发明人:曾晓飞,纪月琪,李秀慧,韩书环,曹达鹏,陈建峰,申请号:202011603072.7,申请日期:2020-12-29

(二)对陈建峰院士的介绍与研究文献目录

期刊文献

不断攀越过程强化高峰:记2014年度赵永镐创新成就奖获得者北京化工大学陈建峰教授,李晓岩,《中国石油和化工》2015年第1期

报纸文献

2015年

中国工程院院士陈建峰来池考察——汪和平会见,《池州日报》2015-12-15

2016年

陈建峰,《科技日报》2016-10-14

中国工程院院士陈建峰莅临我校交流指导,何苗,《大理大学》2016-10-30

2017年

慈溪籍院士陈建峰荣膺首届"全国创新争先奖",《慈溪日报》2017-06-02

我校申报的"陈建峰院士工作站"、"徐宇虹专家工作站"获批立项建设,杨云川,《大理大学》2017-09-15

2018年

中国工程院院士陈建峰一行来朔考察调研,《朔州日报》2018-04-05

甬籍院士陈建峰当起"媒人"为宁波和其他院士合作牵红线——企业备受鼓舞:对我们的转型升级会有很大的帮助,《现代金报》2018-05-06

慈溪籍院士陈建峰任中国工程院秘书长,马安娜,《慈溪日报》2018-06-06

2019 年

陈建峰院士到会泽调研,刘坚,夏粉娥,《曲靖日报》2019-06-26

陈建峰院士来虞调研,朱克斐,《上虞日报》2019-08-06

2020 年

陈建峰:攻关"卡脖子"技术推动高质量发展,《陕西日报》2020-11-02

郑裕国(2017 年当选中国工程院院士)

郑裕国(1961 年 11 月 5 日—   ),生物化工专家,浙江象山人,浙江工业大学教授,国家化学原料药合成工程技术研究中心副主任、中国化工学会生物化工专业委员会委员、中国生物工程学会工业与环境生物技术专业委员会委员、中国微生物学会酶工程专业委员会委员。

郑裕国院士长期从事医药和农药化学品生物制造工程技术创新,建立了以生物技术为核心,融合有机合成、化学工程原理和方法的生物有机合成技术新体系,在假糖、酮糖类化合物生物合成、手性生物催化等领域取得了系列重要成果;曾获国家技术发明奖、国家科技进步奖。

2017 年当选为中国工程院院士。

(一)郑裕国院士的各类文献目录

著作文献

《抗氧化剂的生产及应用》,郑裕国、王远山、薛亚平等编著,化学工业出版社,2004

《生物加工过程与设备》,郑裕国、薛亚平、金利群等编著,化学工业出版社,2004

《生物工程设备》,郑裕国主编,化学工业出版社,2007

《生物制药工程原理与技术》,郑裕国、邹树平主编,高等教育出版社,2019

期刊文献

1990 年

可靠性工程在大型空分设备中的应用,许亮峰,郑裕国,张康达,《科技通报》1990 年第 5 期

1992 年

空气分离设备故障模式与影响分析,郑裕国,许亮峰,《浙江工学院学报》1992 年第 3 期

1993 年

以水解液为原料的 α-淀粉酶发酵工艺条件的研究,郑裕国,陆建卫,曹晓如,李筱琴,《食品与发酵工业》1993 年第 6 期

1994 年

α-淀粉酶发酵工艺条件试验研究,郑裕国,曹晓如,陆建卫,李筱琴,《浙江工业大学学报》1994 年第 2 期

固定化酵母薯干原料酒精发酵中试研究,虞炳钧,张福明,王普,郑裕国,《食品与发酵工业》1994 年第 2 期

1995 年

故障树定性和定理分析的算法,郑裕国,张康达,《浙江工业大学学报》1995 年第 1 期

膜片状填料固定化酵母薯干酒精发酵生物反应器的研究,虞炳钧,郑裕国,张福明,王普,《工业微生物杂志》1995 年第 3 期

空分设备故障树分析,郑裕国,张康达,《低温工程》1995 年第 4 期

草莓法生产线的设计研究,郑裕国,汪钊,《食品科学》1995 年第 11 期

1996 年

酸曲法酱油酿造工艺的研究,汪钊,郑裕国,李琴,沈袭,章锦松,《中国调味品》1996 年第 1 期

修正的 AGREE 法及其在空分设计可靠度分配中的应用,郑裕国,张康达,《机械设计》1996 年第 5 期

离子交换法提取井冈霉素的研究,郑裕国,虞炳钧,陈小龙,方煜,《农药》1996 年第 11 期

1997 年

棉籽饼在 α-淀粉酶发酵中的应用研究,郑裕国,汪钊,《中国粮油学报》1997 年第 2 期

外循环气升式发酵罐体积溶氧系数及其应用于柠檬酸发酵的研究,郑裕国,汪钊,陈小龙,《食品与发酵工业》1997 年第 3 期

现调西瓜汁生产线的设计研究,郑裕国,汪钊,陈小龙,胡裕明,《食品工业科技》1996 年第 6 期

1998 年

外循环气升式发酵罐液相循环时间及其应用于 α-淀粉酶发酵的研究,郑裕国,汪钊,陈小龙,《中国食品学报》1998 年第 1 期

固定化生长细胞用于改善氨基酸调味液品质的研究,汪钊,郑裕国,王春花,《中国食品学报》1998 年第 2 期

淀粉酶在大米粉浆液化过程中的作用研究,汪钊,何晋浙,郑裕国,《中国粮油学报》1998 年第 6 期

真菌 α-淀粉酶应用于面包生产的研究,汪钊,郑裕国,叶月恒,《食品科学》1998 年第 7 期

1999 年

甘薯原料气升式生物反应器发酵生产单细胞蛋白,郑裕国,汪钊,陈小龙,王普,钱静杰,《农业工程学报》1999 年第 1 期

带内件外循环气升式生物反应器氧传递的研究,郑裕国,汪钊,陈小龙,《浙江工业大学学报》1999 年第 1 期

内置筛板外循环气升式生物反应器中液相循环时间的研究,郑裕国,汪钊,陈小龙,《中国抗生素杂志》1999 年第 2 期

产真菌 α-淀粉酶菌种的选育,汪钊,郑裕国,《无锡轻工大学学报》1999 年第 5 期

带内件外循环气升式生物反应器的气含率,郑裕国,汪钊,陈小龙,《无锡轻工大学学报》1999 年第 5 期

2000 年

外循环气升式生物反应器气含率及其用于井冈霉素发酵的研究,郑裕国,汪钊,陈小龙,《中国抗生素杂志》2000 年第 2 期

利用稻谷壳水解液在气升式生物反应器中发酵生产单细胞蛋白,吕一峰,钱静杰,《环境科学》2000 年第 3 期

2001 年

虾青素生产技术及其应用,郑裕国,沈寅初,《化工科技市场》2001 年第 2 期

分光光度法测定红发夫酵母中虾青素含量,许培雅,郑裕国,沈寅初,《浙江工业大学学报》2001 年第 2 期

微生物转化甘油生产 **1,3-二羟基丙酮的菌株筛选**,郑裕国,张霞,沈寅初,《浙江工业大学学报》2001 年第 2 期

2002 年

农用抗生素刺糖菌素(Spinosads)的研究进展,陈小龙,郑裕国,沈寅初,《农药》2002 年第 1 期

高产虾青素的红发夫酵母菌种的选育,王普,裘娟萍,郑裕国,沈寅初,《微生物学通报》2002 年第 1 期

利用柑桔加工过程中的废物生产纤维素酶发酵饲料,汪钊,郑裕国,张惠雄,何晋浙,范永仙,《环境科学研究》2002 年第 1 期

微生物发酵生产虾青素,郑裕国,沈寅初,《生物工程进展》2002 年第 2 期

用固定化生长微生物细胞改善氨基酸调味液品质,汪钊,郑裕国,《无锡轻工大学学报(食品与生物技术)》2002 年第 3 期

用固定化生长微生物细胞改善氨基酸调味液品质,汪钊,郑裕国,王春花,《无锡轻工大学学报》2002 年第 3 期

柑桔果醋加工中柠檬苦素的微生物酶降解研究,汪钊,何晋浙,郑裕国,叶娌娜,《中国酿造》2002 年第 4 期

2003 年

番茄红素的发酵法生产工艺研究进展,吴元锋,郑裕国,《中国食品学报》2003 年第 S1 期

海藻糖酶的提取及其酶学性质的研究,王春辉,金利群,郑裕国,《中国食品学报》2003 年第 S1 期

酶法拆分手性化合物 HPBE,张宪锋,郑裕国,《生物加工过程》2003 年第 2 期

生物农药米尔贝霉素的研究进展,陈小龙,郑裕国,沈寅初,《农药》2003 年第 4 期

角黄素生产技术,申屠旭萍,郑裕国,《中国生物工程杂志》2003 年第 9 期

2004 年

Production of validamycins from crude substrates by streptomyces hygroscopicus in an external-loop airlift bioreactor with a low height-to-diameter ratio,郑裕国,陈小龙,汪钊,沈寅初,《中国化学工程学报(英文版)》2004 年第 1 期

微生物转化法裂解井冈霉素生产井冈霉亚基胺 A,张宪锋,郑裕国,沈寅初,《中国抗生素杂志》2004 年第 4 期

微生物法生产维生素 K2(MK),吴元锋,郑裕国,《科技通报》2004 年第 5 期

假氨基糖类物质的化学修饰及其对糖苷酶抑制作用的研究,董华平,郑裕国,沈寅初,《化学与生物工程》2004 年第 5 期

腺苷蛋氨酸发酵条件及发酵培养基的优化,陈小龙,王远山,郑裕国,沈寅初,《中国生物工程杂志》2004 年第 11 期

2005 年

固态发酵生物反应器,廖春燕,郑裕国,《微生物学通报》2005 年第 1 期

腺苷甲硫氨酸合成酶的提取纯化研究,陈小龙,王远山,郑裕国,《生物技术》2005 年第 1 期

生物抗氧化剂生产及发展,胡忠策,郑裕国,《中国现代应用药学》2005 年第 S1 期

1,3-二羟基丙酮生物技术法生产及其在生物体内的代谢,张勇,郑裕国,《中国现代应用药学》2005 年第 S1 期

动植物细胞培养生物反应器的研究进展,王志江,郑裕国,《药物生物技术》2005 年第 2 期

α-葡萄糖苷酶抑制剂类药物的研究与开发,薛亚平,陈小龙,郑裕国,《中国现代应用药学》2005 年第 S2 期

Inhibition of porcine small intestinal sucrase by validamine,郑裕国,申屠旭萍,沈寅初,《中国化学工程学报(英文版)》2005 年第 3 期

对羟基苯乙腈水合酶高产菌株的选育,蔡谦,吴明火,郑裕国,沈寅初,《生物加工过程》2005 年第 3 期

葡萄糖 3-脱氢酶的研究进展,张建芬,郑裕国,沈寅初,《生物加工过程》2005 年第 3 期

药用氨基酸的应用及其生物催化与生物转化法生产,王远山,徐建妙,陈小龙,郑裕国,《中国现代应用药学》2005 年第 S3 期

有机腈生物转化生产医药中间体,金利群,王亚军,郑仁朝,郑裕国,沈寅初,《中国现代应用药学》2005 年第 S3 期

酵母(1→3)-β-D-葡聚糖制备及其化学衍生研究进展,王亚军,郑裕国,吴天星,姚善泾,《天然产物研究与开发》2005 年第 4 期

对羟基苯乙腈水解酶产生菌的筛选及产酶条件研究,吴明火,蔡谦,郑裕国,沈寅初,《生物加工过程》2005 年第 4 期

腈水解酶的来源、结构、作用机制及其应用,徐建妙,郑裕国,沈寅初,《微生物学通报》2005 年第 5 期

井冈霉素及其分解产物的开发利用,申屠旭萍,郑裕国,俞晓平,《国外医药(抗生素分册)》2005 年第 6 期

对苯二甲酸的生产方法及展望,徐亚蓉,郑裕国,沈寅初,《化学与生物工程》2005 年第 7 期

医药中间体 3-羟基丙腈的生产与应用,蔡谦,吴明火,郑裕国,沈寅初,《精细与专用化学品》2005 年第 19 期

2006 年

微生物法生产对苯二甲酸进展,徐亚蓉,郑裕国,沈寅初,《工业微生物杂志》2006 年第 2 期

生物催化与生物转化腈类化合物生产化工原料及医药中间体,薛亚平,郑裕国,沈寅初,《医药化工》2006 年第 4 期

非均相磺化反应体系制备(1→3)-β-D-葡聚糖硫酸酯,王亚军,姚善泾,郑裕国,《化学工程》2006 年第 4 期

甲醇诱导模式对重组人白介素 11 发酵的影响,孙瑛,李辉,王亮,郑裕国,《生物技术》2006 年第 5 期

叶黄素的微藻生物法生产技术,张建芬,胡忠策,薛亚平,郑裕国,《食品科技》2006 年第 12 期

2007 年

生物转化生产二羟基丙酮的研究进展,章朝辉,胡忠策,郑裕国,《化学与生物工程》2007 年第 1 期

辛烯基琥珀酸淀粉酯的制备及其酶法降解的研究,柳志强,平立凤,李胤,郑裕国,高嘉安,《食品科学》2007 年第 1 期

产腺苷蛋氨酸酵母菌株的选育,王远山,陈小龙,郑裕国,沈寅初,《中国生化药物杂志》2007 年第 2 期

酶解辛烯基琥珀酸淀粉酯的性质及应用,柳志强,平立凤,高嘉安,郑裕国,《食品科学》2007 年第 2 期

手性扁桃酸的合成及外消旋扁桃酸拆分的研究进展,鲁海英,陈静,郑裕国,沈寅初,《现代化工》2007 年第 A2 期

腺苷甲硫氨酸合成酶的提取纯化研究,陈小龙,王远山,郑裕国,《中国生物学文摘》2007 年第 5 期

葡萄糖氧化酶的生产及应用,邢良英,王远山,郑裕国,《食品科技》2007 年第 6 期

2,2-二甲基环丙腈水合酶产生菌的氮离子注入选育及突变株产酶条件研究,吴玉峰,郑裕国,沈寅初,《高校化学工程学报》2007 年第 6 期

2008 年

富铬蚁巢伞(鸡菌)液体培养,胡忠策,郑晓冬,陈新爱,郑裕国,《菌物学报》2008 年第 1 期

表皮短杆菌 ZJB-07021 产 R-酰胺酶培养条件的优化,金少军,梁璐怡,郑仁朝,郑裕国,沈寅初,《微生物学杂志》2008 年第 1 期

红发夫酵母积累虾青素的代谢调控机理研究进展,贾立壮,王远山,郑裕国,《微生物学通报》2008 年第 1 期

产 S-酰胺酶培养基统计学筛选与响应面优化,王宝峰,郑裕国,沈寅初,《生物加工过程》2008 年第 2 期

蜡状芽孢杆菌 ZJB-07112 酰胺酶的分离纯化及其酶学性质,张俊伟,郑裕国,沈寅初,《化工学报》2008 年第 3 期

一株能转化 β-氨基丙腈生产 β-氨基丙酸的菌株 G20 的分离与鉴定,梁璐怡,金少军,徐建妙,郑裕国,沈寅初,《食品与发酵工业》2008 年第 4 期

一株能转化 beta-氨基丙腈生产 beta-氨基丙酸的菌株 G20 的分离与鉴定,梁璐怡,金少军,徐建妙,郑裕国,沈寅初,《食品与发酵工业》2008 年第 4 期

胺基裂解酶及其在医药中间体生产中的应用,何碧波,陈小龙,郑裕国,沈寅初,《微生物学通报》2008 年第 7 期

生物工程设备精品课程建设实践与探索,王远山,胡忠策,徐建妙,陈小龙,郑裕国,《微生物学通报》2008 年第 11 期

2009 年

3-羟基丙醛的制备与应用,张烽,薛亚平,郑裕国,《化学与生物工程》2009 年第 1 期

手性拆分环氧氯丙烷菌株的筛选、鉴定及产酶条件研究,许辉辉,陈月园,胡忠策,郑裕国,《微生物学杂志》2009 年第 2 期

罗伊乳酸杆菌甘油脱水酶基因的克隆及其在大肠杆菌中的表达,平丽英,柳志强,薛亚平,郑裕国,《生物工程学报》2009 年第 2 期

生物法合成 L-草铵膦的研究进展,楼亿圆,林志坚,郑仁朝,郑裕国,《现代农药》2009 年第 3 期

离子注入选育高产衣康酸菌株及其发酵条件优化研究,叶金宝,徐建妙,郑裕国,《发酵科技通讯》2009 年第 4 期

雅致小克银汉霉对 16α,17α-环氧黄体酮 C11α-羟基化的工艺研究,徐银,陈小龙,郑裕国,《中国生化药物杂志》2009 年第 4 期

海藻糖酶的酶学特性及其作为新农药靶标的开发应用,范柯琴,金利群,郑裕国,《化学与生物工程》2009 年第 4 期

选择性腈水解酶在生物催化中的应用,徐赛珍,郑裕国,《浙江化工》2009 年第 5 期

精细(手性)化学品制造中的生物催化与化学催化整合策略,郑裕国,郑仁朝,沈寅初,《中国基础科学》2009 年第 5 期

酶的分子定向进化及其应用,平丽英,柳志强,薛亚平,郑裕国,《基因组学与应用生物学》2009 年第 5 期

新生物催化剂的筛选与开发,尤忠毓,柳志强,郑裕国,《基因组学与应用生物学》2009 年第 6 期

黑曲霉(Aspergillus niger)ZJB-09101 菌株手性拆分环氧氯丙烷的培养条件优化,陈月园,许辉辉,胡忠策,郑裕国,《浙江化工》2009 年第 8 期

草甘膦化学合成工艺及其中间体的生物法合成技术展望,林志坚,郑仁朝,楼亿圆,郑裕国,沈寅初,《农药》2009 年第 8 期

蛋白磷酸酶抑制剂变构霉素的生物合成及其抑制位点研究,柴小涛,陈小龙,郑裕国,沈寅初,《微生物学通报》2009 年第 10 期

罗伊乳酸杆菌甘油脱水酶基因的克隆及其在大肠杆菌中的表达,平丽英,柳志强,薛亚平,郑裕国,《生物工程学报》2009 年第 12 期

新型瘦肉型饲料添加剂生物基 1,3-二羟基丙酮的开发与应用,马骏,胡忠策,郑裕国,《现代农业科技》2009 年第 20 期

内生真菌 A1163 发酵液中活性成分的分离、纯化与鉴定,郑裕国,薛锋,王亚军,薛亚平,沈寅初,《中国抗生素杂志》2009 年第 10 期

腈转化酶在精细化学品生产中的应用,郑裕国,薛亚平,柳志强,郑仁朝,沈寅初,《生物工程学报》2009 年第 12 期

2010 年

抗结核药物的研究现状及新进展,张惠燕,郑裕国,《中华临床感染病杂志》2010 年第 1 期

微生物环氧化物水解酶的研究进展,壮晓健,金火喜,胡忠策,郑裕国,《生物技术》2010 年第 1 期

生物催化生产手性环氧氯丙烷的研究进展,金火喜,壮晓健,胡忠策,郑裕国,《精细与专用化学品》2010 年第 1 期

生物催化法合成 R-扁桃酸的研究进展,陈艳,薛亚平,柳志强,郑裕国,《精细与专用化学品》2010 年第 2 期

亚氨基二乙酸的生产及应用,张涛,柳志强,郑裕国,《精细与专用化学品》2010 年第 3 期

一类生物催化剂——氰基耐受型腈水合酶,郑裕国,金晓峰,郑仁朝,林志坚,沈寅初,《生物加工过程》2010 年第 3 期

2,2-二甲基环丙甲酰胺的 HPLC 测定及其在手性拆分反应监测中的应用,杨仲毅,廖祥儒,朱国荣,郑裕国,孙志浩,《中国抗生素杂志》2010 年第 3 期

一类生物催化剂:氰基耐受型腈水合酶,郑裕国,金晓峰,郑仁朝,林志坚,沈寅初,《生物加工过程》2010 年第 3 期

吡嗪酰胺的研究进展,李亚飞,金利群,柳志强,郑裕国,《中国现代应用药学》2010 年第 4 期

新型抗肿瘤抗生素布雷菲德菌素 A 的研究进展,薛锋,王亚军,郑裕国,《科技通报》2010 年第 4 期

微生物法生产 1,3-二羟基丙酮代谢工程研究进展,孙丽慧,胡忠策,郑裕国,沈寅初,《生物工程学报》2010 年第 9 期

改进酶稳定性的定向进化技术,程峰,董俐住,柳志强,郑裕国,《生物技术通报》2010 年第 12 期

2011 年

南极假丝酵母脂肪酶 B 的修饰与改造,章素平,柳志强,郑裕国,《基因组学与应用生物学》2011 年第 2 期

(R)-邻氯扁桃酸的制备技术进展,钱晶,徐赛珍,薛亚平,郑裕国,沈寅初,《化工进展》2011 年第 2 期

在生物工程专业课程教学过程中加强德育,胡忠策,王远山,郑裕国,《广东化工》2011 年第 2 期

生物柴油副产物甘油产 1,3-丙二醇,张莉萍,胡忠策,柳志强,郑裕国,《精细与专用化学品》2011 年第 5 期

氯吡格雷生产技术研究进展,王威,薛亚平,郑裕国,《现代化工》2011 年第 5 期

实践教学对生物工程设备课程教学质量的提高,徐建妙,王远山,郑裕国,《化工高等教育》2011 年第 6 期

克鲁斯假丝酵母 ZJB 09162 产羰基还原酶的产酶条件,邱照宽,郑仁朝,张晴,郑裕国,《食品与发酵工业》2011 年第 7 期

阿卡波糖的生物合成途径研究进展,冯志华,王远山,郑裕国,《生物技术通报》2011 年第 8 期

浅议基因工程药物的质量控制,吴建兵,郑裕国,《中国卫生产业》2011 年第 9 期

高产腈水解酶 Alcaligenes faecalis UL44 菌株的诱变筛选,徐建明,柳志强,徐建妙,张金峰,郑裕国,《微生物学杂志》2011 年第 5 期

依诺肝素钠中残留苄索氯铵限度检测方法的建立,吴建兵,徐龙军,周金宝,郑裕国,《中国健康月刊(B版)》2011 年第 11 期

实践教学对生物工程设备课程教学质量的提高,徐建妙,王远山,郑裕国,《化工高等教育》2011 年第 6 期

2012 年

蛋白质定向进化及其在微生物代谢调控中的应用,陈丽芳,丁洁女,柳志强,郑裕国,《基因组学与应用生物学》2012 年第 1 期

生物催化过程中色氨酸与色氨酰胺的测定,陈奔,徐建妙,郑裕国,《氨基酸和生物资源》2012 年第 1 期

阳离子交换树脂 SAC 001×7 对阿卡波糖的吸附性能研究,王亚军,董方智,于蕾,郑裕国,《高校化学工程学报》2012 年第 3 期

酰胺酶高通量筛选方法研究进展,田慧,郑仁朝,郑裕国,《微生物学杂志》2012 年第 3 期

腈水解酶重组菌发酵产酶条件的优化及应用,吴乔,薛亚平,郑裕国,《化学与生物工程》2012 年第 3 期

氧化葡萄糖酸杆菌生物催化 1,3-丙二醇合成 3-羟基丙酸,孙丽慧,于飞飞,郑裕国,《生物工程学报》2012 年第 4 期

金属螯合载体固定重组腈水解酶,吴洋,薛亚平,郑裕国,《生物加工过程》2012 年第 4 期

蛋氨酸生产工艺研究进展,党万利,金利群,郑裕国,沈寅初,《食品与发酵工业》2012 年第 4 期

生物催化中酰胺酶立体选择性的影响因素,金建良,徐建妙,郑裕国,《中国生物工程杂志》2012 年第 5 期

Thermomyces lanuginosus ZJB09222 脂肪酶基因克隆及在大肠杆菌中的表达,雷丽华,郑仁朝,柳志强,黎小军,郑裕国,《食品与发酵工业》2012 年第 5 期

摩氏摩根菌产酯酶条件优化及在普瑞巴林手性中间体合成中的应用,傅德进,郑仁朝,郑裕国,《生物加工过程》2012 年第 6 期

酰胺酶催化底物特异性的研究进展,解宝玥,金利群,郑裕国,沈寅初,《农药》2012 年第 7 期

抗氧化剂 α-硫辛酸的生物合成研究进展,阮丽娟,胡忠策,郑裕国,《精细与专用化学品》2012 年第 7 期

具有非对映选择性还原 6-氰基-(5R)-羟基-3-羰基己酸叔丁酯活性的微生物菌株筛选与鉴定,毛芳芳,王亚军,罗希,魏积福,郑裕国,《化学与生物工程》2012 年第 7 期

非水相脂肪酶在维生素酯类衍生物合成中的应用,张秋华,柳志强,郑裕国,《精细与专用化学品》2012 年第 8 期

氨基环醇类化合物有效霉素对阿卡波糖发酵过程的影响,秦俊伟,薛亚平,郑裕国,《化工学报》2012 年第 8 期

核糖体工程与微生物次级代谢产物合成,蔡成平,王远山,郑裕国,《生物技术通报》2012 年第 9 期

产二甲苯单加氧酶菌株的筛选、鉴定及转化 2,5-二甲基吡嗪条件的优化,刘丽娟,薛亚平,郑裕国,《化学与生物工程》2012 年第 9 期

Eupenicillium brefeldianum CCTCC M 208113 发酵液中布雷菲德菌素 A 分离纯化工艺的研究,吴烨飞,王

亚军,薛锋,郑裕国,沈寅初,《中国抗生素杂志》2012 年第 12 期

2013 年

具有差向选择性还原(R)-6-氰基-5-羟基-3-羧基己酸叔丁酯活性的微生物菌株筛选和鉴定,盛骏桢,王亚军,罗希,郑裕国,《生物加工过程》2013 年第 1 期

羧基还原酶不对称还原(R)-6-氰基-5-羟基-3-羧基己酸叔丁酯,曹政,王亚军,肖黎,柳志强,郑裕国,《生物加工过程》2013 年第 1 期

生物催化法合成 6-氰基-(3R,5R)-二羟基己酸叔丁酯,肖黎,王亚军,曹政,柳志强,郑裕国,《生物加工过程》2013 年第 1 期

维生素 A 棕榈酸酯的分离纯化与分析,夏敬云,任春梅,付会兵,徐明,郑啸波,柳志强,郑裕国,《基因组学与应用生物学》2013 年第 1 期

(R)6 氰基 5 羟基 3 羧基己酸叔丁酯,曹政,王亚军,肖黎,柳志强,郑裕国,《生物加工过程》2013 年第 1 期

重组青霉素 G 酰化酶拆分制备(S)邻氯苯甘氨酸,刘学,薛亚平,柳志强,王亚军,郑裕国,《生物加工过程》2013 年第 1 期

手性医药化学品生物催化合成进展与实践,郑裕国,沈寅初,《生物加工过程》2013 年第 2 期

S-腺苷蛋氨酸对微生物次生代谢产物的调控作用与机制研究进展,孙丽慧,张国海,李明刚,郑裕国,《食品与发酵工业》2013 年第 2 期

助干剂对喷雾干燥技术制备二羟基丙酮饲料添加剂的影响,胡忠策,焦学劳,郑裕国,《浙江农业学报》2013 年第 2 期

中国被毛孢脂肪酸类成分分析、提取和鉴定,童欣,刘珊珊,吴玲芳,柳志强,郑裕国,《发酵科技通讯》2013 年第 2 期

生物催化技术在阿托伐他汀手性侧链合成中的应用,魏积福,毛芳芳,王亚军,郑裕国,《科技通报》2013 年第 3 期

柱前手性衍生化-RP-HPLC 法拆分 D,L-草铵膦,徐建妙,徐永鑫,郑裕国,沈寅初,《农药》2013 年第 3 期

重组核苷磷酸转移酶产生菌培养条件优化,何宝龙,孙丽慧,郑裕国,《发酵科技通讯》2013 年第 3 期

Rhodococcus boritolerans FW815 腈水合酶分离纯化及其酶学性质研究,王亚军,熊瑶,王仁凤,郑裕国,沈寅初,《高校化学工程学报》2013 年第 3 期

重组大肠杆菌生产核苷磷酸转移酶的发酵条件优化,沈爱萍,何宝龙,孙丽慧,郑裕国,《发酵科技通讯》2013 年第 4 期

羧基还原酶产生菌 Candida sorboxylosa 的筛选与产酶条件优化,舒学香,孙丽慧,郑裕国,《工业微生物》2013 年第 5 期

游动放线菌原生质体诱变选育阿卡波糖高产菌株,王远山,牛鑫森,郑裕国,《食品与发酵工业》2013 年第 5 期

手性医药化学品生物催化绿色制造,郑裕国,柳志强,沈寅初,《生物产业技术》2013 年第 6 期

3-羟基丙酸分批发酵过程中的 pH 控制策略研究,牛坤,张志伟,柳志强,郑裕国,《工业微生物》2013 年第 6 期

重组大肠杆菌产腈水解酶的培养条件优化,金利群,吴丛伟,柳志强,郑裕国,沈寅初,《食品与发酵工业》2013 年第 6 期

蛋氨酸羟基类似物的生产工艺及其在动物营养中的应用,金利群,李晓庆,李宗通,柳志强,郑裕国,沈寅初,《动物营养学报》2013年第7期

有机溶剂/缓冲液两相体系中全细胞催化拆分环氧氯丙烷,邹树平,颜海蔚,胡忠策,郑裕国,《催化学报》2013年第7期

固定化重组大肠杆菌细胞催化合成(R)一环氧氯丙烷,邹树平,颜海蔚,胡忠策,郑裕国,《现代化工》2013年第7期

凝胶型强酸型阳离子交换树脂分离阿卡波糖:平衡、动力学与热力学研究,王亚军,于蕾,郑裕国,王远山,沈寅初,《中国化学工程学报(英文版)》2013年第10期

Acarbose isolation with gel type strong acid cation exchange resin: Equilibrium, kinetic and thermodynamic studies,王亚军,于蕾,郑裕国,王远山,沈寅初,《中国化学工程学报(英文版)》2013年第10期

东海乌参重金属脱除工艺的研究,单恩莉,林赛君,薛亚平,周海岩,郑裕国,《食品工业科技》2013年第16期

2014年

摩氏摩根菌 ZJB-09203 酯酶的分离纯化及性质,郑仁朝,王天真,黎小军,郑裕国,《生物工程学报》2014年第1期

反-Prelog 规则羰基还原酶产生菌 Debaryomyces castellii ZJB-12032 产酶条件优化研究,姚震,罗希,王亚军,郑裕国,《发酵科技通讯》2014年第2期

基于 SVM-PSO 的羰基还原酶产酶条件优化,朱斌斌,孙丽慧,郑裕国,《食品与发酵工业》2014年第2期

重组大肠杆菌发酵过程中乙酸的控制,刘兆巍,薛亚平,郑裕国,《发酵科技通讯》2014年第2期

酶法合成阿托伐他汀侧链中间体(S)-4-氯-3-羟基丁酸乙酯的研究进展,叶晶晶,董思川,柳志强,郑裕国,《发酵科技通讯》2014年第3期

(S)-邻氯苯甘氨酸制备技术的研究进展,侯鹏云,刘学,薛亚平,郑裕国,《精细与专用化学品》2014年第3期

反应温度调控生物催化立体选择性的研究进展,俞恩光,郑仁朝,郑裕国,《微生物学杂志》2014年第3期

葡萄糖异构酶及其在高果糖浆生产中的应用,刘成龙,周海岩,柳志强,郑裕国,《氨基酸和生物资源》2014年第3期

D-氨基酰化酶的研究进展,郑文宾,郑仁朝,郑裕国,《基因组学与应用生物学》2014年第3期

冬虫夏草液体发酵培养的研究进展,吴玲芳,王晓瑞,柳志强,郑裕国,《发酵科技通讯》2014年第4期

拟南芥腈水解酶催化合成普瑞巴林中间体(S)-3-氰基-5-甲基己酸,聂雅洁,郑仁朝,柳志强,郑裕国,《精细与专用化学品》2014年第5期

静息细胞转化生产 3-羟基丙酸的条件优化,牛坤,孔定国,柳志强,郑裕国,《工业微生物》2014年第6期

发酵冬虫夏草菌丝体中虫草多糖含量的检测及结构鉴定,许峰,吴玲芳,林善,王鸿艳,滕毅,柳志强,郑裕国,《基因组学与应用生物学》2014年第6期

全细胞生物转化二氯丙醇合成环氧氯丙烷的工艺研究,邹树平,秦超,胡忠策,郑裕国,《现代化工》2014年第9期

2015年

新型 7-O-(芳基氨基甲酸酯)-布雷菲德菌素 A 的合成及其抗肿瘤活性,吴植献,王亚军,陈玮,薛锋,万南

微,郑裕国,《合成化学》2015 年第 1 期

毕赤酵母高密度发酵产脂肪酶条件的研究,徐明,付会兵,刘鹏,钱建阳,求赵明,王浩均,柳志强,郑裕国,《发酵科技通讯》2015 年第 1 期

棘白菌素 B 提取液脱色工艺,邹树平,刘苗,钟伟,牛坤,姚黎栋,郑裕国,《生物加工过程》2015 年第 2 期

海藻酸钠-聚乙烯醇-活性炭共固定化重组大肠杆菌细胞,孙丽慧,沈爱萍,何宝龙,郑裕国,《中国食品学报》2015 年第 2 期

有机相中脂肪酶的催化反应及其应用,刘珊珊,刘鹏,周玲妹,柳志强,郑裕国,《发酵科技通讯》2015 年第 2 期

重组大肠杆菌产疏绵状嗜热丝孢菌脂肪酶分批补料发酵工艺,马红叶,郑仁朝,赵川东,郑裕国,《生物加工过程》2015 年第 2 期

酰胺酶拆分制备左乙拉西坦手性中间体(S)-2-氨基丁酰胺的初步研究,郑仁朝,佘勇,郑裕国,《发酵科技通讯》2015 年第 3 期

E. coli BL21(DE3)/pET28a(＋)-cr 羰基还原酶分离纯化及酶学性质研究,王亚军,吴配配,罗希,郑裕国,《高校化学工程学报》2015 年第 3 期

无机微粒添加对丝状微生物发酵过程的影响,牛坤,毛健,郑裕国,《微生物学报》2015 年第 3 期

青霉素酰化酶在手性化学合成中的应用,杨焱磊,薛亚平,郑裕国,《精细与专用化学品》2015 年第 4 期

模拟移动床色谱技术分离果糖研究进展,姜夏伟,王亚军,郑裕国,《发酵科技通讯》2015 年第 4 期

环氧树脂固定化拟南芥腈水解酶 NIT 的研究,嵇东情,郑仁朝,郑裕国,《精细与专用化学品》2015 年第 5 期

6-氰基-(3R,5R)二羟基己酸叔丁酯合成的补料生物转化工艺,刘小青,王亚军,沈伟良,罗希,郑裕国,《化学反应工程与工艺》2015 年第 5 期

甘油发酵生产 3-羟基丙酸的代谢改造工程菌研究进展,牛坤,秦海彬,柳志强,郑裕国,《食品与发酵工业》2015 年第 6 期

环氧化物水解酶在手性药物中间体合成中的应用,吴群,邹树平,郑裕国,《精细与专用化学品》2015 年第 6 期

点饱和突变提高腈水解酶不对称合成 L-2-氨基丁酸的酶活,周海岩,张旺,徐建妙,柳志强,郑裕国,《工业微生物》2015 年第 6 期

P450 酶系中高效电子传递链的构建及应用,柯霞,孙骏,郑裕国,《生命的化学》2015 年第 6 期

冬虫夏草人工培养研究进展,王晓瑞,林善,柳志强,郑裕国,《基因组学与应用生物学》2015 年第 7 期

微粒添加对棘白菌素 B 发酵过程的影响,牛坤,胡逸博,毛健,邹树平,郑裕国,《生物工程学报》2015 年第 7 期

离子交换在羧酸分离中的应用,舒新瑞,薛亚平,郑裕国,《化学与生物工程》2015 年第 8 期

甜菊糖苷的生物合成途径与生物转化制备策略的研究概述,李铭敏,郑仁朝,郑裕国,《食品与发酵工业》2015 年第 9 期

2016 年

生物法制备活性维生素 D3 的现状简述,孙骏,柯霞,郑裕国,《发酵科技通讯》2016 年第 1 期

棘白菌素 B 脱酰基酶工程菌的构建及酶学性质研究,邹树平,廖思行,牛坤,郑裕国,沈寅初,《浙江工业大

学学报》2016 年第 1 期

玉米芯制备木糖预处理方法的研究进展,赵楠,金利群,柳志强,廖承军,郑晓阳,郑裕国,《化学与生物工程》2016 年第 1 期

腈水解酶固定化的研究进展,黄季维,邹树平,郑裕国,《发酵科技通讯》2016 年第 2 期

L-2-氨基丁酸生物合成研究进展,潘苟生,郑仁朝,郑裕国,《发酵科技通讯》2016 年第 3 期

"酶工程"课程教学改革的探索与实践,周海岩,王亚军,牛坤,贾东旭,王远山,郑裕国,《高校生物学教学研究(电子版)》2016 年第 3 期

Enzymatic production of key intermediate of gabapentin by recombinant amidase from Pantoea sp. with high ratio of substrate to biocatalyst,Z. M. Wu,R. C. Zheng,X. Ding,J. Q. Jin,Y. G. Zheng,Process Biochemistry,2016(5)

Highly regioselective and efficient production of 1-cyanocyclohexaneacetamide by Rhodococcus aetherivorans ZJB1208 nitrile hydratase,R. C. Zheng,X. J. Yin,Y. G. Zheng,Journal of Chemical Technology and Biotechnology,2016(5)

Immobilization of nitrilase on bioinspired silica for efficient synthesis of 2-hydroxy-4-(methylthio) butanoic acid from 2-hydroxy-4-(methylthio) butanenitrile,L. Q. Jin,D. J. Guo,Z. T. Li,Z. Q. Liu,Y. G. Zheng,Journal of Industrial Microbiology & Biotechnology,2016(5)

Improved stereoselective bioreduction of t-Butyl 6-cyano-(5R)-hydroxy-3-oxohexanoate by Rhodotorula glutinis through heat treatment,X. Luo,Y. J. Wang,Y. G. Zheng,Biotechnology and Applied Biochemistry,2016(6)

氧化-还原生物催化偶联去消旋的研究进展,曾浩,薛亚平,郑裕国,《化学与生物工程》2016 年第 8 期

A novel amidase from Brevibacterium epidermidis ZJB-07021:gene cloning, refolding and application in butyrylhydroxamic acid synthesis,L. T. Ruan,R. C. Zheng,Y. G. Zheng,Journal of Industrial Microbiology & Biotechnology,2016(8)

High-throughput screening methods for nitrilases,Y. P. Xue,Y. K. Yang,S. Z. Lv,Z. Q. Liu,Y. G. Zheng,Applied Microbiology and Biotechnology,2016(8)

Covalent immobilization of Agrobacterium radiobacter epoxide hydrolase on ethylenediamine functionalised epoxy supports for biocatalytical synthesis of (R)-epichlorohydrin,S. P. Zou,Z. C. Wang,C. Qin,Y. G. Zheng,Biotechnology Letters,2016(9)

环氧树脂固定化卤醇脱卤酶的研究,顾恺,邹树平,王志才,郑裕国,《现代化工》2016 年第 11 期

Application of CRISPRi in for shikimic acid production,B. Zhang,Z. Q. Liu,C. Liu,Y. G. Zheng,Biotechnology Letters,2016(12)

High level of spinosad production in the heterologous host saccharopolyspora erythraea,J. Huang,Z. Yu,M. H. Li,J. D. Wang,H. Bai,J. Zhou,Y. G. Zheng,Applied and Environmental Microbiology,2016(18)

Chemoenzymatic synthesis of (S)-duloxetine using carbonyl reductase from Rhodosporidium toruloides,X. Chen,Z. Q. Liu,C. P. Lin,Y. G. Zheng,Bioorganic Chemistry,2016(65)

2017 年

Immobilization of recombinant glucose isomerase for efficient production of high fructose corn syrup,L. Q. Jin,Q. Xu,Z. Q. Liu,D. X. Jia,C. J. Liao,D. S. Chen,Y. G. Zheng,Applied Biochemistry and Biotechnology,2017(1)

基于 OBE 的实验教学示范中心实践教学改革探索——以浙江工业大学为例,金利群,胡忠策,汤晓玲,王远山,郑裕国,《浙江工业大学学报(社会科学版)》2017 年第 2 期

Large-scale synthesis of tert-butyl (3R,5S)-6-chloro-3,5-dihydroxyhexanoate by a stereoselective carbonyl reductase with high substrate concentration and product yield,Z. Q. Liu,Z. L. Hu,X. J. Zhang,X. L. Tang,F. Cheng,Y. P. Xue,Y. J. Wang,L. Wu,D. K. Yao,Y. T. Zhou,Y. G. Zheng,Biotechnology Progress,2017(3)

Semi-rational engineering of leucine dehydrogenase for L-2-aminobutyric acid production,J. M. Xu,F. Cheng,F. T. Fu,H. F. Hu,Y. G. Zheng,Applied Biochemistry and Biotechnology,2017(3)

Recent advances in biotechnological applications of alcohol dehydrogenases,Y. G. Zheng,H. H. Yin,D. F. Yu,X. Chen,X. L. Tang,X. J. Zhang,Y. P. Xue,Y. J. Wang,Z. Q. Liu,Applied Microbiology and Biotechnology,2017(3)

3-Hydroxypropionic acid production by recombinant Escherichia coli ZJU-3HP01 using glycerol-glucose dual-substrate fermentative strategy,K. Niu,T. Xiong,H. B. Qin,H. Wu,Z. Q. Liu,Y. G. Zheng,Biotechnology and Applied Biochemistry,2017(4)

Simple-MSSM:a simple and efficient method for simultaneous multi-site saturation mutagenesis,F. Cheng,J. M. Xu,C. Xiang,Z. Q. Liu,L. Q. Zhao,Y. G. Zheng,Biotechnology Letters,2017(4)

Enhanced diastereoselective synthesis of t-butyl 6-cyano-(3R,5R)-dihydroxyhexanoate by using aldo-keto reductase and glucose dehydrogenase co-producing engineered Escherichia coli,Y. J. Wang,W. Shen,X. Luo,Z. Q. Liu,Y. G. Zheng,Biotechnology Progress,2017(5)

Extraction and characterization of pepsin soluble collagen from the body wall of sea cucumber acaudina leucoprocta,S. J. Lin,Y. P. Xue,E. San,T. C. Keong,L. F. Chen,Y. G. Zheng,Journal of Aquatic Food Product Technology,2017(5)

Investigation of the key factors on 3-hydroxypropionic acid production with different recombinant strains,K. Niu,X. L. Cheng,H. B. Qin,J. S. Liu,Y. G. Zheng,3 Biotech,2017(5)

Identification and characterization of a thermostable and cobalt-dependent amidase from Burkholderia phytofirmans ZJB-15079 for efficient synthesis of (R)-3,3,3-trifluoro-2-hydroxy-2-methylpropionic acid,Z. M. Wu,RC. Zheng,X. L. Tang,Y. G. Zheng,Applied Microbiology and Biotechnology,2017(5)

甘油原料转化生产手性环氧氯丙烷关键酶的开发,张晓健,郑裕国,《生物产业技术》2017 年第 6 期

酶的化学糖基化修饰的研究进展,姜炎甫,邹树平,轩秀玲,郑裕国,《精细与专用化学品》2017 年第 6 期

An NADPH-dependent Lactobacillus composti short-chain dehydrogenase/reductase:characterization and application to (R)-1-phenylethanol synthesis,Y. J. Wang,B. B. Ying,M. Chen,W. Shen,Z. Q. Liu,Y. G. Zheng,World Journal of Microbiology & Biotechnology,2017(7)

Flavobacterium quisquiliarum sp nov. ,isolated from activated sludge,B. Zhang,Z. Q. Liu,Y. G. Zheng,International Journal of Systematic and Evolutionary Microbiology,2017(10)

Improving catalytic performance of an arylacetonitrilase by semirational engineering,Y. P. Xue,B. Jiao,D. E. Hua,F. Cheng,Z. Q. Liu,Y. G. Zheng,Bioprocess and Biosystems Engineering,2017(10)

Directed evolution of carbonyl reductase from rhodosporidium toruloides and its application in stereoselective synthesis of tert-butyl (3R,5S)-6-chloro-3,5-dihydroxyhexanoate,Z. Q. Liu,L. Wu,X. J. Zhang,Y. P. Xue,Y. G. Zheng,Journal of Agricultural and Food Chemistry,2017(18)

Corrigendum to "A spectrophotometric screening method for avermectin oxidizing microorganisms" ,Y. S. Wang,Q. W. Hu,X. C. Zheng,J. F. Zhang,Y. G. Zheng,Journal of Microbiological Methods,2017(140)

2018 年

Enhanced production of xylose from corncob hydrolysis with oxalic acid as catalyst,L. Q. Jin,N. Zhao,Z. Q. Liu,C. J. Liao,X. Y. Zheng,Y. G. Zheng,Bioprocess and Biosystems Engineering,2018(1)

Pedobacter quisquiliarum sp. nov. ,isolated from activated sludge,B. Zhang,Z. Q. Liu,Y. G. Zheng,International Journal of Systematic and Evolutionary Microbiology,2018(1)

Enhanced catalytic efficiency and enantioselectivity of epoxide hydrolase from Agrobacterium radiobacter AD1 by iterative saturation mutagenesis for (R)-epichlorohydrin synthesis,S. P. Zou,Y. G. Zheng,Q. Wu,Z. C. Wang,Y. P. Xue,Z. Q. Liu,Applied Microbiology and Biotechnology,2018(2)

Improvement of amphotericin B production by a newly isolated Streptomyces nodosus mutant,B. Zhang,H. D. Zhang,Y. T. Zhou,K. Huang,Z. Q. Liu,Y. G. Zheng,Biotechnology and Applied Biochemistry,2018(2)

Whole cell immobilization of refractory glucose isomerase using tris(hydroxymethyl)phosphine as crosslinker for preparation of high fructose corn syrup at elevated temperature,D. X. Jia,T. Wang,Z. J. Liu,L. Q. Jin,J. J. Li,C. J. Liao,D. S. Chen,Y. G. Zheng,Journal of Bioscience and Bioengineering,2018(2)

Distribution and chemoenzymatic removal of heavy metals in sea cucumber acaudina leucoprocta,S. J. Lin,L. F. Chen,Y. B. Jia,H. L. Xiao,Y. P. Xue,Y. G. Zheng,Food Science and Technology Research,2018(2)

Highly efficient deracemization of racemic 2-hydroxy acids in a three-enzyme co-expression system using a novel ketoacid reductase,Y. P. Xue,C. Wang,D. C. Wang,Z. Q. Liu,Y. G. Zheng,Applied Biochemistry and Biotechnology,2018(3)

Covalent immobilization of halohydrin dehalogenase for efficient synthesis of epichlorohydrin in an integrated bioreactor,S. P. Zou,K. Gu,Y. G. Zheng,Biotechnology Progress,2018(3)

Production of R-mandelic acid using nitrilase from recombinant E. coli cells immobilized with tris(hydroxymethyl)phosphine,X. H. Zhang,Z. Q. Liu,Y. P. Xue,Y. S. Wang,B. Yang,Y. G. Zheng,Applied Biochemistry and Biotechnology,2018(3)

Rate-limiting steps in the Saccharomyces cerevisiae ergosterol pathway：towards improved ergosta-5,7-dien-3β-ol accumulation by metabolic engineering,B. X. Ma,X. Ke,X. L. Tang,R. C. Zheng,Y. G. Zheng,World Journal of Microbiology & Biotechnology,2018(4)

Enzymatic asymmetric synthesis of chiral amino acids,Y. P. Xue,C. H. Cao,Y. G. Zheng,Chemical Society Reviews,2018(4)

Identification of a consensus motif in Erg28p required for C-4 demethylation in yeast ergosterol biosynthesis based on mutation analysis,X. Ke,X. Y. Xia,R. C. Zheng,Y. G. Zheng,FEMS Microbiology Letters,2018(5)

Biosynthesis of miglitol intermediate 6-(N-hydroxyethyl)-amino-6-deoxy-α-l-sorbofuranose by an improved d-sorbitol dehydrogenase from Gluconobacter oxydans,X. Ke,N. N. Wang,P. H. Yu,Y. H. Lu,Z. C. Hu,Y. G.

Zheng,3 Biotech,2018(5)

ReToAd：simple method for the rapid replacement of promoters to improve protein production,F. Cheng,C. Xiang,X. J. Zhang,Z. Q. Liu,Y. G. Zheng,Biotechnology Letters,2018(5)

Metabolic engineering of for the production of -succinyl-l-homoserine with high yield,J. F. Huang,B. Zhang,Z. Y. Shen,Z. Q. Liu,Y. G. Zheng,3 Biotech,2018(7)

Process development for efficient biosynthesis of L-DOPA with recombinant Escherichia coli harboring tyrosine phenol lyase from Fusobacterium nucleatum,X. L. Tang,X. Liu,H. Suo,Z. C. Wang,R. C. Zheng,Y. G. Zheng,Bioprocess and Biosystems Engineering,2018(9)

An ornithine ω-aminotransferase required for growth in the absence of exogenous proline in the archaeon Thermococcus kodakarensis,R. C. Zheng,S. I. Hachisuka,H. Tomita,T. Imanaka,Y. G. Zheng,M. Nishiyama,H. Atomi,Journal of Biological Chemistry,2018(10)

Systematic analysis of bottlenecks in a multi-branched and multilevel regulated pathway：The molecular fundamentals of L-methionine biosynthesis in Escherichia coli,J. F. Huang,Z. Y. Shen,Q. L. Mao,X. M. Zhang,B. Zhang,J. S. Wu,Z. Q. Liu,Y. G. Zheng,ACS Synthetic Biology,2018(11)

Separation and purification of L-proline and L-hydroxyproline from the hydrolysate of sea cucumber Acaudina leucoprota：Separation with ion exchange chromatography,H. Y. Zhou,Y. L. Zhang,Y. P. Xue,S. J. Lin,Y. G. Zheng,Journal of Chemical Technology and Biotechnology,2018(12)

Significantly increased catalytic activity of Candida antarctica lipase B for the resolution of cis(＋/－)- dimethyl 1-acetylpiperidine-2,3-dicarboxylate,J. W. Shen,J. M. Qi,X. J. Zhang,Z. Q. Liu,Y. G. Zheng,Catalysis Science & Technology,2018(18)

2019 年

Fermentative production of the unnatural amino acid L-2-aminobutyric acid based on metabolic engineering,J. M. Xu,J. Q. Li,B. Zhang,Z. Q. Liu,Y. G. Zheng,Microbial Cell Factories,2019(1)

Identification and engineering of the key residues at the crevice-like binding site of lipases responsible for activity and substrate specificity,X. Ding,X. L. Tang,R. C. Zheng,Y. G. Zheng,Biotechnology Letters,2019(1)

Enhanced production of 6-(N-Hydroxyethyl)-amino-6-deoxy-α-L-sorbofuranose by Immobilized gluconobacter oxydanson corn stover with a pH control strategy in a bubble column bioreactor,Z. C. Hu,J. L. Bu,R. Y. Wang,X. Ke,Y. G. Zheng,Applied Biochemistry and Biotechnology,2019(2)

Statistical medium optimization and DO-STAT fed-batch fermentation for enhanced production of tyrosine phenol lyase in recombinant Escherichia coli,X. L. Tang,Z. C. Wang,J. Yang,R. C. Zheng,Y. G. Zheng,Preparative Biochemistry & Biotechnology,2019(2)

Aptamer-modified magnetic metal-organic framework MIL-101 for highly efficient and selective enrichment of ochratoxin A,Q. C. Zhang,Y. Q. Yang,Y. Z. Zhi,X. Y. Wang,Y. Wu,Y. G. Zheng,Journal of Separation Science,2019(3)

Highly efficient conversion of 1-cyanocycloalkaneacetonitrile using a "super nitrilase mutant",Z. Xu,N. Xiong,S. P. Zou,Y. X. Liu,Z. Q. Liu,Y. P. Xue,Y. G. Zheng,Bioprocess and Biosystems Engineering,2019(3)

Enhanced L-methionine production by genetically engineered through fermentation optimization,H. Y. Zhou,W. J. Wu,K. Niu,Y. Y. Xu,Z. Q. Liu,Y. G. Zheng,3 Biotech,2019(3)

Efficient Biosynthesis of Xylitol from Xylose by Coexpression of Xylose Reductase and Glucose Dehydrogenase in Escherichia coli,L. Q. Jin,W. Xu,B. Yang,Z. Q. Liu,Y. G. Zheng,Applied Biochemistry and Biotechnology,2019(4)

Integrated strategy of temperature shift and mannitol feeding for enhanced production of echinocandin B by Aspergillus nidulans CCTCC M2012300,S. P. Zou,Y. Xiong,K. Niu,Z. C. Hu,Y. G. Zheng,,3 Biotech,2019(4)

Efficient Resolution of cis-(±)-Dimethyl 1-Acetylpiperidine-2,3-dicarboxylate by Covalently Immobilized Mutant Candida antarctica Lipase B in Batch and Semicontinuous Modes,J. W. Shen,J. M. Qi,X. J. Zhang,Z. Q. Liu,Y. G. Zheng,Organic Process Research & Development,2019(5)

Structure-Based Engineering of Amidase from Pantoea sp. for Efficient 2-Chloronicotinic Acid Biosynthesis,X. L. Tang,J. Q. Jin,Z. M. Wu,L. Q. Jin,R. C. Zheng,Y. G. Zheng,Applied and Environmental Microbiology,2019(5)

Engineering of a keto acid reductase through reconstructing the substrate binding pocket to improve its activity,D. C. Wang,H. Li,S. N. Xia,Y. P. Xue,Y. G. Zheng,Catalysis Science & Technology,2019(8)

Efficient chemoenzymatic synthesis of optically active pregabalin from racemic isobutylsuccinonitrile,Q. Zhang,Z. M. Wu,S. Liu,X. L. Tang,R. C. Zheng,Y. G. Zheng,Organic Process Research & Development,2019(9)

A high-throughput screening method for improved R-2-(4-hydroxyphenoxy)propionic acid biosynthesis,H. Y. Zhou,Y. Z. Li,R. Jiang,H. F. Hu,Y. S. Wang,Z. Q. Liu,Y. P. Xue,Y. G. Zheng,Bioprocess and Biosystems Engineering,2019(10)

工业环境下酶蛋白的催化行为与适应性改造研究进展,王文豪,闻鹏飞,许孔亮,郑仁朝,郑裕国,《生物工程学报》2019 年第 10 期

Highly regio- and enantioselective synthesis of chiral intermediate for pregabalin using one-pot bienzymatic cascade of nitrilase and amidase,Q. Zhang,Z. M. Wu,C. L. Hao,X. L. Tang,R. C. Zheng,Y. G. Zheng,Applied Microbiology and Biotechnology,2019(14)

Promoter engineering strategies for the overproduction of valuable metabolites in microbes,L. Q. Jin,W. R. Jin,Z. C. Ma,Q. Shen,X. Cai,Z. Q. Liu,Y. G. Zheng,Applied Microbiology and Biotechnology,2019(21)

Immobilization of enzymes in/on membranes and their applications,Y. K. Cen,Y. X. Liu,Y. P. Xue,Y. G. Zheng,Advanced Synthesis and Catalysis,2019(24)

Immobilization of amidase into a magnetic hierarchically porous metal-organic framework for efficient biocatalysis,C. P. Lin,K. L. Xu,R. C. Zheng,Y. G. Zheng,Chemical Communications,2019(40)

2020 年

郑裕国题词,郑裕国,《合成生物学》2020 年第 1 期

Amphotericin B biosynthesis in Streptomyces nodosus:Quantitative analysis of metabolism via LC-MS/MS based metabolomics for rational design,B. Zhang,Y. T. Zhou,S. X. Jiang,Y. H. Zhang,K. Huang,Z. Q.

Liu,Y. G. Zheng,Microbial Cell Factories,2020(1)

Asymmetric synthesis of tert-butyl (3R,5S)-6-chloro-3,5-dihydroxyhexanoate using a self-sufficient biocatalyst based on carbonyl reductase and cofactor co-immobilization,X. J. Zhang,W. Z. Wang,R. Zhou,Z. Q. Liu,Y. G. Zheng,Bioprocess and Biosystems Engineering,2020(1)

Purification and Biochemical Characterization of a Tyrosine Phenol-lyase from Morganella morganii,H. Q. Zhu,X. L. Tang,R. C. Zheng,Y. G. Zheng,Applied Microbiology and Biotechnology,2020(1)

Production of tert-butyl(3R,5S)-6-chloro-3,5-dihydroxyhexanoate using carbonyl reductase coupled with glucose dehydrogenase with high space-time yield,X. J. Zhang,L. Zheng,D. Wu,R. Zhou,Z. Q. Liu,Y. G. Zheng,Biotechnology Progress,2020(1)

Proteome sequencing and analysis of Ophiocordyceps sinensis at different culture periods,B. Zhang,B. Li,X. H. Men,Z. W. Xu,H. Wu,X. T. Qin,F. Xu,Y. Teng,S. J. Yuan,L. Q. Jin,Z. Q. Liu,Y. G. Zheng,BMC Genomics,2020(1)

Recent advances in the improvement of enzyme thermostability by structure modification,Z. Xu,Y. K. Cen,S. P. Zou,Y. P. Xue,Y. G. Zheng,Critical Reviews in Biotechnology,2020(1)

Screening of fungi isolates for C-4 hydroxylation of R-2-phenoxypropionic acid based on a novel 96-well microplate assay method,H. Y. Zhou,R. Jiang,Y. Z. Li,W. Xu,Y. S. Wang,Y. P. Xue,Y. G. Zheng,Applied Microbiology and Biotechnology,2020(1)

Development of a robust nitrilase by fragment swapping and semi-rational design for efficient biosynthesis of pregabalin precursor,Q. Zhang,X. F. Lu,Y. Zhang,X. L. Tang,R. C. Zheng,Y. G. Zheng,Biotechnology and Bioengineering,2020(2)

Effect of dissolved oxygen on L-methionine production from glycerol by Escherichia coli W3110BL using metabolic flux analysis method,K. Niu,Y. Y. Xu,W. J. Wu,H. Y. Zhou,Z. Q. Liu,Y. G. Zheng,Journal of Industrial Microbiology & Biotechnology,2020(3)

Enhanced production of L-methionine in engineered Escherichia coli with efficient supply of one carbon unit,X. L. Tang,X. Y. Du,L. J. Chen,Z. Q. Liu,Y. G. Zheng,Biotechnology Letters,2020(3)

Improvement of R-2-(4-hydroxyphenoxy)propionic acid biosynthesis of Beauveria bassiana by combined mutagenesis,H. F. Hu,H. Y. Zhou,G. P. Cheng,Y. P. Xue,Y. S. Wang,Y. G. Zheng,Biotechnology and Applied Biochemistry,2020(3)

Efficient degradation of ivermectin by newly isolated Aeromonas taiwanensis ZJB-18,044,Y. S. Wang,M. H. Gong,X. L. Wang,X. L. Peng,Y. W. Wang,J. H. Guan,D. Y. Cheng,C. Y. Weng,Y. G. Zheng,Biodegradation,2020(4-6)

Efficient separation of l-phosphinothricin from enzymatic reaction solution using cation-exchange resin,S. Z. Lv,Y. X. Guo,Y. P. Xue,J. M. Xu,Y. G. Zheng,Separation Science and Technology,2020(4)

Enhancing catalytic efficiency of an actinoplanes utahensis echinocandin B deacylase through random mutagenesis and site-directed mutagenesis,Y. N. Cheng,S. Qiu,F. Cheng,C. Y. Weng,Y. J. Wang,Y. G. Zheng,Applied Biochemistry and Biotechnology,2020(4)

NH2-MIL-53(Al) polymer monolithic column for in-tube solid-phase microextraction combined with UHPLC-

MS/MS for detection of trace sulfonamides in food samples,Q. C. Zhang,G. P. Xia,J. Y. Liang,X. L. Zhang,L. Jiang,Y. G. Zheng,X. Y. Wang,Molecules,2020(4)

Expression and characterization of a CALB-type lipase from Sporisorium reilianum SRZ2 and its potential in short-chain flavor ester synthesis,J. W. Shen,X. Cai,B. J. Dou,F. Y. Qi,X. J. Zhang,Z. Q. Liu,Y. G. Zheng,Frontiers of Chemical Science and Engineering,2020(5)

Engineering a Pichia pastoris nitrilase whole cell catalyst through the increased nitrilase gene copy number and co-expressing of ER oxidoreductin 1,Q. Shen,Z. Yu,P. J. Lv,Q. Li,S. P. Zou,N. Xiong,Z. Q. Liu,Y. P. Xue,Y. G. Zheng,Applied Microbiology and Biotechnology,2020(6)

Improvement Of gibberellin production by a newly isolated Fusarium fujikuroi mutant,B. Zhang,Z. Lei,Z. Q. Liu,Y. G. Zheng,Journal of Applied Microbiology,2020(6)

Integrated bioinformatics analyses identified SCL3-induced regulatory network in Arabidopsis thaliana roots,C. Y. Weng,M. H. Zhu,Z. Q. Liu,Y. G. Zheng,Biotechnology Letters,2020(6)

Fluorescence-based high-throughput screening system for R-ω-transaminase engineering and its substrate scope extension,F. Cheng,X. L. Chen,C. Xiang,Z. Q. Liu,Y. J. Wang,Y. G. Zheng,Applied Microbiology and Biotechnology,2020(7)

Enhancement of gibberellic acid production from Fusarium fujikuroi by mutation breeding and glycerol addition,X. L. Peng,W. J. Zhao,Y. S. Wang,K. L. Dai,Y. K. Cen,Z. Q. Liu,Y. G. Zheng,3 Biotech,2020(7)

Upscale production of (R)-mandelic acid with a stereospecific nitrilase in an aqueous system,X. H. Zhang,C. Y. Wang,X. Cai,Y. P. Xue,Z. Q. Liu,Y. G. Zheng,Bioprocess and Biosystems Engineering,2020(7)

Enhanced (R)-2-(4-hydroxyphenoxy)propionic acid production by Beauveria bassiana: optimization of culture medium and H2O2 supplement under static cultivation,H. F. Hu,H. Y. Zhou,X. L. Wang,Y. S. Wang,Y. P. Xue,Y. G. Zheng,Journal of Microbiology and Biotechnology,2020(8)

Mutagenesis of echinocandin B overproducing Aspergillus nidulans capable of using starch as main carbon source,Z. C. Hu,W. J. Li,S. P. Zou,K. Niu,Y. G. Zheng,Preparative Biochemistry & Biotechnology,2020(8)

Production of (R)-2-(4-hydroxyphenoxy) propionic acid by Beauveria bassiana ZJB16007 in solid state fermentation using rice bran,Y. S. Wang,X. L. Wang,H. Y. Zhou,H. F. Hu,Y. P. Xue,Y. G. Zheng,Preparative Biochemistry & Biotechnology,2020(8)

Covalent immobilization of recombinant Citrobacter koseri transaminase onto epoxy resins for consecutive asymmetric synthesis of L-phosphinothricin,D. X. Jia,H. P. Xu,C. Y. Sun,C. Peng,J. L. Li,L. Q. Jin,F. Cheng,Z. Q. Liu,Y. P. Xue,Y. G. Zheng,Bioprocess and Biosystems Engineering,2020(9)

The development of a simple yet excellent cataluminescence sensor based on nano-Dy2O3 for the rapid monitoring of cyclopentanone,Q. C. Zhang,Q. Zhou,Y. Wang,Y. Wu,L. Jiang,Y. G. Zheng,J. Y. Liang,Measurement Science and Technology,2020(9)

环氧化物水解酶交联细胞聚集体催化合成(R)-环氧氯丙烷,邹树平,姜镇涛,王志才,柳志强,郑裕国,《化工学报》2020 年第 9 期

Repeated production of 6-(N-hydroxyethyl)-amino-6-deoxy-α-L-sorbofuranose by immobilized Gluconobacter oxydans cells with a strategy of in situ exhaustive cell regeneration，Z. C. Hu，Z. Y. Zhao，X. Ke，Y. G. Zheng，Bioprocess and Biosystems Engineering，2020(10)

Effects of methyl oleate and microparticle-enhanced cultivation on echinocandin B fermentation titer，K. Niu，X. P. Wu，X. L. Hu，S. P. Zou，Z. C. Hu，Z. Q. Liu，Y. G. Zheng，Bioprocess and Biosystems Engineering，2020(11)

Enhancement Of Protoplast Preparation And Regeneration Ofhirsutella Sinensisbased On Process Optimization，L. Q. Jin，Z. W. Xu，X. H. Men，B. Zhang，Z. Q. Liu，Y. G. Zheng，Biotechnology Letters，2020(11)

Secretory expression and characterization of a novel amidase fromkluyvera cryocrescensinbacillus subtilis，X. M. Kang，X. Cai，Z. Q. Liu，Y. G. Zheng，Biotechnology Letters，2020(11)

Covalently bonded aptamer-functionalised magnetic mesoporous carbon for high-efficiency chloramphenicol detection，Q. C. Zhang，Q. Q. Zhou，L. Yang，X. Y. Wang，Y. G. Zheng，L. C. Bao，Journal of Separation Science，2020(13)

Light-driven deracemization of phosphinothricin by engineered fatty acid photodecarboxylase on a gram scale，F. Cheng，H. Li，D. Y. Wu，J. M. Li，Y. Fan，Y. P. Xue，Y. G. Zheng，Green Chemistry，2020(20)

学位论文
6000 可逆式空分设备可靠性分析研究，郑裕国，浙江工学院硕士学位论文，1989
催化水解井冈霉素的研究，郑裕国，浙江工业大学博士学位论文，2004

报纸文献
生物医药产业绿色升级迫在眉睫，郑裕国，徐秉楠，《健康报》2018-09-04

专利信息
1991 年
豆类湿法去皮机，发明人：李宏伟，郑裕国，胡学和，申请号：91205032.2，申请日期：1991-03-28
豆类湿法去皮机，发明人：李宏伟，郑裕国，胡学和，申请号：91101995.2，申请日期：1991-03-28
2003 年
红发夫酵母中虾青素的提取方法，发明人：郑裕国，陈小龙，汪钊，沈寅初，胡忠策，申请号：03117031.5，申请日期：2003-05-17
2004 年
有效霉烯胺和有效霉胺的微生物制备方法，发明人：郑裕国，陈小龙，薛亚平，王远山，沈寅初，申请号：200410017516.3，申请日期：2004-04-05
带混流装置的外循环气升式生物反应器，发明人：汪钊，郑裕国，陈小龙，章银军，沈雪亮，申请号：200420081413.9，申请日期：2004-07-31
2005 年
微生物裂解阿卡波糖及其衍生物制备有效霉烯胺，发明人：郑裕国，薛亚平，王远山，陈小龙，沈寅初，申请

号:200510060638.5,申请日期:2005-09-06

微生物法生产有效霉烯胺和有效霉胺,发明人:郑裕国,薛亚平,王远山,陈小龙,沈寅初,申请号:200510061364.1,申请日期:2005-11-01

微生物裂解有效霉素生产有效霉烯胺和有效霉胺,发明人:郑裕国,薛亚平,王远山,陈小龙,沈寅初,申请号:200510061363.7,申请日期:2005-11-01

S-(十)-2,2-二甲基环丙甲酰胺的微生物制备方法,发明人:郑裕国,郑仁朝,沈寅初,申请号:200510061680.9,申请日期:2005-11-24

微生物法生产二羟基丙酮,发明人:郑裕国,胡忠策,柳志强,沈寅初,申请号:200510061969.0,申请日期:2005-12-13

一种光学选择性酰胺酶筛选方法,发明人:郑裕国,郑仁朝,沈寅初,申请号:200510062182.6,申请日期:2005-12-23

2006 年

枯草芽孢杆菌 ZJB-063 及其应用,发明人:郑裕国,吴明火,柳志强,沈寅初,申请号:200610050594.2,申请日期:2006-04-29

人苍白杆菌 ZJB-061 及其应用,发明人:郑裕国,徐亚蓉,柳志强,沈寅初,申请号:200610050592.3,申请日期:2006-04-29

赤红球菌 ZJB-064 及其应用,发明人:郑裕国,蔡谦,薛亚平,柳志强,沈寅初,申请号:200610050593.8,申请日期:2006-04-29

地衣芽孢杆菌 B-05571 及其在制备 1,3-二羟基丙酮中的应用,发明人:郑裕国,胡忠策,柳志强,沈寅初,申请号:200610053548.8,申请日期:2006-09-22

2007 年

表皮短杆菌 ZJB-07021 及其在制备 (S)-2,2-二甲基环丙烷甲酰胺中的应用,发明人:郑裕国,郑仁朝,金少军,王远山,王宝峰,沈寅初,申请号:200710070754.4,申请日期:2007-08-10

一种井冈霉素提取的方法,发明人:郑裕国,沈寅初,薛亚平,陈小龙,申请号:200710071123.4,申请日期:2007-09-14

一种高纯度井冈霉素粉剂的制备方法,发明人:郑裕国,沈寅初,薛亚平,陈小龙,申请号:200710071125.3,申请日期:2007-09-14

粘性沙雷氏菌及其生物转化 DL-乳酸生产丙酮酸,发明人:郑裕国,贾立壮,沈寅初,申请号:200710156905.8,申请日期:2007-11-20

蜡状芽孢杆菌及其制备手性 2,2-二甲基环丙甲酸/酰胺,发明人:郑裕国,沈寅初,张俊伟,申请号:200710156733.4,申请日期:2007-11-28

2008 年

二羟基丙酮高产菌的快速筛选方法,发明人:郑裕国,胡忠策,薛亚平,沈寅初,申请号:200810059517.2,申请日期:2008-01-25

亚氨基二乙酸的液相分析方法,发明人:郑裕国,徐建妙,柳志强,沈寅初,申请号:200810122190.9,申请日期:2008-11-10

微生物催化法生产亚氨基二乙酸及其菌株,发明人:郑裕国,柳志强,徐建妙,薛亚平,沈寅初,申请号:

200810122191.3，申请日期：2008-11-10

一种微生物发酵制备有效霉烯胺的方法，发明人：郑裕国，薛亚平，王远山，陈小龙，沈寅初，申请号：200810162418.7，申请日期：2008-11-24

生物催化法生产 2,2-二甲基环丙烷甲酰胺的提纯方法，发明人：郑裕国，郑仁朝，徐建妙，王远山，沈寅初，申请号：200810163846.1，申请日期：2008-12-25

生物催化法制备 2,2-二甲基环丙甲酰胺及其菌株，发明人：郑裕国，王亚军，沈寅初，申请号：200810163749.2，申请日期：2008-12-30

生物催化 2-氰基吡嗪生产吡嗪酰胺的方法及其菌株，发明人：郑裕国，金利群，柳志强，薛亚平，沈寅初，申请号：200810163750.5，申请日期：2008-12-30

布雷正青霉变种 ZJB082702 及其发酵制备布雷菲德菌素 A 的应用，发明人：郑裕国，王亚军，薛锋，薛亚平，沈寅初，申请号：200810163775.5，申请日期：2008-12-31

2009 年

一种微生物转化生产二羟基丙酮的方法，发明人：郑裕国，胡忠策，申请号：200910097379.1，申请日期：2009-04-13

一种瘦肉型饲料添加剂及其应用，发明人：郑裕国，王亚军，胡忠策，申请号：200910097682.1，申请日期：2009-04-16

紫红红球菌及其催化亚氨基二乙腈制备亚氨基二乙酸，发明人：郑裕国，柳志强，张涛，徐建妙，薛亚平，郑仁朝，沈寅初，申请号：201110223776.6，申请日期：2009-07-16

节杆菌及其催化亚氨基二乙腈制备亚氨基二乙酸，发明人：郑裕国，柳志强，张涛，徐建妙，薛亚平，郑仁朝，沈寅初，申请号：201110224295.7，申请日期：2009-07-16

微生物催化亚氨基二乙腈制备亚氨基二乙酸的方法，发明人：郑裕国，柳志强，张涛，徐建妙，薛亚平，郑仁朝，沈寅初，申请号：200910100875.8，申请日期：2009-07-16

嗜吡啶红球菌及其催化亚氨基二乙腈制备亚氨基二乙酸，发明人：郑裕国，柳志强，张涛，徐建妙，薛亚平，郑仁朝，沈寅初，申请号：201110223868.4，申请日期：2009-07-16

藤黄微球菌及其催化亚氨基二乙腈制备亚氨基二乙酸，发明人：郑裕国，柳志强，张涛，徐建妙，薛亚平，郑仁朝，沈寅初，申请号：201110223794.4，申请日期：2009-07-16

恶臭假单胞菌及其催化亚氨基二乙腈制备亚氨基二乙酸，发明人：郑裕国，柳志强，张涛，徐建妙，薛亚平，郑仁朝，沈寅初，申请号：201110224760.7，申请日期：2009-07-16

一种腈水解酶基因、载体、工程菌及其应用，发明人：郑裕国，柳志强，薛亚平，郑仁朝，沈寅初，申请号：200910152434.2，申请日期：2009-09-08

一种甘油脱水酶基因、载体、工程菌及其应用，发明人：郑裕国，柳志强，平丽英，张烽，薛亚平，沈寅初，申请号：200910153309.3，申请日期：2009-10-15

生物催化法生产 R-扁桃酸及其衍生物的方法，发明人：郑裕国，薛亚平，柳志强，徐赛珍，沈寅初，申请号：200910154484.4，申请日期：2009-11-02

一种生物催化 2-氯-3-氰基吡啶生产 2-氯烟酸的方法及菌株，发明人：郑裕国，金利群，李亚飞，沈寅初，申请号：200910154891.5，申请日期：2009-11-26

生物催化与分离耦合法生产 R-扁桃酸，发明人：郑裕国，薛亚平，柳志强，沈寅初，申请号：

200910155228.7,申请日期:2009-12-10

一种西司他丁钠的制备方法,发明人:郑裕国,白骅,郑仁朝,杨志清,杨仲毅,沈寅初,申请号:200910155659.3,申请日期:2009-12-29

一种亚胺培南中间体及亚胺培南的制备方法,发明人:白骅,郑裕国,杨志清,孟强,郑仁朝,沈寅初,申请号:200910155660.6,申请日期:2009-12-29

2010 年

生物催化法生产他汀类药物中间体,发明人:郑裕国,董华平,沈寅初,申请号:201010107481.8,申请日期:2010-01-30

一种腈转化酶的高通量筛选方法,发明人:郑裕国,林志坚,郑仁朝,雷利华,戴昌龙,沈寅初,申请号:201010187277.1,申请日期:2010-05-31

微生物催化法制备 2-氨基-2,3-二甲基丁酰胺的方法及菌株,发明人:郑裕国,林志坚,郑仁朝,沈寅初,申请号:201010204535.2,申请日期:2010-06-21

微生物催化制备 2-氨基-2,3-二甲基丁酰胺的方法及菌株,发明人:郑裕国,林志坚,郑仁朝,沈寅初,申请号:201210239451.1,申请日期:2010-06-21

微生物催化法制备 2-氨基-2,3-二甲基丁酰胺的方法及菌株,发明人:郑裕国,林志坚,郑仁朝,沈寅初,申请号:201210239547.8,申请日期:2010-06-21

一种醛脱氢酶基因、载体、工程菌及其应用,发明人:郑裕国,柳志强,平立英,沈寅初,申请号:201010217573.1,申请日期:2010-07-05

一种环氧化物水解酶基因、载体、工程菌及其应用,发明人:郑裕国,柳志强,壮晓健,张莉萍,胡忠策,沈寅初,申请号:201010226216.1,申请日期:2010-07-14

恶臭假单胞菌 ZJB09102 及其在制备环氧氯丙烷中的应用,发明人:郑裕国,胡忠策,许辉辉,申请号:201010599887.2,申请日期:2010-12-22

一种微生物发酵制备阿卡波糖的方法,发明人:郑裕国,王亚军,薛亚平,王远山,沈寅初,申请号:201010605821.X,申请日期:2010-12-25

一种 α-淀粉酶抑制剂产生菌的筛选方法,发明人:郑裕国,王远山,冯志华,薛亚平,王亚军,沈寅初,申请号:201210224287.7,申请日期:2010-12-25

α-淀粉酶抑制剂产生菌及其筛选方法,发明人:郑裕国,王远山,冯志华,薛亚平,王亚军,沈寅初,申请号:201010605912.3,申请日期:2010-12-25

2011 年

不对称还原制备(R)-1,3-丁二醇的方法及菌株,发明人:郑裕国,郑仁朝,邱照宽,沈寅初,申请号:201110030661.5,申请日期:2011-01-27

光学触控系统及光学触控方法,发明人:郑裕国,申请号:201110075329.0,申请日期:2011-03-24

壤霉菌及其在水解制备(S)-环氧氯丙烷中的应用,发明人:郑裕国,金火喜,胡忠策,壮晓健,沈寅初,申请号:201110075174.0,申请日期:2011-03-28

冬虫夏草中国被毛孢合成代谢甘露醇相关酶、基因及应用,发明人:郑裕国,李邦良,吴晖,柳志强,许静,袁水金,许峰,陈丽芳,薛亚平,沈寅初,申请号:201110267161.3,申请日期:2011-09-09

微生物发酵合成阿卡波糖的方法,发明人:郑裕国,孙丽慧,李明刚,王远山,沈寅初,申请号:

201110293699.1，申请日期：2011-09-29

摩氏摩根菌及在制备(S)-2-羧乙基-3-氰基-5-甲基己酸中的应用，发明人：郑裕国，郑仁朝，傅德进，沈寅初，申请号：201110318750.X，申请日期：2011-10-19

一种微生物转化制备(S)-环氧氯丙烷的方法及菌株，发明人：郑裕国，邹树平，胡忠策，金火喜，申请号：201110350712.2，申请日期：2011-11-08

一种从发酵液中分离提取高纯度布雷菲德菌素 A 的方法，发明人：郑裕国，王亚军，吴烨飞，薛锋，吴植献，沈寅初，申请号：201110370278.4，申请日期：2011-11-18

水生黄杆菌及其在微生物转化制备 L-色氨酸中的应用，发明人：郑裕国，徐建妙，陈奔，沈寅初，申请号：201110405106.6，申请日期：2011-12-08

生物催化制备 6-氰基-(3R,5R)-二羟基己酸叔丁酯及菌株，发明人：郑裕国，王亚军，毛芳芳，魏积福，申请号：201110451447.7，申请日期：2011-12-29

一株产二甲苯单加氧酶的恶臭假单胞菌及其应用，发明人：郑裕国，薛亚平，刘丽娟，沈寅初，申请号：201110451426.5，申请日期：2011-12-29

2012 年

冬虫夏草中国被毛孢合成代谢虫草素相关酶、基因及应用，发明人：郑裕国，李邦良，吴晖，柳志强，许静，陈丽芳，许峰，薛亚平，袁水金，王鸿艳，申请号：201210026402.X，申请日期：2012-02-07

一种立体选择性 α-羟酸脱氢酶的筛选方法，发明人：郑裕国，薛亚平，王威，沈寅初，申请号：201210110398.5，申请日期：2012-04-13

立体选择性 α-羟酸脱氢酶的筛选方法，发明人：郑裕国，薛亚平，王威，沈寅初，申请号：201210109290.4，申请日期：2012-04-13

α-羟酸去消化的方法及菌株，发明人：郑裕国，薛亚平，张雅琴，沈寅初，申请号：201210109160.0，申请日期：2012-04-13

生物催化法生产手性 α-羟酸及其菌株，发明人：郑裕国，薛亚平，王威，沈寅初，申请号：201210110084.5，申请日期：2012-04-13

中华根瘤菌及其生物拆分外消旋 α-羟酸生产手性 α-羟酸，发明人：郑裕国，薛亚平，王威，沈寅初，申请号：201210110081.1，申请日期：2012-04-13

一种 1,3-二羟基丙酮的分步结晶方法，发明人：郑裕国，胡忠策，申请号：201210152380.1，申请日期：2012-05-16

一种 1,3-二羟基丙酮的分离提取方法，发明人：郑裕国，胡忠策，申请号：201210151489.3，申请日期：2012-05-16

冬虫夏草中国被毛孢合成代谢黄嘌呤核苷酸的酶及其应用，发明人：郑裕国，李邦良，吴晖，柳志强，许静，陈丽芳，许峰，薛亚平，袁水金，王鸿艳，申请号：201210173746.3，申请日期：2012-05-28

冬虫夏草中国被毛孢合成代谢嘌呤的酶、基因及其应用，发明人：郑裕国，李邦良，吴晖，柳志强，许静，陈丽芳，许峰，薛亚平，袁水金，王鸿艳，申请号：201210175456.2，申请日期：2012-05-28

冬虫夏草中国被毛孢合成代谢腺苷酸的酶、基因及其应用，发明人：郑裕国，李邦良，吴晖，柳志强，许静，陈丽芳，许峰，薛亚平，王鸿艳，袁水金，申请号：201210175221.3，申请日期：2012-05-28

冬虫夏草中国被毛孢合成代谢次黄嘌呤核苷酸的酶及应用，发明人：郑裕国，李邦良，吴晖，柳志强，许静，

陈丽芳,许峰,薛亚平,袁水金,王鸿艳,申请号:201210175192.0,申请日期:2012-05-28

冬虫夏草中国被毛孢合成代谢黄嘌呤的酶、基因及其应用,发明人:郑裕国,李邦良,吴晖,柳志强,许静,陈丽芳,许峰,薛亚平,袁水金,王鸿艳,申请号:201210173744.4,申请日期:2012-05-28

冬虫夏草中国被毛孢合成代谢腺嘌呤的酶、基因及其应用,发明人:郑裕国,李邦良,吴晖,柳志强,许静,陈丽芳,许峰,薛亚平,袁水金,王鸿艳,申请号:201210173748.2,申请日期:2012-05-28

冬虫夏草中国被毛孢合成代谢鸟苷酸的酶、基因及其应用,发明人:郑裕国,李邦良,吴晖,柳志强,许静,陈丽芳,许峰,薛亚平,袁水金,王鸿艳,申请号:201210173625.9,申请日期:2012-05-28

重组腈水解酶制备 2-氨基-4-甲硫基丁酸的方法,发明人:郑裕国,金利群,柳志强,薛亚平,沈寅初,申请号:201210335386.2,申请日期:2012-09-12

再育镰刀菌 ZJB-09150 及在生物合成烟酸中的应用,发明人:郑裕国,金利群,柳志强,沈寅初,申请号:201210386670.2,申请日期:2012-10-12

布雷菲德菌素 A 酯类衍生物及其制备与应用,发明人:朱勍,何秉踊,郑裕国,王亚军,申请号:201210426089.9,申请日期:2012-10-30

疏绵状嗜热丝孢菌脂肪酶突变体、编码基因及其应用,发明人:郑裕国,黎小军,郑仁朝,沈寅初,申请号:201210407833.0,申请日期:2012-10-23

来自冬虫夏草的长链-酰基-辅酶 A 合成酶、基因及应用,发明人:郑裕国,柳志强,吴晖,李邦良,许静,林善,许峰,薛亚平,袁水金,王鸿艳,申请号:201310674695.7,申请日期:2012-10-30

冬虫夏草合成十六烷基-辅酶 A 的酶、基因及其应用,发明人:郑裕国,柳志强,吴晖,李邦良,许静,林善,许峰,薛亚平,袁水金,王鸿艳,申请号:201210426276.7,申请日期:2012-10-30

冬虫夏草中国被毛孢合成乙酸的酶、基因及其应用,发明人:郑裕国,柳志强,吴晖,李邦良,许静,林善,许峰,薛亚平,袁水金,王鸿艳,申请号:201410653007.3,申请日期:2012-10-30

冬虫夏草中国被毛孢合成乙酸的酶、基因及其应用,发明人:郑裕国,柳志强,吴晖,李邦良,许静,林善,许峰,薛亚平,袁水金,王鸿艳,申请号:201210424658.6,申请日期:2012-10-30

冬虫夏草中国被毛孢合成 3-羟基丁酸的酶、基因及应用,发明人:郑裕国,柳志强,吴晖,李邦良,许静,林善,许峰,薛亚平,袁水金,王鸿艳,申请号:201210425301.X,申请日期:2012-10-30

白地霉 ZJB-09214 及在生物催化合成 L-色氨酸中的应用,发明人:郑裕国,郑仁朝,沈寅初,申请号:201210435815.3,申请日期:2012-11-05

一种冬虫夏草十六烷辅酶 A 水解酶、基因及其应用,发明人:郑裕国,柳志强,吴晖,李邦良,许静,林善,许峰,薛亚平,袁水金,王鸿艳,申请号:201210492892.2,申请日期:2012-11-09

一种冬虫夏草 Ω-6 脂肪酸-脱氢酶、基因及其应用,发明人:郑裕国,柳志强,吴晖,李邦良,许静,林善,许峰,薛亚平,袁水金,王鸿艳,申请号:201210448830.1,申请日期:2012-11-09

一种冬虫夏草十八烷酰辅酶 A 脱氢酶、基因及其应用,发明人:郑裕国,柳志强,吴晖,李邦良,许静,林善,许峰,薛亚平,袁水金,王鸿艳,申请号:201210447232.2,申请日期:2012-11-09

冬虫夏草合成代谢二十碳五烯酸的△-5-脱氢酶、基因及应用,发明人:郑裕国,柳志强,吴晖,李邦良,许静,林善,许峰,薛亚平,袁水金,王鸿艳,申请号:201210447392.7,申请日期:2012-11-09

环氧化物水解酶基因、编码酶、载体、工程菌及应用,发明人:郑裕国,薛锋,柳志强,邹树平,胡忠策,沈寅初,申请号:201210455073.0,申请日期:2012-11-13

卤醇脱卤酶、编码基因、载体、菌株及应用,发明人:郑裕国,薛锋,柳志强,万南微,高爱存,沈寅初,申请号:201210455315.6,申请日期:2012-11-13

微生物催化制备(2S,3R)-2-苯甲酰氨甲基-3-羟基丁酸酯及菌株,发明人:郑裕国,孙丽慧,陈翔,张国海,沈寅初,申请号:201210527747.3,申请日期:2012-12-05

冬虫夏草中国被毛孢二氢乳清酸氧化酶、编码基因及应用,发明人:郑裕国,柳志强,吴晖,李邦良,吴玲芳,许静,许峰,薛亚平,袁水金,王鸿艳,申请号:201210535846.6,申请日期:2012-12-10

冬虫夏草还原型辅酶Ⅱ、编码基因及其应用,发明人:郑裕国,柳志强,吴晖,李邦良,许静,吴玲芳,许峰,薛亚平,袁水金,王鸿艳,申请号:201210535641.8,申请日期:2012-12-10

冬虫夏草核糖核苷酸还原酶、编码基因及其应用,发明人:郑裕国,柳志强,吴晖,李邦良,许静,吴玲芳,许峰,薛亚平,袁水金,王鸿艳,申请号:201210535250.6,申请日期:2012-12-10

冬虫夏草CTP合成酶、编码基因及其应用,发明人:郑裕国,柳志强,吴晖,李邦良,许静,吴玲芳,许峰,薛亚平,袁水金,王鸿艳,申请号:201210535283.0,申请日期:2012-12-10

冬虫夏草中国被毛孢尿苷酸合成酶、编码基因及其应用,发明人:郑裕国,柳志强,吴晖,李邦良,吴玲芳,许静,许峰,薛亚平,袁水金,王鸿艳,申请号:201210535286.4,申请日期:2012-12-10

冬虫夏草胞嘧啶脱氨酶、编码基因及其应用,发明人:郑裕国,柳志强,吴晖,李邦良,许静,吴玲芳,许峰,薛亚平,袁水金,王鸿艳,申请号:201210536936.7,申请日期:2012-12-10

冬虫夏草中国被毛孢尿苷酸合成酶、编码基因及应用,发明人:郑裕国,柳志强,吴晖,李邦良,吴玲芳,许静,许峰,薛亚平,袁水金,王鸿艳,申请号:201410328990.1,申请日期:2012-12-10

冬虫夏草dCMP脱氨酶、编码基因及其应用,发明人:郑裕国,柳志强,吴晖,李邦良,许静,吴玲芳,许峰,薛亚平,袁水金,王鸿艳,申请号:201210536391.X,申请日期:2012-12-10

冬虫夏草胞苷脱氨酶、编码基因及其应用,发明人:郑裕国,柳志强,吴晖,李邦良,许静,吴玲芳,许峰,薛亚平,袁水金,王鸿艳,申请号:201210536158.1,申请日期:2012-12-10

冬虫夏草中国被毛孢5'-核苷酸酶、编码基因及其应用,发明人:郑裕国,柳志强,吴晖,李邦良,吴玲芳,许静,许峰,薛亚平,袁水金,王鸿艳,申请号:201210536984.6,申请日期:2012-12-10

冬虫夏草中国被毛孢二磷酸核苷激酶、编码基因及其应用,发明人:郑裕国,柳志强,吴晖,李邦良,吴玲芳,许静,许峰,薛亚平,袁水金,王鸿艳,申请号:201210536916.X,申请日期:2012-12-10

冬虫夏草中国被毛孢尿苷酸-胞苷酸激酶、编码基因及应用,发明人:郑裕国,柳志强,吴晖,李邦良,吴玲芳,许静,许峰,薛亚平,袁水金,王鸿艳,申请号:201210535299.1,申请日期:2012-12-10

冬虫夏草中国被毛孢尿苷-胞苷激酶、编码基因及其应用,发明人:郑裕国,柳志强,吴晖,李邦良,吴玲芳,许静,许峰,薛亚平,袁水金,王鸿艳,申请号:201210535124.0,申请日期:2012-12-10

冬虫夏草胸苷酸合成酶、编码基因及其应用,发明人:郑裕国,柳志强,吴晖,李邦良,许静,吴玲芳,许峰,薛亚平,袁水金,王鸿艳,申请号:201210535359.X,申请日期:2012-12-10

冬虫夏草中国被毛孢氨甲酰磷酸合成酶、编码基因及应用,发明人:郑裕国,柳志强,吴晖,李邦良,吴玲芳,许静,许峰,薛亚平,袁水金,王鸿艳,申请号:201210535384.8,申请日期:2012-12-10

冬虫夏草CTP合成酶、编码基因及其应用,发明人:郑裕国,柳志强,吴晖,李邦良,许静,吴玲芳,许峰,薛亚平,袁水金,王鸿艳,申请号:201510023806.7,申请日期:2012-12-10

冬虫夏草中国被毛孢核苷三磷酸焦磷酸酶、编码基因及应用,发明人:郑裕国,柳志强,吴晖,李邦良,许

静,吴玲芳,许峰,薛亚平,袁水金,王鸿艳,申请号:201210535295.3,申请日期:2012-12-10

冬虫夏草 dTMP 激酶、编码基因及其应用,发明人:郑裕国,柳志强,吴晖,李邦良,许静,吴玲芳,许峰,薛亚平,袁水金,王鸿艳,申请号:201210536966.8,申请日期:2012-12-10

来自冬虫夏草中国被毛孢的尿苷酸合成酶、编码基因及其应用,发明人:郑裕国,柳志强,吴晖,李邦良,吴玲芳,许静,许峰,薛亚平,袁水金,王鸿艳,申请号:201410328733.8,申请日期:2012-12-10

利用游动放线菌制备反式-4-氨甲基-环己烷甲酸的方法,发明人:郑裕国,孙丽慧,王远山,王元平,申请号:201210593725.7,申请日期:2012-12-31

节杆菌 ZJB-09277 及其在制备(S)-3-氰基-5-甲基己酸中的应用,发明人:郑裕国,郑仁朝,李爱朋,沈寅初,申请号:201210594042.3,申请日期:2012-12-31

荧光假单胞菌及其在制备反式-4-氨甲基-环己烷甲酸中的应用,发明人:郑裕国,王远山,孙丽慧,王元平,申请号:201210593105.3,申请日期:2012-12-31

山梨木糖假丝酵母及其在制备(S)-4-氯-3-羟基丁酸乙酯中的应用,发明人:郑裕国,孙丽慧,舒学香,柳志强,沈寅初,申请号:201210594514.5,申请日期:2012-12-31

2013 年

生物催化制备 6-氰基-(3R,5R)-二羟基己酸叔丁酯及菌株,发明人:郑裕国,王亚军,盛骏桢,罗希,沈寅初,申请号:201310024358.3,申请日期:2013-01-22

生物还原制备他汀侧链 6-氰基-(3R,5R)-二羟基己酸叔丁酯及菌株,发明人:郑裕国,王亚军,罗希,盛骏桢,沈寅初,申请号:201310041616.9,申请日期:2013-01-30

一种东海乌参酶溶性胶原蛋白的提取纯化方法,发明人:郑裕国,林赛君,薛亚平,单恩莉,沈寅初,申请号:201310094792.9,申请日期:2013-03-22

蜡状芽孢杆菌及其在微生物转化制备 L-草铵膦中的应用,发明人:郑裕国,徐建妙,徐永鑫,沈寅初,申请号:201310201317.7,申请日期:2013-05-27

荧光假单胞菌及其在生物合成蛋氨酸中的应用,发明人:郑裕国,金利群,李晓庆,柳志强,申请号:201310214112.2,申请日期:2013-05-31

一种酸性磷酸酶突变体、编码基因、载体及应用,发明人:郑裕国,孙丽慧,沈爱萍,沈寅初,申请号:201310414756.6,申请日期:2013-09-12

一种发酵法制备棘白菌素 B 的方法及菌株,发明人:郑裕国,邹树平,牛坤,钟伟,毛健,沈寅初,申请号:201310477670.8,申请日期:2013-10-12

一种提高阿尼芬净前体化合物 Echinocandin B 产量的方法,发明人:郑裕国,牛坤,邹树平,毛健,钟伟,沈寅初,申请号:201310478251.6,申请日期:2013-10-12

庆笙红球菌及其在制备(S)-4-氯-3-羟基丁酸乙酯中的应用,发明人:郑裕国,孙丽慧,朱斌斌,沈寅初,申请号:201310504948.6,申请日期:2013-10-23

来源于疏棉状嗜热丝孢菌的酯酶、基因、载体、工程菌及应用,发明人:郑裕国,郑仁朝,黎小军,沈寅初,申请号:201310684640.4,申请日期:2013-12-13

一种布雷菲德菌素 A 糖基化衍生物及其制备与应用,发明人:郑裕国,王亚军,吴植献,薛锋,沈寅初,申请号:201310754867.1,申请日期:2013-12-31

2014 年

疏绵状嗜热丝孢菌脂肪酶突变体、编码基因及其应用，发明人：郑裕国，郑仁朝，黎小军，马红叶，沈寅初，申请号：201410032400.0，申请日期：2014-01-23

红球菌 ZJB-1208 及其在制备 1-氰基环己基乙酰胺中的应用，发明人：郑裕国，郑仁朝，尹新坚，沈寅初，申请号：201410053739.9，申请日期：2014-02-17

固定化重组青霉素 G 酰化酶及其应用，发明人：薛亚平，郑裕国，柳志强，侯鹏云，刘学，申请号：201410301057.5，申请日期：2014-06-27

冬虫夏草中国被毛孢磷脂酶 C、编号基因及其应用，发明人：柳志强，郑裕国，林善，薛亚平，吴晖，李邦良，许静，许峰，袁水金，王鸿艳，申请号：201410305839.6，申请日期：2014-06-30

来自冬虫夏草中国被毛孢的精氨酸酶、编码基因及其应用，发明人：柳志强，郑裕国，林善，薛亚平，吴晖，李邦良，许静，许峰，王鸿艳，申请号：201410307406.4，申请日期：2014-06-30

冬虫夏草中国被毛孢几丁质酶 F、编码基因及其应用，发明人：柳志强，郑裕国，林善，薛亚平，吴晖，李邦良，许静，许峰，王鸿艳，申请号：201410307574.3，申请日期：2014-06-30

冬虫夏草酯酶/脂肪酶、编码基因、载体、工程菌及其应用，发明人：柳志强，郑裕国，林善，薛亚平，吴晖，李邦良，许静，许峰，王鸿艳，申请号：201410308598.0，申请日期：2014-06-30

来自冬虫夏草中国被毛孢的几丁质酶 A、编码基因及应用，发明人：柳志强，郑裕国，林善，薛亚平，吴晖，李邦良，许静，许峰，王鸿艳，申请号：201410308584.9，申请日期：2014-06-30

冬虫夏草 3-异丙基苹果酸脱氢酶 B、编码基因及其应用，发明人：柳志强，郑裕国，林善，薛亚平，吴晖，李邦良，许静，许峰，王鸿艳，申请号：201410305802.3，申请日期：2014-06-30

冬虫夏草中国被毛孢苹果酸脱氢酶 A、编码基因及其应用，发明人：柳志强，郑裕国，林善，薛亚平，吴晖，李邦良，许静，许峰，袁水金，王鸿艳，申请号：201410308610.8，申请日期：2014-06-30

冬虫夏草中国被毛孢漆酶、编码基因及其应用，发明人：柳志强，郑裕国，林善，薛亚平，吴晖，李邦良，许静，许峰，王鸿艳，申请号：201410308600.4，申请日期：2014-06-30

来自冬虫夏草的丝氨酸蛋白酶、编码基因及其应用，发明人：柳志强，郑裕国，林善，薛亚平，吴晖，李邦良，许静，许峰，王鸿艳，申请号：201410308921.4，申请日期：2014-06-30

冬虫夏草中国被毛孢苹果酸脱氢酶 B、编码基因及其应用，发明人：柳志强，郑裕国，林善，薛亚平，吴晖，李邦良，许静，许峰，袁水金，王鸿艳，申请号：201410309468.9，申请日期：2014-06-30

冬虫夏草 3-异丙基苹果酸脱氢酶 C、编码基因及其应用，发明人：柳志强，郑裕国，林善，薛亚平，吴晖，李邦良，许静，许峰，王鸿艳，申请号：201410306498.4，申请日期：2014-06-30

冬虫夏草 3-异丙基苹果酸脱氢酶 A、编码基因及其应用，发明人：柳志强，郑裕国，林善，薛亚平，吴晖，李邦良，许静，许峰，王鸿艳，申请号：201410307409.8，申请日期：2014-06-30

蜡状芽孢杆菌 ZJB-11071 及其应用，发明人：柳志强，郑裕国，高爱存，薛亚平，薛峰，万南微，申请号：201410359149.9，申请日期：2014-07-25

利用腈水解酶工程菌制备 1-氰基环己基乙酸的方法，发明人：薛亚平，郑裕国，徐喆，柳志强，王应鹏，苏新瑞，贾东旭，申请号：201410395753.7，申请日期：2014-08-12

一种 1-氰基环己基乙酸的制备方法，发明人：郑裕国，薛亚平，柳志强，苏新瑞，黄有明，翁建峰，王应鹏，贾东旭，申请号：201410395025.6，申请日期：2014-08-12

重组腈水解酶、编码基因、突变体、工程菌及应用,发明人:郑裕国,柳志强,张新红,薛亚平,徐喆,贾东旭,沈寅初,申请号:201410394471.5,申请日期:2014-08-12

一种含腈水解酶基因工程菌的高密度发酵方法,发明人:薛亚平,郑裕国,柳志强,刘兆巍,王应鹏,徐喆,申请号:201410394475.3,申请日期:2014-08-12

来源于嗜热踝节菌的脂肪酶突变体及应用,发明人:郑裕国,郑仁朝,黎小军,吴欣玮,沈寅初,申请号:201410409072.1,申请日期:2014-08-19

运动替斯崔纳菌、卤醇脱卤酶、基因、载体、重组菌及其应用,发明人:柳志强,郑裕国,薛锋,王亚军,万南微,窦宾贤,沈寅初,申请号:201410438169.5,申请日期:2014-08-29

羰基还原酶基因、编码酶、载体、工程菌及其应用,发明人:郑裕国,柳志强,陈翔,王亚军,沈寅初,申请号:201410436860.X,申请日期:2014-08-29

一种维生素 A 棕榈酸酯的合成方法,发明人:郑裕国,柳志强,胡忠策,刘珊珊,申请号:201410441389.3,申请日期:2014-09-01

重组酰胺酶 Dt-Ami2、编码基因、载体、工程菌及应用,发明人:郑裕国,吴哲明,郑仁朝,沈寅初,申请号:201410481925.2,申请日期:2014-09-19

重组酰胺酶 Dt-Ami7、编码基因、载体、工程菌及应用,发明人:郑裕国,郑仁朝,吴哲明,沈寅初,申请号:201410481953.4,申请日期:2014-09-19

葡萄糖异构酶基因、编码酶、载体、工程菌及应用,发明人:郑裕国,周海岩,柳志强,刘成龙,廖承军,陈德水,程新平,毛宝兴,张为宏,申请号:201410484596.7,申请日期:2014-09-19

食清洁剂细小棒菌 ZJB14001、卤醇脱卤酶基因、酶、工程菌及应用,发明人:柳志强,郑裕国,万南微,沈寅初,申请号:201410552622.5,申请日期:2014-10-17

产醛酮还原酶菌株、醛酮还原酶基因、载体、工程菌及应用,发明人:郑裕国,王亚军,罗希,刘小青,申请号:201410641987.5,申请日期:2014-11-13

聚乙二醇-布雷菲德菌素 A 酯类衍生物及其制备与应用,发明人:朱勍,张海峰,郑裕国,王亚军,申请号:201410816009.X,申请日期:2014-12-24

7-N3-布雷菲德菌素 A 及其 1,2,3-三氮唑类衍生物的制备与抗肿瘤应用,发明人:朱勍,张海峰,郑裕国,王亚军,申请号:201410821417.4,申请日期:2014-12-24

7-酰胺-布雷菲德菌素 A 衍生物及其制备与应用,发明人:朱勍,张海峰,郑裕国,王亚军,申请号:201410819831.1,申请日期:2014-12-24

2015 年

产醛酮还原酶菌株、基因、酶、载体、工程菌及应用,发明人:王亚军,刘小青,罗希,郑裕国,申请号:201510004669.2,申请日期:2015-01-05

羰基还原酶基因、酶、载体、工程菌及其在不对称还原前手性羰基化合物中的应用,发明人:柳志强,郑裕国,陈翔,王亚军,沈寅初,申请号:201510026759.1,申请日期:2015-01-20

一种羰基还原酶基因、编码酶、载体、工程菌及其应用,发明人:柳志强,郑裕国,陈翔,王亚军,沈寅初,申请号:201510026596.7,申请日期:2015-01-20

来源于嗜清洁细小杆菌卤醇脱卤酶突变体及其应用,发明人:柳志强,郑裕国,万南微,沈寅初,申请号:201510097839.6,申请日期:2015-03-05

一种环氧化物水解酶突变体、工程菌及其应用，发明人：柳志强，郑裕国，薛锋，朱杭芹，王亚军，沈寅初，申请号：201510098037.7，申请日期：2015-03-05

一种重组卤醇脱卤酶、突变体、工程菌及其应用，发明人：柳志强，郑裕国，薛锋，朱杭芹，王亚军，沈寅初，申请号：201510097830.5，申请日期：2015-03-05

葡萄糖异构酶、基因、突变体、工程菌及应用，发明人：柳志强，郑裕国，郑微，周海岩，刘成龙，廖承军，陈德水，程新平，毛宝兴，申请号：201510098439.7，申请日期：2015-03-05

一种检测水中叠氮根离子或氰离子的方法，发明人：柳志强，郑裕国，万南微，薛峰，沈寅初，申请号：201510108903.6，申请日期：2015-03-12

腈水解酶突变体及其应用，发明人：薛亚平，郑裕国，施成赐，徐喆，柳志强，申请号：201510127744.4，申请日期：2015-03-23

重组卤醇脱卤酶、编码基因、载体、工程菌及其应用，发明人：柳志强，郑裕国，薛锋，朱杭芹，王亚军，沈寅初，申请号：201510136155.2，申请日期：2015-03-26

一种化学-酶法生产加巴喷丁的方法，发明人：薛亚平，郑裕国，王应朋，邹树平，申请号：201510304138.5，申请日期：2015-06-05

一种含腈水解酶细胞的固定化方法，发明人：郑裕国，邹树平，黄季维，薛亚平，申请号：201510306785.X，申请日期：2015-06-05

一种含葡萄糖异构酶细胞的固定化方法，发明人：金利群，郑裕国，郭东京，柳志强，申请号：201510349443.6，申请日期：2015-06-19

一种腈水解酶、编码基因、载体及应用，发明人：郑裕国，郑仁朝，张琴，柳志强，徐明波，申请号：201510381618.1，申请日期：2015-06-30

羰基还原酶基因、编码酶、载体、菌株及应用，发明人：柳志强，郑裕国，陈翔，林超平，王亚军，吴林，姚丹凯，余道福，胡忠梁，董思川，沈寅初，申请号：201510383476.2，申请日期：2015-06-30

来源于高山南芥的腈水解酶、基因、载体、工程菌及其应用，发明人：郑仁朝，郑裕国，张琴，黄有明，翁建峰，刘田春，范伟荣，申请号：201510535881.1，申请日期：2015-08-27

布雷菲德菌素 A 硒酯衍生物及其制备与应用，发明人：王宇光，叶秋娟，郑裕国，王亚军，申请号：201510589902.8，申请日期：2015-09-16

布雷菲德菌素 A 酯类衍生物及其制备与应用，发明人：王宇光，叶秋娟，郑裕国，王亚军，申请号：201510590294.2，申请日期：2015-09-16

一种泛生菌酰胺酶、基因、载体、工程菌及其应用，发明人：郑仁朝，郑裕国，吴哲明，申请号：201510729058.4，申请日期：2015-10-30

苏氨酸脱氢酶、编码基因、载体、工程菌及应用，发明人：郑裕国，徐建妙，柳志强，胡海峰，傅芳田，申请号：201510751632.6，申请日期：2015-11-06

利用桉木制浆废液制备木糖的方法，发明人：郑裕国，王远山，朱旭，廖承军，陈德水，程新平，毛宝兴，张为宏，申请号：201510943547.X，申请日期：2015-12-16

2016 年

腈水解酶突变体、基因、载体、工程菌及应用，发明人：薛亚平，郑裕国，焦标，华登恩，申请号：201610035695.6，申请日期：2016-01-19

一种生物酶法合成（R)-2-羟酸的方法，发明人：薛亚平，郑裕国，曾浩，金晓鲁，柳志强，申请号：201610080101.3，申请日期：2016-02-04

一种中国被毛孢发酵滤液的回收利用方法，发明人：柳志强，郑裕国，林善，薛亚平，吴晖，李邦良，许峰，申请号：201610082312.0，申请日期：2016-02-05

一种生产3-羟基丙酸的重组大肠杆菌及应用，发明人：郑裕国，牛坤，熊涛，秦海彬，黄建峰，柳志强，申请号：201610118848.3，申请日期：2016-03-02

一种重组大肠杆菌及合成3-羟基丙酸中的应用，发明人：牛坤，郑裕国，熊涛，秦海彬，黄建峰，柳志强，申请号：201610116652.0，申请日期：2016-03-02

一种醛酮还原酶突变体、基因、工程菌及其应用，发明人：王亚军，罗希，沈炜，郑裕国，申请号：201610124451.5，申请日期：2016-03-04

一种固定化卤醇脱卤酶及其应用，发明人：郑裕国，邹树平，顾恺，薛亚平，申请号：201610177359.5，申请日期：2016-03-25

一种提高棘白菌素B产量的方法，发明人：郑裕国，邹树平，熊严，牛坤，申请号：201610176112.1，申请日期：2016-03-25

一种环氧化物水解酶突变体及其应用，发明人：郑裕国，邹树平，王志才，吴群，申请号：201610176330.5，申请日期：2016-03-25

混合酸水解玉米芯制备木糖水解液的方法，发明人：金利群，郑裕国，赵楠，柳志强，薛亚平，郑晓阳，廖承军，申请号：201610179139.6，申请日期：2016-03-25

一种重组大肠杆菌及其生产L-甲硫氨酸的应用，发明人：郑裕国，柳志强，黄建峰，沈寅初，申请号：201610232254.5，申请日期：2016-04-14

一种来源于葡萄藤伯克氏菌的酰胺酶、基因、菌株及其应用，发明人：郑仁朝，郑裕国，吴哲明，申请号：201610528359.5，申请日期：2016-06-30

一种发酵法合成棘白菌素B的方法，发明人：郑裕国，邹树平，熊严，栾朝辉，牛坤，申请号：201610544096.7，申请日期：2016-07-08

亮氨酸脱氢酶突变体、编码基因、载体、工程菌及其应用，发明人：徐建妙，郑裕国，柳志强，傅芳田，胡海峰，申请号：201610867380.8，申请日期：2016-09-30

一种葡萄糖异构酶、基因、载体、工程菌及其应用，发明人：郑裕国，贾东旭，周霖，申请号：201610999999.4，申请日期：2016-11-14

一种具核梭杆菌酪氨酸酚裂解酶突变体、基因、载体、工程菌及其应用，发明人：郑裕国，郑仁朝，汤晓玲，冯沥琳，朱杭芹，申请号：201611094369.9，申请日期：2016-12-02

反式-L-脯氨酸-4-羟化酶基因、酶、载体、工程菌及应用，发明人：郑裕国，周海岩，王培，李会帅，柳志强，申请号：201611269776.9，申请日期：2016-12-31

2017 年

一种醛酮还原酶基因重组共表达载体、工程菌及其应用，发明人：郑裕国，王亚军，沈炜，喻寒，申请号：201710049997.3，申请日期：2017-01-21

一种来源于嗜热踝节菌的脂肪酶突变体、编码基因及其应用，发明人：郑仁朝，郑裕国，丁旭，汤晓玲，申请号：201710071285.1，申请日期：2017-02-09

一种重组腈水解酶、基因、载体、工程菌及应用,发明人:柳志强,郑裕国,张新红,薛亚平,金利群,王远山,申请号:201710196752.3,申请日期:2017-03-29

解乌氨酸拉乌尔菌及其应用,发明人:薛亚平,郑裕国,吕胜芝,徐建妙,柳志强,申请号:201710207970.2,申请日期:2017-03-31

阴沟肠杆菌及其应用,发明人:薛亚平,郑裕国,吕胜芝,徐建妙,柳志强,申请号:201710206972.X,申请日期:2017-03-31

粘质沙雷氏菌及其应用,发明人:薛亚平,郑裕国,吕胜芝,徐建妙,柳志强,申请号:201710207986.3,申请日期:2017-03-31

产酸克雷伯菌及其应用,发明人:薛亚平,郑裕国,吕胜芝,徐建妙,柳志强,申请号:201710207706.9,申请日期:2017-03-31

重组羰基还原酶突变体、基因、载体、工程菌及其应用,发明人:柳志强,郑裕国,吴林,张晓建,薛亚平,王亚军,申请号:201710257065.8,申请日期:2017-04-19

一种重组醛酮还原酶突变体、基因、载体、工程菌及其应用,发明人:王亚军,应彬彬,郑裕国,沈炜,喻寒,程英男,申请号:201710282633.X,申请日期:2017-04-26

腈水解酶突变体及其应用,发明人:薛亚平,郑裕国,徐喆,徐伟亮,申请号:201710325569.9,申请日期:2017-05-10

利用1-氰基环己基乙酸直接合成加巴喷丁的方法,发明人:薛亚平,郑裕国,钟胡军,徐喆,申请号:201710396386.6,申请日期:2017-05-31

一种氨基转移酶、突变体及其制备西他列汀的应用,发明人:何人宝,郑裕国,程峰,柳志强,金逸中,汤晓玲,邵鸿鸣,张晓健,周国斌,林娇华,张峰,杨海龙,申请号:201710543569.6,申请日期:2017-07-05

一种含重组耐高温葡萄糖异构酶细胞的固定化方法,发明人:郑裕国,贾东旭,王腾,金利群,申请号:201710714933.0,申请日期:2017-08-19

一种羰基还原酶基因工程菌固定化细胞及其应用,发明人:柳志强,郑裕国,张晓健,姚丹凯,王亚军,郑玲,王文重,申请号:201710965085.0,申请日期:2017-10-17

一种产两性霉素B的重组结节链霉菌及其应用,发明人:郑裕国,柳志强,张博,黄恺,周奕腾,张海东,申请号:201710962492.6,申请日期:2017-10-17

2018 年

一种葡萄糖异构酶突变体及其应用,发明人:金利群,贾东旭,郑裕国,柳志强,王腾,刘子健,王远山,申请号:201810007946.9,申请日期:2018-01-04

一种耐高温葡萄糖异构酶突变体及其应用,发明人:柳志强,贾东旭,郑裕国,刘子健,王腾,金利群,王远山,申请号:201810007649.4,申请日期:2018-01-04

一种快速筛选合成米格列醇关键中间体突变菌株的方法及菌株,发明人:郑裕国,柯霞,汪宁宁,余盼红,胡忠策,吴洋,申请号:201810103013.X,申请日期:2018-02-01

一种促进氧化葡糖杆菌合成山梨醇脱氢酶及辅酶吡咯喹啉醌的方法,发明人:郑裕国,柯霞,鲁阳辉,胡忠策,吴洋,申请号:201810101909.4,申请日期:2018-02-01

一种腈水解酶突变体及其构建方法和应用,发明人:郑仁朝,郑裕国,张琴,吴哲明,汤晓玲,卢夏峰,申请号:201810136409.4,申请日期:2018-02-09

一种高产两性霉素 B 的重组结节链霉菌及其应用,发明人:柳志强,张博,郑裕国,黄恺,牛坤,周奕腾,申请号:201810147126.X,申请日期:2018-02-12

腈水解酶突变体及其应用,发明人:薛亚平,郑裕国,徐喆,柳志强,申请号:201810151771.9,申请日期:2018-02-14

一种重组羰基还原酶突变体、基因、工程菌及其应用,发明人:柳志强,郑裕国,尹欢欢,张晓建,王亚军,申请号:201810151387.9,申请日期:2018-02-14

一种利用构巢曲霉发酵高产棘白菌素 B 的方法,发明人:郑裕国,牛坤,胡晓龙,邹树平,吴旭萍,申请号:201810162589.3,申请日期:2018-02-27

酮酸还原酶、基因、工程菌及在合成手性芳香 2-羟酸中的应用,发明人:薛亚平,郑裕国,王闯,柳志强,申请号:201810239718.4,申请日期:2018-03-22

一种高通量快速筛选高产 R-2-(4-羟基苯氧基)丙酸菌株的方法,发明人:薛亚平,郑裕国,王美欣,胡海峰,王远山,周海岩,申请号:201810238274.2,申请日期:2018-03-22

一种酪氨酸酚裂解酶高活力菌株的高通量筛选方法,发明人:汤晓玲,郑仁朝,郑裕国,索慧,刘潇,申请号:201810271360.3,申请日期:2018-03-29

一种利用化学-酶法生产 L-草铵膦的方法,发明人:薛亚平,郑裕国,曹成浩,徐建妙,吴哲明,申请号:201810338960.7,申请日期:2018-04-16

一种从酶转化液中分离提取 L-草铵膦的方法,发明人:薛亚平,郑裕国,郭宇星,徐建妙,程峰,申请号:201810339497.8,申请日期:2018-04-16

一种区域、立体选择性生物催化合成普瑞巴林手性中间体的方法,发明人:郑仁朝,郑裕国,张琴,汤晓玲,卢夏锋,申请号:201810421118.X,申请日期:2018-05-04

一种转氨酶突变体及在制备西他列汀中间体中的应用,发明人:郑裕国,程峰,柳志强,何人宝,金逸中,汤晓玲,邵鸿鸣,张晓健,周国斌,林娇华,张峰,杨海龙,申请号:201810539604.1,申请日期:2018-05-30

一种转氨酶突变体及其生产 L-草铵膦的应用,发明人:郑裕国,程峰,金利群,彭凤,薛亚平,申请号:201810540686.1,申请日期:2018-05-30

一种转氨酶、突变体及其生产 L-草铵膦的应用,发明人:金利群,郑裕国,彭凤,程峰,柳志强,薛亚平,贾东旭,申请号:201810540980.2,申请日期:2018-05-30

冬虫夏草中国被毛孢 ZJB18002 及其应用,发明人:柳志强,郑裕国,易明,张博,秦祥田,许峰,滕毅,袁水金,金美英,申请号:201810618888.3,申请日期:2018-06-15

蝙蝠蛾拟青霉 ZJB18001 及其应用,发明人:柳志强,郑裕国,洪露露,张博,申请号:201810618920.8,申请日期:2018-06-15

一种 R-2-(4-羟基苯氧基)丙酸合成菌株的高通量筛选方法,发明人:周海岩,郑裕国,姜瑞,李一作,薛亚平,王远山,申请号:201810702857.6,申请日期:2018-06-30

一种源自放线菌的转氨酶、突变体、重组菌及应用,发明人:汤晓玲,郑裕国,郑仁朝,张南南,申请号:201810702878.8,申请日期:2018-06-30

一种嵌合型植物腈水解酶突变体、编码基因及其应用,发明人:郑仁朝,郑裕国,张琴,汤晓玲,申请号:202110054581.7,申请日期:2018-07-12

一种植物腈水解酶突变体、编码基因及其应用,发明人:郑仁朝,郑裕国,张琴,汤晓玲,申请号:

201810765047.5，申请日期：2018-07-12

一种植物腈水解酶嵌合酶突变体、编码基因及其应用，发明人：郑仁朝，郑裕国，张琴，汤晓玲，申请号：202110054609.7，申请日期：2018-07-12

醛酮还原酶突变体及其应用，发明人：王亚军，沈炜，喻寒，柳志强，郑裕国，申请号：201810812118.2，申请日期：2018-07-23

一种氧化聚蔗糖修饰环氧化物水解酶及应用，发明人：邹树平，郑裕国，轩秀玲，王之见，申请号：201810839572.7，申请日期：2018-07-27

一种高产 L-高丝氨酸的重组大肠杆菌及其应用，发明人：柳志强，郑裕国，张博，刘鹏，金利群，黄建峰，沈臻旸，申请号：201810844040.2，申请日期：2018-07-27

一种产 O-琥珀酰-L-高丝氨酸重组大肠杆菌及其应用，发明人：柳志强，郑裕国，张博，刘鹏，朱文渊，黄建锋，申请号：201810845460.2，申请日期：2018-07-27

重组大肠杆菌固定化细胞及在利用木糖母液生产木糖醇中的应用，发明人：金利群，郑裕国，柳志强，许韦，徐建妙，贾东旭，申请号：201810839980.2，申请日期：2018-07-27

一种高产 L-甲硫氨酸的重组大肠杆菌及其应用，发明人：柳志强，郑裕国，黄建峰，张博，牛坤，沈臻旸，毛巧利，申请号：201810842640.5，申请日期：2018-07-27

一种重组脂肪酶突变体、工程菌及应用，发明人：柳志强，郑裕国，沈江伟，张晓健，戚佳梅，申请号：201810924220.1，申请日期：2018-08-14

一种提高 L-蛋氨酸产量的方法，发明人：牛坤，许月英，柳志强，郑裕国，周海岩，吴王杰，申请号：201810998241.8，申请日期：2018-08-29

一种(R)-2-苯氧基丙酸的化学合成方法，发明人：薛亚平，周海岩，李一作，姜瑞，郑裕国，王远山，申请号：201811009516.7，申请日期：2018-08-31

一种核壳结构的磁性固定化酶载体及其制备方法和应用，发明人：郑仁朝，郑裕国，林超平，汤晓玲，吴哲明，申请号：201811115006.8，申请日期：2018-09-25

香坊肠杆菌 ZJB-17001 及其应用，发明人：柳志强，郑裕国，康雪梅，张晓健，金利群，申请号：201811153635.X，申请日期：2018-09-30

河生肠杆菌生物Ⅰ型 ZJB-17002 及其应用，发明人：柳志强，郑裕国，康雪梅，张晓健，金利群，申请号：201811153696.6，申请日期：2018-09-30

产气肠杆菌 ZJB-17003 及其应用，发明人：柳志强，郑裕国，康雪梅，张晓健，金利群，申请号：201811153607.8，申请日期：2018-09-30

中间克吕沃尔菌 ZJB-17004 及其应用，发明人：柳志强，郑裕国，康雪梅，张晓健，金利群，申请号：201811153827.0，申请日期：2018-09-30

栖冷克吕沃尔菌 ZJB-17005 及其应用，发明人：柳志强，郑裕国，康雪梅，张晓健，金利群，申请号：201811153828.5，申请日期：2018-09-30

纺锤形赖氨酸芽孢杆菌 ZJB-17006 及其应用，发明人：柳志强，郑裕国，康雪梅，张晓健，金利群，申请号：201811153655.7，申请日期：2018-09-30

耐硼赖氨酸芽孢杆菌 ZJB-17007 及其应用，发明人：柳志强，郑裕国，康雪梅，张晓健，金利群，申请号：201811153717.4，申请日期：2018-09-30

非脱羧勒克菌 ZJB-17008 及其应用,发明人:柳志强,郑裕国,康雪梅,张晓健,金利群,申请号:201811153647.2,申请日期:2018-09-30

长赖氨酸芽胞杆菌 ZJB-17009 及其应用,发明人:柳志强,郑裕国,康雪梅,张晓健,金利群,申请号:201811153847.8,申请日期:2018-09-30

弗氏柠檬酸杆菌 ZJB-17010 及其应用,发明人:柳志强,郑裕国,康雪梅,张晓健,金利群,申请号:201811153829.X,申请日期:2018-09-30

一种从发酵液中提取 L-蛋氨酸的方法,发明人:柳志强,熊能,陈涛,余茹,薛亚平,郑裕国,申请号:201811209771.6,申请日期:2018-10-17

一种检测赤霉素发酵液中藤仓赤霉菌活性菌体量的方法,发明人:柳志强,岑宇科,林建光,王俊优,郑裕国,申请号:201811300737.X,申请日期:2018-11-02

一种手性 N-苯乙酰氨基酸及其衍生物的消旋方法,发明人:徐建妙,李方龙,郑裕国,薛亚平,柳志强,康雪梅,申请号:201811366187.1,申请日期:2018-11-16

一种提高 L-蛋氨酸产量的方法,发明人:徐建妙,于筱垣,郑裕国,柳志强,张博,申请号:201811392343.1,申请日期:2018-11-21

一种钉镍/活性炭共负载型催化剂及其制备与应用,发明人:柳志强,张晓健,郑裕国,李海伟,金利群,申请号:201811488619.6,申请日期:2018-12-06

一种多壁碳纳米管负载钉催化剂及其制备与应用,发明人:柳志强,张晓健,郑裕国,李海伟,金利群,申请号:201811488620.9,申请日期:2018-12-06

一种活性炭负载型钉催化剂及其制备与应用,发明人:柳志强,张晓健,郑裕国,李海伟,汤晓玲,申请号:201811488612.4,申请日期:2018-12-06

一种钉钯/多壁碳纳米管共负载型催化剂及其制备与应用,发明人:柳志强,张晓健,郑裕国,李海伟,金利群,申请号:201811488616.2,申请日期:2018-12-06

一种用于糖醇生产的固定床反应器,发明人:柳志强,张晓健,郑裕国,李海伟,金利群,申请号:201811489916.2,申请日期:2018-12-06

一种用于糖醇生产的加氢反应釜,发明人:柳志强,张晓健,郑裕国,李海伟,汤晓玲,申请号:201811488627.0,申请日期:2018-12-06

一种氨基化多壁碳纳米管负载钉催化剂及其制备与应用,发明人:柳志强,张晓健,郑裕国,李海伟,金利群,申请号:201811489940.6,申请日期:2018-12-06

一种 ZSM-5 分子筛负载钉催化剂及其制备与应用,发明人:柳志强,张晓健,郑裕国,李海伟,王友亮,金利群,申请号:201811488621.3,申请日期:2018-12-06

一种用于制备 L-2-氨基丁酸的重组共表达体系及其应用,发明人:徐建妙,郑裕国,陈策,柳志强,张博,申请号:201811515955.5,申请日期:2018-12-12

一种木糖母液连续饱充除杂设备及方法,发明人:罗家星,罗国伟,廖承军,江松涛,周元,陈德水,柳志强,张晓健,郑裕国,李勉,申请号:201811550349.7,申请日期:2018-12-18

一种木糖母液连续饱充除杂设备,发明人:罗家星,罗国伟,廖承军,江松涛,周元,陈德水,柳志强,张晓健,郑裕国,李勉,申请号:201822126285.X,申请日期:2018-12-18

一种赤藓糖醇的制备方法,发明人:汪秀秀,陈德水,张晓健,柳志强,郑裕国,李勉,申请号:

201811551166.7,申请日期:2018-12-18

卤醇脱卤酶突变体及其在合成手性药物中间体中的应用,发明人:柳志强,张晓健,郑裕国,邓涵中,申请号:201811585353.7,申请日期:2018-12-24

卤醇脱卤酶突变体及其在合成手性环氧氯丙烷中的应用,发明人:柳志强,张晓健,郑裕国,邓涵中,申请号:201811585342.9,申请日期:2018-12-24

一种草铵膦脱氢酶突变体及其应用,发明人:薛亚平,程峰,曹成浩,徐建妙,郑裕国,申请号:201811585674.7,申请日期:2018-12-25

一种铂镍/活性炭共负载型催化剂及其制备与应用,发明人:柳志强,张晓健,郑裕国,李海伟,金利群,申请号:201811625021.7,申请日期:2018-12-28

一种氨基酸脱氢酶突变体及其在合成 L-草铵膦中的应用,发明人:薛亚平,程峰,李恒,郑裕国,徐建妙,申请号:201811621667.8,申请日期:2018-12-28

草铵膦脱氢酶突变体及其合成 L-草铵膦的应用,发明人:薛亚平,程峰,李清华,郑裕国,徐建妙,申请号:201811621710.0,申请日期:2018-12-28

一种 D-氨基酸氧化酶突变体及其应用,发明人:薛亚平,程峰,王柳玉,徐建妙,郑裕国,申请号:201811618942.0,申请日期:2018-12-28

杂色曲霉 ZJB16085 及合成 R-2-(4-羟基苯氧基)丙酸的应用,发明人:薛亚平,周海岩,胡海峰,姜瑞,王银龙,李一作,郑裕国,王远山,申请号:201811635789.2,申请日期:2018-12-29

草酸青霉 ZJB16086 及其合成 R-2-(4-羟基苯氧基)丙酸的应用,发明人:薛亚平,周海岩,姜瑞,胡海峰,王银龙,李一作,郑裕国,王远山,申请号:201811630109.8,申请日期:2018-12-29

重组酮酸还原酶突变体、基因、工程菌及其应用,发明人:薛亚平,郑裕国,王地臣,李恒,申请号:201811645238.4,申请日期:2018-12-30

2019 年

α-转氨酶和突变体及其在不对称合成 L-草铵膦中的应用,发明人:薛亚平,贾东旭,郑裕国,刘子健,徐海鹏,李军良,金利群,柳志强,程峰,申请号:201910032153.7,申请日期:2019-01-14

一种 α-转氨酶突变体及其在不对称合成 L-草铵膦中的应用,发明人:薛亚平,贾东旭,郑裕国,刘子健,徐海鹏,李军良,金利群,柳志强,程峰,申请号:201910032171.5,申请日期:2019-01-14

α-转氨酶及突变体以及在不对称合成 L-草铵膦中的应用,发明人:薛亚平,贾东旭,郑裕国,刘子健,徐海鹏,李军良,金利群,柳志强,程峰,申请号:201910033474.9,申请日期:2019-01-14

一种重组醛酮还原酶突变体及应用,发明人:王亚军,喻寒,邱帅,程峰,郑裕国,申请号:201910072740.9,申请日期:2019-01-25

一种转氨酶-PLP 共固定化酶及其制备与应用,发明人:柳志强,张晓健,郑裕国,范浩浩,程峰,贾东旭,申请号:201910075737.2,申请日期:2019-01-25

一种重组棘白菌素 B 脱酰基酶突变体及应用,发明人:王亚军,程英男,邹树平,郑裕国,申请号:201910155559.4,申请日期:2019-03-01

一种催化合成米格列醇中间体的转化菌株及方法,发明人:郑裕国,柯霞,余盼红,胡忠策,吴洋,陈亮,申请号:201910160667.0,申请日期:2019-03-04

一种少动鞘氨醇单胞菌及其应用,发明人:柳志强,周海岩,王艳梅,薛亚平,柯霞,郑裕国,申请号:

201910183053.4,申请日期:2019-03-12

一种高产泛酸的基因工程菌、构建方法及应用,发明人:柳志强,张博,郑裕国,张小明,申请号:201910194215.4,申请日期:2019-03-14

无需 β-丙氨酸添加的高产泛酸的基因工程菌、构建及应用,发明人:柳志强,张博,郑裕国,张小明,申请号:201910194888.X,申请日期:2019-03-14

集成蒸发、结晶和离心分离制备木糖醇的装置及控制方法,发明人:杨健,郑毅,张桃刚,高晗,李勉,柳志强,郑裕国,毛宝兴,张晓健,樊炜炜,申请号:201910205265.8,申请日期:2019-03-18

一种单一转氨酶催化级联反应不对称合成 L-草铵膦的方法,发明人:薛亚平,程峰,周仕芃,郑裕国,金利群,徐建妙,申请号:201910216011.6,申请日期:2019-03-21

一种启动子文库的构建方法,发明人:金利群,金伟熔,柳志强,汤晓玲,沈其,郑裕国,申请号:201910247234.9,申请日期:2019-03-29

高产赤霉素 GA3 的藤仓赤霉菌突变株及其应用,发明人:柳志强,张博,蒋欢,郑裕国,申请号:201910304928.1,申请日期:2019-04-16

一种转氨酶-辅酶共固定化工程菌细胞及应用,发明人:柳志强,范浩浩,王鑫鑫,张晓健,郑裕国,申请号:201910434957.X,申请日期:2019-05-23

餐厨垃圾处理的固定化微生物菌剂的制备方法及应用,发明人:郑裕国,刘奇,薛亚平,邹树平,柯霞,周海岩,柳志强,申请号:201910434759.3,申请日期:2019-05-23

一种高产 L-半胱氨酸的基因工程菌、构建方法及应用,发明人:柳志强,郑裕国,张博,金利群,毛巧利,陈勇贞,沈臻旸,申请号:201910435397.X,申请日期:2019-05-23

林生地霉菌株及其在降解餐厨垃圾中的应用,发明人:郑裕国,夏淑宁,薛亚平,邹树平,柯霞,周海岩,柳志强,申请号:201910434781.8,申请日期:2019-05-23

餐厨垃圾处理的无臭型改良微生物菌剂及其制备方法和应用,发明人:薛亚平,刘奇,郑裕国,邹树平,柯霞,周海岩,柳志强,申请号:201910434256.6,申请日期:2019-05-23

一株利用 ARTP 诱变技术选育的藤仓赤霉菌突变株及应用,发明人:柳志强,蒋欢,张博,郑裕国,申请号:201910438160.7,申请日期:2019-05-24

一种基于两性霉素 B 代谢途径的发酵方法,发明人:柳志强,郑裕国,张雨函,张博,陈燏,姜圣贤,黄恺,申请号:201910446775.4,申请日期:2019-05-27

一种高产两性霉素 B 的重组结节链霉菌及其应用,发明人:柳志强,郑裕国,张博,黄恺,姜圣贤,张雨函,陈燏,申请号:201910451258.6,申请日期:2019-05-28

产两性霉素 B 的重组结节链霉菌及其应用,发明人:柳志强,郑裕国,张博,黄恺,姜圣贤,张雨函,陈燏,申请号:201910450827.5,申请日期:2019-05-28

高通量诱变筛选高产两性霉素 B 结节链霉菌的方法及菌株,发明人:柳志强,郑裕国,黄恺,张博,姜圣贤,张雨函,陈燏,申请号:201910450165.1,申请日期:2019-05-28

一种 L-草铵膦化学酶法生产方法,发明人:薛亚平,吴哲明,郑裕国,徐建妙,申请号:201910516073.9,申请日期:2019-06-14

一种酪氨酸酚裂解酶基因重组质粒及应用,发明人:郑仁朝,汤晓玲,郑裕国,申请号:201910571335.1,申请日期:2019-06-28

一种油脂降解菌、应用及油脂降解方法,发明人:柳志强,王艳梅,周海岩,薛亚平,柯霞,郑裕国,申请号:201910590315.9,申请日期:2019-07-02

一种葡萄糖异构酶、突变体及其在制备 D-果糖中的应用,发明人:柳志强,贾东旭,徐海鹏,李军良,金利群,郑裕国,陈德水,廖承军,程新平,李勉,申请号:201910594155.5,申请日期:2019-07-03

一种分离提取高纯度两性霉素 B 的方法,发明人:柳志强,张博,郑裕国,陈燏,张雨涵,姜圣贤,黄恺,申请号:201910593800.1,申请日期:2019-07-03

一种重组脂肪酶突变体、编码基因、重组工程菌及应用,发明人:柳志强,沈江伟,齐凤玉,张晓健,郑裕国,申请号:201910605485.X,申请日期:2019-07-05

羰基还原酶-辅酶 NADP十共固定化酶及其制备与应用,发明人:柳志强,张晓健,郑裕国,王文重,吴迪,申请号:201910642229.8,申请日期:2019-07-16

一种草铵膦脱氢酶突变体及其在生产 L-草铵膦中的应用,发明人:薛亚平,程峰,李恒,郑裕国,申请号:201910751249.9,申请日期:2019-08-15

ω-转氨酶突变体及其在制备西他列汀中间体中的应用,发明人:柳志强,程峰,陈秀玲,张晓健,郑裕国,何人宝,金逸中,林娇华,申请号:201910800438.0,申请日期:2019-08-28

一种草铵膦脱氢酶突变体及在氧化-还原多酶偶联生产 L-草铵膦中的应用,发明人:薛亚平,程峰,李清华,郑裕国,申请号:201910813762.6,申请日期:2019-08-30

重组 R-ω-转氨酶、突变体及在不对称合成西他列汀中的应用,发明人:柳志强,李军良,贾东旭,郑裕国,张晓健,徐海鹏,彭晨,申请号:201910871261.3,申请日期:2019-09-16

一种用于降解餐厨垃圾的复配菌剂、应用及餐厨垃圾降解方法,发明人:郑裕国,应嘉敏,柯霞,郑仁朝,薛亚平,周海岩,申请号:201910882162.5,申请日期:2019-09-18

马克斯克鲁维酵母醛酮还原酶 KmAKR 突变体及其应用,发明人:王亚军,邱帅,李树芳,程峰,翁春跃,郑裕国,申请号:201910932502.0,申请日期:2019-09-29

一种可高效降解餐厨垃圾油脂组分的复配菌剂及应用,发明人:郑仁朝,华夏,柯霞,郑裕国,申请号:201910939553.6,申请日期:2019-09-30

一种基于中国被毛孢代谢途径的发酵培养方法,发明人:柳志强,门晓慧,张博,郑裕国,申请号:201911038522.X,申请日期:2019-10-29

重组草铵膦脱氢酶、基因工程菌及其在制备 L-草铵膦中的应用,发明人:程峰,李清华,薛亚平,郑裕国,申请号:201911179369.2,申请日期:2019-11-27

一种 D-阿洛酮糖 3-差向异构酶突变体及其应用,发明人:柳志强,贾东旭,孙晨奕,彭晨,金利群,郑裕国,陈德水,廖承军,程新平,李勉,毛宝兴,申请号:201911204720.9,申请日期:2019-11-29

重组 R 型转氨酶、突变体及其应用,发明人:柳志强,贾东旭,郑裕国,李军良,彭晨,徐海鹏,孙晨奕,申请号:201911309350.5,申请日期:2019-12-18

耐高温 TIM barrel 蛋白突变体及其应用,发明人:柳志强,贾东旭,郑裕国,孙晨奕,金利群,彭晨,陈德水,廖承军,程新平,李勉,毛宝兴,申请号:201911378513.5,申请日期:2019-12-27

一种 L-阿拉伯糖异构酶异构体及其应用,发明人:柳志强,贾东旭,孙晨奕,郑裕国,金利群,彭晨,陈德水,廖承军,程新平,李勉,毛宝兴,申请号:201911384932.X,申请日期:2019-12-28

L-阿拉伯糖异构酶、突变体及其应用,发明人:柳志强,贾东旭,郑裕国,孙晨奕,金利群,彭晨,陈德水,廖

承军,程新平,李勉,毛宝兴,申请号:201911384083.8,申请日期:2019-12-28

一种高产L-半胱氨酸的基因工程菌、构建方法及应用,发明人:柳志强,陈勇贞,张博,郑裕国,申请号:201911409238.9,申请日期:2019-12-31

一种提高基因工程菌泛酸产量的构建方法及菌株,发明人:柳志强,王微,张博,郑裕国,申请号:201911418780.0,申请日期:2019-12-31

2020 年

酰胺酶突变体及其在催化合成 2-氯烟酸中的应用,发明人:郑仁朝,刘长丰,吴哲明,郑裕国,申请号:202010032055.6,申请日期:2020-01-13

腈水解酶突变体及在普瑞巴林手性中间体合成中的应用,发明人:郑仁朝,刘爽,卢夏锋,吴哲明,郑裕国,申请号:202010032050.3,申请日期:2020-01-13

一种脂肪酶突变体及其在制备(S)-2-氯苯甘氨酸甲酯中的应用,发明人:王亚军,班善赟,程峰,翁春跃,郑裕国,申请号:202010036222.4,申请日期:2020-01-14

同时检测发酵液中 L-高丝氨酸和游离氨基酸的 HPLC 方法,发明人:柳志强,刘吉颂,张博,郑裕国,申请号:202010059578.X,申请日期:2020-01-19

一种提高两性霉素 B 产量的补料控制发酵方法,发明人:柳志强,张博,张雨函,陈燏,陈开,郑裕国,申请号:202010059607.2,申请日期:2020-01-19

一种腈水解酶突变体及其在制备抗癫痫药物中间体中的应用,发明人:薛亚平,熊能,吕佩锦,郑裕国,申请号:202010071083.9,申请日期:2020-01-21

一种氨基酸消旋酶及其应用,发明人:郑仁朝,卢夏锋,郑裕国,申请号:202010098912.2,申请日期:2020-02-18

一种反应专一性提高的腈水解酶突变体及其应用,发明人:郑仁朝,张焱,闻鹏飞,郑裕国,申请号:202010098911.8,申请日期:2020-02-18

一种中国被毛孢原生质体的制备及再生方法,发明人:金利群,柳志强,徐哲文,张博,郑裕国,申请号:202010126500.5,申请日期:2020-02-28

一种改性硅藻土固定化含有葡萄糖异构酶细胞的方法,发明人:金利群,柳志强,陈贤筱,贾东旭,张晓健,金怡婷,万克柔,李勉,郑裕国,申请号:202010126502.4,申请日期:2020-02-28

一种腈水解酶突变体及其在制备 1-氰基环己基乙酸中的应用,发明人:薛亚平,熊能,李芊,郑裕国,申请号:202010127927.7,申请日期:2020-02-28

一种单一转氨酶催化级联反应不对称合成 L-草铵膦的方法,发明人:薛亚平,程峰,周仕芃,郑裕国,金利群,徐建妙,申请号:202010174352.4,申请日期:2020-03-13

一种生物酶法去消旋化制备 L-草铵膦的方法、草铵膦脱氢酶突变体及应用,发明人:薛亚平,程峰,曹成浩,郑裕国,申请号:202010191945.1,申请日期:2020-03-18

一种生物多酶偶联法氧化还原不对称制备 L-草铵膦的方法,发明人:薛亚平,程峰,王柳玉,郑裕国,申请号:202010192774.4,申请日期:2020-03-18

一种重组脂肪酶突变体、基因、载体及其应用,发明人:柳志强,沈江伟,茆素会,蔡雪,张晓健,郑裕国,申请号:202010229741.2,申请日期:2020-03-27

一种(R)-ω-转氨酶突变体及其应用,发明人:柳志强,贾东旭,彭晨,李军良,程峰,张晓健,郑裕国,何人

宝,金逸中,林娇华,申请号:202010273576.0,申请日期:2020-04-09

(R)-ω-转氨酶突变体及其在制备西他列汀中间体中的应用,发明人:柳志强,彭晨,贾东旭,李军良,程峰,张晓健,郑裕国,何人宝,金逸中,林娇华,申请号:202010273326.7,申请日期:2020-04-09

胺转氨酶 AcATA 突变体及其在制备西他列汀中间体中的应用,发明人:柳志强,程峰,李明友,张晓健,贾东旭,郑裕国,何人宝,金逸中,林娇华,申请号:202010275136.9,申请日期:2020-04-09

新型重组(R)-ω-转氨酶、突变体及其在制备西他列汀中的应用,发明人:柳志强,贾东旭,彭晨,李军良,程峰,张晓健,郑裕国,何人宝,金逸中,林娇华,申请号:202010277476.5,申请日期:2020-04-10

一种新型重组(R)-ω-转氨酶及其突变体和应用,发明人:柳志强,贾东旭,彭晨,李军良,程峰,张晓健,郑裕国,何人宝,金逸中,林娇华,申请号:202010277479.9,申请日期:2020-04-10

一种卤醇脱卤酶突变体及其在合成手性环氧氯丙烷中的应用,发明人:汤晓玲,万欣雨,郑仁朝,郑裕国,申请号:202010441393.5,申请日期:2020-05-22

一种解淀粉芽孢杆菌 ZJB19161 及其应用,发明人:郑裕国,徐建妙,泮佳佳,程峰,王远山,贾东旭,申请号:202010454857.6,申请日期:2020-05-26

一种罗伊氏短芽孢杆菌 ZJB19162 及其应用,发明人:郑裕国,徐建妙,泮佳佳,程峰,王远山,贾东旭,申请号:202010455881.1,申请日期:2020-05-26

一种内切葡聚糖苷酶突变体、基因、工程菌及其应用,发明人:柳志强,周海岩,易晓男,周建宝,薛亚平,郑裕国,陈德水,程新平,李勉,王红艳,陈凯茜,申请号:202010471544.1,申请日期:2020-05-29

一种改造羰基还原酶立体选择性的方法、羰基还原酶突变体及应用,发明人:王亚军,程峰,陈祎,郑裕国,申请号:202010521676.0,申请日期:2020-06-10

一种耐盐辣椒素降解菌、应用及餐厨垃圾处理方法,发明人:薛亚平,刘奇,周海岩,邹树平,柯霞,郑裕国,申请号:202010562764.5,申请日期:2020-06-18

一种耐高温辣椒素降解菌、应用及餐厨垃圾处理方法,发明人:薛亚平,刘奇,周海岩,邹树平,柯霞,郑裕国,申请号:202010562763.0,申请日期:2020-06-18

一种餐厨垃圾高温生物降解用的微生物菌剂与应用,发明人:薛亚平,夏淑宁,周海岩,邹树平,柯霞,郑裕国,申请号:202010561573.7,申请日期:2020-06-18

一种草铵膦脱氢酶突变体、基因工程菌及一锅法多酶同步定向进化方法,发明人:薛亚平,程峰,李举谋,李清华,郑裕国,申请号:202010614951.3,申请日期:2020-06-30

一种(S)-邻氯苯甘氨酸甲酯酶法合成方法,发明人:王亚军,翁春跃,王丹娜,程峰,郑裕国,申请号:202010641943.8,申请日期:2020-07-06

高产 L-高丝氨酸的大肠杆菌基因工程菌、构建方法及菌株,发明人:柳志强,张博,姚臻豪,李波,牛坤,周海岩,郑裕国,申请号:202010647597.4,申请日期:2020-07-07

双辅酶依赖型草铵膦脱氢酶突变体及其在催化合成 L-草铵膦中的应用,发明人:程峰,李举谋,薛亚平,李清华,徐建妙,沈其,邹树平,郑裕国,申请号:202010644394.X,申请日期:2020-07-07

天冬氨酸氧化酶突变体、工程菌及其在氧化-还原偶联制备精草铵膦中的应用,发明人:程峰,张铧月,薛亚平,徐建妙,沈其,邹树平,郑裕国,申请号:202010649552.0,申请日期:2020-07-08

一种特基拉芽孢杆菌 ZJB19167 及其在降解油脂中的应用,发明人:薛亚平,孙嘉诚,柯霞,周海岩,邹树平,郑裕国,申请号:202010737362.4,申请日期:2020-07-28

一种耐高温的餐厨垃圾油脂降解复配菌剂及其应用,发明人:柯霞,孙嘉诚,薛亚平,周海岩,邹树平,郑裕国,申请号:202010737378.5,申请日期:2020-07-28

一种重组蔗糖异构酶在转化蔗糖制备异麦芽酮糖中的应用,发明人:柳志强,张烽,蔡雪,贾东旭,金利群,郑裕国,申请号:202010775574.1,申请日期:2020-08-05

一种中国被毛孢诱变株及其在生产核苷中的应用,发明人:金利群,柳志强,徐哲文,张博,郑裕国,申请号:202010783486.6,申请日期:2020-08-06

一种提高棘白菌素 B 发酵产量的方法,发明人:牛坤,柳志强,吴旭萍,邹树平,胡忠策,郑裕国,申请号:202010799046.X,申请日期:2020-08-11

L-草铵膦粉剂的制备方法,发明人:薛亚平,毛杰,程峰,邹树平,徐建妙,郑裕国,申请号:202010873717.2,申请日期:2020-08-26

一种脂肪酸光脱羧酶突变体及其在 L-草铵膦合成中的应用,发明人:薛亚平,程峰,吴冬阳,李举谋,郑裕国,申请号:202010874756.4,申请日期:2020-08-27

高通量诱变筛选高产他克莫司筑波链霉菌的方法及菌株,发明人:柳志强,张博,方晨捷,郑裕国,张薇,吴晖,何志勇,方丽纳,徐金勇,范萍,金美英,申请号:202010894220.9,申请日期:2020-08-31

一种制备 L-草铵膦的氧气循环生物反应器,发明人:薛亚平,程峰,张铧月,徐建妙,邹树平,郑裕国,申请号:202010902352.1,申请日期:2020-09-01

一种适用于水下工程混凝土修复的矿化菌及其应用,发明人:徐建妙,泮佳佳,郑裕国,王远山,程峰,贾东旭,申请号:202010909849.6,申请日期:2020-09-02

一种耐硼赖氨酸芽孢杆菌及其在混凝土裂缝修复中的应用,发明人:徐建妙,泮佳佳,郑裕国,王远山,程峰,贾东旭,申请号:202010911233.2,申请日期:2020-09-02

一种高效钙矿化芽孢杆菌及其在混凝土裂缝修复中的应用,发明人:徐建妙,泮佳佳,郑裕国,王远山,程峰,贾东旭,申请号:202010909856.6,申请日期:2020-09-02

一种多壁碳纳米管负载钌催化剂及其制备与应用,发明人:柳志强,张晓健,郑裕国,李海伟,金利群,陈德水,廖承军,程新平,李勉,毛宝兴,王红艳,陈凯茜,申请号:202010994370.7,申请日期:2020-09-21

一种高产 O-乙酰-L-高丝氨酸的重组大肠杆菌及其应用,发明人:柳志强,刘鹏,张博,牛坤,郑裕国,申请号:202011002103.3,申请日期:2020-09-22

一种产 O-乙酰 L-高丝氨酸菌株发酵方法,发明人:柳志强,刘鹏,张博,牛坤,郑裕国,申请号:202011004123.4,申请日期:2020-09-22

一种酪氨酸酚裂解酶突变体、工程菌及应用,发明人:郑仁朝,王江平,汤晓玲,索慧,郑裕国,申请号:202011007207.3,申请日期:2020-09-23

一种用于发酵法生产 D-泛酸的菌株及发酵法生产 D-泛酸的方法,发明人:柳志强,邹树平,郑裕国,牛坤,周海岩,王之见,赵阔,申请号:202011015874.6,申请日期:2020-09-24

一种发酵生产 D-泛酸的方法,发明人:邹树平,柳志强,郑裕国,牛坤,周海岩,王之见,赵阔,申请号:202011014094.X,申请日期:2020-09-24

一种玉米鞘氨醇单胞菌及其在生物除臭中的应用,发明人:薛亚平,丁亦然,邹树平,郑裕国,周海岩,柯霞,申请号:202011032833.8,申请日期:2020-09-27

一种季也蒙毕赤酵母及其在生物除臭中的应用,发明人:邹树平,丁亦然,薛亚平,郑裕国,周海岩,柯霞,

申请号:202011032839.5,申请日期:2020-09-27

一种腈水解酶突变体及其在催化合成 2-氯烟酸中的应用,发明人:郑仁朝,戴安迪,郑裕国,申请号:202011074098.7,申请日期:2020-10-09

一种可用于混凝土裂缝修复的暹罗芽孢杆菌、菌剂及应用,发明人:柳志强,钱媛媛,程峰,徐建妙,王远山,贾东旭,郑裕国,申请号:202011120292.4,申请日期:2020-10-19

转氨酶突变体及其在制备西他列汀中间体中的应用,发明人:柳志强,程峰,张晓健,贾东旭,郑裕国,何人宝,金逸中,邵鸿鸣,林娇华,张峰,申请号:202011158149.4,申请日期:2020-10-26

多肽标签、高度可溶性的重组腈水解酶及其在医药化学品合成中的应用,发明人:薛亚平,谢冬,熊能,郑裕国,申请号:202011211251.6,申请日期:2020-11-03

一种恢复葡萄糖氢化催化剂活性的系统与方法,发明人:谢绍勋,程新平,毛学军,安延龙,黄祥,吕圣琦,廖承军,柳志强,蔡雪,张晓健,郑裕国,李勉,申请号:202011336829.0,申请日期:2020-11-25

一种甾体 C1,2 位脱氢酶酶活检测方法,柳志强,倪叶雯,张博,陈鑫鑫,柯霞,郑裕国,申请号:202011338441.4,申请日期:2020-11-25

一种恢复葡萄糖氢化催化剂活性的系统,发明人:谢绍勋,程新平,毛学军,安延龙,黄祥,吕圣琦,廖承军,柳志强,蔡雪,张晓健,郑裕国,李勉,申请号:202022750149.5,申请日期:2020-11-25

一种人工电子传递系统及其在促进 P450 酶羟基化反应中的应用,发明人:柳志强,柯霞,张博,马斌祥,郑裕国,申请号:202011345378.7,申请日期:2020-11-26

一种催化活力和反应专一性提高的腈水解酶突变体及应用,发明人:郑仁朝,卢夏锋,吴哲明,林超平,郑裕国,申请号:202011383565.4,申请日期:2020-11-30

一种泛酸合成酶突变体的高通量快速筛选方法,发明人:柳志强,钟娜,张博,郑垦,郑裕国,申请号:202011400326.5,申请日期:2020-12-04

一种高产 β-丙氨酸的基因工程菌及共培养制备 D-泛酸,发明人:柳志强,陈力,张博,李波,王培,郑裕国,申请号:202011400372.5,申请日期:2020-12-04

一种提升生物质高固酶解率的方法,发明人:李勉,柳志强,曾徐浩,胡昌辉,王静,蔡雪,张晓健,郑裕国,申请号:202011403739.9,申请日期:2020-12-04

一种棘白菌素 B 合成培养基及应用,发明人:胡忠策,郎克鹏,牛坤,邹树平,柳志强,郑裕国,申请号:202011456218.X,申请日期:2020-12-11

磷排放限制下重组草铵膦脱氢酶工程菌的高密度发酵方法,发明人:薛亚平,程峰,李举谋,曹成浩,徐建妙,沈其,邹树平,郑裕国,申请号:202011519991.6,申请日期:2020-12-21

一种利用木糖二次母液发酵制备木糖醇的方法,发明人:曾徐浩,罗家星,王静,胡昌辉,方顺成,柳志强,蔡雪,张晓健,郑裕国,李勉,申请号:202011606471.9,申请日期:2020-12-28

一种腈水合活性专一性提高的腈水解酶突变体及其应用,发明人:郑仁朝,闻鹏飞,汤晓玲,郑裕国,申请号:202011598638.1,申请日期:2020-12-30

功能序列和结构模拟相结合的基因挖掘方法、NADH 偏好型草铵膦脱氢酶突变体及应用,发明人:薛亚平,程峰,张嘉敏,邹树平,徐建妙,郑裕国,申请号:202011613020.8,申请日期:2020-12-30

一种重组氧化葡糖杆菌工程菌及其合成米格列醇中间体的应用,胡忠策;刘东;柯霞;郑裕国;申请号:202011624357.9,申请日期:2020-12-31

一种机器学习基因挖掘方法及氨基转位用草铵膦脱氢酶突变体,薛亚平;程峰;吴冬阳;邹树平;徐建妙;郑裕国,申请号:202011644056.2,申请日期:2020-12-31

(二)对郑裕国院士的介绍与研究文献目录

期刊文献

2009 年

校友徐光宪院士获国家最高科学技术奖、生环学院郑裕国教授团队获国家技术发明二等奖,《高教与经济》2009 年第 1 期

2011 年

我校郑裕国教授团队再获一项国家技术发明二等奖,《浙江工业大学学报》2011 年第 2 期

2017 年

祝贺《发酵科技通讯》常务副主编郑裕国教授当选中国工程院院士,《发酵科技通讯》2017 年第 4 期

《浙江日报》专访郑裕国院士,《发酵科技通讯》2017 年第 4 期

祝贺本刊陈坚教授和郑裕国教授两位编委当选中国工程院院士,《工业微生物》2017 年第 6 期

2018 年

热烈祝贺陈坚教授、郑裕国教授当选中国工程院院士,《生物产业技术》2018 年第 1 期

2019 年

冯小明院士、郑裕国院士分别获 2019 年何梁何利奖化学奖、化学工程技术奖,《宁波化工》2019 年第 4 期

报纸文献

2009 年

郑裕国获 2008 年度政府特殊津贴,周国君,《浙江工业大学报》2009-03-25

2010 年

《化学评论》主编称郑裕国为"最具价值的评论员",《浙江工业大学报》2010-04-15

郑裕国获"全国化工优秀科技工作者"称号,《浙江工业大学报》2010-10-25

2011 年

郑裕国团队再获国家技术发明二等奖,《浙江工业大学报》2011-02-25

汪晓村看望郑裕国教授团队,《浙江工业大学报》2011-02-25

2012 年

郑裕国教授荣获侯德榜化工科学技术奖,《浙江工业大学报》2012-05-01

2015 年

郑裕国:沙洲筛金育菌株,《浙江日报》2015-02-02

2016 年

郑裕国教授获浙江教育十大年度新闻人物称号,冯剑,《浙江工业大学报》2016-04-25

2017 年

象山籍专家郑裕国有望新晋工程院院士,马振,《今日象山》2017-06-28

象山籍专家郑裕国新晋工程院院士,方子龙,《今日象山》2017-11-09

浙大朱利中浙工大郑裕国浙江新增两位中国工程院院士,《都市快报》2017-11-28

浙江高校新晋两院士浙大朱利中,浙工大郑裕国,王湛,郑琳,叶蓉,印博妍,《钱江晚报》2017-11-28

11月27日,从中国工程院官方网站获悉,备受关注的中国工程院院士**2017**年增选名单正式公布,我校郑裕国教授脱颖而出,当选中国工程院院士,《浙江工业大学报》2017-12-05

学校举行郑裕国教授当选中国工程院院士师生座谈会,《浙江工业大学报》2017-12-05

郑裕国:扎根浙江大地筹谋国计民生,翁娴,蔡雨晨,《浙江工业大学报》2017-12-05

郑裕国:沙洲筛金育菌株——打破国外医药巨头垄断三次获国家科技进步奖,王婷,蒋欣如,孙江丽,《浙江工业大学报》2017-12-05

2018年

郑裕国科技成果惠百姓,马悦,《浙江日报》2018-01-12

2019年

郑裕国院士团队"发酵冬虫夏草菌粉及制剂先进制造关键技术与产业化"项目通过成果鉴定,《浙江工业大学报》2019-03-25

郑裕国院士团队与浙江天台药业有限公司签约合作共建院士专家工作站,生物工程学院,《浙江工业大学报》2019-04-05

我校郑裕国院士荣获**2019**年度"何梁何利基金科学与技术进步奖(化学工程技术奖)",《浙江工业大学报》2019-11-25

院士有约——郑裕国院士与青年学子共话初心使命,《浙江工业大学报》2019-12-05

2020年

院士郑裕国:要把论文写在金华大地上,许健楠,《金华日报》2020-08-07

省委常委、组织部长黄建发来校看望郑裕国院士,《浙江工业大学报》2020-11-25

四、能源与矿业工程学部(11位)

能源与矿业工程学部的宁波籍院士共有11位。其中1995年6位(汤德全、毛用泽、周永茂、翁史烈、阮可强、胡思得);1997年1位(陈毓川);1999年1位(倪维斗);2005年1位(闻雪友);2013年1位(陈勇);2019年1位(黄震)。

汤德全(1995年当选中国工程院院士)

汤德全(1915年12月14日—2006年8月19日),动力机械工程、矿山机电工程专家,浙江镇海人,煤炭科学研究总院高级工程师,曾任煤炭部技术委员会委员,国家能委顾问委员会副主任,第五、六、七届全国政协委员,第六、七届全国政协常委兼科技委委员。

汤德全院士负责完成我国第一台"矿井井下机车运输信号、集中、闭塞系统"的研究设计、组装和运行,提高了运输率和安全度;主持"矿井新型多绳提升及其电力驱动系统的研究设计""矿井千伏级井下供电设备和系统"等攻关项目;曾获1989年国家科技进步奖一等奖。

1995年当选为中国工程院院士。

毛用泽(1995 年当选中国工程院院士)

毛用泽(1930 年 9 月 1 日—2022 年 3 月 6 日),核技术应用专家,浙江宁波人,中国人民解放军总装备部防化研究院研究员。

毛用泽院士参加创建了我国首次核试验早期核辐射与放射性沾染效应参数测量技术、现场辐射防护监测以及高空核烟云取样技术,并组织指导现场实施;参加创建并发展了我军核监测专业的核爆辐射防护剂量学、核爆探测学、核监测装备系列与军用标准化等;参加创建了我国核电站场外应急辐射监测的科学技术研究;参加创建了我国核仪器标准化技术研究,取得了一批重要成果;曾多次获军队科技进步奖,国家科技进步奖。

1995 年当选为中国工程院院士。

周永茂(1995 年当选中国工程院院士)

周永茂(1931 年 5 月 15 日—   ),核反应堆工程专家,浙江镇海人,中原对外工程公司高级工程师,中国核工业集团公司科技委顾问。

周永茂院士长期在反应堆工程和科技第一线从事设计、研究和建设工作,完成了"双流程堆芯"潜艇核动力堆本体的早期设计方案;主持开展了为生产堆、动力堆、游泳池堆的燃料元件与氚靶元件的首次国产工艺定型工作;参与了高通量堆设计建造和工程的重大决策,领导民用微堆的开发,主持开发用中子俘获疗法医治脑瘤的核医疗器械——医院中子照射器;曾获国家科技进步奖、全国科学大会奖。

1995 年当选为中国工程院院士。

(一)周永茂院士的各类文献目录

期刊文献

梦不是想,是做,周永茂,叶娟,《军工文化》2015 年第 1 期

报纸文献

靶向出击精准放疗(科技名家笔谈),周永茂,《人民日报(海外版)》2020-11-30

专利信息

2015 年

提高垂直超热中子束照射通量的堆芯组件及其方法,发明人:周永茂,申请号:201510158670.0,申请日期:2015-04-03

超长寿期堆芯反应性控制和调节方法,发明人:周永茂,申请号:201510157667.7,申请日期:2015-04-03

一堆三照射座布局的抗癌核素中子刀,发明人:周永茂,申请号:201510158668.3,申请日期:2015-04-03

一堆三照射座布局的抗癌核素中子刀,发明人:周永茂,申请号:201520201009.9,申请日期:2015-04-03

提高垂直超热中子束照射通量的堆芯组件,发明人:周永茂,申请号:201520200373.3,申请日期:2015-04-03

（二）对周永茂院士的介绍与研究文献目录

著作文献

《中国工程院院士传记周永茂传》，朱海燕著，航空工业出版社，2018

期刊文献

医院中子照射器（IHNI-1）研发成功并应用示范——周永茂院士科研团队的研究成果，陈鑫儒，赵凡，《科技成果管理与研究》2016年第5期

中国工程院院士传记周永茂传等，《军工文化》2018年第9期

周永茂：核技术不真正造福癌症患者，我不会罢休，申文聪，葛维维，《中国核工业》2019年第1期

肿瘤放疗进入核技术治疗新时代——专访中国工程院院士周永茂，申文聪，葛维维，《中国核工业》2019年第1期

周永茂：科研裂变家国情深，沈冰清，张保淑，芮钰雅，《智慧中国》2020年第1期

报纸文献

周永茂：当核能进入我们的生活，顾圆圆，张纯瑜，《今日镇海》2017-07-13

周永茂：科研裂变家国情深，沈冰清，张保淑，芮钰雅，《人民日报（海外版）》2019-12-02

翁史烈(1995 年当选中国工程院院士)

翁史烈(1932 年 5 月 21 日—)，热力涡轮机专家，浙江宁波人，上海交通大学教授，曾任教育部科学技术委员会主任、第四届国务院学位委员会委员、中国动力工程学会理事长。

翁史烈院士主持承担了我国航空涡轮风扇发动机的多用途改型研制，开拓我国新一代热力发动机，研制成我国第一台陶瓷绝热涡轮复合柴油机原理样机，完成了我国第一批增压器陶瓷涡轮转子的设计和试验台建设；先后在上海交通大学创建了振动、冲击、噪声国家重点实验室和教育部动力机械重点实验室；曾获国家科技进步奖和省部级奖励。

1995 年当选为中国工程院院士。

(一)翁史烈院士的各类文献目录

著作文献

2015 年

《燃气轮机设计基础》，忻建华，钟芳源主编，翁史烈总主编，上海交通大学出版社，2015

《中低温余热发电技术》，于立军，朱亚东，吴元旦著，翁史烈总主编，上海交通大学出版社，2015

《现代燃气轮机装置》，翁史烈，王永泓，宋华芬，张会生著，上海交通大学出版社，2015

《转型升级的新战略与新对策——上海加快建设具有全球影响力的科技创新中心研究》，王战，翁史烈，杨胜利，王振等著，上海社会科学院出版社，2015

2016 年

《面向 21 世纪的工程教育》，翁史烈，黄震，刘少雪著，上海交通大学出版社，2016

《燃气轮机发展战略研究》，闻雪友，翁史烈，翁一武等编著，上海科学技术出版社，2016

2017 年

《热能动力工程》，于立军，韩向新编著，翁史烈总主编，上海交通大学出版社，2017

2018 年

《太阳能热利用原理与技术》，代彦军，葛天舒编著，翁史烈总主编，上海交通大学出版社，2018

《空调系统建模及控制英文版》，姚晔，余跃滨著，翁史烈总主编，上海交通大学出版社，2018

《IGCC 粗煤气高温脱硫英文版》，吴江，刘东京，周伟国，刘启贞，黄亚继著，翁史烈总主编，上海交通大学出版社，2018

期刊文献

2015 年

一种基于 RCM 知识库的燃气轮机维护任务逻辑决断方法,周登极,陈梅珊,张会生,翁史烈,《燃气轮机技术》2015 年第 4 期

2016 年

船用燃汽轮机性能降级新型预测模型的建立及应用分析,于子强,周登极,张会生,翁史烈,《船舶工程》2016 年第 A2 期

基于 Sigma 点卡尔曼滤波的燃气轮机气路故障诊断,黄宜坤,陈梅珊,张会生,翁史烈,《上海交通大学学报》2016 年第 4 期

极小化相位误差加权间断有限元辛方法,朱帅,周钢,刘晓梅,翁史烈,《北京航空航天大学学报》2016 年第 8 期

部分预混旋流火焰不稳定燃烧的大涡模拟,柳伟杰,葛冰,臧述升,翁史烈,《热能动力工程》2016 年第 4 期

精细辛有限元方法及其相位误差研究,朱帅,周钢,刘晓梅,翁史烈,《力学学报》2016 年第 2 期

低旋流多喷嘴燃烧器性能实验,柳伟杰,葛冰,江之鉴,臧述升,翁史烈,《上海交通大学学报》2016 年第 4 期

喷嘴旋向对多喷嘴预混燃烧的影响,柳伟杰,葛冰,田寅申,臧述升,翁史烈,《燃烧科学与技术》2016 年第 4 期

2017 年

充分发挥头脑奥林匹克在创新人才培养方面的作用,翁史烈,《上海教育》2017 年第 7 期

变控制线的燃气轮机传感器故障诊断方法,周登极,张会生,翁史烈,《燃气轮机技术》2017 年第 1 期

燃气轮机技术及发展,翁一武,闻雪友,翁史烈,《自然杂志》2017 年第 1 期

预混多喷嘴火焰自激振荡燃烧的实验研究,柳伟杰,葛冰,田寅申,臧述升,翁史烈,《工程热物理学报》2017 年第 3 期

2018 年

喷嘴与安装孔之间的缝隙对微型燃气轮机燃烧室影响的数值分析,刘闳钊,王玉璋,高慧峰,翁史烈,《燃气轮机技术》2018 年第 2 期

一种基于通用传热传质系统的新型饱和器的动态建模方法,黄地,周登极,张会生,苏明,翁史烈,《中南大学学报(英文版)》2018 年第 5 期

2019 年

冷热电联供系统微燃机机组配置和运行优化,王志光,黄志鹏,王玉璋,翁史烈,《动力工程学报》2019 年第 4 期

沼气成分对微型燃气轮机燃烧室影响的数值分析,刘闳钊,王玉璋,高慧峰,翁史烈,《燃气轮机技术》2019 年第 1 期

多能耦合的冷热电联供系统策略分析和优化设计,王志光,杨希刚,王玉璋,翁史烈,《热能动力工程》2019 年第 7 期

2020 年

引凤金桥:中国第一所国际商学院的创建,翁史烈,年士萍,胡迎,《上海党史与党建》2020 年第 3 期

专利信息

一种沼气旋流预混喷嘴装置,发明人:王玉璋,翁一武,刘闳钊,翁史烈,申请号:201610880513.5,申请日期:2016-10-09

(二)对翁史烈院士的介绍与研究文献目录

报纸文献

翁史烈院士荣获"华人教育名家"称号,《上海交大报》2020-01-13

阮可强(1995年当选中国工程院院士)

阮可强(1932年12月19日—2017年4月29日),反应堆物理、核安全专家,原籍浙江慈溪,中国核工业集团公司中国原子能科学研究院研究员,曾任国家环境保护总局核环境专家委员会副主任,中国核学会副理事长。

阮可强院士一直在反应堆物理和核安全领域从事研究、设计工作,负责完成了第一座快中子零功率反应堆的建造和物理启动,研制成功微型反应堆,为核工业中铀同位素分离、核燃料后处理、燃料元件制造、铀钚冶炼加工和核电站等多个重要工厂的设计、投产、运行,解决了大量的临界安全问题;曾获国家科技进步奖一等奖。

1995年当选为中国工程院院士。

(一)阮可强院士的各类文献目录

著作文献

《八六三计划能源技术领域研究工作进展　1986—2000》,赵仁恺,阮可强,石定寰主编,原子能出版社,2001

《核临界安全　第2版》,阮可强等著,原子能出版社,2005

(二)对阮可强院士的介绍与研究文献目录

期刊文献

缅怀我国核安全专家阮可强院士,《辐射防护》2017年第3期

阮可强回忆核潜艇研制工作,虞莉婷,董建丽,《中国核工业》2016年第2期

报纸文献

慈溪籍中国工程院院士阮可强去世——市委市政府发唁电,《慈溪日报》2017-05-04

胡思得(1995 年当选中国工程院院士)

胡思得(1936 年 3 月 31 日——　　　),核武器工程专家,浙江宁波人,中国工程物理研究院研究员。

胡思得院士长期从事核武器理论研究设计,在状态方程、内爆压缩和核装置设计等方面做出了开创性工作;曾担任多个核装置型号的理论设计负责人,与物理实验紧密结合,攻克了一些重要关键技术,提出了核试验中新的物理诊断项目;在突破原子弹阶段,氢弹的研究设计和发展以及核试验的近区物理测试中做了大量组织领导工作,为我国核武器的研究设计和发展做出了重要贡献;曾多次获得国家科技进步奖。

1995 年当选为中国工程院院士。

(一)胡思得院士的各类文献目录

著作文献

《核技术的军事应用核武器》,胡思得,刘成安编著,上海交通大学出版社,2016

期刊文献

学习于敏院士的科学精神,胡思得,《现代物理知识》2015 年第 1 期

见得思得值得,胡思得,叶娟,《军工文化》2015 年第 1 期

毛泽东哲学思想指导我们快速突破氢弹,胡思得,《军工文化》2017 年第 6 期

基于数据库进行乏燃料鉴别的多元统计分析研究,苏佳杭,伍钧,胡思得,《物理学报》2019 年第 9 期

报纸文献

材料攻关立奇功　军控界中一劲松,胡思得,《中国科学报》2017-01-23

先生故去精神永存,胡思得,《中国科学报》2019-02-22

教我成长的地方,胡思得,《新民晚报》2019-05-01

(二)对胡思得院士的介绍与研究文献目录

期刊文献

国有重器兹和平——胡思得院士与我国几代核科学家们的爱国主义情怀,马云生,杨东,吴明静,《科学中国人》2015 年第 22 期

君子九思　故成其大——贺胡思得先生八十华诞,吴明静,《物理》2016 年第 9 期

胡思得:君子九思故成其大,吴明静,《军工文化》2016 年第 11 期

让"两弹一星"精神的光芒,照耀我国核事业开拓前进——专访胡思得院士,高树超,王丹,《中国核电》2019 年第 5 期

报纸文献

中国工程院院士胡思得为我校师生作专题报告,王玮,《西南科技大学报》2015-10-10

胡思得俞梦孙院士"慈溪行",《慈溪日报》2017-09-16

胡思得院士考察杭州湾职校,陈建坤,沈咪娜,《慈溪日报》2017-09-25

中国工程院院士胡思得、彭先觉来我校做学术报告,王玮,张燕,《西南科技大学报》2018-11-10

胡思得:君子九思成其大　铸就核盾写忠诚,王燕,吴明静,《中国科学报》2020-08-20

陈毓川(**1997 年当选中国工程院院士**)

陈毓川(1934 年 12 月 7 日—　),矿床地质专家,浙江宁波人,原国土资源部研究员、地矿部总工程师,中国地质科学院科技委员会主任、矿床地质专业委员会主任、国际矿床成因协会副主席,第九届全国政协委员。

陈毓川院士长期从事矿床地质、地球化学、区域成矿规律、成矿预测研究及矿产勘查工作,提出宁芜玢岩铁矿成矿模式,系统总结华南花岗岩有色、稀有矿床及陆相火山铁矿成矿规律,促进了全国火山岩区及花岗岩区的地质找矿工作;曾多次获得国家科技进步奖、李四光地质科技工作者奖、光华工程科技奖。

1997 年当选为中国工程院院士。

(一)陈毓川院士的各类文献目录

著作文献

2008 年

《中国成矿区带划分方案》,徐志刚,陈毓川,王登红等著,地质出版社,2008

《广西大厂锡多金属矿床地质与地球化学》,梁婷,陈毓川,王登红,陈郑辉,李厚民著,地质出版社,2008

2010 年

《中国西部重要成矿区带矿产资源潜力评估》,陈毓川,王登红等著,地质出版社,2010

2013 年

《中国东部中生代典型钼矿研究》,黄凡,王登红,陈毓川著,地质出版社,2013

2015 年

《中国重要矿产和区域成矿规律》,陈毓川,王登红,徐志刚等著,地质出版社,2015

2017 年

《云南金顶超大型铅锌矿床》,薛春纪,池国祥,陈毓川,王登红等著,地质出版社,2017

2020 年

《南岭于都赣县矿集区立体探测技术与深部成矿预测示范》,陈毓川,陈郑辉,赵正,赵彬,曾载淋等著,地质出版社,2020

期刊文献

2015 年

西藏尕尔穷—嘎拉勒铜金矿集区火山岩年代学及地球化学,张志,陈毓川,唐菊兴,李壮,宋俊龙,杨毅,胡正华,杨欢欢,杨超,康浩然,《地球科学》2015 年第 1 期

长江中下游九瑞矿集区宝山铜多金属矿床辉钼矿 **Re-Os** 年龄及其地质意义,胡正华,王先广,李永明,刘善宝,张家菁,陈毓川,曾庆权,王艺云,蒋金明,聂龙敏,雷天浩,胡文洁,张芳荣,吴施金,沙珉,龚良信,谢瑞丰,文亮先,《中国地质》2015 年第 2 期

湘西龙山江家垭铅锌矿床石英 **Rb-Sr** 同位素测年与示踪研究,周云,段其发,陈毓川,唐菊兴,曹亮,甘金木,《中国地质》2015 年第 2 期

江西乐平塔前钼(钨)矿床成岩成矿时代及意义,胡正华,刘栋,刘善宝,郎兴海,张家菁,陈毓川,施光海,王艺云,雷天浩,聂龙敏,沙珉,龚良信,刘战庆,《成都理工大学学报(自然科学版)》2015 年第 3 期

西藏多龙矿集区波龙斑岩铜矿床蚀变与脉体系统,杨毅,张志,唐菊兴,陈毓川,李玉彬,王立强,李建力,高轲,王勤,杨欢欢,《中国地质》2015 年第 3 期

西藏革吉县尕尔穷铜金矿床勘查模型,胡正华,唐菊兴,陈毓川,王艺云,郎兴海,丁枫,姚晓峰,陈伟,邓世林,张志,王红星,宋俊龙,《地质学报》2015 年第 3 期

赣东北朱溪铜钨矿区花岗闪长斑岩 **LA-ICP-MS** 锆石 **U-Pb** 定年及地质意义,万浩章,刘战庆,刘善宝,陈毓川,王成辉,陈国华,梁力杰,李赛赛,张树德,刘小林,《岩矿测试》2015 年第 4 期

南岭科学钻中与两种岩浆岩有关的矿床成矿系列——年代学、地球化学、**Hf** 同位素证据,郭娜欣,陈毓川,赵正,吕晓强,刘珍,陈郑辉,曾载淋,李江东,张凤荣,《地球学报》2015 年第 6 期

坚持探索成矿理论努力发展地球科学,陈毓川,《矿床地质》2015 年第 6 期

论矿床的自然分类——四论矿床的成矿系列问题,陈毓川,裴荣富,王登红,王平安,《矿床地质》2015 年第 6 期

中国银矿床成矿系列与成矿谱系初探,江彪,陈毓川,王成辉,张大权,白鸽,《矿床地质》2015 年第 6 期

中国银矿的资源特征及成矿规律概要,张大权,江彪,王登红,王成辉,陈毓川,白鸽,《地质学报》2015 年第 6 期

尕尔穷—嘎拉勒铜金矿集区 **S、Pb** 同位素地球化学特征,白云,张志,陈毓川,唐菊兴,何林,杨毅,《金属矿山》2015 年第 9 期

论矿床的自然分类——四论矿床的成矿系列问题,陈毓川;裴荣富;王登红;王平安,《矿床地质》2015 年第 6 期

2016 年

内蒙古红花尔基钨钼矿云英岩化白云母 **Ar-Ar** 定年及其地质意义,向安平,佘宏全,陈毓川,秦大军,王亚军,韩增光,康永建,《岩矿测试》2016 年第 1 期

基于 **DEM** 的南岭东段离子吸附型稀土矿成矿地貌条件分析,刘新星,陈毓川,王登红,黄凡,赵芝,《地球学报》2016 年第 2 期

全球海运铁矿石市场承压解析与行业影响,王崴平,陈毓川,《国土资源科技管理》2016 年第 3 期

西藏甲玛斑岩矿床系统黑云母特征及其地质意义,唐攀,陈毓川,唐菊兴,郑文宝,冷秋锋,林彬,方向,《矿

床地质》2016 年第 4 期

矿床成矿系列——五论矿床的成矿系列问题,陈毓川,裴荣富,王登红,黄凡,《地球学报》2016 年第 5 期

南岭科学钻探一孔中岩浆岩的矿物特征及其对成岩、成矿作用的指示意义,郭娜欣,陈毓川,吕晓强,陈郑辉,赵正,《中国地质》2016 年第 5 期

南岭科学钻探(NLSD-1)矿化规律与深部找矿方向,赵正,陈毓川,郭娜欣,陈郑辉,王登红,曾载林,何绍森,《中国地质》2016 年第 5 期

南岭科学钻探青白口系中发现 381 Ma 流纹岩,赵正,王宗起,陈毓川,郭娜欣,陈郑辉,郑瑜林,王浩洋,曾载淋,《中国地质》2016 年第 5 期

赣南盘古山钨矿隐伏花岗岩体岩石学与地球化学特征,方贵聪,陈毓川,陈郑辉,曾载淋,刘翠辉,童启荃,孙杰,朱国华,《中国地质》2016 年第 5 期

西藏多龙矿集区地堡 Cu(Au)矿床含矿斑岩锆石 U-Pb 测年、Hf 同位素组成及其地质意义,林彬,陈毓川,唐菊兴,宋扬,王勤,冯军,李彦波,唐晓倩,林鑫,刘治博,王艺云,方向,杨超,杨欢欢,费凡,李力,高轲,《地质论评》2016 年第 6 期

前言,陈毓川,《地质学报》2016 年第 7 期

湘西花垣铅锌矿矿田成矿物质来源的 C、O、H、S、Pb、Sr 同位素制约,周云,段其发,陈毓川,唐菊兴,曹亮,彭三国,甘金木,《地质学报》2016 年第 10 期

2017 年

西藏拉抗俄斑岩铜钼矿床流体包裹体研究,唐攀,陈毓川,唐菊兴,郑文宝,冷秋锋,林彬,《矿床地质》2017 年第 1 期

印度未来能源需求对中国获取境外能源的影响初探,邢万里,陈毓川,王安建,周凤英,闫强,《地球学报》2017 年第 1 期

赣南于都—赣县钨多金属矿集区成矿模式,方贵聪,陈毓川,赵正,陈郑辉,《地质论评》2017 年第 S1 期

基于 BIF 条带状铁建造矿化特征的国际铁矿石盈亏平衡运营成本定量研究,王威平,陈毓川,《岩矿测试》2017 年第 2 期

西藏甲玛斑岩成矿系统铜钼元素分离机制探讨,王艺云,郑文宝,陈毓川,唐菊兴,冷秋锋,唐攀,丁帅,周云,《岩石学报》2017 年第 2 期

特约主编致读者,王登红,陈毓川,赵正,《地学前缘》2017 年第 5 期

紫金山矿田 Cu-Fe-S 矿物的 EPMA 和 LA-ICP-MS 微区元素分析及地质意义,刘文元,陈毓川,刘羽,《地学前缘》2017 年第 5 期

林子宗群火山岩与成矿关系:以斯弄多浅成低温热液型矿床为例,丁帅,陈毓川,唐菊兴,谢富伟,胡古月,杨宗耀,施硕,李于海,杨洪钰,《矿床地质》2017 年第 5 期

九龙脑岩体矿物学研究及其对岩浆演化和成矿作用的指示意义,郭娜欣,王登红,赵正,陈毓川,陈伟,谢幸旺,《地学前缘》2017 年第 5 期

江西银坑 W-Ag-Au 多金属矿田成矿规律与找矿方向:兼论华南两个成矿系列叠加问题,赵正,陈毓川,曾载淋,郭娜欣,陈郑辉,王登红,刘翠辉,刘宗翊,王平安,李江东,《地学前缘》2017 年第 5 期

赣南长流坑钨矿年代学与原生晕地球化学,方贵聪,赵正,陈伟,王登红,陈毓川,刘善宝,罗泽,陆炫臣,冯

昌瑞,张宇杰,《地学前缘》2017年第5期

"九龙脑成矿模式"及其深部找矿示范:"五层楼十地下室"勘查模型的拓展,赵正,王登红,陈毓川,刘善宝,方贵聪,梁婷,郭娜欣,王少轶,王浩洋,刘战庆,曾载淋,丁明,陈伟,周新鹏,《地学前缘》2017年第5期

基于专利标准化的中国矿业优势实践技术海外输出战略前瞻,王崴平,陈毓川,王登红,应立娟,吕芷珊,《中国标准化(英文版)》2017年第6期

赣南大埔复式花岗岩体两期成岩年龄及其地质意义,方贵聪,陈郑辉,陈毓川,赵正,侯可军,曾载淋,罗泽,《矿床地质》2017年第6期

藏北东窝东铜多金属矿床含矿斑岩年代学、Sr-Nd-Pb同位素及成矿预测,林彬,陈毓川,唐菊兴,宋扬,王勤,方向,刘治博,王艺云,冯军,李彦波,杨欢欢,陈列,付燕刚,《地质学报》2017年第9期

序,陈毓川,《地质通报》2017年第12期

2018年

内蒙古东乌旗达亚纳钨-钼矿成岩成矿时代及其岩体地球化学研究,向安平,陈毓川,佘宏全,李光明,李应栩,《地质学报》2018年第1期

大兴安岭南段维拉斯托锡多金属矿床流体包裹体和同位素特征,刘瑞麟,武广,陈公正,李铁刚,江彪,武利文,章培春,张彤,陈毓川,《矿床地质》2018年第2期

内蒙古道伦达坝铜钨锡矿床LA-ICP-MS锆石和锡石U-Pb年龄及其地质意义,陈公正,武广,李铁刚,刘瑞麟,武利文,《矿床地质》2018年第2期

特约主编致读者,陈毓川,肖克炎,陈建平,《地学前缘》2018年第3期

甘肃省龙首山芨岭铀矿床成矿热液流体特征研究,赵如意,王博,陈毓川,王刚,陈云杰,聂利,李涛,《地球学报》2018年第3期

西藏尕尔穷—嘎拉勒铜金矿集区两套火山岩浆源区及其地质意义——来自Hf同位素特征的指示,张志,唐菊兴,陈毓川,姚晓峰,宋俊龙,李志军,《矿物岩石》2018年第3期

锰矿找矿大突破创新驱动结硕果——祝贺中国"大塘坡式"锰矿发现60周年论文专辑出版,陈毓川,《贵州地质》2018年第4期

内蒙古巴林左旗双尖子山银多金属矿床微量稀土元素特征及其矿床成因制约,江彪,武广,陈毓川,张通,刘文元,张彤,李雪娇,《地质学报》2018年第4期

内蒙古苇莲河石英脉型黑钨矿赋矿花岗岩成岩时代、地球化学特征及其地质意义,向安平,陈毓川,佘宏全,李光明,李应栩,《中国地质》2018年第5期

西藏铁格隆南超大型铜(金、银)矿床地质、蚀变与矿化,林彬,陈毓川,唐菊兴,宋扬,王勤,贺文,刘治博,王艺云,李彦波,杨超,杨欢欢,张乐骏,李玉彬,《矿床地质》2018年第5期

甘肃省龙首山牛角沟铀矿点钾钠混合交代作用研究,赵如意,王博,陈毓川,陈云杰,荣骁,王刚,李涛,《地质学报》2018年第12期

2019年

2035年中国能源与矿产资源需求展望,文博杰,陈毓川,王高尚,代涛,《中国工程科学》2019年第1期

粤北大宝山矿区次英安斑岩与铜多金属矿之间关系研究,赵如意,陈毓川,王登红,蒋金昌,应立娟,张熊,刘战庆,王要武,《大地构造与成矿学》2019年第1期

南岭东段离子吸附型稀土矿成矿预测研究,刘新星,王登红,陈毓川,赵芝,黄凡,《稀土》2019年第2期

粤北大宝山铜多金属矿区黄铁矿与磁黄铁矿EPMA和LA-ICP-MS原位微区组分特征及其对矿床成因机制约束,刘武生,赵如意,张熊,蒋金昌,陈毓川,王登红,应立娟,刘战庆,《地球学报》2019年第2期

西藏多龙超大型铜(金)矿集区成矿模式与找矿方向,王勤,唐菊兴,陈毓川,侯俊富,李彦波,《岩石学报》2019年第3期

从三稀资源调查扩大到关键矿产调查是战略性新兴产业发展的必然需要——推荐阅读《地质学报》"关键矿产"专辑,陈毓川,王瑞江,《地质论评》2019年第4期

加强关键矿产研究,助力新兴产业发展壮大,陈毓川,《地质学报》2019年第6期

江西盘古山钨矿发现新的矿化石英细脉带,方贵聪,陈毓川,王登红,童启荃,吴家旭,严翔,《地质论评》2019年第6期

试论湖南衡阳盆地与地幔柱的关系及其对关键矿产深部探测的意义,秦锦华,王登红,陈毓川,赵如意,王成辉,江彪,《地质学报》2019年第6期

内蒙古东乌旗葛根敖包石英闪长岩岩体年代学、地球化学及其地质意义,向安平,陈毓川,佘宏全,李光明,李应栩,《地质通报》2019年第9期

内蒙古赤峰双尖子山银多金属矿床成矿流体来源及金属沉淀机制探讨,江彪,张通,陈毓川,黄凡,武广,孙洪军,李治远,李雪娇,闫洁,《地质学报》2019年第12期

2020年

矿田尺度成矿规律与成矿系列研究——以湖南水口山为例,秦锦华,王登红,陈毓川,赵如意,刘善宝,江彪,《地质学报》2020年第1期

矿床成矿系列组——六论矿床的成矿系列问题,王登红,陈毓川,徐志刚,黄凡,王岩,裴荣富,《地质学报》2020年第1期

南岭成矿带铀矿地质特征、成矿规律与全位成矿模式,赵如意,王登红,陈毓川,冷成彪,秦锦华,赵晨辉,《地质学报》2020年第1期

中国银矿床地质控矿规律及若干找矿方向,江彪,张通,王登红,陈毓川,张大权,黄崇轲,白鸽,王成辉,黄凡,《地质学报》2020年第1期

广东省大宝山斑岩型铜矿床勘查突破及其区域找矿意义,赵如意,王登红,王要武,陈毓川,刘武生,张熊,蒋金昌,刘战庆,李挺杰,王兰根,应立娟,《地质学报》2020年第1期

甘肃省龙首山茇岭钠交代型铀矿床地质特征与成因,赵如意,陈毓川,陈云杰,王刚,聂利,荣骁,李涛,《地球科学》2020年第1期

百年勘查成果与成矿规律之集大成——首部《中国矿产地质志》研编阶段性进展概述,黄凡,王登红,陈毓川,王岩,徐志刚,朱明玉,陈郑辉,《地质学报》2020年第1期

南岭萤石矿床成矿规律及成因,方贵聪,王登红,陈毓川,黄凡,王岩,吴家旭,胡世辅,《地质学报》2020年第1期

甘肃省龙首山茇岭钠交代型铀矿床地质特征与成因,赵如意,陈毓川,陈云杰,王刚,聂利,《地球科学》2020年第1期

甘肃省龙首山茇岭铀矿床蚀变和地球化学分带性特征:以钻孔ZKJ29-3为例,赵如意,陈毓川,陈云杰,荣

骁,王刚,《地球科学》2020 年第 2 期

中国三叠纪大陆成矿体系,王登红,陈毓川,江彪,黄凡,王岩,李华芹,侯可军,《地学前缘》2020 年第 2 期

序言,陈毓川,《地球学报》2020 年第 2 期

甘肃省龙首山芨岭铀矿床蚀变和地球化学分带性特征:以钻孔 ZKJ29-3 为例,赵如意,陈毓川,陈云杰,荣骁,王刚,李涛,《地球科学》2020 年第 2 期

论地球系统四维成矿及矿床学研究趋向——七论矿床的成矿系列,陈毓川,裴荣富,王登红,黄凡,《矿床地质》2020 年第 5 期

江南钨矿带(江西段)成矿规律,胡正华,王先广,陈毓川,周卫,王彦媛,龚良信,杨舒钧,《中国钨业》2020 年第 5 期

加强矿山生态修复助力生态文明建设,陈毓川,《地球》2020 年第 12 期

(二)对陈毓川院士的介绍与研究文献目录

期刊文献

山东省地质科学研究院参加陈毓川院士从事地质工作 60 年学术研讨会,李大鹏,《山东国土资源》2015 年第 1 期

报纸文献

2015 年

陈毓川:这辈子最大的愿望是找矿,《嘉兴日报》2015-02-13

重大黄金科技项目应纳入国家科技规划——专访中国工程院院士陈毓川,倪金合,《中国黄金报》2015-05-19

中国工程院院士陈毓川到我县开展稀土矿普查阶段性野外验收工作,季姝辰,《菇乡庆元》2015-06-19

陈毓川院士:实现找矿突破不能三天打鱼两天晒网,《中国矿业报》2015-07-15

实现找矿突破不能一曝十寒——访著名矿床地质学家、中国工程院院士陈毓川先生,赵腊平,薛松,《中国矿业报》2015-07-15

2016 年

陈毓川谈地质工作与地勘队伍改革,《中国矿业报》2016-06-02

目前我国地质工作处于第三个低谷期——中国工程院院士、矿床地质专家陈毓川谈地质工作和地质队伍发展方向,金宣,《中国黄金报》2016-06-07

陈毓川:发挥自身优势找准国家需求,陈文生,杜平平,《中国国土资源报》2016-07-25

2017 年

陈毓川:开启大地的宝藏,周飞飞,《中国科学报》2017-10-09

陈毓川、金振民院士到夏日哈木矿区考察,乔玉财,《黄河水电》2017-09-10

陈毓川:国有地勘队伍体改要有顶层设计,马春红,《中国黄金报》2017-06-23

2018 年

赵平会见中国工程院院士陈毓川,《中煤地质报》2018-10-29

"只要我还能出野外,就一定要到一线"——访中国地质学会矿床地质专业委员会首届终身成就奖获得者、中国工程院院士陈毓川,周铸,《中国矿业报》2018-12-05

2019 年

陈毓川院士一行考察水口山,邓湘源,《衡阳晚报》2019-04-03

2020 年

中国工程院院士陈毓川:建设绿色矿山,我国已基本具备条件,王蓓,《中国黄金报》2020-09-01

倪维斗(1999 年当选中国工程院院士)

倪维斗(1932 年 10 月 6 日——　　),动力机械工程专家,浙江宁波人,清华大学教授,曾任中国环境与发展国际合作委员会委员、教育部科学技术委员会主任、中国能源学会会长。

倪维斗长期从事热力涡轮机系统和热动力系统动态学方面的研究,全面系统地发展了复杂热力系统及其关键部件的先进建模方法和一系列新的控制策略;在建立大型火电机组性能与振动过程在线监测与诊断系统中做出了重要创新性成果;解决了先进燃气轮应用中的关键问题;率先研制了燃气/蒸气联合循环的仿真装置;曾多次获国家教委科技进步奖。

1999 年当选为中国工程院院士。

(一)倪维斗院士的各类文献目录

著作文献

2013 年

《大辞海　能源科学卷》,倪维斗等编著,上海辞书出版社,2013

2014 年

《中国煤炭清洁高效可持续开发利用战略研究　第 9 卷　煤基多联产技术》,倪维斗,李政,刘培著,谢克昌主编,科学出版社,2014

2017 年

《能源消费革命的若干问题研究》,倪维斗,金涌等著,科学出版社,2017

2018 年

《高效清洁燃煤发电技术》,王卫良,吕俊复,倪维斗著,中国电力出版社,2018

2019 年

《农村能源技术领域的若干重大问题分析》,倪维斗,江亿,麻林魏等著,科学出版社,2019

《西部清洁能源发展战略研究》,黄其励,倪维斗,王伟胜等编著,科学出版社,2019

期刊文献

2015 年

间接空冷塔受侧风影响研究综述,王卫良,倪维斗,王哲,李政,李永生,刘建民,《中国电机工程学报》2015 年第 4 期

Orbit optimization and time delay interferometry for inclined ASTROD-GW formation with half-year preces-

sion-period,王刚,倪维斗,《中国物理 B》2015 年第 5 期

Wavelength dependence in the analysis of carbon content in coal by nanosecond 266 nm and 1064 nm laser in-duced breakdown spectroscopy,李雄威,王哲,傅杨挺,李政,倪维斗,《等离子体科学和技术（英文版）》2015 年第 8 期

关于我国推行能源消费革命、控制能源消费总量的战略问题的初步探讨,倪维斗,金涌,麻林巍,胡山鹰,《中国工程科学》2015 年第 9 期

煤炭清洁高效利用势在必行,倪维斗,《中国电力企业管理》2015 年第 9 期

我国煤基多联产系统的发展潜力及技术路线研究,王倜,刘培,麻林巍,李政,倪维斗,《中国工程科学》2015 年第 9 期

走我国自己的煤炭多联产之路,倪维斗,《紫光阁》2015 年第 12 期

2016 年

秸秆最佳出路是压块做燃料,倪维斗,《环境与生活》2016 年第 1 期

2017 年

如何保持餐厅环境卫生,倪维斗,许祥,《烹调知识》2017 年第 9 期

获授"鲍曼大学杰出贡献勋章",倪维斗,《中华儿女》2017 年第 11 期

蒸汽冷凝过程流动与传热研究综述,王卫良,吕俊复,张海,岳光溪,倪维斗,《中国电机工程学报》2017 年第 23 期

2018 年

重力波与相对论,倪维斗,《物理双月刊》2018 年第 1 期

改善煤电运行成本促进新能源发电市场化,倪维斗,《电力设备管理》2018 年第 9 期

2019 年

16 位院士对燃煤发电节能减排的建议,倪维斗,《浙江节能》2019 年第 1 期

煤电减排对中国大气污染物排放控制的影响研究,李博,王卫良,姚宣,吕俊复,李政,倪维斗,《中国电力》2019 年第 1 期

淘汰落后产能推进中国燃煤发电节能提效,王卫良,李政,吕俊复,倪维斗,《工程》2019 年第 2 期

报纸文献

期待世界发电史上又一里程碑,倪维斗,祁海鹰,毛健雄,《中国电力报》2015-09-30

电能替代散煤是清洁利用之道——"去煤化"不现实,整治散煤要解决好农村和农民问题,倪维斗,《中国环境报》2016-05-05

用电能替代散煤治理燃煤污染,倪维斗,《中国商报》2016-05-13

学术大师的言传身教,倪维斗,《光明日报》2017-08-07

专利信息

2015 年

一种抽气可控式回转空气预热器及其调节方法,发明人：王卫良,吕俊复,张海,岳光溪,刘建民,李永生,倪维斗,申请号：201510406414.9,申请日期：2015-07-10

一种抽气式回转空气预热器,发明人:王卫良,吕俊复,张海,岳光溪,刘建民,李永生,倪维斗,申请号:201520501087.0,申请日期:2015-07-10

一种分级逆向旋转的回转式空气预热器,发明人:王卫良,吕俊复,张海,岳光溪,刘建民,李永生,倪维斗,申请号:201510406321.6,申请日期:2015-07-10

一种抽气可调式回转空气预热器,发明人:王卫良,吕俊复,张海,岳光溪,刘建民,李永生,倪维斗,申请号:201520500977.X,申请日期:2015-07-10

一种多通道回转式空气预热器,发明人:王卫良,吕俊复,张海,岳光溪,刘建民,李永生,倪维斗,申请号:201520500957.2,申请日期:2015-07-10

一种抽气式回转空气预热器,发明人:王卫良,吕俊复,张海,岳光溪,刘建民,李永生,倪维斗,申请号:201510406201.6,申请日期:2015-07-10

一种分级逆向旋转的回转式空气预热器,发明人:王卫良,吕俊复,张海,岳光溪,刘建民,李永生,倪维斗,申请号:201520500959.1,申请日期:2015-07-10

一种多通道回转式空气预热器,发明人:王卫良,吕俊复,张海,岳光溪,刘建民,李永生,倪维斗,申请号:201510406159.8,申请日期:2015-07-10

2016 年

一种基于大数据库辨识的金属元素含量分析方法,发明人:王哲,袁廷璧,侯宗余,李政,倪维斗,申请号:201610065552.X,申请日期:2016-01-29

一种基于大数据库辨识的煤质特性分析方法,发明人:王哲,袁廷璧,侯宗余,李政,倪维斗,申请号:201610065879.7,申请日期:2016-01-29

一种侧风回收式空冷塔,发明人:王卫良,李政,刘建民,倪维斗,李永生,申请号:201610109456.0,申请日期:2016-02-26

一种侧风回收式湿冷塔,发明人:王卫良,李政,刘建民,倪维斗,李永生,申请号:201610109437.8,申请日期:2016-02-26

一种侧风回收式湿冷塔,发明人:王卫良,李政,刘建民,倪维斗,李永生,申请号:201620147696.5,申请日期:2016-02-26

一种侧风回收式空冷塔,发明人:王卫良,李政,刘建民,倪维斗,李永生,申请号:201620147675.3,申请日期:2016-02-26

(二)对倪维斗院士的介绍与研究文献目录

著作文献

《倪维斗院士口述传略》,王奇编著,清华大学出版社,2012

《倪维斗传》,倪维斗口述,王奇编著,清华大学出版社,2014

期刊文献

2015 年

倪维斗,《中国工程科学》2015 年第 3 期

可持续能源的动力——记中国工程院院士倪维斗,熊海霞,《大学科普》2015 年第 3 期

倪维斗:翱翔在广阔的能源天地,孟兰英,《当代老年》2015 年第 7 期

走我国自己的煤炭多联产之路——清华大学热能工程系教授中国工程院院士倪维斗,章景皓,王卫良,《紫光阁》2015 年第 12 期

倪维斗:摘取节能"皇冠上的明珠",孟兰英,《金秋》2015 年第 17 期

2016 年

能源迭代宜合不宜搏——访中国工程院院士倪维斗,王伟,彭慧文,《能源评论》2016 年第 3 期

倪维斗院士谈煤炭清洁利用资源决定:中国"去煤化"行不通,叶晓婷,季天也,《环境与生活》2016 年第 4 期

2017 年

倪维斗院士荣获莫斯科国立鲍曼技术大学"杰出贡献勋章",本刊编辑部,《杰出人物》2017 年第 4 期;《荣誉杂志》2017 年第 5 期

倪维斗:煤制甲醇是煤炭清洁利用的好思路,《煤炭信息周刊》2017 年第 16 期

2018 年

倪维斗:煤炭是完全可以清洁高效利用好的能源,本刊讯,《电器工业》2018 年第 2 期

倪维斗院士:孜孜以求的能源动力专家,肖桂华,《中国科技产业》2018 年第 10 期

倪维斗:现货市场离不开价格信号指引,《煤炭信息周刊》2018 年第 25 期

报纸文献

2016 年

倪维斗院士的精彩人生,王奇,《中国科学报》2016-10-31

2017 年

解决问题才是"不二之选"——中国工程院院士、清华大学教授倪维斗谈如何发展现代煤化工,张继勇,《中国矿业报》2017-02-18

2018 年

倪维斗:现货市场离不开价格信号指引,卢彬,《中国能源报》2018-07-09

倪维斗:清洁煤高效利用是解决清洁取暖的根本,《神华能源报》2018-08-30

倪维斗:清洁煤利用是实现清洁取暖的根本,朱妍,《中国能源报》2018-09-03

倪维斗:探索"中国式"用能,《济源日报》2018-11-30

闻雪友（2005 年当选中国工程院院士）

闻雪友（1940 年 9 月 14 日—   ），舰船燃气轮机专家，原籍浙江慈溪，中国船舶重工集团公司第七〇三研究所科技委研究员，中国电工学会燃气轮机专业委员副主任委员。

闻雪友院士长期从事舰船及工业燃气轮机的研究设计工作，曾负责我国第一台航空改装大功率舰船用燃气轮机的技术工作及第一台第二代舰船用燃气轮机的研制工作，为我国舰船动力现代化做出重要贡献；在热能动力工程方面，率先研究建成双工质平行复合循环电站，并获推广应用；曾获全国科学大会奖、国家科技进步奖、国防科学技术奖、军队科技进步奖、中船总公司科技进步奖。

2005 年当选为中国工程院院士。

（一）闻雪友院士的各类文献目录

著作文献

《燃气轮机发展战略研究》，闻雪友，翁史烈，翁一武等编著，上海科学技术出版社，2016

《闻雪友文集》，闻雪友，哈尔滨工程大学出版社，2020

期刊文献

2015 年

2015 新年致辞，闻雪友，《船舶工程》2015 年第 1 期

界面层强化纳米流体热导率特性分析，赵宁波，闻雪友，李淑英，《哈尔滨工程大学学报》2015 年第 4 期

环管型燃烧室火焰筒热弹塑性应力应变分析，董红，闻雪友，刘永葆，《海军工程大学学报》2015 年第 5 期

2017 年

燃气轮机技术及发展，翁一武，闻雪友，翁史烈，《自然杂志》2017 年第 1 期

燃气轮机异常检测技术研究进展，赵宁波，吴森，闻雪友，《热能动力工程》2017 年第 10 期

2018 年

2018 新年致辞，闻雪友，《船舶工程》2018 年第 1 期

液态纳米燃料及其强化燃烧研究进展，赵宁波，郑洪涛，闻雪友，《化工进展》2018 年第 4 期

不忘创刊初心 牢记船舶科技知识传播使命——写在《船舶工程》创刊四十周年之际，闻雪友，《船舶工程》2018 年第 10 期

2019 年

舰船大功率轴流压气机气动设计研究，任兰学，李冬，王琦，闻雪友，《热能动力工程》2019 年第 12 期

2020 年

序,闻雪友,《推进技术》2020 年第 11 期

舰船燃气轮机发展现状、方向及关键技术,闻雪友,任兰学,祁龙,洪青松,《推进技术》2020 年第 11 期

专利信息

一种船用可倒车涡轮叶片的铸造方法,发明人:李道乾,马中钢,王雷,刘玉廷,逯红果,闻雪友,袁超,殷凤仕,申请号:202011222635.8,申请日期:2020-11-05

(二)对闻雪友院士的介绍与研究文献目录

期刊文献

船舰燃气轮机专家——闻雪友院士,中国船舶重工集团公司第七○三研究所,《奋斗》2018 年第 21 期

报纸文献

2017 年

闻雪友:研制新合金材料争取明年使用,《淄博晚报》2017-09-11

闻雪友:加强科技创新氛围,司家仪,《淄博日报》2017-09-28

2018 年

闻雪友:今年的创新"不一样",《淄博晚报》2018-09-14

2019 年

闻雪友院士加盟浙大宁波理工学院,《鄞州日报》2019-10-18

闻雪友院士走进同方江新漫话舰船动力,《九江日报》2019-08-21

2020 年

张泽院士、闻雪友院士做客紫金讲坛,《南京理工大学报》2020-11-15

陈勇(2013年当选中国工程院院士)

陈勇(1957年6月13日—),能源与环境工程技术专家,祖籍浙江鄞县,中科院广州分院、广州能源研究所研究员。

陈勇院士长期从事有机固体废物能源化与资源化利用技术、生物质能利用技术研究与开发,以热化学转化、物理转化、化学转化、生化转化系列技术及集成为手段,实现生活垃圾、畜禽粪便、农林废物的能源化与资源化高值利用;建立了"农村代谢共生产业"新模式,创建了"副产物控制的清洁生产机制"和"基于能量流、物质流、环境流、经济流的全生命周期分析方法";曾获国家科技进步奖二等奖、何梁何利基金科学与技术进步奖等科技奖励。

2013年当选中国工程院院士,2006年当选国际欧亚科学院院士。

(一)陈勇院士的各类文献目录

著作文献

《固体废弃物能源利用》,陈勇,马晓苗,李海滨,赵增立著,华南理工大学出版社,2002

《中部地区生态文明建设及发展战略研究》,陈勇,呼和涛力,李金惠,雷廷宙,温宗国主编,科学出版社,2020

期刊文献

2015年

广州城市绿地植物群落空气负离子特征研究,陈雷,孙冰,谭广文,李子华,陈勇,黄应锋,廖绍波,《西北林学院学报》2015年第1期

能源转换利用的烟分析概述,董韶峰,袁浩然,陈勇,《新能源进展》2015年第2期

广州公园植物群落物种组成及多样性研究,陈雷,孙冰,谭广文,李子华,陈勇,黄应锋,廖绍波,《生态科学》2015年第5期

院士寄语,陈勇,《高科技与产业化》2015年第6期

热解温度对污泥生物炭稳定性及养分淋溶特性影响,鲁涛,袁浩然,王亚琢,呼和涛力,陈勇,《化工学报》2015年第7期

不同阴极催化剂对城市垃圾渗滤液微生物燃料电池处理的影响,袁浩然,邓丽芳,黄宏宇,陈勇,小林敬幸,《太阳能学报》2015年第7期

生态文明建设与能源、经济、环境和生态协调发展研究,呼和涛力,袁浩然,赵黛青,陈勇,杜祥琬,《中国工程科学》2015年第8期

生态文明背景下我国能源发展与变革分析,杜祥琬,呼和涛力,田智宇,袁浩然,赵丹丹,陈勇,《中国工程科学》2015 年第 8 期

重点高耗能行业煤利用过程中的节能问题研究,金涌,陈勇,胡山鹰,赵黛青,马晓茜,王辅臣,呼和涛力,《中国工程科学》2015 年第 9 期

2016 年

城市生活垃圾气化粗燃气与甲烷气流床高温重整制合成气模拟计算,王小波,冯宜鹏,刘安琪,赵增立,李海滨,陈勇,《现代化工》2016 年第 1 期

我国地热能开发利用现状与发展,马伟斌,龚宇烈,赵黛青,徐琼辉,秦汉时,陈勇,《中国科学院院刊》2016 年第 2 期

生物质能分布式利用发展趋势分析,吴创之,阴秀丽,刘华财,陈勇,《中国科学院院刊》2016 年第 2 期

基于沸石和活性炭的二级吸附式制冷循环系统,何兆红,黄宏宇,邓立生,王南南,呼和涛力,李军,小林敬幸,窪田光宏,陈勇,《工程热物理学报》2016 年第 5 期

㶲方法在垃圾气化剂选取中的应用,董韶峰,袁浩然,王亚琢,鲁涛,陈勇,《化工学报》2016 年第 6 期

城市生活垃圾两段热解旋流燃烧装置数值模拟,顾菁,袁浩然,呼和涛力,马晓茜,陈勇,《工程热物理学报》2016 年第 12 期

2017 年

我国农村废弃物分类资源化利用战略研究,呼和涛力,袁浩然,刘晓风,陈汉平,雷廷宙,陈勇,《中国工程科学》2017 年第 4 期

大豆油与地沟油制备生物柴油全生命周期评价,严军华,王舒笑,袁浩然,陈勇,单锐,《新能源进展》2017 年第 4 期

我国固体废物分类资源化利用战略研究,杜祥琬,钱易,陈勇,凌江,刘晓龙,杨波,姜玲玲,葛琴,呼和涛力,柳溪,孙笑非,《中国工程科学》2017 年第 4 期

外加剂对建筑垃圾再生砖早强性能的影响,鲁敏,熊祖鸿,林霞,房科靖,郭华芳,陈勇,《新能源进展》2017 年第 6 期

2018 年

广州市生活垃圾典型重金属污染及生态风险评价,唐志华,呼和涛力,熊祖鸿,郭华芳,陈勇,房科靖,《新能源进展》2018 年第 2 期

微生物燃料电池阳极材料研究进展,邓丽芳,袁浩然,王鲁丰,钱鑫,陈勇,《新能源进展》2018 年第 4 期

基于广州市政垃圾渗滤液的 MFC 性能及阳极微生物分析,程鹏,袁浩然,邓丽芳,董格,陈勇,单锐,《新能源进展》2018 年第 5 期

电动汽车能耗与气体排放分析及环境影响评价,严军华,王舒笑,袁浩然,陈勇,单锐,《华南理工大学学报(自然科学版)》2018 年第 6 期

城市固体废弃物中氯含量的分析方法比较,胡双清,王亚琢,顾菁,袁浩然,陈颖,陈勇,《新能源进展》2018 年第 6 期

2019 年

生活垃圾重金属对环卫工人身体健康影响研究,唐志华,呼和涛力,刘敏茹,尹华,郭华芳,熊祖鸿,陈勇,《中国环境科学》2019 年第 3 期

生物质焦油制备多级孔碳及其二氧化碳吸附性能研究,陈坚,李德念,袁浩然,陈勇,《新能源进展》2019 年第 3 期

生物质能研究现状及未来发展策略,马隆龙,唐志华,汪丛伟,孙永明,吕雪峰,陈勇,《中国科学院院刊》2019 年第 4 期

建筑垃圾再生砖的早期强度性能研究,鲁敏,熊祖鸿,林霞,房科靖,黎涛,陈勇,《环境工程》2019 年第 8 期

声音,陈勇,陈翰馥,丁一汇,潘云鹤,《科学中国人》2019 年第 15 期

2020 年

污泥基生物炭的制备及其作为污泥调理剂的可行性探究,吴佳欢,鲁涛,袁浩然,陈勇,《新能源进展》2020 年第 3 期

新型花生壳生物炭基催化剂催化酯交换反应,严军华,王舒笑,袁浩然,陈勇,单锐,《太阳能学报》2020 年第 4 期

废弃酒糟制备钴氮共掺杂生物炭及其析氧和析氢反应催化性能研究,范宇坤,李德念,袁浩然,陈颖,陈勇,罗博,《节能》2020 年第 5 期

生物质焦油衍生氮掺杂多孔碳负载 Co_3O_4 纳米晶的制备及双功能氧反应催化,李德念,陈会兵,阳济章,袁浩然,陈勇,《化工进展》2020 年第 11 期

报纸文献

能源科技发展新趋势(势所必然),陈勇,《人民日报》2015-09-06

创新农村代谢共生产业发展模式,陈勇,朱汉斌,《中国科学报》2017-04-12

光热发电"十四五"何去何从,王志峰,陈勇,蒋莉萍,《中国能源报》2019-12-23

专利信息

2015 年

一种通孔型多孔陶瓷及其制备方法,发明人:黎涛,熊祖鸿,郭华芳,陈勇,申请号:201510077099. X,申请日期:2015-02-11

一种车载式可燃固体废物热解焚烧装置,发明人:袁浩然,顾菁,陈勇,申请号:201510178381.7,申请日期:2015-04-15

一种车载式可燃固体废物热解焚烧装置,发明人:袁浩然,顾菁,陈勇,申请号:201520227472.0,申请日期:2015-04-15

一种生活垃圾破碎分选系统,发明人:袁浩然,王亚琢,张炽广,郭华芳,陈勇,申请号:201510211783.2,申请日期:2015-04-29

一种双离心分离闪蒸器,发明人:尹应德,朱冬生,莫逊,陈勇,申请号:201510299901. X,申请日期:2015-06-03

一种垃圾热解旋流燃烧装置,发明人:袁浩然,顾菁,陈勇,申请号:201510376748.6,申请日期:2015-06-30

一种快速多孔填料过滤水处理装置,发明人:黎涛,熊祖鸿,郭华芳,陈勇,申请号:201510411376.6,申请日期:2015-07-14

一种快速多孔填料过滤水处理装置,发明人:黎涛,熊祖鸿,郭华芳,陈勇,申请号:201520510377.1,申请

日期：2015-07-14

一种蒸汽压缩式空调系统，发明人：黄宏宇，邓立生，窪田光宏，何兆红，小林敬幸，呼和涛力，陈勇，申请号：201510467839.0，申请日期：2015-07-31

一种电镀污泥与二氧化碳协同处理的高效资源化利用新方法，发明人：袁浩然，邓丽芳，陈勇，袁勇，周顺桂，申请号：201510964802.9，申请日期：2015-12-18

2016 年

一种腐殖酸复合生物炭在微生物燃料电池中的应用及其制备方法，发明人：袁浩然，邓丽芳，陈勇，阮颖英，程鹏，申请号：201610024275.8，申请日期：2016-01-13

一种餐厨垃圾源头分类及预处理系统，发明人：袁浩然，陈勇，郭华芳，林镇荣，李德念，申请号：201610825711.1，申请日期：2016-09-14

2017 年

一种快速升温热重分析仪，发明人：罗光前，曹良，邹仁杰，方园，毛正江，李艺铭，李显，姚洪，袁浩然，陈勇，申请号：201710077975.8，申请日期：2017-02-14

一种快速升温热重分析仪，发明人：曹良，罗光前，方园，邹仁杰，毛正江，李艺铭，李显，姚洪，袁浩然，陈勇，申请号：201720131001.9，申请日期：2017-02-14

一种有机固废焦油与塑料废弃物共处理方法，发明人：袁浩然，顾菁，王亚琢，单锐，阮颖英，陈勇，申请号：201710155948.8，申请日期：2017-03-16

一种可实现快速升温的热重分析仪，发明人：罗光前，邹仁杰，李艺铭，曹良，李显，姚洪，顾菁，袁浩然，陈勇，申请号：201710421248.9，申请日期：2017-06-07

2018 年

一种以硅藻土为载体的甘油碳酸酯催化剂及其制备方法，发明人：袁浩然，单锐，陈勇，李梓，王舒笑，申请号：201810073485.5，申请日期：2018-01-25

一种掺氮多孔碳布及其作为生物电化学系统阳极的应用，发明人：袁浩然，钱鑫，邓丽芳，陈勇，王鲁丰，申请号：201811545367.6，申请日期：2018-12-17

一种负载碳/氮的二氧化钛纳米管矩阵及其在微生物燃料电池中的应用，发明人：袁浩然，王鲁丰，邓丽芳，陈勇，钱鑫，申请号：201811544309.1，申请日期：2018-12-17

2019 年

一种新型市政污泥调理剂，发明人：袁浩然，吴佳欢，顾菁，陈勇，申请号：201910336085.3，申请日期：2019-04-24

一种含有市政污泥残渣的道路路基材料，发明人：袁浩然，吴佳欢，顾菁，陈勇，申请号：201910335467.4，申请日期：2019-04-24

叉流式恒温除湿装置，发明人：白羽，邓立生，黄宏宇，何兆红，窪田光宏，李兴，陈勇，申请号：201910410020.9，申请日期：2019-05-16

一种废塑料高压热转化制备燃油的方法，发明人：袁浩然，程磊磊，顾菁，陈勇，申请号：201910507635.3，申请日期：2019-06-12

一种聚烯烃废塑料催化热转化制备芳烃及富氢燃气的方法，发明人：袁浩然，程磊磊，顾菁，陈勇，申请号：201910979991.5，申请日期：2019-10-15

一种城市生活垃圾双轴破袋装置,发明人:袁浩然,王亚琢,顾菁,李德念,陈勇,申请号:201921787153.X,申请日期:2019-10-23

一种生活垃圾智能监控分类收集装置及收集方法,发明人:袁浩然,王亚琢,顾菁,李德念,陈勇,申请号:201911013249.5,申请日期:2019-10-23

一种车载式生活垃圾分选系统,发明人:袁浩然,王亚琢,顾菁,李德念,陈勇,申请号:201911012470.9,申请日期:2019-10-23

2020 年

一种蓄热式热解气化装置,发明人:袁浩然,顾菁,王亚琢,杨秋,邓立生,陈勇,申请号:202010010691.9,申请日期:2020-01-06

一种基于热解技术的含油固废处置系统,发明人:袁浩然,顾菁,范洪刚,王亚琢,陈勇,申请号:202010431250.6,申请日期:2020-05-20

一种蓄热式小型化生活垃圾热处理系统,发明人:袁浩然,李德念,陈勇,申请号:202010622100.3,申请日期:2020-06-30

一种多场景应用的高效三维纯逆流换热器装置,发明人:尹应德,陈勇,朱冬生,申请号:202021702505.X,申请日期:2020-08-14

一种实现原位与非原位催化快速热解气化有机固废的反应系统及方法,发明人:袁浩然,范洪刚,顾菁,王亚琢,陈勇,申请号:202010974341.4,申请日期:2020-09-16

一种利用太阳能供热的活性炭制备系统,发明人:袁浩然,李德念,阳济章,陈勇,申请号:202011132094.X,申请日期:2020-10-21

一种塑料废弃物定向制备高值化产品的热解-分离集成装置及工艺,发明人:袁浩然,程磊磊,顾菁,王亚琢,陈勇,申请号:202011332895.0,申请日期:2020-11-24

一种电磁驱动的有机固废热解系统及方法,发明人:袁浩然,李德念,阳济章,陈勇,申请号:202011443954.1,申请日期:2020-12-08

一种含油污泥连续多级热解回收油品的系统和方法,发明人:袁浩然,顾菁,范洪刚,王亚琢,吴玉锋,陈勇,申请号:202011608137.7,申请日期:2020-12-30

一种碳酸盐改性粉煤灰复合相变材料及其制备方法,袁浩然;李德念;阳济章;陈勇,申请号:202011632789.4,申请日期:2020-12-31

(二)对陈勇院士的介绍与研究文献目录

期刊文献

造福人类环境的科学家——记中国工程院院士陈勇,隆仲,《大学科普》2015 年第 3 期

能源专家陈勇拟在揭阳市建院士工作站,南方网,《中国畜禽种业》2015 年第 5 期

开发"城乡矿山":访中国工程院院士陈勇,黄晓艳,马珉,《高科技与产业化》2015 年第 6 期

陈勇:从中国资源禀赋考虑应大力发展地热能,曾卉洁,《高科技与产业化》2019 年第 9 期

报纸文献

2015 年

中国工程院院士陈勇受聘我校,胡建军,《河南农业大学报》2015-04-15

能源专家陈勇拟在我市建院士工作站,《揭阳日报》2015-04-29

2016 年

陈勇院士谈破解"垃圾围城"难题,李锦丹,《广东科技报》2016-07-15

2017 年

陈勇院士到我市调研美丽乡村建设——刘光明参加活动,《揭阳日报》2017-01-16

2018 年

陈勇院士献计创新驱动乡村振兴战略,莫文艺,徐超,《广东科技报》2018-06-01

广东石油化工学院陈勇院士工作站签约——引才引智助力茂名创新驱动发展,莫文艺,刘洲,《广东科技报》2018-11-09

2019 年

陈勇院士在金华实践"城乡矿山",汪蕾,《金华日报》2019-05-14

"陈勇院士专家工作站"正式揭牌——落户环创科技公司,成为厦门火炬高新区第四家院士工作站,蒋全德,《海峡导报》2019-12-02

2020 年

实施乡村振兴战略广东首家科技小院落户海丰中国工程院院士陈勇团队加盟共建,《汕尾日报》2020-11-19

黄震(2019年当选中国工程院院士)

黄震(1960年8月6日—),男,浙江宁波人,动力机械工程专家,中国民主促进会会员,上海交通大学教授,教育部动力机械与工程重点实验室主任,国际燃烧学会会士,第十三届全国政协常委,国际二甲醚协会副主席,中国造船工程学会副理事长,上海能源研究会理事长。

黄震院士长期从事车用能源、发动机燃烧和大气污染防治研究,创建了发动机燃料设计与燃烧控制新方法,阐明了燃料特性与着火、燃烧、排放和热效率之间的复杂耦合关系,成功研制了新型智能燃料发动机,为发动机高效清洁燃烧探索出一条全新途径;发明了发动机燃料多样化关键技术,研制了系列替代燃料发动机,成功应用于汽车和船舶动力;曾多次获得国家和省部级奖励。

2019年当选中国工程院院士。

(一)黄震院士的各类文献目录

著作文献

《机动车可吸入颗粒物排放与城市大气污染》,黄震,吕田,李新令著,翁史烈总主编,上海交通大学出版社,2014

《微藻生物柴油全生命周期"2E&W"分析》,谢晓敏,张庭婷,黄震著,上海交通大学出版社,2016

《面向21世纪的工程教育》,翁史烈,黄震,刘少雪著,上海交通大学出版社,2016

期刊文献

1991年

激光阴影法对柴油机喷雾燃油浓度分布的测量研究,黄震,张连方,李渤仲,梁华翰,《内燃机工程》1991年第4期

脉冲激光全息技术探测柴油机喷雾方法的研究,黄震,张连方,李渤仲,梁华翰,《上海交通大学学报》1991年第6期

1992年

瞬态喷雾初期贯穿模型,黄震,张连方,李渤仲,《内燃机学报》1992年第1期

1994年

柴油溶气喷射雾化特性试验研究——气体性质对喷雾的影响,邵毅明,黄震,志贺圣一,刘源湘,《重庆交通学院学报》1994年第S1期

1995 年

激光技术在燃油喷雾测试中应用的进展,王德忠,黄震,张连方,《激光技术》1995 年第 1 期

1996 年

燃油溶气喷射对柴油机燃烧和排放的影响,黄震,张顺元,张连方,《燃烧科学与技术》1996 年第 4 期

1997 年

燃油喷雾内部构造可视化的激光 CT 技术(1)——喷雾图象重建方法的研究,王德忠,黄震,陈来高,张连方,童澄教,庄天戈,《激光技术》1997 年第 2 期

激光 CT 技术测量柴油机喷雾的研究,王德忠,黄震,童澄教,张连方,《内燃机学报》1997 年第 3 期

燃油喷雾内部构造可视化的激光 CT 技术(2)——对柴油机喷雾的应用,王德忠,黄震,陈来高,张连方,童澄教,庄天戈,《激光技术》1997 年第 3 期

1998 年

EGR 与富氧进气控制柴油机排放的机理探讨,章俊良,黄震,《内燃机学报》1998 年第 4 期

超低排放二甲醚燃料发动机及其研究动态,黄震,《上海汽车》1998 年第 7 期

1999 年

高速柴油机燃油喷射系统结构参数优化设计的计算机仿真,顾力强,黄震,《内燃机工程》1999 年第 2 期

内燃机缸内流动计算正交网格生成方法研究,谢拯,黄震,《柴油机》1999 年第 3 期

基于 Windows95 的多功能内燃机数据采集分析系统的研究与开发,张维铭,黄震,周校平,刘国庆,《内燃机工程》1999 年第 4 期

蜂窝陶瓷载体汽车尾气净化器降噪效果的试验研究,张光德,黄震,《噪声与振动控制》1999 年第 4 期

CCD 摄像机在瞬变喷雾可视化中的应用,王德忠,黄震,童澄教,大圣泰弘,《激光技术》1999 年第 5 期

蜂窝陶瓷载体汽车尾气净化器的设计及降噪机理的研究,张光德,黄震,《上海汽车》1999 年第 7 期

柴油机共轨式电控燃油喷射系统的发展状况,刘建江,黄震,乔信起,周校平,《上海汽车》1999 年第 8 期

伞帘喷雾燃烧系统喷雾特性的试验研究,乔信起,宋永臣,高希彦,陈家骅,黄震,《上海交通大学学报》1999 年第 8 期

2000 年

车用 DME 发动机的共轨燃油系,张光德,张健,金福祥,吴志军,黄震,《现代车用动力》2000 年第 1 期

柴油机气缸内热辐射研究方法的探讨,陈红岩,黄震,《内燃机工程》2000 年第 2 期

对二甲基醚发动机燃油系的构想,张光德,吴志军,乔信起,黄震,《汽车科技》2000 年第 3 期

发动机故障集成诊断系统研究,王学合,黄震,《车用发动机》2000 年第 4 期

美国在用车的 IM240 检测/维护(I/M)制度,刘渤海,周校平,黄震,《上海汽车》2000 年第 4 期

电控液化石油气发动机动力性能研究,朱义伦,周校平,何方正,刘国庆,阎存仙,邬静川,黄震,《车用发动机》2000 年第 4 期

应用高速摄像技术研究柴油机的喷雾过程,王德忠,黄震,童澄教,姜高植,大圣泰弘,《上海交通大学学报》2000 年第 4 期

康明斯柴油机气缸漏气测试方法的研究,张光德,黄震,肖一夫,孙士法,《柴油机》2000 年第 4 期

溶有 CO_2 燃油的闪急沸腾喷射过程研究,黄震,大圣泰弘,姜高植,《内燃机学报》2000 年第 4 期

柴油机伞喷嘴喷油过程和喷雾特性的研究,乔信起,宋永臣,李明华,高希彦,陈家骅,黄震,《农业机械学

报》2000 年第 4 期

柴油机气道试验中缸内涡流转速的测量方法,吴志军,黄震,《汽车工程》2000 年第 5 期

在用轻型汽油车的净化技术和使用状况,刘渤海,周校平,黄震,《车用发动机》2000 年第 5 期

直喷式柴油机伞形喷雾燃烧系统的试验研究,乔信起,李明华,宋永臣,高希彦,陈家骅,黄震,《农业机械学报》2000 年第 5 期

柴油机故障灰色诊断系统研究,王学合,黄震,范荫,《柴油机》2000 年第 5 期

柴油机气缸内工质辐射物性参数计算模型,陈红岩,黄震,《农业机械学报》2000 年第 6 期

四气门直喷式柴油机进气过程缸内流场的模拟研究,吴志军,孙济美,黄震,《上海交通大学学报》2000 年第 9 期

汽车尾气稀土催化净化效果的试验研究,张光德,黄震,段东利,《上海交通大学学报》2000 年第 9 期

制定上海市在用车 I/M 制度与检测法规的思考,魏光华,周校平,黄震,《汽车与配件》2000 年第 35 期

2001 年

ω 型燃烧室辐射热流量的计算模型及研究,陈红岩,黄震,严兆大,《内燃机工程》2001 年第 1 期

进气道布置对两气门柴油机进气门口空气运动的影响,吴志军,孙济美,黄震,《农业机械学报》2001 年第 1 期

影响直喷式柴油机挤流特征的几个因素,乔信起,陈石,宋永臣,高希彦,陈家骅,黄震,《农业机械学报》2001 年第 1 期

通过矩形喷嘴的非稳定液体射流,施红辉,王晓亮,伊藤基之,腰山和喜,黄震,《流体力学实验与测量》2001 年第 2 期

四气门柴油机进气道性能的试验研究,吴志军,孙济美,黄震,《农业机械学报》2001 年第 2 期

激光粒子图像测速技术的灰度判别查询方法,吴志军,黄震,郝利君,李军,《应用激光》2001 年第 2 期

激光粒子图像速度场仪的开发,吴志军,郝利君,李军,黄震,《激光杂志》2001 年第 2 期

四气门柴油机缸内涡流形成过程试验研究,吴志军,黄震,孙济美,《燃烧科学与技术》2001 年第 2 期

四气门柴油机的可变涡流进气系统的试验研究,吴志军,黄震,李军,孙济美,《内燃机工程》2001 年第 3 期

柴油机进气道转缸试验新方法,吴志军,黄震,张光德,《柴油机》2001 年第 3 期

LPG/汽油双燃料汽车双达标低排放控制系统研究,朱义伦,邓真全,何方正,周校平,黄震,邬静川,《内燃机工程》2001 年第 3 期

液压增压式共轨电控燃油喷射系统的设计及模拟计算,王学合,杨莫,王月庆,黄震,《内燃机工程》2001 年第 4 期

柴油机燃油溶气共轨系统的设计和试验研究,杨莫,王学合,黄震,《柴油机》2001 年第 4 期

城市街道峡谷机动车排气污染扩散的研究现状,谢拯,吴志军,黄震,《吉林工业大学自然科学学报》2001 年第 4 期

闪急沸腾喷雾速度场的 LDA 研究,乔信起,刘建江,黄震,陈红岩,《燃烧科学与技术》2001 年第 4 期

G4135 柴油机辐射多区多维模型(Ⅰ),陈红岩,乔信起,黄震,《上海交通大学学报》2001 年第 5 期

G4135 柴油机辐射多区多维模型(Ⅱ),陈红岩,乔信起,黄震,《上海交通大学学报》2001 年第 5 期

四气门柴油机两进气道的相互干扰——对缸内涡流的影响,吴志军,孙济美,黄震,《上海交通大学学报》2001 年第 5 期

四气门柴油机两进气道的相互干扰——对气门口流场的影响,吴志军,孙济美,黄震,《上海交通大学学报》2001年第5期

进气道布置对4气门柴油机进气门口三维流场的影响,吴志军,黄震,孙济美,《内燃机学报》2001年第5期

电控液化石油气发动机排放试验,朱义伦,何方正,周校平,刘国庆,阎存仙,邬静川,黄震,《上海交通大学学报》2001年第5期

汽车催化转化器中气体流动的研究(一),刘光辉,黄震,乔信起,张光德,《内燃机》2001年第6期

车用天然气发动机技术与性能研究,宋钧,张武高,黄震,《车用发动机》2001年第6期

4气门直喷式柴油机两进气道相互干扰的试验研究,吴志军,黄震,孙济美,《内燃机学报》2001年第6期

柴油机污染物排放后处理技术的研究进展,刘光辉,黄震,上官文峰,《上海环境科学》2001年第8期

2002年

汽车催化转化器中气体流动的研究(二),刘光辉,黄震,乔信起,张光德,《内燃机》2002年第1期

车用天然气发动机技术及其应用,宋钧,黄震,张武高,周校平,《天然气工业》2002年第1期

进气道的布置对四气门柴油机气缸内涡流影响的变化规律,吴志军,黄震,李军,孙济美,《内燃机工程》2002年第1期

柴油机喷雾速度场的激光相位多普勒测试,张仁惠,乔信起,黄震,《现代车用动力》2002年第1期

共轨电控式燃油溶气喷射系统的研究与开发,王学合,杨莫,黄震,张爱中,《内燃机工程》2002年第1期

四气门柴油机进气道布置的试验研究,吴志军,黄震,孙济美,《上海交通大学学报》2002年第2期

城市街道峡谷机动车污染物扩散的模拟研究,吴志军,黄震,谢拯,王嘉松,周校平,《吉林大学学报(工学版)》2002年第2期

有限旋转气流的切向速度特性分析,吴国江,黄震,田子平,《空气动力学学报》2002年第3期

国家能源安全与汽车清洁代用燃料技术,黄震,《世界科学》2002年第3期

城市高架道路对局地大气环境影响的数值模拟研究,王嘉松,黄震,《上海环境科学》2002年第3期

天然气发动机混合气形成与燃烧特点及性能评述,宋钧,张武高,黄震,《柴油机》2002年第3期

柴油机排放法规及控制技术分析(一),王万利,宋钧,周校平,黄震,《内燃机》2002年第4期

基于信号时频分解的模态参数识别,张志谊,续秀忠,华宏星,黄震,《振动工程学报》2002年第4期

LPG-SGI系统发动机试验研究,朱义伦,何方正,黄震,《内燃机工程》2002年第5期

乙醇燃料的研究发展与应用,金福祥,张武高,周校平,黄震,《柴油机》2002年第5期

LPG顺序喷射系统发动机性能模拟计算研究,朱义伦,刘卓,何方正,黄震,邓康耀,《车用发动机》2002年第5期

柴油机排放法规及控制技术分析(二),王万利,宋钧,周校平,黄震,《内燃机》2002年第5期

混合气形成对内燃机燃烧及排放的影响,裴梅香,乔信起,黄震,《柴油机》2002年第5期

车用柴油机微粒排放测量的稀释取样系统,方俊华,刘忠长,黄震,乔信起,《车用发动机》2002年第5期

含氧添加剂DMC对柴油机燃烧与排放特性的影响,张光德,黄震,张武高,乔信起,周校平,《燃烧科学与技术》2002年第5期

二甲醚燃料喷射过程的试验研究,张光德,黄震,乔信起,周校平,《内燃机学报》2002年第5期

均质充量压缩着火发动机燃烧的研究与进展,方俊华,黄震,乔信起,周校平,陈红岩,《柴油机》2002年第6期

应用不同湍流模式预测城市街道峡谷的大气环境,王嘉松,黄震,《上海交通大学学报》2002 年第 10 期

离心油泵输送粘性流体时的性能换算方法,陈晓玲,张武高,黄震,《上海交通大学学报》2002 年第 10 期

离心泵输送粘性流体时叶轮出口宽度的设计,陈晓玲,张武高,黄震,《上海交通大学学报》2002 年第 11 期

利用微粒过滤器同时催化去除柴油机微粒和 NOx,刘光辉,黄震,上官文峰,阎存仙,《科学通报》2002 年第 21 期

2003 年

溶有 CO_2 燃油发动机燃烧的数值研究,肖进,黄震,《内燃机学报》2003 年第 1 期

燃油喷雾流场 DPIV 测速系统的开发,朱志勇,吴志军,黄震,《应用激光》2003 年第 1 期

混合动力电动汽车技术分析,段岩波,张武高,黄震,《柴油机》2003 年第 1 期

同时催化去除柴油机微粒和 NOx 的试验研究(1),刘光辉,黄震,上官文峰,阎存仙,《内燃机学报》2003 年第 1 期

带人行拱廊城市街道机动车污染物扩散规律,吴志军,黄震,谢拯,王嘉松,周校平,《吉林大学学报(工学版)》2003 年第 1 期

上海市公交柴油车碳烟排放的评估与分析,张武高,杨剑光,黄震,蔡夏英,胡军,《汽车工程》2003 年第 2 期

满足 EURO Ⅱ 以上法规的柴油车排放控制技术,王万利,乔信起,宋钧,周校平,黄震,《柴油机》2003 年第 2 期

稳态闪急沸腾喷雾速度分布的试验研究,乔信起,张光德,王嘉松,黄震,陈红岩,《汽车工程》2003 年第 2 期

二甲醚发动机的燃烧与排放研究,张光德,黄震,乔信起,宋钧,方俊华,《汽车工程》2003 年第 2 期

同时催化去除柴油机微粒和 NOx 的试验研究(2),刘光辉,黄震,上官文峰,阎存仙,《内燃机学报》2003 年第 2 期

绿色能源三甲醚发动机的研究开发,张光德,黄震,《柴油机》2003 年第 2 期

混合动力汽车模糊逻辑控制策略仿真,段岩波,张武高,黄震,《内燃机工程》2003 年第 2 期

柴油机排气后处理技术及发展方向,裴梅香,林赫,黄震,《小型内燃机与摩托车》2003 年第 2 期

准均质充气压缩点火燃烧的模拟和试验研究,方俊华,乔信起,钟赟,黄震,《汽车工程》2003 年第 3 期

概述采用添加物对柴油机排放的影响,李孝禄,黄震,乔信起,田良云,宋军,《拖拉机与农用运输车》2003 年第 3 期

基于 LavVIEW 的内燃机数据采集与分析的研究,李福生,黄震,周校平,《内燃机》2003 年第 3 期

缸内直喷式汽油机工作过程三维数值模拟,胡军军,周龙保,黄勇诚,黄震,《车用发动机》2003 年第 3 期

柴油机电控喷射系统发展现状,宋军,乔信起,黄震,李书泽,王岩,《车用发动机》2003 年第 3 期

柴油-酒精混合燃料发动机的性能研究,张武高,杨剑光,李书泽,黄震,吴丹,《汽车工程》2003 年第 4 期

流固耦合有限元法用于油底壳模态计算,张亮,袁兆成,黄震,《振动与冲击》2003 年第 4 期

代用燃料二甲醚的研究现状与前景,吕兴才,黄震,李孝禄,《车用发动机》2003 年第 4 期

柴油机燃用柴油醇的性能与排放特性的研究,吕兴才,黄震,张武高,杨剑光,《内燃机学报》2003 年第 4 期

城市街区大气流动与汽车尾气扩散的三维数值模拟,王嘉松,黄震,《上海环境科学》2003 年第 4 期

离心油泵的性能与相似准则的关系,陈晓玲,张武高,黄震,《上海交通大学学报》2003 年第 5 期

催化剂与微粒接触对同时去除 PM 和 NOx 反应的影响,刘辉,上官文峰,黄震,《燃烧科学与技术》2003 年第 5 期

内燃机进气过程多维数值模拟的研究,罗马吉,黄震,蒋炎坤,陈国华,《车用发动机》2003 年第 5 期

二甲醚发动机的新型可控预混合燃烧,宋钧,黄震,乔信起,王万利,方俊华,张光德,《科学通报》2003 年第 6 期

缸内直喷式汽油机燃烧特性分析,胡军军,黄震,周龙保,黄勇诚,《汽车工程》2003 年第 6 期

溶有 CO_2 燃油发动机 NOx 和碳烟排放的数值研究,肖进,黄震,《工程热物理学报》2003 年第 6 期

叶片弯曲对压气机叶栅损失与速度的影响,王东,苏杰先,王仲奇,黄震,《上海交通大学学报》2003 年第 7 期

日光照射对街道峡谷污染物扩散影响的研究,谢拯,黄震,王嘉松,《上海环境科学》2003 年第 8 期

三效催化器主要结构参数对压降系数和速度分布的影响,吴国江,黄震,曾庆娟,《上海交通大学学报》2003 年第 9 期

柴油机排放 NO_x 催化还原技术研究进展,裴梅香,黄震,上官文峰,《工业催化》2003 年第 10 期

2004 年

天然气发动机数据采集系统的研究开发,李书泽,张武高,黄震,汪立敏,《兰州理工大学学报》2004 年第 1 期

DME 均质充量压燃着火过程的数值模拟研究,陈志,黄震,吕兴才,罗马吉,《内燃机学报》2004 年第 1 期

用相干函数分析内燃机曲轴纵向振动产生的机理,吕兴才,黄震,舒歌群,《内燃机工程》2004 年第 1 期

空气反馈信号控制柴油机排气再循环系统研究,侯玉春,肖福明,陆辰,黄震,《内燃机工程》2004 年第 1 期

柴油机燃用二甲醚喷射与燃烧的试验研究,乔信起,张光德,黄震,方俊华,宋钧,王岩,《农业机械学报》2004 年第 1 期

日光照射地面对街道峡谷内流场的影响研究,谢晓敏,黄震,王嘉松,《水动力学研究与进展 A 辑》2004 年第 S1 期

车用柴油机燃烧系统的改进,乔信起,黄震,肖进,王岩,凌君旸,汪胜波,《农业机械学报》2004 年第 2 期

步进电动机控制在柴油机 EGR 控制系统的应用,侯玉春,陆辰,肖福明,张锡朝,杨滨,黄震,《山东大学学报（工学版）》2004 年第 2 期

用光学可视化方法研究乙醇柴油混合燃料的燃烧特征,吕兴才,黄震,张武高,李德钢,《中国公路学报》2004 年第 2 期

柴油机燃用乙醇柴油燃料的燃烧与排放特性,吕兴才,李德钢,杨剑光,张武高,黄震,《汽车工程》2004 年第 2 期

柴油机几种着火方式及对排放影响的分析,李孝禄,吕兴才,陈志,乔信起,黄震,《柴油机》2004 年第 2 期

LPG 多点连续电喷发动机及车辆的排放试验研究,王学合,黄震,《内燃机学报》2004 年第 2 期

进气门布置对汽油机进气过程的影响,罗马吉,黄震,蒋炎坤,陈国华,《华中科技大学学报（自然科学版）》2004 年第 2 期

车用电控 LPG 发动机爆震控制的研究,王学合,黄震,《车用发动机》2004 年第 3 期

用于增压柴油机 EGR 系统的文丘里管的试验研究,吴君华,黄震,王天灵,陶毅,《车用发动机》2004 年第 3 期

燃料设计改善发动机燃烧和排放的研究(1)——燃料参数设计与喷雾特性研究,吕兴才,张武高,乔信起,黄震,《内燃机学报》2004年第3期

燃料设计改善发动机燃烧和排放的研究(2)——对柴油机燃烧与排放影响的分析,吕兴才,张武高,黄震,《内燃机学报》2004年第3期

HEUI-A喷油测试与应用设计,李孝禄,宋军,乔信起,黄震,《柴油机设计与制造》2004年第3期

直喷式柴油机喷油特性的测试分析,乔信起,宋永臣,颜淑霞,高希彦,陈家骅,黄震,《农业机械学报》2004年第3期

采用直流电晕自由基簇射系统脱除烟气中NOx的研究,林赫,高翔,骆仲泱,岑可法,裴梅香,黄震,《燃烧科学与技术》2004年第3期

Numerical simulation of cold-start emission for the three-way catalytic converter: Mathematical model and result analysis,吴国江,黄震,陈晓玲,《中国化学工程学报(英文版)》2004年第3期

乙醇-柴油混合燃料的理化特性研究,吕兴才,杨剑光,张武高,黄震,《内燃机学报》2004年第4期

均质充量压缩点火燃烧研究进展,李孝禄,缪雪龙,侯玉春,乔信起,黄震,《现代车用动力》2004年第4期

DMM燃料柴油机可控预混合燃烧的研究,方俊华,黄震,乔信起,《工程热物理学报》2004年第4期

低温等离子体技术及其在柴油机排气处理中的应用,裴梅香,黄震,上官文峰,林赫,《环境工程学报》2004年第5期

天然气发动机燃料供给系统,李书泽,张武高,黄震,《天然气工业》2004年第5期

柴油机噪声源的声强识别方法,吕兴才,黄震,《农业机械学报》2004年第5期

电控共轨式喷射系统喷油过程的试验研究,田良云,宋军,乔信起,黄震,李孝禄,《汽车工程》2004年第5期

"西气东输"城市天然气发展机遇与前景,黄震,《上海节能》2004年第6期

用加速量热仪研究参比燃料的低温氧化特性(Ⅰ),吕兴才,陈志,乔信起,黄震,《燃烧科学与技术》2004年第6期

车用催化转化器内部流动的数值模拟,陈晓玲,张武高,黄震,《上海交通大学学报》2004年第6期

二甲醚均质压燃燃烧的详细化学动力学模拟研究,罗马吉,黄震,陈志,吕兴才,李德刚,《汽车工程》2004年第6期

液化天然气公交车应用研究,胡军军,张武高,黄震,顾安忠,鲁雪生,曹凼震,《天然气工业》2004年第7期

缸内直喷式汽油机燃用化学计量比混合气的试验,胡军军,周龙保,黄勇诚,黄震,《上海交通大学学报》2004年第7期

燃油溶气喷雾速度和粒度的PDA测试研究,肖进,乔信起,黄震,方俊华,《科学通报》2004年第7期

车用催化转化器封装结构对其内部流动的影响,陈晓玲,张武高,黄震,《上海交通大学学报》2004年第7期

柴油机伞帘喷雾燃烧系统的试验研究,乔信起,宋永臣,高希彦,陈家骅,黄震,《上海交通大学学报》2004年第7期

柴油机排气微粒过滤催化处理技术及进展,裴梅香,黄震,上官文峰,林赫,乔信起,《环境工程学报》2004年第8期

Multisim仿真软件在发动机电控设计中的应用,宋军,乔信起,田良云,李孝禄,黄震,《现代电子技术》

2004 年第 10 期

自由基簇射脱除氮氧化物,林赫,高翔,骆仲泱,岑可法,裴梅香,黄震,《科学通报》2004 年第 16 期

2005 年

高精度铂电阻测温电路优化设计,李书泽,张武高,张荣荣,黄震,《工业仪表与自动化装置》2005 年第 1 期

电控中压共轨系统的设计及喷油特性分析,宋军,乔信起,田良云,黄震,《上海造船》2005 年第 1 期

发动机进气流动三维瞬态数值模拟研究,罗马吉,黄震,陈国华,蒋炎坤,《空气动力学学报》2005 年第 1 期

可变喷嘴增压器与增压柴油机的匹配试验研究,吴君华,黄震,王天灵,《汽车工程》2005 年第 1 期

十六烷值改进剂对乙醇-柴油发动机放热率与排放的影响,吕兴才,张武高,杨剑光,黄震,《燃烧科学与技术》2005 年第 1 期

含甲缩醛柴油喷雾和燃烧排放特性的试验研究,乔信起,肖进,黄震,吕兴才,陈剑,张光德,《工程热物理学报》2005 年第 1 期

用加速量热仪研究参比燃料的低温氧化特性(Ⅱ),吕兴才,陈志,乔信起,黄震,《燃烧科学与技术》2005 年第 1 期

优选数值计算方法用于不对称街道峡谷的研究,汪立敏,王嘉松,黄震,谢晓敏,《水动力学研究与进展 A 辑》2005 年第 1 期

速度分布对三效催化器性能的影响(Ⅰ)数理模型,吴国江,黄震,陈晓玲,《化工学报》2005 年第 1 期

速度分布对三效催化器性能的影响(Ⅱ)结果与分析,吴国江,黄震,陈晓玲,《化工学报》2005 年第 1 期

建筑物顶部形状对街道峡谷内污染物扩散影响的研究,谢晓敏,黄震,王嘉松,《空气动力学学报》2005 年第 1 期

乙醇混合燃料压燃式发动机的性能,李德钢,吕兴才,张武高,黄震,《农业机械学报》2005 年第 2 期

废气再循环和发动机运转参数对不同辛烷值燃料 HCCI 燃烧的影响,吕兴才,陈伟,黄震,《内燃机学报》2005 年第 2 期

我国柴油机迎接欧-Ⅲ排放限值的技术准备,刘宜,周校平,乔信起,黄震,《内燃机工程》2005 年第 2 期

柴油溶气对稳定喷射雾化影响的研究,邵毅明,黄震,志贺圣一,柄沢隆夫,《重庆交通学院学报》2005 年第 2 期

柴油机伞帘喷雾燃烧系统空气运动的数值模拟,乔信起,陈石,宋永臣,高希彦,陈家骅,黄震,《上海交通大学学报》2005 年第 2 期

影响柴油机伞帘喷雾燃烧系统性能的几个因素,乔信起,宋永臣,李明华,高希彦,陈家骅,黄震,《农业机械学报》2005 年第 2 期

城市街道峡谷中气态污染物扩散数值计算方法研究,汪立敏,王嘉松,谢晓敏,黄震,《环境科学与技术》2005 年第 2 期

天然气发动机燃料供给系统研究现状,李书泽,张武高,黄震,《农业机械学报》2005 年第 2 期

柴油-甲缩醛混合燃料喷雾的粒子动态分析研究,陈剑,乔信起,肖进,黄震,吕兴才,《汽车工程》2005 年第 2 期

二甲醚均质充量压燃发动机燃烧特性试验研究,李德钢,乔信起,罗马吉,彭小圣,黄震,《汽车工程》2005 年第 2 期

正十二烷-二氧化碳溶气燃油雾化喷射相变过程的研究,侯玉春,黄震,肖进,乔信起,吕兴才,《内燃机学

报》2005 年第 2 期

压缩比和 CO_2 对二甲醚燃料均质压燃燃烧的影响,李德钢,黄震,乔信起,彭小圣,罗马吉,《上海交通大学学报》2005 年第 2 期

二甲醚发动机 HCCI 燃烧的试验和数值模拟研究,钟赟,乔信起,李德钢,黄震,罗马吉,《车用发动机》2005 年第 2 期

二甲醚燃料均质压燃燃烧研究,李德钢,黄震,乔信起,罗马吉,彭小圣,《内燃机学报》2005 年第 3 期

等离子体在同时去除 NOx 和碳烟催化反应中的作用,裴梅香,林赫,上官文峰,黄震,《物理化学学报》2005 年第 3 期

等离子体辅助 $La_{0.9}K_{0.1}CoO_3$ 同时催化去除 NOx 和柴油机碳烟微粒的试验研究,裴梅香,林赫,上官文峰,黄震,《燃烧科学与技术》2005 年第 3 期

干式缸套柴油机活塞温度的试验测量与数值仿真,钱作勤,黄震,《武汉理工大学学报(交通科学与工程版)》2005 年第 3 期

活性添加剂对高辛烷值燃料 HCCI 着火时刻与燃烧速率的影响,吕兴才,陈伟,黄震,《燃烧科学与技术》2005 年第 3 期

废气再循环和添加剂对高辛烷值燃料 HCCI 燃烧的影响,吕兴才,陈伟,吉丽斌,黄震,《工程热物理学报》2005 年第 3 期

发动机缸内压力信号频谱分析及滤波方法的研究,侯玉春,黄震,李德钢,罗马吉,《振动与冲击》2005 年第 4 期

进气中 CO_2 浓度对预混合燃烧和排放影响的试验和模拟研究,方俊华,黄震,乔信起,《工程热物理学报》2005 年第 4 期

不同辛烷值参比燃料 HCCI 燃烧特性的试验研究,陈伟,吕兴才,黄震,《汽车工程》2005 年第 4 期

EGR 对二甲醚 HCCI 着火过程的数值模拟研究,罗马吉,陈志,黄震,李德钢,《汽车工程》2005 年第 4 期

压缩比、CO_2 和 LPG 对二甲醚燃料均质压燃燃烧的影响,李德钢,黄震,乔信起,罗马吉,彭小圣,《燃烧科学与技术》2005 年第 4 期

燃气机热泵机组的研制与实验研究,顾安忠,黄震,张荣荣,鲁雪生,林文胜,张武高,李书泽,《制冷技术》2005 年第 4 期

生命周期评价及天然气基车用替代燃料的选择,张亮,黄震,《汽车工程》2005 年第 5 期

机动车排放物对臭氧生成机理的影响,谢晓敏,王嘉松,黄震,《农业机械学报》2005 年第 5 期

柴油机准均质混合气形成的数值模拟,李孝禄,黄震,方俊华,宋军,乔信起,《汽车工程》2005 年第 5 期

等离子体辅助同时催化去除柴油机 NOx 和碳烟的试验研究,裴梅香,林赫,上官文峰,黄震,《工程热物理学报》2005 年第 5 期

城市对称街道峡谷气流及污染物扩散特征的研究,赵宝芹,王嘉松,汪立敏,黄震,《水动力学研究与进展：A 辑》2005 年第 5 期

高速电磁阀驱动电路设计及试验分析,宋军,李书泽,李孝禄,乔信起,黄震,《汽车工程》2005 年第 5 期

柴油机高速电磁阀驱动特性仿真分析,宋军,黄建平,李孝禄,李书泽,黄震,《车用发动机》2005 年第 5 期

燃料辛烷值对 HCCI 燃烧特征和排放特性的影响,吕兴才,陈伟,黄震,《燃烧科学与技术》2005 年第 6 期

非孤立街道峡谷大气流动及污染物扩散特征,汪立敏,王嘉松,赵宝芹,谢晓敏,黄震,《环境科学研究》

2005 年第 6 期

循环工质对燃气热泵系统的性能影响研究,胡崑,张武高,李书泽,黄震,《机械制造》2005 年第 7 期

燃气热泵系统中的串级模糊控制,李书泽,张荣荣,张武高,黄震,《上海交通大学学报》2005 年第 8 期

运用数字粒子图像测速技术测量柴油瞬态喷雾,吴志军,朱志勇,黄震,《上海交通大学学报》2005 年第 8 期

二甲醚均质压燃燃烧化学反应动力学机理数值模拟,罗马吉,黄震,《上海交通大学学报》2005 年第 8 期

燃烧室和喷嘴对均质混合气形成的影响,李孝禄,乔信起,方俊华,黄震,《农业机械学报》2005 年第 10 期

压缩比对二甲醚燃料均质压缩燃烧的影响,李德钢,黄震,乔信起,彭小圣,罗马吉,《农业机械学报》2005 年第 10 期

实际大气条件下汽车尾气扩散的模拟与观测,王嘉松,陈达良,黄震,张镇顺,宁治,《上海交通大学学报》2005 年第 11 期

二甲醚-解决中国能源安全与环境保护之路,黄震,《中国能源》2005 年第 11 期

2006 年

CO$_2$ 和 H$_2$ 对 HCCI 二甲醚发动机燃烧影响的数值模拟,钟赟,乔信起,方俊华,罗马吉,黄震,《汽车工程》2006 年第 1 期

二甲醚 HCCI 燃烧高温反应动力学分析,罗马吉,黄震,彭小圣,李德钢,乔信起,《工程热物理学报》2006 年第 1 期

柴油机共轨系统 ECU 的设计及喷油特性研究,宋军,田良云,李孝禄,乔信起,黄震,《内燃机学报》2006 年第 1 期

内燃机燃烧技术综述,缪雪龙,黄震,《现代车用动力》2006 年第 2 期

新型代用燃料天然气合成油的研究进展,武涛,黄震,张武高,《车用发动机》2006 年第 3 期

街道峡谷内汽车排放污染物浓度分布的观测与数值模拟,叶春,王嘉松,李新令,周校平,黄震,《环境化学》2006 年第 3 期

车用增压二甲醚发动机燃烧和排放特性的试验研究,吴君华,黄震,乔信起,张俊军,鲁俊,张亮,张武高,《内燃机学报》2006 年第 3 期

DME/LPG 燃料比例实时优化的 HCCI 燃烧控制新方法,黄震,李德钢,乔信起,张武高,《内燃机学报》2006 年第 4 期

乙醇—正庚烷燃料均质压缩过程着火与燃烧特性的研究,吕兴才,侯玉春,俎琳琳,黄震,《内燃机学报》2006 年第 4 期

石油替代途径与中国能源安全,黄震,《经济展望》2006 年第 5 期

煤基车用燃料的生命周期能源消耗与温室气体排放分析,张亮,黄震,《煤炭学报》2006 年第 5 期

采用双段喷射改善二冲程柴油机的排放性能,宋军,黄震,李孝禄,乔信起,《汽车工程》2006 年第 5 期

La-Mn-O 钙钛矿催化剂成分对 NOx 和碳烟同时催化去除的影响,彭小圣,林赫,黄震,上官文峰,《高校化学工程学报》2006 年第 5 期

进气喷射不同辛烷值燃料的 HCCI 燃烧爆震试验分析,侯玉春,吕兴才,俎琳琳,方俊华,黄震,《内燃机学报》2006 年第 5 期

采用钙钛矿型催化剂($La_{0.8}K_{0.2}Cu_{0.05}Mn_{0.95}O_3$)同时催化去除 NOx 和碳烟的研究,彭小圣,林赫,黄震,上

官文峰,《环境科学学报》2006 年第 5 期

甲醇添加剂对柴油类燃料 HCCI 着火与燃烧的影响,吕兴才,侯玉春,吉丽斌,俎琳琳,黄震,《燃烧科学与技术》2006 年第 6 期

正庚烷 HCCI 燃烧过程的数值模拟及试验研究,俎琳琳,侯玉春,吕兴才,方俊华,黄震,《内燃机工程》2006 年第 6 期

DME/LPG 混合燃料 HCCI 燃烧模拟,罗马吉,黄震,《工程热物理学报》2006 年第 6 期

增压柴油机燃用天然气合成油排放特性的研究,武涛,张武高,方俊华,黄震,《内燃机学报》2006 年第 6 期

直列泵柴油机燃用二甲醚(DME)的燃烧排放特性分析,鲁骏,黄震,乔信起,吴君华,张俊军,张亮,《内燃机工程》2006 年第 6 期

机动车实用路况法的研究,任鹏,周校平,黄震,《上海环境科学》2006 年第 6 期

二甲醚对发动机密封件性能的影响,吴宁,张武高,黄震,《上海交通大学学报》2006 年第 8 期

膜法富氧进气降低点燃式发动机冷起动排放,肖广飞,乔信起,栗工,黄震,李理光,陈宗蓬,《上海交通大学学报》2006 年第 8 期

车用增压二甲醚发动机的燃烧特性,张俊军,乔信起,吴君华,鲁骏,张亮,黄震,李新宇,《上海交通大学学报》2006 年第 8 期

LPG 浓度对 DME/LPG 混合燃料 HCCI 燃烧的影响,罗马吉,黄震,《华中科技大学学报(自然科学版)》2006 年第 9 期

K 和 Cu 部分取代对 $LaMnO_3$ 钙钛矿型催化剂同时去除 Nox 和碳烟的影响,彭小圣,林赫,上官文峰,黄震,《催化学报》2006 年第 9 期

煅烧温度对钙钛矿复合金属氧化物的结构及其同时催化去除 NO_2 和碳烟的影响,彭小圣,林赫,上官文峰,黄震,《功能材料》2006 年第 10 期

HCCI 发动机燃用 MTBE/正庚烷混合燃料的燃烧和排放特性的研究,侯玉春,吕兴才,俎琳琳,黄震,《汽车工程》2006 年第 12 期

不同燃料汽车排放超细微粒特性的实验研究,王嘉松,陈达良,宁治,张镇顺,黄震,《环境科学》2006 年第 12 期

2007 年

车用甲醇汽油的生命周期能源消耗与温室气体排放分析,张亮,黄震,《柴油机设计与制造》2007 年第 1 期

气口喷射惰性添加剂的正庚烷 HCCI 燃烧过程的研究,吕兴才,吉利斌,侯玉春,俎琳琳,黄震,《汽车工程》2007 年第 1 期

二甲醚城市公交客车的能量消耗仿真,张亮,黄震,周校平,吴君华,鲁骏,张俊军,《汽车工程》2007 年第 1 期

城市街道超细颗粒物特性的实验研究,屠晓栋,王嘉松,李新令,黄震,《环境科学与技术》2007 年第 S1 期

基于放热率分析的乙醇柴油燃烧特性的研究,吕兴才,绪斌,黄建平,张武高,黄震,《内燃机工程》2007 年第 2 期

膜法富氧技术在内燃机上应用的研究进展,肖广飞,乔信起,黄震,陈宗蓬,赵宏炜,《农业机械学报》2007 年第 2 期

柴油机排气颗粒浓度和粒径分布特征试验研究,李新令,黄震,王嘉松,吴君华,《内燃机学报》2007 年第 2 期

机动车颗粒污染物排放因子研究进展,李新令,王嘉松,黄震,《污染防治技术》2007 年第 2 期

甲醇/正庚烷双燃料均质充量压缩着火燃烧,吕兴才,吉丽斌,侯玉春,俎琳琳,黄震,《上海交通大学学报》2007 年第 2 期

正庚烷复合均质压燃的燃烧与排放特性研究,马骏骏,吕兴才,吉丽斌,黄震,《工程热物理学报》2007 年第 A2 期

柴油机螺旋进气道三维流场数值模拟,王东,黄震,张有,王士钫,《计算机辅助工程》2007 年第 3 期

封闭腔体内气溶胶的数量粒径谱演变的实验研究与数值模拟,孙在,黄震,王嘉松,《科学通报》2007 年第 3 期

四气门柴油机进气过程三维数值模拟,王东,黄震,张有,王士钫,《计算机辅助工程》2007 年第 3 期

蜡烛燃烧产生的亚微米颗粒物的数量排放因子,孙在,黄震,王嘉松,《环境化学》2007 年第 3 期

含异丙醇添加剂的 HCCI 燃烧特性及其排放影响因素,吕兴才,吉丽斌,侯玉春,俎琳琳,黄震,《燃烧科学与技术》2007 年第 3 期

超多喷孔新型喷油嘴性能研究,缪雪龙,王先勇,俞建达,洪建海,郑金保,房志红,黄震,乔信起,《现代车用动力》2007 年第 3 期

不同压力下燃油溶气量的研究,刘建江,东雪青,胡玉龙,黄震,《内燃机》2007 年第 3 期

甲基叔丁基醚对正庚烷均质压缩燃烧抑制效果的试验研究,吕兴才,吉丽斌,侯玉春,俎琳琳,黄震,《内燃机学报》2007 年第 4 期

催化器载体前端造型对其流动特性的影响,陈晓玲,张武高,黄震,《上海交通大学学报》2007 年第 4 期

街道峡谷内超细颗粒数浓度和粒径分布特征试验研究,李新令,黄震,王嘉松,屠晓栋,叶春,《环境科学》2007 年第 4 期

柴油/GTL 混合燃料特性及对柴油机排放的影响,武涛,黄震,张武高,方俊华,《汽车工程》2007 年第 5 期

室内空气流动的直接数值模拟,孙在,黄震,王嘉松,《上海交通大学学报》2007 年第 5 期

一种用于同时去除 NOx 和碳烟的新型高效催化剂,彭小圣,林赫,上官文峰,黄震,《上海交通大学学报》2007 年第 5 期

GTL 燃料发动机排气颗粒数密度和粒径分布的试验研究,李新令,黄震,王嘉松,张武高,屠晓栋,《燃烧科学与技术》2007 年第 5 期

直喷式二冲程柴油机超细颗粒物排放特性的试验研究,屠晓栋,王嘉松,张华,周校平,黄震,《内燃机工程》2007 年第 5 期

NH_3-SCR 法降低柴油机 NOx 排放的研究进展,管斌,周校平,林赫,王真,黄震,《车用发动机》2007 年第 5 期

增压柴油机燃用不同掺比菜籽油甲酯的燃烧和排放的试验研究,张丽坤,张武高,张利静,朱磊,黄震,《内燃机工程》2007 年第 6 期

车用二甲醚发动机的外特性和排放试验,吴君华,黄震,乔信起,张武高,张俊军,《农业机械学报》2007 年第 6 期

正庚烷均质压燃过程的燃烧稳定性和循环变动的研究,吕兴才,吉丽斌,马骏骏,黄震,《内燃机工程》2007 年第 6 期

$La_{0.8}K_{0.2}MnO_3$ 催化去除 NOx 和碳烟反应的研究,李英杰,林赫,黄震,上官文峰,《上海交通大学学报》

2007 年第 7 期

基础燃料辛烷值对 HCCI 燃烧稳定性和循环变动的影响,吕兴才,吉丽斌,马骏骏,黄震,《上海交通大学学报》2007 年第 10 期

亚微米颗粒物的沉积与凝并的模拟与实验研究,孙在,黄震,王嘉松,《上海交通大学学报》2007 年第 10 期

膜法富氧进气改善直喷式柴油机的起动性能,肖广飞,乔信起,孙恺,黄震,陈宗蓬,《上海交通大学学报》2007 年第 10 期

实时燃料设计的均质充量压缩着火燃烧与排放的试验研究,侯玉春,黄震,俎琳琳,吕兴才,方俊华,《上海交通大学学报》2007 年第 10 期

甲醇重整气发动机 HCCI 燃烧的数值模拟,刘青妍,乔信起,张华,黄震,《上海交通大学学报》2007 年第 12 期

二甲醚发动机超细颗粒排放属性实验研究,李新令,黄震,王嘉松,吴君华,《科学通报》2007 年第 14 期

四项对策推动全社会节能,黄震,《瞭望》2007 年第 28 期

2008 年

汽油机排气颗粒粒径分布特征试验研究,李新令,黄震,王嘉松,周校平,《环境化学》2008 年第 1 期

车用二甲醚燃料润滑性能的评定方法,顾志敏,张武高,黄震,《上海交通大学学报》2008 年第 1 期

燃用天然气合成油增压柴油机特性研究,武涛,黄震,张武高,方俊华,《工程热物理学报》2008 年第 1 期

气口喷射 DMM/柴油混合燃料实现 HCCI 燃烧,吕兴才,吉丽斌,赵惠忠,黄震,《哈尔滨工业大学学报》2008 年第 1 期

低比例 DME/LPG 混合燃料对点燃式发动机性能和排放的影响,郭晓宁,张武高,朱磊,张利静,黄震,《上海交通大学学报》2008 年第 1 期

正庚烷/柴油双燃料复合 HCCI 燃烧的试验研究,马骏骏,吕兴才,吉丽斌,黄震,《上海交通大学学报》2008 年第 1 期

二甲醚发动机与汽车研究,黄震,乔信起,张武高,吴君华,张俊军,《内燃机学报》2008 年第 A1 期

柴油机低温燃烧的研究进展,韩东,吕兴才,黄震,《车用发动机》2008 年第 2 期

氢燃料发动机三维数值模拟研究,汤琪,肖进,黄震,《车用发动机》2008 年第 2 期

乙醇/生物柴油双燃料发动机燃烧过程与排放特性的研究,吕兴才,马骏骏,吉丽斌,黄震,《内燃机学报》2008 年第 2 期

预混合率对正庚烷/柴油双燃料复合 HCCI 燃烧的影响,马骏骏,吕兴才,吉丽斌,黄震,《内燃机学报》2008 年第 2 期

废气再循环对增压二甲醚发动机性能和排放影响的试验研究,吴君华,黄震,乔信起,张武高,《内燃机学报》2008 年第 2 期

一个新的适用于 HCCI 燃烧及排放研究的 PRF 燃料化学反应简化机理,黄晨,吕兴才,黄震,《内燃机学报》2008 年第 2 期

香烟燃烧产生的亚微米颗粒物动态粒径谱特征,孙在,苏中地,张洪军,黄震,《工程热物理学报》2008 年第 2 期

异辛烷/柴油双燃料分层充质压缩着火燃烧和排放特性,吉丽斌,吕兴才,马骏骏,黄震,《上海交通大学学报》2008 年第 3 期

代用燃料 GTL 与橡胶材料的相容性,朱祺,武涛,尹琪,黄震,《能源技术》2008 年第 3 期

燃用二甲醚柴油机气道-气缸喷射复合燃烧,张俊军,乔信起,王真,管斌,黄震,《上海交通大学学报》2008年第3期

柴油机燃用二甲醚复合燃烧优化控制试验研究,张俊军,乔信起,管斌,王真,肖广飞,黄震,《内燃机学报》2008年第3期

超多喷孔喷油嘴喷雾特性试验研究,缪雪龙,王先勇,俞建达,洪建海,郑金保,房志红,黄震,乔信起,贾文佐,《现代车用动力》2008年第3期

超多喷孔油嘴喷油规律试验研究,缪雪龙,王先勇,俞建达,洪建海,郑金保,房志红,黄震,乔信起,《内燃机学报》2008年第4期

自由活塞式内燃发电机研究现状,李庆峰,肖进,黄震,《小型内燃机与摩托车》2008年第4期

异辛烷/柴油双燃料分层充质压缩着火燃烧的试验研究,吉丽斌,吕兴才,马骏骏,黄震,《内燃机工程》2008年第5期

预混合二甲氧基甲烷对生物柴油发动机燃烧与排放的影响,吕兴才,马骏骏,吉丽斌,黄震,《燃烧科学与技术》2008年第6期

柴油机燃用二甲醚复合燃烧试验,张俊军,乔信起,管斌,王真,黄震,《农业机械学报》2008年第6期

一氧化氮在低温等离子体中的氧化试验研究,郭燕君,管斌,程琪,林赫,黄震,《车用发动机》2008年第6期

$BaAl_2O_4$ 催化同时去除 NOx 和碳烟的性能研究,李英杰,林赫,黄震,上官文峰,《工程热物理学报》2008年第9期

2009 年

利用分离盘控制隔水管涡激振动的数值模拟,谭波,王嘉松,谷斐,黄震,《水动力学研究与进展 A 辑》2009年第1期

配气机构凸轮—挺柱接触应力的数值模拟,刘刚,周校平,管斌,王真,黄震,《车用发动机》2009年第1期

天然气合成油燃料喷射特性,武涛,缪雪龙,尹琪,周校平,乔信起,黄震,《上海交通大学学报》2009年第2期

加强上海节能工作若干建议,黄震,《上海节能》2009年第2期

气口喷射预混合燃料对生物柴油发动机排放特性的影响,吕兴才,马骏骏,吉丽斌,黄震,《上海交通大学学报》2009年第2期

辛烷值和预混合率对双燃料发动机 SCCI 燃烧与爆震的影响,马骏骏,吕兴才,吉丽斌,黄震,《上海交通大学学报》2009年第2期

Comparison of coal-based dimethyl ether and diesel as vehicle fuels from well to wheel in China,张亮,黄震,《上海交通大学学报(英文版)》2009年第2期

两冲程 HCCI 自由活塞式内燃发电机仿真,李庆峰,肖进,黄震,《农业机械学报》2009年第2期

正庚烷/生物柴油双燃料的部分均质压燃燃烧,吕兴才,马骏骏,吉丽斌,黄震,《燃烧科学与技术》2009年第3期

基于详细化学反应机理的增压二甲醚发动机燃烧与 NOx 排放数值研究,张俊军,黄震,肖进,乔信起,吴君华,《内燃机工程》2009年第3期

二甲醚电控共轨燃料喷射系统的数值模拟研究,周小鑫,方俊华,吕兴才,黄震,《柴油机》2009年第3期

缸内活化热氛围对柴油机燃烧与排放特性的影响,吕兴才,吉丽斌,马骏骏,黄震,《内燃机工程》2009年第3期

自由活塞式内燃发电机振动特性,李庆峰,朱皓月,肖进,黄震,《内燃机学报》2009年第4期

预混合比例实时优化控制正庚烷复合HCCI燃烧,马骏骏,吕兴才,吉丽斌,黄震,《燃烧科学与技术》2009年第4期

基于离散小波变换的二甲醚HCCI爆震试验,侯军兴,乔信起,张德全,王真,黄震,《农业机械学报》2009年第4期

小型汽油机加速工况下空燃比控制的数值仿真,周瑾,乔信起,黄震,张平,杨延相,郗大光,《上海交通大学学报》2009年第5期

超多喷孔油嘴燃烧性能试验研究,缪雪龙,王先勇,洪建海,郑金保,俞建达,房志红,黄震,乔信起,《内燃机学报》2009年第5期

变压缩比下自由活塞式内燃发电机的效率分析,李庆峰,肖进,黄震,《上海交通大学学报》2009年第5期

二甲醚发动机复合燃烧爆震特性,侯军兴,乔信起,王真,刘炜,黄震,《上海交通大学学报》2009年第5期

内外部EGR控制二甲醚发动机的燃烧与排放,张俊军,乔信起,王真,管斌,黄震,《燃烧科学与技术》2009年第5期

纯氢和天然气掺氢燃料发动机的试验研究,王磊,方俊华,黄震,《柴油机》2009年第5期

气穴现象对DME(二甲醚)喷油特性影响的仿真研究,耿伟,方俊华,乔信起,黄震,《柴油机》2009年第6期

基于激光多普勒技术测量研究二甲醚-柴油混合燃料喷雾速度和粒度分布规律,肖进,黄震,乔信起,《中国科学(E辑:技术科学)》2009年第8期

自由活塞式内燃发电机仿真研究,李庆峰,肖进,黄震,《中国机械工程》2009年第8期

增压二甲醚发动机的参数优化,张俊军,黄震,乔信起,吴君华,方俊华,《上海交通大学学报》2009年第9期

均质二甲醚/乙醇喷雾压燃的燃烧和排放特性,王真,乔信起,张德全,侯军兴,张俊军,黄震,《上海交通大学学报》2009年第9期

低硫柴油直喷燃烧超细颗粒排放特性研究,刘炜,张武高,李新令,朱磊,黄震,《科学通报》2009年第12期

2010年

等离子体辅助NH$_3$-SCR去除柴油机NO$_X$的试验研究,程琪,管斌,林赫,黄震,《车用发动机》2010年第1期

废煎炸油制生物柴油全生命周期分析,许英武,谢晓敏,黄震,乔信起,张武高,《农业机械学报》2010年第2期

Labview在管路测压系统的频率响应测定中的运用,沈燕明,王嘉松,谷斐,赵鹏良,黄震,《计算机测量与控制》2010年第5期

附加分离盘控制隔水管涡激振动的研究,钟庆,王嘉松,谷斐,乔信起,黄震,《煤炭技术》2010年第9期

气道喷射正庚烷缸内直喷异辛烷的分层充量压缩燃烧与排放特性,周小鑫,吕兴才,吉丽斌,黄震,《上海交通大学学报》2010年第10期

车用二甲醚橡胶密封件相容性,杨眉敏,张武高,浦耿强,黄震,《上海交通大学学报》2010年第10期

低温等离子体协同 NH_3-SCR 去除柴油机 NOx 研究,管斌,林赫,程琪,黄震,《工程热物理学报》2010 年第 10 期

异辛烷热氛围燃烧特性与运行范围的试验研究,吉丽斌,吕兴才,马骏骏,韩东,黄晨,黄震,《上海汽车》2010 年第 10 期

2011 年

基于 MC9S12 的自由活塞式内燃机电控系统设计,李庆峰,刘涛,肖进,黄震,《内燃机工程》2011 年第 1 期

燃烧室背压对压力涡流喷嘴喷雾特性的影响,刘涛涛,张武高,陈晓玲,顾根香,郭晓宁,黄震,《农业机械学报》2011 年第 3 期

优化动力 HCCI 汽油机的试验研究,缪金荣,张旭洲,沈义涛,陈林,方俊华,吕兴才,黄震,《车用发动机》2011 年第 3 期

喷射时刻对柴油和汽油/柴油混合燃料低温燃烧的影响,韩东,吕兴才,黄震,A. Dennis,《内燃机学报》2011 年第 3 期

不同燃烧模式下正庚烷燃烧发动机排气超细颗粒特性,刘炜,黄震,《上海交通大学学报》2011 年第 6 期

柴油机排气尾流中核模态颗粒数浓度和粒径分布变化特性,李新令,黄震,《中国科技论文在线》2011 年第 8 期

生物柴油高压共轨喷雾特性的试验研究,朱浩月,方俊华,张武高,黄震,《工程热物理学报》2011 年第 10 期

二甲醚水蒸气重整制氢双功能催化剂的研究,黄鹏,张武高,黄震,陈晓玲,周相满,《煤炭技术》2011 年第 11 期

建议进一步提高在读博士研究生待遇,黄震,《教育与职业》2011 年第 28 期

2012 年

外部热 EGR 对基于优化动力技术的汽油 HCCI 燃烧的影响,张旭洲,李忠照,沈义涛,吕兴才,黄震,《车用发动机》2012 年第 1 期

柴油机排气稀释过程中挥发性纳米颗粒形成和变化特性,李新令,黄震,《科学通报》2012 年第 C1 期

基于最大优值系数法的光纤入侵信号识别系统,黄震,朱杰,《信息技术》2012 年第 2 期

基于激波管正庚烷点火延时的实验研究,程卿,李振华,吕兴才,黄震,《现代车用动力》2012 年第 2 期

预混合乙烯火焰生成物相对浓度的激光诊断,田波,顾晨,田志松,林赫,黄震,《现代车用动力》2012 年第 2 期

SHS 方法制备的锰铁系 NH_3-SCR 催化剂的性能研究和机理分析,朱霖,林赫,管斌,黄震,《车用发动机》2012 年第 3 期

利用激波管测量丁醇着火延时的试验,南北,刘文佳,李振华,吕兴才,黄震,《上海交通大学学报》2012 年第 3 期

均质充量压缩着火燃烧碳氢生成和边界层贡献的试验研究,耿壮壮,吕兴才,广环宇,杨铮,黄震,《柴油机》2012 年第 4 期

毫秒级快速接触反应催化氧化乙烷的实验研究,李拓年,林赫,罗韬,黄震,《上海交通大学学报》2012 年第 4 期

火花辅助对多缸汽油机 HCCI 燃烧及排放的影响,郑华航,张旭洲,李忠照,沈义涛,章健勇,方俊华,吕兴才,黄震,《上海交通大学学报》2012 年第 5 期

基于优化动力技术的多缸汽油机均质混合气压燃/火花点火模式循环变动,张旭洲,郑华航,李忠照,沈义涛,吕兴才,方俊华,黄震,《上海交通大学学报》2012年第5期

空气引射对斯特林发动机火焰特征及燃烧温度的影响,喻超,陈晓玲,周小力,张武高,黄震,顾根香,《燃烧科学与技术》2012年第6期

甲烷快速部分氧化重整试验研究,罗韬,林赫,王志宇,黄震,《可再生能源》2012年第7期

一种绳驱动主动介入导管研究,陈柏,张健,陈笋,黄震,《仪器仪表学报》2012年第11期

2013年

添加SiO$_2$对钛基锰铈氧化物SCR催化剂性能的影响,钟柳成,林赫,黄震,《现代车用动力》2013年第1期

燃料设计策略对低温燃烧负荷拓展和热效率改善,方强,黄震,方俊华,庄健,《内燃机工程》2013年第1期

双燃料对汽油机HCCI燃烧与排放的影响,李忠照,邓家轩,章健勇,邵强,吕兴才,黄震,《内燃机工程》2013年第1期

生物柴油高压共轨喷油规律与喷雾特性的试验研究,朱浩月,王春海,方俊华,黄震,《内燃机工程》2013年第A1期

日光照射下城市街道峡谷内活性污染物扩散的数值研究,朱中伟,谢晓敏,黄震,《水动力学研究与进展(A辑)》2013年第2期

基于优化动力技术的多缸汽油HCCI发动机负荷拓展试验研究,邓家轩,张旭洲,李忠照,章健勇,黄震,《车用发动机》2013年第2期

低沸点燃料润滑性评估试验台的可靠性分析及磨损试验,段舒展,张武高,陈晓玲,宋磊,浦耿强,黄震,熊堃,《润滑与密封》2013年第3期

用于NH$_3$-SCR的锰铈基催化剂的改性研究,董文杰,周德智,林赫,黄震,《车用发动机》2013年第3期

采用自定义阈值的计算奇异扰动在构建二甲醚简化机理上的应用,吴作柱,乔信起,黄震,《上海交通大学学报》2013年第3期

斯特林发动机低硫柴油和二甲醚冷态喷雾,朱光沸,陈晓玲,张武高,顾根香,黄震,《上海交通大学学报》2013年第3期

进气温度对汽油/正庚烷HCCI燃烧与排放特性的影响,张开强,李忠照,章健勇,邵强,黄震,《小型内燃机与摩托车》2013年第5期

双载体汽车催化转化器反应流动的数值模拟,孙树平,黄震,乔信起,林赫,陈家骅,苏庆运,《内燃机学报》2013年第5期

双燃料火花点火辅助均质压燃发动机燃烧与排放特性试验,李忠照,章健勇,邓家轩,张开强,吕兴才,黄震,《内燃机学报》2013年第6期

喷油策略及EGR对柴油机排放微粒中碳质组分的影响,周黎鹏,许朕,李新令,吕兴才,黄震,《上海交通大学学报》2013年第11期

癸酸甲酯/醇类混合燃料以及乙醇燃料自点火试验,李振华,吕兴才,黄震,《上海交通大学学报》2013年第11期

废气再循环对均质压燃发动机燃烧的影响,章健勇,李忠照,张开强,黄震,尹琪,邵强,《上海交通大学学报》2013年第11期

2014 年

低温燃烧模式生物柴油发动机 CO 和 HC 的排放,朱浩月,A. Dennis,黄震,《内燃机学报》2014 年第 1 期

慕课及其给上海教育带来的机遇与挑战,黄震,《世界科学》2014 年第 3 期

喷油压力对柴油机微粒排放特性的影响,李新令,许朕,关淳,黄震,《燃烧科学与技术》2014 年第 4 期

燃烧合成 $TiC_{0.2}W_{0.2}Ox$ 催化剂催化还原 NOx 性能,杨洋,林赫,陈婷,黄震,《上海交通大学学报》2014 年第 6 期

丙醇/正庚烷混合燃料的着火特性,杨峥,王玥,吕兴才,黄震,《燃烧科学与技术》2014 年第 6 期

微藻生物柴油全生命周期分析,张庭婷,谢晓敏,黄震,《上海交通大学学报》2014 年第 6 期

慕课 MOOC:中国教育的机遇与挑战,黄震,《中国电力教育》2014 年第 22 期

2015 年

焦炉气制甲醇燃料的生命周期分析,夏晨,谢晓敏,张庭婷,黄震,《煤化工》2015 年第 1 期

直流型风电场接口变换器等效低压实验构建,黄震,朱淼,张建文,杨波,《电力电子技术》2015 年第 9 期

Investigating the role of CH_2 radicals in the HACA mechanism,P. Liu,H. Lin,Y. Yang,C. Shao,B. Guan,Z. Huang,Journal of Physical Chemistry A,2015(13)

Review of the state-of-the-art of exhaust particulate filter technology in internal combustion engines,B. Guan,R. Zhan,H. Lin,Z. Huang,Journal of Environmental Management,2015(154)

2016 年

《内燃机学报》专刊首席专家寄语,黄震,《内燃机学报》2016 年第 2 期

Twin-orifice 喷嘴的闪急沸腾喷雾特性,具德浩,乔信起,肖进,黄震,《燃烧科学与技术》2016 年第 2 期

层流预混 $C_2H_4/O_2/Ar$ 火焰中 PAHs 生成的荧光光谱分析及机理验证,杨阳,贺振武,刘鹏,张毅然,管斌,林赫,黄震,《小型内燃机与车辆技术》2016 年第 2 期

燃料特性对柴油机排放颗粒物理化特性影响的研究,黄震,李新令,吕田,许朕,关淳,罗悦齐,《内燃机学报》2016 年第 2 期

温度对预混合乙烯火焰碳烟生成的影响,顾晨,林柏洋,邵灿,李若昕,顾浩,管斌,林赫,黄震,《内燃机学报》2016 年第 2 期

煤基 DME、FTD 生命周期能耗及温室气体排放评价,王黎明,谢晓敏,黄震,《煤化工》2016 年第 3 期

基于慕课和混合式教学的工程教育探索与实践,黄震,《高等工程教育研究》2016 年第 4 期

中国微藻生物柴油生产潜力分布特征分析,张庭婷,谢晓敏,黄震,《太阳能学报》2016 年第 5 期

EGR 对电控共轨二甲醚发动机排放影响的研究,廖斌,王春海,杨武林,李鹏飞,乔信起,黄震,《内燃机工程》2016 年第 5 期

SCR 反应物理化学过程模型及验证,贾思峰,管斌,刘柯,李忠照,林赫,黄震,《车用发动机》2016 年第 5 期

压缩比对汽油 HCCI 燃烧和排放特性的影响,张开强,李忠照,章健勇,方俊华,吕兴才,黄震,《内燃机工程》2016 年第 6 期

近后喷射对柴油机颗粒粒径分布的影响,罗悦齐,李新令,李昂,黄震,《工程热物理学报》2016 年第 7 期

层流预混乙烷和丙烯火焰中 PAHs 荧光光谱分析,贺振武,杨阳,张毅然,刘鹏,管斌,林赫,黄震,《中国电机工程学报》2016 年第 16 期

2017 年

基于 Dibble 燃烧器的喷油器积碳探索试验，李洋，余凯，宋豪义，杨贤沛，肖进，黄震，《内燃机与动力装置》2017 年第 3 期

压缩比对缸内热化学燃料改质发动机的影响，徐震，何卓遥，朱磊，黄震，《工程热物理学报》2017 年第 5 期

喷射参数对二甲醚 PPCCI 发动机燃烧与排放特性的影响，杨武林，王春海，黄震，《内燃机工程》2017 年第 5 期

掺混比例和喷射定时对二甲醚-乙醇发动机燃烧和排放的影响，汤清，乔信起，李鹏飞，王春海，黄震，《热科学与技术》2017 年第 5 期

含氧燃料对柴油机燃烧和排放的影响，关淳，李新令，郑轶，黄震，《燃烧科学与技术》2017 年第 6 期

喷射策略和运行工况对直喷汽油机微粒排放的影响，庄祝跃，赵廷钰，方俊华，黄震，《上海交通大学学报》2017 年第 7 期

上海市工业能源生产力评价和技术效率分析，姚丽珍，谢晓敏，张庭婷，黄震，《科技管理研究》2017 年第 12 期

2018 年

汽油芳香烃含量对颗粒物排放及其微观理化特性的影响，张超，夏淳，方俊华，谢晓敏，黄震，《内燃机工程》2018 年第 1 期

Catalytic combustion of lean methane assisted by electric field over Pd/Co$_3$O$_4$ Catalysts at low temperature，刘柯，李珂，许得隽，林赫，管斌，陈婷，黄震《上海交通大学学报(英文版)》2018 年第 S1 期

Study on oxidation activity of CuCeZrOx doped with K for diesel engine particles in NO/O$_2$，王可欣，管斌，李珂，湛日景，林赫，黄震，《上海交通大学学报(英文版)》2018 年第 S1 期

基于 ZSG-DEA 模型的上海六大行业碳排放权分配效率研究，钟蓉，张庭婷，谢晓敏，黄震，《生态经济》2018 年第 2 期

乙醇对丁酸甲酯扩散火焰碳烟颗粒形貌演变及微观结构的影响，刘春鹏，高展，朱磊，黄震，《内燃机与动力装置》2018 年第 2 期

树立正确的成才观大力发展职业教育，黄震，《中国科技产业》2018 年第 4 期；《民主》2018 年第 4 期

内燃机用永磁直线发电机的正交优化与分析，胡凯，肖进，王金龙，朱成玮，黄震，《微特电机》2018 年第 10 期

改质缸当量比对缸内热化学燃烧模式稀燃天然气发动机燃烧性能的影响，邵宇，何卓遥，徐震，朱磊，黄震，《工程热物理学报》2018 年第 11 期

2019 年

氧化催化型后处理装置影响柴油机颗粒物排放的试验研究，郑烨，李新令，许朕，乔信起，黄震，《小型内燃机与车辆技术》2019 年第 1 期

EGR 率对低速二冲程船舶柴油机燃烧与排放的影响，冀雯霞，朱磊，吕兴才，黄震，《船舶工程》2019 年第 A1 期

不同硅铝比对 Cu-SAPO-34 的 NH$_3$-SCR 性能及低温水热老化稳定性的影响，王航，蒋涵，林赫，管斌，黄震，《柴油机》2019 年第 5 期

主碳链长度对脂肪酸甲酯扩散火焰碳烟生成及其演变规律的影响，邹鑫尧，高展，黄震，朱磊，《上海交通

大学学报》2019 年第 11 期

运行工况和直喷正时对双喷射汽油机颗粒物排放的影响,陈文浩,夏淳,毛克让,陶杰,方俊华,黄震,《上海交通大学学报》2019 年第 11 期

基于 LEAP 模型的区域低碳发展路径研究——以浙江省为例,吴唯,张庭婷,谢晓敏,黄震,《生态经济》2019 年第 12 期

2020 年

多段喷射对低速二冲程船舶柴油机燃烧与排放的影响,冀雯霞,李昂,朱磊,吕兴才,黄震,《燃烧科学与技术》2020 年第 2 期

脉冲喷射 C_3H_6 的新型 NSR 技术研究,陈顺,宋桂金,刘旻,叶敬安,刘兴,胡琨,管斌,湛日景,林赫,黄震,《车用发动机》2020 年第 2 期

电场与 MnxCey 催化剂在苯氧化反应中的协同效应及机理探究,许得隽,闫瑞宁,李珂,李晓波,沈飞翔,林赫,黄震,《环境科学学报》2020 年第 3 期

基于 MATLAB 图像处理的大缸径定容弹中甲烷/空气射流火焰传播特性,许晓晨,李翔,黄忠,具德浩,吕兴才,黄震,《上海交通大学学报》2020 年第 5 期

船用重油多元模型燃料的构建与验证,朱磊,李昂,张真英男,黄震,《内燃机工程》2020 年第 6 期

大缸径船用柴油机部分预混压燃的试验研究,张文正,黄震,冯明志,闫萍,刘瑞,吕兴才,《内燃机工程》2020 年第 6 期

混合电位型 In_2O_3 氨气传感器的性能研究与优化,黄昊,杨琳,肖邦,翟红章,李珂,林赫,黄震,《仪表技术与传感器》2020 年第 10 期

学位论文

应用脉冲全息和高速摄影技术对柴油机喷雾雾化过程和初期贯穿的研究,黄震,上海交通大学博士学位论文,1988

报纸文献

2005 年

自主设计研发中国汽车工业之痛(上),黄震,《当代汽车报》2005-12-14

自主设计研发中国汽车工业之痛(下),黄震,《当代汽车报》2005-12-21

未来汽车的发展趋势(下),黄震,《当代汽车报》2005-12-07

大众:实用主义至上设计哲学的摈弃,黄震,《当代汽车报》2005-12-28

2006 年

05 年车界恼心事件回放与解读,黄震,《当代汽车报》2006-01-04

跨国汽车公司在华战略合作分布,黄震,《当代汽车报》2006-01-25

移动的背包——试驾上海通用凯越旅行款 1.8LE-MT,黄震,汪俊,《当代汽车报》2006-02-22

汽车清洁燃料,黄震,《当代汽车报》2006-03-01

我行我速——试驾吉利豹风 GT,汪俊,黄震,《当代汽车报》2006-03-15

化蝶——试驾奇瑞 A520,黄震,裘晓文,《当代汽车报》2006-03-15

第一回巴林站三足鼎立之势初现,黄震,《当代汽车报》2006-03-22

内外兼修——试驾一汽大众 Sagitar 速腾,黄震,孙晓红,《当代汽车报》2006-03-22

约会春天——试驾吉利优利欧 303 幸福版 1.3L 舒适型,汪俊,黄震,《当代汽车报》2006-03-29

借东风——试驾天津一汽夏利 A＋1.0 升三厢款,黄震,裴晓文,《当代汽车报》2006-04-19

车中良驹——试驾华晨骏捷 1.8MT 豪华型,黄震,孙晓红,《当代汽车报》2006-05-03

虫虫的新装——试驾大众 06 款新甲壳虫,黄震,孙晓红,《当代汽车报》2006-05-10

新生的力量——试驾力帆 520 1.6 升舒适版,黄震,孙晓红,《当代汽车报》2006-05-17

心向高处——试驾双环 SCEO 2.4L 手动两驱豪华型,黄震,王博,《当代汽车报》2006-06-07

我本张狂——试驾新马自达 6 轿跑车 2.3L 手动档,黄震,裴晓文,《当代汽车报》2006-06-14

天籁"断裂门"事件呼唤中国权威的 NCAP 机构,黄震,《当代汽车报》2006-06-14

丰田低下高贵的头颅,黄震,《当代汽车报》2006-07-05

动感小子——试驾上海大众新 POLO 劲取 1.6L 自动雅尊版,黄震,孙晓红,刘旋,《当代汽车报》2006-07-12

红旗:有多少爱可以重来,黄震,《当代汽车报》2006-07-12

上汽:自主品牌的未来不是梦,黄震,《当代汽车报》2006-07-19

真正的"美国精神",黄震,《当代汽车报》2006-07-26

冷眼看"交强险",黄震,《当代汽车报》2006-07-26

丰田又郁闷了,黄震,《当代汽车报》2006-08-02

C-NCAP:会否沦为车厂宣传的外衣? 黄震,《当代汽车报》2006-08-16

网络"车托"的江湖,黄震,《当代汽车报》2006-08-23

"谍照":一场欲拒还迎的表演,黄震,《当代汽车报》2006-08-30

福特 PAG 品牌出售:凡事皆有可能,黄震,《当代汽车报》2006-09-13

2007 年

资源 & 环境:汽车工业可持续发展之路在何方? 黄震,《当代汽车报》2007-03-07

对《新能源汽车生产准入管理规则》的思考,黄震,《当代汽车报》2007-03-21

二甲醚:中国能源安全与环境保护之路,黄震,《中国工业报》2007-09-28

2012 年

燃油品质、汽车尾气与 PM2.5,黄震,上海《文汇报》2012-03-08

探索中国特色世界一流的夏季小学期模式,黄震,《中国教育报》2012-08-27

2013 年

在线课程:重塑高教版图,黄震,《中国教育报》2013-04-08

重视在线教育的革命性意义,黄震,上海《文汇报》2013-05-03

重视信息技术给教育带来的机遇与挑战,黄震,《人民政协报》2013-10-30

2014 年

慕课:给上海教育带来的机遇与挑战,黄震,上海《文汇报》2014-02-12

互联网金融亟需走向规范化,黄震,上海《文汇报》2014-03-24

慕课正引发一场学习和教育革命,黄震,上海《文汇报》2014-04-09;《教育时报》2014-04-15

"慕课"正在倒逼我国教育改革,黄震,《人民政协报》2014-05-14

雾霾治理重在理念和法治,黄震,《联合时报》2014-07-25

2016 年

"互联网十"新时代的高等教育变革,黄震,上海《文汇报》2016-03-19

2017 年

理想公司智慧应用亮相国际消博会,黄震,上海《文汇报》2017-07-19

对标"国际最高标准",打造营商环境新高地,黄震,《联合时报》2017-08-15

有作为,才能有地位,黄震,《联合时报》2017-08-15

2018 年

为改革开放再出发凝聚共识——纪念中共中央发布"五一口号"七十周年,黄震,《联合时报》2018-05-04

为培养技能人才创造更适宜的环境,黄震,《人民政协报》2018-05-08

加快实施自贸区战略,构建开放经济新体制,黄震,《联合时报》2018-09-21

普陀区积极推进社区治理云平台建设,黄震,上海《文汇报》2018-11-20

2019 年

借力科创板,建设"技术转移之都",黄震,上海《文汇报》2019-02-18

重引轻育不可取揽才切忌贴"标签",黄震,上海《文汇报》2019-03-29

为世界政党发展提供中国方案,黄震,《团结报》2019-11-21

2020 年

中国人民政治协商会议上海市第十三届委员会常务委员会关于十三届二次会议以来提案工作情况的报告——(2020 年 1 月 14 日在政协上海市第十三届委员会第三次会议上),黄震,《联合时报》2020-02-07

为企业解难纾困,黄震,《联合时报》2020-02-21

依托进博会促进产业链发展,黄震,《联合时报》2020-09-29

专利信息

2000 年

二甲醚可控预混合气燃烧系统,发明人:黄震,乔信起,张光德,周校平,申请号:00119436.4,申请日期:2000-07-11

二甲醚燃料可控预混合气形成方法,发明人:黄震,张光德,乔信起,付克阳,童澄教,申请号:00119437.2,申请日期:2000-07-11

低压电控二甲醚燃料喷射系统,发明人:黄震,张光德,乔信起,王学合,杨莫,申请号:00119435.6,申请日期:2000-07-11

双燃料汽车双达标低排放控制系统,发明人:朱义伦,周校平,何方正,黄震,邓真全,申请号:00135194.X,申请日期:2000-12-28

2002 年

柴油机排气净化用催化剂及其制备方法,发明人:上官文峰,黄震,刘光辉,阎存仙,申请号:02136342.0,申请日期:2002-08-01

基于圆形蜂窝板的尾气催化器,发明人:吴国江,张武高,黄震,申请号:02137435.X,申请日期:2002-10-15

基于球弧蜂窝板的汽车尾气催化器,发明人:吴国江,黄震,张武高,申请号:02137434.1,申请日期:2002-10-15

2003 年

锥型导流双段载体式催化转化器,发明人:陈晓玲,张武高,黄震,陆震,申请号:03116297.5,申请日期:2003-04-10

球型导流双段载体式催化转化器,发明人:陈晓玲,张武高,陆震,黄震,申请号:03116600.8,申请日期:2003-04-24

零氮氧化合物排放的压燃氧气发动机,发明人:张武高,李书泽,陈晓玲,黄震,申请号:03129051.5,申请日期:2003-06-05

燃气热泵冷热水机组系统控制装置,发明人:张武高,李书泽,黄震,申请号:03129050.7,申请日期:2003-06-05

二甲醚燃料超多喷孔强化喷射系统,发明人:黄震,乔信起,宋钧,周校平,张武高,申请号:03129549.5,申请日期:2003-06-26

二甲醚发动机高效、超低排放燃烧系统,发明人:黄震,乔信起,宋钧,周校平,张武高,申请号:03129550.9,申请日期:2003-06-26

用于柴油机共轨喷油器的密封装置,发明人:乔信起,李孝禄,黄震,田良云,宋军,申请号:200310109354.1,申请日期:2003-12-12

柴油机排气微粒壁流式过滤的电热再生后处理装置,发明人:黄震,李孝禄,刘洪胜,陈志,吴君华,申请号:200310122791.7,申请日期:2003-12-25

柴油、二甲醚混合喷射系统,发明人:黄震,李孝禄,乔信起,罗马吉,吕兴才,李德刚,黄建平,申请号:200310121608.1,申请日期:2003-12-30

柴油油泵驱动的二甲醚喷射系统,发明人:黄震,李孝禄,周校平,方俊华,张亮,谢晓敏,肖广飞,申请号:200310121609.6,申请日期:2003-12-30

2004 年

灵活燃料发动机低排放燃烧系统,发明人:李孝禄,黄震,夏惠明,周校平,肖进,肖广飞,申请号:200410016232.2,申请日期:2004-02-12

柴油机双燃油泵喷射两种燃料的喷射系统,发明人:乔信起,李孝禄,黄震,方俊华,李德钢,吕兴才,钟赟,申请号:200410016233.7,申请日期:2004-02-12

多孔气体导管,发明人:林赫,黄震,解蓉,申请号:200410016434.7,申请日期:2004-02-19

不连续斗笠状燃油喷雾形成装置,发明人:乔信起,黄震,李孝禄,方俊华,肖进,侯玉春,申请号:200410016558.5,申请日期:2004-02-26

燃气热泵系统模糊串级控制装置,发明人:李书泽,张武高,张荣荣,黄震,申请号:200410017359.6,申请日期:2004-04-01

内燃机不连续斗笠状喷雾燃烧系统,发明人:乔信起,黄震,李孝禄,方俊华,肖进,申请号:200410017362.8,申请日期:2004-04-01

2005 年

一种用于内燃机预混合燃烧的新型喷油嘴,发明人:缪雪龙,俞建达,黄震,申请号:200510052077.4,申请

日期:2005-03-09

一种新型共轨系统喷油器,发明人:缪雪龙,居钰生,夏少华,俞建达,杨凯,黄震,申请号:200510067151. X,申请日期:2005-04-21

2006 年

自由活塞式内燃机发电系统,发明人:肖进,黄震,李庆峰,申请号:200610029121.4,申请日期:2006-07-20

2008 年

多罐逐级冷却式二甲醚燃料供给系统,发明人:乔信起,黄震,侯军兴,张俊军,黄宝玉,申请号: 200810038556.4,申请日期:2008-06-05

二甲醚发动机分体齿轮泵式燃料供给系统,发明人:乔信起,张俊军,黄震,侯军兴,黄宝玉,申请号: 200810038838.4,申请日期:2008-06-12

多罐平衡式二甲醚燃料供给系统,发明人:乔信起,黄震,侯军兴,张俊军,黄宝玉,申请号: 200810038839.9,申请日期:2008-06-12

自由活塞式内燃机,发明人:肖进,李庆峰,黄震,申请号:200810040914.5,申请日期:2008-07-24

自由活塞式内燃机点火保护模块、系统及方法,发明人:肖进,黄震,李庆峰,申请号:200810040915. X,申请日期:2008-07-24

低温等离子体预氧化辅助 NH_3-SCR 净化柴油机 NOx 的系统,发明人:管斌,林赫,黄震,郭燕君,程琪,申请号:200810041928.9,申请日期:2008 08-21

柴油车 NH_3-SCR 系统中的氨还原剂储存装置,发明人:郭燕君,林赫,黄震,管斌,程琪,申请号: 200810042169.8,申请日期:2008-08-28

2010 年

宽温度窗口 NH_3-SCR 去除柴油机 NOx 的钛基多元金属氧化物催化剂,发明人:管斌,林赫,黄震,申请号: 201010142137.2,申请日期:2010-04-09

用于去除柴油机 NOx 的介质阻挡放电耦合催化剂整体反应器,发明人:管斌,林赫,黄震,申请号: 201010142589.0,申请日期:2010-04-09

基于燃料实时设计与喷射管理的复合均质压燃发动机,发明人:黄震,吕兴才,马骏骏,吉丽斌,申请号: 201010221678.4,申请日期:2010-07-09

2011 年

钛基纳米复合金属氧化物催化剂及其制备方法,发明人:管斌,林赫,黄震,申请号:201110008409.4,申请日期:2011-01-14

控制汽油机缸内残余废气量的装置,发明人:吕兴才,黄震,申请号:201110107804.8,申请日期:2011-04-28

柴油-汽油双燃料顺序燃烧直喷式发动机,发明人:吕兴才,黄震,申请号:201110107981.6,申请日期: 2011-04-28

基于活化热氛围的双燃料复合均质压燃燃烧系统,发明人:吕兴才,黄震,马骏骏,吉丽斌,申请号: 201110138267.3,申请日期:2011-05-26

多模式多燃料燃烧系统,发明人:吕兴才,黄震,吉丽斌,马骏骏,侯玉春,申请号:201110138269.2,申请日期:2011-05-26

2012 年

带有容积腔的排气再循环系统,发明人:韩东,吕兴才,杨峥,黄震,申请号:201210026635.X,申请日期:2012-02-07

对置式机械增压四冲程内燃机,发明人:肖进,黄震,黄霞,申请号:201210139876.5,申请日期:2012-05-07

进气系统独立式机械增压四冲程内燃机,发明人:肖进,黄震,黄霞,申请号:201210152664.0,申请日期:2012-05-07

进气系统相连式机械增压四冲程内燃机,发明人:肖进,黄震,黄霞,申请号:201210150598.3,申请日期:2012-05-07

进气系统相连式机械增压二冲程内燃机,发明人:肖进,黄震,黄霞,申请号:201210152673.X,申请日期:2012-05-07

进气系统独立式机械增压二冲程内燃机,发明人:肖进,黄震,黄霞,申请号:201210139246.8,申请日期:2012-05-07

自适应式排气再循环系统,发明人:韩东,杨峥,吕兴才,黄震,申请号:201220038928.5,申请日期:2012-02-07

带有弹性部件的排气再循环系统,发明人:杨峥,韩东,吕兴才,黄震,申请号:201210026941.3,申请日期:2012-02-07

带有旋转部件的排气再循环系统,发明人:杨峥,韩东,吕兴才,黄震,申请号:201210026935.8,申请日期:2012-02-07

对置式机械增压二冲程内燃机,发明人:肖进,黄震,黄霞,申请号:201210138240.9,申请日期:2012-05-07

2013 年

新型汽油均质压燃发动机燃烧控制方法及其实施装置,发明人:黄震,李忠照,吕兴才,方俊华,张旭洲,邓家轩,申请号:201310131993.1,申请日期:2013-04-16

双燃料发动机火花点火与均质压燃模式切换策略及其实施装置,发明人:李忠照,黄震,吕兴才,方俊华,章健勇,张旭洲,申请号:201310131991.2,申请日期:2013-04-16

双燃料均质压燃发动机进气充量形成系统,发明人:李忠照,黄震,吕兴才,方俊华,张旭洲,张开强,申请号:201310133920.6,申请日期:2013-04-17

一种耐二甲醚燃料的橡胶复合材料及其制备方法,发明人:任文坛,张武高,黄震,申请号:201310595055.7,申请日期:2013-11-21

一种耐二甲醚汽车燃料的橡胶密封材料及其制备方法,发明人:任文坛,张武高,黄震,申请号:201310595006.3,申请日期:2013-11-21

适用于二甲醚燃料的双高压油管喷油器,发明人:方俊华,张武高,乔信起,黄震,申请号:201310628009.2,申请日期:2013-11-28

2015 年

用于固体燃料燃烧检测分析的定容燃烧系统,发明人:肖进,彭晶,李洋,黄震,申请号:201520236682.6,申请日期:2015-04-17

2016 年

具有在线缸内燃料改质系统的天然气发动机,发明人:朱磊,何卓遥,黄震,申请号:201610194178.3,申请

日期:2016-03-30

被动式链条传动系统,发明人:朱磊,何卓遥,刘春鹏,黄震,申请号:201610194189.1,申请日期:2016-03-30

外接拉伸式容积调节装置,发明人:何卓遥,朱磊,黄震,申请号:201610194186.8,申请日期:2016-03-30

气体引入型系统平稳控制系统,发明人:肖进,李洋,宋豪义,于凯,黄震,申请号:201610194168.X,申请日期:2016-03-30

板体旋转式容积调节装置,发明人:朱磊,何卓遥,高展,邓志伟,黄震,申请号:201610194187.2,申请日期:2016-03-30

旋转式排气管容积可变装置,发明人:肖进,李洋,宋豪义,杨贤沛,黄震,申请号:201610194169.4,申请日期:2016-03-30

双腔体斜对称布置弹簧调节装置,发明人:朱磊,何卓遥,徐震,李昂,黄震,申请号:201610194202.3,申请日期:2016-03-30

一种去除柴油机 NOX 的催化剂及其制备方法,发明人:林赫,管斌,王哲,黄震,申请号:201610362062.6,申请日期:2016-05-26

2019 年

双燃料均质压燃燃烧系统,发明人:黄震,夏淳,陈文浩,方俊华,申请号:201910329972.8,申请日期:2019-04-23

多孔喷油嘴双喷射汽油稀燃发动机,发明人:夏淳,陈文浩,方俊华,黄震,申请号:201910329198.0,申请日期:2019-04-23

多孔喷油嘴双喷射乙醇汽油稀燃发动机,发明人:夏淳,陈文浩,方俊华,黄震,申请号:201910329996.3,申请日期:2019-04-23

均质压燃控制方法及均质压燃发动机,发明人:黄震,夏淳,陈文浩,方俊华,申请号:201910329217.X,申请日期:2019-04-23

(二)对黄震院士的介绍与研究文献目录

期刊文献

2002 年

要有让别人 follow me 的科研意识——访优秀科技启明星、上海交大黄震教授,江世亮,《世界科学》2002年第 3 期

2006 年

问泉哪得清如许——记上海交通大学能源研究院院长、民进上海市委会副主委黄震,邹海伟,《民主》2006年第 8 期

翱翔在科技的前沿——访上海市政协常委黄震,黄媛,《今日上海》2006 年第 11 期

2010 年

二会专题:黄震:我国新能源产业迅猛发展背后有隐忧,《半导体·光伏行业》2010 年第 2 期

2012 年

黄震:高瞻远瞩不断超越,郏俊青,何成保,《杰出人物》2012 年第 3 期

2013 年

黄震:要重视传统内燃机的节能,《商用汽车新闻》2013 年第 11 期

2014 年

发掘替代能源新"宝藏":记民进上海市委会副主委、上海交通大学副校长黄震,吴韵霞,《民主》2014 年第 3 期

报纸文献

2000 年

为了城市天更蓝——记教育部长江学者奖励计划特聘教授黄震,何连弟,上海《文汇报》2000-10-08

2003 年

上海交通大学教授黄震说 应发展二甲醚燃料汽车,赵关良,《中国环境报》2003-11-05

2007 年

二甲醚——中国能源安全与环境保护之路黄震,《上海交大报》2007-12-03

2008 年

黄震委员:用合同能源管理推动节能,《联合时报》2008-03-16

2009 年

全国政协委员、中国石油大学校长张来斌 全国政协委员、上海交通大学能源研究院院长黄震:节能减排既要"大棒",也要"胡萝卜",王晓明,《21 世纪经济报道》2009-03-10

2011 年

全国政协委员黄震:进一步提高博士研究生待遇,董少校,《中国教育报》2011-03-09

本科创新人才培养子项目立项评审会召开副校长黄震到会并提具体要求,《上海交大报》2011-10-17

2012 年

"211 工程"三期两项目通过验收两项目负责人高峰教授、黄震教授分别作情况汇报,《上海交大报》2012-02-27

交大副校长黄震:为具有创新潜力学生"开路",《劳动报》2012-05-25

黄震出席香港与内地高校深化交流与合作意向书签署仪式,《上海交大报》2012-07-02

齐岳书记会见上海交大副校长黄震,黄二宁,《宁夏大学报》2012-07-09

黄震会见欧洲木业协会主席 Jan Soderlind 一行,《上海交大报》2012-12-10

2013 年

黄震委员:PM2.5 从研究走向治理,《光明日报》2013-02-23

黄震会见瑞典皇家理工学院副校长 Wyss 一行,《上海交大报》2013-02-25

全国政协委员、民进上海市委副主委、上海交通大学副校长黄震:实施更严格的排放法规,《联合时报》2013-03-12

全国政协委员、上海交通大学副校长黄震:深入开展国际合作 加快培育创新人才,王进,《中国船舶报》2013-03-15

2014 年

黄震访问日本理化学研究所签署合作交流谅解备忘录,《上海交大报》2014-11-24

黄震会见土耳其驻沪总领事,《上海交大报》2014-12-08

2015 年

黄震出席中韩大学校长论坛,《上海交大报》2015-11-16

黄震率团访问沙特阿拉伯大学,《上海交大报》2015-11-30

2016 年

共建"交大品牌"基础教育 "六一"儿童节黄震慰问附属学校师生,《上海交大报》2016-06-13

2017 年

黄震同志简介,《联合时报》2017-04-28

副校长黄震出席第十届中日大学校长论坛,《上海交大报》2017-10-30

蔡威:连任农工党中央副主席 黄震:新任民进中央副主席,《上海交大报》2017-12-11

2018 年

蔡威当选市人大常委会副主任,黄震当选市政协副主席,《上海交大报》2018-02-26

全国政协委员黄震:人才观不改变职业教育难发展,吕巍,《人民政协报》2018-03-12

黄震委员:真正的教育是"点燃一把火",《上海交大报》2018-03-12

民进上海市委主委黄震一行来闵行调研,《闵行统战》2018-07-25

2019 年

《新华网》黄震:引育并举培养青年人才,《上海交大报》2019-03-11

黄震走访调研民进闵行区委协和教育支部,《闵行统战》2019-05-08

郑纬民黄震当选院士引发热烈反响——两院士感谢家乡关心,表示将继续在科学研究的道路上不懈探索,《鄞州日报》2019-11-23

黄震:睿智务实的科学家,徐帆,吴希平,《上海交大报》2019-12-02

新院士黄震与青年教师交流科研成长经历做科研要抬头看路更要登高指路,《上海交大报》2019-12-23

2020 年

黄震:搞科研一定要有家国情怀——本报上海专访鄞籍中国工程院院士、发动机燃烧与排放控制专家,胡启敏,夏娟,《鄞州日报》2020-03-25

五、土木、水利与建筑工程学部(6位十1位双院士)

土木、水利与建筑工程学部的宁波籍院士共有7位。其中1994年1位(郑哲敏[①]);1997年1位(陈肇元);1999年1位(谢世楞);2001年3位(魏敦山、范立础、郑颖人);2013年1位(胡春宏)。

陈肇元(1997年当选中国工程院院士)

陈肇元(1931年10月1日—2020年6月25日),土木结构工程和防护工程专家,浙江鄞县人,清华大学教授。

陈肇元院士长期从事爆炸、撞击作用下防护结构性能与设计方法的理论与实验研究,以及混凝土结构性能的研究,并取得系统成果,其中许多纳入国家设计规范或用于重要工程;在研究推广现代高强、高性能混凝土技术和土钉支护技术并编制相应结构设计施工规程的工作中也取得显著成绩;获得国家人事部授予的中青年有突出贡献专家的荣誉。

1997年当选为中国工程院院士。

(一)陈肇元院士的各类文献目录

著作文献

《土钉支护在基坑工程中的应用　第2版》,陈肇元,崔京浩主编,中国建筑工业出版社,2000

《混凝土结构安全性耐久性及裂缝控制混凝土结构设计规范的问题讨论》,陈肇元著,中国建筑工业出版社,2013

《爆炸荷载下的混凝土结构性能与设计》,陈肇元著,中国建筑工业出版社,2015

《陈肇元自传　我的土木工程科研生涯》,陈肇元著,科学出版社;人民出版社,2016

---

① 郑哲敏的相关资料已在"宁波籍中国科学院、中国工程院双院士"部分列出,此处从略。

期刊文献

为延长结构工程的使用寿命尽力呼吁，陈肇元，《建筑技术开发》2015 年第 12 期

跨深大海峡通道（悬浮隧道）关键技术，程晓辉，郭红仙，陈肇元，《高科技与产业化》2018 年第 12 期

（二）对陈肇元院士的介绍与研究文献目录

期刊文献

缅怀陈肇元院士，黄强，《工程建设标准化》2020 年第 7 期

沉痛悼念陈肇元院士，本刊编辑部，《建筑结构学报》2020 年第 8 期

沉痛悼念清华大学陈肇元院士，《建筑结构》2020 年第 13 期

报纸文献

2017 年

新书（传记）科学《陈肇元自传》，《新华书目报》2017-01-05

陈肇元：清华烟雨土木人生，韩文鋆，《中国科学报》2017-09-25

2020 年

陈肇元院士逝世，《光明日报》2020-06-26

鄞州籍中国工程院院士陈肇元昨病逝，《鄞州日报》2020-06-26

陈肇元院士：紧扣时代需求，构筑土木人生，《科技日报》2020-07-03

陈肇元：清华烟雨土木人生，《济源日报》2020-09-11

陈肇元：低调的土木工程"先行者"，张晴丹，《中国科学报》2020-07-14；《教师报》2020-12-23

谢世楞（1999 年当选中国工程院院士）

谢世楞(1935 年 5 月 20 日—2018 年 11 月 7 日)，港口和海岸工程专家，浙江慈溪人，天津大学教授，交通运输部技术顾问，专家委员会委员，中国海洋工程学会副理事长，亚洲和太平洋海岸工程会议理事。

谢世楞院士长期从事港口海岸工程的研究设计，所创造的直立堤前冲刷公式被称为"谢氏理论和公式"，在国内外享有很高的声望。他提出的淹没情况下半圆型防波堤上的波浪力计算公式，已在长江口整治工程中被采用，有良好效果；曾获得国家优秀设计奖金质奖和银质奖、国家质量奖银奖、国家科技进步奖、联合国发明创新科技之星奖。

1999 年当选为中国工程院院士。

（一）谢世楞院士的各类文献目录

期刊文献

《海洋工程》第二届理事会，谢世楞，《海洋工程》2015 年第 2 期

《海洋工程》第三届理事会，谢世楞，《海洋工程》2017 年第 4 期

（二）对谢世楞院士的介绍与研究文献目录

报纸文献

谢世楞院士逝世，《光明日报》2018-11-09

魏敦山(2001 年当选中国工程院院士)

魏敦山(1933 年 5 月 30 日—),建筑设计专家,浙江慈溪人,上海建筑设计(集团)顾问总建筑师,上海市建筑师学会副会长。

魏敦山院士长期从事民用建筑设计工作,其在 20 世纪 70 年代设计的上海体育馆与在 80 年代设计的上海游泳馆,作为新中国成立以来 43 座优秀建筑之二被载入英国出版的"世界建筑史"史册;他也同时作为 16 位中国著名建筑师之一的最年轻建筑师载入该建筑史册;曾获国家优秀设计奖,国家科技进步奖,上海市科技进步奖,"梁思成建筑奖",并荣获埃及总统亲自颁发的"埃及一级军事勋章"。

2001 年当选为中国工程院院士。

(一)魏敦山院士的各类文献目录

期刊文献

2015 年

开罗国际会议中心,开罗,埃及,魏敦山,《世界建筑》2015 年第 1 期

2018 年

上海同济大学,吴志强,王建国,魏敦山,江欢成,郑时龄,时匡,李翔宁,吴蔚,吴庐生,倪阳,孟建民,董丹申,孙一民,韩冬青,李振宇,邢同和,《城市环境设计》2018 年第 2 期

广州城市规划展览中心,孟建民,常青,庄惟敏,魏敦山,李晓江,罗锡文,陈湘生,俞孔坚,谢先德,邓文中,张景中,吴硕贤,林浩然,刘焕彬,马若龙,章明,陈雄,《城市环境设计》2018 年第 2 期

2019 年

笔谈:中国建筑创作十年(2009—2019),何镜堂,程泰宁,魏敦山,王建国,孟建民,刘力,周恺,《建筑实践》2019 年第 12 期

2020 年

第五代体育建筑的代表作——苏州奥林匹克体育中心,魏敦山,《建筑》2020 年第 16 期

城市体育空间的活力化更新与改造——上海国际体操中心整体改造项目的创作实践,魏敦山,李双哲,金晔,《建筑技艺》2020 年第 5 期

（二）对魏敦山院士的介绍与研究文献目录

报纸文献

中国工程院院士中国建设设计大师魏敦山到咸阳职院考察交流,《咸阳职院》2018-10-25

中国工程院院士魏敦山:**60**多年描绘中国建筑的"京剧脸谱",苗夏丽,《新闻晨报》2020-10-19

范立础(2001 年当选中国工程院院士)

范立础(1933 年 6 月 8 日—2016 年 5 月 3 日),桥梁结构工程与桥梁抗震专家,浙江镇海人,同济大学教授,曾任中国土木工程学会桥梁及结构工程分会理事长、国际桥协常务理事及中国团组主席。

范立础院士在桥梁结构设计理论和桥梁抗震领域内获得了多项重大研究成果,首次编写了桥梁杆系非线性地震反应分析程序;率先建立了中国大跨度桥梁及城市复杂立交工程的抗震理论和计算方法;率先开展了桥梁减隔震和抗震加固技术研究,其成果已应用于上海南浦大桥、东海大桥、苏通长江大桥等 50 余座重大桥梁工程;曾获得国家科技进步奖、省部级科技进步奖。

2001 年当选为中国工程院院士。

(一)范立础院士的各类文献目录

著作文献

《桥梁工程　上　(第 2 版)》,范立础主编,人民交通出版社,2012

《桥梁工程　上　(第 3 版)》,范立础主编,人民交通出版社,2017

期刊文献

基于全寿命的工程建设项目风险模型研究,林立,卓卫东,范立础,夏丹丹,《自然灾害学报》2018 年第 4 期

(二)对范立础院士的介绍与研究文献目录

著作文献

《范立础传》,刘琼、戴建征著,宁波出版社,2018

期刊文献

悼念主编范立础院士,本刊编辑部,《力学季刊》2016 年第 2 期

人物志范立础:造桥院士,本刊编辑部,《财经》2016 年第 14 期

报纸文献

桥梁专家范立础逝世,《桥梁建设报》2016-05-06

镇海籍院士范立础逝世——他为杭州湾跨海大桥建设铺下第一块"安全砖",钟旭辉,周德敏,《今日镇海》

2016-05-09

范立础院士遗体告别仪式举行　习近平等党和国家领导人以不同方式表示悼念,《同济报》2016-05-10

郑颖人(2001 年当选中国工程院院士)

郑颖人(1933 年 11 月 5 日—),岩土工程与地下工程专家,浙江镇海人,中国人民解放军后勤工程学院军事土木工程系教授,中国土木工程学会隧道与地下工程分会、防护工程分会常务理事,中国岩石力学与工程学会理事。

郑颖人院士发展了岩土塑性力学多项理论,创建广义塑性力学体系,发展了应变空间塑性理论与多重屈服面理论,尤其在建立广义塑性理论上取得重大进展;在军队地下工程、城市岩石工程与区域性土领域,解决了技术难题,取得了良好的军事与经济效益;曾获国家科技进步奖、军队及部委级科技进步奖。

2001 年当选为中国工程院院士。

(一)郑颖人院士的各类文献目录

著作文献

2012 年

《地下工程围岩稳定分析与设计理论》,郑颖人,朱合华,方正昌,刘怀恒编著,人民交通出版社,2012

2013 年

《地下工程支护结构与设计》,徐干成,郑颖人,乔春生,刘保国编著,中国水利水电出版社,2013

2018 年

《岩土塑性力学(英文版)》,刘元雪,郑颖人著,科学出版社,2018

《高等岩土塑性力学》,刘元雪,郑颖人著,科学出版社,2018

2019 年

《岩土塑性力学(第二版)》,郑颖人,孔亮著,中国建筑工业出版社,2019

2020 年

《强度理论与数值极限分析》,郑颖人,孔亮,阿比尔的著,科学出版社,2020

期刊文献

2015 年

隧道特征线法的修正与发展,阿比尔的,郑颖人,冯夏庭,向钰周,《岩石力学与工程学报》2015 年第 A1 期

隧洞稳定性影响因素的敏感性分析,李炎延,郑颖人,康楠,《地下空间与工程学报》2015 年第 2 期

319 国道重庆段裸洞隧道灰岩力学特性试验研究,赵宝云,郑颖人,刘元雪,王平,《实验力学》2015 年第 4 期

单排与三排微型抗滑桩大型模型试验研究,辛建平,唐晓松,郑颖人,张冬,《岩土力学》2015年第4期

网孔尺寸对土工格栅-无黏性土界面特性的影响,王永甫,张瑞元,唐晓松,郑颖人,《后勤工程学院学报》2015年第5期

混凝土材料剪切强度的试验研究,丛宇,孔亮,郑颖人,阿比尔的,王在泉,《混凝土》2015年第5期

"高等岩土塑性力学"课程教学改革与实践,刘元雪,陈进,曾祥蓉,程香,郑颖人,《现代教育科学》2015年第6期

限应变法在岩土工程安全分析中的应用,郑颖人,《安徽建筑》2015年第6期

基于颗粒流原理的岩石类材料细观参数的试验研究,丛宇,王在泉,郑颖人,冯夏庭,《岩石工程学报》2015年第6期

岩土类材料应变分析与基于极限应变判据的极限分析,阿比尔的,冯夏庭,郑颖人,辛建平,《岩石力学与工程学报》2015年第8期

抗滑桩和锚杆联合支护下边坡抗震性能振动台试验研究,赖杰,郑颖人,刘云,李秀地,阿比尔的,《土木工程学报》2015年第9期

与时俱进,应用先进科技提高岩土工程建设水平,郑颖人,《建筑技术开发》2015年第9期

极限应变法在圆形隧洞稳定分析中的应用,阿比尔的,郑颖人,冯夏庭,向钰周,《应用数学和力学》2015年第12期

双排抗滑桩抗震性能振动台试验研究及数值分析,赖杰,郑颖人,刘云,李安红,刘红卫,《中南大学学报(自然科学版)》2015年第11期

2016年

边坡地震稳定性分析探讨,郑颖人,叶海林,黄润秋等,《中国学术期刊文摘》2016年第1期

脆性岩石宏细观破坏机制的卸荷速率影响效应研究,丛宇,冯夏庭,郑颖人,王在泉,邱士利,《岩石力学与工程学报》2016年第A2期

普氏压力拱理论的局限性,郑颖人,邱陈瑜,《现代隧道技术》2016年第2期

应力释放后隧道稳定安全系数研究,阿比尔的,郑颖人,冯夏庭,向钰周,《现代隧道技术》2016年第2期

桩基础承载力室内试验与数值计算研究,刘祥沛,董天文,郑颖人,《地下空间与工程学报》2016年第3期

岩石地铁工程的围岩分级方法研究,丛宇,郭徽,郑颖人,冯夏庭,阿比尔的,王在泉,《现代隧道技术》2016年第3期

桩基础极限荷载有限元判定方法研究,刘祥沛,郑颖人,董天文,《后勤工程学院学报》2016年第3期

海底隧道强震动力响应及其极限状态研究,李秀地,耿振刚,郑颖人,辛建平,《后勤工程学院学报》2016年第4期

牌坊坝滑坡双排桩+锚索支护性能研究,阿比尔的,郑颖人,赖杰,刘云,《地下空间与工程学报》2016年第4期

自重、渗流及地震耦合作用下人工岛动力稳定性分析,赖杰,郑颖人,李秀地,刘云,《振动与冲击》2016年第5期

有限元荷载增量法在判定桩基础极限荷载的应用,刘祥沛,董天文,郑颖人,《兵器装备工程学报》2016年第5期

岩土类摩擦材料空间Mohr应力圆与强度准则,郑颖人,向钰周,高红,《岩石力学与工程学报》2016年第6期

不同应力路径大理岩声发射破坏前兆的试验研究,丛宇,冯夏庭,郑颖人,王在泉,张黎明,《岩土工程学报》2016 年第 7 期

考虑桩反作用力和设计安全系数的滑坡推力计算方法—传递系数隐式解法,赵尚毅,郑颖人,敖贵勇,《岩石力学与工程学报》2016 年第 8 期

不同卸荷路径下大理岩破坏过程能量演化规律,丛宇,王在泉,郑颖人,冯夏庭,张黎明,《中南大学学报(自然科学版)》2016 年第 9 期

压缩作用下砂岩变形破坏过程中的能量特征,赵宝云,郑颖人,李子运,许年春,《辽宁工程技术大学学报(自然科学版)》2016 年第 10 期

岩土动力极限应变判据在边坡稳定分析中的应用,赖杰,郑颖人,唐晓松,刘云,谭仪忠,《振动与冲击》2016 年第 17 期

2017 年

重庆轨道交通工程岩质围岩分级方法研究,王永甫,唐晓松,郑颖人,丛宇,《地下空间与工程学报》2017 年第 S1 期

空心圆柱扭剪试验中广义应力路径的控制与实现,董彤,郑颖人,孔亮,柘美,《岩土工程学报》2017 年第 S1 期

饱和重塑黏土空心圆柱试样的压制技术及应用,董彤,郑颖人,孔亮,柘美,《岩土工程学报》2017 年第 S1 期

边坡侧向荷载计算方法讨论,赵尚毅,郑颖人,何平,张伟,《地下空间与工程学报》2017 年第 2 期

超长桩基础有限元强度折减极限荷载判定方法,辛利伍,董天文,宋晨光,郑颖人,《宁夏大学学报(自然科学版)》2017 年第 2 期

地下油库锚喷支护拱顶圆筒罐室的设计与计算,李晟,郑颖人,吴应祥,《地下空间与工程学报》2017 年第 3 期

考虑主应力方向的土体非线性弹性模型,董彤,郑颖人,孔亮,柘美,《岩土力学》2017 年第 5 期

关于土工格栅合理网孔尺寸的研究,唐晓松,郑颖人,王永甫,冯雨实,《岩土力学》2017 年第 6 期

成兰黑河大桥桥岸边坡多排桩抗震支护设计研究,赖杰,郑颖人,朱威,唐晓松,阿比尔的,《地下空间与工程学报》2017 年第 6 期

土体材料极限应变影响因素的敏感性灰关联分析,王乐,郑颖人,辛建平,李晟,《兵器装备工程学报》2017 年第 10 期

2018 年

钢材破坏条件与极限分析法在钢结构中的应用探索,郑颖人,王乐,孔亮,阿比尔的,《工程力学》2018 年第 1 期

考虑岩土材料各向异性与应力方向性的等效非线性模型,董彤,孔亮,郑颖人,袁庆盟,刘文卓,《岩石力学与工程学报》2018 年第 2 期

双强度折减法在加筋土边坡稳定分析应用的研究,唐晓松,郑颖人,王永甫,《公路交通技术》2018 年第 3 期

考虑主应力轴方向的砂土各向异性强度准则与滑动面研究,董彤,郑颖人,孔亮,柘美,《岩土工程学报》2018 年第 4 期

平行黏结模型宏细观力学参数相关性研究,阿比尔的,郑颖人,冯夏庭,丛宇,《岩土力学》2018 年第 4 期

颗粒材料的组构-应力关系与等效应力法,董彤,孔亮,郑颖人,王兴,刘云,《岩石力学与工程学报》2018 年第 7 期

2019 年

岩质隧道深浅埋划分方法及判别标准探讨,邱陈瑜,郑颖人,张艳涛,谭万鹏,赵尚毅,《现代隧道技术》2019 年第 1 期

隧洞围岩稳定分析及其设计方法,郑颖人,王永甫,《隧道与地下工程灾害防治》2019 年第 4 期

2020 年

条形地基极限承载力的数值极限分析方法,唐晓松,郑颖人,王永甫,王乐,《重庆建筑》2020 年第 1 期

埋入式抗滑桩承担的滑坡推力分析,敖贵勇,张玉芳,赵尚毅,郑颖人,王永甫,《工程力学》2020 年第 Z1 期

剪胀型土剪胀特性的大数据深度挖掘与模型研究,杨骏堂,刘元雪,郑颖人,何少其,《岩土工程学报》2020 年第 3 期

有限元强度折减法在隧道施工稳定分析与控制中的应用,唐晓松,郑颖人,王永甫,《现代隧道技术》2020 年第 3 期

(二)对郑颖人院士的介绍与研究文献目录

报纸文献

建筑灌浆防渗技术协会成立郑颖人院士等加盟"智囊团",《重庆日报》2015-11-02

胡春宏(2013年当选中国工程院院士)

胡春宏(1962年4月30日—),水力学及河流动力学专家,原籍浙江慈溪,中国水利水电科学研究院高级工程师、世界泥沙研究学会秘书长、国务院三峡办三峡工程泥沙专家组副组长。

胡春宏院士长期从事泥沙运动力学、河床演变与河道整治等领域的理论与应用研究,建立了江河水沙调控与泥沙优化配置理论与模型,在长江三峡工程、黄河小浪底工程、三门峡工程、黄河下游河道与河口、渭河下游、官厅水库、塔里木河干流等工程项目中的泥沙治理方面取得了多项国际先进水平的科研成果;曾获国家科技进步奖、中国青年科技奖。

2013年当选中国工程院院士。

(一)胡春宏院士的各类文献目录

著作文献

2000年

《高含沙水流紊动结构和非均匀沙运动规律的研究》,惠遇甲,李义天,胡春宏,韩文亮,陈立,吉祖稳等著,武汉水利电力大学出版社,2000

2017年

《三峡工程泥沙运动规律与模拟技术》,胡春宏,方春明,陈绪坚,吉祖稳,王延贵,王敏著,科学出版社,2017

《长江与洞庭湖鄱阳湖关系演变及其调控》,胡春宏,阮本清,张双虎等著,科学出版社,2017

《三峡工程泥沙模拟与调控》,胡春宏,李丹勋,方春明,陆永军,胡维忠,张曙光著,中国水利水电出版社,2017

2019年

《我国水安全战略和相关重大政策研究》,王浩,胡春宏,王建华等著,科学出版社,2019

期刊文献

2015年

黄河水沙变化与下游河道改造,胡春宏,《黑龙江大学工程学报》2015年第6期;《水利水电技术》2015年第6期

黄河下游漫滩洪水造床机理与水沙调控指标研究,胡春宏,张治昊,《中国科学(技术科学)》2015年第10期

2016 年

长江上游水沙特性变化与人类活动的影响,王延贵,胡春宏,刘茜,史红玲,《泥沙研究》2016 年第 1 期

我国多沙河流水库"蓄清排浑"运用方式的发展与实践,胡春宏,《水利学报》2016 年第 3 期

三峡工程运用前后洞庭湖太平口分流分沙比变化及影响因素分析,陈虞平,胡春宏,《水利科技与经济》2016 年第 4 期

复式河道滩槽泥沙粒径分布特性,吉祖稳,胡春宏,吉明栋,《应用基础与工程科学学报》2016 年第 4 期

黄河水沙变化与治理方略研究,胡春宏,《水力发电学报》2016 年第 10 期

2017 年

分流对引黄灌区渠道淤积的影响研究,史红玲,胡春宏,《人民黄河》2017 年第 1 期

复式河道滩槽交互区水沙运动机理,吉祖稳,胡春宏,《水科学进展》2017 年第 3 期

三峡工程运用后坝下游分汊型河道演变与调整机理研究,李明,胡春宏,《泥沙研究》2017 年第 6 期

三峡工程泥沙问题解决途径与运行效果研究,胡春宏,方春明,《中国科学(技术科学)》2017 年第 8 期

黄河输沙量研究的几个关键问题与思考,穆兴民,胡春宏,高鹏,王飞,赵广举,《人民黄河》2017 年第 8 期

2018 年

黄河流域水沙变化机理与趋势预测,胡春宏,《中国环境管理》2018 年第 1 期

三峡水库和下游河道泥沙模拟与调控技术研究,胡春宏,《水利水电技术》2018 年第 1 期

黄河下游河道平滩流量与水沙过程响应关系研究,陈琳,胡春宏,陈绪坚,《泥沙研究》2018 年第 4 期

论黄河水沙变化趋势预测研究的若干问题,胡春宏,张晓明,《水利学报》2018 年第 9 期

三峡水库坝下游河道断面形态调整模式与机理研究,李明,胡春宏,方春明,《水利学报》2018 年第 12 期

近 70 年黄河流域水沙情势及其成因分析,赵阳,胡春宏,张晓明,王友胜,成晨,殷小琳,谢敏,《农业工程学报》2018 年第 21 期

2019 年

论三峡水库"蓄清排浑"运用方式及其优化,胡春宏,方春明,许全喜,《水利学报》2019 年第 1 期

黄河下游引黄灌区水沙配置能力指标研究,史红玲,胡春宏,王延贵,《泥沙研究》2019 年第 1 期

从三门峡到三峡我国工程泥沙学科的发展与思考,胡春宏,《泥沙研究》2019 年第 2 期

论三峡水库"蓄清泄浑卜浑"运用方式及其优化,胡春宏,方春明,许全喜,《水利水电快报》2019 年第 3 期

三峡水库 175m 试验性蓄水十年泥沙冲淤变化分析,胡春宏,《水利水电技术》2019 年第 8 期

关于黄土高原水土流失治理格局调整的建议,胡春宏,张晓明,《中国水利》2019 年第 23 期

2020 年

水-沙变化趋势影响世界大河发展方向,胡春宏,《科学通报(英文版)》2020 年第 1 期

黄土高原水土流失治理与黄河水沙变化,胡春宏,张晓明,《水利水电技术》2020 年第 1 期

论长江开发与保护策略,胡春宏,张双虎,《人民长江》2020 年第 1 期

黄河泥沙百年演变特征与近期波动变化成因解析,胡春宏,张晓明,赵阳,《水科学进展》2020 年第 5 期

论黄河河道平衡输沙量临界阈值与黄土高原水土流失治理度,胡春宏,张治昊,《水利学报》2020 年第 9 期

构建黄河水沙调控体系,保障黄河长治久安,胡春宏,《科技导报》2020 年第 17 期

报纸文献

黄土高原治理要发挥水土保持措施群体效应,胡春宏,《陕西日报》2019-12-04

专利信息

流域径流的预测方法及装置,发明人:赵阳,胡春宏,张晓明,于坤霞,王友胜,成晨,殷小琳,刘卉芳,吉梦喆,谢敏,申请号:201810121979.6,申请日期:2018-02-07

(二)对胡春宏院士的介绍与研究文献目录

报纸文献

胡春宏、王超院士来校交流,《西北农林科技大学报》2016-10-23
胡春宏院士工作室签约仪式举行,《西安理工大报》2017-04-06
中国工程院院士胡春宏作黄河治理与科学方法主题报告,梁莹,王龙昌,秦思琦,《山东大学报》2018-05-16
胡春宏:脚踏实地始终坚持,《中国水利报》2019-12-05

六、环境与轻纺工程学部(3位)

　　环境与轻纺工程学部的宁波籍院士共有3位。其中1995年1位(郁铭芳);2009年1位(徐祥德);2013年1位(俞建勇)。

郁铭芳(1995年当选中国工程院院士)

　　郁铭芳(1927年10月3日—2020年4月12日),化纤专家,祖籍浙江鄞县,东华大学教授,曾任上海合成纤维研究所所长兼总工程师。

　　郁铭芳院士主要从事化学纤维的理论和工程应用研制,主要有芳香族聚酰胺纤维、聚酰亚胺纤维、碳纤维、涤纶高速纺丝、高强涤纶等;在20世纪50年代参加筹建我国首家自行建设的合成纤维实验工厂,纺出了我国自己制造的第一根合成学纤维,成为我国化纤领域的奠基人和学科带头人之一;在反复论证、多方准备的前提下,率先提出关于喷丝成布科技攻关重点项目的建议;曾获得多项国家和省部级科学进步奖。

　　1995年当选为中国工程院院士。

对郁铭芳院士的介绍与研究文献目录

著作文献

《一丝一世界　郁铭芳传》,何雅,张燕,彭这华,戴叶萍著,上海交通大学出版社,2015

期刊文献

郁铭芳的"丝"路人生,牛方,《中国纺织》2020年第Z2期

巨匠陨落:中国工程院院士郁铭芳逝世,《课堂内外(作文独唱团)》2020年第6期

郁铭芳:织锦衣,史明,《创新世界周刊》2020年第10期

科研先锋·郁铭芳,《作文周刊(高考版)》2020年第21期

报纸文献

2018 年

郁铭芳:化学纤维编织梦想,《济源日报》2018-09-14

2020 年

郁铭芳院士逝世,《光明日报》2020-04-14

学校师生送别郁铭芳院士,《东华大学报》2020-04-30

家乡人眼中的郁铭芳院士——他是位低调、朴实、平易近人的科学家,《鄞州日报》2020-04-19

郁铭芳同志逝世享年 93 岁,《东华大学报》2020-04-15

化纤院士郁铭芳的"丝"路人生,《每日商报》2020-04-19

徐祥德(2009 年当选中国工程院院士)

徐祥德(1942 年 7 月 12 日—),气象学家,浙江余姚人,中国气象科学研究院所长,世界气象组织大气环境、国际现场观测协调专家组成员,全球水伙伴中国委员会委员。

徐祥德院士长期从事天气气候动力学、非线性理论及大气环境研究,推进黄河防汛、农业防灾、城市大气环境、青藏高原大气科学试验研究与观测系统技术等工程建设,发展了青藏高原新一代大气综合监测与预警系统工程;其主持实施的城市大气环境观测试验与中国气候观测系统设计被列入国际范例;多次获省部级科技进步奖。

2009 年当选为中国工程院院士。

(一)徐祥德院士的各类文献目录

著作文献

《青藏高原大气边界层观测分析与动力学研究青藏高原大气科学试验 1998》,周明煜,徐祥德,卞林根,陈家宜,刘辉志,张宏昇,李诗明,赵翼俊著,气象出版社,2000

《热带气旋动力学引论》,陈联寿,徐祥德,罗哲贤,王继志著,气象出版社,2002

《青藏高原影响与动力学机制探讨》,徐祥德等著,气象出版社,2015

《气候变化与青藏高原大气水分循环》,徐祥德主编,气象出版社,2020

期刊文献

2015 年

青藏高原热力强迫对中国东部降水和水汽输送的调制作用,徐祥德,赵天良,施晓晖,C. G. Lu,《气象学报》2015 年第 1 期

青藏高原东南缘边界层对流与湍能结构特征,王寅钧,徐祥德,赵天良,孙绩华,姚文清,周明煜,《中国科学(地球科学)》2015 年第 6 期

中国大地形东侧霾空间分布"避风港"效应及其"气候调节"影响下的年代际变异,徐祥德,王寅钧,赵天良,程兴宏,孟莹莹,丁国安,《科学通报》2015 年第 12 期

2016 年

风云静止卫星资料在一次暴雨云分析中的应用,李红莉,崔春光,徐祥德,刘瑞霞,《热带气象学报》2016 年第 1 期

2013 年 1 月华北地区重霾污染过程 SO₂ 和 NOx 的 CMAQ 源同化模拟研究,程兴宏,徐祥德,安兴琴,蒋永

成,蔡子颖,刁志刚,李德平,《环境科学学报》2016年第2期

西南涡研究和观测试验回顾及进展,李跃清,徐祥德,《气象科技进展》2016年第3期

应用谱逼近方法模拟2008年初南方持续性降水过程及其水汽通道周期特征分析,王淑莉,徐祥德,康红文,张胜军,张夕迪,《大气科学》2016年第3期

Water vapor transport around the Tibetan Plateau and its effect on summer rainfall over the Yangtze River Valley,李驰钦,左群杰,徐祥德,高守亭,《气象学报（英文版）》2016年第4期

中国东部夏季暴雨极端事件与水汽输送相关流型特征,赵阳,徐祥德,赵天良,徐洪雄,毛飞,孙涵,王宇虹,《中国科学（地球科学）》2016年第8期

基于CMAQ模式和自适应偏最小二乘回归法的中国地区PM2.5浓度动力-统计预报方法研究,程兴宏,刁志刚,胡江凯,徐祥德,张建春,李德平,《环境科学学报》2016年第8期

农业活动大气污染物排放及其大气环境效应研究进展,赵天良,柳笛,李恬,黄建平,徐祥德,周晨虹,汤莉莉,刘寿东,《科学技术与工程》2016年第28期

2017年

基于CMAQ源同化反演方法的京津冀局地污染源动态变化特征模拟研究,孟凯,程兴宏,徐祥德,曲晓黎,马翠平,赵玉广,李洋,杨雨灵,张文宗,丁国安,《环境科学学报》2017年第1期

2003—2014年东北三省气溶胶光学厚度变化分析,张宸赫,赵天良,王富,徐祥德,苏航,程兴宏,谭成好,《环境科学》2017年第2期

不同季节气象条件对北京城区高黑碳浓度变化的影响,张宸赫,程兴宏,赵天良,徐祥德,武云飞,张仁健,蔡雯悦,苏航,王寅钧,《环境科学学报》2017年第6期

2018年

智慧气象,窥见地球大气的奥秘,徐祥德,《知识就是力量》2018年第3期

Variation characteristics of the planetary boundary layer height and its relationship with PM2.5 concentration over China,王寅钧,徐祥德,赵阳,王敏仲,Journal of Tropical Meteorology,2018（3）

四川暴雨过程中盆地地形作用的数值模拟,段静鑫,赵天良,徐祥德,陆春松,李跃清,陈志龙,郭小浩,程晓龙,赵阳,孟露,《应用气象学报》2018年第3期

夏季青藏高原对流系统移出高原的气象背景场分析,胡亮,徐祥德,赵平,《气象学报》2018年第6期

WRF模式对青藏高原那曲地区大气边界层模拟适用性研究,许鲁君,刘辉志,徐祥德,杜群,王雷,《气象学报》2018年第6期

青藏高原地气耦合系统及其天气气候效应:第三次青藏高原大气科学试验,赵平,李跃清,郭学良,徐祥德,刘屹岷,唐世浩,肖文名,师春香,马耀明,余兴,刘辉志,假拉,谌芸,柳艳菊,李建,罗达标,曹云昌,郑向东,陈军明,肖安,远芳,陈东辉,潘旸,胡志群,张胜军,董立新,胡菊旸,韩帅,周秀骥,《气象学报》2018年第6期

2019年

汛期西南涡暴雨的数值模拟研究,程晓龙,李跃清,徐祥德,衡志炜,《高原气象》2019年第2期

西北太平洋热带气旋路径异常偏折的分类特征,王敏,徐祥德,李英,《热带气象学报》2019年第2期

青藏高原"亚洲水塔"效应和大气水分循环特征,徐祥德,董李丽,赵阳,王寅钧,《科学通报》2019年第27期

青藏高原能量、水分循环影响效应,徐祥德,马耀明,孙婵,魏凤英,《中国科学院院刊》2019年第11期

2020 年

基于 CMAQ 模式的自适应"nudging"源反演方法的中国主要污染区排放特征分析,李嘉鼎,孟凯,赵天良,马翠平,徐祥德,焦亚音,陆汇丞,《环境科学学报》2020 年第 3 期

基于加密探空观测的成都市一次重霾污染过程中大气边界层气溶胶垂直结构分析,曹蔚,赵天良,徐祥德,张小曳,郑小波,杨富燕,夏俊荣,曹乐,邱玉珺,谷晓平,《地球化学》2020 年第 3 期

2013—2017 年气象条件变化对中国重点地区 PM2.5 质量浓度下降的影响,张小曳,徐祥德,丁一汇,柳艳菊,张恒德,王亚强,仲峻霆,《中国科学(地球科学)》2020 年第 4 期

不同黑碳减排情景对北京霾污染过程的影响评估研究,张宸赫,赵天良,王东东,徐祥德,程兴宏,《环境科学与管理》2020 年第 5 期

影响我国霾天气的多尺度过程,权建农,徐祥德,贾星灿,刘树华,苗世光,辛金元,胡非,王自发,范绍佳,张宏昇,牟玉静,窦有俊,程志刚,《科学通报》2020 年第 9 期

报纸文献

青藏高原不仅仅是亚洲的"水塔",徐祥德,《中国气象报》2019-12-27

秋冬季大气重污染物理过程机理研究课题被评为优秀,徐祥德,魏凤英,《中国气象报》2020-09-11

(二)对徐祥德院士的介绍与研究文献目录

期刊文献

徐祥德:天气有时会给驱霾"帮倒忙",胡敬,《科学中国人》2015 年第 10 期

报纸文献

徐祥德荣获何梁何利科技进步奖,卞辑,《中国气象报》2015-11-10

中国工程院院士徐祥德:霾是气象灾害,《经济日报》2016-12-20

中国工程院院士徐祥德:青藏高原与全球大气水分循环对全球气候有重要影响,王玫珏,《中国气象报》2017-09-07

中国工程院徐祥德院士为我市学生进行科普讲座,王云竹,《伊春日报》2017-09-14

俞建勇(2013年当选中国工程院院士)

俞建勇(1964年5月26日—　），纺织材料专家，原籍浙江宁波，东华大学教授，兼任中国纺织工程学会副理事长。

俞建勇院士长期从事纺织材料领域的研究，突破黄麻纤维精细化与制品加工关键技术，推动天然纤维资源的深度开发与利用；攻克竹浆纤维制造及其产品应用关键技术，促进生物质纤维的产业化发展；研发新型环锭集聚纺技术及加工系统，提升产品品质与附加值；研发特种纺织复合结构及其成形关键技术，成功应用于新型战略武器系统发展并起到重要作用；曾获国家技术发明奖、国家科技进步奖。

2013年当选为中国工程院院士。

(一)俞建勇院士的各类文献目录

著作文献

《高性能纤维制品成形技术》，俞建勇，胡吉永，李毓陵著，国防工业出版社，2017

《中国纺织产业科技创新发展研究 2016—2030》，蒋士成，俞建勇主编，东华大学出版社，2017

《功能静电纺纤维材料》，丁彬，俞建勇著，中国纺织出版社，2019

《高性能纤维与织物》，俞建勇，赵谦编，祖群，胡方田等编著，中国铁道出版社有限公司，2020

期刊文献

2015 年

增强体结构对缝合编织复合材料剪切性能影响的实验研究，庞伞伞，阎建华，俞建勇，《纤维复合材料》2015 年第 1 期

基于图像处理法的空气变形纱结构和细度不匀研究，陈凤，黄莉茜，王学利，俞建勇，《东华大学学报(自然科学版)》2015 年第 6 期

MWCNTs/PAN 微纳米纤维膜的制备及其层合板的电磁屏蔽性能，李伟文，权震震，阎建华，俞建勇，覃小红，《东华大学学报(自然科学版)》2015 年第 6 期

上海在未来我国创新型国家建设中的地位，俞建勇，《科学发展》2015 年第 7 期

纺织品视觉遮蔽性评价指标比较研究，张娜，王妮，施楣梧，俞建勇，《纺织学报》2015 年第 9 期

生物基聚己二酸戊二胺聚合物结构及高速纺长丝性能，王学利，张晨，俞建勇，徐卫海，娄雪芹，李乃强，《合成纤维》2015 年第 9 期

生物质戊二胺己二酸盐改性共聚酯及其长丝的性能，娄雪芹，王学利，李发学，俞建勇，徐卫海，李乃强，

《合成纤维》2015 年第 11 期

静电纺三维纳米纤维体型材料的制备及应用,丁彬,斯阳,洪菲菲,闫成成,王雪琴,俞建勇,《科学通报》2015 年第 21 期

2016 年

卷首寄语,俞建勇,《时尚设计与工程》2016 年第 1 期

超细羊毛摩擦性能测试参数研究,黄范范,张瑞云,武晓会,黄新林,李汝勤,俞建勇,《毛纺科技》2016 年第 1 期

新戊二醇改性共聚酯的制备及其性能,张继超,周蓉,赵辉,王学利,俞建勇,刘丽芳,《东华大学学报(自然科学版)》2016 年第 2 期

低速纺生物基聚己二酸戊二胺长丝的性能,张晨,王学利,黄莉茜,俞建勇,徐卫海,娄雪芹,刘修才,李乃强,《东华大学学报(自然科学版)》2016 年第 2 期

复杂组织多层机织物三维建模与仿真,朱建华,张瑞云,王伟,俞建勇,李毓陵,姜耒,《玻璃钢(复合材料)》2016 年第 2 期

防透明聚酯材料的非等温结晶动力学,杨阳,王妮,王学利,施楣梧,俞建勇,《东华大学学报(自然科学版)》2016 年第 2 期

碳纤/环氧复合材料层合板低速冲击损伤机理研究,吴盼,阎建华,俞建勇,顾海麟,《玻璃钢/复合材料》2016 年第 3 期

两种气流槽聚式集聚纺纱集聚区气流场的数值模拟,黄梦岚,程隆棣,俞建勇,徐时平,王立波,《东华大学学报(自然科学版)》2016 年第 3 期

3 种生物基尼龙纤维的制备及结构与性能,伦瑞欣,李发学,王学利,俞建勇,刘修才,李乃强,《东华大学学报(自然科学版)》2016 年第 5 期

超细羊毛低损伤梳毛加工技术,丁彩玲,俞建勇,张瑞云,李慧,程隆棣,秦光,《纺织学报》2016 年第 5 期

生物基戊二胺己二酸盐改性聚酯的合成及结构分析,徐卫海,娄雪芹,王学利,俞建勇,高宇,刘珊珊,刘修才,李乃强,《东华大学学报(自然科学版)》2016 年第 5 期

苎麻纤维分段化学成分变化规律研究,贾满兰,张瑞云,程隆棣,俞建勇,《上海纺织科技》2016 年第 6 期

超细羊毛的低温低损伤染色性能,丁彩玲,俞建勇,张瑞云,李慧,程隆棣,秦光,《纺织学报》2016 年第 6 期

基于氨基酸多氨基化合物氨气敏感膜的制备与应用,伍丽丽,崔海春,张弘楠,吴德群,俞建勇,《东华大学学报(自然科学版)》2016 年第 6 期

一种基于赖氨酸聚酯氨新型载药纳米水凝胶接枝真丝缝合线的抗菌性能,崔海春,伍丽丽,吴德群,俞建勇,《东华大学学报(自然科学版)》2016 年第 6 期

气流槽聚式集聚纺纱技术试验研究,黄梦岚,程隆棣,俞建勇,徐时平,王立波,《上海纺织科技》2016 年第 9 期

超声波频率对超细羊毛洗毛效果的影响,黄范范,张瑞云,丁彩玲,俞建勇,《上海纺织科技》2016 年第 11 期

2017 年

棉/大麻纤维混纺低损耗工艺优化,刘笑莹,方斌,朱守艾,程隆棣,张瑞云,俞建勇,《纺织学报》2017 年第 1 期

生物基尼龙 56 的等温结晶性能研究,吴田田,王学利,俞建勇,高宇,刘修才,李乃强,《合成纤维》2017 年第 2 期

生物基尼龙 56 的非等温结晶性能研究,吴田田,王学利,俞建勇,黄莉茜,高宇,张若楠,胡红梅,李乃强,《纺织导报》2017 年第 5 期

PET-PST 共聚酯的合成及其结构性能研究,田梅香,李发学,吴德群,王学利,俞建勇,《合成纤维工业》2017 年第 6 期

18.2tex 大麻棉混纺假捻集聚赛络纺工艺与质量差异性研究,丁文胜,张瑞云,程隆棣,方斌,俞建勇,路明娜,《上海纺织科技》2017 年第 7 期

大麻/棉假捻集聚赛络混纺纱技术研究,丁文胜,张瑞云,方斌,程隆棣,俞建勇,《上海纺织科技》2017 年第 9 期

新戊二醇和聚乙二醇改性易染共聚酯的流变性能,周蓉,俞建勇,王学利,石禄丹,张腾飞,刘圆圆,《合成纤维》2017 年第 10 期

2018 年

棉/大麻纤维混纺低损耗工艺优化,韩剑虹,周衡书,武世锋,刘向荣,刘晋夫,《纺织学报》2018 年第 1 期

纳米纤维隔热材料在航空航天领域的应用进展,王雪琴,俞建勇,丁彬,《纺织导报》2018 年第 A1 期

苎麻纤维 NaOH/尿素/硫脲低温柔化处理研究,王莹,张瑞云,纪峰,程隆棣,俞建勇,《上海纺织科技》2018 年第 2 期

柔性 YSZ-TiO$_2$ 纳米纤维膜的制备及其光催化性能研究,白莹,毛雪,俞建勇,丁彬,《化工新型材料》2018 年第 3 期

纯棉色纺纱配色中的 Stearns-Noechel 模型参数优化,白婧,杨柳,张毅,张瑞云,马颜雪,俞建勇,程隆棣,《纺织学报》2018 年第 3 期

超声波处理在硫酸法测定汉麻木质素含量中的应用,李贝,刘柳,向叶平,张瑞云,俞建勇,《上海纺织科技》2018 年第 4 期

亲水改性共聚酯的合成及其性能,周蓉,俞建勇,王学利,石禄丹,曾正,《东华大学学报（自然科学版）》2018 年第 6 期

2019 年

粗特锦纶 6 分纤母丝的结构与性能研究,杨前方,袁如超,范硕,陈仕艳,俞建勇,李发学,陈立军,《合成纤维工业》2019 年第 1 期

功能性耐候型土工布的技术现状及发展趋势,位华瑞,丁彬,俞建勇,王先锋,《纺织导报》2019 年第 A1 期

高强锦纶 6 长丝的制备及其结构与性能研究,周怡琰,杨前方,袁如超,陈仕艳,俞建勇,李发学,陈立军,《合成纤维工业》2019 年第 2 期

一步法 POY/FDY 涤纶异收缩混纤丝空气变形加工及其纱线性能,孙莉娜,贺梦娟,黄琪轩,郑枝燕,黄莉茜,王学利,俞建勇,《东华大学学报（自然科学版）》2019 年第 2 期

PAN/CNT 复合纳米纤维膜的制备及其红外辐射特性,高婷婷,周蓉,丁彬,俞建勇,《东华大学学报（自然科学版）》2019 年第 2 期

棉汉麻假捻赛络集聚混纺纱的性能研究,丁文胜,张瑞云,程隆棣,方斌,俞建勇,《棉纺织技术》2019 年第 4 期

超疏水棉织物的等离子体制备工艺及性能,徐利云,殷伟伦,邓佳雯,张瑞云,俞建勇,《东华大学学报(自然科学版)》2019 年第 5 期

新型氮硅系席夫碱的制备及其在纤维素膜中的应用,明景,李娜,王学利,俞建勇,吴德群,《东华大学学报(自然科学版)》2019 年第 6 期

生物基聚酰胺 56 低聚物改性聚酯的合成及其表征,张腾飞,石禄丹,胡红梅,王宇,王学利,俞建勇,《纺织学报》2019 年第 6 期

氧化石墨烯共聚改性 PET 纤维的制备及表征,刘圆圆,马晓飞,胡红梅,吕媛媛,郝克倩,石禄丹,俞建勇,王学利,《产业用纺织品》2019 年第 6 期

低气压等离子体工艺参数对制备超疏水涤纶织物的影响,邓佳雯,郭颖,徐利云,张瑞云,俞建勇,《上海纺织科技》2019 年第 10 期

2020 年

低比例乙二醇用量下废旧 PET 织物的醇解及聚合再生研究,吕媛媛,胡红梅,段思雨,王学利,俞建勇,《北京服装学院学报》(自然科学版)2020 年第 1 期

生物基聚酯与聚酰胺纤维的研发进展,董奎勇,杨婷婷,王学利,何勇,俞建勇,《纺织学报》2020 年第 1 期

乙二醇添加量对聚酯降解产物的影响,曾正,胡红梅,郝克倩,吕媛媛,王学利,俞建勇,陈浩,《东华大学学报(自然科学版)》2020 年第 1 期

湿法 PU/PVDF 共混膜的制备及其性能研究,郝春晖,汤小瑜,葛爱雄,满向东,俞建勇,刘丽芳,《纺织科学与工程学报》2020 年第 1 期

新型多组分保暖絮片的开发及性能研究,汤小瑜,张盼盼,郝春晖,刘丽芳,俞建勇,张丽,《纺织科学与工程学报》2020 年第 2 期

丙烯酸改性黏胶纤维及其吸水性研究,张艳玲,罗克胜,俞建勇,李发学,《东华大学学报(自然科学版)》2020 年第 2 期

产业用纺织先进基础材料进展与对策,蒋金华,陈南梁,钱晓明,李鑫,俞建勇,《中国工程科学》2020 年第 5 期

我国先进纤维材料产业发展战略研究,曲希明,王颖,邱志成,张清华,李鑫,俞建勇,《中国工程科学》2020 年第 5 期

氮磷硅阻燃改性棉纤维的制备及性能,赵文静,韩华,李娜,陈薇,俞建勇,吴德群,《东华大学学报(自然科学版)》2020 年第 5 期

纳米粉体改性生物基尼龙 56 的等温结晶动力学,王宇,胡红梅,朱瑞淑,钱思琦,段思雨,俞建勇,王学利,刘修才,《东华大学学报(自然科学版)》2020 年第 5 期

D-山梨醇改性 PA6 及其等温结晶动力学,王雪梅,李发学,俞建勇,《东华大学学报(自然科学版)》2020 年第 6 期

改性聚对苯二甲酸丁二醇酯的合成及表征,陈薇,韩华,赵文静,黄凯聪,俞建勇,吴德群,《东华大学学报(自然科学版)》2020 年第 6 期

改性聚对苯二甲酸丁二醇酯的合成及表征改性聚对苯二甲酸丁二醇酯的合成及表征,陈薇,韩华,赵文静,黄凯聪,俞建勇,吴德群,《东华大学学报(自然科学版)》2020 年第 6 期

碳化硼涂层防刺织物的制备及其性能表征,夏民民,谷秋瑾,权震震,俞建勇,《产业用纺织品》2020 年第 11 期

两种抗菌剂对棉纤维抗菌改性的效果对比,赵文静,韩华,李娜,陈薇,俞建勇,吴德群,《产业用纺织品》2020年第10期

自组装高异形度再生聚酯纤维及织物的研发,郝克倩,胡红梅,吕媛媛,张瀚誉,王学利,俞建勇,陈浩,《产业用纺织品》2020年第10期

抗菌生物基聚酰胺56及纤维的制备与性能研究,张瀚誉,钱思琦,朱瑞淑,俞建勇,王学利,刘修才,《合成纤维》2020年第12期

专利信息

2015年

一种口罩用高效低阻纳米纤维空气过滤材料及其制备方法,发明人:丁彬,赵兴雷,杨印景,宋骏,张世超,俞建勇,申请号:201510009971.7,申请日期:2015-01-08

一种3D编织二合板型纤维混杂预制件及其制备方法,发明人:阎建华,权震震,俞建勇,覃小红,申请号:201510140894.9,申请日期:2015-03-27

一种3D编织多合板型纤维混杂预制件及其制备方法,发明人:阎建华,权震震,俞建勇,覃小红,申请号:201510170815.9,申请日期:2015-04-10

一种集聚赛络纺专用双缝式集聚气体导流装置,发明人:凌军,何小东,程隆棣,薛文良,李鹏飞,俞建勇,张瑞云,王克毅,申请号:201510458510.8,申请日期:2015-07-30

一种集聚赛络纺专用单缝式集聚气体导流装置,发明人:凌军,何小东,程隆棣,薛文良,李鹏飞,俞建勇,张瑞云,王克毅,申请号:201510458508.0,申请日期:2015-07-30

一种静电纺丝方法及其制备的纳米纤维/玻璃纤维复合过滤材料,发明人:丁彬,赵兴雷,曹雷涛,俞建勇,申请号:201510631903.4,申请日期:2015-09-29

一种静电纺丝方法及其制备的纳米纤维/纺粘无纺布复合过滤材料,发明人:丁彬,曹雷涛,赵兴雷,俞建勇,申请号:201510632133.5,申请日期:2015-09-29

2016年

超级电容器电极用聚丙烯腈介孔活性碳纤维及其制备方法,发明人:荣海琴,邓克明,王娣,芦静,张国良,俞建勇,吴琪琳,姚静,徐爽,刘建平,申请号:201610060357.8,申请日期:2016-01-28

一种石墨烯掺杂聚丙烯腈中孔活性碳纤维及其制备方法,发明人:荣海琴,邓克明,王娣,芦静,张国良,俞建勇,吴琪琳,姚静,徐爽,申请号:201610058563.5,申请日期:2016-01-28

一种气流槽聚纺纱专用集聚装置,发明人:吕金丹,程隆棣,李艳妮,薛文良,俞建勇,张瑞云,徐时平,申请号:201610152968.5,申请日期:2016-03-17

一种刺辊用高效金属锯条,发明人:和杉杉,王盼,程隆棣,薛文良,俞建勇,王克毅,黄春辉,陈利国,申请号:201610157244.X,申请日期:2016-03-18

一种可熔融纺丝的二醋酸纤维素接枝共聚物及其制备方法,发明人:吴德群,徐海玲,吴飞飞,张俊芝,汤双双,俞建勇,申请号:201610196957.7,申请日期:2016-03-31

一种温敏性精氨酸基长效抗菌水凝胶敷料及其制备方法,发明人:吴德群,张俊芝,徐海玲,吴飞飞,汤双双,俞建勇,申请号:201610217073.5,申请日期:2016-04-08

生物质尼龙56纤维/PTT纤维的FDY/POY异收缩混纤丝及其制备方法,发明人:王学利,俞建勇,刘修

才,李乃强,秦兵兵,申请号:201610227097.9,申请日期:2016-04-13

生物质尼龙 56 纤维/PET 纤维的 FDY/POY 异收缩混纤丝及其制备方法,发明人:王学利,俞建勇,刘修才,李乃强,秦兵兵,申请号:201610227833.0,申请日期:2016-04-13

生物质尼龙 56 纤维/PBT 纤维的 FDY/POY 异收缩混纤丝及其制备方法,发明人:王学利,俞建勇,刘修才,李乃强,秦兵兵,申请号:201610227057.4,申请日期:2016-04-13

一种大麻/棉混纺的高档内衣面料用纱及其加工方法,发明人:刘笑莹,方斌,张瑞云,程隆棣,俞建勇,郭小敏,刘柳,薛文良,申请号:201610247862.3,申请日期:2016-04-20

具有智能单向导湿功能的纤维基防水透湿膜的制备方法,发明人:丁彬,余西,李洋,生俊露,张敏,王先锋,印霞,俞建勇,申请号:201610296967.8,申请日期:2016-05-06

一种载药透明质酸纳米纤维复合敷料及其制备方法,发明人:吴德群,朱婕,俞建勇,申请号:201610312502.7,申请日期:2016-05-12

一种多重异收缩混纤丝的制备装置和方法,发明人:黄莉茜,王学利,俞建勇,孙德荣,申请号:201610319518.0,申请日期:2016-05-13

一种纤维基防水透湿膜的静电纺丝/湿固化制备方法,发明人:丁彬,赵景,李洋,生俊露,杨芳芳,吴光楠,王先锋,印霞,俞建勇,申请号:201610325975.0,申请日期:2016-05-17

一种葡聚糖基透明水凝胶敷料及其制备方法,发明人:吴德群,吴飞飞,张俊芝,徐海玲,俞建勇,申请号:201610352508.7,申请日期:2016-05-25

三维曲折纳米纤维复合窗纱及其静电纺丝方法,发明人:丁彬,赵兴雷,李玉瑶,王珊,印霞,俞建勇,申请号:201610406892.4,申请日期:2016-06-12

三维曲折纳米纤维膜及其静电纺丝方法,发明人:丁彬,李玉瑶,赵兴雷,王珊,印霞,俞建勇,申请号:201610406884.X,申请日期:2016-06-12

用于二氧化碳吸附的聚离子液体纳米纤维材料及其制备方法,发明人:王先锋,窦绿叶,丁彬,俞建勇,申请号:201610664105.6,申请日期:2016-08-12

氨基化碳纳米管掺杂的碳纳米纤维吸附材料及其制备方法,发明人:王先锋,张宇菲,丁彬,俞建勇,申请号:201610664022.7,申请日期:2016-08-12

一种二氧化碳吸附用胺基改性纳米纤维材料的制备方法,发明人:王先锋,丁彬,窦绿叶,俞建勇,申请号:201610663895.6,申请日期:2016-08-12

二氧化碳吸附分离用氮掺杂的碳纳米纤维吸附材料的制备,发明人:王先锋,张宇菲,丁彬,俞建勇,申请号:201610817223.6,申请日期:2016-09-12

用于二氧化碳吸附分离的含氮碳纳米纤维材料及其制备,发明人:王先锋,张宇菲,丁彬,俞建勇,申请号:201610818259.6,申请日期:2016-09-12

一种水汽输送材料及其制备装置和制备方法,发明人:丁彬,李玉瑶,赵兴雷,印霞,俞建勇,申请号:201610841995.3,申请日期:2016-09-22

一种高舒适性纳米纤维自粘防护口罩,发明人:丁彬,赵兴雷,李玉瑶,印霞,俞建勇,申请号:201610842024.0,申请日期:2016-09-22

一种苎麻氧化脱胶过程中制备重金属离子吸附剂的方法,发明人:李召岭,丁彬,俞建勇,武晓会,申请号:201610912669.7,申请日期:2016-10-20

一种苎麻氧化脱胶过程中制备止血用氧化纤维素的方法,发明人:李召岭,沈家力,丁彬,俞建勇,申请号:201610912568.X,申请日期:2016-10-20

一种苎麻氧化脱胶过程中自由基生成的调控方法,发明人:李召岭,丁彬,俞建勇,武晓会,申请号:201610912688.X,申请日期:2016-10-20

一种利用选择性氧化剂进行苎麻氧化脱胶的方法,发明人:李召岭,丁彬,俞建勇,沈家力,申请号:201610912694.5,申请日期:2016-10-20

一种 PA6 系聚酰胺热塑性弹性体的制备方法,发明人:李发学,袁如超,吴德群,王学利,俞建勇,赵杰,陈立军,申请号:201610969716.1,申请日期:2016-10-28

一种高吸附性聚酯材料及其制备方法,发明人:李发学,刘银丽,田梅香,吴德群,王学利,俞建勇,申请号:201611025656.4,申请日期:2016-11-21

一种抗菌 Lyocell 织物及其制备方法,发明人:李发学,胡美琪,吴德群,韩华,王学利,俞建勇,李永威,韩荣桓,申请号:201611061014.X,申请日期:2016-11-25

一种高效吸附性生物可降解聚酯及其制备方法,发明人:李发学,刘银丽,胡红梅,吴德群,王学利,俞建勇,申请号:201611020822.1,申请日期:2016-11-21

一种可释放远红外线的功能过滤材料及其制备方法,发明人:丁彬,李玉瑶,赵兴雷,蒋攀,华婷,廖亚龙,印霞,孙刚,俞建勇,申请号:201611269801.3,申请日期:2016-12-30

具备防水功能的驻极纳米纤维空气过滤材料及其制备方法,发明人:丁彬,李玉瑶,赵兴雷,廖亚龙,华婷,蒋攀,印霞,孙刚,俞建勇,申请号:201611270720.5,申请日期:2016-12-30

可释放负离子的复合防雾霾窗纱及其静电纺丝装置和方法,发明人:丁彬,赵兴雷,李玉瑶,华婷,蒋攀,廖亚龙,印霞,孙刚,俞建勇,申请号:201611270727.7,申请日期:2016-12-30

一种具备抗菌功能的过滤材料及其制备方法,发明人:丁彬,赵兴雷,李玉瑶,华婷,廖亚龙,蒋攀,印霞,孙刚,俞建勇,申请号:201611269745.3,申请日期:2016-12-30

一种可释放负离子的空气过滤材料及其制备方法,发明人:丁彬,李玉瑶,赵兴雷,蒋攀,廖亚龙,华婷,印霞,孙刚,俞建勇,申请号:201611270726.2,申请日期:2016-12-30

一种可释放香味的空气过滤材料的制备方法,发明人:丁彬,赵兴雷,李玉瑶,廖亚龙,蒋攀,华婷,印霞,孙刚,俞建勇,申请号:201611270728.1,申请日期:2016-12-30

2017 年

一种具有集聚作用的纺纱牵伸装置,发明人:罗婷,崔月敏,程隆棣,纪峰,张瑞云,俞建勇,邓万胜,吉宜军,申请号:201710051498.8,申请日期:2017-01-20

具有水分单向传导能力的微纳米纤维复合膜及其制备方法,发明人:王先锋,缪东洋,丁彬,俞建勇,申请号:201710094417.2,申请日期:2017-02-21

一种锡林用错位齿金属针布,发明人:和杉杉,程隆棣,薛文良,俞建勇,张瑞云,王盼,陆忠,陈利国,申请号:201710105883.6,申请日期:2017-02-24

具有反滤排水功能的丙纶土工布复合排水网的制备方法,发明人:王先锋,缪东洋,丁彬,俞建勇,申请号:201710127776.3,申请日期:2017-03-06

一种聚丙烯土工布/土工格栅复合土工材料的制备方法,发明人:王先锋,缪东洋,丁彬,俞建勇,申请号:201710127610.1,申请日期:2017-03-06

一种垃圾填埋场用聚丙烯复合土工布的制备方法，发明人：王先锋，缪东洋，丁彬，俞建勇，申请号：201710127992.8，申请日期：2017-03-06

一种用于二氧化碳吸附的多孔纳米纤维材料及其制备方法，发明人：王先锋，张宇菲，关霁铭，丁彬，俞建勇，申请号：201710215890.1，申请日期：2017-04-01

功能化聚乙烯亚胺接枝多孔纳米纤维吸附材料及其制备，发明人：王先锋，张宇菲，关霁铭，丁彬，俞建勇，申请号：201710215929.X，申请日期：2017-04-01

具有防水透湿功能的框架增强气凝胶保暖材料及其制备，发明人：丁彬，吴红炎，曹雷涛，李玉瑶，印霞，孙刚，俞建勇，申请号：201710215987.2，申请日期：2017-04-01

具有防水透湿功能的超轻质气凝胶保暖材料及其制备方法，发明人：丁彬，吴红炎，曹雷涛，张世超，印霞，孙刚，俞建勇，申请号：201710215889.9，申请日期：2017-04-01

一种三维多孔框架增强纤维气凝胶材料及其制备方法，发明人：丁彬，曹雷涛，吴红炎，葛建龙，印霞，孙刚，俞建勇，申请号：201710215988.7，申请日期：2017-04-01

三维多孔框架增强纤维海绵高效吸音材料及其制备，发明人：丁彬，吴红炎，曹雷涛，乌园园，赵兴雷，印霞，孙刚，俞建勇，申请号：201710213035.7，申请日期：2017-04-01

聚酯-聚戊二胺二元酸嵌段共聚物及其制备方法和纤维，发明人：王学利，俞建勇，李发学，阎建华，徐卫海，娄雪芹，刘修才，秦兵兵，申请号：201710222493.7，申请日期：2017-04-07

一种快速反应的色织面料设计生产方法，发明人：姜耒，张瑞云，张建祥，倪爱红，刘淑云，程隆棣，俞建勇，纪峰，申请号：201710271229.2，申请日期：2017-04-24

金属有机框架/聚合物纳米纤维复合膜材料及其制备方法，发明人：王先锋，张宇菲，丁彬，彭德凯，俞建勇，申请号：201710298465.3，申请日期：2017-04-28

一种金属有机框架/碳纳米纤维复合膜材料及其制备方法，发明人：王先锋，张宇菲，丁彬，俞建勇，申请号：201710298471.9，申请日期：2017-04-28

一种聚合物材料的鉴别方法，发明人：王学利，高宇，俞建勇，胡红梅，申请号：201710321778.6，申请日期：2017-05-09

一种无卤抗熔滴阻燃尼龙6树脂及其制备方法，发明人：李发学，范硕，吴德群，王学利，俞建勇，申请号：201710349417.2，申请日期：2017-05-17

一种环保型阻燃尼龙6树脂及其制备方法，发明人：李发学，范硕，吴德群，王学利，俞建勇，申请号：201710348727.2，申请日期：2017-05-17

具有润湿梯度的单向导湿纳米纤维多层复合膜的制备方法，发明人：王先锋，缪东洋，张昕辉，丁彬，俞建勇，申请号：201710435876.2，申请日期：2017-06-09

集聚式细纱超大牵伸装置及纺纱工艺，发明人：刘艳孜，崔月敏，程隆棣，俞建勇，张瑞云，薛文良，纪峰，王妮，杨明华，金宏健，张新民，申请号：201710505183.6，申请日期：2017-06-28

一种仿生导湿排汗纱线及其制备装置和方法，发明人：覃小红，毛宁，叶娇，徐慧琳，俞建勇，申请号：201710539988.2，申请日期：2017-07-04

批量化预集束高支纳米纤维纱线生产装置及其使用方法，发明人：覃小红，熊健，俞建勇，申请号：201710548534.1，申请日期：2017-07-06

一种透气高弹型单电极摩擦纳米发电机及其制备方法，发明人：李召岭，沈家力，丁彬，俞建勇，申请号：

201710558627.2,申请日期:2017-07-10

基于摩擦纳米发电机的透气型柔性压力传感器及其制备,发明人:李召岭,沈家力,丁彬,俞建勇,申请号:201710558629.1,申请日期:2017-07-10

表面氨基修饰的静电纺纤维基摩擦纳米发电机及其制备,发明人:李召岭,沈家力,丁彬,俞建勇,申请号:201710556369.4,申请日期:2017-07-10

一种适用于产业化生产纳米纤维纱线装置及其使用方法,发明人:覃小红,熊健,俞建勇,申请号:201710593274.X,申请日期:2017-07-19

一种持久疏水织物的制备方法,发明人:吴德群,韩华,覃小红,俞建勇,秦怀宇,申请号:201710603900.9,申请日期:2017-07-21

一种多层复合结构的纳米纤维窗纱材料及其复合方法,发明人:丁彬,廖亚龙,赵兴雷,李玉瑶,俞建勇,申请号:201710629784.8,申请日期:2017-07-28

熔喷纤维/纳米纤维/玻璃纤维复合过滤材料及其制备,发明人:丁彬,廖亚龙,赵兴雷,李玉瑶,印霞,俞建勇,申请号:201710634010.4,申请日期:2017-07-28

一种分离燃油中乳化水的堆叠蛛网复合滤纸及其制备方法,发明人:丁彬,张继超,葛建龙,赵兴雷,张世超,刘丽芳,俞建勇,申请号:201710649235.7,申请日期:2017-08-01

一种静电直喷二维网状极细纳米纤维材料及其制备方法,发明人:丁彬,刘惠,张世超,印霞,俞建勇,申请号:201710649196.0,申请日期:2017-08-01

一种二维网状极细碳纳米纤维材料及其制备方法,发明人:丁彬,刘惠,张世超,俞建勇,申请号:201710649292.5,申请日期:2017-08-01

一种小孔径高孔隙率细菌纤维素纳米纤维复合膜及其制备方法,发明人:丁彬,唐宁,张世超,刘丽芳,俞建勇,申请号:201710649177.8,申请日期:2017-08-01

一种二维网状极细纳米纤维复合液体过滤材料及其制备方法,发明人:丁彬,张世超,刘惠,刘丽芳,俞建勇,申请号:201710649178.2,申请日期:2017-08-01

一种高效蛋白吸附分离用细菌纤维素纳米纤维复合膜及其制备方法,发明人:丁彬,唐宁,张世超,刘丽芳,俞建勇,申请号:201710649204.1,申请日期:2017-08-01

一种空气过滤用二维网状极细纳米纤维材料及其制备方法,发明人:丁彬,张世超,刘惠,印霞,俞建勇,申请号:201710649201.8,申请日期:2017-08-01

一种细菌纤维素纳米纤维复合滤膜及其制备方法,发明人:丁彬,张世超,唐宁,刘丽芳,俞建勇,申请号:201710649234.2,申请日期:2017-08-01

一种高效高通量二维网状极细纳米纤维油水分离材料及其制备方法,发明人:丁彬,刘惠,张世超,葛建龙,张继超,俞建勇,申请号:201710649199.4,申请日期:2017-08-01

一种空气过滤用细菌纤维素纳米纤维复合膜及其制备方法,发明人:丁彬,张世超,唐宁,刘丽芳,印霞,俞建勇,申请号:201710649269.6,申请日期:2017-08-01

一种色纺纱计算机测配色方法,发明人:张瑞云,杨柳,白婧,张毅,程隆棣,俞建勇,纪峰,申请号:201710653770.X,申请日期:2017-08-04

一种柔性有序介孔 TiO_2 纳米纤维膜及其制备方法,发明人:丁彬,宋骏,武晓会,卢绪燕,俞建勇,申请号:201710669706.0,申请日期:2017-08-08

一种环境催化用弹性 TiO$_2$ 陶瓷纤维海绵及其制备方法,发明人:丁彬,宋骏,武晓会,卢绪燕,俞建勇,申请号:201710670277.9,申请日期:2017-08-08

一种柔性黑色 TiO$_2$ 纳米纤维膜及其制备方法,发明人:丁彬,武晓会,宋骏,蔡玉婷,俞建勇,申请号:201710670268.X,申请日期:2017-08-08

一种烟气脱硝用弹性 TiO$_2$ 陶瓷纤维海绵及其制备方法,发明人:丁彬,张猛,宋骏,崔福海,武晓会,俞建勇,申请号:201710670497.1,申请日期:2017-08-08

一种稀土/碳共掺杂柔性 TiO$_2$ 纳米纤维膜及其制备方法,发明人:丁彬,崔福海,宋骏,武晓会,张猛,俞建勇,申请号:201710670266.0,申请日期:2017-08-08

一种光催化用弹性 TiO$_2$ 陶瓷纤维海绵及其制备方法,发明人:丁彬,张猛,宋骏,武晓会,崔福海,俞建勇,申请号:201710670278.3,申请日期:2017-08-08

一种微米纤维/纳米纤维复合过滤材料及其制备方法,发明人:丁彬,廖亚龙,赵兴雷,李玉瑶,印霞,俞建勇,申请号:201710682955.3,申请日期:2017-08-10

一种静电纺丝用绝缘储液槽,发明人:丁彬,廖亚龙,李玉瑶,赵兴雷,印霞,俞建勇,申请号:201710682967.6,申请日期:2017-08-10

一种环形梯度静电纺丝用溶剂蒸汽快速去除装置,发明人:丁彬,廖亚龙,赵兴雷,李玉瑶,印霞,俞建勇,申请号:201710682969.5,申请日期:2017-08-10

一种静电纺丝用耐高压供液系统,发明人:丁彬,廖亚龙,赵兴雷,李玉瑶,印霞,俞建勇,申请号:201710682970.8,申请日期:2017-08-10

一种微米纤维/纳米纤维复合驻极过滤材料及其制备方法,发明人:丁彬,廖亚龙,李玉瑶,赵兴雷,蒋攀,印霞,俞建勇,申请号:201710682966.1,申请日期:2017-08-10

一种多层驻极纳米纤维过滤材料及其制备方法,发明人:丁彬,廖亚龙,李玉瑶,赵兴雷,印霞,俞建勇,申请号:201710706840.3,申请日期:2017-08-17

一种兼具光催化/抗菌功能的复合纳米纤维过滤材料及其制备方法,发明人:丁彬,廖亚龙,李玉瑶,赵兴雷,印霞,俞建勇,申请号:201710706839.0,申请日期:2017-08-17

一种静电纺多组分纳米纤维复合纱窗及其制备方法,发明人:丁彬,廖亚龙,赵兴雷,李玉瑶,丁鑫鑫,印霞,俞建勇,申请号:201710709443.1,申请日期:2017-08-17

一种静电纺丝用组合式针头,发明人:丁彬,廖亚龙,李玉瑶,赵兴雷,印霞,俞建勇,申请号:201710706838.6,申请日期:2017-08-17

一种具有光催化功能的复合纳米纤维过滤材料及其制备方法,发明人:丁彬,廖亚龙,赵兴雷,李玉瑶,王儒,印霞,俞建勇,申请号:201710709501.0,申请日期:2017-08-17

一种环保溶剂型静电纺防水透湿膜的制备方法,发明人:丁彬,余西,生俊露,赵景,周文,王先锋,印霞,俞建勇,申请号:201710738518.9,申请日期:2017-08-24

一种安全高效持久亲水抗菌聚酯材料及其制备方法,发明人:吴德群,张芳芳,陈薇,朱婕,韩华,李发学,王学利,俞建勇,申请号:201710759286.5,申请日期:2017-08-29

一种抗菌纤维素酯的制备方法及应用,发明人:吴德群,汤双双,朱婕,韩华,李发学,王学利,俞建勇,杨占平,曹建华,陈昀,申请号:201710759287.X,申请日期:2017-08-29

一种负载三氯生的二氧化硅/CS/PAA 核壳复合纳米抗菌粒子的制备方法,发明人:覃小红,仇巧华,俞建

勇,申请号:201710762501.7,申请日期:2017-08-30

一种快速反应的色织面料设计生产方法,发明人:张瑞云,姜禾,杨柳,刘淑云,张建祥,高迎春,俞建勇,纪峰,申请号:201710822263.4,申请日期:2017-09-13

一种高回弹性 PA6 系热塑性弹性体及其制备方法,发明人:李发学,袁如超,吴德群,王学利,俞建勇,申请号:201710855959.7,申请日期:2017-09-19

一种抗菌性聚酯材料及其制备方法,发明人:李发学,田梅香,刘银丽,吴德群,王学利,俞建勇,申请号:201711118218.7,申请日期:2017-11-13

静电纺亚微米纤维棉条复合混纺纱的制备装置和方法,发明人:覃小红,李园平,杨宇晨,俞建勇,申请号:201711439289.7,申请日期:2017-12-26

2018 年

一种混纺纱体系中纳米纤维的均匀化分布装置及方法,发明人:覃小红,杨宇晨,俞建勇,申请号:201810011773.8,申请日期:2018-01-05

一种带有纳米纤维防粘连机构用于制备纳米纤维/短纤混纺纱的装置及方法,发明人:覃小红,杨宇晨,俞建勇,申请号:201810012232.7,申请日期:2018-01-05

一种批量化环锭纺纳米纤维/短纤包芯纱的装置及方法,发明人:覃小红,杨宇晨,俞建勇,申请号:201810011261.1,申请日期:2018-01-05

一种静电纺纳米纤维复合短纤网批量化制备混纺纱的装置及方法,发明人:覃小红,杨宇晨,俞建勇,申请号:201810011253.7,申请日期:2018-01-05

一种静电纺纳米纤维/棉抗菌包芯纱的批量化制备方法,发明人:覃小红,杨宇晨,仇巧华,赵雅洁,俞建勇,申请号:201810011255.6,申请日期:2018-01-05

一种纺纱装置及采用该纺纱装置的平行纺纱方法,发明人:邵瑞琪,程隆棣,刘蕴莹,薛文良,张瑞云,俞建勇,王克毅,邬建明,徐建新,代堃,申请号:201810044961.0,申请日期:2018-01-17

一种制作错位锡林金属针布的装置及方法,发明人:和杉杉,程隆棣,刘蕴莹,薛文良,张瑞云,俞建勇,王克毅,陆忠,朱玉飞,张淑慧,侯令晨,申请号:201810044501.8,申请日期:2018-01-17

固态锂镧锆氧陶瓷纳米纤维电解质薄膜及其制备,发明人:闫建华,赵云,丁彬,俞建勇,申请号:201810119950.4,申请日期:2018-02-06

花式纳米纤维纱线制备装置及其使用方法,发明人:覃小红,徐慧琳,王荣武,俞建勇,申请号:201810127318.4,申请日期:2018-02-08

取向纳米纤维纱线制备装置及其使用方法,发明人:覃小红,徐慧琳,王荣武,俞建勇,申请号:201810127646.4,申请日期:2018-02-08

纳米纤维纱线加捻卷绕装置及其使用方法,发明人:覃小红,徐慧琳,王荣武,俞建勇,申请号:201810128289.3,申请日期:2018-02-08

一种对大麻纤维进行生物和化学联合一次脱胶的方法,发明人:张瑞云,向叶平,刘柳,李贝,俞建勇,程隆棣,方斌,申请号:201810223768.3,申请日期:2018-03-19

一种管状静电纺丝装置及静电纺丝方法,发明人:覃小红,毛宁,陈思源,俞建勇,申请号:201810323390.4,申请日期:2018-04-11

一种环状静电纺丝装置及静电纺丝方法,发明人:覃小红,毛宁,陈思源,俞建勇,申请号:

201810320612.7，申请日期：2018-04-11

一种基于高速纺的高单纤尼龙 6 纤维的制备方法，发明人：李发学，杨前方，袁如超，吴德群，王学利，俞建勇，陈立军，赵杰，申请号：201810332974.8，申请日期：2018-04-13

一种含有载药纳米球的亚微米纤维及其制备方法，发明人：覃小红，仇巧华，俞建勇，申请号：201810394569.9，申请日期：2018-04-27

一种批量化复合三维结构亚微米纤维膜的制备装置与方法，发明人：覃小红，熊健，吴媛媛，俞建勇，申请号：201810375686.0，申请日期：2018-04-24

自支撑三维结构亚微米纤维串珠复合膜的制备装置与方法，发明人：覃小红，熊健，吴媛媛，俞建勇，申请号：201810375587.2，申请日期：2018-04-24

一种纤维基多层结构摩擦纳米发电机及其制备方法，发明人：李召岭，邱倩，朱苗苗，丁彬，俞建勇，申请号：201810378350.X，申请日期：2018-04-25

一种原位聚合表面修饰的纤维基摩擦纳米发电机及其制备，发明人：李召岭，邱倩，朱苗苗，丁彬，俞建勇，申请号：201810382039.2，申请日期：2018-04-25

一种顺重力多片层刷式静电纺丝装置及方法，发明人：覃小红，毛宁，陈思源，俞建勇，申请号：201810417334.7，申请日期：2018-05-03

批量化可控结构纳米纤维包覆纱的制备装置及其使用方法，发明人：覃小红，熊健，俞建勇，申请号：201810417356.3，申请日期：2018-05-03

一种调控静电纺丝纳米纤维集合体堆砌结构的接收装置，发明人：覃小红，熊健，吴媛媛，俞建勇，申请号：201810417068.8，申请日期：2018-05-03

一种抗菌可视化亚微米纤维及其制备和应用，发明人：覃小红，仇巧华，俞建勇，李苏，李景川，宋辉辉，申请号：201810419878.7，申请日期：2018-05-04

一种 P-N-Si 阻燃纳米凝胶及其制备方法与应用，发明人：吴德群，明景，范硕，朱建华，李娜，李发学，王学利，俞建勇，申请号：201810432962.2，申请日期：2018-05-08

一种氨基酸基聚酯胺胶束、制备方法及其应用，发明人：吴德群，朱婕，韩华，李发学，王学利，俞建勇，申请号：201810647102.0，申请日期：2018-06-21

刺针磨损程度的检测装置及采用该检测装置的检测方法，发明人：王先锋，王超，丁彬，李召岭，王学利，俞建勇，申请号：201810694353.4，申请日期：2018-06-29

一种高强粗旦聚丙烯纺粘长丝及其制备方法，发明人：王先锋，王超，丁彬，王学利，俞建勇，申请号：201810694331.8，申请日期：2018-06-29

一种柔性锂镧钛氧陶瓷纳米纤维膜材料及其制备方法，发明人：闫建华，赵云，丁彬，俞建勇，申请号：201810767136.3，申请日期：2018-07-12

一种改善聚酰胺和聚酯相容性的方法，发明人：王学利，张腾飞，俞建勇，何勇，胡红梅，石碌丹，王宇，申请号：201810781904.0，申请日期：2018-07-17

纤维吸湿发热性能的测量装置，发明人：张瑞云，高姝一，崔沂，黄新林，林汉鸿，刘海东，程隆棣，俞建勇，纪峰，李林烽，李毓陵，张佩华，申请号：201821253798.0，申请日期：2018-08-06

纤维吸湿发热性能的测试方法，发明人：张瑞云，高姝一，崔沂，陈伟雄，黄新林，刘海东，程隆棣，俞建勇，纪峰，张浩，李毓陵，张佩华，申请号：201810883095.4，申请日期：2018-08-06

一种自由液面多喷头排布的静电纺丝方法,发明人:覃小红,毛宁,王荣武,俞建勇,申请号:201811030553.6,申请日期:2018-09-05

一种静电纺丝纳米纤维膜的生产线,发明人:覃小红,毛宁,王荣武,俞建勇,申请号:201811042976.X,申请日期:2018-09-05

一种可独立工作的模块化静电纺丝集成装置,发明人:覃小红,毛宁,王荣武,俞建勇,申请号:201811030541.3,申请日期:2018-09-05

一种三自由液面喷头排布的静电纺丝方法,发明人:覃小红,毛宁,王荣武,俞建勇,申请号:201811030801.7,申请日期:2018-09-05

一种静电纺丝纤网均匀性模拟及计算的方法,发明人:覃小红,毛宁,陈旭旭,王荣武,俞建勇,申请号:201811030815.9,申请日期:2018-09-05

一种自由液面双喷头排布的静电纺丝方法,发明人:覃小红,毛宁,徐慧琳,张弘楠,王荣武,俞建勇,申请号:201811030363.4,申请日期:2018-09-05

基于CCD的纱线质量在线检测方法及检测装置,发明人:邵瑞琪,程隆棣,崔月敏,张瑞云,全晶,薛文良,代堃,刘蕴莹,吕金丹,俞建勇,王克毅,申请号:201811079336.6,申请日期:2018-09-17

一种基于管纱等级的智能分类络筒方法及其实现装置,发明人:全晶,程隆棣,邵瑞琪,张瑞云,崔月敏,薛文良,左舒文,刘蕴莹,张淑慧,俞建勇,王克毅,申请号:201811079118.2,申请日期:2018-09-17

一种管纱质量智能分类管理方法及其实现装置,发明人:崔月敏,程隆棣,邵瑞琪,张瑞云,全晶,薛文良,钱昱烨,刘蕴莹,张淑慧,俞建勇,王克毅,申请号:201811079146.4,申请日期:2018-09-17

纤维素增强葡聚糖基可注射抗菌水凝胶敷料及其制备方法,发明人:吴德群,仇威王,朱婕,李发学,王学利,俞建勇,申请号:201811085532.4,申请日期:2018-09-18

锦纶6高强丝多级牵伸装置和方法,发明人:李发学,周怡琰,吴德群,王学利,俞建勇,陈立军,申请号:201811110024.7,申请日期:2018-09-21

一种废旧聚酯的降解方法,发明人:王学利,曾正,胡红梅,俞建勇,吕媛媛,郝克倩,申请号:201811123908.6,申请日期:2018-09-26

细纱车间接头小车的调度方法及采用该调度方法的系统,发明人:马湾湾,程隆棣,全晶,张瑞云,邵瑞琪,薛文良,崔月敏,刘蕴莹,吕金丹,俞建勇,王克毅,申请号:201811181584.1,申请日期:2018-10-11

一种高回弹热塑性弹性体及其制备方法,发明人:李发学,袁如超,吴德群,王学利,俞建勇,邢朝明,申请号:201811182572.0,申请日期:2018-10-11

一种基于云平台的色织面料快速生产方法,发明人:张瑞云,姜耒,俞建勇,张建祥,程隆棣,刘淑云,高迎春,杨柳,徐露,王妮,纪峰,申请号:201811335616.9,申请日期:2018-11-11

骨修复用复合柔性 SiO_2-CaO 纤维的弹性气凝胶支架,发明人:丁彬,王利环,郭玉霞,李晓然,俞建勇,申请号:201811423982.X,申请日期:2018-11-27

一种用原麻经有机溶剂脱胶制备纺织用纤维的方法,发明人:张瑞云,屈永帅,赵树元,刘柳,俞建勇,程隆棣,李毓陵,吴德群,申请号:201811462170.6,申请日期:2018-12-03

一种制备纳米纤维/短纤混纺纱的装置及方法,发明人:覃小红,杨宇晨,赵雅洁,俞建勇,申请号:201811479671.5,申请日期:2018-12-05

纳米纤维/短纤混纺体系中纳米纤维的可视化示踪方法,发明人:覃小红,杨宇晨,赵雅洁,俞建勇,申请

号:201811479707.X,申请日期:2018-12-05

一种超疏水表面材料的硅氧烷类单体等离子体处理方法,发明人:郭颖,徐丽云,石建军,俞建勇,申请号:201811492695.4,申请日期:2018-12-07

一种超疏水表面材料的甲基类单体等离子体处理方法,发明人:郭颖,徐丽云,石建军,俞建勇,申请号:201811493229.8,申请日期:2018-12-07

一种具有持久抗菌性能的纤维素熔纺纤维及其制备方法,发明人:吴德群,赵文静,明景,李发学,王学利,俞建勇,杨占平,曹建华,陈昀,于涛,申请号:201811503376.9,申请日期:2018-12-10

一种 N-Si 系纳米水凝胶及其制备和应用,发明人:吴德群,李娜,明景,李发学,王学利,俞建勇,杨占平,曹建华,陈昀,于涛,申请号:201811532742.3,申请日期:2018-12-14

一种可酶降解型多肽基聚酯氨及其制备方法和应用,发明人:吴德群,李梦娜,李发学,王学利,俞建勇,申请号:201811572192.8,申请日期:2018-12-21

一种多肽基聚酯氨型纳米粒子及其制备和应用,发明人:吴德群,李梦娜,李发学,王学利,俞建勇,申请号:201811573662.2,申请日期:2018-12-21

一种改性聚对苯二甲酸丁二醇酯 PBT 补片及其制备和应用,发明人:吴德群,陈薇,李发学,王学利,俞建勇,申请号:201811569900.2,申请日期:2018-12-21

2019 年

一种智能化上包系统,发明人:程隆棣,钱昱烨,全晶,崔月敏,张瑞云,薛文良,俞建勇,申请号:201910014385.X,申请日期:2019-01-08

具有光催化自清洁功能的无氟防水透湿纤维膜的制备方法,发明人:王先锋,赵景,丁彬,俞建勇,申请号:201910103430.9,申请日期:2019-02-01

具有光催化自清洁功能的无氟防水透湿纤维膜的制备方法,发明人:王先锋,赵景,丁彬,俞建勇,申请号:201910103430.9,申请日期:2019-02-01

一种错位式柔性防刺材料及其制备方法,发明人:权震震,夏民民,王学利,刘丽芳,俞建勇,申请号:201910109673.3,申请日期:2019-02-11

一种凹凸式柔性防刺材料及其制备方法,发明人:权震震,夏民民,王学利,刘丽芳,俞建勇,申请号:201910109681.8,申请日期:2019-02-11

一种无间隙排列透气柔性防刺材料及其制备方法,发明人:权震震,夏民民,王学利,刘丽芳,俞建勇,申请号:201910109669.7,申请日期:2019-02-11

一种交互式网状柔性防刺材料及其制备方法,发明人:权震震,夏民民,王学利,刘丽芳,俞建勇,申请号:201910109665.9,申请日期:2019-02-11

一种包缠式柔性防刺材料及其制备方法,发明人:权震震,夏民民,王学利,刘丽芳,俞建勇,申请号:201910109674.8,申请日期:2019-02-11

一种嵌合式柔性防刺材料及其制备方法,发明人:权震震,夏民民,王学利,刘丽芳,俞建勇,申请号:201910109676.7,申请日期:2019-02-11

一种倾斜式柔性防刺材料及其制备方法,发明人:权震震,夏民民,王学利,刘丽芳,俞建勇,申请号:201910109677.1,申请日期:2019-02-11

一种微间隙透气柔性防刺材料及其制备方法,发明人:权震震,夏民民,王学利,刘丽芳,俞建勇,申请号:

201910109670.X,申请日期:2019-02-11

一种对称式柔性防刺材料及其制备方法,发明人:权震震,夏民民,王学利,刘丽芳,俞建勇,申请号:201910109678.6,申请日期:2019-02-11

一种叠层柔性防刺材料及其制备方法,发明人:权震震,夏民民,王学利,刘丽芳,俞建勇,申请号:201910109672.9,申请日期:2019-02-11

一种环糊精纳米空心小球及其制备方法,发明人:李发学,刘银丽,刘淼,吴德群,王学利,俞建勇,申请号:201910226525.X,申请日期:2019-03-25

一种具有吸附性能的粘胶无纺布材料及其制备方法,发明人:李发学,刘淼,刘银丽,吴德群,王学利,俞建勇,申请号:201910226537.2,申请日期:2019-03-25

一种环糊精多孔材料及其制备方法,发明人:李发学,刘银丽,刘淼,吴德群,王学利,俞建勇,申请号:201910226690.5,申请日期:2019-03-25

一种魔芋葡甘聚糖基抗菌水凝胶纤维及其制备方法,发明人:吴德群,黄凯聪,韩华,李发学,王学利,俞建勇,申请号:201910256714.1,申请日期:2019-04-01

一种连续玻璃纤维增强复合材料的连续制备方法及装置,发明人:廉絮,何勇,吴辉生,李明,崔秀峰,郭亚东,王学利,俞建勇,申请号:201910257905.X,申请日期:2019-04-01

一种席夫碱基超支化聚硅氧烷阻燃剂及其制备方法与应用,发明人:李发学,范硕,祝陈晨,吴德群,王学利,俞建勇,申请号:201910256718.X,申请日期:2019-04-01

具有蛋白吸附功能的抗菌微纳米凝胶与纤维及其制备方法,发明人:吴德群,黄凯聪,韩华,李发学,王学利,俞建勇,申请号:201910303675.6,申请日期:2019-04-16

活化植物纤维及其制备方法和在聚乳酸复合材料中的应用,发明人:马博谋,王学利,何勇,李乃强,俞建勇,申请号:201910338621.3,申请日期:2019-04-25

等离子体处理纳米颗粒复合涂层制备超疏水织物的方法,发明人:石建军,邓佳雯,葛邓腾,郭颖,俞建勇,申请号:201910349123.9,申请日期:2019-04-28

具有单向导湿功能的纸尿裤用渐变弹性腰围的制备方法,发明人:王先锋,刘高慧,缪东洋,丁彬,俞建勇,申请号:201910396315.5,申请日期:2019-05-14

一种维持伤口适度湿润的定向导液敷料及其制备方法,发明人:王先锋,缪东洋,丁彬,俞建勇,申请号:201910429368.2,申请日期:2019-05-22

纺丝自调节静电纺丝装置及其使用方法,发明人:覃小红,徐慧琳,高灿,王荣武,权震震,张弘楠,俞建勇,申请号:201910435383.8,申请日期:2019-05-23

连续取向纳米纤维纱线静电纺丝装置及其使用方法,发明人:覃小红,徐慧琳,仇巧华,王荣武,张弘楠,权震震,俞建勇,申请号:201910434718.4,申请日期:2019-05-23

内锥角式静电纺丝装置及其使用方法,发明人:覃小红,徐慧琳,江晟达,王荣武,张弘楠,俞建勇,申请号:201910435401.2,申请日期:2019-05-23

具有高效吸湿凉爽功能的微纳米纤维膜及其制备方法,发明人:王先锋,缪东洋,丁彬,俞建勇,申请号:201910438569.9,申请日期:2019-05-24

一种柔性导电陶瓷纤维膜的制备方法,发明人:闫建华,张苑苑,俞建勇,丁彬,申请号:201910501147.1,申请日期:2019-06-11

一种海绵状多孔碳纤维膜的制备方法,发明人:闫建华,董珂琪,赵云,王啸,俞建勇,丁彬,申请号:201910501229.6,申请日期:2019-06-11

一种柔性透明 SiO_2 陶瓷薄膜的制备方法,发明人:闫建华,刘淑杰,夏书会,俞建勇,丁彬,申请号:201910504062.9,申请日期:2019-06-12

一种纤维基形状自适应性无源电子皮肤及其制备方法,发明人:李召岭,朱苗苗,楼梦娜,丁彬,俞建勇,申请号:201910509339.7,申请日期:2019-06-13

运动信号和人体脉搏信号监测用柔性压力传感器的制备,发明人:李召岭,楼梦娜,朱苗苗,丁彬,俞建勇,申请号:201910509336.3,申请日期:2019-06-13

一种基于一步法牵伸工艺的高强尼龙 6 长丝及其制备方法,发明人:李发学,王雪梅,吴德群,王学利,俞建勇,申请号:201910530028.9,申请日期:2019-06-19

一种在线式微纳米纤维多级包芯复合纺纱装置及方法,发明人:覃小红,杨宇晨,权震震,王荣武,俞建勇,申请号:201910566867.6,申请日期:2019-06-27

一种包覆纱体表面毛羽的亚微米长丝带伴纺成纱装置及方法,发明人:覃小红,杨宇晨,张弘楠,俞建勇,申请号:201910567368.9,申请日期:2019-06-27

一种复合粘结剂、硅基负极片及其制备方法,发明人:闫建华,张逸俊,王啸,张苑苑,李光,俞建勇,丁彬,申请号:201910566917.0,申请日期:2019-06-27

一种亚微米纤维在线跨尺度环锭包芯纺纱装置及方法,发明人:覃小红,杨宇晨,权震震,俞建勇,申请号:201910566864.2,申请日期:2019-06-27

一种混纺纱的制备方法,发明人:刘柳,王广武,徐卫林,杜立新,薛景庆,马庆霞,赵建国,赵树元,张瑞云,俞建勇,申请号:201910566821.4,申请日期:2019-06-27

一种包覆纱体表面毛羽的亚微米长丝带伴纺成纱装置及方法,发明人:覃小红,杨宇晨,张弘楠,俞建勇,申请号:201910567368.9,申请日期:2019-06-27

一种基于聚电解质-表面活性剂复合物抗菌纳米纤维的制备方法,发明人:覃小红,仇巧华,张婷婷,张弘楠,俞建勇,申请号:201910585238.8,申请日期:2019-07-01

一种自动校正网帘装置及其使用方法,发明人:李向顺,覃小红,王荣武,杨宇晨,李艾琳,徐慧琳,金朝,李发学,俞建勇,申请号:201910592544.4,申请日期:2019-07-03

一种均匀过渡棉网传动装置,发明人:李向顺,覃小红,徐慧琳,王荣武,李艾琳,杨宇晨,张弘楠,李发学,俞建勇,申请号:201910592561.8,申请日期:2019-07-03

一种负压贴合棉网传动装置,发明人:李向顺,覃小红,王荣武,李艾琳,徐慧琳,杨宇晨,张弘楠,权震震,李发学,俞建勇,申请号:201910592568.X,申请日期:2019-07-03

一种涂抹式循环供液装置以及使用方法,发明人:覃小红,徐慧琳,王荣武,权震震,俞建勇,申请号:201910592621.6,申请日期:2019-07-03

一种刀片式静电纺丝装置以及使用方法,发明人:覃小红,徐慧琳,王荣武,张弘楠,权震震,俞建勇,申请号:201910592542.5,申请日期:2019-07-03

一种均匀贴合棉网传动装置,发明人:李向顺,覃小红,王荣武,权震震,李艾琳,徐慧琳,杨宇晨,张弘楠,李发学,俞建勇,申请号:201910592611.2,申请日期:2019-07-03

一种旋转轮式喷头清洁装置,发明人:覃小红,徐慧琳,王荣武,李艾琳,李向顺,杨宇晨,张弘楠,俞建勇,

申请号:201910592613.1,申请日期:2019-07-03

一种全立构聚乳酸多孔微球及其制备方法,发明人:马博谋,何勇,王学利,李乃强,俞建勇,申请号:201910679645.5,申请日期:2019-07-26

一种超亲水抗菌纤维素纤维及其制备方法,李发学,刘银丽,张艳玲,吴德群,王学利,俞建勇,申请号:201910593773.8,申请日期:2019-07-03

一种抗菌阻燃纤维素及其制备和应用,发明人:吴德群,赵文静,李娜,李发学,王学利,俞建勇,申请号:201910729670.X,申请日期:2019-08-08

一种压电-摩擦电混合型自驱动电子皮肤及其制备方法,发明人:李召岭,朱苗苗,楼梦娜,丁彬,俞建勇,申请号:201910748253.X,申请日期:2019-08-14

一种柔性钛酸钡陶瓷纳米纤维膜的制备方法,发明人:闫建华,韩雨卉,夏书会,俞建勇,丁彬,申请号:201910751719.1,申请日期:2019-08-15

一种远红外辐射发热织物及其制备方法,发明人:李召岭,裘凯莉,田天贺,丁彬,俞建勇,申请号:201910784002.7,申请日期:2019-08-23

氨基酸基聚酯氨静电纺纳米纤维组织工程皮肤支架的制备方法,发明人:吴德群,李梦娜,仇威王,王倩,韩华,李发学,王学利,俞建勇,申请号:201910822372.5,申请日期:2019-09-02

一种基底支撑的功能化导电聚合物膜及其制备方法,发明人:张晓兰,何勇,朱波,张红兴,裴熙林,翁嘉楠,袁宇鹏,马晋毅,王学利,俞建勇,申请号:201910831935.7,申请日期:2019-09-04

一种有机磷化合物传感器及其制备方法,发明人:张晓兰,何勇,朱波,张红兴,裴熙林,翁嘉楠,袁宇鹏,马晋毅,王学利,俞建勇,申请号:201910831922.X,申请日期:2019-09-04

一种阻燃抗熔滴聚酯纤维的制备方法,发明人:李发学,彭博,范硕,吴德群,王学利,俞建勇,申请号:201910858875.8,申请日期:2019-09-11

一种超支化聚硅氧烷包覆的聚磷酸铵阻燃剂及其制备方法,发明人:李发学,彭博,范硕,吴德群,王学利,俞建勇,申请号:201910858401.3,申请日期:2019-09-11

一种硅氧烷类耐久超疏水渐变膜的等离子体处理方法,发明人:石建军,徐利云,韩乾翰,郭颖,俞建勇,申请号:201910903667.5,申请日期:2019-09-24

一种芳香族席夫碱基超支化聚硅氧烷包覆改性聚磷酸铵,发明人:李发学,范硕,孙妍璐,吴德群,王学利,俞建勇,申请号:201911012226.2,申请日期:2019-10-23

一种席夫碱基 P-N-Si 系阻燃 PA6、纤维及其制备方法,发明人:李发学,范硕,孙妍璐,吴德群,王学利,俞建勇,申请号:201911012243.6,申请日期:2019-10-23

一种静电纺丝用均匀分散式气流辅助湿度调控系统,发明人:丁彬,刘成,刘华磊,龚小宝,廖亚龙,斯阳,印霞,俞建勇,申请号:201911056650.7,申请日期:2019-10-31

一种均匀供液的静电纺丝装置,发明人:丁彬,刘华磊,龚小宝,刘成,廖亚龙,斯阳,印霞,俞建勇,申请号:201911063395.9,申请日期:2019-10-31

一种电极辅助碟式多孔静电纺丝喷头组件,发明人:丁彬,龚小宝,刘华磊,刘成,廖亚龙,斯阳,印霞,俞建勇,申请号:201911055469.4,申请日期:2019-10-31

一种静电纺丝纳米纤维膜用低损伤复合装置,发明人:丁彬,刘华磊,刘成,龚小宝,廖亚龙,斯阳,印霞,俞建勇,申请号:201911056660.0,申请日期:2019-10-31

一种规模化静电纺丝用耐高电压均匀供液装置,发明人:丁彬,刘成,龚小宝,刘华磊,廖亚龙,斯阳,印霞,俞建勇,申请号:201911055475.X,申请日期:2019-10-31

一种无毒环保溶剂型双层纳米纤维皮肤敷料及其制备方法,发明人:李晓然,郭玉霞,周文,丁彬,俞建勇,申请号:201911051421.6,申请日期:2019-10-31

一种静电纺丝用碟式多孔喷丝组件,发明人:丁彬,龚小宝,刘成,刘华磊,廖亚龙,斯阳,印霞,俞建勇,申请号:201911056645.6,申请日期:2019-10-31

一种多管嵌套梯度排布式溶剂蒸汽去除装置及其去除方法,发明人:丁彬,龚小宝,刘成,刘华磊,廖亚龙,斯阳,印霞,俞建勇,申请号:201911055468.X,申请日期:2019-10-31

一种具有防水透汽功能快餐盒的制备方法,发明人:丁彬,龚小宝,刘成,刘华磊,廖亚龙,斯阳,印霞,俞建勇,申请号:201911056644.1,申请日期:2019-10-31

一种双层单向导湿抗菌微纳米醋酸纤维膜及其制备方法与应用,发明人:覃小红,吴佳骏,仇巧华,俞建勇,申请号:201911062246.0,申请日期:2019-11-02

光热水蒸发纳米纤维针织集合体制备装置和方法,发明人:覃小红,熊健,王黎明,刘烨,刘慧洁,俞建勇,申请号:201911146604.6,申请日期:2019-11-21

光热水蒸发纳米纤维复合膜制备装置和方法,发明人:覃小红,刘烨,王黎明,熊健,刘慧洁,俞建勇,申请号:201911146746.2,申请日期:2019-11-21

高效光热水蒸发材料制备装置和方法,发明人:覃小红,熊健,王黎明,刘烨,刘慧洁,俞建勇,申请号:201911146619.2,申请日期:2019-11-21

一种有机无机复合热电薄膜及其制备方法,发明人:王黎明,覃小红,熊健,刘烨,俞建勇,申请号:201911182578.2,申请日期:2019-11-27

一种 N 型聚合物基复合热电薄膜及其制备方法,发明人:王黎明,覃小红,熊健,刘烨,俞建勇,申请号:201911182559.X,申请日期:2019-11-27

一种异型纤维多层复合保暖絮片及其制备方法,发明人:刘丽芳,张丽,张盼盼,汤小瑜,俞建勇,王学利,杨雪,张美玲,张志成,申请号:201911188977.X,申请日期:2019-11-28

一种提升高强尼龙 6 织物染色性能的染色方法,发明人:李发学,范硕,杨伟嘉,吴德群,王学利,俞建勇,申请号:201911231494.3,申请日期:2019-12-05

一种饱和微液面实心针阵列纺丝装置及其使用方法,发明人:俞建勇,陈超,覃小红,权震震,杨宇晨,申请号:201911396623.4,申请日期:2019-12-30

一种取向纳米纤维纱线的连续纺纱装置及其使用方法,发明人:俞建勇,陈超,覃小红,权震震,李艾琳,申请号:201911394150.4,申请日期:2019-12-30

2020 年

织物基随身柔性压力传感器的制备方法,发明人:李召岭,楼梦娜,朱苗苗,卫学典,丁彬,俞建勇,申请号:202010039920.X,申请日期:2020-01-15

一种吸湿快干双层针织面料及其制备方法,发明人:马湾湾,张俐敏,程隆棣,张佩华,张瑞云,刘蕴莹,薛文良,俞建勇,王克毅,唐文君,向中林,申请号:202010049643.0,申请日期:2020-01-16

一种吸湿凉爽双层面料及制备方法,发明人:马湾湾,张俐敏,程隆棣,张佩华,张瑞云,刘蕴莹,薛文良,俞建勇,王克毅,唐文君,向中林,申请号:202010048902.8,申请日期:2020-01-16

一种远红外辐射碳纤维电-热复合织物及其制备方法，发明人：李召岭，田天贺，裘凯莉，丁彬，俞建勇，申请号：202010087690.4，申请日期：2020-02-10

一种多功能环糊精基磁性纳米小球及其制备方法与应用，发明人：李发学，刘银丽，吴德群，王学利，俞建勇，申请号：202010117732.4，申请日期：2020-02-25

吸湿匀缓发热面料及其织造方法，发明人：崔沂，俞建勇，张瑞云，高姝一，程隆棣，纪峰，王伟，刘柳，王妮，申请号：202010134040.0，申请日期：2020-03-02

一种吸湿匀发热保暖结构的舒适性面料及其织造方法，发明人：张瑞云，高姝一，崔沂，王伟，程隆棣，俞建勇，刘柳，纪峰，申请号：202010134039.8，申请日期：2020-03-02

一种抗菌止血多功能复合水凝胶敷料及其制备方法，发明人：吴德群，刘畅，韩华，叶婷婷，王学利，李发学，俞建勇，申请号：202010139642.5，申请日期：2020-03-03

一种生物可降解交替型脂肪族聚酯酰胺及其制备方法，发明人：刘涛，何勇，马博谋，周亮，王学利，俞建勇，申请号：202010142744.2，申请日期：2020-03-04

一种生物可降解交替型芳香族聚酯酰胺及其制备方法，发明人：何廷伟，何勇，马博谋，周亮，王学利，俞建勇，申请号：202010142926.X，申请日期：2020-03-04

一种透明生物基聚酰胺及其制备方法，发明人：毛磊，何勇，马博谋，潘利剑，王学利，俞建勇，申请号：202010142746.1，申请日期：2020-03-04

具有局部闭孔结构的蓬松纤维絮片及其制备方法，发明人：丁彬，王赛，吴红炎，田昱城，赵磊，郑作保，斯阳，印霞，刘一涛，俞建勇，申请号：202010206179.1，申请日期：2020-03-23

具有纵向变密度结构的微纳米纤维保暖絮片及制备方法，发明人：丁彬，吴红炎，王赛，田昱城，赵磊，郑作保，斯阳，印霞，刘一涛，俞建勇，申请号：202010206290.0，申请日期：2020-03-23

一种导湿快干的吸湿发热纤维海绵材料及其制备方法，发明人：丁彬，吴红炎，王赛，斯阳，印霞，刘一涛，俞建勇，申请号：202010206289.8，申请日期：2020-03-23

一种具有三明治结构的纳米纤维絮片及其制备方法，发明人：丁彬，王赛，吴红炎，曹雷涛，田昱城，赵磊，郑作保，斯阳，印霞，刘一涛，俞建勇，申请号：202010206170.0，申请日期：2020-03-23

一种仿羊毛卷曲静电纺纳米纤维及其制备方法，发明人：丁彬，吴红炎，王赛，李玉瑶，田昱城，赵磊，郑作保，斯阳，印霞，刘一涛，俞建勇，申请号：202010206159.4，申请日期：2020-03-23

一种具有三明治结构的纳米纤维絮片及其制备方法，发明人：丁彬，王赛，吴红炎，曹雷涛，田昱城，赵磊，郑作保，斯阳，印霞，刘一涛，俞建勇，申请号：202010206170.0，申请日期：2020-03-23

预载多肽的可注射自修复抗菌水凝胶敷料及其制备方法，发明人：吴德群，叶婷婷，刘畅，王学利，李发学，俞建勇，申请号：202010250210.1，申请日期：2020-04-01

一种智能车间的条筒高效运输装置和方法，发明人：和杉杉，程隆棣，薛文良，张瑞云，俞建勇，李杰，申请号：202010263095.1，申请日期：2020-04-07

一种表面含有石墨烯结构碳纳米纤维的制备方法，发明人：王晓涵，赵海光，张元明，韩光亭，俞建勇，申请号：202010283056.8，申请日期：2020-04-13

一种聚酰胺酯及其制备方法和应用，发明人：王学利，胡红梅，孙莉娜，黄莉茜，俞建勇，李发学，吴德群，何勇，石禄丹，申请号：202010305897.4，申请日期：2020-04-17

一种绿色长效阻燃尼龙 6 共聚物及其制备方法，发明人：李发学，祝陈晨，孙妍璐，范硕，吴德群，王学利，

俞建勇,刘可,申请号:202010356886.9,申请日期:2020-04-29

一种环保型水相疏水防水改性乳液及其制备方法,发明人:顾家态,覃小红,王黎明,王妮,俞建勇,申请号:202010430495.7,申请日期:2020-05-20

一种静电纺纤维敷料的制备方法,发明人:丁彬,龚小宝,岳云鹏,周文,斯阳,李晓然,印霞,俞建勇,申请号:202010427757.4,申请日期:2020-05-20

一种手持式静电直喷装置及一种低电压静电纺丝方法,发明人:丁彬,龚小宝,岳云鹏,周文,斯阳,李晓然,印霞,俞建勇,申请号:202010427773.3,申请日期:2020-05-20

具有褶皱结构的超弹防水透气皮肤敷料及其制备方法,发明人:李晓然,董玉苹,周文,帕维尔·纳基尔斯基,基亚拉·里诺迪,菲利波·皮耶里尼,丁彬,俞建勇,申请号:202010433220.9,申请日期:2020-05-21

皮肤敷料用防水透气高弹自修复双层纳米纤维膜及其制法,发明人:李晓然,郑玉琦,周文,帕维尔·纳基尔斯基,基亚拉·里诺迪,菲利波·皮耶里尼,丁彬,俞建勇,申请号:202010433183.1,申请日期:2020-05-21

一种静电纺纳米纤维/羊毛抗菌纱线的制备方法,发明人:周慧怡,覃小红,王黎明,俞建勇,申请号:202010447656.3,申请日期:2020-05-25

一种抗菌功能的纳米纤维/棉混纺织物的丝光整理方法及装置,发明人:覃小红,许布伦,俞建勇,申请号:202010447645.5,申请日期:2020-05-25

一种高比表面积类蜂巢结构纳米纤维材料及其制备方法,发明人:王先锋,张宇菲,丁彬,俞建勇,申请号:202010446712.1,申请日期:2020-05-25

一种医卫防护用润湿梯度类蜂巢结构纤维膜及其制备方法,发明人:丁彬,王先锋,张宇菲,林燕燕,俞建勇,申请号:202010446711.7,申请日期:2020-05-25

一种聚乳酸接枝改性天然纤维和 PLA 复合材料及其制备方法,发明人:董奎勇,马博谋,何勇,王学利,俞建勇,申请号:202010578924.5,申请日期:2020-06-23

一种图案化静电纺纤维集合体的模板法制备方法,发明人:王荣武,熊成东,王黎明,俞金林,覃小红,俞建勇,申请号:202010635141.6,申请日期:2020-07-03

一种以羊毛纤维为接收基底的自卷曲静电纺微纳米纤维,发明人:王荣武,熊成东,王黎明,覃小红,徐导,俞建勇,申请号:202010636824.3,申请日期:2020-07-03

一种透气性透明柔性纤维基表皮电极及其制备方法,发明人:李召岭,朱苗苗,王亚兵,丁彬,俞建勇,申请号:202010638784.6,申请日期:2020-07-06

一种自驱动抗菌型柔性电子皮肤及其制备方法,发明人:丁彬,朱苗苗,卫学典,楼梦娜,李召岭,俞建勇,申请号:202010639011.X,申请日期:2020-07-06

一种高强度碳纳米纤维膜及其制备方法,发明人:胡国芳,张骁骅,刘晓艳,俞建勇,丁彬,申请号:202010750233.9,申请日期:2020-07-30

一种静电纺纤维基超薄连续纳米蛛网纤维材料及其制备方法,发明人:丁彬,唐宁,许鑫,斯阳,印霞,俞建勇,申请号:202010951106.5,申请日期:2020-09-11

一种火草纤维收集方法和收集装置,发明人:张瑞云,俞琰,王西朝,俞建勇,程隆棣,刘柳,申请号:202010996855.X,申请日期:2020-09-21

一种包芯火草纱线及其制备方法和制备装置,发明人:张瑞云,王西朝,俞琰,俞建勇,程隆棣,李蓉丽,罗丽萍,纪峰,申请号:202010995459.5,申请日期:2020-09-21

一种废旧涤棉混纺织物分离资源化回收利用的方法,发明人:王学利,段思雨,李乃强,俞建勇,黄莉茜,申请号:202011189290.0,申请日期:2020-10-30

一种端羧基二酰胺的制备方法,发明人:王学利,孙莉娜,黄莉茜,俞建勇,郭娟子,胡红梅,朱瑞淑,刘修才,申请号:202011216562.1,申请日期:2020-11-04

一种黄麻专用转杯纺纱装备及其应用,发明人:崔月敏,程隆棣,薛文良,张瑞云,俞建勇,刘蕴莹,丁文胜,申请号:202011480686.0,申请日期:2020-12-16

一种转杯包芯纱的制备装置及制备方法,王黎明,;李瑛慧,覃小红,权震震,张弘楠,王荣武,俞建勇,申请号:202011516703.1,申请日期:2020-12-21

发热温度长时间可控型的吸湿发热针织面料及其制备方法,发明人:张俐敏,程隆棣,马湾湾,韩雪晴,张瑞云,俞建勇,薛文良,刘蕴莹,申请号:202011544156.8,申请日期:2020-12-24

一种角蛋白亚微米纤维/羊毛复合抗菌纱线的制备方法,发明人:王黎明,俞金林,熊成东,覃小红,俞建勇,申请号:202011615890.9,申请日期:2020-12-31

(二)对俞建勇院士的介绍与研究文献目录

期刊文献

2015 年

俞建勇:未来十五年,科技进步做什么?《中国纺织》2015 年第 6 期

绿色制造:俞建勇列出四大领域,《中国纺织》2015 年第 10 期

需求引领下化纤掀起时尚风专访中国工程院院士、东华大学副校长俞建勇,徐长杰,《纺织服装周刊》2015 年第 10 期

2016 年

中国工程院院士俞建勇:纺织科技的创新发展,《上海纺织科技》2016 年第 7 期

俞建勇院士工作站落户德州恒丰集团,赵国玲,《纺织服装周刊》2016 年第 21 期

2017 年

俞建勇中国工程院院士、东华大学教授,《中国纺织》2017 年第 1 期

2019 年

俞建勇任东华大学校长,《纺织科学研究》2019 年第 9 期

报纸文献

2015 年

中国工程院院士俞建勇,《新华日报》2015-09-18

俞建勇团队制备出"世界上最轻材料",《昌吉日报》2015-12-25

2016 年

范跃进会见俞建勇院士,《青岛大学报》2016-04-29

2017 年

俞建勇院士任副主任,《东华大学报》2017-03-15

何逢阳与俞建勇院士洽谈拟建院士工作站事宜,《界首时讯》2017-05-11

俞建勇当选上海市复合材料学会第五届理事会理事长,《东华大学报》2017-12-30

2018 年

俞建勇院士来我市考察,《界首时讯》2018-06-01

2019 年

俞建勇院士莅校指导纺织科学与工程学科建设,《闽江学院报》2019-04-10

俞建勇赴纺织学院调研,《东华大学报》2019-09-15

激发内生动力为建设"奋进东华"做贡献俞建勇调研材料学院、服装与艺术设计学院,《东华大学报》2019-09-30

俞建勇会见际华集团董事长李义岭一行,《东华大学报》2019-10-30

俞建勇会见菲律宾内阁部长,《东华大学报》2019-11-30

俞建勇赴东华附校调研,《东华大学报》2019-12-30

俞建勇讲授《习近平新时代中国特色社会主义思想(概论)》课,《东华大学报》2019-12-30

2020 年

俞建勇赴退管会调研,《东华大学报》2020-06-15

俞建勇出席人文学院发展研讨会,《东华大学报》2020-06-15

陈豪会见东华大学校长俞建勇,瞿姝宁,《云南日报》2020-06-18

俞建勇一行赴盐津县调研推进定点扶贫工作——其间就如何助力云南如期高质量完成脱贫攻坚任务与陈豪进行深入交流,《东华大学报》2020-06-30

郑栅洁会见东华大学校长俞建勇——并见证东华大学与申洲国际集团控股有限公司签署战略合作协议,《宁波日报》2020-08-01

校长俞建勇带队赴宁波考察推进校地、校企合作,《东华大学报》2020-09-15

俞建勇带队赴宁波参加 2020 宁波时尚节深入推进校地、校企合作,《东华大学报》2020-10-30

俞建勇出席国家先进印染技术创新中心重大项目建设院士专家研讨会,《东华大学报》2020-11-30

俞建勇参加管理学院师生联合党支部学习十九届五中全会精神专题组织生活会,《东华大学报》2020-11-15

俞建勇参加思政课建设研讨会暨"习近平新时代中国特色社会主义思想(概论)"课集体备课会,《东华大学报》2020-11-15

俞建勇讲授"干部能力提升工程"专题党课,《东华大学报》2020-12-15

七、农业学部(2位)

农业学部的宁波籍院士共有2位。其中1997年1位(余松烈);2011年1位(陈剑平)。

余松烈(1997年当选中国工程院院士)

余松烈(1921年3月13日—2016年4月20日)小麦专家,浙江慈溪人,山东农业大学教授,中国作物学会理事、栽培研究委员会委员、小麦学组组长,第七、八届人大代表。

余松烈院士长期从事"冬小麦精播高产栽培技术"的研究与示范推广,首创冬小麦精播高产栽培理论和技术,改变了"大肥大水大播量"常规栽培方法,为我国黄淮海麦区小麦高产开创了新途径;多次刷新全国冬小麦单产纪录,堪称我国小麦栽培学的奠基人,为推动小麦增产、保证国家粮食安全做出巨大贡献;曾获全国科学大会奖、国家教委科技进步奖、国家科技进步奖。

1997年当选为中国工程院院士。

(一)余松烈院士的各类文献目录

报纸文献

国家重点学科建设体会,余松烈,于振文,《山东农大报》2015-07-03

(二)对余松烈院士的介绍与研究文献目录

著作文献

《老科学家学术成长资料采集工程丛书　大爱化作田间行余松烈传》,刘观浦,黄有惠,李燕著,科学普及出版社,2016

《齐鲁时代楷模余松烈》,刘观浦,黄有惠,王平,山东人民出版社,2018

期刊文献

2016年

我敬仰我感动我学习——深切怀念恩师余松烈先生,王振林,《山东农业教育》2016年第2期

一生情怀系麦浪——追忆山东农业大学教授余松烈,张兴华,刘观浦,《支部生活》2016 年第 9 期

余松烈:麦田高产的攻关者,邢华,《党员干部之友》2016 年第 11 期

2017 年

余松烈:麦田寄情 60 载,张基瑞,《中国统一战线》2017 年第 1 期

麦田寄情 60 载追记我国现代小麦栽培学奠基人、中国工程院院士余松烈,张基瑞,《中国统一战线》2017 年第 1 期

2018 年

惟愿春风拂麦浪——余松烈,《群言》2018 年第 9 期

2019 年

余松烈和"五七"农大的农民学生,李燕,刘观浦,《今日科苑》2019 年第 2 期

2020 年

中国著名小麦专家余松烈院士,本刊综合,《粮食科技与经济》2020 年第 11 期

报纸文献

2016 年

余松烈:守望亿亩麦田,王桂利,《大众日报》2016-04-21

现代小麦栽培学奠基人余松烈,《齐鲁晚报》2016-04-21

著名小麦专家余松烈院士逝世——习近平李克强张德江俞正声刘云山张高丽等表示哀悼,纪哲,《山东农大报》2016-04-22

弘扬余松烈的优良学风和科学精神,《山东农大报》2016-04-22

余松烈:惟愿春风拂麦浪,张兴华,刘观浦,《中国教育报》2016-04-27

余松烈子女向学校捐献书籍等物品,翟荣惠,《山东农大报》2016-04-29

和余松烈在一起的日子,刘观浦,《山东农大报》2016-04-29

省内媒体集中采访余松烈院士先进事迹,张铁成,王平,郭翠华,《山东农大报》2016-09-02

齐鲁再无余风抚麦浪——追记中国现代小麦栽培学奠基人、中国工程院院士、山东农业大学教授余松烈,《联合日报》2016-09-08

"齐鲁时代楷模"余松烈先进事迹发布——曹鸿鸣孙守刚出席发布仪式,赵琳,《大众日报》2016-09-09

余松烈被授予"齐鲁时代楷模"荣誉称号,杨宇,《山东农大报》2016-09-09

学校号召向"齐鲁时代楷模"余松烈学习,铁成,《山东农大报》2016-09-09

徐剑波:余松烈院士是农大精神的践行者,徐剑波,《山东农大报》2016-09-09

余松烈被追授"齐鲁时代楷模",《农村大众》2016-09-09

余松烈院士被追授"齐鲁时代楷模",《山东商报》2016-09-09

怀念余松烈老师,陈雨海,《山东青年政治学院报》2016-09-11

时代需要更多的"余松烈",《泰安日报》2016-09-14

我的老师余松烈,《山东农大报》2016-09-23

《余松烈传》出版发行,杨宇,《山东农大报》2016-10-21

《余松烈传》序,李振声,《山东农大报》2016-10-21

余松烈院士铜像落成,郭翠华,王平,《山东农大报》2016-10-15

我的父亲余松烈,余亚联,《山东农大报》2016-11-04

2017 年

余松烈:麦田高产的守望者,《泰安日报》2017-01-05

深切悼念余松烈先生,田奇卓,《山东农大报》2017-04-14

2018 年

学生对老师的最好纪念 《齐鲁时代楷模余松烈》出版,《山东工人报》2018-05-14

余松烈入选改革开放 40 周年感动山东人物,王静,《山东农大报》2018-12-17

2019 年

传承齐鲁时代楷模余松烈的思想风范,于振文,郭文善,杨文钰,《山东农大报》2019-04-23

余松烈毕生心血"洒"麦田,陶媛媛,《中国科学报》2019-10-18

陈剑平(2011年当选中国工程院院士)

陈剑平(1963年4月8日—),植物病理学家,宏观农业发展战略专家,浙江鄞州人,曾任浙江省农业科学院院长,现任宁波大学植物病毒学研究所所长。

陈剑平院士长期从事植物病毒基础和应用研究,在植物病毒种类鉴定、病毒与禾谷多黏菌介体关系、病毒致病和植物抗病分子机制、病害发生规律和防控技术、脱毒植物组织培养苗种产业化等方面取得重大进展;创新提出了现代农业综合体作为区域现代农业发展创新载体的建设背景、科学内涵、理论基础、典型案例和建设机制;曾获国家科技进步奖。

2011年当选中国工程院院士,2012年当选发展中国家科学院院士。

(一)陈剑平院士的各类文献目录

著作文献

《昆虫传植物病毒流行学及其预防》,陈声祥,燕飞,陈剑平著,中国农业出版社,2019

期刊文献

2015年

运用政策和科技创新深化"五水共治"工作的探讨,陈剑平,沈阿林,《浙江农业科学》2015年第1期

我国农业科研机构科技创新与技术服务模式的创新实践:以浙江省农业科学院工程技术研究中心为例,杜琼,陈剑平,耿玮,吴卫成,《农业科技管理》2015年第2期

拓展与参与:农业科研机构治理体系的新变革,陈剑平,杜琼,《农业科技管理》2015年第2期

组培增殖方式对网纹草嵌合性状稳定性的影响,王燕,汪一婷,吕永平,牟豪杰,李海营,陈剑平,《植物学报》2015年第3期

农业科研单位构建合理有效职称评审制度的思考,耿玮,杜琼,黄帼,蒋永清,陈剑平,《农业科技管理》2015年第3期

基于产业链视角的农业科研创新基地建设模式探讨:以浙江省农业科学院"一园两基地"为例,杜琼,陈剑平,《农业科技管理》2015年第4期

植物组培褐化发生机制的研究进展,冯代弟,王燕,陈剑平,《浙江农业学报》2015年第6期

水稻OsWRKY7基因的表达研究,李茹,周洁,李冬月,王栩鸣,杨勇,余初浪,程晔,严成其,陈剑平,《中国水稻科学》2015年第6期

水稻类病变突变体中抗病相关基因的研究进展,程晨,王晶,原文霞,李冬月,杨勇,严成其,陈剑平,《浙江

农业学报》2015年第7期

一种辣椒轻斑驳病毒和辣椒斑驳病毒复合侵染的线椒病毒病害分子鉴定,鲁宇文,彭杰军,郑红英,林林,燕飞,陈剑平,《科技通报》2015年第9期

RSV和HiPV在灰飞虱中传播方式的比较与分析,周燕茹,李林颖,李俊敏,孙丽英,陈剑平,《浙江农业学报》2015年第10期

在新常态下浙江省农产品质量安全科技发展目标和主要任务的思考,陈剑平,王强,张志恒,《浙江农业科学》2015年第11期

浙西北单季稻白叶枯病发病率与稻谷损失关系的研究,赵敏,严成其,黄元杰,李荣,张国忠,郑超,王华弟,陈剑平,《浙江农业学报》2015年第12期

2016年

公益类农业科研院所"十三五"规划研究新视野与决策创新点,杜琼,陈剑平,王强,戴杰,《农业科技管理》2016年第1期

浙西北水稻白叶枯病在单季稻田发生动态研究,赵敏,严成其,张国忠,李荣,黄元杰,郑超,王栩鸣,杨勇,王华弟,陈剑平,《浙江农业科学》2016年第1期

水稻OmR40c1蛋白的表达纯化及其与血红细胞的凝集作用,陈贤,邓志平,董岩,严成其,陈剑平,《生物技术通讯》2016年第2期

浙西北单季稻白叶枯病药剂防控与保产效果,赵敏,陈建明,严成其,李荣,黄元杰,梁伟芳,周洁,余初浪,黄坚,张国忠,陈剑平,《浙江农业科学》2016年第2期

加强农业供给侧改革实现新一轮发展,陈剑平,《杭州(党政刊A)》2016年第2期

黄瓜绿斑驳花叶病毒基因组全序列分析及病害的田间调查,肖彩利,郑红英,吴晓花,李国景,燕飞,陈剑平,《植物保护学报》2016年第4期

过表达一个疣粒野生稻的Ricin_B凝集素基因OmR40c1增强水稻耐盐性,陈贤,董岩,周洁,王栩鸣,严成其,陈剑平,《中国水稻科学》2016年第4期

水稻CSN5B蛋白抗血清的制备及其应用,何龙,羊健,张松柏,张恒木,刘勇,陈剑平,《生物技术通讯》2016年第4期

一个水稻小热休克蛋白基因的克隆和鉴定,项聪英,蔡年俊,李静,羊健,陈剑平,张恒木,《中国水稻科学》2016年第6期

多元产业空间背景下的农业科技工程创新能力:概念框架、创新趋势及提升策略,杜琼,陈剑平,《世界农业》2016年第12期

崇尚创新释放农业发展新动力,陈剑平,《今日浙江》2016年第16期

2017年

山东甘薯主要病毒的鉴定及多样性分析,姜珊珊,谢礼,吴斌,辛相启,陈剑平,赵玖华,《植物保护学报》2017年第1期

玉米矮缩病危害的损失测定与防治指标研究,王华弟,陈剑平,祝小祥,赵敏,戴德江,沈颖,王道泽,王国迪,徐志宏,祝增荣,《农学学报》2017年第1期

bZIP转录因子在植物激素介导的抗病抗逆途径中的作用,李冬月,原文霞,郑超,王栩鸣,周洁,严成其,陈剑平,《浙江农业学报》2017年第1期

寿锦的离体植株再生及组培产业化增殖,王燕,牟豪杰,吕永平,李海营,汪一婷,陈剑平,《植物学报》2017年第3期

药用野生稻胚拯救后代 YF2 快繁技术,王芳,原文霞,鲍根良,钱长根,黄坚,刘健,杨勇,严成其,陈剑平,《浙江农业科学》2017年第4期

Genomic and phylogenetic evidence that Maize rough dwarf and Rice black-streaked dwarf fijiviruses should be classified as different geographic strains of a single species,L. Xie,M. F. Lv,J. Yang,J. P. Chen,H. M. Zhang,Acta Virologica,2017(4)

Establishment of an efficient plant regeneration culture protocol and achievement of successful genetic transformation in Jatropha curcas L,Y. Liu,G. X. Liu,Y. L. Yang,S. F. Niu,F. G. Yang,S. X. Yang,J. N. Tang,J. P. Chen,Acta Biologica Hungarica,2017(4)

中国小麦花叶病毒(CWMV)复制酶基因在病株体内的表达分析,张芬,蔡年俊,羊健,李静,陈剑平,张恒木,《植物病理学报》2017年第5期

一个水稻小热休克蛋白的异源表达及寡聚特性分析,蔡年俊,郭留明,李静,项聪英,羊健,陈剑平,张恒木,《中国水稻科学》2017年第5期

利用 CRISPR/Cas9 技术靶向编辑水稻基因,原文霞,王栩鸣,李冬月,周洁,严成其,陈剑平,《浙江农业学报》2017年第5期

Cajal bodies and their role in plant stress and disease responses,A. J. Love,C. L. Yu,N. V. Petukhova,N. O. Kalinina,J. P. Chen,M. E. Taliansky,RNA Biology,2017(6)

光照环境对大花月季组织培养的影响,吕永平,陈志,李坤峰,汪一婷,牟豪杰,《浙江农业学报》2017年第8期

白背飞虱酵母双杂交 cDNA 文库的构建,薛进,李静,羊健,唐彦,梁瑶,陈剑平,张恒木,《浙江农业学报》2017年第12期

中国南方水稻白叶枯病发生流行动态与绿色防控技术,王华弟,陈剑平,严成其,沈颖,《浙江农业学报》2017年第12期

2018 年

来源于疣粒野生稻浙粳70的特性及栽培要点,鲍根良,王芳,陈剑平,杨勇,王俊敏,吴益芳,钱东,严成其,《浙江农业科学》2018年第1期

复合侵染的马铃薯花叶病病原诊断,宋西娇,谢礼,宣裕吉,王芳,严成其,陈剑平,《浙江农业学报》2018年第1期

省级农业科研单位专业技术职务聘任模式实践与探讨——以浙江省农业科学院为例,耿玮,杜琼,蒋永清,陈剑平,《农业科技管理》2018年第2期

水稻 WRKY 转录调控因子研究进展,郑超,郑二松,王栩鸣,李冬月,杨勇,余初浪,周洁,严成其,陈剑平,《生物技术通讯》2018年第2期

侵染蚕豆 CIYVV 的鉴定及其衍生的小干扰 RNA 的深度测序鉴定研究,张趁华,郑红英,严丹侃,韩科雷,彭杰军,鲁宇文,林林,章东方,陈剑平,燕飞,《浙江农业学报》2018年第3期

农杆菌介导的外源基因在本氏烟中瞬时表达体系优化研究,陈思涵,钱靖,彭杰军,鲁宇文,郑红英,林林,燕飞,陈剑平,《西南林业大学学报》2018年第4期

中国小麦花叶病毒(CWMV)侵染条件下小麦内参基因的选择,吴讷,陈炫,姜瑶瑶,张天烨,羊健,朱统泉,张恒木,陈剑平,《浙江农业学报》2018年第7期

Suppression of nbe-miR166h-p5 attenuates leaf yellowing symptoms of potato virus X on Nicotiana benthamiana and reduces virus accumulation,S. Wang,W. J. Cui,X. Y. Wu,Q. Yuan,J. P. Zhao,H. Y. Zheng,Y. W. Lu,J. J. Peng,L. Lin,J. P. Chen,F. Yan,Molecular Plant Pathology,2018(7)

铁皮石斛无菌播种成苗体系优化,陈志,汪一婷,吕永平,牟豪杰,陈剑平,《浙江农业学报》2018年第11期

本氏烟 DnaJ-like 蛋白在芜菁花叶病毒侵染过程中的作用,孙超尘,燕飞,陈剑平,《浙江农业学报》2018年第12期

2019 年

Interaction of a plant virus protein with the signature Cajal body protein coilin facilitates salicylic acid-mediated plant defence responses,J. Shaw,C. L. Yu,A. V. Makhotenko,S. S. Makarova,A. J. Love,N. O. Kalinina,S. MacFarlane,J. P. Chen,M. E. Taliansky,New Phytologist,2019(1)

植物医学学科:历史、重大需求与发展思路,刘同先,陈剑平,谢联辉,《青岛农业大学学报(自然科学版)》2019年第1期

小麦 TaeEF1β 基因的克隆、同源性及表达分析,陈炫,张天烨,羊健,张恒木,陈剑平,《浙江农业学报》2019年第1期

基因编辑技术的发展及其在农业生产中的应用,何利娟,徐如梦,李冬月,郑超,郑二松,梁伟芳,周洁,杨勇,陈剑平,王栩鸣,严成其,《生物技术通讯》2019年第2期

东南沿海区域食物安全可持续发展战略研究,曾玉荣,杜琼,陈剑平,《中国工程科学》2019年第5期

小麦黄花叶病毒 P3 蛋白致病功能域的鉴定和分析,张岩,亓玉华,鲁燕华,杨乾坤,何雨娟,李俊敏,陈剑平,《浙江农业学报》2019年第5期

The hypersensitive induced reaction 3 (HIR3) gene contributes to plant basal resistance via an EDS1 and salicylic acid-dependent pathway,S. S. Li,J. P. Zhao,Y. S. Zhai,Q. Yuan,H. H. Zhang,X. Y. Wu,Y. W. Lu,J. J. Peng,Z. T. Sun,L. Lin,H. Y. Zheng,J. P. Chen,Plant Journal,2019(5)

NbALD1 mediates resistance to turnip mosaic virus by regulating the accumulation of salicylic acid and the ethylene pathway in Nicotiana benthamiana,S. Wang,K. L. Han,J. J. Peng,J. P. Zhao,L. L. Jiang,Y. W. Lu,H. Y. Zheng,L. Lin,J. P. Chen,F. Yan,Molecular Plant Pathology,2019(7)

Suppression of auxin signalling promotes rice susceptibility to Rice black streaked dwarf virus infection,H. H. Zhang,X. X. Tan,L. L. Li,Y. Q. He,G J. Hong,J. M. Li,L. Lin,Y. Cheng,F. Yan,J. P. Chen,Z. T. Sun,Molecular Plant Pathology,2019(8)

一个植物原纤维蛋白基因的克隆及其表达特性分析,姜瑶瑶,李静,蔡年俊,陈剑平,张恒木,《浙江农业学报》2019年第9期

2020 年

Fasciclin-like arabinogalactan gene family in Nicotiana benthamiana:genome-wide identification,classification and expression in response to pathogens,X. Y. Wu,Y. C. Lai,L. Q. Lv,M. F. Ji,K. L. Han,D. K. Yan,Y. W. Lu,J. J. Peng,S. F. Rao,Fei Yan,H. Y. Zheng,J. P. Chen,BMC Plant Biology,2020(1)

"浙粳 70"的特性及栽培要点,鲍根良,严成其,陈剑平,杨勇,王俊敏,吴益芳,钱东,《宁波农业科技》2020

年第 1 期

灰飞虱中 IKK 相关基因的鉴定及其在水稻条纹病毒侵染中的功能,鲁燕华,卢刚,亓玉华,叶庄新,李俊敏,陈剑平,《昆虫学报》2020 年第 2 期

植物 SABATH 甲基转移酶家族生物学功能研究进展,郑二松,周洁,徐如梦,郑超,陈新宇,谭晓菁,杨勇,鲍根良,陈剑平,王栩鸣,严成其,《生物技术通讯》2020 年第 2 期

表达中国小麦花叶病毒(CWMV)外壳蛋白基因增强烟草对 CWMV 的抗病性,杨锦,靳鹏,刘芃,羊健,王洋,戴良英,陈剑平,《浙江农林大学学报》2020 年第 2 期

浙江省马铃薯病毒病检测分析,陈莹,田艳珍,王芳,胡淑珍,陈步扬,彭杰军,鲁宇文,燕飞,陈剑平,《植物保护》2020 年第 5 期

水稻黑条矮缩病抗病品种的筛选及其抗病机制初探,李路路,侯士辉,张合红,孙宗涛,檀根甲,陈剑平,《核农学报》2020 年第 6 期

Ubiquitin-Like protein 5 interacts with the silencing suppressor p3 of rice stripe virus and mediates its degradation through the 26S proteasome pathway,B. H. Chen,L. Lin,Y. W. Lu,J. J. Peng,H. Y. Zheng,Q. K. Yang,S. F. Rao,G. W. Wu,J. M. Li,Z. Chen,B. A. Song,J. P. Chen,PLoS Pathogens,2020(8)

Nbaly916 Is Involved In Potato Virus X P25-Triggered Cell Death Innicotiana Benthamiana,X. Yang,Y. Z. Tian,X. Zhao,L. L. Jiang,Y. Chen,S. Z. Hu,S. MacFarlane,J. P. Chen,Y. W. Lu,F. Yan,Molecular Plant Pathology,2020(11)

报纸文献

特色小镇应是五生融合的共同体,陈剑平,《温州日报》2016-08-15

留住乡愁唤醒乡魂——我的"驻村"实践与思考,陈剑平口述,奚冬琪整理,《人民政协报》2020-09-14

培养好"新农人",陈剑平,《联合时报》2020-12-01

专利信息

2015 年

两种植物 eIF4A 基因及其用于制备转基因耐水稻条纹病毒植物体的应用,发明人:燕飞,林林,周红,施冰斌,郑红英,鲁宇文,赵晋平,陈剑平,申请号:201510205407.2,申请日期:2015-04-24

辣椒轻斑驳病毒的侵染性克隆载体和农杆菌菌株及其制备方法和应用,发明人:燕飞,郑红英,韩科雷,肖彩利,彭杰军,鲁宇文,林林,陈剑平,申请号:201510480826.7,申请日期:2015-08-03

一种乌木无菌播种及叶插快繁体系建立的方法,发明人:王燕,吕永平,牟豪杰,陈剑平,汪一婷,陈志,申请号:201510563448.9,申请日期:2015-09-08

一种通过幼胚离体挽救获得朱顶红"苹果"杂交种的方法,发明人:王燕,吕永平,牟豪杰,汪一婷,陈剑平,陈志,申请号:201510849152.3,申请日期:2015-11-27

一种乌羽玉无菌播种及再生体系建立的方法,发明人:王燕,汪一婷,吕永平,牟豪杰,陈剑平,陈志,申请号:201510845443.5,申请日期:2015-11-27

疣粒野生稻 bZIP1 基因,发明人:王栩鸣,杨勇,余初浪,周洁,严成其,程晔,陈剑平,申请号:201511024141.8,申请日期:2015-12-30

一对用于连接非依赖克隆的接头序列及其应用，发明人：赵晋平，彭杰军，鲁宇文，燕飞，程晔，陈剑平，申请号：201511027677.5，申请日期：2015-12-31

2016 年

一种构建中国小麦花叶病毒侵染性克隆的方法及其应用，发明人：张恒木，羊健，张芬，李静，陈剑平，申请号：201610002962.X，申请日期：2016-01-04

一种简单快速接种中国小麦花叶病毒的方法及其应用，发明人：张恒木，羊健，张芬，李静，陈剑平，申请号：201610005687.7，申请日期：2016-01-04

一个用于鉴定与内质网 UPR 反应相关植物因子的基因及其应用，发明人：鲁宇文，燕飞，彭杰军，赵晋平，郑红英，林林，程晔，陈剑平，申请号：201610137501.3，申请日期：2016-03-11

一种特异检测水杨酸（SA）的融合蛋白，发明人：赵晋平，李赛赛，燕飞，程晔，陈剑平，申请号：201610442983.3，申请日期：2016-06-16

油菜素唑提高水稻抗水稻黑条矮缩病毒病的应用及方法，发明人：孙宗涛，何宇青，张合红，李俊敏，洪高洁，陈剑平，申请号：201610167152.X，申请日期：2016-03-23

一种用于实时检测植物体内水杨酸水平的植物表达载体及其应用，发明人：赵晋平，李赛赛，燕飞，程晔，陈剑平，申请号：201610439637.X，申请日期：2016-06-16

来自水稻条纹病毒的一段提高蛋白表达水平的核苷酸序列，发明人：燕飞，韩科雷，郑红英，鲁宇文，彭杰军，林林，赵晋平，程晔，陈剑平，申请号：201610445529.3，申请日期：2016-06-18

一种何鲁牵牛组织培养的方法，发明人：吕永平，王燕，汪一婷，牟豪杰，陈志，陈剑平，申请号：201610644341.1，申请日期：2016-08-04

药用野生稻胚拯救后代快速繁殖的培养基及方法，发明人：严成其，陈剑平，王芳，鲍根良，杨勇，余初浪，王栩鸣，周洁，黄坚，沈岚，朱宏芬，张国芳，刘健，程晔，颜秋生，申请号：201610700426.7，申请日期：2016-08-19

疣粒野生稻体细胞杂交后代快速繁殖的培养基及方法，发明人：严成其，陈剑平，王芳，鲍根良，杨勇，余初浪，王栩鸣，周洁，黄坚，沈岚，朱宏芬，张国芳，刘健，程晔，颜秋生，申请号：201610693827.4，申请日期：2016-08-19

一种连接非依赖克隆接头序列和应用，发明人：赵晋平，冀梦菲，燕飞，程晔，陈剑平，申请号：201610885032.3，申请日期：2016-10-11

一种通过愈伤组织共培养获得斑锦卧牛植株的方法，发明人：王燕，陈剑平，汪一婷，吕永平，牟豪杰，李海营，陈志，申请号：201610995078.0，申请日期：2016-11-11

一种我国小麦根部禾谷多黏菌分型及其鉴定的方法，发明人：李俊敏，胡立峰，徐雨，孙宗涛，羊健，陈剑平，申请号：201611091432.3，申请日期：2016-12-01

水稻小分子 RNAosa-miR171b 在抗水稻条纹叶枯病上的应用，发明人：燕飞，袁泉，佟爱仔，彭杰军，鲁宇文，赵晋平，郑红英，林林，程晔，陈剑平，申请号：201611151143.8，申请日期：2016-12-14

水稻小分子 RNAos-miR171b 以及在水稻抗倒伏中的应用，发明人：燕飞，袁泉，佟爱仔，彭杰军，鲁宇文，赵晋平，郑红英，林林，程晔，陈剑平，申请号：201611151144.2，申请日期：2016-12-14

水稻小分子 RNAos-miR171b 基因以及在增加水稻产量中的应用，发明人：燕飞，袁泉，佟爱仔，彭杰军，鲁宇文，赵晋平，郑红英，林林，程晔，陈剑平，申请号：201611156326.9，申请日期：2016-12-14

2017 年

一种水稻愈伤组织特异高表达启动子的鉴定及应用,发明人:周洁,王栩鸣,杨勇,余初浪,程晔,严成其,陈剑平,申请号:201711310319.4,申请日期:2017-12-11

2018 年

中国小麦黄花叶病毒诱导的基因沉默载体的构建和应用,发明人:羊健,张恒木,彭琪琪,陈炫,何龙,杨锦,陈剑平,申请号:201810306401.8,申请日期:2018-04-08

LsH3 在黄瓜绿斑驳花叶病毒侵染下瓠瓜分析中作为内参基因的用途,发明人:郑红英,燕飞,张趁华,吴昕扬,彭杰军,鲁宇文,林林,陈剑平,申请号:201810422078.0,申请日期:2018-05-04

一种 Atg5 瞬时沉默载体,发明人:彭杰军,鲁宇文,燕飞,钱靖,郑红英,林林,程晔,陈剑平,申请号:201810458343.0,申请日期:2018-05-14

一种 Atg5 瞬时沉默载体缓解细胞器定位蛋白降解的用途,发明人:彭杰军,鲁宇文,燕飞,陈思涵,郑红英,林林,程晔,陈剑平,申请号:201810456822.9,申请日期:2018-05-14

辣椒轻斑驳病毒侵染性克隆的 Cre-LoxP 重组系统及其应用,发明人:彭杰军,郑红英,赵晋平,钱靖,燕飞,鲁宇文,林林,程晔,陈剑平,申请号:201810537608.6,申请日期:2018-05-30

2019 年

水稻 OsHIR3 基因的用途以及获得抗病水稻的方法,发明人:燕飞,李赛赛,鲁宇文,赵晋平,彭杰军,郑红英,林林,程晔,陈剑平,申请号:201910016244.1,申请日期:2019-01-08

利用本氏烟 HIR3s 基因获得抗病植物以及该基因的用途,发明人:燕飞,李赛赛,鲁宇文,赵晋平,彭杰军,郑红英,林林,程晔,陈剑平,申请号:201910016241.8,申请日期:2019-01-08

一种提高水稻黑条矮缩病毒病发病率的方法,发明人:孙宗涛,张合红,谭小香,李俊敏,陈剑平,申请号:201910316659.0,申请日期:2019-04-19

一种白及种育苗的方法,发明人:杨勇,孙骏威,王栩鸣,严成其,周洁,余初浪,陈剑平,申请号:201910339994.2,申请日期:2019-04-25

一种采用组织培养方法快速繁殖白及种苗的方法,发明人:杨勇,孙骏威,周洁,余初浪,王栩鸣,严成其,陈剑平,申请号:201910339983.4,申请日期:2019-04-25

2020 年

基于 PCR 和 RPA 检测紫云英矮缩病毒的引物组、试剂盒及方法,发明人:宋雪梅,曹宇浩,郑红英,严丹侃,吴昕扬,燕飞,陈剑平,申请号:202010020474.8,申请日期:2020-01-09

水稻转录因子 OsARF17 基因及其在抗黑条矮缩病毒植物育种中的应用,发明人:孙宗涛,张合红,魏中艳,陈剑平,申请号:202010143469.6,申请日期:2020-03-04

一种水稻受体类蛋白编码基因 OsRLP1 在抗水稻黑条矮缩病毒中的应用,发明人:孙宗涛,张合红,马强,王峰敏,魏中艳,陈剑平,申请号:202011323397.X,申请日期:2020-11-23

垂筒花的组培快繁方法,发明人:李海营,王燕,汪一婷,吕永平,牟豪杰,陈志,陈剑平,申请号:202011598148.1,申请日期:2020-12-29

(二)对陈剑平院士的介绍与研究文献目录

期刊文献

2015 年

正确认知农业新常态,创新谋划科教新发展——陈剑平院士访谈录,沈佩琼,《温州农业科技》2015 年第 1 期

2016 年

农业部/浙江省植保生物技术重点实验室简介(《浙江农业学报》主编陈剑平院士团队),《浙江农业学报》2016 年第 7 期

陈剑平:给庄稼瞧病让麦浪飘香,刘诗瑶,《农产品市场周刊》2016 年第 29 期

2017 年

中国工程院院士陈剑平在金华职业技术学院作科普报告,《金华职业技术学院学报》2017 年第 2 期

陈剑平:给庄稼瞧病,让麦浪飘香,刘诗瑶,《农产品市场周刊》2017 年第 6 期

体系思维下农业综合体之路——专访中国工程院院士、浙江省农业科学院原院长陈剑平,吴明华,胡心玥,《决策》2017 年第 7 期

陈剑平:未来农村的另一条现代化路径,王幸芳,《杭州(周刊)》2017 年第 15 期

陈剑平:关于新时期重塑植物保护科技创新与服务体系的思考,顾烨,《农化市场十日讯》2017 年第 22 期

2018 年

中国工程院院士陈剑平莅临宁波三生指导工作,《今日养猪业》2018 年第 2 期

报纸文献

2015 年

中国工程院院士陈剑平一行来校访问,《安徽农大报》2015-04-30

2016 年

陈剑平来校开展学术交流,王宁新,许永玉,《山东农大报》2016-01-08

陈剑平院士描绘东吴美好未来,《鄞州日报》2016-05-04

陈剑平院士:一蓑烟雨任平生,宦建新,《科技日报》2016-06-13

省农业科学院院长、中国工程院院士陈剑平一行来仙调研,李沁哲,《仙居新闻》2016-06-27

名师讲坛:陈剑平院士谈土传小麦病毒研究,刘晶,袁涛,《湖南农业大学报》2016-11-15

陈剑平院士来校作学术报告,许永玉,田延平,《山东农大报》2016-12-10

陈剑平:"四个没有"的民间书法高手,胡鸽,史美章,《鄞州日报》2016-12-18

2017 年

陈剑平院士畅谈理想如何去践行、去实现,《中国计量大学报》2017-01-05

甬籍院士陈剑平全职回甬工作——他是我市首位回乡工作的院士,担任宁波大学植物病毒学研究所所长,《宁波日报》2017-12-29

陈剑平院士在宁波大学入职仪式上的发言,《宁波大学报》2017-12-31

首个甬籍院士回乡工作 宁波大学全职引进中国工程院院士陈剑平,《宁波大学报》2017-12-31

2018 年

宁大引进中国工程院院士陈剑平,《浙江教育报》2018-01-01

中国工程院院士陈剑平来我县调研乡村振兴工作,孙梦婷,《天台报》2018-05-07

陈剑平院士为会泽发展把脉开方,《曲靖日报》2018-05-10

赵玉芬、陈剑平院士先后赴天台县调研,《宁波大学报》2018-05-20

陈剑平院士一行赴国家级贫困县调研科技扶贫工作,《宁波大学报》2018-05-20

陈剑平院士走上"人文社会科学名家讲坛",《宁波大学报》2018-06-20

陈剑平院士项目启动会在我校召开,《宁波大学报》2018-06-20

陈剑平院士受聘我校特聘教授,于雅男,《青岛农业大学报》2018-09-03

陈剑平院士荣膺中国植物病毒学会终身成就奖,《宁波大学报》2018-09-10

陈剑平院士团队入选宁波市"3315 计划"高端创业创新 A 类团队,《宁波大学报》2018-09-30

陈剑平院士:走向优秀收获成功,《宁波大学报》2018-10-20

陈剑平:在宁波大学再次扬帆起航,《宁波大学报》2018-10-31

陈剑平:打造农业园区"升级版",《陕西工人报》2018-11-09

陈剑平为农之路无归期,《科技金融时报》2018-11-20

2019 年

薛群基陈剑平院士受聘任市科协名誉主席,《宁波晚报》2019-03-28

2020 年

陈剑平院士团队在植物 RNA 病毒致病,《宁波大学报》2020-04-20

陈剑平院士为金华乡村振兴支招,李艳,《金华日报》2020-07-03

陈剑平院士团队:为昆虫共生微生物的资源化开发与利用指明路径,《宁波大学报》2020-09-20

陈剑平院士开讲大学第一课,《宁波大学报》2020-09-30

八、医药卫生学部(7位)

医药卫生学部的宁波籍院士共有7位。其中1996年2位(陆道培、陈亚珠);1997年1位(翁心植);1999年1位(俞梦孙);2001年1位(庄辉);2003年1位(陈赛娟);2011年1位(沈祖尧)。

陆道培(1996年当选中国工程院院士)

陆道培(1931年10月—　),血液病学专家,浙江鄞县人,曾任北京大学血液病研究所所长、血液质量委员会主任。

陆道培院士主要从事血液病临床和实验研究,是中华造血干细胞协作组的发起人与领先人,是我国造血干细胞移植的奠基人与推动者,包括HLA半相同移植,促进了造血干细胞移植事业在我国的迅速发展。他首先证明了硫化砷类药物对急性早幼粒细胞白血病有卓效,在国际上进行了首例异基因骨髓移植治愈无丙种球蛋白血症;曾获国家科学技术进步奖二等奖、何梁何利基金科学与技术进步奖、陈嘉庚奖等科技奖励。

1996年当选中国工程院院士。

(一)陆道培院士的各类文献目录

著作文献

《常见克隆性血液病的基础与临床》,浦杰主编;浦权,陆道培编审,军事医学科学出版社,2014

《陆道培院士集》,陆道培主编,人民军医出版社,2014

期刊文献

2015年

三硫化二砷对荷急性早幼粒细胞白血病腹水瘤小鼠生存的影响,陈胜梅,刘延方,陆道培,江滨,《肿瘤基础与临床》2015年第5期

2016年

亲缘半相合与无关供者造血干细胞移植治疗重型再生障碍性贫血的疗效比较,卢岳,吴彤,曹星玉,赵艳丽,刘德琰,孙瑞娟,熊敏,魏志杰,张建平,周葭蕤,陆道培,《中华血液学杂志》2016年第1期

两种 HLA 不全相合异基因造血干细胞移植治疗恶性血液病,李伟达,高志勇,喻新建,陆大愚,陆道培,《中国实验血液学杂志》2016 年第 2 期

清髓剂量预处理异基因造血干细胞移植治疗年龄≥55 岁高危恶性血液系统疾病 12 例临床分析,卢岳,吴彤,刘德琰,曹星玉,熊敏,张建平,周葭蕤,陆道培,《中华血液学杂志》2016 年第 8 期

2017 年

NCCN 危险分层对异基因造血干细胞移植治疗的急性髓系白血病患者预后的影响,卢岳,吴彤,赵艳丽,曹星玉,刘德琰,张建平,熊敏,周葭蕤,孙瑞娟,魏志杰,王卉,刘红星,王彤,童春容,纪树荃,陆道培,《中华血液学杂志》2017 年第 1 期

预处理前多参数流式细胞术监测的微小残留病对急性髓系白血病异基因造血干细胞移植预后的影响,卢岳,吴彤,王卉,赵艳丽,曹星玉,刘德琰,张建平,熊敏,周葭蕤,孙瑞娟,魏志杰,纪树荃,陆道培,《中华血液学杂志》2017 年第 2 期

不同异基因造血干细胞移植方式治疗 167 例中高危骨髓增生异常综合征疗效比较,卢岳,吴彤,赵艳丽,曹星玉,刘德琰,熊敏,周葭蕤,张建平,魏志杰,孙瑞娟,陆道培,《中华血液学杂志》2017 年第 4 期

脐血干细胞移植治疗契东综合征合并噬血一例及文献复习,张艳,高志勇,喻新建,陆道培,《中华血液学杂志》2017 年第 11 期

报纸文献

文化大家谈,李炎新,陆道培,宋舒白,《健康报》2017-02-24

陆道培院士:感恩是大智慧,陆道培,梁缘,《医学科学报》2017-04-10

徐衡之:现代中医血液病学的开拓者,陆道培,《健康报》2020-10-27

(二)对陆道培院士的介绍与研究文献目录

期刊文献

2015 年

发挥诊疗优势引领学科发展:燕达国际医院陆道培血液·肿瘤中心侧记,柳海霞,《中华医学信息导报》2015 年第 13 期

2016 年

中国骨髓移植之父陆道培院士成为首位获 CIBMTR 杰出服务贡献奖的华人,《杰出人物》2016 年第 2 期

陆道培院士获 CIBMTR 杰出服务贡献奖,《高科技与产业化》2016 年第 4 期

陆道培荣获国际骨髓移植研究中心 2016 杰出服务贡献奖,刘京徽,《前进论坛》2016 年第 5 期

85 岁院士陆道培的"健康经",《养生保健指南(随身医生)》2016 年第 6 期

陆道培医疗集团病理和检验医学部,魏娜,《科技成果管理与研究》2016 年第 9 期

汇聚国内外大家携手开创新纪元——第四届陆道培血液病高峰论坛精彩撷萃——亲缘 HLA 半相同造血干细胞移植-道培经验,吴彤,《中华医学信息导报》2016 年第 13 期

2017 年

加强医生团队建设为患者提供与公立医院相应的医疗服务专访陆道培血液病医院院长陆佩华,兰莎,席

嘉宾,《健康大视野》2017年第13期

第五届陆道培血液病高峰论坛在京举办中国非公立医疗机构协会血液病专业委员会成立,《中华医学信息导报》2017年第13期

2019年

第7届陆道培血液病高峰论坛在京举行,《科学中国人》2019年第16期

2020年

陆道培分子医学团队及实验室介绍,《分子诊断与治疗杂志》2020年第8期

陆道培:言之有道,固本培元,《演讲与口才》2020年第15期

报纸文献

2016年

陆道培医院有望年中挂牌,张金萍,谢雷明,《北京娱乐信报》2016-01-15

陆道培获骨髓移植杰出贡献奖,汪铁铮,付东红,《健康报》2016-03-04

中国工程院院士陆道培:青年医生谨记"三要",《医学科学报》2016-03-10

陆道培:读书、行医就是一场修行,楚超,《保健时报》2016-03-11

陆道培院士的人生感悟,梁缘,《健康时报》2016-03-18

陆道培斩获国际医学大奖——北京陆道培医院7月启用,《京华时报》2016-03-25

85岁院士陆道培的"健康经",《老年生活报》2016-03-25

陆道培获CIBMTR杰出服务贡献奖,《中国青年报》2016-03-25

陆道培院士荣获2016年杰出服务贡献奖,《河北经济日报》2016-03-25

陆道培院士与廊坊合作打造国内血液病治疗高地,《燕赵都市报》2016-03-25

陆道培院士获颁国际骨髓移植研究中心杰出服务贡献奖,《北京日报》2016-03-26

陆道培院士获国际骨髓移植中心杰出服务贡献奖,《廊坊日报》2016-03-28

陆道培:获CIBMTR杰出服务贡献奖,《科技日报》2016-03-28

陆道培获国际骨髓移植贡献奖,《人民日报》2016-03-28

陆道培院士荣获国际血液和骨髓移植研究中心2016年杰出服务贡献奖,《廊坊都市报》2016-03-28

陆道培血液病肿瘤中心项目落户李庄同济医院,《宜宾晚报》2016-03-29

陆道培荣获CIBMTR杰出服务贡献奖,《河北日报》2016-03-30

陆道培获国际骨髓移植贡献奖,罗旭,《光明日报》2016-04-12

陆道培院士斩获国际大奖,刘立夏,《健康报》2016-04-12

第四届陆道培血液病高峰论坛在京举办,石岩,《中国经济时报》2016-07-04

第四届陆道培血液病高峰论坛举行,《中国医药报》2016-07-06

长安医院·陆道培血液肿瘤科挂牌,《三秦都市报》2016-07-07

陆道培医院亦庄分院月底完工,《亦城时报》2016-07-08

陆道培血液病高峰论坛在京举办,《生命时报》2016-07-08

长安医院陆道培血液肿瘤科揭牌,《三秦都市报》2016-07-26

陆道培医疗集团备受关注,《北京晨报》2016-11-02

陆道培医疗集团受关注,刘立夏,《健康报》2016-11-08

陆道培医疗集团引领血液病治疗前沿,《生命时报》2016-11-08

陆道培医疗亮相世界生命科学大会,《中国医药报》2016-11-09

陆道培医院免疫治疗受关注,《新京报》2016-11-15

陆道培医院一期扩建完工总占地 45 亩,《北青社区报》2016-11-24

2017 年

市第一医院与陆道培医院开展学术交流,《邯郸晚报》2017-02-21

陆道培血液病高峰论坛举办,崔芳,《健康报》2017-07-01

中国工程院院士陆道培:自存脐带血有备无患,《齐鲁晚报》2017-09-07

陆道培获"全球热爱生命奖章",杨金伟,《健康报》2017-10-12

2018 年

陆道培医院成功完成首例国际患者造血干细胞移植,《北京晨报》2018-02-09

北大人民医院启用陆道培学术报告厅,《北京晨报》2018-03-07

陆道培院士,程书钧院士,詹启敏院士专家齐聚陆道培血液病高峰论坛,《北京晨报》2018-07-04

陆道培医院将设血液病特检实验室,《北京商报》2018-07-06

第六届陆道培血液病高峰论坛在京召开,《中国医药报》2018-07-11

北京陆道培医院开业,《亦城时报》2018-07-20

病友家属为陆道培医院医师庆祝首届中国医师节,杨巍,《廊坊都市报》2018-08-21

陆道培血液医院明年 3 月启用,《北青社区报》2018-09-20

2019 年

陆道培:中国骨髓移植奠基人——本报北京专访鄞州籍院士、北大血液病国家重点学科首席专家,《鄞州日报》2019-04-16

陆道培院士工作站落户南京明基医院——业界动态,孙苏静,《南京晨报》2019-06-11

陆道培血液病高峰论坛聚焦临床治疗,辛雨,《中国科学报》2019-07-23

陆道培血液病高峰论坛举行,张磊,《健康报》2019-07-25

陆道培医院获药物临床试验机构资格认定,《北京商报》2019-11-05

2020 年

陆道培血液病高峰论坛举行,张磊,《健康报》2020-07-18

陆道培,亚洲骨髓移植第一人,张彤,《生命时报》2020-12-01

陈亚珠(1996 年当选中国工程院院士)

陈亚珠(1936 年 7 月 23 日—   ),高电压技术与生物医学工程专家,浙江鄞县人,上海交通大学讲席教授、上海交通大学生物医学工程学院名誉院长。

陈亚珠院士是我国生物医学工程领域及大型医疗器械研制的先驱和开拓者之一,在过电压防雷保护、高电压设备绝缘设计、静电场数值计算等领域成绩卓著。她将多学科知识及工程技术融合,应用于无创伤医疗领域,研制成功"液电冲击波体外肾结石粉碎机",开创泌尿外科史上非手术刀方法,使广大肾结石、尿路结石患者接受无痛无损伤的治疗,临床效果显著;曾获国家科技进步奖。

1996 年当选中国工程院院士。

(一)陈亚珠院士的各类文献目录

期刊文献

新年祝辞:上海市微型电脑应用学会理事长陈亚珠院士,陈亚珠,《微型电脑应用》2015 年第 1 期

热敏脂质体(TSL)的研究进展,丁昂昂,熊屏,陈亚珠,《复旦学报(医学版)》2015 年第 2 期

嵌入式超声肿瘤温热治疗仪联合聚乙二醇化脂质体阿霉素干预后的兔 VX2 肿瘤模型中药物浓度的研究,赵银珠,熊屏,陈亚珠,《上海交通大学学报(医学版)》2015 年第 8 期

41℃及 43℃温热疗联合聚乙二醇化脂质体阿霉素治疗兔 VX2 肿瘤的疗效对比研究,丁昂昂,熊屏,沈国峰,陈亚珠,《上海交通大学学报(医学版)》2016 年第 6 期

上海科技功臣陈亚珠,陈亚珠,陈冰,《新民周刊》2020 年第 18 期

专利信息

2015 年

血管压力差与血流储备分数的计算方法及系统,发明人:涂圣贤,楚淼,刘冰,陈亚珠,申请号:201510901329. X,申请日期:2015-12-08

血管单位时间血流量与血流速度的计算方法,发明人:涂圣贤,楚淼,杨璐璐,刘冰,陈亚珠,申请号:201510916119. 8,申请日期:2015-12-10

2016 年

基于植入虚拟支架的血管压力降数值及血流储备分数的评估方法和系统,发明人:涂圣贤,楚淼,徐波,刘冰,陈亚珠,申请号:201610379167. 2,申请日期:2016-05-31

具有双工作模式的获取血流储备分数值的系统,发明人:涂圣贤,徐波,张义敏,刘冰,陈亚珠,申请号:

201610007939.X,申请日期:2016-01-06

2017 年

血管血流储备分数计算装置,发明人:涂圣贤,徐波,张义敏,陈树湛,陈亚珠,申请号:201720853566.8,申请日期:2017-07-14

用于注册 B 超图像内靶点和超声辐照点的装置和方法,发明人:吉翔,白景峰,李可,陈亚珠,朱威桢,申请号:201710682044.0,申请日期:2017-08-10

超声驱动功率监测装置,发明人:吉翔,白景峰,朱仕政,陈亚珠,申请号:201711466168.1,申请日期:2017-12-28

2019 年

一种核磁共振超声刀控制装置以及核磁共振医疗床,发明人:梁平,蔡栋辉,李璟,陈亚珠,申请号:201910415077.8,申请日期:2019-05-17

2020 年

一种大范围目标区域聚焦的超声治疗头运动控制装置及治疗方法,发明人:李可,吉翔,白景峰,陈亚珠,朱威桢,申请号:202010690249.5,申请日期:2020-07-17

(二)对陈亚珠院士的介绍与研究文献目录

期刊文献

2020 年

陈亚珠院士:没做医生也有妙手仁心,沈湫莎,《智慧中国》2020 年第 6 期

陈亚珠:读懂医工交叉的科技"先行者",俞灵琦,《华东科技》2020 年第 6 期

陈亚珠:中国医疗器械研发的先驱者,焦大,《上海支部生活》2020 年第 24 期

报纸文献

陈亚珠:不是白衣天使也有妙手仁心,郭颖,《青年报》2020-05-20

陈亚珠:没做医生也有妙手仁心,上海《文汇报》2020-05-20

陈亚珠院士向母校捐款 20 万元,《鄞州日报》2020-12-08

翁心植(1997 年当选中国工程院院士)

翁心植(1919 年 5 月 10 日—2012 年 7 月 7 日),内科学专家,浙江鄞县人,曾任北京朝阳医院名誉院长、北京呼吸疾病研究所所长。

翁心植院士在普通内科、寄生虫病、心血管病和呼吸系统病诸领域均有创造性贡献。他发现和诊断了国内首例戈谢病;创建用于诊断黑热病和血吸虫病的简制抗原方法;在世界上报道了首例白塞病并发心脏瓣膜损害,并提出结核自身免疫是病因之一;率先将肝素用于肺心病治疗,取得良好效果,创建呼吸重症监护室,使我国在这一领域达到国际水平;在国内最早开始控烟运动,获世界卫生组织金质奖章;曾获何梁何利基金科学与技术进步奖医药奖。

1997 年当选为中国工程院院士。

(一)翁心植院士的各类文献目录

著作文献

《英汉汉英医学分科词典耳鼻咽喉科学分册》,韩德民分册主编,翁心植,胡亚美总主编,世界图书出版公司,2008

《英汉汉英医学分科词典妇产科学分册》,翁梨驹分册主编,翁心植,胡亚美总主编,世界图书出版西安公司,2008

《英汉汉英医学分科词典眼科学分册》,胡咏霞分册主编,翁心植,胡亚美总主编,世界图书出版公司,2008

《英汉汉英医学分科词典内科学分册》,翁心植分册主编,翁心植,胡亚美主编,王先林,王宇,王汝龙等副主编,世界图书出版公司,2008

《英汉汉英医学分科词典护理科学分册》,梁福佑分册主编,翁心植,胡亚美总主编,世界图书出版公司,2008

(二)对翁心植院士的介绍与研究文献目录

著作文献

《翁心植院士集》,王辰主编,人民军医出版社,2014

《中国工程院院士传记翁心植传》,戴光中,宁波出版社,2017

期刊文献

博深兼备的内科大师,严谨求实的总编楷模,真实高尚的谦谦君子——纪念 BMJ 中文版首任总编辑翁心

植院士百年诞辰,王辰,李力,《英国医学杂志(中文版)》2019 年第 10 期

翁心植:呼吸病学领军者,《今古传奇·纪实版(双月号)》2020 年第 2 期

诸福棠、钟惠澜、吴英恺、吴阶平、翁心植、胡亚美、王忠诚、张金哲、汪忠镐、尚永丰、赵继宗、韩德民、王辰、王松灵,《首都医科大学学报》2020 年第 5 期

报纸文献

翁心植:打牢基础,才能更上一层楼,贾银明,《健康报》2015-08-07

"控烟之父"翁心植诞辰百年,《北京晚报》2019-05-13

纪念翁心植百年诞辰座谈会举行,李琳,杨舒玲,《健康报》2019-05-14

翁心植:百年寿翁上医上善,温菲,《中国科学报》2020-01-02

俞梦孙(1999 年当选中国工程院院士)

　　俞梦孙(1936 年 3 月 9 日— 　),航空医学与生物医学工程专家,浙江余姚人,第四军医大学教授、空军航空医学研究所航空医学工程研究中心主任、中国生物医学工程学会副理事长。

　　俞梦孙院士在国际上首创了冲击载荷下人体脊柱动态响应模型,解决了火箭弹射救生医学难题;开创了中国式"飞行实验室",推动了我国航空医学发展,研究开发了多种高抗干扰电生理仪器;成功创造出自然睡眠条件下睡眠结构与呼吸事件测量技术,该技术现已进入产品化阶段;曾获国家科技进步奖、国家发明奖、军队科技进步奖。

　　1999 年当选中国工程院院士。

(一)俞梦孙院士的各类文献目录

著作文献

《生物医学工程学概论》,董秀珍,俞梦孙主编,科学出版社,2013

《俞梦孙院士集》,俞梦孙主编,罗永昌、谢光林、刘发忠、杨雪琴副主编,人民军医出版社,2014

《舰载航空医学(上、下)》,李鸣皋主编,俞梦孙、杨晔、孙聪主审,军事医学科学出版社,2015

期刊文献

2015 年

关于健康医学模式的思考与解读,俞梦孙,曹征涛,杨军,郭大龙,《世界复合医学》2015 年第 2 期

低氧环境下血氧序列的多尺度熵分析,王彬华,杨军,曹征涛,王海涛,俞梦孙,《集成技术》2015 年第 3 期

智能头带式高原生理信息监测系统,吴锋,周玉彬,成奇明,吕沙里,俞梦孙,《中国数字医学》2015 年第 3 期

做一名践行"健康医学模式"的好医生:用系统论解读疾病与健康,杨雪琴,俞梦孙,《医学研究生学报》2015 年第 4 期

建立中国精准健康医学科研情报综合服务平台的思考,苏颖,俞梦孙,《情报工程》2015 年第 6 期

2016 年

量化"象思维":睡眠过程参数中医解读的探索,杨军,俞梦孙,郭子川,曹征涛,杨秀岩,成奇明,李明,《世界睡眠医学杂志》2016 年第 5 期

多参数监护中睡眠呼吸事件信息的提取,吴锋,周玉彬,成奇明,俞梦孙,《中国数字医学》2016 年第 7 期

心电信号中伪差检测的方法研究,成奇明,吴锋,周玉彬,俞梦孙,《中国数字医学》2016 年第 8 期

2017 年

急进高原飞行人员主动低氧预习服方法研究,熊巍,郑军,王惠淑,徐雷,赵东升,《中华航空航天医学杂志》2017 年第 2 期

人民健康系统工程,俞梦孙,《健康大视野》2017 年第 7 期

睡眠质量如何？让床垫告诉你,俞梦孙,杨军,吴锋,曹征涛,成奇明,周玉彬,《科技纵览》2017 年第 8 期

2018 年

深呼吸疗法研究进展,孟祥全,俞梦孙,《世界睡眠医学杂志》2018 年第 3 期

便携式肝血流图测量系统设计,孟祥全,俞梦孙,杨松岩,《中国医疗器械信息》2018 年第 9 期

院士发言集锦,徐匡迪,武向平,谭铁牛,林惠民,邹学校,王家骐,俞梦孙,都有为,吴岳良,管华诗,《科学中国人》2018 年第 11 期

2019 年

随行生理监护系统设计及性能初步验证,曹德森,李德玉,张政波,刘晓莉,梁洪,贺茂庆,俞梦孙,《生物医学工程学杂志》2019 年第 1 期

2020 年

主动健康:从理念到模式,李祥臣,俞梦孙,《体育科学》2020 年第 2 期

基于心率变异性分析的睡眠分期算法研究和验证,郑捷文,张悦舟,兰珂,刘晓莉,张政波,俞梦孙,《中国生物医学工程学报》2020 年第 4 期

稳态与适稳态,高峰,俞梦孙,《生理学报》2020 年第 5 期

主动健康:从理念到模式,李祥臣,俞梦孙,《体育》2020 年第 7 期

砥砺奋进七十载笃定前行再启航,王敏,俞梦孙,杨军,《人民军医》2020 年第 10 期

报纸文献

2015 年

发展顺应自然的健康医学,俞梦孙,《中国中医药报》2015-11-16

2016 年

未来医学发展方向应从治病转向维护健康,俞梦孙,《医学科学报》2016-07-21

2017 年

人民健康工程:恢复健康比治病更重要,俞梦孙,《健康报》2017-04-10

2018 年

整体稳态即是健康,俞梦孙,《中国科学报》2018-08-10

人民健康系统工程与中医现代化,俞梦孙,《中国中医药报》2018-12-28

2019 年

实现"人民健康"的原理和途径,俞梦孙,《中国经济导报》2019-09-26

2020 年

扎实推进全民文明健康系统工程体系建设,俞梦孙,《广西日报》2020-06-18

专利信息

2015 年

基于颏舌肌肌电信号的电极测量装置,发明人:陈宝明,曹征涛,宋天一,张达,王乃中,余良,俞梦孙,申请号:201510201664.9,申请日期:2015-04-24

基于颏舌肌肌电信号的电极测量装置,发明人:陈宝明,宋天一,张达,王乃中,余良,曹征涛,俞梦孙,申请号:201520256595.7,申请日期:2015-04-24

便携式连接装置,发明人:曹征涛,俞梦孙,余良,吕沙里,杨军,郭大龙,申请号:201510400565.3,申请日期:2015-07-08

一种基于导电橡胶材料的无线脑电帽,发明人:郭大龙,曹征涛,杨军,张达,陈宝明,俞梦孙,申请号:201520695169.3,申请日期:2015-09-10

2016 年

一种高原睡眠装置,发明人:吴锋,俞梦孙,申请号:201620318884.X,申请日期:2016-04-15

一种人体生理参数同步测量笔,发明人:吴锋,俞梦孙,王海利,周玉彬,成奇明,申请号:201620733340.X,申请日期:2016-07-12

一种自动测量人体生理信号的马桶圈,发明人:吴锋,俞梦孙,周玉彬,曹征涛,申请号:201621032165.8,申请日期:2016-08-31

2018 年

一种肝血流图测量装置,发明人:孟祥全,俞梦孙,杨松岩,申请号:201810415136.7,申请日期:2018-05-03

一种环境监测与自动控制装置,发明人:吴锋,周玉彬,成奇明,秦瑜斐,杨军,曹征涛,俞梦孙,申请号:201821505354.1,申请日期:2018-09-14

一种环境监测与自动控制装置,发明人:吴锋,周玉彬,成奇明,秦瑜斐,杨军,曹征涛,俞梦孙,申请号:201811073715.4,申请日期:2018-09-14

2020 年

一种穿戴式生理信息监测记录装置,发明人:曹征涛,周玉彬,耿喜臣,杨军,季振宇,杨明浩,金朝,赵显亮,秦瑜斐,成奇明,吕沙里,俞梦孙,申请号:202011266298.2,申请日期:2020-11-13

一种高原用智能型视听反馈式群体呼吸监测系统,发明人:曹征涛,吉保民,杨军,周玉彬,马兰波,秦瑜斐,王聪,刘晓鹏,成奇明,郭大龙,郭子川,俞梦孙,申请号:202011264586.4,申请日期:2020-11-13

(二)对俞梦孙院士的介绍与研究文献目录

期刊文献

俞梦孙:以人民健康为中心,程石江,《健康之友》2018 年第 10 期

俞梦孙:只为战鹰傲长空,史明,《创新世界周刊》2020 年第 12 期

中国工程院院士俞梦孙:健康主人是自己,《老年文摘报》2016 年第 24 期

报纸文献

2015 年

山西宇轩伟业科技有限公司院士工作站合作院士：中国工程院俞梦孙，《太原日报》2015-03-18

俞梦孙院士来我市讲述人类健康工程——展示健康物联网绚烂前景，《鄂州日报》2015-04-27

2016 年

俞梦孙院士考察我市健康物联网项目——李兵陪同考察，周长庆，《鄂州日报》2016-03-05

俞梦孙院士工作站落户云龙，史芸飞，《鄞州日报》2016-03-13

俞梦孙院士工作站落户易中禾，《宁波日报》2016-03-13

中国工程院院士俞梦孙：健康主人是自己，《新城快报》2016-03-28

俞梦孙院士：慢性病"井喷"应以健康医学代替疾病医学，董小红，《大理日报》2016-05-10

施惠芳会见中国工程院院士俞梦孙，《慈溪日报》2016-09-24

2017 年

胡思得 俞梦孙院士"慈溪行"，《慈溪日报》2017-09-16

2018 年

俞梦孙院士工作站落户健康小镇，滕晶晶，《今日桐庐》2018-06-01

俞梦孙院士工作站暨人民健康系统工程示范基地落户江南养生文化村，《青年时报》2018-06-05

俞梦孙院士团队考察禅城产业环境，《珠江时报》2018-06-20

俞梦孙：健康的主人是自己，《山西工人报》2018-12-23

2020 年

俞梦孙院士工作站落户古镇口核心区，李宛遥，陈瑞迪，《青岛西海岸报》2020-09-21

俞梦孙院士工作站在古镇口核心区揭牌，王凯，《青岛日报》2020-09-21

俞梦孙院士科研团队为青岛抗疫捐"能量"，《青岛早报》2020-10-20

庄辉(2001 年当选中国工程院院士)

庄辉(1935 年 1 月 17 日—)，流行病学、微生物学专家，浙江奉化人，北京大学教授，世界卫生组织西太区控制乙型肝炎专家工作组成员、世界肝炎联盟公共卫生学专家、国家药典委员会委员、中华预防医学会副会长、中华医学会理事。

庄辉院士主要从事病毒性肝炎研究，首先证实我国存在流行性和散发型戊型肝炎；在国内首先建立戊型肝炎实验室诊断技术和猕猴动物模型；研制成功"戊型肝炎病毒 IgG 抗体酶联免疫测定试剂盒"和"乙型肝炎病毒表面抗原胶体金试纸条"等，获三项国家新药证书；曾多次获得国家科技进步奖及部级科技进步奖。

2001 年当选为中国工程院院士。

(一)庄辉院士的各类文献目录

著作文献

《中国脂肪肝防治指南　科普版》，范建高，庄辉主编，上海科学技术出版社，2015

《中国丙型肝炎感染现状及防治对策研究报告》，庄辉主编，人民卫生出版社，2017

《中国脂肪肝防治指南　科普版(第 2 版)》，范建高，庄辉主编，上海科学技术出版社，2018

期刊文献

2015 年

2014 年上海国际消化系统疾病会议纪要，曹海霞，庄辉，B. Shen，范建高，《实用肝脏病杂志》2015 年第 1 期

乙肝疫苗接种不能少，庄辉，《大众医学》2015 年第 1 期

全球首部"科普版"《脂肪肝防治指南》10 大关键词(一)，范建高，庄辉，黄薏，《肝博士》2015 年第 2 期

兔抗戊型肝炎病毒抗体定量线性标准品的标定及初步应用，张玉林，刘琳，夏俊珂，曾航，王麟，刘鹏，邹清华，王玲，庄辉，《中国病毒病杂志》2015 年第 2 期

全球首部"科普版"《脂肪肝防治指南》关键词(二)，范建高，庄辉，黄薏，《肝博士》2015 年第 3 期

肝病科普，任重道远，庄辉，《肝博士》2015 年第 3 期

全球首部"科普版"《脂肪肝防治指南》关键词(三)，范建高，庄辉，黄薏，《肝博士》2015 年第 4 期

肝硬化门静脉高压食管胃静脉曲张出血防治指南(2015)，徐小元，丁惠国，贾继东，魏来，段钟平，令狐恩强，刘玉兰，庄辉，《中华胃肠内镜电子杂志》2015 年第 4 期

国产拉米夫定优化治疗 HBeAg 阳性慢性乙型肝炎患者 48 周疗效观察,李蕊,李垚,孟庆华,张占卿,赵平,商庆华,王介非,陈晓蓉,李越,李彤,刘学恩,庄辉,《中国病毒病杂志》2015 年第 4 期

乙型肝炎疫苗在高危人群中的应用,王珍子,刘学恩,庄辉,《中国病毒病杂志》2015 年第 5 期

慢性乙型肝炎防治指南(2015 更新版),王贵强,王福生,成军,任红,庄辉,孙剑,李兰娟,李杰,孟庆华,赵景民,段钟平,侯金林,贾继东,唐红,盛吉芳,彭劼,鲁凤民,谢青,魏来,《中华临床感染病杂志》2015 年第 6 期;《中国病毒病杂志》2015 年第 6 期;《传染病信息》2015 年第 6 期;《中国肝脏病杂志》2015 年第 12 期

丙型肝炎防治指南(2015 更新版),陈红松,窦晓光,段钟平,侯金林,贾继东,李杰,李兰娟,鲁凤民,饶慧瑛,任红,盛吉芳,唐红,魏来,谢青,徐小元,尤红,张欣欣,赵景民,庄辉,《中华临床感染病杂志》2015 年第 6 期

院士专家圆桌会议共商脂肪肝防治策略脂肪肝正在侵害超重肥胖儿童中国首部科普版《脂肪肝防治指南》上海首发,尹费照,范建高,曾民德,庄辉,《自我保健》2015 年第 7 期

慢性乙型肝炎患者抗病毒治疗过程中肝组织 HBV cccDNA 变化及与血清学指标的相关性,刘雪艳,商庆华,刘学恩,庄辉,《肝脏》2015 年第 8 期

聚乙二醇干扰素在中国丙型肝炎治疗中的地位,窦晓光,魏来,任红,张鸿飞,张文宏,庄辉,《中华肝脏病杂志》2015 年第 9 期

乙型肝炎孕妇孕期不用打乙型肝炎免疫球蛋白,庄辉,《健康生活》2015 年第 9 期

药物性肝损伤的流行病学,沈弢,段昭君,庄辉,《肝脏》2015 年第 10 期

赶走脂肪肝,专家来支招,庄辉,范建高,曾民德,赵非一,《家庭医药》2015 年第 13 期

乙肝疫苗接种前可以不筛查,庄辉,《江苏卫生保健》2015 年第 21 期

2016 年

肝硬化门静脉高压食管胃静脉曲张出血的防治指南,徐小元,丁惠国,贾继东,魏来,段钟平,令狐恩强,刘玉兰,庄辉,《中国肝脏病杂志(电子版)》2016 年第 1 期;《中华内科杂志》2016 年第 1 期;《临床肝胆病杂志》2016 年第 2 期;《实用肝脏病杂志》2016 年第 5 期

我国乙型肝炎防控工作进展、挑战及对策,崔富强,庄辉,《中国病毒病杂志》2016 年第 2 期

血清 HBsAg、HBeAg 和抗-HBc 定量检测在慢性乙型肝炎患者抗病毒治疗中的临床意义,高玉华,刘学恩,庄辉,《中国病毒病杂志》2016 年第 2 期

替比夫定治疗慢性乙型肝炎研究进展,余洁,庄辉,《中国病毒病杂志》2016 年第 3 期

儿童丙型肝炎研究进展,高玉华,刘学恩,庄辉,《中国病毒病杂志》2016 年第 4 期

国产拉米夫定优化治疗 HBeAg 阳性慢性乙型肝炎患者 96 周疗效观察,高玉华,李越,孟庆华,张占卿,赵平,商庆华,苏明泽,李彤,刘学恩,庄辉,《中国病毒病杂志》2016 年第 5 期

肝纤维化相关细胞因子和信号通路研究进展,卢玮,刘学恩,庄辉,《中国病毒病杂志》2016 年第 5 期

再论提高我国乙型肝炎治疗的可及性,庄辉,《中华肝脏病杂志》2016 年第 6 期

HBV RNA 病毒样颗粒的潜在临床意义,中华肝脏病杂志临床肝胆病杂志《肝脏》杂志联合社评,鲁凤民,王杰,庄辉,《肝脏》2016 年第 9 期

HBV RNA 病毒样颗粒的潜在临床意义,鲁凤民,王杰,庄辉,《中华肝脏病杂志》2016 年第 9 期

联合免疫阻断乙肝母婴传播影响因素分析,徐兰英,刘建勋,常战军,李杰,孙奎霞,庄辉,《预防医学论坛》2016 年第 10 期

重组酵母乙肝疫苗联合不同剂量乙肝免疫球蛋白母婴阻断效果研究,徐兰英,常战军,刘建勋,李杰,孙奎

霞,庄辉,程桂芝,魏红霞,陈炜卿,王莉敏,胡志敏,《医药论坛杂志》2016 年第 11 期

预防乙型肝炎病毒母婴传播中值得注意的几个问题,庄辉,《中华肝脏病杂志》2016 年第 12 期

防治乙肝要避免三大误区,庄辉,《江苏卫生保健》2016 年第 17 期

2017 年

戊型肝炎流行病学及治疗进展,王麟,王玲,庄辉,《国际流行病学传染病学杂志》2017 年第 1 期

坚持学术公正和独立,推动肝脏病学科健康发展——《中华肝脏病杂志》《临床肝胆病杂志》《肝脏》评论,任红,牛俊奇,陈成伟,贾继东,庄辉,《中华肝脏病杂志》2017 年第 1 期;《肝脏》2017 年第 1 期

加强戊型肝炎防控,庄辉,《中国病毒病杂志》2017 年第 3 期

安络化纤丸对肝纤维化大鼠转化生长因子 β1 及相应信号通路的影响,卢玮,高玉华,王珍子,蔡玉石,杨宇晴,苗玉麒,裴斐,刘学恩,庄辉,《中华肝脏病杂志》2017 年第 4 期

肝硬化腹水及相关并发症的诊疗指南,徐小元,丁惠国,李文刚,贾继东,魏来,段钟平,令狐恩强,庄辉,《中国肝脏病杂志(电子版)》2017 年第 4 期;《中华实验和临床感染病杂志(电子版)》2017 年第 5 期;《传染病信息》2017 年第 5 期;《中华肝脏病杂志》2017 年第 9 期

HBsAg 消失或血清学转换是慢性乙型肝炎理想的治疗终点——2017 年版欧洲肝病学会《慢性乙型肝炎病毒感染管理临床实践指南》解读,庄辉,《中国病毒病杂志》2017 年第 5 期

慢性乙型肝炎病毒感染的自然史及其新命名——2017 年版欧洲肝病学会《慢性乙型肝炎病毒感染管理临床实践指南》解读,庄辉,《中国病毒病杂志》2017 年第 5 期

甲型肝炎灭活疫苗在大学生中加强免疫的效果研究,廖征,冯小武,刘学恩,周义生,文海蓉,彭时辉,张艳霞,许波,庄辉,陈海婴,《中华流行病学杂志》2017 年第 5 期

中国直接抗病毒药物治疗丙型肝炎时代的关键任务,魏来,李洪,贾继东,段钟平,谢青,庄辉,《中国病毒病杂志》2017 年第 6 期

HBsAg 阳性母亲所生新生儿乙肝疫苗和 HBIG 联合免疫后的抗体持久性观察,徐兰英,刘建勋,常战军,李杰,刘亚林,庄辉,程桂芝,魏红霞,陈炜卿,王莉敏,胡志敏,《现代预防医学》2017 年第 7 期

2018 年

肝硬化腹水及相关并发症的诊疗指南(2017,北京),徐小元,丁惠国,李文刚,贾继东,魏来,段钟平,令狐恩强,庄辉,《中华胃肠内镜电子杂志》2018 年第 1 期;《实用肝脏病杂志》2018 年第 1 期

中国乙型肝炎的流行及控制进展,崔富强,庄辉,《中国病毒病杂志》2018 年第 4 期

多种细胞在肝纤维化逆转中的作用,王林,刘学恩,庄辉,《临床肝胆病杂志》2018 年第 4 期

乙型肝炎病毒母婴零传播:理想与挑战,尹雪如,刘志华,刘智泓,李杰,庄辉,窦晓光,侯金林,《中华肝脏病杂志》2018 年第 4 期

肝硬化肝性脑病诊疗指南,徐小元,丁惠国,李文刚,贾继东,魏来,段钟平,刘玉兰,令狐恩强,庄辉,《中国肝脏病杂志(电子版)》2018 年第 4 期;《中华肝脏病杂志》2018 年第 10 期;《中华内科杂志》2018 年第 10 期;《西南医科大学学报》2018 年第 6 期

我国药物性肝损伤流行病学研究现状,沈弢,黄昕,王誉雅,庄辉,《临床肝胆病杂志》2018 年第 6 期

HBeAg 阳性慢性 HBV 感染孕妇血清 HBV DNA 水平与 HBsAg 滴度的相关性及 HBV PreS/S 区基因变异对二者相关性的影响,张欣,闫玲,卢颖,卫凯平,刘秩秀,肖义炜,丁锋,庄辉,李杰,《中华肝脏病杂志》2018 年第 8 期

乙型肝炎治愈的现状与进展,庄辉,《中华肝脏病杂志》2018 年第 8 期

乙肝疫苗接种不能少,庄辉,《大众医学》2018 年第 11 期

2019 年

病毒胞间传播机制的研究进展,张含,范华昊,罗光湘,庄辉,《中国病毒病杂志》2019 年第 1 期

乙型肝炎病毒核心相关抗原定量检测的临床意义,王林,刘学恩,庄辉,《中国病毒病杂志》2019 年第 1 期

戊型肝炎病毒慢性感染研究进展,李双双,王玲,庄辉,《中国病毒病杂志》2019 年第 2 期

戊型肝炎病毒感染相关的肝外疾病,何启瑜,王玲,庄辉,《中国病毒病杂志》2019 年第 2 期

血清 N 糖组学标志物诊断乙型和丙型肝炎病毒相关肝纤维化、肝硬化和肝细胞癌,曹曦,刘学恩,庄辉,《中国病毒病杂志》2019 年第 3 期

安络化纤丸对肝纤维化大鼠肝组织基质金属蛋白酶及其抑制物表达的影响,王林,卢玮,高玉华,曹曦,裴斐,刘学恩,庄辉,《中华肝脏病杂志》2019 年第 4 期

资源有限地区 HBV 感染优化诊断和启动治疗亚洲共识建议解读,庄辉,《中国病毒病杂志》2019 年第 4 期

我国新生儿乙型肝炎母婴阻断成就和展望,崔富强,庄辉,《中国病毒病杂志》2019 年第 5 期

肝硬化肝性脑病诊疗指南(2018 年,北京),徐小元,丁惠国,李文刚,贾继东,魏来,《中华胃肠内镜电子杂志》2019 年第 5 期

安络化纤丸联合恩替卡韦治疗可显著提高慢性乙型肝炎病毒感染者肝纤维化的改善率,苗亮,杨婉娜,董晓琴,张占卿,谢仕斌,张大志,张绪清,成军,张国,赵巍峰,谢青,刘映霞,马安林,李军,尚佳,白浪,曹立华,邹志强,李家斌,吕福东,刘晖,王志津,张明香,陈黎明,梁伟锋,高慧,庄辉,赵鸿,王贵强,《中华肝脏病杂志》2019 年第 7 期

HBV"a"决定簇准种特征是预测母婴传播免疫阻断失败风险的潜在指标,李杰,王杰,庄辉,肖义炜,《临床肝胆病杂志》2019 年第 10 期

肝硬化诊治指南,《中华肝脏病杂志》《实用肝脏病杂志》2019 年第 6 期;《临床肝胆病杂志》2019 年第 11 期

2020 年

慢性乙型肝炎防治指南(2019 年版),王贵强,王福生,庄辉,李太生,郑素军,赵鸿,段钟平,侯金林,贾继东,徐小元,崔富强,魏来,《中国病毒病杂志》2020 年第 1 期

《慢性乙型肝炎防治指南(2019 年版)》新亮点,贾继东,侯金林,魏来,庄辉,《中华肝脏病杂志》2020 年第 1 期

对《中国乙型肝炎病毒母婴传播防治指南(2019 年版)》的商榷,周乙华,李彤,庄辉,《临床肝胆病杂志》2020 年第 1 期;《中华肝脏病杂志》2020 年第 1 期;《中华传染病杂志》2020 年第 1 期;《肝脏》2020 年第 1 期

FibroTouch 检测在慢性乙型肝炎肝纤维化、肝硬化和肝癌患者中的临床应用,王林,刘学恩,庄辉,《中国病毒病杂志》2020 年第 2 期

实事求是是科学工作者的美德——兼复赵英仁、陈耀龙教授的回复,李彤,崔富强,周乙华,向宽辉,庄辉,《临床肝胆病杂志》2020 年第 2 期;《肝脏》2020 年第 2 期

乙型肝炎小表面蛋白 sC76Y 和 sI218L 新突变的发现及体外研究,王璐薇,苏明泽,欧国敏,和凌媛,李垚,庄辉,向宽辉,李彤,《中国病毒病杂志》2020 年第 3 期

强肝胶囊对 CCl₄ 诱导的肝纤维化大鼠肝组织 TGF-β1 和 PDGF-BB 的影响,王林,闫海江,曹曦,裴斐,刘学恩,庄辉,《中西医结合肝病杂志》2020 年第 4 期

世界卫生组织《孕期抗病毒预防乙型肝炎病毒母婴传播指南》解读,庄辉,《中国病毒病杂志》2020 年第

4 期

乙型肝炎临床治愈:共识与争议,侯金林,魏来,王贵强,贾继东,段钟平,庄辉,《中华肝脏病杂志》2020 年第 8 期

血清 N-糖组诊断模型在丙型肝炎患者肝纤维化评价中的应用,曹曦,张莹,南月敏,谈宗男,陈萃英,商庆华,刘学恩,庄辉,《中华肝脏病杂志》2020 年第 12 期

报纸文献

慢性乙肝治疗的"皇家婚礼"尚须延期推荐,庄辉,《中国医学论坛报》2015-10-15

防治乙肝要避免三大误区,庄辉,《健康报》2016-07-27

全球消除病毒性肝炎策略,庄辉,《中国医学论坛报》2016-07-28

我国如何实现消除病毒性肝炎目标,庄辉,《中国医学论坛报》2016-08-04

科学防控疫情(大家手笔),庄辉,《人民日报》2020-02-12

(二)对庄辉院士的介绍与研究文献目录

期刊文献

2015 年

赶走脂肪肝,专家来支招——访中国工程院院士庄辉等,赵非一,《家庭医药(就医选药)》2015 年第 7 期

群策群力,提高我国病毒性肝炎防治可及性——访中国工程院院士庄辉教授,刘志学,《中国医药导报》2015 年第 24 期

2016 年

庄辉:戊型肝炎,东来,《肝博士》2016 年第 2 期

改善病毒性肝炎的预防诊断和治疗 访中国工程院院士、中华预防医学会副会长庄辉教授,叶知秋,《健康大视野》2016 年第 13 期

庄辉:改善病毒性肝炎的预防、诊断和治疗,《健康大视野》2016 年第 13 期

庄辉乙肝疫苗接种三十年之后,李珊珊,《南方人物周刊》2016 年第 27 期

2018 年

庄辉:中国慢性乙肝流行病学现状,陈词,《肝博士》2018 年第 1 期

不忘初心的肝病斗士——记中国工程院医药卫生学部庄辉院士,陈浩,李倩,《中国卫生画报》2018 年第 7 期

2019 年

有效抗病毒是降低肝硬化肝癌风险的关键——访中国工程院院士、北京大学医学部庄辉教授,潘锋,《中国当代医药》2019 年第 2 期

2020 年

庄辉院士:新版慢性乙型肝炎指南主要更新要点,陈词,《肝博士》2020 年第 1 期

报纸文献

附属瑞金医院北院试运行三周年由王振义院士及庄辉院士领衔的"院士专家工作站"将在科研方向、人才培养等方面为北院提供全方位技术指导,《上海交大报》2015-12-28

陈赛娟(2003年当选中国工程院院士)

陈赛娟(1951年5月21日—),细胞遗传学和分子遗传学专家,浙江鄞县人,上海交通大学医学院附属瑞金医院上海血液学研究所所长、研究员。

陈赛娟院士长期致力于白血病发病机理与治疗研究,率先提出了白血病基因组解剖学计划,发现了新的白血病发病的突变基因与融合基因,揭示了白血病发病的新机制,为临床诊断、预后判断和靶向治疗提供了新的生物分子标志和靶标;建立了急性髓性白血病预后的分子分型体系,成功实现急性早幼粒细胞白血病新型协同靶向治疗,并拓展至其他类型白血病;曾获国家自然科学奖。

2003年当选中国工程院院士。

(一)陈赛娟院士的各类文献目录

期刊文献

2015年

H3K36 组蛋白甲基转移酶 Setd2 调控小鼠胚胎干细胞内胚层分化,黄秋花,陈赛娟,《科学新闻》2015年第1期

髓系白血病发病机制和新型靶向治疗研究,陈赛娟,陈竺,王月英,沈杨,诸江,胡炯,毛建华,许捷,颜晓菁,张小伟,《中国科技奖励》2015年第6期

2016年

DNMT3A mutation leads to leukemic extramedullary infiltration mediated by TWIST1,J. Xu,W. Zhang,X. J. Yan,X. Q. Lin,W. Li,J. Q. Mi,J. M. Li,J. Zhu,Z. Chen,S. J. Chen,Journal of Hematology & Oncology,2016(1)

Inhibition of the nuclear export of p65 and IQCG in leukemogenesis by NUP98-IQCG,M. M. Pan,Q. Y. Zhang,P. Liu,J. Y. Huang,Y. Y. Wang,S. J. Chen,Frontiers of Medicine,2016(4)

用斑马鱼模型研究低氧应激在造血和血液疾病中的作用,张凡,黄秋花,陈赛娟,孙晓建,《上海交通大学学报(医学版)》2016年第8期

基于高通量测序数据构建斑马鱼隐性遗传突变筛选系统,张自冠,施静艺,陈漪,孔杰,陈赛娟,黄金艳,《现代生物医学进展》2016年第9期

国家转化医学研究中心(上海)——转化医学国家重大科技基础设施,闻朝君,陈赛娟,《中国科学(生命科学)》2016年第10期

Functional study of novel gene fusions and patterns of epigenetic regulator mutations in adult and childhood B-cell acute lymphoblastic leukemia,W. N. Zhang,M. Zhang,J. Y. Huang,Z. Chen,S. J. Chen,Blood,2016(22)

Knock-in of DNMT3a R878h recapitulates human acute myeloid leukemia harboring DNMT3a mutation and is

highly responsive to mTOR inhibitor rapamycin, Y. J. Dai, Y. Y. Wang, J. Y. Huang, L. Xia, X. D. Shi, S. J. Chen, Z. Chen, Blood, 2016(22)

NPM1 mutation contributes to hematological dysfunction by disrupting H3K79 methylation, J. Xu, W. Zhang, X. J. Yan, C. Zhao, J. Zhu, Z. Chen, S. J. Chen, J. Hu, Blood, 2016(22)

Palladin regulates receptor clustering and actin dynamics in phagocytosis, H. M. Sun, X. L. Chen, J. Zhu, Z. Chen,. J. Chen, Blood, 2016(22)

Targeting factor Xa expression in platelets as a potential gene therapy strategy for hemophilia with inhibitors, D. W. Wang, X. H. Shao, G. W. Zhang, S. X. Yao, X. L. Zhou, J. H. Mao, Z. G. Wang, Z. Chen, S. J. Chen, Blood, 2016(22)

2017 年

Gene mutational pattern and expression level in 560 acute myeloid leukemia patients and their clinical relevance, Y. M. Zhu, P. P. Wang, J. Y. Huang, Y. S. Chen, B. Chen, Y. J. Dai, H. Yan, Y. Hu, W. Y. Cheng, T. T. Ma, S. j. Chen, Y. Shen, Journal of Translational Medicine, 2017(1)

Palladin is a novel microtubule-associated protein responsible for spindle orientation, X. Zhang, X. l. Chen, J. Liu, X. Xu, Y. L. Zhang, Z. Ruan, Y. Y. Xie, Q. H. Huang, T. Yin, Z. Chen, S. J. Chen, Scientific Reports, 2017(1)

Viral RNA-unprimed Rig-I restrains Stat3 activation in the modulation of regulatory T cell/Th17 cell balance, H. Yang, H. Z. Guo, X. Y. Li, J. Lin, W. Zhang, J. M. Zhao, H. X. Zhang, S. J. Chen, Z. Chen, J. Zhu, Journal of Immunology, 2017(1)

SETD2 is critical for maintaining hematopoietic homeostasis, Y. L. Zhang, J. W. Sun, Z. Chen, S. J. Chen, X. J. Sun, Q. H. Huang, Blood, 2017(S1)

Polymorphisms of exon 5, exon 7 and intron 10 of MMP2 gene and their association with wool density in Rex rabbits, S. J. Chen, Y. J. Liu, T. Liu, B. J. Chen, Z. L. Gu, World Rabbit Science, 2017(2)

造血干细胞重编程的探索与进展, 程小岩, 许艾宁, 刘丹, 黄秋花, 陈赛娟,《中国基础科学》2017 年第 3 期

Poisoning the devil, Z. Chen, S. J. Chen, Cell, 2017(4)

基因治疗:现状与展望, 王嫱, 张琳, 陈赛娟,《中国基础科学》2017 年第 4 期

SLC2A5 介导的果糖利用增强是急性髓系白血病的独特代谢特征并具有潜在治疗价值, W. L. Chen, Y. Y. Wang, A. H. Zhao, L. Xia, G. X. Xie, M. M. Su, L. J. Zhao, J. J. Liu, C. Qu, R. M. Wei, C. Rajani, Y. Ni, Z. Cheng, Z. Chen, 陈赛娟, 贾伟,《科学新闻》2017 年第 4 期

PALLD regulates phagocytosis by enabling timely actin polymerization and depolymerization, H. M. Sun, X. L. Chen, X. J. Chen, J. Liu, L. Ma, H. Y. Wu, Q. H. Huang, X D. Xi, T. Yin, J. Zhu, Z. Chen, S. J. Chen, Journal of Immunology, 2017(5)

GATA5 SUMOylation is indispensable for zebrafish cardiac development, B. Wen, H. Yuan, X. H. Liu, H. H. Wang, S. J. Chen, Z. Chen, J. Zhou, J. Zhu, Biochimica et Biophysica Acta(BBA)-General Subjects, 2017(7)

2018 年

RING tetramerization is required for nuclear body biogenesis and PML sumoylation, P. R. Wang, S. Benhenda,H. Y. Wu,V. Lallemand-Breitenbach,T. Zhen,F. Jollivet,L. Peres,Y. W. Li,S. J. Chen,Z. Chen,H. de Thé,G. Y. Meng,Nature Communications,2018(1)

Arsenic trioxide at conventional dosage does not aggravate hemorrhage in the first-line treatment of adult acute promyelocytic leukemia,W. Cui,J. Wang,R. M. Nie,L. L. Zhao,M. Q. Gao,H. M. Zhu,L. Chen,J. Hu,J. M. Li,Z. X. Shen,Z. Y. Wang,S. J. Chen,European Journal of Haematology,2018(4)

Metformin prolonged the survival of diffuse large B-cell lymphoma and grade 3b follicular lymphoma patients responding to first-line treatment with rituximab plus cyclophosphamide, doxorubicin, vincristine, and prednisone: A prospective phase II clinical trial,X. Fan,H. J. Zhong,B. B. Zhao,B. S. Ou-Yang,Y. Zhao,J. Ye,Y. M. Lu,C. F. Wang,H. Xiong,S. J. Chen,A. Janin,L. Wang,Translational Cancer Research,2018(4)

SETD2 deficiency impairs hematopoietic stem cell self-renewal and causes malignant transformation,Y. L. Zhang,J. W. Sun,Y. Y. Xie,Y. Zhou,P. Liu,J. C. Song,C. H. Xu,L. Wang,D. Liu,A. N. Xu,Z. Chen,S. J. Chen,Cell Research,2018(4)

Structural basis of DUX4/IGH-driven transactivation,X. Dong,W. N. Zhang,H. Y. Wu,J. Y. Huang,M. Zhang,P. R. Wang,H. Zhang,Z. Chen,J. Chen,G. Y. Meng,Leukemia,2018(6)

Respecifying human iPSC-derived blood cells into highly engraftable hematopoietic stem and progenitor cells with a single factor,Y. T. Tan,L. Ye,F. Xie,A. I. Beyer,M. O. Muench,J. M. Wang,Z. Chen,H. Liu,S. J. Chen,Y. W. Kan,Proceedings of the National Academy of Sciences of the United States of America,2018(9)

RNF4 regulates zebrafish granulopoiesis through the DNMT1-C/EBPα axis,L. X. Wang,X. H. Liu,H. H. Wang,H. Yuan,S. J. Chen,Z. Chen,H. de Thé,J. Zhou,J. Zhu,FASEB Journal,2018(9)

TanCAR T cells targeting CD19 and CD133 efficiently eliminate MLL leukemic cells,D. Li,Y. T. Hu,Z. Jin,Y. Zhai,Y. T. Tan,Y. Sun,S. H. Zhu,C. J. Zhao,B. Chen,J. Zhu,Z. Chen,S. J. Chen,Leukemia,2018(9)

Arsenic circumvents the gefitinib resistance by binding to P62 and mediating autophagic degradation of EGFR in non-small cell lung cancer,J. H. Mao,L. Ma,Y. Shen,K. K. Zhu,R. Zhang,W. D. Xi,Z. Ruan,C. Luo,Z. Chen,X. D. Xi,S. J. Chen,Cell Death & Disease,2018(10)

Fine mapping MHC associations in Graves' disease and its clinical subtypes in Han Chinese,X. Chu,M. J. Yang,Z. J. Song,Y. Dong,C. Li,M. Shen,Y. Q. Zhu,H. D. Song,S. J. Chen,Z. Chen,W. Huang,Journal of Medical Genetics,2018(10)

Inactivation of PBX3 and HOXA9 by down-regulating H3K79 methylation represses NPM1-mutated leukemic cell survival,W. Zhang,C. Zhao,J. M. Zhao,Y. M. Zhu,X. Q. Weng,Q. S. Chen,H. P. Sun,J. Q. Mi,J. M. Li,J. Zhu,Z. Chen,P. P. Pandolfi,S. J. Chen,X. J. Yan,J. Xu,Theranostics,2018(16)

Transcriptional landscape of B cell precursor acute lymphoblastic leukemia based on an international study of 1,223 cases,J. F. Li,Y. T. Dai,H. Lilljebjörn,S. H. Shen,B. W. Cui,L. Bai,Y. F. Liu,M. X. Qian,Y. Kubota,H. Kiyoi,I. Matsumura,Y. Miyazaki,L. Olsson,A. M. Tan,H. Ariffin,J. Chen,J. Takita,T. Yasuda,H. Mano,B. Johansson,J. J. Yang,A. Eng-Juh Yeoh,F. Hayakawa,Z. Chen,C. H. Pui,T. Fioretos,S. J. Chen,J. Y. Huang,Proceedings of the National Academy of Sciences of the United States of America,2018(50)

2019 年

B1 oligomerization regulates PML nuclear body biogenesis and leukemogenesis,Y. W. Li,X. D. Ma,Z. M. Chen,H. Y. Wu,P. R. Wang,W. Y. Wu,N. Cheng,L. H. Zeng,H. Zhang,X. Cai,S. J. Chen,Z. Chen,Nature Communications,2019(1)

MLL is required for miRNA-mediated translational repression,S. H. Zhu,Z. H. Chen,R. H. Wang,Y. T. Tan,M. L. Ge,Y. Sun,D. Li,Y. T. Hu,C. J. Zhao,Z. Chen,S. J. Chen,H. Liu,Cell Discovery,2019(1)

International collaboration to save children with acute lymphoblastic leukemia,C. H. Pui,J. Y. Tang,J. J. Yang,S. J. Chen,Z. Chen,Journal of Global Oncology,2019(5)

Treating leukemia:Differentiation therapy for mIDH2 AML,X. J. Sun,S. J. Chen,Z. Chen,Cell Research,2019(6)

Destabilization of AETFC through C/EBPα-mediated repression of LYL1 contributes to t(8;21) leukemic cell differentiation,M. M. Zhang,N. Liu,Y. L. Zhang,B. W. Rong,X. L. Wang,C. H. Xu,Y. Y. Xie,S. H. Shen,J. Zhu,S. D. Nimer,Z. Chen,S. J. Chen,Leukemia,2019(7)

TAMM41 is required for heart valve differentiation via regulation of PINK-PARK2 dependent mitophagy,R. M. Yang,J. Tao,M. Zhan,H. Yuan,H. H. Wang,S. J. Chen,Z. Chen,H. de Thé,J. Zhou,Y. Guo,J. Zhu,Cell Death and Differentiation,2019(11)

Management of acute promyelocytic leukemia:Updated recommendations from an expert panel of the european leukemianet,M. A. Sanz,P. Fenaux,M. S. Tallman,E. H. Estey,B. Löwenberg,T. Naoe,E. Lengfelder,H. Döhner,A. K. Burnett,S. J. Chen,V. Mathews,H. Iland,Blood,2019(15)

2020 年

Interferon regulatory factor 2 binding protein 2b regulates neutrophil versus macrophage fate during zebrafish definitive myelopoiesis,L. X. Wang,S. Gao,H. H. Wang,C. Xue,X. H. Liu,H. Yuan,Z. X. Wang,S. J. Chen,Z. Chen,H. de Thé,Y. Y. Zhang,W. Q. Zhang,Haematologica,2020(2)

Protecting healthcare personnel from 2019-nCoV infection risks:Lessons and suggestions,Z. R. Zhang,S. L. Liu,M. Xiang,S. J. Li,D. H. Zhao,C. L. Huang,S. J. Chen,Frontiers of Medicine,2020(2)

Back to the spring of Wuhan:Facts and hope of COVID-19 outbreak,G. B. Zhou,S. J. Chen,Z. Chen,Frontiers of Medicine,2020(2)

Advances in COVID-19:The virus, the pathogenesis, and evidence-based control and therapeutic strategies,G. B. Zhou,S. J. Chen,Z. Chen,Frontiers of Medicine,2020(2)

The CRISPR/Cas9-mediated gene deletion efficiently retards the progression of Philadelphia-positive acute lymphoblastic leukemia in a p210 BCR-ABL1 T315I mutation mouse model,Y. T. Tan,L. Ye,F. Xie,J. M. Wang,M. Müschen,S. J. Chen,Y. W. Kan,H. Liu,Haematologica,2020(5)

Restoration of microRNA function impairs MYC-dependent maintenance of MLL leukemia,S. H. Zhu,X. Y. Cheng,R. H. Wang,Y. T. Tan,M. L. Ge,D. Li,Q. Y. Xu,Y. Sun,C. J. Zhao,S. J. Chen,H. Liu,Leukemia,2020(9)

报纸文献

加快老年护理医院建设　推动养老服务产业发展,陈赛娟,《联合时报》2015-03-10

专利信息

2017 年

肝脏特异性转录调控序列及其应用,发明人:张琳,陈赛娟,王嫱,申请号:201711098538.0,申请日期:2017-11-09

2018 年

基于 **RNAseq** 数据的基因融合与突变检测方法及系统,发明人:黄金艳,陈赛娟,李剑锋,代雨婷,崔博文,严天奇,白玲,陈冰,申请号:201810017454.8,申请日期:2018-01-09

一种体内扩增造血干细胞的方法,发明人:刘晗,谭宇婷,叶林,简悦威,陈赛娟,申请号:201810044543.1,申请日期:2018-01-17

一种体内扩增造血干细胞的方法,发明人:刘晗,谭宇婷,叶林,简悦威,陈赛娟,申请号:201810044543.1,申请日期:2018-01-17

一种实现人的诱导多能干细胞来源的造血干祖细胞强效体内移植的方法,发明人:刘晗,谭宇婷,叶林,简悦威,陈赛娟,申请号:201810051686.5,申请日期:2018-01-19

2019 年

靶向血小板表达的凝血因子 **Xa** 及其应用,发明人:陈赛娟,章国卫,陈竺,王大威,邵小虎,申请号:201910412864.7,申请日期:2019-05-01

一种诱导体细胞重编程为造血干/祖细胞且促进造血干/祖细胞体外扩增的组合物及其应用,发明人:程林,周易,陈赛娟,申请号:201910916253.6,申请日期:2019-09-26

(二)对陈赛娟院士的介绍与研究文献目录

著作文献

《绚丽的生命风景线:记陈竺、陈赛娟院士》,上海交通大学医学院组编,上海交通大学出版社,2006

期刊文献

2015 年

陈赛娟:海上玉兰芬芳满园,《上海支部生活(前沿)》2015 年第 6 期

陈赛娟院士 18 年努力出成果以毒攻毒,治疗急性白血病《白血病上海方案》被全球各血液中心推广应用,卫文轩,《自我保健》2015 年第 8 期

陈赛娟院士获上海自然科学奖首个特等奖,《中华医学信息导报》2015 年第 10 期

陈赛娟——从纺织女工到院士的华丽转身,本刊编辑部,《健康必读》2015 年第 12 期

2016 年

陈赛娟课题组解析急性 **B** 淋巴细胞白血病分子发病机制取得新进展,《上海交通大学学报(医学版)》2016 年第 6 期

贾伟课题组与陈赛娟课题组取得白血病代谢组学研究新进展,《上海交通大学学报(医学版)》2016 年第 11 期

2017 年

中国院士——陈赛娟,《世界最新医学信息文摘》2017 年第 2 期

陈赛娟课题组在 **DNMT3A** 突变相关白血病的发病分子机制及靶向治疗研究领域取得新进展,《上海交通大学学报(医学版)》2017 年第 9 期

上海交通大学医学院附属瑞金医院陈赛娟院士被法国大学授予名誉博士,《中华医学信息导报》2017 年第 23 期

2018 年

陈赛娟院士当选上海市科协主席,《科学家》2018 年第 10 期

2019 年

您就是那振翅的风——记上海交通大学医学院附属瑞金医院陈赛娟院士,《中国研究生》2019 年第 6 期

报纸文献

2015 年

市领导会见陈赛娟院士,仪渊,《淮安日报》2015-02-28

中国科协副主席、中国工程院院士陈赛娟莅临市一院讲学,王树文,王玉玲,《淮安日报》2015-03-03

为白血病患者带来生的希望——记上海市自然科学奖特等奖获得者陈赛娟院士团队,王春,吉亚栋,《科技日报》2015-05-19

陈赛娟获上海市自然科学特等奖,本报综合消息,《医师报》2015-05-21

陈赛娟院士:在一定条件下砒霜治愈白血病患者数千人,《常州日报》2015-12-12

院领导一行前往附属瑞金医院调研并拜访看望了王振义、陈赛娟和宁光等三位院士以及李宏为教授,《上海交大报》2015-12-21

2016 年

陈赛娟:把论文写在祖国的大地上,耿挺,《上海科技报》2016-06-01

贾伟与陈赛娟两课题组合作研究白血病获新成果急性髓细胞白血病(AML)细胞具有极强的果糖代谢能力,而活跃的果糖代谢促进白血病的恶性进展,《上海交大报》2016-10-17

2017 年

附属瑞金医院陈赛娟院士获首届全国创新争先奖状,《上海交大报》2017-06-05

陈赛娟程天民获吴阶平医学奖,黄启艳,谭华健,夏升权,《中山日报》2017-11-11

陈赛娟、程天民院士获吴阶平医学奖——颁奖大会近日在中山举行,罗丽娟,王谦,涂莉,高绮琳,《南方日报》2017-11-12

陈赛娟院士荣获吴阶平医学奖,《上海交大报》2017-11-20

上交大陈赛娟被法国大学授予名誉博士,《科技日报》2017-11-28

2018 年

陈赛娟当选新一届上海市科协主席,郭颖,《青年报》2018-09-26

陈赛娟院士当选上海市科协主席,《健康时报》2018-10-16

陈赛娟院士在世界中西医结合大会上作主旨报告,《上海交大报》2018-12-17

2019 年

《中国科学报》陈赛娟:探索更合理的科技评价体系,《上海交大报》2019-03-18

高中生写信向陈赛娟求助,只为聆听顶尖科学家讲未来科技,耿挺,《上海科技报》2019-11-06

2020 年

中国工程院院士陈赛娟:转化医学大设施政策环境亟待优化,黄辛,卜叶,《中国科学报》2020-06-19

沈祖尧（2011 年当选中国工程院院士）

　　沈祖尧（1959 年 10 月 22 日— 　）胃肠病学专家，祖籍浙江宁波，曾任香港中文大学校长，英国皇家内科医学院、美国胃肠病学学院、澳洲皇家内科医学院等九个学院的院士。

　　沈祖尧院士在国际上首创了为期一周的抗幽门螺杆菌治疗方案；率先采用内窥镜治疗消化性溃疡出血；制定多种预防因非甾体消炎药引起的溃疡并发症的治疗方案；率先在亚太地区确立了结肠镜检查对早期发现无症状大肠癌的临床筛查价值；在消化系统肿瘤发生的分子机制方面进行了系列创新性研究；曾获国家科技进步奖、何梁何利基金科学与技术进步奖及多个国外奖项。

　　2011 年当选为中国工程院院士。

（一）沈祖尧院士的各类文献目录

著作文献

《整合胃肠肿瘤学基础》，任建林，王秀伯，刘润皇主编，樊代明，沈祖尧，李兆申主审，人民卫生出版社，2014

《笔遇》第 4 版，沈祖尧，潘诵轩著，经济日报出版社，2016

《笔遇》增订版，沈祖尧，潘诵轩著，香港中文大学出版社，2018

期刊文献

2015 年

不流俗不盲从不负此生，沈祖尧，尹世昌，《少先队研究》2015 年第 5 期

不负此生，沈祖尧，《情感读本》2015 年第 6 期；《作文通讯（高中版）》2015 年第 7 期；《读写月报（初中版）》2016 年第 C2 期；《高中生（职教创客）》2018 年第 8 期

做引领时代的人，沈祖尧，《天天爱学习（六年级）》2015 年第 28 期

2016 年

我对毕业同学的临别赠言，沈祖尧，《语文世界（初中版）》2016 年第 1 期

如何不负此生，沈祖尧，《读写月报》2016 年第 C4 期

2017 年

不负此生 不负我心，沈祖尧，《大学科普》2017 年第 2 期

二十岁早该知道的二三事，沈祖尧，《方向（奥秘）》2017 年第 32 期

2018 年

如何不负此生,沈祖尧,旧格子,《中学生百科(悦青春)》2018 年第 7 期

报纸文献

不负此生,沈祖尧,《法制日报》2015-06-03

如何不负此生,沈祖尧,《法制日报》2016-11-09

成功,只会在奉献之后到来,沈祖尧,徐蓓,《解放日报》2015-07-17

专利信息

2015 年

结直肠癌预后判断标记物、表达评估方法、试剂盒及应用,发明人:于君,沈祖尧,许丽霞,申请号:201510055483.X,申请日期:2015-01-30

胃癌标记物、其表达和甲基化检测方法、试剂盒及应用,发明人:于君,沈祖尧,梁巧仪,王昆宁,申请号:201510033311.2,申请日期:2015-01-22

2017 年

无线磁控内窥镜,发明人:李峥,吴士衡,赵伟仁,沈祖尧,申请号:201780018012.9,申请日期:2017-01-19

结肠直肠癌的粪便细菌标志物,发明人:于君,沈祖尧,梁巧仪,申请号:201710261558.9,申请日期:2017-04-20

2018 年

作为癌症生物标志物的肿瘤抑制基因 REC8,发明人:于君,沈祖尧,梁巧仪,申请号:201810481334.3,申请日期:2018-05-18

2020 年

结肠直肠癌的 miRNA 标志物,发明人:于君,沈祖尧,梁巧仪,申请号:202080002435.3,申请日期:2020-03-10

(二)对沈祖尧院士的介绍与研究文献目录

期刊文献

沈祖尧:善用"团队"力量 "科学梦"可以有,《青年时代(千校万师)》2015 年第 9 期

沈祖尧:共同思考生命质素,《农家科技(城乡统筹)》2016 年第 9 期

沈祖尧:不负此生不负我心,《知识》2017 年第 12 期

报纸文献

2015 年

沈祖尧解读青年关注港事原因,香港《文汇报》2015-01-22

沈祖尧解读年轻人愤怒冀社会多聆听及了解,《都市日报》2015-01-22

沈祖尧:没收过特首指示人事任命中大落实建医院,《都市日报》2015-02-24

沈祖尧不存在包庇员工,《都市日报》2015-04-24

《如果还有明天》访沈祖尧,《澳门日报》2015-04-25

沈祖尧:吞公款已报深税局,香港《文汇报》2015-04-25

沈祖尧冀长辈让年轻人错误中学习,《都市日报》2015-06-12

沈祖尧来慈寻根,《慈溪日报》2015-06-17

沈祖尧:家长消费心态养出王子公主,香港《文汇报》2015-06-23

港中大校长沈祖尧做客校长讲坛,《上海交大报》2015-06-29

香港中文大学校长沈祖尧主讲消化道癌症受聘我校名誉教授,《华侨大学报》2015-06-30

港大沈祖尧谈职训:教技能亦要育心,香港《文汇报》2015-08-01

沈祖尧:创科局利青年发展科研,香港《文汇报》2015-08-24

沈祖尧主持中大迎新游戏,香港《文汇报》2015-09-04

沈祖尧率中大义工月饼敬老,香港《文汇报》2015-09-07

首任大学校监沈祖尧:没修改需要,香港《文汇报》2015-09-08

沈祖尧勉研究生跳出舒适区开眼界,香港《文汇报》2015-09-21

中大校董会新主席沈祖尧料半年内选出,香港《文汇报》2015-11-13

球迷嘘国歌沈祖尧感不安,《都市日报》2015-12-04

沈祖尧批嘘国歌嘱学生铭记你是中国人,香港《文汇报》2015-12-04

中大生返旧居跳楼亡 沈祖尧哀痛吁珍惜生命,《都市日报》2015-12-16

邱勇分别会见香港科技大学校长陈繁昌、香港中文大学校长沈祖尧,《新清华》2015-12-25

沈祖尧:预防消化道癌症应少吃肉,《人民政协报》2015-12-30

2016 年

沈祖尧认港中大可和澳中医药研究合作,《澳门华侨报》2016-01-25

中大学生会候选内阁吁今日停课 沈祖尧回应我零下 37 度都要上学,《都市日报》2016-01-25

沈祖尧分享心路嘱学生勿行绝路,香港《文汇报》2016-01-27

中大生雨中堵截沈祖尧,香港《文汇报》2016-01-30

沈祖尧是学界第一公关,《都市日报》2016-02-26

青年一生为砖头　沈祖尧反问值得吗?《都市日报》2016-03-07

港中文校长沈祖尧谈学业压力:唔使咁万能,《香港法治报》2016-04-01

沈祖尧女获奖学金,《都市日报》2016-04-22

沈祖尧幼女承父业盼多大学中西合疗,香港《文汇报》2016-04-22

沈祖尧膺世大联盟合委会主席,香港《文汇报》2016-05-24

沈祖尧赞朗朗求生意志强,《都市日报》2016-09-01

学生会毒害开学礼沈祖尧:中大唔撑独,香港《文汇报》2016-09-06

沈祖尧勉新生写计划学三识,香港《文汇报》2016-09-06

沈祖尧粪菌医胃你估唔到,香港《文汇报》2016-09-28

沈祖尧不满校园内打牌,《都市日报》2016-10-06

搞事生骑劫毕业礼沈祖尧批举动不当,香港《文汇报》2016-11-18

沈祖尧斥行为不当及提及师之过中大毕业礼有学生示威,《澳门华侨报》2016-11-18

2017 年

研大肠癌筛查防治沈祖尧望在内地推广,香港《文汇报》2017-01-10

特稿沈祖尧冀筛检计划扩至逾 50 岁,香港《文汇报》2017-01-17

中大大肠癌研究获国家自然科学二等奖沈祖尧及团队与众分享成果,《澳门华侨报》2017-01-17

沈祖尧已拒特首参选人邀入管治班子,《都市日报》2017-02-07

沈祖尧曾获邀加入管治班子,《都市日报》2017-02-08

沈祖尧:无意入政治热厨房,香港《文汇报》2017-02-08

沈祖尧冀新特首助青年觅出路,香港《文汇报》2017-03-13

回归 20 年风云人物系列之十六沈祖尧亲民校长,《都市日报》2017-03-28

Mercer 手记幸福传声基金会推关怀行动沈祖尧剖白自身心灵小屋,《都市日报》2017-04-21

专题勉医生有医心沈祖尧梁卓伟热情传承,《都市日报》2017-05-26

沈祖尧:应多聆听年轻人意见,《澳门华侨报》2017-07-07

段崇智任中大校长　沈祖尧早半年卸任,《都市日报》2017-07-26

中大爱心月饼沈祖尧亲手做送予长者,《都市日报》2017-08-09

校长回应沈祖尧盼社会信任司法制度,香港《文汇报》2017-09-05

沈祖尧:独品必须清惩辱华学生,香港《文汇报》2017-09-16

千人参与中大夜跑沈祖尧冀创跑步风气,《都市日报》2017-11-10

毕业礼遇搞事　沈祖尧劝处事留三分,香港《文汇报》2017-11-17

沈祖尧金句醒抗议学生,《都市日报》2017-11-17

NEWS 力场沈祖尧搞咩要迫巴士?《都市日报》2017-11-27

沈祖尧扬威国际,香港《文汇报》2017-12-04

沈祖尧研炎症性肠病获"国际 Herbert Falk 奖",《大公报》2017-12-04

沈祖尧:大是大非不能妥协,香港《文汇报》2017-12-20

沈祖尧寄语学生扩视野,《大公报》2017-12-30

沈祖尧:大学不是政争场所,《香港商报》2017-12-30

港中大校长沈祖尧卸任将重返医学界工作,《濠江日报》2017-12-30

2018 年

香港中文大学校长沈祖尧率团访问清华,王玉杰,任蕾,《新清华》2018-01-05

沈祖尧:解科研资金不足困局徐立之:与湾区产业界加强合作,《大公报》2018-05-16

创科经费来港助港发展沈祖尧认是非常重要强心针,《澳门华侨报》2018-05-16

沈祖尧:资金过河"救活"中大科研,《大公报》2018-05-17

沈祖尧减肥配合计划,《大公报》2018-07-06

沈祖尧为小凤当嘉宾,高梁,《澳门日报》2018-09-19

沈祖尧等三人获荣誉博士学位,《中国新闻》2018-12-02

2019 年

沈祖尧:文学是大学校园的灵魂,香港《文汇报》2019-02-09

沈祖尧下周澳大演讲,《澳门华侨报》2019-02-13

沈祖尧讲人工智能医疗与教育,《星报》2019-02-13

澳大将邀沈祖尧主讲人工智能时代医疗教育,《濠江日报》2019-02-13

澳大办荣誉博士讲座系列沈祖尧下周谈人工智能时代医疗与教育,《市民日报》2019-02-13

沈祖尧谈人工智能医疗与教育,《星报》2019-02-23

沈祖尧谈人工智能医疗与教育 倡政府迎接翻天覆地的变化,《澳门华侨报》2019-02-24

沈祖尧澳大谈人工智能医疗,《澳门日报》2019-02-27

沈祖尧重返公院吁减医护文书工作,《大公报》2019-03-18

公共卫生沈祖尧重返公院吁减医护文书工作,《大公报》2019-03-22

2020 年

沈祖尧吁医护勿忘初心,《澳门华侨报》2020-02-05

沈祖尧冀医护勿忘救人使命,香港《文汇报》2020-02-05

沈祖尧倡加强机场防疫把关,《大公报》2020-02-17

沈祖尧忆抗沙士:战疫需全港团结,香港《文汇报》2020-02-18

康复者喜悦是一生回忆,香港《文汇报》2020-02-23

沈祖尧明年任南洋理工医学院院长,香港《文汇报》2020-08-12

沈祖尧倡多做检测严守关口,香港《文汇报》2020-10-05

Ⅳ　关于宁波籍院士介绍与研究的综合文献目录

著作文献

《甬籍院士风采录》,周忠德主编,宁波市科学技术协会编浙江大学出版社,2002

《宁波籍院士文献资料目录汇编》(上、下),周兴华编,湖北科学技术出版社,2017

期刊文献

"宁波籍院士故乡行"活动别开生面,张定科,《科协论坛》1999 年第 12 期

《宁波籍院士文献目录汇编》编制思路与信息价值,周兴华,《浙江万里学院学报》2018 年第 6 期

甬籍院士品牌整合传播策略初探,隗静秋,徐光华,董强,《浙江万里学院学报》2014 年第 2 期

报纸文献

1999 年

为科教兴市献计献策　廿多位甬籍院士下月聚会宁波,沈朝晖,《宁波日报》1999-08-19

"宁波籍院士故乡行"系列学术报告会安排一览,《宁波日报》1999-09-12

30 多位甬籍院士携手故乡行黄兴国张蔚文等领导昨晚看望抵甬的院士,沈朝晖,《宁波日报》1999-09-13

『甬籍院士乡行』活动启幕昨考察了科技产业园区、北仑洪、开发区、宁波大学等地,沈朝晖,《宁波日报》1999-09-14

参加甬籍院士故乡行等活动嘉宾,《宁波日报》1999-09-15

浓浓故乡情-宁波籍院士『院士林』植树见闻,龚哲明,《宁波日报》1999-09-15

2004 年

愿家乡成为人才摇篮——甬籍两院院士参观高教园区侧记,《宁波日报》2004-08-03

2005 年

宁波籍院士雕塑园落户高教园区:预计 7 月正式对游客开放,《宁波日报》2005-05-26

宁波籍院士新增五位:甬籍院士总数已达 92 名,稳居全国各城市首位,沈朝晖,施英,《宁波日报》2005-12-21

2008 年

宁波市慰问在沪甬籍院士,宁冰,《大众科技报》2008-01-22

宁波市科协心系灾区的宁波籍院士,宁冰,《大众科技报》2008-05-20

甬籍院士 8 年送药助医嵇琪——目前嵇琪已迈入快速康复期,《东南商报》2008-10-03

2011 年

甬籍院士作了一场"音乐报告",《宁波晚报》2011-11-12

甬籍院士总数破百,《宁波日报》2011-12-10

宁波籍两院院士新增 6 位——目前宁波籍院士已达 102 人,总数居全国各大城市之首,《东南商报》2011-12-10

两院新增院士中有 6 位为宁波籍——至此,宁波籍院士已超百人,《宁波晚报》2011-12-10

2012 年

展示甬籍院士 介绍科研动态 大学生把院士林搬上网,《现代金报》2012-04-27

2013 年

甬籍院士至少新增 6 名,《宁波日报》2013-12-20

2014 年

甬籍院士心系家乡密集来甬传道交流,《宁波日报》2014-05-19

晚报是甬籍院士了解故土的窗口,《宁波晚报》2014-11-14

2015 年

甬籍院士新增 2 名,《宁波日报》2015-12-08

宁波籍"两院"院士又增加两名——目前甬籍院士达到 110 位,居全国前列,邵莹,杨淑芸,王颖,《现代金报》2015-12-08

中国工程院新增两名宁波籍院士——宁波籍院士总数已达 110 名,罗湘波,邵莹,《宁波晚报》2015-12-08

2018 年

这次是加拿大甬籍院士,《现代金报》2018-04-27

宁波又添一位全职甬籍院士,《宁波日报》2018-10-11

2019 年

"甬籍院士"锦上添花传帮带——以他们为枢纽站 以他们为引路人,徐文燕,范世清,徐欣中,《东南商报》2019-10-11

甬籍院士故乡行走进镇海,张超梁,武亚东,《今日镇海》2019-10-18

甬籍院士为宁波高质量发展插上腾飞之翼,金鹭,范世清,徐欣中,《宁波日报》2019-10-18

"甬籍院士故乡行"20 周年纪念活动在海曙举行,《海曙新闻》2019-10-21

2 位宁波籍、5 位在甬工作科学家当选两院院士,徐文燕,乐骁立,《宁波晚报》2019-11-23

附录1 宁波籍院士名单(以当选时间为序)^①

一、中国科学院66人(已故30人,健在36人)

当选年份	院士姓名
1955	纪育沣、章名涛、贝时璋、李庆逵、童第周
1980	黄 量、郑哲敏、谈家桢、任美锷、翁文波、朱祖祥、陈中伟、鲍文奎、戴传曾
1991	陈俊勇、石钟慈、陈俊亮、刘元方、李志坚、杨福愉、周毓麟、路甬祥、颜鸣皋、杨雄里、杨福家、陈子元、白以龙
1993	孙儒泳、吴祖泽、应崇福、周兴铭、朱兆良
1995	徐祖耀、於崇文、陈宜张、沈珠江、王阳元、吴常信、贺贤土、朱起鹤
1997	韩启德、洪国藩、沈自尹、戎嘉余
1999	余梦伦、戚正武
2003	陈创天、计亮年、章梓雄
2005	王正敏、包为民、陈祖煜、何积丰、童坦君
2007	柴之芳
2009	侯凡凡
2011	郑建华、张明杰
2013	陈恕行、方岱宁
2015	景益鹏
2017	王建宇、马余刚、郑志明
2021	李 骏、马余强

① 注:附录中有关宁波籍院士的数据信息截至2023年2月。目前,甬籍院士共有121位。其中,中国科学院院士66位,中国工程院院士58位(郑哲敏、陈俊亮、路甬祥三位院士为两院双院士)。

二、中国工程院 58 人(已故 16 人,健在 42 人)

当选年份	院士姓名
1994	郑哲敏、朱高峰、汪成为、倪光南、何德全、路甬祥、陈俊亮
1995	汤德全、陈敬熊、郁铭芳、朱英浩、毛用泽、周永茂、何友声、林永年、翁史烈、阮可强、袁渭康、周光耀、乐嘉陵、胡思得、沈昌祥
1996	陈亚珠、陆道培
1997	陈毓川、陈肇元、童志鹏、翁心植、余松烈、徐秉汉
1999	倪维斗、魏正耀、俞梦孙、谢世楞
2001	庄　辉、范立础、魏敦山、孙忠良、徐志磊、郑颖人
2003	陈赛娟
2005	闻雪友
2009	徐祥德
2011	林忠钦、朱英富、陈剑平、沈祖尧
2013	徐芑南、陈　勇、胡春宏、俞建勇
2015	陈建峰、陈　纯
2017	郑裕国、冯煜芳
2019	郑纬民、黄　震
2021	应汉杰

附录 2 宁波籍院士各学部分布情况表

一、中国科学院各学部的宁波籍院士

学部	院士姓名及当选年度
数学物理学部 (12 位)	戴传曾(1980)、周毓麟(1991)、石钟慈(1991)、杨福家(1991)、白以龙(1991)、应崇福(1993)、贺贤土(1995)、陈恕行(2013)、景益鹏(2015)、马余刚(2017)、李 骏(2021)、马余强(2021)
化学部 (6 位)	纪育沣(1955)、黄量(1980)、刘元方(1991)、朱起鹤(1995)、计亮年(2003)、柴之芳(2007)
生命科学 和医学学部 (23 位)	童第周(1955)、贝时璋(1955)、李庆逵(1955)、谈家桢(1980)、鲍文奎(1980)、朱祖祥(1980)、陈中伟(1980)、陈子元(1991)、杨福愉(1991)、杨雄里(1991)、孙儒泳(1993)、朱兆良(1993)、吴祖泽(1993)、陈宜张(1995)、吴常信(1995)、洪国藩(1997)、韩启德(1997)、沈自尹(1997)、戚正武(1999)、童坦君(2005)、王正敏(2005)、侯凡凡(2009)、张明杰(2011)
地学部 (5 位)	翁文波(1980)、任美锷(1980)、陈俊勇(1991)、於崇文(1995)、戎嘉余(1997)
信息技术科学部 (9 位)	李志坚(1991)、陈俊亮(1991)、周兴铭(1993)、王阳元(1995)、包为民(2005)、何积丰(2005)、郑建华(2011)、郑志明(2017)、王建宇(2017)
技术科学部 (11 位)	章名涛(1955)、郑哲敏(1980)、路甬祥(1991)、颜鸣皋(1991)、徐祖耀(1995)、沈珠江(1995)、余梦伦(1999)、章梓雄(2003)、陈创天(2003)、陈祖煜(2005)、方岱宁(2013)

二、中国工程院各学部的宁波籍院士

学部	院士姓名及当选年度
机械与运载工程学部 （10 位）	路甬祥（1994）、何友声（1995）、朱英浩（1995）、乐嘉陵（1995）、徐秉汉（1997）、徐志磊（2001）、朱英富（2011）、林忠钦（2011）、徐芑南（2013）、冯煜芳（2017）
信息与电子工程学部 （13）	陈俊亮（1994）、何德全（1994）、汪成为（1994）、朱高峰（1994）、倪光南（1994）、陈敬熊（1995）、林永年（1995）、沈昌祥（1995）、童志鹏（1997）、魏正耀（1999）、孙忠良（2001）、陈纯（2015）、郑纬民（2019）
化工、冶金与材料 工程学部（5 位）	袁渭康（1995）、周光耀（1995）、陈建峰（2015）、郑裕国（2017）、应汉杰（2021）
能源与矿业工程学部 （11 位）	汤德全（1995）、毛用泽（1995）、周永茂（1995）、翁史烈（1995）、阮可强（1995）、胡思得（1995）、陈毓川（1997）、倪维斗（1999）、闻雪友（2005）、陈　勇（2013）、黄　震（2019）
土木、水利与建筑 工程学部（7 位）	郑哲敏（1994）、陈肇元（1997）、谢世楞（1999）、魏敦山（2001）、范立础（2001）、郑颖人（2001）、胡春宏（2013）
环境与轻纺工程学部 （3 位）	郁铭芳（1995）、徐祥德（2009）、俞建勇（2013）
农业学部（2 位）	余松烈（1997）、陈剑平（2011）
医药卫生学部 （7 位）	陆道培（1996）、陈亚珠（1996）、翁心植（1997）、俞梦孙（1999）、庄　辉（2001）、陈赛娟（2003）、沈祖尧（2011）
工程管理学部（1 位）	朱高峰（1994）*

　* 注：中国工程院朱高峰院士属于两个学部：信息与电子工程学部、工程管理学部。

附录3　宁波籍院士信息表(以学部及当选时间为序)

一、双院士(3位)

所属学部	院士信息	主要成就	当选时间
中国科学院技术科学部 中国工程院土木、水利与建筑工程学部	郑哲敏(1924年10月2日—2021年8月25日),爆炸力学、应用力学和振动专家,原籍浙江鄞县,中国科学院力学研究所研究员,曾任国际理论与应用力学联盟执委	郑哲敏院士是中国爆炸力学的奠基人和开拓者之一,长期从事固体力学研究,提出了流体弹塑性体模型和理论,并在爆炸加工、岩土爆破、核爆炸效应、穿甲破甲、材料动态破坏、瓦斯突出等方面取得重要成果,解决了重大工程建设核心难题,开辟了力学与工艺相结合的"工艺力学"新方向。2012年获国家最高科学技术奖	1980当选为中国科学院院士(学部委员),1993年当选为美国工程院外籍院士,1994年当选为中国工程院院士
中国科学院信息技术科学部 中国工程院信息与电子工程学部	陈俊亮(1933年10月10日—),通信与交换系统专家,浙江鄞县人,北京邮电大学教授,曾任程控交换技术与通信网国家重点实验室学术委员会主任,第八届全国人大代表,第九届全国人大常委会委员,第十届全国政协常委	陈俊亮院士是中国通信程控交换技术的奠基人之一,中国智能通信网的开拓者,建立了程控交换机诊断的基本理论,提出了数字交换网络的理论模型与测试诊断算法。他的网络智能化的研究实现了产业化,在我国通信网中得到实际应用;曾获国家科技进步奖一、二、三等奖等科技奖励	1991年当选为中国科学院院士(学部委员),1994年当选为中国工程院院士
中国科学院技术科学部 中国工程院机械与运载工程学部	路甬祥(1942年4月28日—),流体传动与控制专家,籍贯浙江慈溪,曾任浙江大学校长,中国科学院院长、第十、十一届全国人大常委会副委员长,中共第十二届、十三届中央候补委员,十四届、十五届、十六届、十七届中央委员	路甬祥院士创造性地提出"系统流量检测力反馈""系统压力直接检测和反馈"等新原理,研究开发了一系列新型电液控制器件及工程系统。该技术被认为是20世纪80年代以来电液控制技术重大进展之一。他的研究成果被广泛应用于中国许多工业部门	1990年当选第三世界科学院院士,1991年当选为中国科学院院士(学部委员),1994年当选为中国工程院院士,1999年当选韩国科学技术院外籍名誉院士,2004年当选匈牙利科学院外籍名誉院士、澳大利亚科学院外籍院士,2005年当选德意志利奥波第那自然科学院院士,2006年当选俄罗斯科学院外籍院士

二、中国科学院院士

1. 数学物理部(12 位)

院士信息	主要成就	当选时间
戴传曾(1921 年 12 月 21 日—1990 年 11 月 18 日),核物理学家,浙江鄞县人,中国原子能科学研究院研究员,曾任中国核学会常务理事,第六、七届全国政协委员,国务院学位委员会兼原子能评议组组长	戴传曾院士主要从事实验核物理、反应堆物理、反应堆工程和核电安全方面的分析研究。他主持研制并创造了中国的"五个第一":第一台中子晶体谱议、第一台中子衍射仪、第一座快中子零功率反应堆、第一批中子嬗变掺磷单晶硅和第一座微反应堆。他开发的单晶硅中子嬗变掺杂技术,为建立中国核电安全研究体系做出了突出贡献;曾获国家科技进步奖一等奖	1980 年当选为中国科学院院士(学部委员)
周毓麟(1923 年 2 月 12 日—2021 年 3 月 2 日),数学家,籍贯浙江镇海,历任北京应用物理与计算数学研究所研究员、副所长、院科技委委员、顾问,曾任中国计算数学学会理事长、名誉理事长	周毓麟院士参加我国核武器理论研究,他主管数值模拟与流体力学方面的研究,为我国第一颗原子弹的研制成功,为我国氢弹原理的突破及战略武器的理论设计做出了重大贡献。他在关于流体力学与一些物理方程数值方法方面的研究,为核武器理论研究起了重要作用;曾获国家自然科学奖一等奖,国家科技进步奖特等奖	1991 年当选为中国科学院院士(学部委员)
石钟慈(1933 年 12 月 5 日—2023 年 2 月 13 日),数学家,浙江鄞县人,中国科学院数学与系统科学研究院研究员,曾任中国计算数学学会理事长	石钟慈院士长期从事计算数学的理论与应用研究,特别是在有限元方法方面取得了独创性前沿成果,构成了有限元法的重大进展,是我国计算数学学科的学术带头人。他建立了将变分原理和摄动理论相结合的新算法,在有限元理论研究和应用中,首创的样条有限元被广泛应用于实际计算,并引发了大量后继工作研究非协调元的收敛性;曾获中国科学院科技进步奖一等奖、华罗庚数学奖等科技奖励	1991 年当选为中国科学院院士(学部委员)
杨福家(1936 年 6 月 11 日—2022 年 7 月 17 日),核物理学家,浙江镇海人,曾任中国科学院上海原子核研究所所长,复旦大学校长,英国诺丁汉大学校监(校长),宁波诺丁汉大学校长	杨福家院士领导、组织并基本建成了"基于加速器的原子、原子核物理实验室",他概括了国内外已知的各种公式,用于放射性厂矿企业,推广至秒能级寿命测量;领导实验组用 g 共振吸收法发现了国际上用此法找到的最窄的双重态;在国内开创了离子束分析研究领域	1991 年当选为中国科学院院士(学部委员),同年当选为第三世界科学院院士
白以龙(1940 年 12 月 22 日—　),力学家,籍贯浙江镇海,中国科学院力学研究所研究员,曾任中国力学学会理事长、非线性力学国家重点实验室学术委员会主任、国际理论和应用力学联合会理事、国家自然科学基金委员会数理学部主任等职	白以龙院士主要从事爆炸、固体和非线性力学研究,他建立的热塑剪切变形的控制方程及一系列创新结论,国际上称之为"白模型""白判据";先后获得国家自然科学奖二等奖、何梁何利基金科学与技术进步奖、周培源奖和美国 John Rinehart 奖等国内外学术奖励	1991 年当选为中国科学院院士(学部委员),2002 年当选欧洲科学院院士
应崇福(1918 年 6 月 15 日—2011 年 6 月 30 日),超声学家,浙江鄞县人,中国科学院声学研究所研究员,曾任中国声学学会理事长,中国机械工程学会第四、五届副理事长	应崇福院士是超声学研究奠基人,其固体中超声散射的论文,是国际上该领域的开拓之作。他在超声在固体中的散射、超声压电器换能器的行为,以及压电晶体中、地层中和人体软组织中的超声传播、功率超声、激光超声、声空化等方面的研究取得了重要成果,推动了中国的超声学研究和技术应用。1985 年获中国科学院科技进步奖一等奖	1993 年当选为中国科学院院士

续表

院士信息	主要成就	当选时间
贺贤土（1937 年 9 月 28 日—　），理论物理学家，浙江镇海人，北京应用物理与计算数学研究所研究员，中国科学院数学物理学部主任，国家"863"计划直属惯性约束聚变主题首席科学家	贺贤土院士在原子弹、氢弹和中子弹的物理研究与设计以及核武器物理实验室模拟研究中做了大量开拓性工作，主要从事高能量密度物理、非平衡统计物理、激光核聚变物理和非线性科学方面的研究，在惯性约束聚变研究方面建立了中国独立自主的研究体系；曾获国家科技进步奖一等奖，国家自然科学奖二等奖。有一颗小行星被命名为"贺贤土星"	1995 年当选为中国科学院院士，2019 年当选俄罗斯科学院外籍院士
陈恕行（1941 年 6 月 20 日—　），数学家，籍贯浙江镇海，复旦大学教授	陈恕行院士长期从事偏微分方程理论与应用的研究，特别是关于高维非线性守恒律方程组与激波的数学理论研究。他给出了三维尖前缘机翼和尖头锥体的超音速绕流问题含附体激波解的局部存在性与稳定性的严格数学论证，在解决这一长期悬而未决的难题中取得突破性进展，为实验与计算结果提供了严密的数学基础；其成果为中国远程导弹型号设计与计算做出了重要贡献，曾获国家自然科学奖二等奖、国家教委科技进步奖二等奖、何梁何利基金科学与技术进步奖等	2013 年当选为中国科学院院士
景益鹏（1964 年 1 月 9 日—　），天体物理学家，浙江慈溪人，上海交通大学教授，曾任国家重点基础研究发展计划项目首席科学家、国家自然科学基金委创新团队负责人、中国科学院创新团队国际合作伙伴计划负责人、中国科学院星系宇宙学重点实验室主任等职	景益鹏院士长期从事宇宙暗物质与暗能量的天文观测性质、宇宙大尺度结构的形成、星系形成、星系与黑洞的共同演化、宇宙引力透镜等宇宙学基础前沿问题的研究。其研究成果曾获国家自然科学奖、上海市自然科学奖	2015 年入选中国科学院院士
马余刚（1968 年 3 月—　），核物理学家，浙江余姚人，中国科学院上海应用物理研究所研究员，中国核物理学会理事	马余刚院士主要从事重离子核物理实验与唯象研究，在中能重离子碰撞动力学、核反应的集体流、多重碎裂、液气相变、放射性核束物理及在核输运理论的创造性应用等核物理的前沿领域取得了重要成果。他首次提出了核的 Zipf 定律和多重性信息熵，首次提出了用核的输运理论研究核反应总截面的新方法，首次实现了对反物质相互作用的测量；曾获国家自然科学奖、全球华人物理与天文学会"亚洲成就奖"	2017 年当选为中国科学院院士
李骏（1961 年 3 月—　），基础数学代数几何学家，籍贯浙江鄞县，复旦大学数学科学学院教授，上海数学中心首席教授，上海国家应用数学中心主任，斯坦福大学终身教授，国际数学家大会特邀报告人，2001 年获世界华人数学家最高奖——晨兴数学奖金奖	李骏院士从事代数几何模空间方向的研究，解决了代数曲面上向量丛模空间理论的一系列基本问题，其结果被写入教科书已成为该领域的经典定理。他关于 GW-不变量的代数几何定义（与田刚合作）、GW-不变量的退化公式、K3 曲面上的有理曲线等重要工作，使其成为在代数几何方面有很深造诣的领袖级专家	2021 年当选为中国科学院院士
马余强（1964 年 11 月—　）物理学家，浙江余姚人，南京大学物理系博士生导师，南大固体微结构国家重点实验室副主任，国家杰出青年基金获得者，民进江苏省委员会副主任委员	马余强院士主要从事软物质的统计物理研究。在聚合物凝聚态物理、胶体结晶、生物膜结构组织和细胞骨架的非平衡自组织等若干前沿领域取得了有意义的成果，在国际上广有影响	2021 年当选为中国科学院院士

2. 化学部（6 位）

院士信息	主要成就	当选时间
纪育沣(1899 年 12 月 22 日—1982 年 5 月 18 日)，药物化学家，浙江鄞县人，中国科学院化学研究所研究员，曾任中国医学科学院药物研究所药学系主任，北京化学试剂研究所副所长	纪育沣院士毕生从事药物化学及有机合成工作，在嘧啶及其他杂环的天然有机产物研究、生化试剂以及抗癌药物的合成研究方面贡献突出。其研究包括嘧啶、噻唑、喹啉等杂环化合物和中草药化学成分，维生素 B1 全合成，抗疟药物、抗血吸虫药物和系列氨基酸化合物的合成，维生素 C 的测定方法及在动植物产品中的分布等	1955 年当选为中国科学院院士(学部委员)
黄量(1920 年 5 月 22 日—2013 年 11 月 21 日)，药物化学家，祖籍浙江宁波，中国医学科学院药物研究所研究员，曾任全国肿瘤防治研究领导小组顾问及全国计划生育科技专题委员会顾问，发展中国家国际化学委员会(IOCD)委员，全国政协第五、六、七届委员	黄量院士主要从事天然产物及抗肿瘤、计划生育、抗病毒等新药研究。她研制成功了降压药萝芙木总碱及利血平，抗肿瘤新药 N-氮甲，新药维胺酯和甲异靛，抗病毒新药肽丁安等。其中，多项成果应用于临床治疗，并获得了包括卫生部奖、国家科学大会奖、国家科技奖等多种奖项	1980 年当选为中国科学院院士(学部委员)
刘元方(1931 年 2 月 7 日—　)核化学与放射化学家，浙江镇海人，北京大学教授，曾任中国核化学与放射化学学会理事长，国际化学联合会(IU-PAC)放射化学和核技术委员会主席，中国科学院化学学部副主任	刘元方院士在核化学与放射化学领域做过许多开拓性和创造性的工作，创立和建设了我国第一个放射化学专业，领导建成了我国第一台 5 万转/分的雏型气体离心机；在生物-加速器质谱学研究中揭示了尼古丁是潜在的致癌物；曾获国家教委科技进步奖一等奖	1991 年当选为中国科学院院士(学部委员)
朱起鹤(1924 年 7 月—　)，分子反应动力学家，祖籍浙江鄞县，中国科学院化学研究所研究员	朱起鹤院士参加过中国第一艘核潜艇的核动力系统的研究设计工作，激光研究及质子加速器的研制，在高精度透射率反射率测量仪、激光打孔机、激光扫描检纸机和激光测量仪器等项目上都取得显著的成绩。他创建了分子反应动力学实验室，先后研制成 6 台高水平的大型分子束实验装置，并开展了分子和团簇的激光光解、光电离和分子的超快过程等反应动力学研究，取得具有创新性的研究成果；曾获中国科学院科技进步奖一等奖	1995 年当选为中国科学院院士
计亮年(1934 年 4 月 20 日—　)，生物无机化学家，祖籍浙江鄞县，曾任中山大学化学与化工学院院长	计亮年院士长期从事配位化学和生物无机化学的研究。他在过渡金属羰基配合物领域，首次证明了"茚基效应"，为用廉价金属锰代替贵金属作为氧化均相催化剂开辟了新途径；设计和合成了 300 多个结构新颖具有核酸酶或氧化酶功能的模型化合物，提出了其中一些模型化合物的结构和功能之间的规律性，并将该规律推广到天然氧化酶中，提出了黑曲霉生物合成过氧化氢酶的规律，在酶法生产微量元素药品中取得应用效果	2003 年当选为中国科学院院士
柴之芳(1942 年 9 月—　)，放射化学家，祖籍浙江鄞县，中国科学院高能物理研究所研究员，2018 年被聘为中国科学院宁波材料技术与工程研究所首席科学家	柴之芳院士长期从事放射化学和核分析技术研究，建立了铂族元素放射化学中子活化方法，发现了与生物灭绝事件有关的地质界线铂族元素丰度特征及其多种化学态，丰富和发展了地外撞击理论；将核方法应用于金属组学，环境毒理学，纳米安全性和核反应快中子谱等研究；曾获中国科学院自然科学奖一等奖、国际核化学和核分析赫维西奖等科技奖励	2007 年当选中国科学院院士

509

3. 生命科学和医学学部(23 位)

院士信息	主要成就	当选时间
童第周 (1902 年 5 月 28 日—1979 年 3 月 30 日),实验胚胎学家,浙江鄞县人,曾任中国科学院副院长、发育生物学研究所研究员	童第周院士是中国实验胚胎学的主要创始人,中国海洋科学研究的奠基人,生物科学研究的杰出领导者,开创了中国"克隆"技术先河,被誉为"中国克隆之父"。童第周院士通过对两栖类和鱼类的研究,揭示了胚胎发育的极性现象;1963 年首次完成鱼类的核移植研究,为 20 世纪七八十年代国内完成鱼类异种间克隆和成年鲫鱼体细胞克隆打下基础	1948 年选聘为中央研究院院士,1955 年当选为中国科学院院士(学部委员)。
贝时璋 (1903 年 10 月 10 日—2009 年 10 月 29 日),生物学家,浙江镇海人,浙江大学教授,曾任中国科学院实验生物研究所所长,中国生物物理学会理事长、名誉理事长	贝时璋院士是中国生物物理学的奠基人。他一直从事实验生物学研究工作,创立了"细胞重建学说"。他组织开展的"核试验放射性本底自然监测""核爆试验对动物本身及其远期辐射效应监测""生物探空火箭"等研究工作,为中国生命科学和"载人航天"事业做出了杰出贡献。有一颗小行星被命名为"贝时璋星"	1948 年当选为中央研究院院士,1955 年被选聘为中国科学院院士(学部委员)
李庆逵 (1912 年 2 月 12 日—2001 年 2 月 25 日),土壤农业化学家,浙江宁波人,中国科学院土壤研究所研究员、名誉所长,曾任中国土壤学会第二至第五届理事长	李庆逵院士是中国现代土壤学和植物营养化学的奠基人之一,率先研究了中国土壤植物养分状况与合理施肥的关系,提出了提高化学氮肥肥效的造粒工艺;开创了对磷、钾、微量元素的系统研究,推动了中国科学施肥的进程;突破了天然橡胶林栽培线的禁区并推移到北纬 18—24 度,推动了中国磷矿粉的农业利用,创造了碳酸氢铵造粒及深施技术	1955 年选聘为中国科学院院士(学部委员)
谈家桢 (1909 年 9 月 15 日—2008 年 11 月 1 日),遗传学家,浙江宁波人,复旦大学教授,曾任民盟中央副主席、名誉主席,第三、四届全国人大代表,第三届全国政协委员,第五、六、七、八届全国政协常委	谈家桢院士长期从事遗传学研究,发现瓢虫色斑遗传的"镶嵌显性现象",引起国际遗传学界的巨大反响。他建立了中国第一个遗传学专业、第一个遗传学研究所和第一个生命科学学院,被誉为"中国的摩尔根"	1980 年当选为中国科学院院士(学部委员),1985 年当选为美国国家科学院外籍院士和第三世界科学院院士,1987 年当选为意大利国家科学院外籍院士,1999 年当选为纽约科学院名誉终身院士
鲍文奎 (1916 年 5 月 8 日—1995 年 9 月 15 日),作物遗传育种学家,浙江鄞县人,中国农业科学院作物育种栽培研究所研究员,曾任中国遗传学会、中国植物学会常务理事,第五、六届全国人大代表	鲍文奎院士主要从事同源四倍体水稻和异源八倍体小黑麦的遗传育种研究。他采用染色体加倍技术培育新作物,改良现有作物的特征,取得了重要成就;在世界上首次将异源八倍体小黑麦应用于生产,育成的"小黑麦 2 号""小黑麦 3 号"以及中矮秆八倍体小黑麦品种"劲松 5 号"和"黔中 1 号"在贵州高寒山区和丘陵地区推广	1980 年当选为中国科学院院士(学部委员)
朱祖祥 (1916 年 10 月 5 日—1996 年 11 月 18 日),土壤化学家,浙江宁波人,浙江农业大学教授、名誉校长,曾任中国科学技术协会全国委员会委员,第八届全国人大代表,第五、六届全国政协委员,九三学社中央参议委员会常务委员	朱祖祥院士长期致力于土壤化学的研究,其关于土壤磷的吸持、解吸、固定的化学过程和物理化学过程的论述,对土壤和水稻营养障碍化学诊断的理论、方法及标准等问题的系统研究,受到国内外广泛推崇	1980 年当选为中国科学院院士(学部委员)

院士信息	主要成就	当选时间
陈中伟(1929 年 10 月 1 日—2004 年 3 月 23 日),骨科专家,浙江鄞县人,曾任复旦大学(原上海医科大学)中山医院骨科主任、教授、国际显微重建外科学会执行委员、国际显微外科学会创始委员	陈中伟院士在 1963 年首次为全断右手病人施行再植手术并获得成功,开创了再植外科,被国际医学界誉为断肢再植奠基人。他将显微外科技术用于再植和移植手术,使断手指再植成功率由 50% 提高到 90%,在国际上首创了"断手再植和断指再植"等六项新技术	1980 年当选为中国科学院院士(学部委员),1985 年当选为第三世界科学院院士
陈子元(1924 年 10 月 5 日—　　　),核农学家,浙江鄞县人,曾任浙江农业大学校长、中国原子能农学会理事长	陈子元院士利用放射性同位素研制合成了 15 种同位素标记农药,提出了同位素示踪技术与动力学相结合的示踪动力学理论,首先应用示踪动力学数学模型研究农药及其他农用化学物质在生态环境中的运动规律。他主持协作完成了 29 种农药在 19 种农作物上 61 项农药安全使用标准,为国家制定了农药安全使用标准 GB-4285-84,摸清了几种取代"六六六粉"的新农药在农业生态环境系统中的运动变化规律	1991 年当选为中国科学院院士(学部委员)
杨福愉(1927 年 10 月 30 日—2023 年 1 月 5 日),生物化学家,原籍浙江镇海,中国科学院生物物理研究所研究员,曾任中国生物化学学会第二、三届副理事长	杨福愉长期从事线粒体和生物膜的结构与功能的研究,在农业方面,用"匀浆互补法"代替"线性体互补法"来预测谷子等农作物的杂种优势获理想效果。在医学方面,他提出"克山病是一种心肌线粒体病"的观点,对克山病的防治有重要意义;曾获国家自然科学奖、中科院自然科学奖、卫生部科技进步奖、何梁何利基金科学与技术进步奖等多个奖项	1991 年当选为中国科学院院士(学部委员)
杨雄里(1941 年 10 月 14 日—　　　),生理学家,原籍浙江镇海,复旦大学教授、脑科学研究院学术委员会主任、神经生物学研究所名誉所长,曾任亚太地区生理学联合会秘书长、第十一届九三学社中央委员	杨雄里院士长期从事视觉神经机制的研究,研究领域涉及色觉的心理物理、视网膜电图、视网膜信息处理等方面。他在水平细胞所接收的光感受器信号及其相互作用等方面有新的发现,修正了传统观念;率先发现了视锥信号在暗中受到压抑的新现象;其研究成果曾获中国科学院自然科学奖一、二等奖	1991 年当选为中国科学院院士(学部委员)
孙儒泳(1927 年 6 月 12 日—2020 年 2 月 14 日),生态学家,浙江宁波人,北京师范大学教授,曾任中国生态学会第三届理事长、国务院学位委员会和国家自然科学基金会生态学科评审组成员、教育部高等学校理科生物学教学指导委员会成员	孙儒泳院士是中国兽类生理生态学研究的开拓者。他将脊椎动物生理生态引入中国,在理论和方法上都取得了系统的、创造性的成果,为中国兽类生理生态的开创和发展做出了重大贡献。其研究成果曾获得国家自然科学奖三等奖、农业部科技进步奖二等奖、中科院科技进步奖三等奖	1993 年当选为中国科学院院士
朱兆良(1932 年 8 月 21 日—2022 年 1 月 30 日),土壤学家,原籍浙江奉化,中国科学院南京土壤研究所研究员,曾任国际土壤学会水稻土肥力组主席、中国土壤学会理事长、中国农工民主党十三届中央委员会副主席	朱兆良院士一直从事土壤-植物营养化学研究,尤其是对土壤氮素的研究具有很高的造诣。他首次对土壤供氮能力进行了定量解析,开拓了我国土壤供氮能力与氮肥施用量推荐研究,为我国土壤氮素研究及氮肥的有效施用做出了重要贡献;曾获国家、中科院、江苏省科技进步奖和自然科学奖,陈嘉庚农业科学奖等	1993 年当选为中国科学院院士
吴祖泽(1935 年 10 月 19 日—　　　),实验血液学家,浙江镇海人,军事医学科学院研究员,曾任军事医学科学院院长	吴祖泽院士是中国实验血液学研究的先驱,他首先引入并传播了造血干细胞的理论和技术,完成了世界首例胎肝造血干细胞移植,为人类医治白血病、放射病、重症肝炎等疑难病症做出了重大贡献,被誉为中国"干细胞移植之父";曾先后获得国家自然科学奖二等奖、国家科技进步奖一等奖等奖项,曾获得中央军委颁发的"专业技术重大贡献奖"。中国科学院将一颗小行星命名为"吴祖泽星"	1993 年当选为中国科学院院士

续表

院士信息	主要成就	当选时间
陈宜张（1927 年 9 月 28 日— ），神经生理学家，浙江慈溪（原余姚）人，第二军医大学生理学教授，历任中国生理学会副理事长、中国神经科学学会副理事长、全军医科会生理病理专业委员会主任委员	陈宜张院士长期以来进行包括条件反射、外周神经、树突、下丘脑、中脑、应激和整体性的脑功能研究，在理论和实践上，推动了神经科学的发展；他创建了糖皮质激素膜受体假说，挑战传统的甾体激素基因组机制学说，丰富了内分泌学领域激素理论，被国际权威教科书和文献广泛引用；先后获国家自然科学奖、国家科技进步奖等奖项	1995 年当选为中国科学院院士
吴常信（1935 年 11 月 15 日— ），动物遗传育种学家、畜牧学家，祖籍浙江鄞县，中国农业大学教授，世界家禽学会中国分会主席，农业部科学技术委员会常务委员	吴常信院士长期从事动物遗传理论与育种实践研究；首次提出并证实了"数量性状隐性有利基因"的假设以及多胎动物"混合家系"的概念；首次提出了"优化保种设计"，系统解决了一系列群体遗传学的理论与方法问题。其主持完成的"节粮小型蛋鸡的选育"项目，在国际上率先实现小型蛋鸡产业化生产	1995 年当选为中国科学院院士
沈自尹（1928 年 3 月 22 日—2019 年 3 月 7 日），中西医结合学家，浙江镇海人，上海医科大学华山医院教授，曾任复旦大学中西医结合研究所所长、国务院学位委员会医学评议委员、国家卫生部中药评审委员会主任委员	沈自尹院士率先对中医称为命门之火的肾阳进行研究，首次用现代科学方法在国际上证实肾阳虚证有特定的物质基础，并将主要调节枢纽定位在下丘脑，为中医向现代化发展做出了重要贡献；曾获全国医学卫生科学大会重大科技成果奖、国家教委科技进步奖等	1997 年当选为中国科学院院士
洪国藩（1938 年 12 月 24 日— ），分子生物学家，浙江鄞县人，中国科学院上海生命科学研究院研究员，第九届全国政协委员	洪国藩院士长期从事 DNA 和基因组科学研究，提出了单链 DNA 双向测定方法，建立了高温 DNA 测序体系；完成固氮菌中结瘤调控基因的调控模型；提出并发表构建水稻基因组物理图的"快速、精确的 BAC—指纹—锚标战略"，完成了水稻基因组物理图；研发出了低温封闭多级 PCR（Lcn-PCR）技术，克服了普通 PCR 技术的自身缺陷，并能排除环境的交叉污染	1997 年当选为中国科学院院士，1993 年当选为第三世界科学院院士
韩启德（1945 年 7 月 19 日— ），病理生理学家，籍贯浙江慈溪，北京大学教授，曾任中国科学技术协会主席、中国红十字会名誉副会长、国际病理生理学会主席、九三学社中央主席、第九届全国政协常务委员、第十二届全国政协副主席、第十届、十一届全国人大常委会副委员长	韩启德院士长期以来从事心血管基础研究，在国际上首先证实 a1 肾上腺素受体（a1-AR）包含两种亚型的假说，在心血管神经肽研究方面也有重要发现；曾获国家教委科技进步奖一等奖，国家自然科学奖三等奖，何梁何利基金科学与技术进步奖，高校自然科学奖一等奖	1997 年当选为中国科学院院士
戚正武（1932 年 4 月 10 日— ），生物化学家，浙江鄞县人，中国科学院上海生命科学研究院研究员	戚正武院士长期从事蛋白质、活性多肽，尤其是蛋白酶及其抑制剂的研究。他系统研究了三种不同家族蛋白酶抑制剂的结构与功能，其中慈菇抑制剂为首先发现的新抑制剂家族，有明显的中国特色，较其他抑制剂更有利于在转基因植物中用于生物虫害防治。此外，他还协作克隆了凝血因子 FVIII 及 vWF 的全 cDNA，并进行了表达	1999 年当选为中国科学院院士；2002 年当选为第三世界科学院院士
童坦君（1934 年 8 月 15 日—2022 年 12 月 25 日），生物化学家、老年基础医学家，浙江慈溪人，北京大学医学部教授，中国老年学会衰老与抗衰老科学委员会副主任委员，中国老年保健医学研究会常务理事，中国癌症研究基金会学术委员	童坦君主要从事细胞衰老的分子机理研究，率先将细胞生物学与分子生物学理念和技术引入我国老年医学基础研究，创建了估算人类细胞"年龄"的基因水平生物学指征，建立了一套国际承认的评估细胞衰老定量指标，可用于衰老理论研究和药物抗衰效果评价；曾获国家科技进步奖二等奖	2005 年当选为中国科学院院士

院士信息	主要成就	当选时间
王正敏(1935 年 11 月 18 日—　),耳鼻咽喉—头颈外科专家,祖籍浙江鄞县,复旦大学教授,曾任复旦大学附属眼耳鼻喉科医院耳鼻喉科主任、卫生部听觉医学重点实验室主任等	王正敏院士主要从事耳科、颅底外科和听觉等方面的临床、研究和教学工作,在中耳外科、耳神经外科和颅底外科以及国产人工耳蜗等方面取得了系统的重要研究成果,特别是在中耳炎鼓室成形术、耳硬化镫骨外科、周围性面瘫面神经重建手术、侧颅底肿瘤外科和恢复聋残人听力人工耳蜗等临床和科研方面取得了重要突破,开创了中国首例侧颅底手术;曾获国家科技进步奖	2005 年当选为中国科学院院士
侯凡凡(1950 年 10 月—　)女,内科学家,浙江宁波人,南方医科大学南方医院主任医师、教授,中国人民解放军肾脏病研究所所长,国际 AGE 协研会执行委员,中华肾脏病学会常委	侯凡凡院士长期从事防治慢性肾脏病的研究,创建了防止或延缓慢性肾脏病进展和防治其致死、致残并发症的临床新策略。其研究结果更新了慢性肾脏病的治疗方略,改善了慢性肾脏病的预后,延缓或减少了尿毒症的发生;曾获中华医学科技一等奖、国家科学技术进步奖二等奖等多项奖项,荣获全国三八红旗手标兵、全国优秀科技工作者等荣誉称号	2009 年当选为中国科学院院士
张明杰(1966 年 9 月—　),结构生物学家,浙江鄞县人,香港科技大学讲座教授,兼任中国科学技术大学生命科学学院院长	张明杰院士提出了多结构域蛋白质中各结构域相互作用形成蛋白质超结构域的概念,发现了 PDZ 结构域与细胞膜上磷脂相互作用,并阐明了这些相互作用的功能意义;其调控神经细胞信号传递的蛋白质的结构和功能的研究成果,对于治疗神经系统衰退的疾病,如中风及老年痴呆症等有着极为重要的影响;曾获何梁何利基金科学与技术进步奖、国家自然科学奖等奖励	2011 年当选为中国科学院院士。2015 年当选为港科院创院院士

4. 地学部（5 位）

院士信息	主要成就	当选时间
翁文波 (1912 年 2 月 18 日—1994 年 11 月 18 日),地球物理学、石油地质学家,浙江鄞县人,曾任石油科学研究院副院长、研究员,中国地球物理学会理事长	翁文波院士主要从事石油地球物理勘探和天然地震、洪涝、干旱自然灾害预测预报研究,是中国石油测井、石油地球物理勘探技术、石油地球化学的创始人。他提出了东北、华北等低变质区可望找到油气田的理论,成为发现大庆油田的主要贡献者之一;致力于天然地震灾害的预测预报研究,创立"预测论"理论应用于地震、洪涝、干旱等自然灾害预测;1982 年获国家自然科学奖一等奖	1980 年当选为中国科学院院士(学部委员)
任美锷 (1913 年 9 月 8 日—2008 年 11 月 4 日),自然地理学与海岸科学家,浙江鄞县人,曾任南京大学教授、中国地理学会、中国海洋学会名誉理事长	任美锷院士长期从事自然地理学与海岸科学的研究与教学工作,在主持南水北调中线地貌考察和西南铁路沿线喀斯特的研究工作中,提出深部喀斯特的概念,并按形成机制将深部溶洞做系统的成因分类,对西南铁路隧道建设起了重要的指导作用;总结陆相油田的储油规律,提出"沉积圈闭"的观点,为油田开发带来新的希望;1992 年获国家科技进步奖一等奖	1980 年当选为中国科学院院士(学部委员)
陈俊勇(1933 年 5 月 16 日—　),大地测量学家,祖籍浙江鄞县,曾任国家测绘局总工程师,中国测绘学会理事长,全国政协第七、八、九届委员	陈俊勇院士在几何大地测量、卫星大地测量、地球重力场参数计算、地球动力学等方面进行了深入研究,推导出大地测量中许多重要公式;曾主持推算和提供中国首次民用地心坐标转移参数,建立国家 GPS 网,计算中国 2000 大地水平面等重大项目,在建立和完善我国三维地心坐标基准、重力测量基准、经度基准、消除精密水准测量系统误差等测绘基准方面做出贡献;曾多次获省部级科技进步奖一等奖	1991 年当选为中国科学院院士(学部委员)

续表

院士信息	主要成就	当选时间
於崇文 (1924 年 2 月 15 日—2022 年 6 月 12 日),地球化学动力学家、矿床地球化学家,籍贯浙江宁波,中国地质大学教授,曾任中国矿物岩石地球化学学会常务理事、地质矿产部科学技术委员会委员	於崇文院士长期从事地球化学动力学和地质系统复杂性研究,先后开辟和发展了五个创新的学术领域——地质-地球化学中的多元分析、区域地球化学、成矿作用动力学、地质系统的复杂性以及成矿系统的复杂性,促进了地球科学从唯象科学向精确科学跨越;曾获国家科技进步奖二等奖、地质矿产部科技成果奖一等奖、李四光地质科学奖	1995 年当选为中国科学院院士
戎嘉余(1941 年 12 月 7 日—),地层古生物学家,祖籍浙江鄞县,中国科学院南京地质古生物研究所研究员,曾任国际志留系分会主席	戎嘉余院士从事早、中古生代腕足动物系统分类、群落生态和生物地理及相关地层学研究,提出了晚奥陶世全球主要受温度控制的三大生物地理域,划分出晚志留世"中澳腕足动物地理区";创立了扭月贝目的分类原则,阐明其宏演化的趋势;在中国东部奥陶纪地层中发现全球最早的石燕化石,首次揭示了其腕骨构造的演化和石燕类散布的规律,被世界权威认为是一流经典成果;曾获中国科学院自然科学奖一等奖	1997 年当选为中国科学院院士

5. 信息技术科学部 (8 位＋1 位双院士)

院士信息	主要成就	当选时间
李志坚 (1928 年 5 月 1 日—2011 年 5 月 2 日),微电子技术专家,浙江宁波人,清华大学教授,曾任清华大学微电子学研究所所长,中国电子学会荣誉会员,国家科学技术名词委员会委员,中国微纳米技术学会名誉副理事长	李志坚院士开创了微电子系统集成技术研究,研究出一系列 MEMS 器件、神经网络、语音处理等多种 SOC 芯片,突破了国外对先进科技的禁运和控制,对中国集成电路技术的自主发展具有重大的战略意义;曾获得国家发明奖、国家科技进步奖、陈嘉庚信息科学奖、何梁何利基金科学与技术进步奖	1991 年当选为中国科学院院士(学部委员)
周兴铭(1938 年 12 月 4 日—),计算机专家,原籍浙江余姚,国防科技大学计算机学院和并行与分布处理国家实验室教授	周兴铭院士参加晶体管计算机、集成电路计算机、百万次级大型计算机的研制,先后研制了我国第一台巨型计算机银河 I,我国第一台全数字实时仿真计算机银河仿 I,我国第一台面向科学/工程计算的并行巨型计算机银河 II,在总体方案、CPU 结构、RAS 技术方案、系统接口协议等方面都做出了创新性工作,攻克了许多技术难关;曾多次获得国家科技进步奖一等奖	1993 年当选为中国科学院院士(学部委员)
王阳元(1935 年 1 月 1 日—)微电子学家,浙江宁波人,北京大学微电子学研究院教授,中国电子学会副理事长	王阳元院士主持研究成功了我国第一块三种类型 1024 位 MOS 动态随机存储器,是我国硅栅 N 沟道 MOS 技术开拓者之一,领导研制成功了我国第一个大型集成化的 ICCAD 系统,创建了中芯国际集成电路制造有限公司,领导建设成功了我国第一条大型 12 英寸纳米级集成电路生产线;获全国科学大会奖,国家发明奖二、三等奖,国家教委科技进步奖一等奖,光华科技基金一等奖等奖励	1995 年当选为中国科学院院士
何积丰(1943 年 8 月 5 日—),计算机软件专家,浙江宁波人,华东师范大学教授,联合国大学国际软件技术研究所高级研究员,英国牛津大学客座教授,牛津大学计算实验室高级研究员	何积丰院士主要从事计算机软件理论及应用研究,他率先提出关系程序设计语言,这项工作被欧洲计算机界认为是继过程语言、函数程序、逻辑程序之后的第四类程序语言的先驱,他因而被欧洲软件界权威人士赞之为"软件设计技术上的一座里程碑"。他在安全软件设计方面的论著被国际软件界广泛引用,被国际计算机科学界誉为面向模型软件开发方法的奠基石;曾两度获英国先进科技女皇奖,并获得过国家及部委级奖励	2005 年当选中国科学院院士

院士信息	主要成就	当选时间
包为民（1960 年 3 月—　），制导与控制专家，原籍浙江镇海，中国航天科技集团公司研究员、科技委主任，国家重点工程总设计师，兼任总装备部精确制导专业组副组长，第十一届、十二届全国政协委员，政协第十三届全国委员会教科卫体委员会委员	包为民院士是我国航天运载器总体及控制系统领域的学术带头人，在我国载人航天工程、月球探测工程、北斗导航工程和新一代运载火箭工程等领域做出了突出贡献，为中国国防现代化建设解决了一系列技术难题；曾多次获得国家科技进步奖	2005 年当选为中国科学院院士。2014 年当选为国际宇航科学院院士
郑建华（1956 年 9 月—　），信息分析专家，祖籍浙江鄞县，解放军保密委员会技术安全研究所研究员	郑建华院士长期从事复杂信息系统分析和相关基础理论研究，对该领域的序列论、函数论、算法设计与分析等进行了系统研究，在复杂信息系统输出分析技术、系统模型解析理论和方法、系统参数还原技术研究中均取得创新性研究成果，这些研究成果在实际复杂系统分析中多次发挥显著作用；曾获国家科技进步奖一等奖	2011 年当选中国科学院院士
郑志明（1953 年 10 月—　），信息处理专家，浙江宁波人，北京航空航天大学教授，现任北京航空航天大学学术委员会副主任	郑志明院士长期从事空天信息安全与复杂信息系统等数学与信息交叉领域的研究。他创立了基于代数和动力学融合的密码分析原理和方法，突破空天信息安全高速、低耗、多模式等技术瓶颈，研制成功系列空天安全新装备并列装；创立了调控系统复杂性的原理和方法，建立了信息快速传播、信息全局扩散和数据准确分析的新计算模式；曾获国家技术发明奖、何梁何利基金科学与技术进步奖、国防技术发明奖一等奖等	2017 年当选为中国科学院院士
王建宇（1959 年 6 月 4 日—　），光电技术专家，浙江宁波人，中国科学院上海技术物理研究所研究员，第十三届全国人民代表大会代表	王建宇院士主要从事空间光电技术和系统的研究，解决了星地量子科学实验中光束对准、偏振保持和单光子探测等多项核心技术难题，提出了超光谱成像与激光遥感相结合的探测新方法，解决了多维遥感探测中信息同步获取难题，提出了空间远距离激光高灵敏度单元和阵列探测方法，实现了我国激光遥感的首次空间应用；曾获国家技术发明奖、科技进步奖、中科院杰出成就奖等	2017 年当选为中国科学院院士

6. 技术科学部（9 位＋2 位双院士）

院士信息	主要成就	当选时间
章名涛（1907 年 7 月 23 日—1985 年 1 月 9 日），电机工程学家，浙江鄞县人，曾任清华大学电机工程系教授	章名涛院士一直从事电机工程方面的教学与科研，主要论著有磁场线图略论、凝器电机、同期感应电动机、同步机在周期性振荡中的阻尼系数、评兰道夫所著直流电机、单项感应电动机之理论及"张量"分析等，主持编写了中国第一部《电机学》，出版专著《电机的电磁场》等。他把毕生精力奉献于电机科学事业，为培养中国的电工科技人才，发展科学事业做出了突出贡献	1955 年当选为中国科学院院士（学部委员）
颜鸣皋（1920 年 6 月 12 日—2014 年 12 月 24 日），材料科学家，原籍浙江慈溪，中国航空工业总公司航空材料研究所研究员、高级技术顾问，曾任中国航空学会常务理事，材料工程专业委员会主任委员	颜鸣皋院士开创了中国钛合金研究，组建中国第一个钛合金实验室，在微观结构分析、合金强化机理、金属超塑性理论等方面取得一系列创造性成果，为飞机安全设计、合理选材提供了大量的试验数据和理论依据；曾获全国机械装备失效分析及预防工作"特殊贡献奖"、航空航天工业部"航空金奖"、何梁何利基金科学与技术进步奖等	1991 年当选为中国科学院院士（学部委员）

续表

院士信息	主要成就	当选时间
徐祖耀(1921 年 3 月 21 日—2017 年 3 月 7 日),材料科学家,浙江鄞县人,上海交通大学教授,曾任马氏体相变国际顾问委员会委员,国际贝氏体相变委员会委员	徐祖耀院士长期从事材料科学、相变理论和材料热力学的教学与科研,推动在中国国内开展相变热力学教学与科研;在马氏体相变及形状记忆材料、贝氏体相变和纳米材料中相变等领域颇有建树;倡导先进高强度钢的研究,提出淬火—分配—回火(Q-P-T)新工艺,Q-P-T 钢已成为国际上新一类超高强度钢;曾荣获国家自然科学奖三等奖,被选入"中国基础研究百例"	1995 年当选为中国科学院院士
沈珠江(1933 年 1 月 25 日—2006 年 10 月 2 日),岩土工程专家,浙江慈溪人,南京水利科学研究院高级工程师,清华大学水利水电工程系教授,曾任中国水利学会岩土力学专业委员会主任委员、水利部科技委员会委员、第九届全国人民代表大会代表	沈珠江院士主要从事土石坝研究和地基基础工程研究,他建立了土体极限分析理论,并就建立现代土力学的基本框架提出了构想;参加过长江三峡深水围堰、黄河小浪底大坝、天津新港、上海港等国家多个重大工程关键技术问题的研究和咨询工作,为中国水利水电和水运事业做出了重要贡献	1995 年当选为中国科学院院士
余梦伦(1936 年 11 月 8 日—),航天飞行力学、火箭弹道设计专家,原籍浙江余姚,中国运载火箭研究院北京宇航系统工程研究所研究员,中国第一个以院士名字命名的高科技创新班组"余梦伦班组"终身名誉班组长	余梦伦院士长期从事航天领域技术研究工作,承担了国内多种运载火箭的弹道设计和发射工作,系统提出了运载火箭的弹道设计理论和方法,参加包括长征二号、长征三号、"长二捆"和神舟载人飞船等发射工作;曾获国家级一等奖、三等奖、省部级奖等;是全国劳动模范、享受政府特殊津贴专家	1999 年当选为中国科学院院士
陈创天(1927 年 2 月 18 日—2018 年 10 月 31 日),材料科学专家,浙江奉化人,中国科学院理化技术研究所研究员,北京人工晶体研究发展中心主任,第三世界科学院院士	陈创天院士主要从事新型非线性光学晶体的研究和发展,提出了晶体非线性光学效应的阴离子基团理论,解释了各种主要类型非线性光学晶体的结构与性能相互关系,并对探索新型非线性光学晶体起到了一定的积极作用;曾获中科院科技进步特等奖,中科院发明一等奖,国家发明一等奖,第三世界科学院化学奖、国际晶体生长协会最高奖之一——Laudise 奖等奖项	2003 年当选为中国科学院院士
章梓雄(1944 年 11 月 7 日—2007 年 6 月 13 日),流体力学、水动力学专家,祖籍浙江鄞县,曾任香港大学机械工程系讲座教授、非线性力学中心主任	章梓雄院士主要从事黏性流动、水动力学问题的研究工作,为解决斯托克斯内流问题创立了一系列新的基本奇点,求得不同类型流动的精确解,其系数被称为章吴常数;在处理非平面边界附近的黏性流动时建立了多调和函数球面反演理论,被称为章氏定理;在研究血球运动时得到椭球体在二阶流动中的运动轨迹,被称为章氏轨迹;在研究波动与透水介质相互作用时发现了波陷现象,提出波浪影响系数,被称为章氏参数。这些理论被广泛应用于相关领域中	2003 年当选为中国科学院院士
陈祖煜(1943 年 2 月 13 日—)水利水电、土木工程专家,浙江镇海人,中国水利水电科学研究院教授级高工,中国土木工程学会土力学及岩土工程分会副理事长	陈祖煜院士长期从事边坡稳定理论和数值分析的研究工作,发展完善了以极限平衡为基础的边坡稳定分析理论,使边坡三维稳定分析成为现实可行;提出了小湾、天生桥、漫湾、二滩、天荒坪等大型工程滑坡险情的工程措施并成功实施;曾获国家科技进步奖二、三等奖、电力部科技进步奖一等奖、水利部科技进步奖二等奖、"茅以升土力学与基础工程大奖"	2005 年当选为中国科学院院士

院士信息	主要成就	当选时间
方岱宁(1958 年 4 月 3 日—　)材料力学领域专家,浙江宁波人,北京大学工学院教授,军委科技委前沿创新委员会委员、国家航天科技战略发展规划研究组成员、国际应用力学学会主席	方岱宁院士长期从事力电磁热多场耦合作用下先进材料与结构的力学理论、计算与实验方法研究,拓展了铁电/铁磁材料宏微观变形与断裂理论,发展了相并方法,并将成果转化为科学仪器推广应用;曾获国家科技进步奖,国家自然科学奖二等奖、高等学校自然科学奖一等奖、技术发明一等奖、何梁何利基金科学与技术进步奖和徐芝纶力学奖等多项奖励	2013 年当选中国科学院院士

三、中国工程院院士

1.机械与运载工程学部(9 位+1 位院士)

院士信息	主要成就	当选时间
朱英浩(1929 年 5 月 24 日—2022 年 9 月 1 日),变压器制造专家,祖籍浙江鄞县,沈阳工业大学教授,曾任沈阳变压器有限责任公司、沈阳变压器研究所总工程师	朱英浩院士长期从事变压器、互感器新技术、新产品的研制与开发,多次主持和组织开发变压器、互感器、调压器和电抗器等新产品;多次主持起草与制定、修订多项变压器国家标准工作;作为国家电网公司特邀专家参与了国内首条 1000 千伏变压器的研制并获得成功;曾获国家科技进步奖一、二等奖,机械委科技进步奖特等奖等科技奖励	1995 年当选中国工程院院士
何友声(1931 年 7 月 28 日—2018 年 1 月 17 日),流体力学与船舶流体力学专家,浙江宁波人,上海交通大学教授,曾任中国力学学会第三、四届副理事长,国际理论与应用力学联合会理事	何友声院士长期从事船舶原理、高速水动力学、飞行力学和出入水理论研究,是水翼及其兴波的水动力设计的奠基人,开拓了螺旋桨激振研究领域,使我国船舶的减振水平跃上新台阶;在空泡流和水中兵器出入水的研究中取得了突破性进展,对水下发射导弹和新型鱼雷的开发研究做出了贡献;曾先后 10 余次获得国家和省部级科技进步奖	1995 年当选为中国工程院院士,2002 年被遴选为欧洲科学院院士
乐嘉陵(1936 年 3 月 21 日—　),空气动力学专家,浙江镇海人,中国空气重力研究与发展中心研究员,中国空气动力学协会副理事长,国际实验流体力学指导委员会委员	乐嘉陵院士长期从事超声速气动地面试验设备的研制及战略武器、运载火箭的气动理论和实验研究。他所主持研制的多种实验装置,解决了我国大型运载火箭气动设计等多项的重要工程问题;在国内首次开展了有高温气体影响的数值仿真的实验验证,为解决卫星、运载火箭等的关键气动问题奠定了基础;曾获国家科技进步奖、何梁何利基金科学与技术进步奖	1995 年当选为中国工程院院士
徐秉汉(1933 年 8 月 21 日—2007 年 6 月 14 日),船舶结构力学专家,浙江鄞县人,中国船舶科学研究中心研究员	徐秉汉院士长期从事舰艇结构的研究,其在大量理论与试验研究基础上完成专著《壳体开孔的理论与实践》达到当时国际水平。他主持建立我国最大的船舶结构试验室群体,发展船舶结构的模型与实艇试验,并在我国潜艇结构史上若干次重大试验中做出开创性贡献;在"七五""八五"期间主持新一代的舰艇等结构研究项目;曾获国家科技进步奖二、三等奖,部委科技进步奖二、三等奖等科技奖励	1997 年当选为中国工程院院士

续表

院士信息	主要成就	当选时间
徐志磊(1930年8月2日—),核武器工程设计专家,祖籍浙江鄞县,中国工程物理研究院专家委员会委员、型号副总设计师	徐志磊院士对我国第一代核武器和新一代核武器的设计和制造做出了重要贡献,在新型核武器研制中,对核装置初级的关键部件,从工程设计、材料、结构到制造工艺的研究都起了关键作用,使核装置新型初级的研究得以顺利成功,特殊性能氢弹技术得以迅速突破,显著提高了我国自卫核威慑能力的有效性;曾多次获得国家科技进步奖	2001年当选为中国工程院院士
朱英富(1941年7月12日—),舰船工程专家,浙江鄞县人,中国船舶重工集团公司第七〇一研究所研究员、国家重大专项工程总设计师	朱英富院士长期从事舰船工程科研工作,在全舰综合集成、隐身性和舰机适配性等领域有较深造诣,为我国水面战斗舰艇系列化发展做出了重要贡献;作为工程型号总设计师,成功主持研制了出口型导弹护卫舰和第三代驱逐舰,实现了舰船技术跨越发展,在国内外产生了重大影响;曾获国家科技进步奖一、二等奖,何梁何利基金科学与技术进步奖等科技奖励	2011年当选为中国工程院院士
林忠钦(1957年12月6日—)机械工程专家,原籍浙江镇海,上海交通大学教授、校长、党委副书记,"973计划"首席科学家	林忠钦院士主要从事薄板产品制造与质量控制研究,在汽车板精益成形技术、轿车车身制造质量控制、薄板产品数字化封样技术、复杂产品数字化设计等方面取得重要的理论和技术突破,为我国汽车车身设计与制造技术进步做出了重要贡献;曾获国家科技进步奖、何梁何利基金科学与技术创新奖、蒋氏科技成就奖、上海市十大科技精英、通用汽车中国科技成就奖	2011年当选中国工程院院士
徐芑南(1936年3月4日—),深潜器技术专家,浙江宁波人,中国船舶重工集团公司第七〇二研究所研究员、副总工程师,我国自行设计、自主集成研制的7000米载人潜水器"蛟龙号"的总设计师	徐芑南院士担任五项水下潜器的总设计师,创造性地研制了多型载人深潜器和水下机器人,为我国深潜技术、载人、无人多种潜水器设计、建造、应用以及海洋和深潜器工程的发展做出了突出的贡献;先后获国家科技进步奖、中国科学院科技进步奖、上海市科技进步奖、船舶总公司科技进步奖、光华奖、何梁何利基金科学与技术进步奖	2013年当选中国工程院院士
冯煜芳(1963年6月29日—),导弹弹头与战斗部技术专家,浙江余姚人,火箭军研究院研究员,兼任国务院、中央军委军工产品定型委员会专家咨询委员会委员,第五届全军武器装备科学技术奖专家评审委员会委员,中央军委科学技术委员会核与军控领域专家委员会委员	冯煜芳院士长期从事地弹道导弹核弹头、常规弹头装备论证与使用技术研究工作,自主创新完成了多种新型导弹武器系统的发展研究,取得多项创新性成果,为火箭军导弹武器系统建设做出了重大贡献;先后获国家科技进步奖、国家技术发明奖	2017年当选为中国工程院院士

2. 信息与电子工程学部(12位＋1位双院士)

院士信息	主要成就	当选时间
汪成为(1933年7月1日—),计算机专家,浙江奉化人,曾任第七机械工业部七〇六所副所长,国防科工委及总装备部系统工程研究所所长,国家"863计划"信息领域专家委员会委员、国家信息化专家咨询委员会委员	汪成为院士长期从事电子计算机及人工智能研究工作,是中国军用计算机及软件、仿真、建模和军用信息应用系统的早期研制者和组织者之一,在国防科技、国家高技术"863计划"和国家重大基础研究"973计划"等任务的研究中做出了重要贡献;曾获国家科技进步奖、何梁何利基金科学与技术进步奖	1994年当选为中国工程院院士

续表

院士信息	主要成就	当选时间
何德全(1933 年 7 月 31 日—　　),信息技术专家,浙江宁波人,国家信息化专家咨询委员会副主任、国家"863计划"监委会委员、国务院信息办网络与信息安全专家组组长、国家信息安全测评认证管委会主任,上海交通大学网络空间安全学院首任院长	何德全院士在主持大型信息系统工程的建设中做出创造性贡献,在信息防护与安全技术、新型显示与处理技术、信息光学与化学等多个领域,有较高的学术造诣;取得了 20 余项高难度、高水平的科技成果,其中 10 项获国家发明奖、国家科技进步奖及部级科技进步奖	1994 年当选为中国工程院院士
朱高峰(1935 年 5 月 27 日—　　),通信技术与管理专家,原籍浙江宁波,曾任邮电部副部长、主任高级工程师,中国工程院副院长	朱高峰院士长期从事电信科研工作,负责中国第一套中同轴电缆 1800 路载波通信系统和中同轴电缆 4380 路载波通信系统的总体设计;倡议并组织建设全国长途自动电话网和全国邮政中心局体制网络,将通信网络理论与具体实际相结合;研究邮电经济的运行规律,推动和发展了邮电经济学,为中国邮电事业的发展做出了重大贡献;曾获全国科学大会奖、国家科技进步奖、光华工程科技奖工程奖	1994 年当选为中国工程院院士
倪光南(1939 年 8 月 1 日—　　),计算机专家,浙江镇海人,中国科学院计算所研究员,联想集团首任总工程师,曾任中国中文信息学会理事长,北京市人民政府参事,第八届全国人大代表,第八、九届全国政协委员,第五届全国青联特邀委员	倪光南院士是我国最早从事汉字信息处理和模式识别研究的学者之一,提出并实现了在汉字输入中应用联想功能,主持开发了联想式汉字系统、联想系列微型机,创造了重大的经济效益和社会效益;曾获国家科技进步奖一等奖,中国中文信息学会和中国计算机学会终身成就奖	1994 年当选为中国工程院院士
陈敬熊(1921 年 10 月 16 日—2022年 3 月 16 日),电磁场与微波技术专家,浙江镇海人,航天工业总公司第二研究院研究员,曾任北京大学、清华大学、北京航空航天大学兼职教授,中国电子学会理事	陈敬熊院士长期从事国防科研、天线工程设计与研究工作,是中国制导雷达天线设计早期开拓者之一,解决了大量微波技术和天线工程中的理论问题,为我国国防通信建设做出了突出贡献。他结合工程实践提出了麦克斯韦尔方程的直接解法理论,解决了地空导弹制导雷达设计的天线系统误差关键技术,曾获国防科工委重大科研成果奖	1995 年当选为中国工程院院士
林永年(1932 年 2 月 13 日—　　),信息处理技术专家,浙江宁波人,中国人民解放军总参谋部第 51 研究所研究员,中国人民解放军信息工程大学电子技术学院客座教授	林永年院士长期从事国防科研工作,创立了军事信息安全领域新的理论体系和技术思想为军队信息化保密保障开辟了一条新路;完成了国家和军队重大专项工程总体设计和系统开发研制,对保障军队作战指挥顺畅和国家网络信息安全发挥了重要作用;先后荣获国家科技进步奖、国家发明奖、军队科技进步奖、国防科工委科技进步奖	1995 年当选为中国工程院院士
沈昌祥(1940 年 8 月 22 日—　　),信息系统工程专家,浙江奉化人,海军计算技术研究所总工程师,国家密码管理委员会办公室顾问,国家保密局专家顾问,公安部"金盾工程"特邀顾问,中国人民银行信息安全顾问,中国计算机学会信息保密专业委员会主任	沈昌祥院士长期从事计算机信息系统、密码工程、信息安全体系结构、系统软件安全、网络安全等方面的研究工作,研制成功海陆兼容的信息处理系统、保密通信电报网络系统,并在计算机安全操作系统研究中取得突破性进展;曾多次获国家科技进步奖	1995 年当选为中国工程院院士
童志鹏(1924 年 8 月 12 日—2017年 12 月 19 日),电子信息工程专家,浙江慈溪人,中国电子科技集团电子科学研究院研究员、信息产业部科技委顾问,兼任中国通信学会常务理事	童志鹏院士主持多种通信电台、接力机和机载雷达的研制以及新一代卫星无线电测控系统、数据交换网等研究工作,均处于国内领先地位,获得国家多种奖励。他领导研究与国际开放系统互联标准一致的中国研究网,是我国与国际联网最成功、最早的系统之一,为促进电子信息技术和产业发展做出了重要贡献;曾多次获国防科工委科技进步奖一等奖	1997 年当选为中国工程院院士

续表

院士信息	主要成就	当选时间
魏正耀(1936 年 3 月 30 日—)信息技术专家,浙江慈溪人,电子科技大学教授,中国人民解放军总参第 58 所研究员	魏正耀院士长期从事信息技术研究工作,经验丰富,技术精湛,学术造诣深,主持完成多个研究项目,发挥了关键作用,取得了一批具有国际国内先进水平的研究成果,曾多次获得国家科技进步奖	1999 年当选为中国工程院院士
孙忠良 (1936 年 8 月 26 日—2019 年 6 月 29 日),微波毫米波技术专家,祖籍浙江鄞县,东南大学教授,曾任毫米波国家重点实验室主任	孙忠良院士长期从事微波、毫米波技术的研究和人才培养工作,首先提出体效应谐波振荡器原理,研制出 94GHz 体效应谐波模振荡器;在国际上首先提出介质谐振器基波稳频谐波输出毫米波微带振荡器、毫米波分谐波注入锁定等多项理论和技术;研制出毫米波集成前端,解决了三种集成前端在使用环境下的高性能指标、低成本及抗振动、冲击、温度变化等难题;曾获国家科技进步奖一等奖	2001 年当选为中国工程院院士
陈纯(1955 年 12 月 11 日—)计算机应用专家,浙江象山人,浙江大学计算机科学与技术学院教授,国家列车智能化工程技术研究中心主任,国务院学位委员会学科评议组成员	陈纯院士长期从事计算机应用领域的前沿研究工作,致力于将高水平的研究成果应用于轻工和纺织业的改造和提升,先后主持研制完成"计算机丝绸印染花样设计分色处理及制版自动化系统""纺织品数码喷印系统",总体技术达到国际领先水平,得到了全面推广应用,为产业的发展做出了重大的贡献;曾获国家技术发明奖、国家科技进步奖	2015 年当选中国工程院院士
郑纬民(1946 年 3 月 4 日—),浙江宁波人,网络存储领域专家,清华大学计算机科学与技术系教授,曾任中国计算机学会理事长	郑纬民院士长期从事网络存储系统科学研究、工程建设和人才培养,是我国网络存储领域的领军人,在存储系统扩展性、可靠性和集约性等科学问题和工程技术方面,取得了国内外同行认可的创新性成果,推动了存储领域的科技进步;研制的网络存储系统、容灾系统和自维护存储系统在多个重大工程中发挥了重要作用;核心技术和方法转化到国内骨干企业的存储产品中,为推动我国自主存储产业的发展做出了突出贡献;曾获国家科技进步奖一等奖、二等奖、国家技术发明奖二等奖,何梁何利基金科学与技术进步奖	2019 年当选中国工程院院士

3. 化工、冶金与材料工程学部(5 位)

院士信息	主要成就	当选时间
袁渭康(1935 年 7 月 1 日—),化学工程专家,祖籍浙江鄞县,华东理工大学教授	袁渭康院士长期从事化学工程研究,工业反应器的研究与开发,发展了移动床煤气化器模型的近似解析解和通用的相平面分析法,反应器多态的全局分析法;在生物反应器的状态估计和控制、固定床电极反应器、超临界流体反应和 CVD 反应器的模型化方面获得了创新成果;发展了一种全新的动力学模型筛选及状态估计方法、过程在线辨识方法;创导了"工业反应过程的开发方法论",成功实现了反应器开发工作的高质量、短周期;多次获得国家及省部级奖励,曾获何梁何利基金科学与技术进步奖	1995 年当选为中国工程院院士

院士信息	主要成就	当选时间
周光耀(1935 年 12 月 13 日—　　),无机化工专家,浙江鄞县人,中国成达工程公司高级工程师	周光耀院士长期从事纯碱工程技术等方面的研究工作,设计成功我国第一套完全独立的联碱装置,解决了水平衡问题;组织制定新都氮肥厂联碱装置的工艺设计方案;在完全由我国自行设计的年产 60 万吨大型纯碱装置设计工作中,采用了多项新工艺、新型和大型设备;研究开发成功了自然循环外冷式碳化塔、新型变换气制碱技术,并广泛推广;曾获国家科技进步奖二等奖等科技奖励	1995 年当选为中国工程院院士
陈建峰(1965 年 8 月 29 日—　　)化学工程领域专家,浙江宁波人,北京化工大学有机无机复合材料国家重点实验室主任,教育部超重力工程中心主任,中国颗粒学会副理事长,中国化工学会常务理事	陈建峰院士在国际上率先提出超重力反应器工程思想并实现了产业化。他提出了跨尺度分子混合反应工程理论模型,创建超重力反应器技术及其反应与分离强化新工艺,在化工、纳米材料、环境、海洋能源等领域实现了大规模工业应用,成效显著;曾获国家技术发明奖和国家科技进步奖,美国 DOW 化学基金奖,何梁何利基金科学与技术创新奖	2015 年当选中国工程院院士
郑裕国(1961 年 11 月 5 日—　　),生物化工专家,浙江象山人,浙江工业大学教授,国家化学原料药合成工程技术研究中心副主任,中国化工学会生物化工专业委员会委员,中国生物工程学会工业与环境生物技术专业委员会委员,中国微生物学会酶工程专业委员会委员	郑裕国院士长期从事医药和农药化学品生物制造工程技术创新,建立了以生物技术为核心,融合有机合成、化学工程原理和方法的生物有机合成技术新体系,在假糖、酮糖类化合物生物合成、手性生物催化等领域取得了系列重要成果;曾获国家技术发明奖、国家科技进步奖	2017 年当选为中国工程院院士
应汉杰(1969 年 7 月 17 日—　　)生物制药工程专家,浙江慈溪人,南京工业大学教授,博士生导师,国家生化工程技术研究中心主任	应汉杰院士长期从事生物与制药工程领域的研究,他依据细胞的特性和仿生的原理,发明了能量调控和细胞集群调控等系列创新技术,解决了果糖-1,6-二磷酸等医药化工品、生物乙醇等生物基化学品、虫草素等天然有效成分以及生物大分子如蛋白质和核酸等产品生物合成效率低、生物催化剂难以长期使用和连续化生产难以实现等问题,推动了生物发酵过程从间歇式向连续化生产的转变,提高了企业的国际竞争力;曾获国家技术发明奖	2021 年当选中国工程院院士

4. 能源与矿业工程学部(11 位)

院士信息	主要成就	当选时间
汤德全(1915 年 12 月 14 日—2006 年 8 月 19 日),动力机械工程、矿山机电工程专家,浙江镇海人,煤炭科学研究总院高级工程师,曾任煤炭部技术委员会委员,国家能委顾问委员会副主任,第五、六、七届全国政协委员,第六、七届全国政协常委兼科技委委员	汤德全院士负责完成我国第一台"矿井井下机车运输信号、集中、闭塞系统"的研究设计、组装和运行,提高了运输率和安全度;主持"矿井新型多绳提升及其电力驱动系统的研究设计""矿井千伏级井下供电设备和系统"等攻关项目;曾获 1989 年国家科技进步奖一等奖	1995 年当选为中国工程院院士
毛用泽(1930 年 9 月 1 日—2022 年 3 月 6 日),核技术应用专家,浙江宁波人,中国人民解放军总装备部防化研究院研究员	毛用泽院士参加创建了我国首次核试验早期核辐射与放射性沾染效应参数测量技术、现场辐射防护监测以及高空核烟云取样技术,并组织指导现场实施;参加创建并发展了我军核监测专业的核爆辐射防护剂量学、核爆探测学、核监测装备系列与军用标准化等;参加创建了我国核电站场外应急辐射监测的科学技术研究;参加创建了我国核仪器标准化技术研究,取得了一批重要成果;曾多次获军队科技进步奖、国家科技进步奖	1995 年当选为中国工程院院士

续表

院士信息	主要成就	当选时间
周永茂(1931 年 5 月 15 日—),核反应堆工程专家,浙江镇海人,中原对外工程公司高级工程师,中国核工业集团公司科技委顾问	周永茂院士长期在反应堆工程和科技第一线从事设计、研究和建设工作,完成了"双流程堆芯"潜艇核动力堆本体的早期设计方案;主持开展了为生产堆、动力堆、游泳池堆的燃料元件与氚靶元件的首次国产工艺定型工作;参与了高通量堆设计建造和工程的重大决策,领导民用微堆的开发,主持开发用中子俘获疗法医治脑瘤的核医疗器械——医院中子照射器;曾获国家科学技术进步奖、全国科学大会奖	1995 年当选为中国工程院院士
翁史烈(1932 年 5 月 21 日—),热力涡轮机专家,浙江宁波人,上海交通大学教授,曾任教育部科学技术委员会主任、第四届国务院学位委员会委员、中国动力工程学会理事长	翁史烈院士主持承担了我国航空涡轮风扇发动机的多用途改型研制,开拓我国新一代热力发动机,研制成我国第一台陶瓷绝热涡轮复合柴油机原理样机,完成了我国第一批增压器陶瓷涡轮转子的设计和试验台建设;先后在上海交通大学创建了振动、冲击、噪声国家重点实验室和教育部动力机械重点实验室;曾获国家科技进步奖和省部级奖励	1995 年当选为中国工程院院士
阮可强 (1932 年 12 月 19 日—2017 年 4 月 29 日),反应堆物理、核安全专家,原籍浙江慈溪,中国核工业集团公司中国原子能科学研究院研究员,曾任国家环境保护总局核环境专家委员会副主任、中国核学会副理事长	阮可强院士一直在反应堆物理和核安全领域从事研究、设计工作,负责完成了第一座快中子零功率反应堆的建造和物理启动,研制成功微型反应堆,为核工业中铀同位素分离、核燃料后处理、燃料元件制造、铀钚冶炼加工和核电站等多个重要工厂的设计、投产、运行,解决了大量的临界安全问题;曾获国家科技进步奖一等奖	1995 年当选为中国工程院院士
胡思得(1936 年 3 月 31 日—),核武器工程专家,浙江宁波人,中国工程物理研究院研究员	胡思得院士长期从事核武器理论研究设计,在状态方程、内爆压缩和核装置设计等方面做出了开创性工作;曾担任多个核装置型号的理论设计负责人,与物理实验紧密结合,攻克了一些重要关键技术,提出了核试验中新的物理诊断项目;在突破原子弹阶段,氢弹的研究设计和发展以及核试验的近区物理测试中做了大量组织领导工作,为我国核武器的研究设计和发展做出了重要贡献;曾多次获得国家科技进步奖	1995 年当选为中国工程院院士
陈毓川(1934 年 12 月 7 日—),矿床地质专家,浙江宁波人,国土资源部研究员、地矿部总工程师、中国地质科学院科技委员会主任、矿床地质专业委员会主任、国际矿床成因协会副主席、第九届全国政协委员	陈毓川院士长期从事矿床地质、地球化学、区域成矿规律、成矿预测研究及矿产勘查工作,提出宁芜玢岩铁矿成矿模式,系统总结华南花岗岩有色、稀有矿床及陆相火山铁矿成矿规律,促进了全国火山岩区及花岗岩区的地质找矿工作;曾多次获得国家科技进步奖、李四光地质科技工作者奖、光华工程科技奖	1997 年当选为中国工程院院士
倪维斗(1932 年 10 月 6 日—),动力机械工程专家,浙江宁波人,清华大学教授,曾任中国环境与发展国际合作委员会委员,教育部科学技术委员会主任、中国能源学会会长	倪维斗院士倪维斗长期从事热力涡轮机系统和热动力系统动态学方面的研究,全面系统地发展了复杂热力系统及其关键部件的先进建模方法和一系列新的控制策略;在建立大型火电机组性能与振动过程在线监测与诊断系统中做出了重要创新性成果;解决了先进燃气轮应用中的关键问题;率先研制了燃气/蒸气联合循环的仿真装置;曾多次获国家教委科技进步奖	1999 年当选为中国工程院院士

院士信息	主要成就	当选时间
闻雪友(1940 年 9 月 14 日—)，舰船燃气轮机专家，原籍浙江慈溪，中国船舶重工集团公司第七〇三研究所科技委研究员，中国电工学会燃气轮机专业委员副主任委员	闻雪友院士长期从事舰船及工业燃气轮机的研究设计工作，曾负责我国第一台航空改装大功率舰船用燃气轮机的技术工作及第一台第二代舰船用燃气轮机的研制工作，为我国舰船动力现代化做出重要贡献；在热能动力工程方面，率先研究建成双工质平行复合循环电站，并获推广应用；曾获全国科学大会奖、国家科技进步奖、国防科学技术奖、军队科技进步奖、中船总公司科技进步奖	2005 年当选为中国工程院院士
陈勇(1957 年 6 月 13 日—)，能源与环境工程技术专家，祖籍浙江鄞县，中科院广州分院、广州能源研究所研究员	陈勇院士长期从事有机固体废物能源化与资源化利用技术、生物质能利用技术研究与开发，以热化学转化、物理转化、化学转化、生化转化系列技术及集成为手段，实现生活垃圾、畜禽粪便、农林废物的能源化与资源化高值利用；建立了"农村代谢共生产业"新模式，创建了"副产物控制的清洁生产机制"和"基于能量流、物质流、环境流、经济流的全生命周期分析方法"；曾获国家科技进步二等奖、何梁何利基金科学与技术进步奖等科技奖励	2013 年当选中国工程院院士，2006 年当选国际欧亚科学院院士
黄震(1960 年 8 月 6 日—)，男，浙江宁波人，动力机械工程专家，中国民主促进会会员，上海交通大学教授，教育部动力机械与工程重点实验室主任，国际燃烧学会会士，第十三届全国政协常委，国际二甲醚协会副主席，中国造船工程学会副理事长，上海能源研究会理事长等	黄震院士长期从事车用能源、发动机燃烧和大气污染防治研究，创建了发动机燃料设计与燃烧控制新方法，阐明了燃料特性与着火、燃烧、排放和热效率之间的复杂耦合关系，成功研制了新型智能燃料发动机，为发动机高效清洁燃烧探索出一条全新途径；发明了发动机燃料多样化关键技术，研制了系列替代燃料发动机，成功应用于汽车和船舶动力；曾多次获得国家和省部级奖励	2019 年当选中国工程院院士

5. 土木、水利与建筑工程学部(6＋1 位双院士)

院士信息	主要成就	当选时间
陈肇元(1931 年 10 月 1 日—2020 年 6 月 25 日)，土木结构工程和防护工程专家，浙江鄞县人，清华大学教授	陈肇元院士长期从事爆炸、撞击作用下防护结构性能与设计方法的理论与实验研究，以及混凝土结构性能的研究，并取得系统成果，其中许多纳入国家设计规范或用于重要工程；在研究推广现代高强、高性能混凝土技术和土钉支护技术并编制相应结构设计施工规程的工作中也取得显著成绩；获得国家人事部授予的中青年有突出贡献专家的荣誉	1997 年当选为中国工程院院士。2012 年在宁波中淳高科股份有限公司建立院士工作站
谢世楞(1935 年 5 月 20 日—2018 年 11 月 7 日)，港口和海岸工程专家，浙江慈溪人。天津大学教授，交通运输部技术顾问、专家委员会委员、中国海洋工程学会副理事长、亚洲和太平洋海岸工程会议理事	谢世楞院士长期从事港口海岸工程的研究设计，所创造的直立堤前冲刷公式被称为"谢氏理论和公式"，在国内外享有很高的声望。他提出的淹没情况下半圆型防波堤上的波浪力计算公式，已在长江口整治工程中被采用，有良好效果；曾获得国家优秀设计奖金质奖和银质奖、国家质量奖银质奖、国家科技进步奖、联合国发明创新科技之星奖	1999 年当选为中国工程院院士

续表

院士信息	主要成就	当选时间
魏敦山（1933 年 5 月 30 日—　　），建筑设计专家，浙江慈溪人，上海建筑设计（集团）顾问总建筑师，上海市建筑师学会副会长	魏敦山院士长期从事民用建筑设计工作，其在 20 世纪 70 年代设计的上海体育馆与在 80 年代设计的上海游泳馆，作为新中国成立以来 43 座优秀建筑之二被载入英国出版的"世界建筑史"史册；他也同时作为 16 位中国著名建筑师之一的最年轻建筑师载入该建筑史册；曾获国家优秀设计奖、国家科技进步奖、上海市科技进步奖、"梁思成建筑奖"，并荣获埃及总统亲自颁发的"埃及一级军事勋章"	2001 年当选为中国工程院院士
范立础（1933 年 6 月 8 日—2016 年 5 月 3 日），桥梁结构工程与桥梁抗震专家，浙江镇海人，曾任中国土木工程学会桥梁及结构工程分会理事长、国际桥协常务理事及中国团组主席	范立础院士在桥梁结构设计理论和桥梁抗震领域内获得了多项重大研究成果，首次编写了桥梁杆系非线性地震反应分析程序；率先建立了中国大跨度桥梁及城市复杂立交工程的抗震理论和计算方法；率先开展了桥梁减隔震和抗震加固技术研究，其成果已应用于上海南浦大桥、东海大桥、苏通长江大桥等 50 余座重大桥梁工程；曾获得国家科技进步奖、省部级科技进步奖	2001 年当选为中国工程院院士
郑颖人（1933 年 11 月 5 日—　　），岩土工程与地下工程专家，浙江镇海人，中国人民解放军后勤工程学院军事土木工程系教授，中国土木工程学会隧道与地下工程分会、防护工程分会常务理事，中国岩石力学与工程学会理事	郑颖人院士发展了岩土塑性力学多项理论，创建广义塑性力学体系，发展了应变空间塑性理论与多重屈服面理论，尤其在建立广义塑性理论上取得重大进展；在军队地下工程、城市岩石工程与区域性土领域，解决了技术难题，取得了良好的军事与经济效益；曾获国家科技进步奖、军队及部委级科技进步奖	2001 年当选为中国工程院院士
胡春宏（1962 年 4 月 30 日—　　），水力学及河流动力学专家，原籍浙江慈溪，中国水利水电科学研究院高级工程师、世界泥沙研究学会秘书长、国务院三峡办三峡工程泥沙专家组副组长	胡春宏院士长期从事泥沙运动力学、河床演变与河道整治等领域的理论与应用研究，建立了江河水沙调控与泥沙优化配置理论与模型，在长江三峡工程、黄河小浪底工程、三门峡工程、黄河下游河道与河口、渭河下游、官厅水库、塔里木河干流等工程项目中的泥沙治理方面取得了多项国际先进水平的科研成果；曾获国家科技进步奖、中国青年科技奖	2013 年当选中国工程院院士

6.环境与轻纺工程学部（3 位）

院士信息	主要成就	当选时间
郁铭芳（1927 年 10 月 3 日—2020 年 4 月 12 日），化纤专家，祖籍浙江鄞县，东华大学教授，曾任上海合成纤维研究所所长兼总工程师	郁铭芳院士主要从事化学纤维的理论和工程应用研制，主要有芳香族聚酰胺纤维、聚酰亚胺纤维、碳纤维、涤纶高速纺丝、高强涤纶等；在 20 世纪 50 年代参加筹建我国首家自行建设的合成纤维实验工厂，纺出了我国自己制造的第一根合成学纤维，成为我国化纤领域的奠基人和学科带头人之一；在反复论证、多方准备的前提下，率先提出关于喷丝成布科技攻关重点项目的建议；曾获得多项国家和省部级科学进步奖	1995 年当选为中国工程院院士
徐祥德（1942 年 7 月 12 日—　　），气象学家，浙江余姚人，中国气象科学研究院所长，世界气象组织大气环境、国际现场观测协调专家组成员、全球水伙伴中国委员会委员	徐祥德院士长期从事天气气候动力学、非线性理论及大气环境研究，推进黄河防汛、农业防灾、城市大气环境、青藏高原大气科学试验研究与观测系统技术等工程建设，发展了青藏高原新一代大气综合监测与预警系统工程；其主持实施的城市大气环境观测试验与中国气候观测系统设计被列入国际范例；多次获省部级科技进步奖	2009 年当选为中国工程院院士

院士信息	主要成就	当选时间
俞建勇(1964 年 5 月 26 日—　),纺织材料专家,原籍浙江宁波,东华大学教授,兼任中国纺织工程学会副理事长	俞建勇院士长期从事纺织材料领域的研究,突破黄麻纤维精细化与制品加工关键技术,推动天然纤维资源的深度开发与利用;攻克竹浆纤维制造及其产品应用关键技术,促进生物质纤维的产业化发展;研发新型环锭集聚纺技术及加工系统,提升产品品质与附加值;研发特种纺织复合结构及其成形关键技术,成功应用于新型战略武器系统发展并起到重要作用;曾获国家技术发明奖、国家科技进步奖	2013 年当选为中国工程院院士

7. 农业学部(2 位)

院士信息	主要成就	当选时间
余松烈(1921 年 3 月 13 日—2016 年 4 月 20 日),小麦专家,浙江慈溪人,山东农业大学教授,中国作物学会理事、栽培研究委员会委员、小麦学组组长,第七、八届人大代表	余松烈院士长期从事"冬小麦精播高产栽培技术"的研究与示范推广,首创冬小麦精播高产栽培理论和技术,改变了"大肥大水大播量"常规栽培方法,为我国黄淮海麦区小麦高产开创了新途径;多次刷新全国冬小麦单产纪录,堪称我国小麦栽培学的奠基人,为推动小麦增产、保证国家粮食安全做出巨大贡献;曾获全国科学大会奖、国家教委科技进步奖、国家科技进步奖	1997 年当选为中国工程院院士
陈剑平(1963 年 4 月 8 日—　),植物病理学家,宏观农业发展战略专家,浙江鄞州人,曾任浙江省农业科学院院长,现任宁波大学植物病毒学研究所所长	陈剑平院士长期从事植物病毒基础和应用研究,在植物病毒种类鉴定、病毒与禾谷多黏菌介体关系、病毒致病和植物抗病分子机制、病害发生规律和防控技术、脱毒植物组织培养苗种产业化等方面取得重大进展;创新提出了现代农业综合体作为区域现代农业发展创新载体的建设背景、科学内涵、理论基础、典型案例和建设机制;曾获国家科技进步奖	2011 年当选中国工程院院士,2012 年当选发展中国家科学院院士

8. 医药卫生学部(7 位)

院士信息	主要成就	当选时间
陆道培(1931 年 10 月—　),血液病学专家,浙江鄞县人,曾任北京大学血液病研究所所长、血液质量委员会主任	陆道培院士主要从事血液病临床和实验研究,是中华造血干细胞协作组的发起人与领先人,是我国造血干细胞移植的奠基人与推动者,包括 HLA 半相同移植,促进了造血干细胞移植事业在我国的迅速发展。他首先证明了硫化砷类药物对急性早幼粒细胞白血病有卓效,在国际上进行了首例异基因骨髓移植治愈无丙种球蛋白血症;曾获国家科学技术进步奖二等奖、何梁何利基金科学与技术进步奖、陈嘉庚奖等科技奖励	1996 年当选中国工程院院士
陈亚珠(1936 年 7 月 23 日—　),高电压技术与生物医学工程专家,浙江鄞县人,上海交通大学讲席教授、上海交通大学生物医学工程学院名誉院长	陈亚珠院士是我国生物医学工程领域及大型医疗器械研制的先驱和开拓者之一,在过电压防雷保护、高电压设备绝缘设计、静电场数值计算等领域成绩卓著。她将多学科知识及工程技术融合,应用于无创伤医疗领域,研制成功"液电冲击波体外肾结石粉碎机",开创泌尿外科史上非手术刀方法,使广大肾结石、尿路结石患者接受无痛无损伤的治疗,临床效果显著;曾获国家科技进步奖	1996 年当选中国工程院院士

续表

院士信息	主要成就	当选时间
翁心植（1919 年 5 月 10 日—2012 年 7 月 7 日），内科学专家，浙江鄞县人，曾任北京朝阳医院名誉院长、北京呼吸疾病研究所所长	翁心植院士在普通内科、寄生虫病、心血管病和呼吸系统病诸领域均有创造性贡献。他发现和诊断了国内首例戈谢病；创建用于诊断黑热病和血吸虫病的简制抗原方法；在世界上报道了首例白塞病并发心脏瓣膜损害，并提出结核自身免疫是病因之一；率先将肝素用于肺心病治疗，取得良好效果，创建呼吸重症监护室，使我国在这一领域达到国际水平；在国内最早开始控烟运动，获世界卫生组织金质奖章；曾获何梁何利基金科学与技术进步奖医药奖	1997 年当选为中国工程院院士
俞梦孙（1936 年 3 月 9 日— ），航空医学与生物医学工程专家，浙江余姚人，第四军医大学教授，空军航空医学研究所航空医学工程研究中心主任、中国生物医学工程学会副理事长	俞梦孙院士在国际上首创了冲击载荷下人体脊柱动态响应模型，解决了火箭弹射救生医学难题；开创了中国式"飞行实验室"，推动了我国航空医学发展，研究开发了多种高抗干扰电生理仪器；成功创造出自然睡眠条件下睡眠结构与呼吸事件测量技术，该技术现已进入产品化阶段；曾获国家科技进步奖、国家发明奖、军队科技进步奖	1999 年当选中国工程院院士
庄辉（1935 年 1 月 17 日— ），流行病学、微生物学专家，浙江奉化人，北京大学教授，世界卫生组织西太区控制乙型肝炎专家工作组成员、世界肝炎联盟公共卫生学专家、国家药典委员会委员、中华预防医学会副会长、中华医学会理事	庄辉院士主要从事病毒性肝炎研究，首先证实我国存在流行性和散发型戊型肝炎；在国内首先建立戊型肝炎实验室诊断技术和猕猴动物模型；研制成功"戊型肝炎病毒 IgG 抗体酶联免疫测定试剂盒"和"乙型肝炎病毒表面抗原胶体金试纸条"等，获三项国家新药证书；曾多次获得国家科技进步奖及部级科技进步奖	2001 年当选为中国工程院院士
陈赛娟（1951 年 5 月 21 日— ），细胞遗传学和分子遗传学专家，浙江鄞县人，上海交通大学医学院附属瑞金医院上海血液学研究所所长、研究员	陈赛娟院士长期致力于白血病发病机理与治疗研究，率先提出了白血病基因组解剖学计划，发现了新的白血病发病的突变基因与融合基因，揭示了白血病发病的新机制，为临床诊断、预后判断和靶向治疗提供了新的生物分子标志和靶标；建立了急性髓性白血病预后的分子分型体系，成功实现急性早幼粒细胞白血病新型协同靶向治疗，并拓展至其他类型白血病；曾获国家自然科学奖	2003 年当选中国工程院院士
沈祖尧（1959 年 10 月 22 日— ）胃肠病学专家，祖籍浙江宁波，曾任香港中文大学校长，英国皇家内科医学院、美国胃肠病学学院、澳洲皇家内科医学院等九个学院的院士	沈祖尧院士在国际上首创了为期一周的抗幽门螺杆菌治疗方案；率先采用内窥镜治疗消化性溃疡出血；制定多种预防因非甾体消炎药引起的溃疡并发症的治疗方案；率先在亚太地区确立了结肠镜检查对早期发现无症状大肠癌的临床筛查价值；在消化系统肿瘤发生的分子机制方面进行了系列创新性研究；曾获国家科技进步奖、何梁何利基金科学与技术进步奖及多个国外奖项	2011 年当选为中国工程院院士

附录4　宁波籍院士与学科建设

周兴华

近年来,中国科技在全球的地位日益突出,"天宫""嫦娥""北斗""蛟龙""悟空""墨子"等重大科技成果的相继问世,令世界刮目相看。在这些亮眼的科技成就中,宁波籍院士的名字尤其引人注目——把"天宫"与"嫦娥"送上太空的长征系列火箭由余梦伦院士领衔;全球首颗量子科学实验卫星"墨子号"的发射由王建宇院士指挥;打破同类潜水器下潜最深记录的"蛟龙"号由徐芑南院士任总设计师……宁波这块神奇的土地,走出了121位院士①,他们分布在中国科学院与中国工程院全部的15个学部②当中,在不同的学科领域中成为旗帜与标杆。从学科建设角度看,作为特定学科领军人物的宁波籍院士,大多在高校及研究院所这两类学术高地中工作,他们带领学术团队在各个学科的前沿地带钻研,其高端的科技成果奠定了学科的优势地位,其前瞻性思维引领了学科的发展方向,他们进行学科建设的思路、策略与方法,对不同层次的学科建设都具有启示意义,他们的人格魅力与精神品格对于每个人来说,都是学习的榜样。在国家强盛和民族伟大复兴的过程中,宁波籍院士在学科建设上的贡献,不仅存在于学科建设本身,更为重要的是他们身上体现出的科学家精神对全民族、全社会都有积极影响。

一、宁波籍院士在学科建设上的贡献

宁波籍院士在学科建设上贡献卓著。在学科萌生、成长、成熟的过程中,他们不仅是一些学科的开创者或开拓者,而且还是学科发展的引领者。他们取得的前沿成果无论是对国家还是对人类来说都是科技上的突破性进展。

(一)学科的开创与开拓

中国自20世纪初开始引进西方的学科体系,1949年后,学科建设进入一个新的发展阶段。学科体系不断细化完善,一些新的学科也随之创立。在新学科诞生的过程中,许多宁波籍院士都是奠基者和开拓者——郑

---

①　截至2022年12月,宁波籍中国科学院院士66位,中国工程院院士58位,其中有3位双院士,合计为121位。
②　中国科学院有数学物理学部、化学部、生命科学和医学学部、地学部、信息技术科学部和技术科学部6个学部;中国工程院有机械与运载工程学部,信息与电子工程学部,化工、冶金与材料工程学部,能源与矿业工程学部,土木、水利与建筑工程学部,环境与轻纺工程学部,农业学部,医药卫生学部,工程管理学部9个学部。

哲敏院士是中国爆炸力学的奠基人和开拓者之一；陈俊亮院士是中国通信程控交换技术的奠基人之一；童第周院士是中国实验胚胎学的主要创始人，中国海洋科学研究的奠基人；贝时璋院士是中国生物物理学的奠基人；应崇福院士是超声学研究奠基人，其关于固体中超声散射的论文，是国际上该领域的开拓之作；翁文波院士是中国石油测井、石油地球物理勘探技术、石油地球化学的创始人，在我国第一个开办了地球物理课程，培养了中国第一代地球物理人才……

宁波籍院士开创新学科的标志之一，是以独创性的理论为学科奠基。陈俊亮院士建立了程控交换机诊断的基本理论，提出了数字交换网络的理论模型与测试诊断算法；贝时璋院士创立了"细胞重建学说"，为细胞起源和生命进化提供了重要阐释；翁文波院士提出了"信息预测理论体系"，在预测理论和实践上取得了重大突破，开启了天灾预测的先河……

宁波籍院士对学科的开创还体现为对研究方向的开辟与研究方法的突破。除爆炸力学理论建树之外，郑哲敏还开辟了力学与工艺相结合的"工艺力学"新方向；贝时璋院士在创建中国生物物理学科之后，还开拓了中国放射生物学和宇宙生物学；童第周院士则以异种动物细胞核移植技术，为克隆动物奠定了理论与技术的基础，开创了中国克隆技术先河……

在学科开创的基础上，宁波籍院士又以学科为依托建设新的专业，开拓学科建设的新领域。刘元方院士在核化学与放射化学领域进行创造性工作之后，创立和建设了我国第一个放射化学专业；孙儒泳院士将脊椎动物生理生态引入中国，在理论上和方法上取得了系统的创造性的成果，成为中国兽类生理生态学研究的开拓者；谈家桢院士对瓢虫色斑遗传的"镶嵌显性现象"研究，被认为是经典遗传学发展的重要补充和现代综合进化理论的关键论据，他建立了中国第一个遗传学专业、第一个遗传学研究所和第一个生命科学学院，被誉为"中国的摩尔根"……

在学科开创基础上建立的新专业，承担了人才培养的重任，又使学科有序发展，或纵向延伸，或横向拓展，形成学科发展的合力与后劲。郑哲敏院士领导中国力学学科建设，发展出了热弹性力学、水弹性力学、材料力学行为、环境力学、海洋工程、灾害力学、非线性力学等多个力学分支学科；陈子元将核科学技术与农学结合起来，开拓出核农学学科；郑志明院士在空天信息安全与复杂信息系统等数学与信息交叉领域确立研究方向，建成了有国际影响的学术团队和优秀人才培养基地。

学科方向的设立与凝聚是学科建设的首要任务，宁波籍院士确立的研究方向为新学科的开创及传统学科的开拓奠定了基础，其创造性的研究成果彰显了学科的特色和优势，也使国家的科技发展迈上了新台阶。从这一点来看，宁波籍院士在学科建设中的贡献不仅有新学科的开创之功，还有对学科的开拓之绩。

(二)学科前沿的突破性成果

衡量学科建设水平的核心指标是科研成果。从这个角度看，宁波籍院士在学科建设中不仅以理论建树完成了研究对象、研究方法和知识体系的建构，也以前沿性、突破性成果为学科建设注入了强大的创新动力和发展潜力，使学科处于国内国际的领先地位。

在航天领域，余梦伦院士系统提出运载火箭的弹道设计理论和方法，使得长征二号、长征三号、"长二捆"和神舟载人飞船成功飞天；包为民院士在我国载人航天工程、月球探测工程、北斗导航工程和新一代运载火箭工程等领域中解决了一系列技术难题，为中国的航天事业和国防现代化建设做出了突出贡献；王建宇院士作为全球首颗量子科学实验卫星"墨子号"的发射总指挥，解决了星地量子科学实验中的多项核心技术难题，实现了我国激光遥感的首次空间应用……

在船舶领域,徐芑南院士创造性地研制了多型载人深潜器和水下机器人,他指挥"蛟龙"号进行了 15 天的深海下潜实验,创造了 7062 米中国载人深潜的历史记录,使我国成为拥有世界上作业深度最深的载人潜水器的国家;朱英富院士成功主持研制了出口型导弹护卫舰和第三代驱逐舰,实现了舰船技术跨越发展,在没有图纸的情况下将"瓦良格"号建成了我国第一艘真正意义上的航母……

在核能领域,戴传曾院士创造了中国的"五个第一":第一台中子晶体谱议、第一台中子衍射仪、第一座快中子零功率反应堆、第一批中子嬗变掺磷单晶硅和第一座微反应堆;冯煜芳院士自主创新完成了多种新型导弹武器的系统研发,取得多项创新性成果;周永茂院士在核工业二次创业期间,领导民用微堆的开发,赢得了很好的国际信誉和经济效益,他主持开发的中子照射器,是世界首个应用 30 千瓦低功率、低铀浓度的微型核反应堆为硼中子俘获疗法专供中子源的装置,能在医院内实施癌患治疗,经过临床试治,已达到预期验证目标……

在计算机领域,王阳元院士主持研究成功我国第一块 3 种类型 1024 位 MOS 动态随机存储器,领导研制成功我国第一个大型集成化的 ICCAD 系统,这个创新性成果打破了西方的封锁,点亮了民族的自信之光;倪光南院士参与研制我国自行设计的第一台电子管计算机(119 机),他首创在汉字输入中应用联想功能,解决了汉字处理中许多技术问题,创造了重大经济和社会效益;周兴铭院士主持研制我国第一台全数字实时仿真计算机"银河-仿 1"和我国第一台面向科学/工程计算的 10 亿次级"银河-II"并行巨型计算机系统,每秒运算速度达百亿次,使我国跻身于世界上少数几个掌握了巨型机技术国家的行列……

在生命科学与医学领域,洪国藩院士首创单链克隆 DNA 的双向测定法,建立了水稻全部 12 条染色体的人工细菌染色体(ABC)全库,在世界上首次构建高分辨率水稻基因组物理全图;他研发的低温封闭多级 PCR 技术不仅可以用于医学临床检验诊断,还可以应用到农、牧、渔业以及食品、海关检测检疫等多个领域;吴祖泽院士完成了世界首例胎肝造血干细胞移植,为人类医治白血病、放射病、重症肝炎等疑难病症做出了重大贡献;陈中伟院士首次为全断右手病人施行再植手术成功,开创再植外科;沈自尹院士率先对中医称为命门之火的肾阳进行研究,首次用现代科学方法在国际上证实肾阳虚证有特定的物质基础,为中医向现代化发展做出了重要贡献……

在农业领域,李庆逵院士突破了天然橡胶林栽培线的禁区,并将其推移到北纬 18—24 度;鲍文奎院士采用染色体加倍技术培育新作物,在世界上首次将异源八倍体小黑麦应用于生产,育成"小黑麦 2 号""黔中 1 号"等多个小黑麦品种在贵州高寒山区和丘陵地区推广;余松烈院士首创冬小麦精播高产栽培理论和技术,改变了"大肥大水大播量"常规栽培方法,多次刷新全国冬小麦单产纪录……

宁波籍院士令世人瞩目的成果还有很多,数不胜数。他们的前沿性成果使学科处在优势地位,带动学科迅速成长成熟,或者在分化变革中螺旋式上升。

(三)引领学科发展方向

宁波籍院士以前沿性成果立于学术高地,给学科建设奠定了优势地位,又以远见引领学科发展方向。他们或以实际行动积极推动,或发出倡议,或以系统阐述擘画学科发展前景。

曾担任过全国人大常委会副委员长和全国政协副主席的韩启德院士从领导岗位退下来之后,积极推动北京大学和中国科协联合成立了科学文化研究院,又领导成立了北京大学科学技术与医学史系,结合科学史、科学哲学、社会学、传播学等各个学科,在更加广阔的范围内开展学科交叉研究,探讨科学发展规律以及科学技术发展土壤问题。他认为,学科交叉研究是颠覆性创新的重要途径,学科交叉催生了累累硕果,对提高原始创新能力起到了积极作用,是当今时代科技创新的源泉。

韩启德院士还在医学领域推动叙事医学在我国的发展,引领医学人文的临床落地。他认为在传统医学与现代医学面临碰撞与融合的时代,叙事医学训练医生如何见证患者的苦难,将患者的感受转化成自己的表述,并再次转化到患者心中。疾病是一个故事,同样的疾病,不同的患者,衍生出不同的故事。医生撰写两份病历:一份是冰冷的科研病历,一份是温暖的叙事医学病历,又称"平行病历"或"影子病历",类似于"临床札记",将"找证据"与"讲故事"结合起来,回归到医者仁心这个医学的核心上来。他利用不同的场合对"叙事医学"的定义、原则和方法、阅读和写作、制度设计和临床推进方面进行阐述,推动我国叙事医学第一个研讨会的召开,并最终促成了《叙事医学》杂志在北医三院的创办,引领学科向医学人文方向发展。

神经生物学家、生理学家杨雄里院士是中国脑科学计划的筹建者和推动者。他呼吁借助脑科学的研究成果开展类脑人工智能的研究,将脑科学、计算科学、信息科学和医学等学科领域密集地交叉融合,因为这会有力地推进新的产业革命,甚至改变社会范式。他建议,首先,要建立中国脑计划强有力的领导专家组,进行顶层设计,形成一个有前景、有内涵、有特色、可操作的脑计划研究蓝图。其次,根据我国的研究基础和特点在不同的研究方向上各有侧重,坚持有所为有所不为。在认识脑的基础研究方面,形成自己的特色;在保护脑的临床研究方面,考虑相关疾病在我国的发病率和特点;在模拟脑的类脑人工智能研究方面,紧密联系产业发展、转型的重大需求。最后,要保证脑科学研究的可持续发展,做好长远谋划。

令人瞩目的是宁波籍院士在"未来10年中国学科发展战略"的表现。2009年春,中国科学院学部联合国家自然科学基金委员会组织了"2011—2020年我国学科发展战略研究"项目,为未来10年的学科发展制定战略蓝图:"一是明确学科在国家经济社会和科技发展中的战略地位;二是分析学科的发展规律和研究特点;三是总结近年来学科的研究现状和研究动态;四是提出学科发展布局的指导思想、发展目标和发展策略;五是提出未来5—10年学科的优先发展领域以及与其他学科交叉的重点方向;六是提出未来5—10年学科在国际合作方面的优先发展领域;七是从人才队伍建设、条件设施建设、创新环境建设、国际合作平台建设等方面,系统提出学科发展的体制机制保障和政策措施。"[1]这个项目设有19个学科专题,共有包括院士在内的600多位专家学者参与,其中宁波籍院士有16位[2]。路甬祥院士为该项目写了总序,柴之芳院士任化学学科发展战略研究顾问组顾问;吴祖泽院士任医学学科发展战略研究组组长,白以龙院士任力学战略研究组组长,陈祖煜院士任工程科学副组长,方岱宁任力学秘书组组长,景益鹏任天文学秘书组组长;此外,贺贤土院士、周兴铭院士、何积丰院士、翁史烈院士、倪维斗院士、黄震院士、戎嘉余院士、陈俊勇院士、王正敏院士作为研究组成员则在不同的学科专题中贡献他们的智慧。

2012年,"未来10年学科发展战略研究"总报告和19个学科专题研究报告面世,成为中国科学院院士在学术引领方面的一次示范。宁波籍院士参与了19个专题中的10个专题:《未来10年中国学科发展战略·物理学》(贺贤土院士);《未来10年中国学科发展战略·工程科学》(陈祖煜院士);《未来10年中国学科发展战略·信息科学》(周兴铭院士、何积丰院士);《未来10年中国学科发展战略·能源科学》(翁史烈院士、倪维斗院士、黄震院士);《未来10年中国学科发展战略·地球科学》(戎嘉余院士);《未来10年中国学科发展战略·空间科学》(陈俊勇院士);《未来10年中国学科发展战略·力学》(白以龙院士,方岱宁院士);《未来10年中国

---

① 见路甬祥、陈宜瑜:《未来10年中国学科发展战略丛书·总序》,科技出版社,2012年版。

② 有3位宁波籍院士在项目完成后当选院士:方岱宁于2013年当选中国科学院院士;景益鹏2015年当选中国科学院院士;黄震2019年当选中国工程院院士。故具体表述时未在他们的名字后面加"院士"二字以示区别。

学科发展战略·化学》(柴之芳院士);《未来 10 年中国学科发展战略·医学》(吴祖泽院士、王正敏院士);《未来 10 年中国学科发展战略·天文学》(景益鹏院士)。

"中国学科发展战略研究"对国家科学领域的决策咨询具有重要价值,自 2012 年开始成为每年都有的长期项目,对传统学科或新兴学科的发展战略进行研究。在后续的项目中,我们看到宁波籍院士依然跟随时代的脚步,在学科的前沿留下自己的足迹——

《中国学科发展战略·固体力学》中有郑哲敏院士、白以龙院士、方岱宁院士;《中国学科发展战略·软件科学与工程》中有陈纯院士、何积丰院士;《中国学科发展战略·无中微子双贝塔衰变实验》中有马余刚院士;《中国学科发展战略·空间科学》有余梦伦院士;《中国学科发展战略·板块构造与大陆动力学》中有戎嘉余院士;《中国学科发展战略·土木工程与工程力学》中有陈祖煜院士;《中国学科发展战略·再生医学》有吴祖泽院士……

二、宁波籍院士进行学科建设的基本原则

学科建设的目的是凝练学科方向、产出学术成果、培养学术队伍,以及更好地为社会服务。宁波籍院士在学科建设中的实绩离不开他们所秉持的基本原则,即瞄准国家需要,聚焦前沿攻关,凝聚团队力量,发挥智库作用,促进学科优势的价值实现。

(一)瞄准国家战略需求

1949 年后,中国经历了美国、苏联两个大国的敌对和封锁。美国由初时的全面禁运到后来的技术封锁,直到今天仍在继续;苏联在两国关系恶化后撤走专家、切断对中国的技术援助,使我国的科技发展受到了很大冲击。在这样的背景下,我国采取"以任务带学科"的模式加速科研尖端领域的研究,带动核技术、航天技术、电子学、半导体、计算技术、自动化等前沿学科建设与新方向的开辟,填补了学科和领域的空白。在这个过程中,宁波籍院士始终围绕国家重大需要展开科学研究和学科建设。

宁波籍院士开创的一些新学科就是在完成国家委托的研究项目时完成的。比如:郑哲敏院士当年受航天部门委托研究爆炸成形问题,因为那时我国正在紧锣密鼓地开展"两弹一星"研制,由于加工工艺落后,火箭里面很多形状特殊的关键零件很难制造出来。郑哲敏用 3 年的努力,通过爆炸成形的方法造出了火箭的零部件,同时也掌握了爆炸成形的主要规律,开创了爆炸力学这一学科。李庆逵院士研究橡胶种植问题,也是为了解决国家的需要。新中国成立后,民用工业、国防工业急需大量天然橡胶,可西方国家却对我国实行全面禁运。国家号召建立自己的天然橡胶生产基地,李庆逵便带领科研队伍在华南、云南地区考察,寻找适宜橡胶生长的林地。橡胶树是生长在赤道南北 10 度以内热带地区的植物,中国能种植橡胶的地方很少,李庆逵根据磷肥对橡胶树速生高产具有重要促进作用的特点,提出在强酸性土壤上以磷矿粉做基肥的建议。最终李庆逵和他的团队在北纬 18—24 度地区内大面积成功种植橡胶树,这一重大科技成果使我国橡胶产量在世界排名第五,西方的封锁被打破,李庆逵也因此成为土壤植物营养化学学科奠基人。

互联网普及之后,计算机技术受制于人的情况非常突出。为了满足国家的战略需要,宁波籍院士以不同的方式进行科技攻关,促进学科发展。路甬祥院士作为中国科学院历史上最年轻的院长,站在国家战略高度

对学科进行布局。他当上科学院院长后的一个新举措就是将中科院计算机所搬出北京,在上海、苏州、宁波、台州和肇庆筹建了5个分所,很快就做出了成绩。比如芯片产业是世界各国综合国力竞争的重要砝码,然而长期以来中国一直没有自主知识产权的芯片和操作系统,对国外厂商依赖严重。中科院计算机所2002年9月28日研制成功中国第一款通用中央处理器龙芯1号,打破了中国无"芯"的历史。龙芯最为独特的优势,是它的安全性。军队、政府、国有企业和科研机构等部门使用的信息技术设备,直接关系到国家信息网络的安全,采用龙芯CPU,将有助于消除中国在电子政务、国防等方面的安全困惑,改变在信息安全领域的被动局面。龙芯1号之后研发的凤芯1号,应用于高清晰度数字电视、高密度DVD机、数码摄像机、手机、视频会议、视频监控等领域,解决了国家数字媒体产业的巨大危机,并使数字媒体产业的制造成本大大降低。

如果说路甬祥院士是以学科布局促进学科建设的话,周兴铭院士则是针对国家的需要以直接的研发使学科水平更上一层楼。20世纪80年代,我国的计算机技术还很落后,美国对我国实行技术封锁,即使让我们使用,也要附加很多苛刻条件。比如当时中国气象部门要做未来七天的天气预报,需要10亿次级的计算机做数值计算。和美国人谈判时,对方虽然答应卖机器,但是他们要在机房建监控中心,中国人不能进入主控室,算什么题目由美国人控制。一台机器在美国卖500万美元,但是他们竟然跟中国漫天要价,五年租金就要3000万,还要提供生活、居住条件。周兴铭就是在这样的背景下接受了亿次巨型机的研制任务。1983年,他研制成功了中国第一台每秒运算速度达到1亿次的巨型计算机,打破了美国的技术封锁。随后,周兴铭主持的"银河Ⅱ""银河Ⅲ"等一代代巨型计算机相继研制成功,在国防、气象、海洋、生物医学等领域中发挥了重大作用,周兴铭所带领的学科也因此走在了世界的前沿。

几乎每一个宁波籍院士在学科建设中都秉持着立足国家需求开展科学研究的基本原则。翁文波院士受周恩来总理的委托从石油地球物理勘探研究转向天然地震、洪涝、干旱自然灾害预测预报研究;陈俊勇院士主持珠峰高程计算和国家GPS网项目是国家有关部门的部署;余松烈院士作为我国小麦栽培学的奠基人长期从事"冬小麦精播高产栽培技术"研究,其目的是保证国家粮食安全。他们常常这样强调:"应该看准国家经济社会发展的需求,据此调整确定自己的科研方向,去寻求突破,最后实现科研价值"(俞建勇语);①"要根据国家的需要在科研上不断创新","在选择科研课题方面首先就要有全局意识和战略眼光,不要'只见树木,不见森林'。一方面要抓住国际前沿课题,一方面要面向国家重点需求开展工作"(王阳元语)②。

(二)聚焦前沿领域攻关

对于自然科学来说,一个学科能否在世界或国家范围内具有优势地位,一个很重要的因素便是看其是否解决了学科中前沿领域中的关键问题。宁波籍院士在学科开创与建设的过程中,聚焦前沿领域中的关键问题并从不同的层面加以解决,从而使学科优势得以凸显。宁波籍院士用来解决关键问题的方法包括理论开创与模型建立、技术与方法的创新、标准的制定与修正等,前沿领域中关键问题的解决带来的是学科的开创或提升,并由此衍生新的研究方向。

宁波籍院士攻克关键问题的方法之一是创立理论与模型。理论是对研究对象规律的理解和阐述,模型是对客观事物规律进行抽象后的一种形式化表达,这些方法对于解决关键问题具有重要作用。郑哲敏院士提出的"爆炸成形的机理和模型律""流体弹塑性体模型和理论",解决了重大核心难题,开辟了力学与工艺相结合

---

① 陶婷婷:《俞建勇 在纺织科研路上踏实前行》,《上海科技报》2013-12-27。
② 乔申颖《在辛勤耕耘中享受创新的幸福》,《经济日报》2009-07-26。

的"工艺力学"新方向;陈俊亮院士建立的程控交换机诊断的基本理论及数字交换网络的理论模型与测试诊断算法,使我国的通信事业得到了飞速发展;路甬祥院士创造性地提出"系统流量检测力反馈""系统压力直接检测和反馈"等新原理,研究开发了一系列新型电液控制器件及工程系统,使电液控制技术得到了重大进展;张明杰院士提出多结构域蛋白质中各结构域相互作用形成蛋白质超结构域的基本概念,对于治疗神经系统衰退的疾病,如中风及老年痴呆症等有着极为重要的影响;郑志明院士创立的基于代数和动力学融合的密码分析原理和方法,突破了空天信息安全高速、低耗、多模式等技术瓶颈,研制成功系列空天安全新装备并列装;陈建峰院士在国际上率先提出超重力反应器工程思想并实现了产业化,他提出的跨尺度分子混合反应工程理论模型,在化工、纳米材料、环境、海洋能源等领域实现了大规模工业应用;翁文波院士创造性地提出了新的信息预测理论,并根据这个理论进行各类天灾预测,准确率达到83.73%;白以龙院士建立的热塑剪切模型方程及变形局部化演化的一系列创新理论,在国际上被称为"白模型""白判据";章梓雄院士创立的"章吴常数""章氏定理""章氏轨迹"和"章氏参数",被广泛应用于相关领域;此外,像贝时璋院士创立的"细胞重建学说",何积丰院士率先提出的关系程序设计语言等,在学科的发展中都具有里程碑意义。

技术与方法的创新也是宁波籍院士用来攻克前沿关键问题的方法。技术创新的实质是创造,方法创新是为了找到新路径,使研究进入到一个新阶段。宁波籍院士的许多成就都与技术与方法的创新有关,比如马余刚院士首次提出了用核的输运理论研究核反应总截面的新方法,首次实现了对反物质相互作用的测量,受到国际瞩目,从而增强了我国在国际最前沿学科的知名度和影响力;王建宇院士提出了超光谱成像与激光遥感相结合的探测新方法,解决了多维遥感探测中信息同步获取难题,提出了空间远距离激光高灵敏度单元和阵列探测方法,实现了我国激光遥感的首次空间应用;陈创天院士研发的激光武器KBBF技术,全球仅中国掌握,美国整整花费了15年才打破中国的技术封锁;侯凡凡院士创建了防止或延缓慢性肾脏病进展和防治其致死、致残并发症的临床新策略,延缓或减少了尿毒症的发生;吴祖泽院士的世界首例胎肝造血干细胞移植技术,为人类医治白血病、放射病、重症肝炎等疑难病症做出了重大贡献;陈中伟院士首创的"断手再植和断指再植"等六项新技术,使成功率从50%提高到90%以上,他接活了无数的断肢和断指,其手术的难度远远超过了国际医学文献所记载的极限;童第周院士首次完成鱼类的核移植研究,开创了中国克隆技术先河;袁渭康院士倡导了"工业反应过程的开发方法论",成功实现了反应器开发工作的高质量、短周期;陈勇院士以热化学转化、物理转化、化学转化、生化转化系列技术及集成为手段,实现生活垃圾、畜禽粪便、农林废物的能源化与资源化高值利用,废弃物因而成为再生资源;俞建勇院士突破各类纤维加工的关键技术,推动了产业升级和新型战略武器系统的发展;陈亚珠院士作为我国生物医学工程领域及大型医疗器械研制的先驱和开拓者,研制成功"液电冲击波体外肾结石粉碎机",开创泌尿外科史上非手术刀方法,使广大肾结石、尿路结石患者有了无痛无损伤的治疗方法。

除了理论的创设、技术与方法的革新,宁波籍院士还以制定或完善技术标准的方式,提出解决关键问题的方案。技术标准是对标准化领域中需要协调统一的技术事项所制定的标准,根据不同时期的科学技术水平和实践经验,针对具有普遍性和重复出现的技术问题,技术标准就是最佳的解决方案。比如陈子元院士完成了29种农药在19种农作物上61项农药安全使用标准,为国家制定了农药安全使用标准GB-4285-84,从而使我国农业生产中安全、合理使用农药有据可查,有准可依;陈中伟院士在断肢再植领域从工作能力、关节活动度、感觉恢复、肌力恢复情况等方面对术后肢体功能提出评价标准,它简便、实用,能准确反映功能恢复的情况,在国际上被称为"陈氏标准",我国的断肢断指再植水平也因此在世界上长期处于领先地位;朱英浩院士多次主持起草与制定、修订多项变压器国家标准工作,促进了配电变压器的能源利用效率的提高,起到了引导节能技术进步,提高配电变压器产品在国际市场竞争力的作用;毛用泽院士参加创建并发展了我军核监测专业的核爆辐射防护剂量学、核爆探测学、核监测装备系列与军用标准化及核仪器标准化技术研究,从而使相关领域中的装备在技术的先进性、功能的可靠性、维修性、环境适应性、探测特性和可用性等有了法定性的技术文件。有资格制定技术标准是学科优势的具体体现,它意味着权威与话语权。

(三)凝聚团队力量

重大科技成果的取得需要依靠团队集体的智慧,宁波籍院士作为具有影响力的学科带头人,带领团队一起攻克难关,不仅取得了创新性成果,还使一批批新人成长起来。他们或创建实验室,带领团队进行前沿性研究,或以院士工作站为平台,在产学研深度融合中,开辟科研的新天地。

科技创新无法靠单打独斗来完成,大的研究项目都需要团队集体攻关。宁波籍院士在学科建设中注重创新团队建设,凝聚团队的智慧与力量,攻克技术难题。余梦伦院士领导著名的"余梦伦班组"在高低弹道设计、双向风补偿技术、助摊器回收技术、深空探测技术、组合制导技术、迭代制导技术等新领域取得了可喜的成绩,成为有名的科技创新团队。郑纬民院士带领团队在国内率先开展网格存储系统关键技术研究,并一再打破国际存储公司的技术垄断,他们研制出的四大网络存储系统,填补了国内空白,在六大重大工程中发挥了重要作用,推动了国内高端存储产业的发展。他们研制的自维护存储系统,实现了数据存储和校验的实时同步,整体技术达到国际领先水平,目前已被成功应用到审计、公安、油田、电信、教育等行业及部门。2016 年,郑纬民及其团队参与的项目斩获有着世界超级计算应用领域"诺贝尔奖"之称的"戈登·贝尔奖",实现了我国高性能计算应用成果在该奖项上零的突破。郑裕国院士领衔的"生物催化和微生物发酵"创新团队三度问鼎国家科技奖,其研发的糖尿病治疗重大药物——阿卡波糖片"卡博平"打破了之前国外医药巨头的垄断,为国家节省了近数十亿元的医保支出。新冠疫情期间,陈建峰院士带领北京化工大学有机无机复合材料国家重点实验室团队,发挥学科交叉专业优势,面向"抗新冠病毒可重复使用防护制品"的重大需求,启动应急科研攻关,其研究成果缓解了当时市场需求与供给的矛盾,又节约了资源、减少了环境污染。

实验室作为科学研究的原始性创新基地,在国家基础研究、技术开发和科技攻关中承担着重要使命,被称为科学的摇篮,不同的科研团队都可以利用实验室这个平台进行研究攻关。宁波籍院士曾创建过许多前沿技术研发与应用实验室,为创新探索和人才培养建立了特殊的"试验田",凝聚团队力量,创新科研成果。杨福家院士领导、组织并基本建成了"基于加速器的原子、原子核物理实验室",领导实验组用 g 共振吸收法发现了国际上用此法找到的最窄的双重态,在国内开创了离子束分析研究领域。朱起鹤院士创建了分子反应动力学实验室,先后带领团队研制成 6 台高水平的大型分子束实验装置,取得具有创新性的研究成果,获得中国科学院科技进步奖一等奖。颜鸣皋院士开创中国钛合金研究,组建中国第一个钛合金实验室,带领团队成功炼出了中国第一个重 3 公斤的钛合金锭。同时,在实践中培养出中国第一批技术素质较高的钛合金研究人员,成为该所钛合金研究的骨干力量。翁史烈院士组织建立了我国首批热力涡轮机博士点和重点学科,并为建设气动力学实验室、仿真实验室、博士后流动站和培养一支高水平的热力涡轮机学科人才梯队做出了重要贡献。

宁波籍院士还依托院士工作站指导企业研发,凝聚企业技术团队的力量进行科技创新。院士工作站是政府推动的以中国科学院院士、中国工程院院士及其团队为核心,以省、市研发机构为依托,联合进行科学技术研究的高层次科技创新平台,旨在促进科技成果产业化,培养创新人才队伍。仅以宁波为例,曾有 25 位宁波籍院士是宁波 30 家院士工作站的驻站院士①,他们在产品研发、技术创新、人才培养等方面起到了不可替代的作用。徐志磊院士工作站跟欧琳集团的技术团队一起解决高效利用燃气的技术难题,有 5 款燃气灶应用了该项研究成果,与传统燃气灶相比热效率提高了 20%,并大大减少了环境污染。朱英浩院士工作站进驻象山天安特种变压器有限公司,与企业技术团队携手重大关键技术研发,推进了企业产品技术改造,也使企业的技术队伍迅速成长起来,取得了多项新产品开发成果及专利。他们与院士工作站共同参与了某类产品国家标准的制定,在变压器和新能源产品制造领域取得了更多的话语权。陈亚珠院士与鑫高益医疗设备股份有限公司共建院士工作站和省级研发中心——"交大—鑫高益磁共振—相控聚焦超声研究中心",重点进行磁共振引导的相控聚焦超声子宫肌瘤治疗系统的软硬件研发,实现了医疗设备从检查领域拓展到医疗检查、医学治疗的全覆盖,为这一空白领域抹上了闪亮的"宁波颜色"。另外,像戚正武院士、陈肇元院士、俞建勇院士的工作站对相关企业的指导,不仅帮助企业研发团队在技术上获得突破,而且还使企业赢得了市场先机。戚正武院士工作站为宁波美康生物科技股份有限公司系统分析了抗体研发技术的进展及未来发展方向和应用,增强了企业专注于免疫和抗原设计的研发目标,助力企业技术团队获得了 10 多项发明专利授权;陈肇元院士工作站助力中淳高科桩业股份有限公司的技术团队完成"软土地质条件下高性能混凝土预制桩及相关产品的研究与开发"项目,一些技术成功填补了国内桩基础施工的空白;俞建勇院士工作站与大发化纤创新团队研发了废纺织品和聚酯瓶为原料的物理和化学相结合的回收利用法并予以产业化,走出了一条高附加值低碳排放的废旧聚酯纺织品回收的新路,这一关键技术获得了国家科技进步二等奖,填补了宁波 7 年来"国奖无企业第一完成单位"的空白。

(四)发挥智库作用

学科建设的目的之一是发挥社会服务功能,宁波籍院士从国家重大需求、人民群众期待和整体的战略部署出发,运用其智慧和才能,为社会经济等领域的发展提供满意方案或优化方案,为决策者提供参考依据,这其实就是在发挥智库作用。对于尚未显露的问题,宁波籍院士的专业眼光能够洞明大势,看出关键所在。比如何德全院士早在 1999 年我国的互联网刚刚开始发展时就注意到了信息安全问题。当时科索沃战争中出现了全球"第一次网络战争"——黑客的网络攻击不仅使北约发布战况的网站瘫痪,还使北约军队的通信系统崩溃,甚至美国白宫的官方网站服务器也被迫关闭了几个小时。何德全院士立刻从这件事中发现了信息安全对于国家安全的重要性,马上提出技术上的保护不解决根本问题,必须制定标准、政策、法规来应对的建议。他还提出要对国外软件进行信息产品安全评测以防泄密,我国也要研制自己的电脑芯片和操作系统,这是我国搞信息安全的长期发展目标,是从根本上解决我国信息安全问题的方法。在美国制裁"中兴""华为"的今天,重读他 20 多年前的建议,更彰显了他的真知与远见。

沈昌祥院士在社会发展趋势中看到信息安全人才培养的紧迫性,他以自己在信息安全领域的建树和声望,联合 36 位院士一起给中央领导上书,建议设立信息安全一级学科。他认为信息安全产业是世界各国优先发展的战略性核心产业之一,我国已经成为世界信息产业大国,大量建设的各种信息化系统已逐步成为国家关键基础设施,政府、军队、金融等国家重要部门都需要大量高层次信息安全专门人才。但由于目前我国信息

① 截至 2021 年 7 月,宁波市累计建立了 168 个院士工作站,其中累计有 25 位宁波籍院士建立了 30 家院士工作站。目前,宁波有 63 家院士工作站(6 家为宁波籍院士工作站),14 家院士科创中心(2 家为宁波籍院士科创中心)——数据由宁波市科协提供。

安全学科建设规模小、水平低,远远满足不了信息安全产业发展对高层次专门人才的需要,我国信息安全关键技术整体上比较落后。信息安全人才问题已经成为当前严重制约信息安全产业发展的瓶颈,因此应当调整学科设置,加强学科规范,确保信息安全学科建设和人才培养健康快速的发展。所以将信息安全设置为一级学科,是国家重大的战略需求。他的建议受到了中央领导的高度重视。2015 年,国务院学位委员会、教育部决定在"工学"门类下增设"网络空间安全"一级学科,学科代码为"0839",授予"工学"学位。这是国内信息安全学科建设具有里程碑意义的一件大事。

翁史烈院士与杨福家院士针对上海的民生和城市发展问题提出的建议及优化方案,对上海城市品质及国际地位的提升具有重要意义。翁史烈院士针对上海水源——黄浦江上游来水日趋枯竭,中下游污水上涌,自来水水质下降问题,联合 9 个相关学科、26 位资深专家对上海的取水水源进行了大量的研究和探索,最终形成了长江口"青草沙取水方案"。2007 年,上海市政府投资人民币 160 亿元开始青草沙水源建设,3 年后,1200 万上海人喝上了来自长江的优质自来水,造福一方百姓,惠及子孙后代。后来翁史烈与其他专家所作的《关于加强上海电力系统安全保障能力的建议》以及相继举办的"上海市合理、高效使用天然气""上海市水资源与可持续发展工程对策""淮南煤电一体化基地总体规划""上海市地下空间开发利用中地质环境问题"等大型咨询会,为上海的可持续发展及城市品质的提升发挥了难以估量的作用。

杨福家院士关注的是科技对市政发展的促进问题。作为科学家,杨福家知道同步辐射光源被称为继光学显微镜、电子显微镜和扫描隧道电子显微镜后,新一代探索微观世界的"神灯",具有洞悉微观世界的超强实力。他敏锐地预见到在上海建设这样一个大科学装置具有怎样的意义。于是,杨福家带领专家组开展一系列工作,联名提交了"关于在上海建造第三代同步辐射光源"的提案,并最终促成了中国科学院和上海市合作共建光源的工程。2004 年,"上海光源"正式开始建设,2010 年初通过国家验收正式对外开放。上海因"上海光源"的建成成为全国乃至世界的多学科前沿研究中心,中国因此"加入了世界级同步辐射俱乐部",在世界的高新技术领域占有一席之地。

宁波籍院士还为企业献计献策,发挥院士专家的"思想库"作用,在规划、投资和项目等重要决策过程中,提出合理化建议,帮助企业实现科学发展。比如戚正武院士利用中国科学院上海生物化学研究所平台,帮助企业分析抗体研发技术的进展及未来发展方向和应用,明确市场定位;朱英浩院士在企业调研和交流中提出建议,希望公司立刻着手研发"非晶合金变压器抗突发短路性能",两年后国家电网招标提出新要求时,绝大多数企业措手不及,听取院士建议的企业顺利通过了国网的各项质量检测,迅速获得巨大品牌效应;俞建勇院士针对纺织服装产业转型升级进行问诊把脉,除了从战略高度指出产业以后的发展方向,还帮助企业走出了一条高附加值低碳排放的废旧聚酯纺织品回收的新路……

宁波籍院士作为各学科的精英,在发挥智库影响力时,往往以前瞻性思维进行顶层设计,其建议不仅可以直接运用到实践之中,还可以对实践进行指导和纠偏。当然,智库多数时候体现的是集体智慧,但宁波籍院士牵头组织调研,进行提案,并最终促成项目的落实,其功绩会在历史上留下浓墨重彩的一笔。

三、宁波籍院士超越于学科建设的示范意义

宁波籍院士在学科建设上的全身心投入,使学科优势迅速显现出来,实现了凝练学科方向、产出学术成

果、培养学术队伍、为社会服务等多项学科建设目的。除此以外,他们还以自己的言行做出了超越于学科建设的良好示范——做人应该有怎样的人格魅力,做研究应该怎样"顶天""立地";一个科学家能够达到怎样的境界,一个研究团队能成为怎样的品牌。

(一)令人甘愿追随的人格魅力

院士作为科技精英,都是"品行端正""学风正派",或在"科学技术领域取得了系统性和创造性的重要成就",或"在工程科学技术方面做出重大的、创造性的成就和贡献"①的人,是不同学科的领军人物。宁波籍院士不仅科技成就突出,还有令人甘愿追随的人格魅力和统揽大局的战略性眼光,在学科建设中尽显学科带头人的风采。

宁波籍院士对于祖国都有一颗赤子之心,他们勇担使命,主动服务国家战略,敢为天下先。郑哲敏院士曾说,"爱国的心情是科学研究的唯一动机",国家需要什么就去做什么。在研究爆炸成形之前他连雷管都没有见过,但凭着一腔热情白手起家,郑哲敏带领团队成功制造出高精度卫星和火箭部件,为中国火箭上天做出了重要贡献。戴传曾院士在苏联专家相继撤走,很多半截子工作没有完成的情况下,受命继续攻关,他带领团队克服重重困难,最终在新中国核电领域创造了五个第一。陈俊亮院士受命研制中国第一颗人造卫星"东方红"一号数据通信纠错编码设备,在资料奇缺的情况下,带领课题组成员像蚂蚁啃骨头一样,攻克一个又一个难关,终于成功地解决了技术实施中的全部难题,他也因此被誉为"东方红"一号的通讯纠错大师。王阳元院士接受任务时说:"人家卡我们的脖子,我必须得把这个解决掉,我们不攻克这个难关死不瞑目。这种国家最需要的时刻,正是我们科学家们献身报国的最好时机。""科技报国"是几代宁波籍院士奋斗的动力源泉,他们身体力行,尽展科学家的报国心与感召力。

宁波籍院士对科学事业都有一种虔诚的献身精神。黄量院士是一位药物化学家,其贡献最突出的是抗肿瘤药物的研制。不管周围环境多么恶劣,她都坚持不懈地搞实验,为了确定药效,她不惜以身试药,有时甚至会中毒呕吐。在她罹患癌症的时候,仍然顽强工作,研制出的抗癌新药最终获得了国家科技进步一等奖。王阳元院士受命我国集成电路设计自主研发工作,在生活艰苦的研究基地,他的胃溃疡一次次复发,几乎在试验的每一阶段,他的胃都要出血一次,有一次甚至晕倒在研究室外面的走廊里。就是因为这种拼命精神,中国才进入到能自行开发大型集成电路计算机辅助设计系统的先进行列。俞梦孙院士为了解决战斗机飞行员安全

---

① 《中国科学院院士章程》规定,院士当选的标准和条件是:遵守宪法和法律,热爱祖国、品行端正、学风正派的中国公民,在科学技术领域取得了系统性和创造性的重要成就,并为中国科学技术事业或人类文明进步做出了突出贡献,可被推荐并当选为院士。《中国工程院院士增选工作实施办法》规定,院士的标准和条件是:在工程科学技术方面做出重大的、创造性的成就和贡献,热爱祖国,学风正派,品行端正,具有中国国籍的高级工程师、研究员、教授或具有同等职称的专家,可被提名为院士候选人(以下简称"候选人")并当选为院士。其中"在工程科学技术方面做出重大的、创造性的成就和贡献"主要是指:候选人在某工程科技领域有重大发明创造和取得重要研究成果,并有显著应用成效;或在重大工程设计、研制、建造、运行、管理及工程技术应用中,创造性地解决关键科学技术问题,做出重大贡献;或为重要工程科技领域的奠基者和开拓者。以上各项包括在培养工程科技人才方面做出的成就和贡献。"重大工程管理"的内容主要是指:重大工程建设(包括规划、论证、勘设、施工、运行等)中的管理;或重要、复杂的新型产品、设备、装备在开发、制造、生产过程中的管理;或重大技术革新、改造、转型、转轨、与国际接轨方面的管理;或重大产业、工程、科技布局和战略发展研究、管理。在工程管理领域做出"重大贡献"主要是指:候选人在上述领域具体组织、参加工程项目的实践,并在实践中以先进的管理理论为指导,创造性地发挥管理科学的作用,促使工程项目优质、高效实施,取得众所公认的成就;或在工程管理理论上有重大建树,并通过实践取得具体业绩。"学风正派"主要是指院士应具备的职业道德、科学态度和奉献精神等。"品行端正"主要是指院士应具备优良的科学道德与学风,良好的行为品德和端正的生活作风。

弹出的难题,设计了计算弹射的生理极限的人体模型,在验证模型是否可靠时,他用自己的身体做试验,经历了腾空、爆炸和强烈的冲击波,他清醒过来首先关注的是实测生理数据和他用模型计算的数据是否一致……宁波籍院士这种忘我奉献、创新求实的科学精神给整个团队带来了巨大的精神感召力,激发出强烈的攻克难题之心。

宁波籍院士有担当、有勇气、有格局、有远见。他们提出学科愿景,进行战略布局和资源整合,凝聚团队精神,身体力行,率先垂范,将学科带向国际学术前沿。他们对问题的思考往往高屋建瓴,其战略性思维和大局意识往往对国家与社会带来深远的影响。路甬祥曾经说过:"科学发展到现代,已经不是一个科学家、发明家的个人行为,已经成为社会化的系统工程",每个科学家"都应当站在民族,国家和科技全局的高度看待问题"。① 这个观念其实可以看作是宁波籍院士的自觉意识。在计算机与互联网刚刚在中国兴起的时候,倪光南、何德全等院士就提出过核心技术不能受制于人,网络安全存在隐患等问题,而今"区块链"刚成为热词,郑志明院士就针对我国区块链技术发展的现状,提出"没有自主安全可控的底层平台,没有软硬件一体化平台",将"直接导致区块链核心技术受制于人的技术风险、国外开源平台抢占金融市场的金融风险以及国外开源平台渗透我国实体和虚拟经济的经济风险",建议"我国应尽早推出自主可控安全的区块链",以"体现国家意志和治理规则"。这些观点体现了宁波籍院士的超前思维和战略性眼光,对新技术的开发与应用起到了积极的指导作用。

宁波籍院士的人格魅力还体现在深厚的人文情怀上。这一方面体现在他们以长者的身份给团队的后辈以人生指引,另一方面体现在他们对科学精神的深入思考上。郑哲敏院士体恤当下青年科研人员压力大,告诉他们:"要沉下心来,要看得远一点,不要为一时的得失计较太多,要耐得住寂寞"。韩启德院士敏锐地看到我国科学家群体在科学文化上不足的一面,例如在关键时刻未能挺身而出坚持自己的科学主张,维护科学的尊严;科研工作者协作精神不够,使好几项本来可以得出结论的临床研究痛失良机;另外,还有大量缺少创新性的低水平重复研究,学术风气急功近利;等等。这种现象其实主要是做人出了问题,所以他不仅强调让人文回归医学,更强调科学文化的核心是科学精神,而科学精神的精髓在于追求真理、实事求是、理性质疑、实证以及对结论的普遍性、确定性要求,这是价值准则,也是行为规范。

宁波籍院士的人格魅力,其影响已不局限于学科建设本身,他们的情怀与精神超越了专业与学科,对所有的人都会产生积极影响。

(二)"顶天""立地"的科研追求

王选院士在谈及研究方向和任务时,曾提出过"顶天立地"的概念。"所谓顶天,就是要立足科学技术的前沿问题,在学术创新上有新突破,要以引领学科发展为己任;所谓立地,就是要关注现实需要,从国情出发,在解决当下现实经济社会发展问题上发力。"② 宁波籍院士在科研追求上便是以这种"顶天立地"的精神顶住国家战略和科技前沿"这片天",立足经济社会发展主战场"这片地",攻克关系国计民生的关键核心技术,推动我国科技事业的发展。

一些尖端科技领域不断出现宁波籍院士的身影——景益鹏院士向宇宙暗物质与暗能量挑战,王建宇院士向量子世界进军,余梦伦为中国火箭设计美丽飞天弧线,徐芑南送"蛟龙"造访七千米深海……前沿性的研究

---

① 宫一栋、于达维:《对话路甬祥——科学不再是个人行为》,《瞭望东方周刊》(网络版)2005-12-31。
② 夏文斌:《学术研究的"顶天立地"(一)》,《石河子大学学报(哲学社会科学版)》2016 年第 5 期。

顶起了中国科技的一片天,成就了中国人的复兴之梦。这些看似与日常生活联系不那么紧密的尖端科学带来的影响是革命性的——"揭开暗物质和暗能量之谜,将是人类认识宇宙的又一次重大飞跃,会导致一场新的物理学革命";对量子世界的研究从观测、解释为主走向操纵,人类正处在"调控时代"的新起点"①,而航天与深海探测是为了更好地开发太空及深海资源,为人类造福。眼下这些高科技凸显的是"顶天"的气概,是一流的技术,因为它充分体现了我国综合国力的强盛和整体科学技术和高技术产业水平,增强了我们的民族自豪感,未来它带来的革命性改变,会给人们的生活带来巨大变迁。

更多的宁波籍院士"顶天立地"的追求体现在于学科交叉地带研究创新,在突破中实现技术转化,创造出高端产品。从学科发展的内在逻辑看,传统学科发展到一定阶段,就可能出现"天花板"效应,迫使科学家将眼光放大到其他学科,借鉴其有益的思想、理论和方法,找到学术方向延伸的新突破口,在那些未被探索的肥沃土壤上,发现更具生命力的学科分支。比如陈子元院士的核农学就是由核科学技术与农学的结合,包括辐射育种、农用同位素示踪、核分析技术、病虫害防治等几个方面,"这在所有学部委员的专业中是唯一的由我国兴起的学科,它将载入中国的科学发展史"。② 随着时代的进展,他又将核农学与电子计算机、生物技术等高新技术手段相结合,把核农学的研究水平、测试效果和结论的解析提升到一个新的高度。再比如周永茂院士将核能与医疗结合起来,开发医治肿瘤的核医疗器械——医院中子照射器,为我国中子俘获疗法治癌填补了空白;沈自尹院士首次将西医研究的现代科学方法用于中医研究,在国际上证实肾阳虚证有特定的物质基础,为中医的现代研究做出了重要贡献;陈亚珠院士将高电压与医学工程相结合,研制成功液电式肾结石体外粉碎机及磁波刀和超波刀,这些被国际关注的创新成果给无数病人带来了福音。还有陈勇院士在环境与能源交叉学科领域进行理论研究与技术开发,提出了可再生能源不可再生性理论,对我国太阳能热发电技术的发展产生了积极影响;对于城市和农村生产生活过程中排出的大量废物的处理,他提出了"城镇矿山"开发思路和技术体系;针对垃圾燃烧处理问题,他提出了有效控制方案,解决了垃圾燃烧处理中的一个重大难题。陈勇院士说,一个研究者应该做"顶天立地"的工作,所谓"顶天"就是要做顶尖的、开创性的、集成创新的工作;所谓"立地"就是要接地气,让科研成果转化为生产力并得以应用。他把自己的研究成果应用于节能、环保、资源再生利用、城镇化、智慧城市等方面,并深入一线,帮助相关企业解决技术发展问题,真正将"顶天""立地"落在了实处。

宁波籍院士以"顶天""立地"的科研追求创新了多种学科建设模式,他们或从社会、市场和自身学术优势出发,建立包括政府、学术界、国家实验室、临床机构、产业界、资助机构等在内的合作网络,围绕共同领域、任务或目标,积极组织多方力量,促进多学科横向交叉融合,实现学科或学术创新,形成若干学科相互渗透、多元主体联合攻关的学科建设方式,开辟新的学科生长点,促进学科发展;或从社会需要和解决实际问题出发,实现政、产、学、研、用的深度融合,使学科成为政府决策、产业发展、人才培养、创新创业和用户体验等各种链接中关键要素,努力促进学术价值、市场价值与社会价值的统一,为学科建设获取可以持续发展的动力。

宁波籍院士研究工作的"顶天""立地",不仅创造了前沿性科技成果,还使学科进入优势地位。这个思路对于把握科学研究的目标导向,推进教育上的人才培养创新等,都具有重要的启迪和推动作用。

---

① 中国科学院,国家自然科学基金委员会编:《未来 10 年中国学科发展战略丛书·总论》,科学出版社 2012 年版,第 15 页。

② 韩天高 李曙白:《陈子元:拓荒核农　力行科教》,《中国科学报》2014-11-21。

（三）科学家的高度与团队建设的品牌

宁波籍院士作为科技界的精英是宁波的骄傲，甬城的荣光。在学科建设上，他们有对学科的开创与开拓之功，有令世人瞩目的突破性成果，有引领学科发展方向的大智慧。其中的佼佼者被树为典范与标杆，以科学家所能达到的高度，成为科技精英中一道亮丽的风景线。

2012 年，郑哲敏院士获得了由国家主席亲自签署、颁发荣誉证书、奖章和奖金的国家最高科学技术奖。这个奖项是中国五个国家科学技术奖中最高等级的奖项，授予在当代科学技术前沿取得重大突破或者在科学技术发展中有卓越建树，在科学技术创新、科学技术成果转化和高技术产业化中创造巨大经济效益或者社会效益的科学技术工作者。作为爆炸力学的奠基者，郑哲敏院士促进形成完备的爆炸力学学科体系，建立了爆炸力学的基本研究方法，开辟了爆炸成形、爆破筑堤等关键技术领域，解决重大工程建设的核心难题。作为中国力学学科建设与发展的组织者和领导者，他倡导建立了多个新的力学分支学科，促进了中国力学界与国际力学界的交融和中国力学国际学术地位的提升，引领了中国力学的发展。作为科学家，他的人格魅力、家国情怀也令人高山仰止，他不仅是知识的宝藏、科学的旗帜，而且是民族的脊梁、科学家的典范，向人们示范着做人的崇高境界。

获得类似殊荣的宁波籍院士还有很多。路甬祥院士 2011 年获美国机械工程师学会罗伯特•E. 科斯基(Robert E. Koski)终身成就奖，该奖项旨在奖励在流体传动与控制的教育与创新并致力于推进国际合作方面做出重要贡献的杰出人士，每年只颁发一人；汪成为院士、陈俊亮院士、倪光南院士、周兴铭院士、沈昌祥院士分别获得中国计算机学会 2012、2013、2015、2019 年"CCF 终身成就奖"，这个奖授予在计算机科学、技术和工程领域取得重大突破，成就卓著、贡献巨大的资深中国计算机科技工作者，每年不超过 2 人；郑纬民院士获得中国数据存储峰会(DSS)专家委员会 2018 年"中国存储终身成就奖"，他是我国首个存储领域终身成就奖获得者，他在存储技术应用领域做出了创新性突破，对中国存储产业发展产生了非常大的推动和影响。

"终身成就奖"是对院士个人科学成就的表彰，其典范意义在于他们以行动生动地诠释了科学家精神：胸怀祖国、服务人民的爱国精神，勇攀高峰、敢为人先的创新精神，追求真理、严谨治学的求实精神，淡泊名利、潜心研究的奉献精神，集智攻关、团结协作的协同精神，甘为人梯、奖掖后学的育人精神。

宁波籍院士还在团队建设上为科学界树立了一个具有高识别度的学科品牌——"余梦伦班组"。"余梦伦班组"是我国第一个以院士名字命名的高科技创新型研究团队，负责中国运载火箭技术研究院火箭及飞行器的弹道设计、制导总体设计工作，开创了中国运载火箭弹道设计事业的先河。余梦伦院士在这个团队做了 30 多年的班组长，在以他为代表的一代代组员的共同努力下，逐步探索出了具有航天特色的科研类班组建设之路，形成了自己独特的班组文化，在科学管理、人才培养、技术创新等方面总结和积累了一系列成功经验和工作方法，用无可比拟的团队实力和品牌效应，书写着一个班组的时代传奇。

余梦伦认为，作为班长不仅要让自身价值最大化，把自身才能、自身努力做到极致，更重要的是能让团队所有人都能在岗位上发挥最大价值。余梦伦班组秉承平等、互爱、互动、自立、自强的基本原则，以"质量第一、专业领先、技术民主、人才立组"为建设方针，以"不同轨道相同梦想弹道有痕进取无疆"的班组理念、"科学精准创新"的班组精神和"强国之需我辈使命"的核心价值观，创立了"余梦伦班组目标管理法""余梦伦班组育人法"和"余梦伦班组创新法"，形成了特有的班组文化。

所谓"余梦伦班组目标管理法"，即建立一个知识共享平台、建立一套管理制度体系、树立一个永保成功的理念、打造一个和谐小家。其中知识共享平台极具特色：凡是和班组专业有关的资料，都被收入书库之中，供成员查阅;"摸根探底三千题"用来考核新成员对知识的掌握情况;还有一个设计软件共同分享的技术平台,可以使用、交流和经验分享。

所谓"余梦伦班组育人法"是指"三段助推"育人法:第一阶段加添燃料,助推起飞,通过"专业小贴士""设计指导体系"等,实现多学科知识的融会贯通;第二阶段导引航向,带领绕飞,通过"以老带新"制度、"专家论坛"等方式,带领新成员沿着正确的航向,边学习边工作;第三阶段承担重任,鼓励领飞,通过参加靶场发射任务接受磨炼、参与国际交流追踪学术前沿、设计新型号弹道制导方案等,不断在实践中摸索,逐步成为本专业的专家、技术带头人。

所谓"余梦伦班组创新法"就是瞄准世界一流运载火箭弹道设计团队,不断追踪世界范围内运载火箭弹道设计前沿技术,实现"三步跨越":第一步重基础,倡导"三共享",即推导的数学模型、技术成果、设计经验共享;第二步重效率,要求"四个一",即成员初次设计弹道,需要一个月时间,再次设计只能用一周时间,第三次设计必须在一天之内完成,并且要对高效完成的设计任务进行一次检查,以确保结果的正确性;第三步重突破,推行"五结合",即"新老结合、学研结合、中外结合、工程应用与理论研究结合、预研与技术应用结合"。

"余梦伦班组"是一个成功的学科品牌,它的名字在中国极其响亮,先后荣获全国工人先锋号、中央企业红旗班组标杆、国防邮电工会创新示范班组等多项荣誉称号。这个团队先后在高/低弹道设计、运载能力优化、地球同步转移轨道设计、载人航天弹道设计、运载火箭双向高空风补偿、运载火箭空中发射弹道设计、探月弹道设计等方面取得了重大突破,获得省部级以上科技成果 50 余项,为中国的航天事业树立了不朽的丰碑。作为一个成功的学科团队,"余梦伦班组"在学科内部形成了完整的价值体系和高度的学科认同,为学科发展提供了持续的源动力,其品牌效应超越了学科界限,为团队建设树立了样板。

科学家的高度与团队建设的品牌从不同层面显现了宁波籍院士的示范意义。做人的境界,做事的眼界,成就了宁波籍院士的人生辉煌,科学史的画卷上也将留下他们不平凡的业绩。

宁波籍院士以科学成就闻名于世,他们带动了学科的发展,使中国的科技事业获得蓬勃发展。在学科萌生、成长、成熟之后又不断更替、分化、变革或螺旋式上升的过程中,宁波籍院士以自己的战略思维规划了学科建设的思路与方法,又以自己的身体力行担负起科学家的使命和教育者的责任。"学科发展与时代发展是同步的。新时代对于学科领域会产生新需求,同时,新时代相关技术又会有新发展,进而推动学科发展",[①]因此在学科建设上,一定要从中国的基本国情出发,聚焦国家需求,面向科技发展前沿,校准战略方位,放大格局,在"顶天""立地"的科研追求中,回应国家发展之需,解决现实生活中最重大、最迫切的问题,同时,又在研究工作的点点滴滴中传承学术的脉络与文化精神。这是宁波籍院士以自己的身体力行为我们留下来的宝贵经验。

(本文曾编入黄兴力主编的《宁波帮与近现代中国教育业》一书,宁波出版社 2021 年版)

---

① 许悦、陈彬:《一流学科建设的"院士视角"》,《中国科学报》2018-09-11。